LANGENSCHEIDTS HANDBUCH DER ENGLISCHEN WIRTSCHAFTSSPRACHE

Neubearbeitung 1986

von

Jochen Rudolph

LANGENSCHEIDT

BERLIN · MÜNCHEN · WIEN · ZÜRICH · NEW YORK

Neubearbeitung 1986

Auflage:	*5.*	*4.*	*3.*	*2.*	*1.*	*Letzte Zahlen*
Jahr:	*1990*	*89*	*88*	*87*	*86*	*maßgeblich*

Druck: Druckhaus Langenscheidt, Berlin-Schöneberg
Printed in Germany ·ISBN 3-468-40901-X

Vorwort zur ersten Auflage

Dieses Buch ist eine Kombination von Sach- und Sprachdarstellung. Zum einen bietet es eine Einführung in die englische – und amerikanische – Wirtschaft der Gegenwart, und zwar sowohl in die alltägliche Praxis wie auch in theoretische Grundlagen und historische Voraussetzungen. Zum anderen macht es mit der Terminologie der englischen Wirtschaft bekannt. In die deutschsprachige Darstellung wirtschaftlicher Gegebenheiten und Zusammenhänge ist die englische Übersetzung aller wichtigen Ausdrücke und Wendungen eingearbeitet. Auf diese Weise erscheinen die Termini nicht isoliert, sondern im jeweiligen Sach- und Sprachkontext.

Der erste Teil behandelt die Volkswirtschaft in den Kapiteln Volkswirtschaftliche Gesamtrechnung, Außenhandel und Zahlungsbilanz, Konjunkturpolitik, Arbeit, Soziales, Steuern und Abgaben. Im zweiten Teil steht das Unternehmen im Mittelpunkt. Unternehmensformen und -zusammenschlüsse, Organisation, Betriebsabrechnung, Kalkulation und Finanzbuchhaltung sind die Stichworte, unter denen sich das Dargestellte erfassen läßt. Der letzte Teil beschäftigt sich mit den Geschäften in der City, also mit Banken und anderen Geldinstituten, dem Emissionsgeschäft, dem Geld-, Gold- und Devisenhandel, mit Investmenttrusts, der Effektenbörse, mit Rohstoffwirtschaft und Versicherungsgewerbe.

So entsteht ein umfassendes Bild der Wirtschaft in England und Amerika. Parallelen und Gegensätze zur Bundesrepublik und Unterschiede zwischen England und Amerika werden deutlich gemacht.

Der Verfasser erlebt als Wirtschaftskorrespondent der „Frankfurter Allgemeinen Zeitung" in London täglich einen wesentlichen Teil des wirtschaftlichen Geschehens in England aus der Nähe mit. Er versteht es nicht nur, diese weitgespannte Thematik aktuell und lebendig zu behandeln, sondern schenkt auch dem sachlichen und terminologischen Detail bis hin zum „Gemeinkostenzettel" und „Materialentnahmeschein" Beachtung.

Ein umfangreiches Register erschließt den Inhalt vom Englischen her und führt vom englischen Stichwort zur deutschen Entsprechung und damit zur zusammenhängenden Sachdarstellung. Auf diese Weise ist das Buch Kompendium und Nachschlagewerk zugleich.

Wirtschaftlern in Industrie, Einzel-, Groß- und Außenhandel, im Bank-, Börsen- und Versicherungsgeschäft, in der Wirtschaftsprüfung und im Steuerrecht, in Politik und Verwaltung, Theoretikern und Praktikern, Lehrenden und Lernenden, Dolmetschern und Übersetzern und am Wirtschaftsgeschehen interessierten Nichtfachleuten will dieses Buch aktuelle sachliche und sprachliche Information bieten.

Der Verlag

Vorwort zur Neubearbeitung 1986

Seit dem ersten Erscheinen dieses Buches hat sich vieles in der Wirtschaft gewandelt und weiterentwickelt. In der Wirtschaftspolitik haben einige Länder den Weg zu freieren Märkten eingeschlagen. In der Arbeits- und Sozialpolitik haben sich die Verhältnisse teils unter dem Druck der hohen Arbeitslosigkeit, teils aufgrund ganzer gesetzlicher Reformwerke geändert. An den nationalen und internationalen Kapitalmärkten sind neue Instrumente und Verfahren für die Kapitalbeschaffung eingeführt worden. Weitere Rohstoff- und Finanzterminmärkte haben sich besonders in Amerika und England aufgetan, die von der Wirtschaft als Institutionen für die Sicherung von Preisen, Kursen und Renditen rege in Anspruch genommen werden.

In der neuen Auflage sind diese Entwicklungen im allgemeinen bis zur Mitte der achtziger Jahre berücksichtigt. Wie zuvor ist der Text zu einem wesentlichen Teil nach der Zahl und Wichtigkeit der anfallenden Wörter und Ausdrücke gewählt worden. Daher sind gelegentlich weniger bedeutende Veränderungen nicht oder nur oberflächlich erwähnt, hingegen erst kürzlich umgestaltete Verhältnisse, wie etwa die zweigeteilte Organisation des Handels an den britischen Wertpapierbörsen, noch beschrieben.

Zu dem englischen Stichwortverzeichnis ist in der Neubearbeitung 1986 ein deutsches mit über 5000 Stichwörtern getreten. Zusammen mit dem tief aufgegliederten Inhaltsverzeichnis gibt es leichten Zugang zur wirtschaftlichen Darstellung und zum englischen Fachwort.

Hinweise für den Benutzer

Englische Entsprechungen folgen dem deutschen Ausdruck in Klammern und Kursivschrift: Zahlungsbilanz *(balance of payments)*.
Amerikanische Entsprechungen werden durch AE (Amerikanisches Englisch) vor der Übersetzung kenntlich gemacht: *(issuing houses,* AE *investment banks)*.
Auf Abweichungen in der Schreibung im AE – *o* statt BE (Britisches Englisch) *ou*, *-er* statt *-re*, *l* statt *ll* – wird in folgender Weise hingewiesen:

labo[u]r = BE *labour*, AE *labor*
centre, -er = BE *centre*, AE *center*
travel[l]er = BE *traveller*, AE *traveler*.

Mehrere Übersetzungsmöglichkeiten für einen deutschen Ausdruck werden durch Komma getrennt: Lebensunterhalt *(keep, subsistence)*.
Schrägstriche zeigen an, daß die dadurch getrennten Wörter austauschbar sind:

Rohstoffe *(basic/raw/crude materials)*
= *basic materials* oder *raw materials* oder *crude materials*.

Fortgelassen werden können Teile der Übersetzung in eckigen Klammern:

Außenhandelszahlen *([external/foreign] trade figures)*
= *external trade figures* oder *foreign trade figures* oder *trade figures*.

INHALT

ERSTER TEIL

DIE VOLKSWIRTSCHAFT

First Part

The [National] Economy

„Business is the baggage train of history."[1]

Volkswirtschaftliche Gesamtrechnung *

Skeptisch gegenüber wirtschaftlicher Leistung

Scepticism about economic performance

Die Auffassung der Menschen von der Wirtschaft und wirtschaftlichen Vorgängen hat sich im Laufe der Geschichte immer wieder gewandelt. Zeitweilig wurde der Kaufmann von den oberen Ständen *(upper classes)* verächtlich als der „Krämer" *(shopkeeper)* oder „Profitgeier" *(profiteer)* angesehen, dann wieder als „königlicher Kaufmann" *(merchant prince)* bewundert. Das eingangs zitierte Wort ist dagegen eine realistische und abgewogene Beurteilung wirtschaftlicher und kaufmännischer Betätigung. Es enthält keine Lobpreisung und keine Geringschätzung, sondern stellt, vom Standpunkt des Staatsmannes aus gesehen, nüchtern fest: Wann immer die Völker, freiwillig oder unter Zwang, sich anschickten, große Dinge zu vollbringen, mußte die Wirtschaft die Mittel dazu bereitstellen. Kriege, Eroberungen und Entdeckungen, Erfindungen, soziale Reformen *(social reforms),* Verbesserungen in Erziehung, Bildung oder Gesundheitswesen waren Sache von Fürsten und Feldherren, Staatsmännern, Wissenschaftlern, Forschern und großen Pädagogen. Aber sie wären dazu nicht imstande gewesen ohne die Troßkolonne Wirtschaft, die das Kapital *(capital)* mitführte, die Steuern *(taxes)* aufbrachte, die Produktionsfaktoren *(factors of production)* miteinander verband *(combined, assembled)* und bereit war, dabei auch ein Risiko einzugehen *(take/run a risk).*

Heute, da Großtaten der Völker mit mehr gesunder Skepsis betrachtet werden, scheint es, als sei der Kaufmann *(businessman)* wieder in der Achtung der Menschen gesunken. Auch die Tatsache, daß der materielle Wohlstand *(material wealth)* des einzelnen in der westlichen Welt in den letzten Jahrzehnten gewaltig zugenommen hat, ist für viele kein Grund zu Hochachtung vor wirtschaftlicher Leistung *(economic performance).* Die Wohlstandsgesellschaft, die „Gesellschaft im Überfluß" *(affluent society),* ist sich selbst verdächtig geworden. Sie schätzt den Grenznutzen *(marginal utility)* des neu zuwachsenden Wohlstandes nicht mehr so hoch ein wie früher — oder sie behauptet es nur. So ganz neu ist übrigens der Verdacht nicht, daß die Ansammlung von Vermögen *(accumulation of wealth)* mit dem Glück der Menschheit nur wenig zu tun hat. Schon im Alten Testament, im Buch der Psalmen, findet sich die Mahnung: *„If riches increase, set not your heart upon them."*

Zu dieser Skepsis gesellt sich auch immer wieder die Furcht, daß eines Tages alle Bedürfnisse befriedigt sein *(all needs are satisfied)* und von da an die Konsumneigung *(propensity to consume)* nicht mehr ausreichen könnte, die Produktionskapazitäten *(productive capacities)* voll auszunutzen, mit der Folge des wirtschaft-

[1] Napoleon I. zugeschriebene Äußerung.

* *National accounts.*

lichen Stillstands *(stagnation)* und hoher Arbeitslosigkeit *(high unemployment).* Auch in der Geschichte der wirtschaftlichen Lehrmeinungen *(schools of economic thought, economic doctrines)* findet sich diese Voraussage in wechselnder Form. Auf lange Sicht ist sie bisher immer wieder von der Entwicklung widerlegt worden. Man kann heute mit einem hohen Grade an Sicherheit davon ausgehen, daß die relevanten menschlichen Wünsche und Bedürfnisse fast unbegrenzt sind *(human desires are limitless).* Wirtschaftlich bedeutend sind sie allerdings nur, soweit sie mit Kaufkraft *(purchasing power)* verbunden sind und damit zur Nachfrage *(demand)* werden können. Am Lebensstandard *(standard of living)* mancher reichen Familie läßt sich ablesen, wie weit die „Bedürfnisse" reichen können und wie weit die meisten Menschen von diesem Standard entfernt sind. Sache der Wirtschaft ist nicht zu entscheiden, wo das Maß voll und das Übermaß erreicht ist. Ihre Aufgabe ist die Versorgung mit Waren und Dienstleistungen *(supply of goods and services),* die gewünscht und verlangt werden, also deren Erzeugung *(production)* und Verteilung *(distribution).*

Das Sozialprodukt und seine Verwendung

The national product and its use

Die Gesamtheit dessen, was eine Nation an Waren und Diensten, meist gegen Entgelt *(for consideration)*, erstellt, ist das Sozialprodukt *(national product/output).* Was für den einzelnen sein Individualeinkommen *(individual income)* ist, sei es Besitzeinkommen *(property income)*[1], auch „fundiertes" Einkommen genannt, also solches aus Vermögen, oder sei es Arbeitseinkommen *(income from employment),* ist für die ganze Nation das Volkseinkommen *(national income).* Die Begriffe „Sozialprodukt" und „Volkseinkommen" sind nicht genau identisch, aber im täglichen Sprachgebrauch sind sie oft austauschbar. Denn nur was an Waren produziert, an Diensten geleistet und an Nutzungsmöglichkeiten bereitgestellt wird, ist Einkommen im volkswirtschaftlichen Sinne. Das schließt nicht aus, daß jemand Einkommen hat ohne irgendwelche Gegenleistung *(without reciprocal services),* ohne durch Arbeit etwas zu erstellen und ohne etwas zur Nutzung zu überlassen *(without leasing anything for utilization),* also auch ohne Kapital zu verleihen *(lend capital)* oder Sachgegenstände zu vermieten *(let*/AE *rent property).* Dann bezieht er kein Leistungseinkommen *(factor income),* auch originäres oder Primäreinkommen *(primary income*[2]*)* genannt, sondern Transfereinkommen *(transfer[red] income*[2]*),* auch abgeleitetes Einkommen genannt. Andere Einkommensbezieher *(recipients of income)* müssen dazu, direkt oder über den Staat, Einkommensteile abzweigen *(take out parts of their income)* und zum Beispiel in Form von Subventionen *(subsidies)*, Familienbeihilfe *(family allowance)*, eines Stipendiums *(scholarship, grant)* oder gewisser Arten von Rente *(pension, annuity)* auf ihn übertragen *(transfer).* Die meisten Einkommensübertragungen *(transfer payments)* gehen über den Staat.

Im großen und ganzen haben die westlichen Länder die gleichen Verfahren, das Sozialprodukt zu ermitteln, abzugrenzen und zu bezeichnen. In einigen Ländern ist

[1] Dazu gehören Gewinne *(profits)*, Dividenden *(dividends)*, Zinsen *(interest)*, Mieten *(rents)* u. a.
[2] Die Wörter sind nicht so allgemein gebräuchlich, daß sie überall ohne nähere Erklärung verstanden werden.

es üblich, das Sozialprodukt nach mehreren Methoden zu ermitteln, so in England: a) durch Addition der Individualeinkommen; b) durch Messung des Ausstoßes *(output)* an Waren und Dienstleistungen netto, das heißt nur der Wertschöpfung *(value added)* — weil es sonst ständig zu Doppelzählungen *(double counting)* käme; c) durch Addition der Ausgaben *(expenditure)*, das heißt der Verwendung des Sozialprodukts *(use of national product)*. An Verwendungsmöglichkeiten unterscheidet man fünf Gruppen: den Privatverbrauch *(private consumption*, AE auch *personal consumption)*; die Anlageinvestitionen *(fixed capital formation*, AE *gross domestic investment)*; Vorratsveränderungen, das heißt Mehrung oder Minderung des Bestands an Waren und Halbfabrikaten *(physical increase or decrease in stocks and work in progress*, AE *inventory change)*; den laufenden Aufwand der Staatsorgane *(current expenditure of public authorities)*, kurz Staatsverbrauch *(public expenditure)*; schließlich den Export *(export)*. Der Export muß jedoch um den Import *(import)* berichtigt werden, denn nur ein Netto-Export *(net export)* ist Teil des eigenen Sozialprodukts, ein Netto -Import *(net import)* wäre schon Inanspruchnahme von Teilen eines fremden. Dieser Saldo *(balance)* aus Export und Import ist der Außenbeitrag *(external contribution)*.

Maßeinheit *(unit of measurement)* ist die eigene Währung *(currency)* oder, für internationale Vergleichszwecke, eine international gängige Währung, vor allem der Dollar. Die Ergebnisse werden angegeben „in jeweiligen Preisen" *(at current prices)*, aber außerdem in aller Regel auch noch in konstanten Preisen *(at constant prices)*, zum Beispiel „in Preisen von 1983" *(at 1983 prices)* oder eines anderen zurückliegenden Jahres. Mit letzterem erreicht man, daß Preisschwankungen *(fluctuations of prices)*, in unserer Zeit also vor allem Preissteigerungen *(price increases)*, ausgeschlossen werden. Täte man das nicht, so würde man das Bild eines weit größeren Wachstums *(growth)* des Sozialprodukts erhalten, als tatsächlich stattgefunden hat. Technisch macht man das, indem man mit Hilfe von Preisindices *(price indices)* das zu gegenwärtigen Preisen ermittelte Sozialprodukt auf die Preise der früheren Jahre umwertet *(revalues)*, das heißt meistens abwertet *(deflates)*.

Die Periode, für die das Sozialprodukt ermittelt wird, ist das Kalenderjahr. Meist wird es aber auch noch für kürzere Perioden errechnet, etwa für das Halbjahr *(half year)* und für das Vierteljahr *(quarter)*, damit die für die Wirtschaftspolitik zuständigen Stellen die wirtschaftliche Gesamtlage *(the state of the economy)* frühzeitig erkennen können. Um die Vierteljahre aber untereinander für die Zwecke der Beobachtung des Konjunkturverlaufs *(business/trade cycles)* vergleichbar zu machen, müssen die Zahlen um die jahreszeitlichen Schwankungen bereinigt *(seasonally adjusted)* werden. Hat man die so bereinigten Zahlen eines oder mehrerer Quartale, so kann man theoretisch die Jahresrate *(annual rate)* des Wachstums, den Prozentsatz des Wachstums, aufs Jahr gerechnet, angeben.

Noch um einige weitere Größen muß das Sozialprodukt bereinigt werden. Die erste Stufe seiner statistischen Darstellung ist das Bruttosozialprodukt zu Marktpreisen *(gross national product – GNP – at market prices)*. Darin ist aber noch nicht die Abnutzung der Gebäude *(buildings)*, Anlagen und Maschinen *(plant and machinery)* berücksichtigt. Daher ist zunächst ein Abzug für die Entwertung *(allowance for depreciation*, AE *capital consumption allowance)* nötig, meist ein Betrag von acht bis zehn Prozent. Das Ergebnis ist das Nettosozialprodukt *(net national product)*. Das Sozialprodukt ist damit zwar nicht mehr in Marktpreisen ausgedrückt, aber auch noch nicht im Betrage des Aufwands, der zu seiner Erstellung nötig war. Denn in aller Regel ist es von Staats wegen verteuert durch die indirekten Steuern *(indirect taxes)*, auch Aufwandsteuern *(taxes on expenditure)* genannt. Diese müssen also ebenfalls abgezogen werden. Hingegen muß eine andere Gruppe von Posten hinzugefügt werden: die Subventionen *(subsidies)*, denn mit ihnen hat der Staat das Sozialprodukt künstlich verbilligt *(artificially cheapened, artificially kept prices down)*. Erst nachdem auch dies geschehen ist, haben wir die endgültige Größe, das Nettosozialprodukt zu Faktorkosten *(net national product at factor costs)*, auch Volkseinkommen *(national income)* genannt.

Diese verschiedenen Korrekturen *(corrections)* sind wichtig, nicht nur für einen einigermaßen zutreffenden Vergleich des Sozialprodukts über die Jahre hin, sondern auch für internationale Vergleiche *(international comparisons)*. Das Maß an indirekter Besteuerung *(indirect taxation)* und an Subventionierung *(subsidizing)* kann von Jahr zu Jahr wechseln, und es ist auch von Land zu Land verschieden. Zumindest für internationale Vergleiche empfiehlt sich daher, das Volkseinkommen zu verwenden, und zwar in realen Werten *(in real terms)*.

Für gewisse Zwecke ermittelt die amtliche Statistik ferner das Inlandsprodukt *(domestic product)*. Der Unterschied ist nach internationaler Definition folgender: Zum Sozialprodukt oder Inländerprodukt gehören alle von Inländern *(permanent residents, nationals)* im Inland und Ausland erzielten Erwerbseinkommen *(earned incomes)* und Vermögenseinkommen *(property incomes)*. Hingegen zählen zum Inlandsprodukt auch die von Ausländern im Inland erzielten Einkommen, aber nicht die von Inländern im Ausland erwirtschafteten.[1] Die Einkommen der nur zeitweilig ansässigen Gastarbeiter *(foreign workers)* sind also Teil des Inlands-, aber nicht des Sozialprodukts. Anders ausgedrückt: Das Inlandsprodukt ist um die Inländereinkommen aus Tätigkeit im Ausland *(activity abroad)*, einschließlich des Nettovermögenseinkommens aus dem Ausland *(net property income from abroad)*, kleiner als das Sozialprodukt.

Mit diesen volkswirtschaftlichen Größen und ihren Bestandteilen lassen sich vielerlei zahlenmäßige Beziehungen herstellen, die Aufschluß geben über gesamtwirtschaftliche, makroökonomische *(macro-economic)* Entwicklungen. Auch in der politischen Auseinandersetzung werden sie viel verwendet, obwohl darin die Besonderheiten einzelwirtschaftlicher, mikroökonomischer *(micro-economic)* Entwicklungen verlorengehen. In einer makroökonomischen Betrachtung von Preisen und Nachfrage *(demand)* geht zum Beispiel verloren, daß die Nachfrageelastizität *(elasticity of demand)* von geringwertigen Gütern *(inferior goods)* wie Brot oder Kartoffeln regelwidrig sein kann: Wenn die Preise für diese billigen Nahrungsmittel *(foodstuffs)* steigen, steigern manche Verbraucher *(consumers)*, Haushalte *(households)* der unteren Einkommensschichten *(lower income brackets*/AE *classes)*, ihren Verbrauch davon und geben dafür weniger für höherwertige Güter aus *(spend less on superior goods)*. Umgekehrt wird unter Umständen in einer mikroökonomischen Betrachtung nicht erkannt, welche Größenordnungen *(orders of magnitude)* eine gesamtwirtschaftliche Rolle spielen, so daß falsche Schlüsse *(conclusions)* auf das Verhalten der Produzenten *(behavio[u]r of producers)* gezogen werden.

[1] Abgrenzung nach „Dr. Gablers Wirtschaftslexikon", Betriebswirtschaftlicher Verlag Dr. Theodor Gabler, Wiesbaden, 6. Auflage, 1965, Erster Band, Stichwort „Inlandsprodukt".

Die Anteile der Faktoreinkommen

Shares of the factor incomes

Wenn man die Grundgröße hat, ist die nächstliegende Frage: Wo und bei wem ist das Einkommen entstanden? – die Frage nach der Verteilung *(distribution)* des Volkseinkommens auf die einzelnen Faktoreinkommen *(factor incomes,* AE *types of income).* Der größte Einzelposten darunter, rund zwei Drittel, ist in aller Regel Einkommen aus unselbständiger Arbeit *(income from employment,* AE auch *compensation of employees).* Es besteht aus den Löhnen und Gehältern *(wages and salaries),* den Arbeitgeberbeiträgen zur Sozialversicherung *(employers' contribution to national/*AE *social insurance)* sowie sonstigem Arbeitseinkommen, darunter Arbeitgeberbeiträge zu privaten Versorgungskassen *(employers' contributions to private pensions schemes)* und sonstige Sozialleistungen *(fringe benefits)* des Arbeitgebers. Seit eh und je wird darüber diskutiert, ob der Anteil *(percentage)* der Einkommen aus unselbständiger Tätigkeit am Sozialprodukt, die Lohnquote *(share of wages in the national product),* auf lange Sicht *(in the long run)* konstant ist oder ob er nennenswert zunehmen kann. In Jahren erfolgreicher gewerkschaftlicher Lohnkämpfe mag der Eindruck entstehen, daß er auch auf Dauer zunehmen kann. Ein weit kleinerer Posten sind die Einkommen aus Unternehmertätigkeit, aus sonstiger selbständiger Tätigkeit und aus Vermögen. In der englischen Statistik werden gesondert ausgewiesen der Bruttobetriebsgewinn der Gesellschaften *(gross trading profits of companies)*, der öffentlichen Körperschaften *(public corporations)*, der Bruttogewinn anderer öffentlicher Unternehmen *(gross profits of other public enterprises)*, Einkommen aus Miete und Pacht *(income from rent and lease)* sowie aus selbständiger Tätigkeit *(self-employment)*.

Die Amerikaner bilden eine Position „Unternehmer- und Selbständigen-Einkommen" *(business and professional income)* und weisen darunter zunächst Einkommen von Unternehmen ohne eigene Rechtspersönlichkeit (AE *income from unincorporated enterprises)* aus. Danach folgen die Einkommen der selbständigen Bauern *(farm proprietors),* das Miet- und Pachteinkommen von natürlichen Personen *(rental income of persons),* die Gewinne von Kapitalgesellschaften *(corporate profits)* und die Nettozinseinkommen *(net interest income).* In beiden englischsprechenden Ländern führt die Statistik eine Spalte für Vorratsbewertung (BE *stock appreciation)* beziehungsweise für Berichtigungen der Vorratsbewertung (AE *inventory valuation adjustment).*

Die volkswirtschaftliche Gesamtrechnung *(national accounting/accounts)* kennt sodann noch die Statistik der Verwendung des Sozialprodukts. Aber in den angelsächsischen Ländern ist das bereits dadurch erledigt, daß man dort das Sozialprodukt auch oder sogar in der Hauptsache von dieser Seite – von den Ausgaben *(expenditure)* her – ermittelt.

Im internationalen Vergleich ist die Investitionsquote *(rate of fixed capital formation)* eine besonders bedeutsame Größe. Sie ist der Teil des Sozialprodukts, der in die Erneuerung *(replacement)* und Erweiterung *(expansion)* der Produktionsmittel *(means/facilities of production)* geht. In England lag die Investitionsquote viele Jahre lang unter dem Durchschnitt der OECD-Länder *(OECD = Organization for Economic Cooperation and Development* Organisation für wirtschaftliche Zusammenarbeit und Entwicklung). Im Durchschnitt der OECD-Länder lag sie meist über 20, in England und Amerika unter 20 Prozent.

Das Gegenstück zur Investitionsquote ist die Sparquote *(rate of saving)*. Sie ist das Verhältnis der neugebildeten persönlichen Ersparnisse *(personal savings)* in einem Jahr zum persönlichen verfügbaren Einkommen *(personal disposable income)*. Die Unternehmen sparen in Form nichtentnommener Gewinne *(retained profits)*, die öffentliche Hand *(public sector)* in Form von Überschüssen der Einnahmen über die Ausgaben *(surplus of revenue over expenditure)*[1]. Neben dem freiwilligen Sparen *(voluntary saving)* des einzelnen *(individual)* kann es zu einem erzwungenen oder Zwangssparen *(enforced saving)* in Form gesetzlicher Abgaben an den Staat kommen. Eine hohe Inflationsrate *(rate of inflation)* verringert meist die Sparneigung *(propensity to save)*. Beim Vertragsparen *(committed/discretionary saving)* verpflichtet sich der Sparer *(saver, investor)*, regelmäßig gewisse Beträge auf die Seite zu legen *(put by)*.

Einige bedeutende Wirtschaftszweige

Some important sectors of the economy. Some important industries

Für viele Zwecke ist es aufschlußreich zu wissen, in welchem Maße die einzelnen Wirtschaftszweige *(sectors of the economy, industries)* zum Sozialprodukt beitragen *(contribute)*. Dazu ist es besonders notwendig, konstante Preise *(constant prices)*, das heißt volkswirtschaftlich: konstante Faktorkosten *(constant factor costs)* zu verwenden. Denn starke Preisschwankungen können ein völlig verzerrtes Bild von dem Beitrag der einzelnen Zweige ergeben.

Gewissermaßen am Anfang aller Dinge steht die Urproduktion *(primary production)*, und hier an erster Stelle die Land-, Forst- und Fischwirtschaft *(agriculture, forestry and fishing*/AE *fisheries)*. In vielen Ländern wächst die Produktion heutzutage nicht so rasch wie das Sozialprodukt. Dennoch leiden die westlichen Länder unter einer Überproduktion landwirtschaftlicher Güter *(overproduction of agricultural goods, agricultural overproduction)*. Noch immer sind zu viele Produktivkräfte *([productive] resources)* in der Landwirtschaft eingesetzt, jedenfalls zu viele menschliche. Man pflegt vor allem zu vergleichen, wieviel Prozent der Erwerbsbevölkerung *(working population)* in der Landwirtschaft beschäftigt sind und welchen Prozentsatz sie zum Sozialprodukt beisteuern. Die Tendenz ist, statt der Menschen Sachkapital *(real capital)* einzusetzen und in großen Hofeinheiten *(farm units)* zu konzentrieren.

In England waren in den ersten achtziger Jahren nur noch zwei bis drei Prozent der Erwerbsbevölkerung in der Landwirtschaft tätig, und sie trugen auch etwa gerade soviel zum Volkseinkommen bei. In den Vereinigten Staaten waren es ziemlich genau drei Prozent der Erwerbsbevölkerung, und sie trugen zum Sozialprodukt ungefähr soviel bei. In den anderen Ländern ist der Anteil der Bevölkerung jedoch weit höher als ihr Beitrag. Das günstigere Verhältnis in den angelsächsischen Ländern erklärt sich

[1] Bei der Zentralregierung *(central government)* in England geschieht das im *Consolidated Fund*, etwa unserem ordentlichen Staatshaushalt entsprechend. Überschüsse werden auf den *National Loans Fund* übertragen *(transferred)*, etwa unserem außerordentlichen Haushalt entsprechend. Im übrigen lassen sich für „ordentlicher" und „außerordentlicher Haushalt" auch mehr oder weniger verständlich die Wörter *ordinary* und *extraordinary budget*, für „Nachtragshaushalt" *supplementary budget* verwenden.

mit der besonders hohen Produktivität *(productivity)*, dem Ausstoß je Arbeitskraft *(output per man)* oder je Arbeitsstunde *(output per man-hour)*. Sie ist dort erreicht worden durch größere Einheiten an Grundbesitz, also größere Höfe *(larger holdings)*, und durch höheren Kapitaleinsatz *(capital investment, use of capital)*, zum Teil auch durch eine andere Agrarpolitik *(agricultural policy)*. Im Sinne der internationalen Arbeitsteilung *(international division of labo[u]r)* ist eine hohe Eigenproduktion und Eigenversorgung *(self-sufficiency)* eines Landes keineswegs immer begrüßenswert, denn tropische *(tropical)* und subtropische *(subtropical)* Länder können dank des günstigeren Klimas oft das gleiche oder mehr mit weit geringerem Kapitaleinsatz erzeugen *(produce*[1]*)*.

Ein anderer Zweig der Urproduktion, dessen Beitrag zum Sozialprodukt sich gegenüber früher stark vermindert hat, ist der Kohlebergbau *(coal-mining industry)*. Er ist jedoch noch immer eine der wichtigsten Grundstoffindustrien *(basic materials industries)*. Die Kohle wird entweder im Tagebaubetrieb *(open-cast mining)* oder aber im Untertagebetrieb *(underground/deep mining)* gefördert *(mined, hauled)*. Bei der Kohle war es nicht so sehr die Konkurrenz des Auslands *(competition from abroad)*, die den Schrumpfprozeß *(shrinking process, shrinkage)*, die Einschränkung *(run-down)* in einer Reihe von Industrieländern auslöste, als vielmehr der Wettbewerb durch andere Energieträger *(sources of energy/power)*: Erdöl *(mineral oil*, AE auch *petroleum)*, Erdgas *(natural gas)* und mehr und mehr die Kernenergie *(nuclear power)*, weniger die Wasserkraft *(hydro-electric power)*. Die Struktur der Energieversorgung *(structure of energy supply*[2]*)* hat sich im späten zwanzigsten Jahrhundert ganz wesentlich gewandelt. Ein entscheidender Grund war die bessere Wirtschaftlichkeit *(better efficiency)* durch größere Einheiten *(bigger units)*: im Transport *(transport)* des Rohöls *(crude oil)* über den Ozean in Supertankern, oder wie sie heute genannt werden: *VLCC (= very large crude carriers)* und den noch größeren, etwa ab 400000 Tonnen Tragfähigkeit *(tons deadweight)*: *ULCC (= ultra-large crude carriers)*; in der Weiterbeförderung der Raffinerie-Erzeugnisse *(refined products*[3]*)* in Binnentankern *(inland waterways tankers)* und Straßentankfahrzeugen *(road tankers)*. Mit dem Wachsen des Verbrauchs ist es wirtschaftlicher *(more economic[al])* geworden, Binnenlandraffinerien *(inland refineries)* statt Küstenraffinerien *(coastal refineries)* zu betreiben, und dazu legt man Rohrleitungen *(pipelines)* von immer größerer Kapazität *(capacity)*. Als 1973 für die ganze Welt eine überaus ernste Energielücke *(energy gap)* sichtbar wurde, gewann die Kohle wieder an Wertschätzung. Es wurde erneut die Forderung erhoben, die Stillegung von Kohlenzechen *(closure of coal pits)* zu beenden.

Die Ölindustrie selbst zählt gemeinhin nicht zur Grundstoffindustrie, weil sie zugleich verarbeitende *(manufacturing)* Industrie ist. Mit dem Kohlenbergbau zusammen sind aber der Erzbergbau *(ore-mining industry)* und die Industrie der Steine und Erden *(quarrying industry)* zu nennen, genauer: Steinbrüche *(quarries)*, Sandgruben *(sand pits)* und ähnliches. Die Eisenerz-Bergwerke *(iron-ore mines)* und die Bergwerke für Nichteisenmetalle *(non-ferrous metals)* haben in Ländern

[1] *Produce* ist mehr das Produzieren von Naturerzeugnissen, hingegen *manufacture* das Produzieren industrieller Erzeugnisse.

[2] Gemessen und verglichen wird die Energiemenge u. a. in „Tonnen Steinkohlen-Einheiten" *(tons of coal equivalent)* oder „Tonnen Öleinheiten" *(tons oil equivalent)* – metrische Tonnen jedoch: „tonnes". Eine metr. Tonne = 7,33 Faß *(barrels)* Rohöl.

[3] *Product* ist mehr das künstliche, industrielle Erzeugnis, *produce* eher das natürliche, gewachsene Erzeugnis.

wie der Bundesrepublik und England das Schicksal der Kohle geteilt. Wegen ihres geringen Metallgehalts *(metal content)* und der oftmals dürftigen Lagerstätten *(deposits)* wurden die inländischen Erze *(domestic ores)* mehr und mehr durch ausländische *(foreign ores)* ersetzt. Auch hier machte sich der Zug zur größeren Einheit *(trend towards the bigger unit)* geltend, vor allem wieder in der Schiffahrt *(shipping)*. Immer größer wurden, wie die Tanker, so auch die Massengutschiffe *(bulk carriers)* für Trockenfracht *(dry cargo)* und damit auch die Erzschiffe *(ore carriers)*. Allerdings dürfte es hier wohl nicht zu den gleichen Größen kommen wie in der Tankschiffahrt *(oil shipping)*, also nicht bis zu 500 000 Tonnen Tragfähigkeit *(tons deadweight – tdw, dwt)*. In den sechziger Jahren begann man in der Massengutfahrt *(bulk shipping)*, immer mehr zu kombinierten Fahrzeugen *(combined vessels)* überzugehen, die sowohl Öl als auch Erz und anderes Massengut *(bulk cargo)*, vor allem Getreide *(grain)*, laden können. Sie werden meistens als *OBO-Schiffe* bezeichnet (abgekürzt für *oil, bulk, ore)* und sind vielseitig verwendbar. Mit den großen „Kärrnern des Seetransports" *(ocean transport carriers)* verbilligt sich die Frachtrate *(freight rate)* je Tonne Ladung *(freight)* so weit, daß es Sinn hat, zum Beispiel hochwertige Eisenerze von Australien rund um die halbe Erde heranzuschaffen.

Auf Kohle und Erz baut die Eisen- und Stahlindustrie *(steel industry)* auf. Stahl ist trotz des Vordringens der Kunststoffe *(plastics)* nach wie vor das Ausgangsmaterial *(basic material)* für ein großes Sortiment von weiterverarbeiteten Waren *(a wide range of manufactured goods)*. Man unterteilt die Stahlerzeugnisse *(steel products)* in Massenstahl *(bulk steel)* und Edelstahl *(high grade steel)* sowie legierten Stahl *(alloy steel)*, in Halbzeug *(semi-finished products, semis)* in der Form von Blöcken *(blooms)*, Brammen *(slabs)*, Knüppeln *(billets)*, Platinen *(sheet bars)*, und Fertigerzeugnisse *(finished products)*. Aus dem Walzwerk, der Walzenstraße *(rolling mill)* kommen als die eine große Hauptgruppe Flachstahl *(flats)*, darunter Grobblech *(heavy plate)*, Mittelblech *(medium plate)* und Feinblech *(sheet)*, Bandstahl *(strip)* aus dem Bandwalzwerk *(strip mill)*. Die zweite Hauptgruppe ist Profilstahl *(section)*, darunter Eisenbahnmaterial *(railway materials)*, besonders Schienen *(rails)* und Schwellen *(sleepers)*, ferner Breitflanschträger *(broad/wide flanged beams)*, Spundwandstahl *(steel sheet piling)*. Aus dem Röhrenwerk *(tube rolling mill)* kommen Großrohre *(tubes)*, nahtlose Rohre *(seamless tubes)* und Röhren *(pipes)*. Einige weitere Bezeichnungen: Baustahl *(engineering steel)*, Werkzeugstahl *(tool steel)*, Schnellarbeitsstahl *(high speed steel)*, Stahlgußstücke *(steel castings)*, Radkörper *(wheels)*, Achsen *(axles)*, Warmwalz-Bandstahl *(hot-rolled strip)*, Walzdraht *(wire rod)* und andere leichte Walzerzeugnisse *(light-rolled products)*, kaltgewalzter Bandstahl *(cold-rolled strip)*, überzogene und blanke Bleche *(sheets coated and uncoated)*, Weißblech *(tin plate)* und Schwarzblech *(black plate)*, Armaturen *(fittings)*.

Besonders leistungsfähige *(efficient)* Stahlwerke *(steelworks)* haben Japan, die Bundesrepublik und die USA, diese in manchen Jahren mit einem Jahresausstoß *(annual output)* von fast 130 Millionen Tonnen Rohstahl *(crude steel)*. Die britische Stahlindustrie hat den Glanz ihrer alten Tage eingebüßt. War England einmal das Ursprungsland der modernen Stahlerzeugung mit vielerlei technischer Neuerung *(technical innovation)*, an die sich so geläufige Namen wie Thomas und Bessemer knüpfen, so ist es heute in der Rangliste *(league table)* der Nationen weit zurück. Die Gründe dafür sind die allgemeine Wirtschaftspolitik, die Eingriffe der Regierungen *(government intervention)* und die Verstaatlichung *(nationalization)*. Viele Jahre lang pflegten die Regierungen dem Staatskonzern, der British Steel Corporation, Preisbeschränkungen *(price restrictions/controls)* aufzuerlegen, so daß er den Boom nicht ausnutzen und nicht genügend Mittel durch Selbstfinanzierung *(cash flow)* ansammeln konnte. Das verzögerte die Modernisierung *(modernization)*, führte zur Schrumpfung *(shrinking process)*. Alte, unrationelle Anlagen *(uneconomic plants)* mußten durch moderne Anlagen *(modern plants)* ersetzt werden. Die Hochöfen *(blast-furnaces)* zur Erzeugung des Roheisens *(pig iron)* müssen nach und nach durch solche mit größerer Fassungskraft ersetzt werden. An die Stelle der alten Konverter *(converters)* und des Siemens-Martin-Verfahrens *(open-hearth process)* trat immer mehr der Sauerstoffkonverter *(oxygen converter)* mit dem Sauerstoff-Blasverfahren (in England: *basic oxygen steelmaking – BOS)*. Gleichzeitig nahm der Anteil der Stahlproduktion aus Elektroöfen *(electric arc furnaces)* zu. Daneben aber entwickelten die Techniker das Reduktionsverfahren *(direct reducing steelmaking)*, bei dem man keinen Hochofen mehr braucht.

Die britische Stahlindustrie ist am 1. Januar 1973, entsprechend den Preisvorschriften *(price rules/regulations)* der Europäischen Gemeinschaft für Kohle und Stahl *(European Coal and Steel Community)*, auf deren System der Preisstellung, der Preisangabe *(pricing)* übergegangen. Hierbei wird der Preis für jedes Produkt *(product)* von einer Frachtbasis *(basing point)* angegeben. Die Transportkosten *(transport charge)* von der Frachtbasis zum Bestimmungsort *(destination)* werden dem Frachtbasispreis hinzugefügt. Außerdem verlangt die Gemeinschaft die Veröffentlichung von Frachtsätzen *(transport rates)*. Daher veröffentlichen die Briten auch einen Allgemeinen Eisen- und Stahl-Frachttarif *(General Iron and Steel Carriage Tariff)*, der die tatsächlichen Frachtkosten *(actual carriage costs)* so zutreffend wie möglich wiedergibt.

Versorgungsbetriebe in öffentlicher Hand

Public utilities in public ownership

Die Versorgungsunternehmen *(public utilities)* sind in vielen Ländern mehr oder weniger vom Staate kontrolliert *(government-controlled)*. Sie sind die Hersteller *(producers)* und Verteiler *(distributors)* von Strom, Gas, Wasser und Fernmeldediensten *(telecommunication services)*. In der Regel sind sie in Staatsbesitz *(public ownership)*, doch hat man in England einiges privatisiert *(privatized)*. Elektrischer Strom *(electricity)* wird in England erzeugt *(generated)* und übertragen *(transmitted)* durch die Zentrale Elektrizitätsversorgungs-Anstalt *(Central Electricity Board)* und abgesetzt von örtlichen Regiebetrieben *(„Boards“)*. Schon bald nach der Einführung des elektrischen Stroms wurden die Kraftwerke *(power stations)* und das Versorgungsnetz *(national/supply grid)* in öffentliche Hand übergeführt *(taken over in public ownership)*. Später wurde auch die Gasversorgung *(gas supply)* verstaatlicht. Die wichtigsten Verfahren der Gewinnung von Gas sind heutzutage die Ausbeutung von Erdgas-Lagerstätten *(exploitation of natural gas deposits)*, die Verkokung von Kohle *(carbonizing coal)* und die Gaserzeugung aus Erdöl *(oil-based gas production)*. Zu dem in den Gaswerken *(gasworks)* erzeugten Gas kommt das hinzugekaufte Raffineriegas *(refinery gas)* und Kokereigas *(coke oven gas)* von der Industrie.

Das Monopol *(monopoly)* im Fernmeldewesen *(telecommunications)* hat in den meisten Ländern heutzutage die Post. Sie betreibt den Telefon-, Telegrafen- und Fernschreibdienst *(telephone, telegraph and telex service),* teils mit Kabel *(by cable),* teils mit drahtlosem Dienst *(wireless service);* die vorläufig letzte Entwicklungsstufe ist die Satellitenübertragung *(satellite transmission).*

Eine besondere Stellung zwischen der Grundstoffindustrie und der weiterverarbeitenden *(manufacturing)* Industrie nimmt die Bauindustrie ein, genauer: das Bauhauptgewerbe *(construction/building industry,* AE *contract construction),* ein bedeutender Industriezweig *(industry).* Sie beschäftigt in England sieben Prozent aller Arbeitskräfte *(of the total labo[u]r force),* und ihre Nettoproduktion *(net output)* ist auch etwa sieben Prozent des Bruttosozialprodukts. Ihr Produktionsvolumen *(volume of production)* und ihre Auftragslage *(order position)* sind wichtige Indikatoren, Meßgrößen *(indicators)* für das Urteil über die Konjunktur *(economic trend/background/activity, economic/business/trade cycle)* und die Konjunkturaussichten *(economic prospects).* Innerhalb der Bautätigkeit *(constructional work, construction activity)* wird zwischen Neubautätigkeit *(new constructional work,* AE *new construction activity)* einerseits und Reparatur und Instandhaltung *(repair and maintenance)* andererseits unterschieden, aber die Neubautätigkeit überwiegt an Bedeutung bei weitem. Dem Bauhauptgewerbe schließt sich eine Reihe von Bauhilfsgewerben *(construction ancillary trades)* an, wie das des Zimmermanns *(carpenter),* Installateurs *(plumber),* Gipsers *(plasterer).*

Für die Beobachtung der Konjunktur ist von Interesse, ob die Bauunternehmer *(contractors)* mehr mit Wohnungsbau *(house building, new housing,* AE *residential building),* mit Tiefbau *(civil engineering)* oder mit Industrie- und Gewerbebau *(industrial and commercial building)* beschäftigt sind. Weniger bedeutsam ist das landwirtschaftliche Bauwesen *(farm building).* Genaugenommen gehören nicht zum Baugewerbe der Industrieanlagen- und Ingenieurbau *(industrial plant manufacture, plant contracting).* Man unterscheidet auch danach, ob die Neubauaufträge *(new building orders)* mehr aus dem privaten Bereich *(private sector)* oder dem öffentlichen Bereich *(public sector)* stammen, um einen Eindruck zu bekommen, wieviel private Initiative sich entwickelt.

Im Wohnungsbau führt man eine Baufortschrittsstatistik *(house building progress summary):* Man stellt die Zahl der Wohnungsbaugenehmigungen *(housing units authorized)* und der Finanzierungsanträge *(applications for financing)* zusammen, erfaßt das Volumen der angefangenen Neubauten *(construction begun),* die Wohnungen im Bau *(dwellings under construction)* und die fertiggestellten Bauten *(completions).* Das Volumen an Industrie- und Gewerbebau sagt etwas aus über das Vertrauen *(confidence)* der Unternehmer *(employers, businessmen)* in das künftige Geschäft *(future business)* und läßt im Anschluß an die Bauinvestitionen *(expenditure on buildings)* Aufträge für Ausrüstungsinvestitionen *(capital expenditure/investment on equipment),* für Maschinen und Anlagen *(plant and machinery)* oder für Geschäfts- und Büroausstattung *(shop and office equipment)* erwarten. Im öffentlichen Bau *(civil construction/engineering*[1]*)* geht es zum Teil

[1] In der Hauptsache Tiefbau, teils auch öffentlicher Hoch- und Wohnungsbau.

um die sogenannte Infrastruktur *(infrastructure)*, also um Straßen *(roads)*, Häfen *(harbo[u]rs, ports)*, Wasserversorgung *(water supply)*, Abwässersysteme *(sewerage systems)*, Brücken *(bridges)*, Talsperren *(dams)*, Hochwasserbauten *(flood defences)*, Pumpspeicherwerke *(pumped-storage electricity stations)*, Ölumschlaganlagen *(oil terminals)* u. a. Auch diese Investitionsprogramme *(capital expenditure programmes)* und diese Investitionstätigkeit *(capital expenditure activity)* der Zentralregierung *(central government)*, der Gemeinden und Gemeindeverbände (für beides: *local authorities)* und anderer öffentlicher Körperschaften *(public corporations)* lassen Schlüsse auf den weiteren Verlauf der Konjunktur zu.

Der Bauwirtschaft *(building trade)* kommt in Jahren rascher Geldentwertung *(rapid deterioration of the value of money)* die Inflationsfurcht *(fear of inflation)* der Menschen und der Erfahrungssatz zugute: „*With brick and mortar you are never wrong*“ – „Mit Ziegel und Mörtel liegst Du immer richtig“.[1]

Konsumgüter sind manchmal Investitionsgüter

Sometimes consumer goods are capital goods

Das weite Feld der verarbeitenden Industrie unterteilt sich in Investitionsgüter-, *(capital goods industry)*, Produktionsgüter- *(intermediate goods industry)* und Konsumgüterindustrie *(consumer goods industry)*. Investitionsgüter *(capital/investment goods)* und Produktions(zwischen)güter – oftmals Halbwaren *(semi-finished goods)* – dienen nicht unmittelbar dem Verbrauch, sondern der Herstellung anderer Güter. Oft ist jedoch ein Produkt zugleich Investitions- und Konsumgut, zum Beispiel eine Schreibmaschine *(typewriter)* oder ein Personenwagen *([passenger] car)*.

Das folgende ist eine Liste wichtiger Industriezweige, soweit sie nicht schon erwähnt wurden, im wesentlichen gemäß der britischen Industrieklassifizierung *(Standard Industry Classification – SIC)*. Das Wort „Industrie“ ist der Kürze halber meist weggelassen:

Allgemeiner Maschinen- und Gerätebau *(general mechanical engineering)*, Leichtmaschinenbau *(light engineering)*, Schwermaschinenbau *(heavy engineering)*, Elektrotechnik *(electrical engineering)*, Meß- und Regeltechnik *(instrument engineering)*, Landmaschinenbau *(agricultural engineering)*, Werkzeugmaschinen für Metallbearbeitung *(metal-working machine tools)*, Kleinwerkzeuge und Meßlehren *(small tools and gauges)*, gewerbliche Motoren *(industrial engines)*, Textilmaschinen *(textile machinery)*, Fördermittel *(mechanical handling equipment)*, Baumaschinen *(contractors' plant)*, Erdbewegungsmaschinen *(earth-moving machinery)*, Büromaschinen *(office machinery)*, Industrie- und Stahlbau *(industrial plant and steelwork building)*, wissenschaftliche, chirurgische und fotografische Instrumente *(scientific, surgical and photographic instruments)*, elektrische Haushaltsgeräte *(domestic electrical appliances)*, Kessel und Kesselhausanlagen *(boilers and boilerhouse equipment)*, Kühl-, Heiz- und Lüftungseinrichtungen *(refrig-*

[1] Vom Bauunternehmen zu unterscheiden ist die Bauträgergesellschaft *(developing company, property developer)*, die Grundstücke erschließen und bebauen läßt. Oft aber beschränkt sich eine Grundstücksgesellschaft *(property company)* auf die Verwaltung ihres Grundbesitzes.

eration, space heating and ventilation equipment), Pumpen, Kompressoren und Ventile *(pumps, compressors and valves)*, Kugel- und Rollenlager *(ball and roller bearings)*, Holzbearbeitungsmaschinen *(woodworking machinery)*.

Flugzeug- und Flugmotorenindustrie *(aircraft and aero-engines industry)*, Raumfahrtindustrie *(aerospace industry)*, Schwebezeugindustrie *(hovercraft industry)*, Werften *(shipyards)* für den Bau von Handels- *(merchant shipbuilding)* und Kriegsschiffen *(naval shipbuilding)*, Kraftfahrzeugindustrie *(motor [vehicles] /AE automotive industry)*, Personenwagen *(cars)*, Nutzfahrzeuge *(commercial vehicles)*, Teile und Zubehör *(parts and accessories)*; Zweiradindustrie *(bicycle and motorcycle industry)*; Lokomotiven und Gleisanlagen *(locomotives and railway track equipment)*, Eisenbahn-Personenwagen *(railway carriages)*, Güterwagen *(goods waggons, AE freight cars)* und Straßenbahnen *(trams, AE streetcars)*, Rüstungsindustrie *(armament industry)*.

Nahrungsmittel, Getränke und Tabakwaren *(food, drink and tobacco)*: Mühlenindustrie *(grain milling)*, Molkereierzeugnisse *(dairy products)*, Brot und Mehl *(bread and flour)*, Süßwaren und Kekse *(confectionery and biscuits)*, Kakao-, Schokoladen- und Zuckerindustrie *(cocoa, chocolate and sugar confectionery*/AE *candy industry)*, Obst- und Gemüseerzeugnisse *(fruit and vegetable products industry)*, Industrie für Fleisch- und Fischerzeugnisse und Speckräucherei *(meat and fish products, bacon curing industry)*; Getränkeindustrie *(beverages industry)*: Spirituosenindustrie *(distilled spirits industry, distilleries)*, Brau- und Mälzindustrie *(brewing and malting, breweries and malting plants)*, Industrie der alkoholfreien Getränke *(soft drinks industry)*; Tierfuttermittel *(animal feeding stuffs)*.

Textilindustrie *(textile industry)*: Spinnereien und Webereien *(spinning and weaving mills)*, Baumwollindustrie *(cotton industry)*, Woll- und Kammgarnindustrie *(woollen and worsted industry)*, Chemiefaserindustrie *(man-made fibres industry)*, Strick- und Wirkwarenindustrie *(knitwear and hosiery)*, Leinen-, Jute- und Spitzenindustrie *(linen, jute, lace)*, Teppiche und Vorleger *(carpets and rugs)*; Bekleidungsindustrie *(clothing industry)*: Oberbekleidungsindustrie *(outerwear industry)*, Unterbekleidung *(underwear)*, Hemdenfabrikanten *(shirt makers)*, Kleiderfabrikanten *(dress makers)*, Fabrikanten von Damenunterwäsche *(lingerie makers)*, Kleinkinderbekleidung *(infants'*/AE *children's wear)*, Hüte-, Mützen-, Putzwarenfabrikation *(hats, caps and millinery industry)*; Seil-, Bindfaden- und Netzindustrie *(rope, twine and net industry)*, Lederindustrie *(leather tanning and dressing industry)*, Lederwarenindustrie *(leather goods industry)*, Schuhindustrie *(footwear industry)*, Pelzindustrie *(fur industry)*, Kürschnerei *(furrier's trade)*.

Ziegel, Töpferwaren, Glas, Zement *(bricks, pottery, glass, cement)*: Ziegeleien *(brickyards)*, Schamotte- und Feuerfestindustrie *(fireclay and refractory goods industry)*, Schleifmittelindustrie *(abrasives industry)*, Baumaterialindustrie *(building materials industry)*, Zementindustrie *(cement industry)*, holzverarbeitende und Möbelindustrie *(timber*/AE *lumber and furniture industry)*, Bettzeugfabrikation *(bedding manufacture)*; Papier-, Druck- und Verlagsgewerbe *(paper, printing and publishing industry)*: Papier und Pappe *(paper and cardboard)*, Schwerkartonbehälter *(cardboard boxes)*, Leichtkartonbehälter *(cartons)*, Kisten aus Faserplatten *(fibre-board packing cases)*, Verlag von Zeitungen und Zeitschriften *(newspapers and periodicals publishing)*, Buchbindergewerbe *(bookbinding)*, Graveurgewerbe *(engraving)*.

Gummiindustrie *(rubber industry),* Reifenindustrie *(tyre/*AE *tire industry),* Industrie für Spielwaren und Sportartikel *(toys, games and sports equipment industry);* Schreibwarenindustrie *(stationery industry).*

Chemische und verwandte Industrie *(chemical and allied industries):* Organische *(organic)* und anorganische *(inorganic)* Chemikalien, Herstellung von Schmierölen und Fetten *(manufacture of lubricating oils and greases),* Chemikalien und Färbstoffe *(chemicals and dyes),* Düngemittel *(fertilizers),* Kunststoffe *(plastics),* synthetischer Gummi *(synthetic rubber),* pharmazeutische Industrie *(pharmaceutical industry),* Körperpflegemittel *(toilet preparations),* Sprengstoffe und Feuerwerk *(explosives and fireworks),* Anstrichfarben und Druckerschwärze *(paints and printing ink),* pflanzliche und tierische Öle, Fette, Seifen und Waschmittel *(vegetable and animal oils, fats, soaps and detergents),* Kunstharze und Kunststoffe *(synthetic resins and plastics materials),* Polituren, Gelatinen, Klebemittel *(polishes, gelatines, adhesives).*

Schmuckwaren-, Gold- und Silberwarenindustrie *(jewellery, gold and silver manufacture),* Schneidwaren-, Besteckindustrie, Flachwaren *(cutlery and flatware),* Haushaltshohlwaren *(domestic hollow-ware),* Werkzeuge und Arbeitsgeräte *(tools and implements),* Bolzen, Muttern, Schrauben, Nieten *(bolts, nuts, screws, rivets),* Drahtzieherei *(wire manufacture)*, isolierte Drähte und Kabel *(insulated wires and cables)*, Computerbau *(computer manufacture)*, Unterhaltungs-, Verteidigungs-, Fernmelde-Elektronik *(entertainment electronics, defence e., telecommunications e.).*

Sortimentserweiterung im Bäckerladen

Diversification at the bakery

Oft werden – zu Unrecht – die Beiträge der sonstigen Wirtschaftszweige vergessen oder geringgeschätzt. Im Falle des Handwerks *([handi]craft)* ist noch ohne weiteres zu sehen, wie unter dem Werkzeug des Handwerkers *(craftsman, artisan)* Gegenstände von neuem Wert entstehen. Allerdings verliert das Handwerk in vielen Tätigkeitsbereichen *(fields of activity)* seinen Charakter oder verschwindet mehr oder weniger. Wegen der hohen Löhne *(wages)* zahlen sich handwerkliche Geschicklichkeit *(craftsmanship)* und selbst Reparaturarbeit nicht aus *(repair work does not pay).* In seiner reinsten Form, wo es auf Handfertigkeit *(manual skill)* ankommt, hat es eine besonders gute Chance im Kunstgewerbe *(in arts and craft).* In vielen Zweigen ist jedoch die Massenproduktion *(mass production)* an die Stelle des Handwerks getreten, und dieses hat sich dafür stärker dem Einzelhandel *(retail trade)* zugewandt. Handelswaren *(merchandise)* bestimmen heute oft das äußere Bild vieler Läden *(shops/*AE *stores),* die früher reine Handwerksbetriebe *(handicraft shops)* waren. Der Verkauf von Benzin und Dieselöl an der Tankstelle *(petrol/filling/*AE *gas station)* ist für die kleine Kraftfahrzeug-Werkstatt *(garage)* zumindest ein wichtiges Zusatzgeschäft *(additional business),* wenn nicht sogar schon wichtiger als die Reparatur und Wartung *(repair and service).* Der Bäcker *(baker)* bäckt vielleicht noch Brot, Brötchen *(rolls)* und Konditorwaren *(pastry, confectionery, patisserie),* aber außerdem ist sein Laden bis zur Decke gefüllt mit Konserven *(tinned/*AE *canned food),* und in der Ecke hat er eine Tiefkühltruhe *(deep-freeze cabinet, deepfreezer)* für tiefgekühlte Lebensmittel *(deep-frozen food)* stehen. Das gleiche findet sich beim Fleischer *(butcher)*. Die Ausgaben *(expenditure)* der Verbraucher für Lebensmittel *(food)* steigen nicht im gleichen Maße wie ihre Gesamtausgaben *(overall expenditure)*, vor allem nicht für Grundlebensmittel *(basic food)*. Hingegen erfreuen sich Fertiggerichte *(convenience foods)* wachsender Beliebtheit. An diesem Geschäft versuchen die Nahrungsmittelhandwerker und die Lebensmittelfachgeschäfte (beide Gruppen: *specialist food shops)* wie Obst- und Gemüsehändler *(greengrocers*, AE *vegetable men)*, Fischhändler *(fishmongers)* und Milchhändler *(dairymen*, AE *milkmen)* ebenso teilzuhaben wie der allgemeine Lebensmittelladen *(grocer's shop*, AE *grocery)*. Mit allen diesen Lebensmittelgeschäften *(food shops)* stehen die Supermärkte *(supermarkets*[1]*)*, die Ladenketten *(multiple shops, chain stores, chains)* des Lebensmittelhandels und die Lebensmittelabteilungen *(food departments)* der Kaufhäuser *(department stores)* in Konkurrenz.

Dem Handel, Großhandel *(wholesale trade)* wie Einzelhandel *(retail trade)*, wird oft in oberflächlicher Betrachtung nachgesagt, er erfülle keine produktive Aufgabe *(productive function)*, er sei ein reiner Verteilerdienst *(distributive service)*. Aber nehmen wir den Fall eines Eisenwarenhändlers *(ironmonger's*/AE *hardware shop)*: Er muß mehr oder weniger das ganze Sortiment *(the whole range)* an Eisenwaren *(ironware, AE hardware)* auf Lager halten *(keep in stock)* und das wichtigste davon im Schaufenster *(shop-window*, AE *show window)* ausstellen *(display)*. Das erfordert Raum *(space)*, Ladenausstattung *(shop equipment)*, Büroausstattung *(office equipment)*, Ladentische *(counters)*, Regale *(shelves*, Singular: *shelf)*, Ladenkasse *(till)*, meist Registrierkasse *(cash-register)* und vieles andere. Er braucht Verkäufer *(shop-assistants, salesmen)* oder Verkäuferinnen *(lady shop-assistants*, AE *saleswomen, salesladies)*, schließlich will der Ladeninhaber *(shopkeeper)* selbst ein Entgelt *(remuneration)* für seine Arbeit. Er muß Kapital aufs Spiel setzen *(put capital at risk)*, für das er anderwärts Zins *(interest)* bekäme; also muß er bei seiner Kostenrechnung *(costing)* Zinsen in Rechnung stellen *(take interest into account)*. Viele weitere Dinge kosten Geld: Licht, Heizung, Reinigung, Telefon, Büromaterial. Wenn es den Handel nicht gäbe, müßte der Hersteller *(manufacturer)* diese Aufgabe übernehmen, aber auch er hätte diese Kosten *(cost[s])*.

Oft versucht der Handel, eine oder einige seiner Funktionen einzusparen, um die Kosten zu senken *(to reduce cost)*. Beim Cash-and-Carry-System zum Beispiel spart der Großhändler *(wholesaler)* oder auch der Einzelhändler *(retailer)* Personal ein und kann daher seine Preise senken *(cut [down] prices)*, indem er vom Käufer *(buyer, purchaser)* Barzahlung *(cash payment)* verlangt und ihm

[1] Für noch größere Einkaufsstätten, im Deutschen oft als „Einkaufsmarkt" bezeichnet, gibt es *superstore* und *hypermarket*. Die Abgrenzung zwischen diesen beiden Bezeichnungen ist nicht scharf, aber *hypermarket* ist der größere. Sein Merkmal ist eine Verkaufsfläche *(selling area)* von 3000 oder besser noch 4500 Quadratmetern, reiner Selbstbedienungsbetrieb *(self-service operation)* mit einer großen Zahl Kassen *(checkouts)*, unentgeltliche *(free)* Parkmöglichkeit *(car parking)* für mindestens tausend Fahrzeuge, Standort *(location)* außerhalb des Stadtzentrums *(off centre)*. Der Warenhandel in sehr großen Mengen *(mass merchandising)* durch den Hypermarkt-Unternehmer macht es möglich, daß die Waren schon vom Lieferanten *(supplier)* mit Preisen ausgezeichnet *(pricemarked)* und direkt in den Verkaufsraum *(shop floor)* geliefert werden. – So unter anderem nach *„The Grocers' Gazette"*, February 3, 1973, S. 10, The Grocers' Gazette Ltd., London.

Hingegen wird die abgegrenzte Ansammlung von Geschäften meist mit „Einkaufszentrum" *(shopping centre, -er)* bezeichnet; liegt es draußen vor der Stadt, so ist es ein *out-of-town shopping centre, -er*.

auch das Zusammenstellen und den Transport *(transport)* der Ware überläßt. Beim Streckengeschäft/-versand (AE *drop shipment)* nimmt der Großhändler die Ware nicht auf Lager *(in stock/store)*, sondern läßt die Sendung *(consignment, shipment)* direkt vom Hersteller zu seinem Kunden *(customer)*, zum Beispiel Einzelhändler gehen. Der Streckengroßhändler unterscheidet sich vom Kommissionär *(commission agent/merchant)*[1] dadurch, daß er für eigene Rechnung *(for own account)* handelt. Sein Entgelt ist also nicht eine Provision *(commission)*, sondern eine Handelsspanne *(gross [profit] margin)* oder, vom Einstandspreis *(cost price)* her gesehen, ein Aufschlag *(mark-up)* (Gegensatz: Preisabschlag, Preisermäßigung *mark-down)*. Nicht selten, vor allem im Handel mit Markenartikeln *(proprietary/branded goods)*, ist es jedoch üblich, daß der Groß- oder Einzelhändler von seinem Lieferanten *(supplier)* den vollen Wiederverkaufspreis *(resale price)* in Rechnung gestellt bekommt *(is charged with)* und ihm darauf der Händlerrabatt *(trade discount)* gewährt wird. Die Preisliste *(price list)* für den Kunden des Wiederverkäufers wird dann schon von dessen Lieferanten, also meist dem Hersteller, aufgestellt *(made out)*. Dem Einzelhändler wird sogar die Preisauszeichnung *(price marking)* erspart: Nicht nur ist bei Markenartikeln *(branded goods)* die Warenmarke *(trademark, brand)* des Herstellers ersichtlich, sondern auch der Einzelhandelspreis *(retail price)* ist bereits auf der Packung *(packet/package)* aufgedruckt. Wenn der Einzelhändler sich an den Preis des Herstellers hält, kann er allenfalls noch mit Rabattmarken *(trading stamps)* oder einer Zugabe *(free gift)* vom Preis her so etwas wie einen Kaufanreiz *(inducement/incentive to buy)* geben.

In der Handelsspanne ist die Gewinnspanne *(profit margin)* des Händlers enthalten ebenso wie im Verkaufspreis *(selling price)* des Herstellers dessen Gewinn. Leider verwechselt der Verbraucher Handelsspanne und Gewinn oftmals und kommt dadurch zu dem Eindruck, daß der Handel zuviel „aufschlägt“ *(marks up)* und ungerechtfertigte *(unjustified)*, übertrieben hohe *(excessively high)* Preise verlangt. In einem Markt mit Wettbewerb *(competitive market)* hat das jedoch seine Grenzen, denn auf die Dauer würde der Händler sich durch überhöhte Preise selbst die Kundschaft vertreiben *(price himself out of the market)*. – Gelegentlich gesteht ein Großhändler auch einem Letztverbraucher seinen Großhandelspreis *(trade price)* zu, der normalerweise nur einem Einzelhändler berechnet wird *(as normally charged to the retailer)*. Aber abgesehen von diesen Ausnahmen führt der übliche Absatzweg *(usual channel of distribution)* über den Einzelhändler.

Die Bedeutung des Verkehrsgewerbes *(transport/*AE *transportation industry)* für die Volkswirtschaft ist unumstritten: Die Güter *(goods)* müssen dorthin gebracht werden, wo sie den meisten Nutzen stiften *(where they are of the greatest utility/benefit)*. Allein durch die Beförderung *(transportation)* kann ihr Wert *(value)* stärker zunehmen als durch den Produktionsprozeß *(production process)*. Moderne Transportmittel *(means of transport/*AE *transportation)* bedeuten hohe Investitio-

[1] Als Einkaufskommissionär *(buying/purchasing agent)* wird der Kommissionär (auch *factor)* nach deutschem Recht immerhin Eigentümer *(owner)* der Ware. Als Verkaufskommissionär *(selling agent)* nimmt er Ware „in Kommission“ *(on consignment)*. Die Wörter *consign, consignor, consignee* bedeuten im engeren Sinne „in Kommission geben“, „Kommittent = Übergeber/Versender von Konsignationsware“ *(consigned goods)*, „Empfänger von Konsignationsware“. Im weiteren Sinne bedeuten sie „versenden, liefern“, „Absender“ (auch *sender)*, „Empfänger“ (auch *recipient)*.

nen *(investment, capital expenditure)*, sei es im Land-, See- oder Luftverkehr *(land, ocean, or air transport)*. Die Regierungen glauben deshalb, sie müßten auf weite Bereiche des Transportwesens ihre Hand legen, sonst könnten Überkapazitäten *(overcapacity)* entstehen und ein ungesunder Wettbewerb *(unhealthy competition)* aufkommen. Meist ist daher zumindest das Eisenbahnsystem *(railway/*AE *railroad system)* verstaatlicht *(nationalized)*. Auf weniger wichtigen Strecken *(lines)* dürfen sich daneben auch private Eisenbahngesellschaften *(private railway/*AE *railroad companies)* betätigen. In den Vereinigten Staaten allerdings ist beinahe das gesamte Land-, See- und Luftverkehrsgewerbe (AE *land, sea and air transportation)* in Privatbesitz *(privately owned)*. Nur ein kleiner Teil aller Beförderungsmittel *(transport vehicles)* ist in Staatsbesitz *(government-owned)*. Jedoch sind viele Flughäfen *(airports)* und andere Verkehrseinrichtungen *(transportation facilities)* in öffentlichem Besitz und werden von der Bundesregierung *(federal government)* oder örtlichen Behörden betrieben *(managed, run)*. Diese regeln *(regulate)* auch die Beförderungssätze *(transport rates)*, die von den privaten Verkehrsgesellschaften *(transport/* AE *transportation companies)* erhoben *(charged)* werden. Die Behörden überwachen auch die Ausdehnung der Strecken und Dienste *(extension of routes and services)* sowie die Sicherheitsmaßnahmen *(safety measures)*.

In England ist ein großer Teil des Verkehrswesens in öffentlichem Besitz, vor allem die typischen öffentlichen Verkehrsträger *(public transport/carriers)* wie Eisenbahnen und örtliche Verkehrsnetze *(local transport systems)*. Das große Flugunternehmen *(airline) British Airways*, im Kurz- *(short haul)* und Mittelstreckenverkehr *(medium haul)* ebenso wie im Langstreckenverkehr *(on long-haul operations)* tätig, sowie mindestens ein großes Beförderungsunternehmen *(carrier)* des Straßengüterverkehrs-Gewerbes *(road haulage industry)* sind vor einiger Zeit privatisiert worden. Die Straßengüterverkehrs-Unternehmen *(road hauliers, AE trucking firms)* brauchen für ihr Gewerbe eine Konzession *(licence)*. Die Zulassungsbehörde *(licensing board)* gestattet dem Konzessionär *(licensee)* meist nur, das Gewerbe in einem bestimmten Rahmen auszuüben *(to carry on the trade)*. Der Fernverkehr auf der Straße *(long-distance road haulage service)* steht in unmittelbarem Wettbewerb *(direct competition)* mit dem Eisenbahnverkehr, am stärksten bei Stückgut *(mixed/general cargo, less than carload lot – LCL oder lcl)*, nicht so sehr im Personenverkehr *(passenger transport)* und am wenigsten bei Massengütern *(bulk goods)*. Der Eisenbahntransport *(rail transport)* ist auf langen Strecken billiger als der Straßentransport *(road transport)*. Der Güterzug *(goods train,* AE *freight train)* hat größere Tragkraft *(carrying capacity)* als der Lastwagen *(lorry,* AE *truck)* oder der Sattelschlepper *(articulated lorry,* AE *semitrailer truck)* [1], so daß sich viele Kosten auf eine weit größere Menge verteilen. Die Eisenbahn versucht außerdem, mit degressiven Frachtraten *(tapering scales of rail charges)* für lange Strecken Güter an sich zu ziehen *(attract)*. Sie muß auf volle Ausnützung *(full utilization)* ihres rollenden Materials *(rolling stock)* bedacht sein, und so erhebt sie zum fallenden Frachttarif (AE *freight tariff)* ein steigendes Wagenstandgeld *(increasing demurrage)*. Das ist eine Gebühr, die vom Kunden erhoben wird, wenn er dem Eisenbahnunternehmen einen Güterwagen *(goods waggon,* AE *freight car)* zu lange vorenthält *(detains)*, indem er sich mit dem Laden *(loading)* oder Ausladen *(unloading,*

[1] Im Fachjargon des Gewerbes kurz *artic* und *semi* genannt.

discharging) zuviel Zeit läßt, also eine Gebühr für Überstand- oder Überliegezeit (ebenfalls: *demurrage)*.

Umschlag ist teuer

Transhipment is expensive

Die große Schwäche der Eisenbahn ist, daß sie an die Schiene gebunden ist. Wenn große Mengen von Gütern über ein privates Nebenanschlußgleis *(private siding/sidetrack)* direkt auf den Fabrikhof *(factory yard)* des Empfängers *(consignee)* gesandt werden können, der Absender *(sender, consigner)* vielleicht sogar ebenfalls Gleisanschluß hatte, schlägt dieser Nachteil nicht durch. Oft aber ist ein solcher Haus-zu-Haus-Dienst *(door-to-door service)* nicht möglich, und dann wird Umschlag *(tran[s]shipment, transfer)* nötig, zum Beispiel vom Schiff auf den Güterwaggon, von dort auf den Lastkraftwagen. „Umschlag ist teuer" *(transhipment is expensive)*, ist die allgemeine Regel des Transportwesens. Umschlag bedeutet oft lohnintensive *(wage-intensive)* Tätigkeit, womöglich zwischendurch noch Lagerung *(storage)*[1] der Güter, mit Gebühren an die Lagerhausgesellschaft *(warehousing company)*. Die Verpackung *(packing)* kann beschädigt werden, die Gefahr des Diebstahls *(theft)* oder zumindest des Stibitzens, des Kleindiebstahls *(pilferage)* wächst mit zusätzlichem Umschlag. Um ihn zu vermeiden oder wenigstens zu vereinfachen, hat man neue Verfahren entwickelt: Auf kurzen Seestrecken *(short sea-turns/runs)* den „Roll-on/Roll-off-Verkehr" *(AE fishyback service)*, bei dem der Lastkraftwagen mit der Ladung auf das Schiff fährt, meist eine Autofähre *(car ferry)*, und am Zielhafen vom Schiff herunterfährt. Das gleiche kann auf der Eisenbahn geschehen, und man spricht dann von „Huckepack-Verkehr" *(piggyback/pickaback service)*. Auch der Behälterverkehr *(container traffic)* spart Umschlag, und damit erklärt sich die weitgehende Umstellung auf Container *(containerization)*. Bei Massengut, das sich weder schütten noch pumpen läßt, erreicht man das mit Einheitsladung *(unitized load)*: Bauholz zum Beispiel wird in gleichmäßigen Bündeln zusammengefaßt.

Die Binnenschiffahrt *(inland waterways transport, canal transport)* mit Lastkähnen *(barges)*, Selbstfahrern *(motorized barges)* oder Schubeinheiten *(pusher-tug units)* ist ein weiterer Zweig des Verkehrsgewerbes, in England allerdings mangels genügend großer Flüsse nicht hoch entwickelt. Sie bedeutet langsamen, aber billigen Transport und macht der Eisenbahn hauptsächlich bei den Massengütern Konkurrenz.

Ein wichtiger Mann im Stückgutverkehr *(general/mixed cargo traffic)* ist der Spediteur *(forwarder, forwarding agent)*. Er nimmt Güter entgegen und sorgt für die Beförderung *(transport/*AE *shipment* – auch an Land) an ihren Bestimmungsort *(destination)* durch den Frachtführer *(carrier)*. Gelegentlich befördert er auch selbst und ist dann insoweit Spediteur-Frachtführer *(freight forwarder)*. Aber sein großer volkswirtschaftlicher Beitrag *(economic contribution)* ist der des Vermittlers *(intermediary)*, ähnlich wie der des Rohstoff-, Wohnungs- oder Versicherungs-

[1] Der Umschlag eines Schiffes, seine Abfertigung für die Rückreise *(return voyage)* durch Entladen *(unloading, discharging)* und neues Beladen *(loading)* ist *turn-round*.

maklers. Eine wichtige Funktion vieler Spediteure ist das Zusammenstellen *(collecting)* von kleinen Einheiten verschiedener Versender zu Sammelladungen *(collective consignments,* AE *consolidated shipments).* Das Dokument, auf das sich die vertragliche Rechtsstellung des Spediteurs gründet, ist die Spediteur-Übernahmebescheinigung *(forwarding agent's certificate of receipt – FCR – forwarder's receipt).*

Bedeutender Frachtenmarkt: die „Baltic"

Important freight market: the "Baltic"

Ein Gewerbe, das dem des Spediteurs ähnelt, aber rechtlich doch etwas anderes ist, betreiben der Schiffsmakler *(chartering broker)* und der Luftfrachtagent *(airbroker).* Ihre Tätigkeit besteht zum einen darin, Schiffsraum oder Fracht zu besorgen *(to arrange for tonnage or cargo),* zum anderen in Vermittlung des Kaufs *(purchase)* oder Verkaufs *(sale)* von Schiffen und Flugzeugen. Manche betreiben entweder das eine oder das andere als ihre Haupttätigkeit *(principal activity),* einige große Firmen widmen sich dem Frachtgeschäft *(freight business)* und der Vermittlung *(arrangement, arranging)* des Kaufs und Verkaufs von Schiffen und/oder Flugzeugen in gleicher Weise. Ferner vertreten die Frachtmakler entweder die Charterer *(charterers),* also die Verlader *(shippers),* etwa ein exportorientiertes Industrieunternehmen *(industrial enterprise)* oder einen Außenhandelskaufmann *(merchant);* in diesem Falle sind sie Charteragenten *(chartering agents).* Oder sie treten im Interesse von Reedereien *(ship owners, ship owner companies)* auf, dann sind sie Chartermakler *(owner's brokers).*

Der bedeutendste Frachtenmarkt *(freight market)* der Welt ist die *Baltic Mercantile & Shipping Exchange* in London, kurz die *Baltic* genannt. Vermittelt wird hier in der Hauptsache die Charter von Trampschiffen *(tramp ships),* daneben auch von Linienfrachtern *(cargo liners),* zum Beispiel, wenn eine Reederei einen Liniendienst *(scheduled/regular service)* einrichtet, ohne selbst genügend Schiffe dafür zu haben. Schiffe werden gechartert entweder für eine bestimmte Zeit, dann spricht man von Zeitcharter *(time charter),* oder für eine bestimmte Reise, dann spricht man von Reisecharter *(voyage charter)* [1]. Geht es im Seefracht-/Chartervertrag – in der „Charterpartie" *(charter-party)* – um ein ganzes Schiff, so ist das eine Ganz- oder Vollcharter *(full charter).* Benötigt der Verlader nur einen Teil der Ladekapazität *(loading capacity),* etwa nur einen Laderaum *(hold)* für eine Teilfracht *(parcel carriage),* so ist das eine Teilcharter *(part charter* [2]*).* Ein Vertrag über eine Reisecharter kann über eine Einzelreise *(single voyage)* oder über mehrere aufeinanderfolgende, konsekutive Reisen lauten: Konsekutiv-Reisecharter *(consecutive voyage charter).* Ist das Schiff sogleich für die Reise verfügbar, so ist es ein „promptes Schiff" *(spot voyage).* Gelegentlich wird über ein Schiff eine „Bareboat Charter" *(bareboat charter)* abgeschlossen: Es wird das leere Schiff ohne Besatzung *(crew),* Proviant *(provisions)* und Treibstoff *(fuel)* übernommen.

[1] Weitere Begriffe: Reise-Zeitcharter *(trip-time charter)* – der Charterer zahlt die Charterrate *(charter rate)* pro Tag für die Reise und außerdem Brennstoffverbrauch und Hafenkosten *(port charges).* Period-time charter – das Schiff ist für Monate oder Jahre gechartert zu einer vereinbarten Rate pro Zeiteinheit.

[2] Übersetzung, als Fachausdruck ungebräuchlich.

Ungefähr jeder zweite Kauf von Schiffen aus zweiter Hand *(secondhand ships)* in aller Welt geht über Firmen, die an der *Baltic* vertreten sind. Diese Makler sind gewöhnlich auch als Schätzer, Taxatoren *(valuers)* tätig, etwa wenn eine Schätzung für die Versicherung oder für die Bergung *(salvage)* benötigt wird.

Ebenso wie Schiffe sind auch Flugzeuge Betriebsgegenstände, die stets möglichst gut ausgenutzt *(utilized)* sein sollten. So wie der Schiffsreeder möglichst vermeiden wird, sein Schiff nur in Ballast *(in ballast)* fahren zu lassen, wird auch der Luftreeder *(air[line] operator)* Leerflüge *(empty flying)* zu vermeiden und Rückfracht *(return load/freight)* zu erhalten suchen. Erst mit Nutzlast *(payload)* in beiden Richtungen ist die Kapazität des Flugzeugs gut ausgenutzt. Man mißt den Grad der Ausnutzung in der Luftfahrt an Hand des Ladefaktors *(load factor)*, ausgedrückt in Prozent der Ladekapazität *(load capacity)* oder, was auf dasselbe hinausläuft, in Prozent der Höchstzuladung *(maximum useful load)*. Der Ladefaktor kann ermittelt werden für einzelne Flugzeuge, für einzelne Strecken *(routes)*, für Fracht- und Passagierverkehr *(air traffic and passenger traffic)* und schließlich für die gesamte Luftflotte *(air fleet)* einer Fluggesellschaft *(airline)*; im letzten Falle ist das Ergebnis der Gesamtladefaktor *(overall load factor)*. Man kennt oder sollte außerdem den Auslastungsgrad kennen, bei dem die Kosten gedeckt sind *(costs are covered)* und der Gewinn beginnt, die Nutzschwelle, Rentabilitätsschwelle oder Gewinnauslastung *(break-even load factor)*; getrennt für Fluggastverkehr *(passenger operations)* und im reinen Frachtbetrieb *(all-freighter operations)*. Gemessen wird in Fluggast- *(passenger miles)* und Frachttonnenmeilen *(freight-ton miles)*.

Zu dem Schiffschartergeschäft hat sich an der *Baltic* immer mehr das Luftchartergeschäft *(air chartering, air-charter business)* gesellt, indem viele Agenten und Verlader jetzt dorthin ihre Anfragen richten *(direct their enquiries)*. Der Luftverkehrsmarkt *(air market)* ist nicht nur ein Markt für Frachtsendungen *(cargo consignments)*, sondern auch für Passagierverkehr *(passenger transport)*, besonders für Ferien-Pauschalreisen mit dem Flugzeug *(inclusive air holiday tours, air package tours)*[1], veranstaltet von Reiseunternehmen *(tour operators)*.

Ideen braucht's im Werbegeschäft

Ad-business requires imagination

Ein vielgelästerter, scheinbar unproduktiver, auf jeden Fall aber bedeutender Zweig der Volkswirtschaft ist die Werbung *(advertising)*. Tag für Tag stellt sie in Millionen von Fällen die Verbindung zwischen Anbietern *(suppliers)* und Nachfragern *(consumers)* her. Die wichtigsten Medien *(media*, Singular: *medium)* der Werbung sind die Presse *(press)*, Fernsehen *(television)* und Radio *(radio)*, Kino *(cinema*, AE *movies)*, Anschlagplakate *(posters, bills)* an Anschlagtafeln *(bill boards)* und Anschlagzäunen *(hoardings)*, Verkehrsmittel *(means of transport)*, Fassadenschrift und -zeichen *(outdoor signs)* sowie die Postwurfsendung *(direct mail)* in Form von Rundschreiben *(circulars)*. Man unterteilt die Pressewerbung in solche in überregionalen Zeitungen *(national newspapers)*, Lokalzeitungen *(regional*/AE *local newspapers)*, Illustrierten *(magazines)*, Zeitschriften *(periodicals)*, wirtschaftlichen und technischen Fachblättern *(trade and technical journals)* und sonstigen Veröffentlichungen *(publications)*,

[1] "*The Baltic Exchange*", London, o. J.

zum Beispiel reinen Anzeigenzeitungen *(free-sheets,* AE *flyers)*, die keinen redaktionellen Teil *(editorial section)* haben und umsonst *(free)* abgegeben werden.

Nach Sachgebieten der Werbung *(types of advertising)* wird unterschieden: als weitaus größtes Gebiet die Empfehlungswerbung *(display advertising),* sodann Finanzanzeigen *(financial notices/advertisements)* und Werbung mit Kleinanzeigen *(classified advertising).* Empfehlungswerbung findet sich in Presse, Rundfunk und Fernsehen. Für die Rundfunk- und Fernsehwerbung *(radio advertising and television advertising)* kommt praktisch nur Empfehlungswerbung in Betracht, wobei die Werbesendungen *(commercials)* in das laufende Programm eingestreut werden. In England trat 1973 zur Fernseh- die Rundfunkwerbung, da ein neues Gesetz die Errichtung privater gewerblicher Rundfunksender *(private commercial radio stations)* erlaubte. In der Presse sind Empfehlungswerbung die großen, ins Auge fallenden Anzeigen für Konsumgüter *(consumer goods)* oder Investitionsgüter *(capital goods)* bis zum Umfange von mehreren Seiten für ein Produkt.

Im Auf und Ab der Konjunktur ist auch das Werbegeschäft *(advertising business)* dem Wechsel unterworfen. Wenn die Wirtschaft eine schlechte Zeit durchmacht und sparen muß, tut sie das meist auch in der Werbung. Ein Anzeigenrückgang *(advertising slump),* von den Konsumgütern ausgehend *(consumer-goods-led)*, trifft die Werbemittel *(advertising media)* unterschiedlich, relativ wenig die Lokalpresse *(local press)*. Die Hersteller *(producers)* von Markenartikeln *(branded goods)* pflegen in solchen Zeiten ihre Werbeausgaben am meisten zu kürzen *(cut back on advertising expenditure)*. Die allgemeine Flaute *(sluggishness)* macht sich auch an den Börsen *(stock exchanges)* bemerkbar, so daß es wenig Sinn hat, Schuldverschreibungen *(debentures)* oder gar Aktien *(shares, equities)* zu begeben *(issue)* – also besteht auch wenig Anlaß für Finanzanzeigen. Mit zunehmender Arbeitslosigkeit gehen unter den Kleinanzeigen die Stellenangebote *(situations offered, vacancies)* zurück. Für die großen überregionalen Werbemedien ist damit vorerst „die Musik raus aus dem Anzeigengeschäft" *("the steam has gone out of the ad-business")*. Hingegen haben die Lokalzeitungen in dieser Phase oft noch gute Anzeigenaufträge *(insertion orders)* vom örtlichen Einzelhandel *(retail trade)*. Ähnliches gilt für die Kino- und für die Anschlagwerbung *(billposting)*, während die Fachzeitschriften sich gewisser Spezialanzeigen der Industrie erfreuen.

Mittler *(intermediaries)* zwischen der werbenden Wirtschaft und den Medien sind die Werbeagenturen *(advertising agencies).* In ihrer Tätigkeit *(activity)* können sie sehr verschieden sein. Die ganz kleinen unter ihnen entwerfen oft nur die Grundidee *(basic idea),* mit der die Werbebotschaft *(advertising message)* übertragen werden soll, sie beschränken sich auf den Werbeslogan oder die Gestaltung *(design)* des Plakats. Die großen Agenturen dagegen entwerfen oft ganze Werbekampagnen *(advertising campaigns)* und führen sie durch. Als *full-service agency* nehmen sie dem Kunden praktisch die ganze Werbung ab. Sie wissen meist besser als er zum Beispiel über die Auflage *(circulation)* von Zeitungen, ihre Reichweite (BE *coverage,* AE *reach)* und über die Ergebnisse von Leseranalysen *(readership analyses)* Bescheid. So verwalten sie Werbeetats *([advertising] accounts)* von Großunternehmen *(big companies)* in vielstelligen Beträgen. Sie decken ihre Kosten *(cover their cost)* und erzielen ihren Gewinn *(get their profit)* aus der Provision *(commission).* Der Gesamtumsatz einer solchen Werbeagentur setzt sich mitunter nur aus den Etats weniger Großkunden *(big clients)* zusammen. In England haben sich die Werbeagenturen in dem *Institute of Practitioners in Advertising* organisiert, in Amerika in der *American Association of Advertising Agencies – AAAA*. Der Verband der gesamten Werbewirtschaft, einschließlich der werbenden Unternehmen *(advertisers)* und der Werbeträger *(advertising media)* ist in England die *Advertising Association – AA*.

Der Gesetzgeber hat der Werbung in den meisten Ländern Schranken auferlegt. Neben allgemeinen strafrechtlichen Bestimmungen, zum Beispiel über obszöne Veröffentlichungen, gibt es solche über irreführende *(deceptive)* Werbung, in England unter anderem niedergelegt im „Gesetz über Warenbeschreibung“, dem *Trade Description Act*. Vergleichende Werbung *(comparative advertising)* ist auch in England nur bedingt zugelassen. Wird der Konkurrent in einer solchen Werbung gröblich herabgesetzt, so spricht man von *knocking advertising*, also etwa „herabsetzende Werbung“. Gemeinschaftswerbung *(cooperative/collective advertising)* ist auch in den angelsächsischen Ländern üblich, und einer der dem Publikum bestvertrauten Werbefeldzüge *(advertising campaigns)* ist der für Trinkmilch mit Slogans wie *„Fill the energy gap“*.

"All trading countries are urged to resist protectionist pressures, to reduce trade barriers and to make new efforts to liberalize and expand world trade."[1]

Außenhandel und Zahlungsbilanz

Vom Sinn der internationalen Arbeitsteilung

The idea behind international division of labo[u]r

Keine Volkswirtschaft *([national] economy)* von einigem Rang besteht heute für sich allein. Jede ist mehr oder weniger in die Weltwirtschaft integriert *(integrated in the world economy)*. Menschen, Güter und Kapital wandern hin und her über die Grenzen. Alle diese Beziehungen schlagen sich früher oder später in der Zahlungsbilanz *(balance of payments)* nieder. Kaum ein Tag vergeht, an dem nicht in der Wirtschaftspresse *(financial press)* davon die Rede ist. Außen-

[1] Aus dem Schlußkommuniqué des Londoner Gipfeltreffens *(summit meeting)* im Juni 1984.

handel *(foreign trade)* und Zahlungsbilanz sind Teil des Gerüsts an volkswirtschaftlichen Grunddaten, aber doch für sich ein so großer Komplex, daß es gerechtfertigt ist, sie hier in einem besonderen Kapitel zu behandeln.

An erster Stelle gehören dazu die Zahlen des sogenannten sichtbaren Außenhandels *(visible external/foreign/overseas trade),* also der Warenexporte *(exports of goods,* AE *merchandise exports)* und der Warenimporte *(imports of goods,* AE *merchandise imports).* Die Zahlen der Handelsbilanz *(balance of trade)* werden auf jeden Fall jährlich *(annually),* in der Regel aber auch als Vierteljahreszahlen *(quarterly figures)* und sogar als Monatszahlen *(monthly figures)* veröffentlicht. Zum besseren Vergleich werden sie meist als fob-Werte angegeben. *Fob* steht für *free on board* und bedeutet, der Lieferant hat seinen Vertrag erfüllt *(fulfilled/performed the contract),* wenn er die Ware im Verschiffungshafen *(port of shipment)* an Bord des Schiffes gebracht hat. Eine fast ebenso weitreichende Formel ist *fas – free alongside ship:* der Verkäufer ist von seiner vertraglichen Verpflichtung frei *(free of his contractual obligation),* und die Gefahr des „Untergangs" der Ware ist auf den Käufer übergegangen *(the risk of the loss of the goods has passed to the purchaser),* wenn sich die Ware längsseits des Schiffes befindet. Die Vereinbarung *cif* steht für *cost, insurance, freight:* Der Verkäufer trägt Seefracht *(ocean freight),* Versicherungs- sowie Verlade- und Entladekosten *(loading and unloading charges)* bis zum Bestimmungshafen *(port of destination)* und hat erfüllt/geleistet *(fulfilled/performed),* wenn die Ware im Verschiffungshafen die Reling passiert hat. – Neben den hier aufgeführten *Incoterms, International Commercial Terms* = Vertragsformeln für den internationalen Warenhandel, gibt es noch zahlreiche weitere.

Die regelmäßig für einen Monat oder ein Vierteljahr veröffentlichten Außenhandelszahlen *([external/foreign] trade figures)* werden sowohl saisonal bereinigt *(seasonally adjusted)* als auch unbereinigt *(unadjusted)* gegeben. Die tatsächlichen Zahlen *(actual figures)* sind natürlich die unbereinigten, aber durch die Saisonbereinigung wird erreicht, daß der derzeitige Trend *(trend),* das heißt die Wettbewerbsfähigkeit *(competitiveness)* und die Stärke der Nachfrage *(strength of demand)* deutlicher werden. In den Exportzahlen ist meist auch ein kleiner Betrag Re-Exporte *(re-exports)* enthalten.

Viele Menschen glauben heute noch, Außenhandel habe den Sinn, die Völker jeweils mit den Dingen zu versorgen *(supply with),* die sie selbst nicht produzieren können. Demnach müßten die Industrieländer *(industrial countries)* von den überseeischen Entwicklungsländern *(underdeveloped/developing countries)* Rohstoffe *(basic/raw/crude materials)* beziehen und selbst Industrieerzeugnisse *(manufactured goods)* dorthin liefern. In der Tat beschränkt sich der Handel zwischen diesen beiden Gruppen von Ländern oftmals auf einen derartigen Austausch. Aber viele Industrieländer importieren zugleich in sehr bedeutendem Umfange Industriegüter, dem Werte nach weit mehr als Rohstoffe. Die nach Warenarten *(by commodity groups)* gegliederte Außenhandelsstatistik *(statistics of foreign trade)* der Vereinigten Staaten weist aus, daß weit mehr als die Hälfte der Importe Industriegüter sind. Ein Teil davon sind Enderzeugnisse *(finished manufactures)*, andere sind „Erzeugnisse großenteils zur weiteren Verarbeitung" *(manufactures largely for further processing)*. Eine Aufstellung nach Gebieten und Ländern *(by areas and countries)* zeigt, daß der Warenaustausch *(exchange of goods)* zwischen den

Industrieländern viel reger *(much more active)* ist als zwischen Industrie- und Rohstoffländern *(raw materials producing countries)*.

Theoretisch sollten sich die internationalen Handelsbeziehungen *(trade relations)* nach dem „Gesetz der komparativen Kosten" *(law of comparative costs)* entwickeln. Diese These wurde von *David Ricardo* formuliert, einem Vertreter der sogenannten Klassischen Schule *(Classical School)* der Nationalökonomie *(political economy)*, die in der zweiten Hälfte des 18. und in der ersten Hälfte des 19. Jahrhunderts wirkte. Die These besagt, daß sich die Länder bei freiem Handel *(free trade)* auf diejenigen Gewerbe spezialisieren *(specialize in those trades)*, in denen sie anderen Ländern am weitesten überlegen sind. Sie überlassen also anderen Ländern solche Betätigungen *(activities)*, in denen sie selbst nur um einiges besser sind. Sogar ein Land, das allen anderen Ländern auf allen Gebieten unterlegen ist, kann daher einen wertvollen Beitrag leisten. Aus internationaler Arbeitsteilung *(division of labo[u]r)* nach diesem Prinzip entsteht im Güteraustausch *(exchange of goods)* der größtmögliche Nutzen *(maximum benefit)* für alle Länder.

Es ist hier nicht der Platz, die Richtigkeit der These im einzelnen zu untersuchen. Aber im Kern ist dieses Grundgesetz des Außenhandels richtig, und indem die Völker dagegen verstießen, haben sie ihren wirtschaftlichen Fortschritt verlangsamt. Mit vielerlei Einfuhrbeschränkungen *(import restrictions)* haben sie Landwirtschaft und Industrie im eigenen Lande vor der ausländischen Konkurrenz *(foreign competitors)* geschützt *(protected)* und dadurch ihre eigene volkswirtschaftliche Produktivität *(productivity)* gemindert. Es gibt einen ganzen Katalog solcher künstlichen Handelshindernisse *(trade barriers)*, wobei man meist als die zwei Hauptgruppen unterscheidet Zölle *(import tariffs)* und Einfuhrabgaben *(import duties)* einerseits und nichttarifäre Handelshindernisse *(non-tariff barriers – NTB)* andererseits. Zur zweiten Gruppe gehören gewisse Verfahren der Zollbewertung *(methods of customs valuation)*, das Bardepot *(import deposit in cash)*, das der Importeur vor der Einfuhr zu stellen *(to put up)* hat, Mengenbeschränkungen *(quantitative restrictions)* wie Einfuhrquoten *(import quotas)*, aber auch „freiwillige" Exportbeschränkungen *("voluntary" export restraints)* des exportierenden Landes, Praktiken bei der Vergabe öffentlicher Aufträge *(public procurement practices)*, Mindestvorschriften für Qualität und Sicherheit *(health and safety standards)*[1], Devisenbewirtschaftung *(exchange control)*.

Mit allen diesen Maßnahmen begünstigen die Regierungen unwirtschaftliche Produktionen *(uneconomic productions)* im eigenen Lande und bringen dadurch ihre Nationen um die Ersparnisse der Massenproduktion *(economies of scale)*. Aufgabe der Wirtschaftswissenschaft *(economics, political economy)* sollte es sein, immer wieder auf diese Grundtatsachen hinzuweisen. Eine Schutzzollpolitik *(policy of protective tariffs)* oder Protektionismus *(protectionism)* mit anderen Mitteln, jedwede Absperrung *(cut-off)* bedeutet über kurz oder lang einen Rückgang der Produktivität *(decline of productivity)*. England hat sich das viele Jahre lang geleistet. Deutschland ging vor dem Zweiten Weltkriege mit

[1] Einige der englischen Begriffe nach Gerard and Victoria Curzon, *„Global Assault on Non-Tariff Trade Barriers"*, Trade Policy Research Centre, London, 1972.

seiner Autarkiepolitik *(policy of self-sufficiency/autarky/autarchy)* sogar so weit, sich fast gänzlich vom Weltmarkt abzuschließen *(cut herself off the world market).*

Mehr und mehr haben sich die Länder zum Glück bereitgefunden, ihre Handelsschranken abzubauen *(remove/abolish trade barriers).* Das geschah nach dem Zweiten Weltkrieg vor allem im Rahmen des Allgemeinen Zoll- und Handelsabkommens *(General Agreement on Tariffs and Trade – GATT).* Es hat die Anwendung der sogenannten Meistbegünstigungsklausel *(most-favo[u]red-nation clause)* in internationalen Handelsverträgen *(commercial treaties)* stark vorangetrieben. Die Klausel verpflichtet die Staaten, einander alle handelspolitischen Zugeständnisse zu gewähren *(grant each other all trade concessions),* die sie dritten Staaten einräumen. Große Zollsenkungen über eine Reihe von Jahren waren ferner die „Dillon-", die „Kennedy-" und die „Tokio-Runde" *(Dillon Round, Kennedy R., Tokyo R.).* Auch im Zeichen der beiden großen europäischen Zusammenschlüsse, der Europäischen Wirtschaftsgemeinschaft *(European Economic Community – EEC)* und der Europäischen Freihandelszone *(European Free Trade Association – Efta),* keine Zollunion *(customs union),* hat das Volumen des Welthandels *(volume of world trade)* zugenommen. Teils auf Grund der internationalen Zusammenschlüsse, teils dank rascherem Wachstum in den Industrieländern hat sich zugleich die Struktur *(pattern)* des Welthandels noch mehr zu einem engeren Handel der Industrieländer hin verändert. Im Falle Englands hat der Austausch mit dem Commonwealth immer mehr an Bedeutung verloren und der mit Westeuropa und Nordamerika gewonnen. Selbst die großen, volkreichen Nationen Asiens wie Indien oder Pakistan sind für die Industrieländer als Lieferanten *(suppliers)* wie als Abnehmer *(customers)* nur von zweitrangiger Bedeutung. Ihr Volkseinkommen *(national income)* ist so gering, daß für den Export zu wenig übrigbleibt und sie daher ständig in Schwierigkeiten sind, ihre Importe zu bezahlen. Noch heute haben viele dieser armen Nationen nicht ihr volles Auskommen *(can't pay their way)* und sind deshalb auf die Wirtschaftshilfe *(economic aid)* der bessergestellten Länder angewiesen. Ihre Währungen gelten als „weiche Währungen" *(soft currencies),* weil sie unkonvertierbar *(inconvertible)* sind. Im Gegensatz dazu sind die Währungen der reichen Länder „harte Währungen" *(hard currencies)* und entweder voll konvertierbar *(fully convertible)* oder doch wenigstens mit beschränkter Konvertierbarkeit *(restricted/limited convertibility)* ausgestattet.

Englands Stärke: unsichtbare Leistungen

Britain's pride: "invisibles"

Die britische Handelsbilanz hat über mehr als anderthalb Jahrhunderte fast stets mit einem Fehlbetrag geschlossen *(the balance of trade was in deficit, ... showed a deficit),* das heißt, England importierte *(imported)* mehr an Waren, als es exportierte *(exported).* Nur wenige Male verzeichnete die Handelsbilanz einen Überschuß *(was in surplus, showed a surplus).* Aber die britische Wirtschaft stellte das Gleichgewicht der Zahlungsbilanz *(the equilibrium/balance of the balance of payments)* immer wieder her mit ihren Einnahmen aus sogenannten „unsichtbaren Leistungen" *(invisible services,* im täglichen Sprachgebrauch kurz *invisibles).* Damit sind gemeint Deviseneinnahmen *(foreign currency receipts)* der Schiffahrt *(shipping)*, des Bankgewerbes *(banking)*, des Versicherungsgewerbes *(insurance)*, des Maklergeschäfts *(brokerage)*, aus dem Fremdenverkehr *(tourism)*, Groß- und Außenhandelsgewerbe *(merchanting)*, Anzeigengeschäft *(advertising)*, Tantiemen *(royalties)* und Lizenzen *(licences)* sowie zu einem großen Teil in Form von Kapitalerträgen *(investment income, income on investments)* aus Kapitalanlagen im Ausland *(from investment overseas)*. Davon gehen natürlich die eigenen Zahlungen im Ausland *(payments abroad)* für solche unsichtbaren Leistungen ab, und der Saldo *(balance)* sind die Nettoeinnahmen *(net receipts)* oder -ausgaben *(net payments)*.

Beides zusammen, die Bilanz des Warenhandels und die der Dienstleistungen und Kapitalnutzungen *(utilization of capital)* wird Leistungsbilanz *(balance of current transactions)* oder auch laufende Rechnung *(current account)* genannt. Die Leistungsbilanz eines Volkes sollte nicht auf die Dauer negativ sein *(the current account should not be permanently in deficit)*, sonst bedeutet das, daß dieses Volk für seinen Unterhalt nicht selbst voll aufkommt *(does not pay its way)*, daß es über seine Verhältnisse lebt *(lives beyond its means)*, indem es mehr verbraucht, als es sich leisten kann *(consumes more than it can afford)* – wobei allerdings unter Verbrauch nicht nur der private Konsum, sondern auch der Staatsverbrauch und die Investitionen zu verstehen sind. In der laufenden Rechnung sollte auch gesagt werden, inwieweit die Nettoerträge *(net earnings)* und die Nettoaufwendungen *(net payments)* von der Privatwirtschaft *(private sector)* und wie weit von staatlichen Stellen, der öffentlichen Hand *(public sector)*, hereingebracht und verursacht worden sind.

Zur Zahlungsbilanz gehört noch einiges mehr. Zunächst sind das die Bewegungen des langfristigen Kapitals *(long-term capital movements)* über die Grenzen. Bei ihnen wird unterschieden zwischen Direktinvestitionen *(direct investment)* und indirekten oder Portefeuilleinvestitionen *(indirect or portfolio investment)*. Zu den direkten Investitionen gehört die Gründung von Auslandsniederlassungen *(establishing/setting-up of overseas branches)* oder die Kapitaleinlage *(investment)* in einem ausländischen Unternehmen *(enterprise, business, company, undertaking)* in direkter Vereinbarung mit dem dortigen Unternehmer oder doch in der Absicht, Einfluß auf das Unternehmen zu gewinnen. Indirekte Investitionen sind solche in Wertpapieren ohne diese Merkmale.[1]

Nimmt man zur Leistungsbilanz, zur laufenden Rechnung, die langfristigen Kapitalbewegungen hinzu, so erhält man die Grundbilanz *(basic balance of payments)*.

Die nächste Phase im Aufbau der Zahlungsbilanz sind die kurzfristigen Geld- oder Kapitalbewegungen *(short-term capital movements, short-term flows)*. Das sind Geldströme, die oftmals binnen weniger Tage die Richtung wechseln und dabei internationale Zinsunterschiede *(interest differentials)* ausnutzen. Sie werden auch gelegentlich als „heiße Gelder“ *(hot money)* bezeichnet. Unstet und flüchtig *(volatile)*, wie sie sind, werden sie mit Recht außerhalb der Grundbilanz

[1] Gelegentlich wird danach unterschieden, ob Eigenkapital *(equity capital*, AE auch *proprietary capital)* oder Fremdkapital, Forderungskapital *(loan capital)* beigebracht wird. Aber der Erwerb einer kleinen Zahl Aktien über die Börse ist ein gewöhnlicher Wertpapierkauf. Andererseits kann auch ein Darlehen an ein befreundetes oder ein Tochterunternehmen *(subsidiary)* eine neue Geschäftsbasis, einen neuen Stützpunkt *(foothold)* in dem anderen Lande bedeuten.

erfaßt und sogar zusammengelegt mit den Restposten *(balancing items)*, das sind nichtidentifizierbare Posten *(unidentifiable items)* und Ermittlungsfehler.

Die amtliche Statistik *(official statistics)* umfaßt ferner als Teil der Bilanz der laufenden Posten *(current accounts)* die Übertragungsbilanz *(balance of transfers)*. Das sind Geldüberweisungen *(remittances)* wie Renten *(pensions)*, Wiedergutmachungszahlungen *(restitution payments)* und andere einseitige Übertragungen *(unilateral transfers)*.

Diese Gliederung der Zahlungsbilanz ist auf den ersten Blick klar und verständlich. In Wirklichkeit ist aber die Unterscheidung von lang- und kurzfristigen Geldbewegungen oft nur künstlich. Eine Aktie, sogar eine ganze Fabrik *(factory)* kann man binnen kurzem wieder verkaufen. Deshalb wird in den maßgebenden amtlichen Veröffentlichungen in England und Amerika der Begriff „Grundbilanz“ kaum noch benutzt. Die englische Statistik zählt jetzt nach dem Saldo der laufenden Posten *(current balance)* die verschiedenen Gruppen von erfaßten Kapitalbewegungen *(capital flows)* auf: langfristige Kapitaltransaktionen des Staates *(official long-term capital transactions)*, ausländische Geld- und Kapitalanlagen im öffentlichen Bereich in England *(overseas investment in UK public sector)*, das gleiche im privatwirtschaftlichen Bereich *(private sector)*, private Kapitalanlagen Englands im Ausland *(UK private investment overseas)*, Eurodollar-Aufnahme in London für Anlagen im Ausland *(Eurodollar borrowing in London for investment overseas)*, Importkredite *(import credit)*, Exportkredite *(export credit)*, Guthaben der Länder des Sterlingraums brutto *(balances of sterling area countries, gross)*, Guthaben der Nicht-Sterlingländer *(non-sterling countries)*, Geschäfte englischer Banken in Fremdwährungen *(foreign-currency transactions of UK banks)*, sonstige Geld- und Kapitalströme *(other capital flows)*. Vor jedem dieser Posten steht ein Vorzeichen: ein Pluszeichen, wenn in der jeweiligen Gruppe netto ein Devisenzufluß *(currency inflow)*, ein Minuszeichen, wenn in der jeweiligen Gruppe netto ein Devisenabfluß *(currency outflow)* stattgefunden hat. Das Ganze ist dann der „Gesamte Währungsstrom“ *(total currency flow)*. In dem einen oder anderen Jahr kommt noch eine Zuteilung *(allocation)* von Sonderziehungsrechten *(special drawing rights)* des Internationalen Währungsfonds – IWF – *(International Monetary Fund – IMF)* hinzu.

Notfalls: IWF-Ziehungen und Swaplinien

In emergency: IMF drawings and swap facilities

Die englischen amtlichen Stellen ergänzen ihre Statistik der Zahlungsbilanz sodann noch durch Angaben darüber, wie ein Überschuß verwendet oder ein Defizit gedeckt worden ist: die amtliche Finanzierung *(official financing)*. Der Überschuß kann zum Beispiel verwendet werden zu Rückzahlungen an den IWF und die anderen Währungsbehörden oder zu Zuweisungen an die amtlichen Währungsreserven *(additions to currency reserves)*. Ein Defizit kann gedeckt werden durch Ziehungen auf den IWF *(drawings from the IMF)* und andere Währungsstellen oder auf die eigenen Reserven, ferner auch durch Ziehung auf sogenannte Swapkreditlinien *(swap facilities)*, die andere Länder mit der Bank von England vereinbart *(arranged)* haben.

Auch die Amerikaner halten nicht viel von der Bezeichnung „Grundbilanz". Sie stellen zunächst den Saldo der laufenden Posten und der Direktinvestitionen *(balance on current and direct investment accounts)* fest. Sodann teilt sich ihre Statistik in eine „Bilanz auf Basis der amtlichen Abrechnung" *(official settlements balance)* und eine „Bilanz auf Liquiditätsbasis" *(balance on liquidity basis).* Die zweite unterscheidet sich von der ersten dadurch, daß Fristigkeiten mit in Rechnung gestellt werden. Angenommen, die amtlichen amerikanischen Stellen *(official institutions)* verkaufen an die europäischen Notenbanken *(central banks)* Wertpapiere *(securities)* von mehr als einem Jahr ursprünglicher Laufzeit *(original maturity)* und ersetzen damit die bisher von diesen Notenbanken gehaltenen kurzfristigen amerikanischen Schatzwechsel *(treasury bills)* durch nichtliquide Anlagen *(non-liquid investments).* Dann wird die Zahlungsbilanz auf Basis der amtlichen Abrechnung nicht berührt *(affected),* aber die Liquiditätsbilanz verbessert sich.

Grundsätzlich gilt für jede Zahlungsbilanz, daß sie in laufender Rechnung für einige Zeit in den roten Zahlen *(in the red)* sein kann, wenn sie nur in irgendeiner Weise sonst ausgeglichen ist. Das kann geschehen durch staatlichen oder privaten Kapitalimport *(capital import).* Aber die Unterscheidung der Amerikaner hat ihren Sinn, denn wenn das Kapital zu kurzfristig ist, entstehen die Zahlungsbilanzschwierigkeiten binnen kurzem aufs neue, weil das Kapital wieder abfließt. Beide Länder, Amerika wie England, sind mit ihren langfristigen Auslandsanlagen *(long-term assets abroad),* vor allem mit ihren ausländischen Tochtergesellschaften *(subsidiaries),* Gläubigerländer *(creditor countries).* Aber es hat keinen Sinn, ein hochrentierliches, geldbringendes Unternehmen abzustoßen *(to dispose of a high-yielding money-spinning business),* nur um die Devisenbilanz, die Devisenlage *(foreign exchange position),* zu verbessern. Außerdem sind diese Auslandsgesellschaften *(overseas companies)* meist in privatem Besitz *(in private ownership).* Von ihrem eigenen Besitz an Dollar-Wertpapieren *(dollar portfolio)* hat die britische Regierung allerdings in schwierigen Zeiten immer wieder einiges zu Geld gemacht *(realized).*

Die amerikanische Leistungsbilanz hatte früher meist einen Überschuß ausgewiesen *(shown)*. In den siebziger und frühen achtziger Jahren jedoch schloß sie öfters negativ *(was in deficit)*. Die Zahlungsbilanz als Ganzes war schon zu Beginn der sechziger Jahre negativ geworden, im wesentlichen aus drei Gründen: Wegen hoher Investitionen im Ausland, wegen des Krieges in Vietnam und sonstiger Hilfe an andere Länder und wegen der Devisenausgaben amerikanischer Touristen im Ausland *(foreign exchange spending of tourists)*. Eine solche Abgrenzung von Ursachen ist indes immer willkürlich, denn mit gutem Recht läßt sich behaupten, die amerikanische Zahlungsbilanz sei ungünstig *(unfavo[u]rable)*, weil der Überschuß bei den laufenden Posten nicht genüge, die Auslandsinvestitionen, die Militärhilfe *(military aid)*, die Wirtschaftshilfe *(economic aid)* und die Touristenausgaben zu finanzieren. Wenn eine Nation wie die amerikanische eine solche nichtkommerzielle Belastung ihrer Devisenbilanz *(noncommercial burden on their foreign exchange position)* zu tragen hat, muß sie entweder auf den übrigen Gebieten, zum Beispiel in ihrem Lebensstandard *(standard of living)* geringere Ansprüche an das Sozialprodukt stellen *(draw less upon the national product)*, oder sie muß einen Ausgleich bei den ihr befreundeten Nationen suchen – wie es die Amerikaner immer wieder tun mit dem Hinweis, sie verteidigten die gesamte westliche

Welt und könnten daher von den anderen Ländern einen internationalen Lastenausgleich *(burden sharing)* erwarten.

Gemeinsame Politik im Gemeinsamen Markt

Common policy in the Common Market

Unter Bedenken und Zweifeln hatte das englische Unterhaus am 28. Oktober 1971 den Beitritt Englands als Vollmitglied *(full member)* zu den Europäischen Gemeinschaften beschlossen: zur Europäischen Wirtschaftsgemeinschaft – EWG *(European Economic Community – EEC)*, zur Europäischen Gemeinschaft für Kohle und Stahl – EGKS *(European Coal and Steel Community – ECSC)* und zur Europäischen Atomgemeinschaft – Euratom *(European Atomic Energy Community)*. Wirtschaftlich erhoffte sich das Land davon neues Wachstum und neue Dynamik *(dynamic)*. Der Beschluß bedeutete im Laufe einer Übergangsperiode *(transition period)* die Aufhebung der Zölle *(abolition of tariffs)* zwischen England und den anderen Mitgliedsländern *(member countries)*, die Angleichung oder Harmonisierung der Steuern *(harmonization of taxes, fiscal harmonization)*, Angleichung des Rechts *(harmonization of law)* auch auf anderen Gebieten, zum Beispiel des Gesellschaftsrechts *(company law)*, internationale Freizügigkeit von Kapital und Arbeitskraft *(freedom of movement for capital and labo[u]r)*, gemeinsame Politik *(common policy)* in einem immer größeren Bereich, darunter als wichtigstes Teilgebiet die gemeinsame Währungspolitik *(common monetary policy)*.

Aber Mitgliedschaft *(membership)* in der Europäischen Gemeinschaft – EG *(European Community – EC)* bedeutet auch Lasten und fragwürdige Veränderungen. Die Beiträge *(contributions)* an den Gemeinschaftsetat *(community budget)* sind eine Belastung der Zahlungsbilanz *(a burden on the balance of payments)*. Das meistumstrittene Merkmal des Gemeinsamen Marktes *(Common Market)* ist die Gemeinsame Agrarpolitik *(Common Agricultural Policy – CAP)*. Vorher hatte England ein System von Ausgleichszahlungen *(deficiency payments)* an seine Bauern *(farmers)* gehabt. In der EG gibt es ein System von Mindestpreisen *(minimum prices)* oder Stützpreisen *(support prices)*, Schwellenpreise *(threshold prices)*, Richtpreise *(target/guide prices)*, Interventionspreise *(intervention prices)*, Schleusenpreise *(sluice-gate prices)*, Referenzpreise *(reference prices)*. Um den Bauern der EG ein bestimmtes Mindesteinkommen *(minimum income)* zu sichern, wird der Binnenmarkt gestützt *(the internal market is supported)* mit Einfuhrabschöpfungen *(agricultural/farm levies)*, wenn die Importe aus dritten Ländern *(third countries)* zu billig erscheinen, mit Stützkäufen *(support buying)* und Export-Subventionen *(export subsidies)* in der Form von Export-Rückvergütungen *(export refunds)* aus Mitteln des Europäischen Ausgleichs- und Garantiefonds für die Landwirtschaft *(European Agricultural Guidance and Guarantee Fund)*. Die Marktintervention *(market intervention)* ist Aufgabe der Interventionsstellen *(intervention agencies/boards)* für landwirtschaftliche Erzeugnisse *(agricultural produce)*. Sie können aufgekaufte Erzeugnisse auch durch Denaturierung *(denaturing)* unbrauchbar machen, etwa durch Beimischen *(admixture)* von Farbstoffen. Bei zu hohen Marktpreisen geben sie Teile ihrer Interventionsbestände *(intervention stocks)* in den Markt *(put on the market)*. Die Agrarpolitik der Gemeinschaft schafft künstliche Anreize *(incentives)* zu Produktionssteigerungen, die immer wieder zu einem Überschuß von Agrargütern *(surplus of agricultural goods)* führen. Auf diese Weise ist die EG bei einer Reihe von Erzeugnissen *(products)* mehr oder weniger autark, Selbstversorger *(self-sufficient)*, geworden. Diese Verzerrungen des Außenhandels *(distortions in foreign trade)* hatte man zu einem gewissen Grade schon bei Abschluß der Römischen Verträge *(Treaties of Rome)* im Jahre 1957 vorausgesehen, sich aber im Interesse der europäischen Einigung damit abgefunden.

Zu dem System gehören sogenannte „Grüne Wechselkurse" *(green exchange rates)* und ein Grenzausgleich *(border compensation)*. Sie sind nötig, weil sonst ein stärkerer Anstieg *(rise)* oder Fall *(fall)* des Wechselkurses am Devisenmarkt *(market exchange rate)* einer EG-Währung die Einkommen der Bauern dieses Landes verringern oder erhöhen würde. Die Agrarpreise *(agricultural prices)* sind im Inner-EG-Handel *(intra-community trade)* in Europäischen Währungseinheiten *(European Currency Units – ECU)* ausgedrückt. Eine ECU ist eine bestimmte Anzahl der verschiedenen nationalen Währungseinheiten wert. Eine Auf- *(upvaluation)* oder Abwertung *(devaluation)* einer Währung verändert dieses Verhältnis. Auf den nationalen Märkten sollen sich dennoch keine neuen, unterschiedlichen Preise herausbilden. Deshalb läßt man auch nach Wechselkursänderungen die früheren Preise bestehen und ebnet die Unterschiede zwischen den Markt- und den Grünen Wechselkursen mit Währungsausgleichsbeträgen *(monetary compensatory amounts – MCA)* ein.

An die Stelle der nationalen Zölle *(tariffs)* ist in der EG der Gemeinsame Außenzolltarif *(Common External Tariff – CET)* getreten. Aber viele Commonwealth-Länder haben sich die bisherigen Handelsbeziehungen *(trade relations)* mit Großbritannien durch Assoziierung *(association)* mit der vergrößerten EG *(enlarged EC)* bewahrt, so wie auch frühere Kolonien anderer Mitgliedsländer assoziiert *(associated)* sind. Die EG-Mitglieder selbst können keine nationale Zollpolitik *(tariff policy)* und Zollgesetzgebung *(tariff legislation)* betreiben. Das gilt nicht nur für Schutzzölle *(protective tariffs)*, wie sie England noch lange nach dem Zweiten Weltkrieg pflegte und zum Teil bis zur Höhe von Prohibitivzöllen *(prohibitive tariffs)* hinauftrieb, sondern auch für reine Finanzzölle *(tariffs for revenue only, revenue tariffs)*. Auch Antidumpingzölle *(antidumping duties)* kann ein EG-Land für sich nicht einführen.

Mit Erziehungszöllen *(educational tariffs)* schützen Entwicklungsländer oftmals ihre noch junge Industrie. Vergeltungszölle *(retaliatory tariffs)* können die Antwort darauf sein, und zeitweilig bestand diese Gefahr auch im Verhältnis der Vereinigten Staaten zur EWG. Die variablen Einfuhrabschöpfungen *(variable import levies)* der EWG für Agrargüter haben etwas von Gleitzöllen *(sliding-scale tariffs)* an sich: sie erhöhen sich, wenn der Preis des Importgutes sinkt und umgekehrt. Zölle können Wertzölle *(ad-valorem duties)* oder spezifische Zölle *(specific duties)* sein. Jene werden nach dem Wert der Ware, diese nach Gewicht oder Menge bemessen *(based on the value; based on weight or quantity)*. Auch Mischzölle oder zusammengesetzte Zölle *(compound duties)* finden sich häufig; sie bestehen aus einem spezifischen Zoll, dem ein Wertzoll aufgesetzt ist. Bei rasch voranschreitender Inflation verliert ein reiner Gewichts- oder Mengenzoll viel von seiner einfuhrbeschränkenden Wirkung *(import restricting effect)*. In aller Regel versteht man unter Zöllen Einfuhrabgaben *(import duties)*, aber gelegentlich belegt ein Land auch eine Exportware mit einer Abgabe *(imposes a levy on an export commodity, subjects a commodity to export duty)* um den Rohstoff *(raw material)* für die ausländische Industrie zu verteuern und damit die eigene Industrie, die ihn ebenfalls verarbeitet, zu schützen. Ein bekanntes Beispiel für einen solchen Exportzoll ist Jute. Wichtig für Zollvergleiche von Land zu Land ist ein international einheitliches Warenverzeichnis, eine einheitliche Nomenklatur *(nomenclature)*. Dazu gibt es das Internationale Warenverzeichnis für den Außenhandel *(Standard International Trade Classification – SITC)*, herausgegeben von den Vereinten Nationen, und, neben anderen, die *Harmonized Nomenclature for Foreign Trade Statistics of the EC Countries – Nimexe*, der Warenkatalog der EG.

Die Institutionen der EG sind: 1. Die Europäische Kommission *(European Commission)*, bestehend aus Europa-Kommissaren *(European Commissioners)* aus den einzelnen Mitgliedsländern, mit einem Präsidenten *(president)* und mehreren Vizepräsidenten *(vice-presidents)* an der Spitze. Sie teilt sich in eine Anzahl General-Direktorate *(Directorates General)* mit verschiedenen Hilfsdiensten, darunter das General-Sekretariat *(Secretariat General)*, das Statistische Amt *(Statistical Office)* und Spezialdienste. 2. Der Ministerrat *(Council of Ministers)*, gebildet aus den Regierungsvertretern *(government representatives)* der Mitgliedsländer. 3. Das Europäische Parlament *(European Parliament)*. Seine Mitglieder werden von den Bürgern jedes Landes in direkter Wahl *(direct election)* gewählt. 4. Der Europäische Gerichtshof *(European Court of Justice)*. Seine elf Richter werden mit gegenseitiger Zustimmung der Regierungen bestellt. 5. Der Rechnungshof *(Court of Auditors)* für die Finanzkontrolle *(financial control)* der Gemeinschaft. 6. Die Europäische Investitionsbank *(European Investment Bank – EIB)* zur Finanzierung wenigentwickelter Landesteile *(less-developed regions)* und zur Modernisierung der Industrie. Für den ständigen Kontakt mit der Wirtschaft gibt es mehr als siebzig beratende Organe *(consultative/advisory bodies)*, darunter als wichtigstes den Wirtschafts- und Sozialausschuß *(Economic and Social Committee)* aus Arbeitgeberorganisationen, Gewerkschaften und anderen Gruppen der Wirtschaft.

Seit den Beschlüssen des Gipfeltreffens *(summit meeting)* im Haag im Dezember 1969 ist die EG finanziell autonom *(financially autonomous)*. Der Gemeinschaftshaushalt *(community budget)* hat als eigene Mittel *(own resources)* den Erlös *(proceeds)* der Abschöpfungen auf Agrarimporte, der Zölle unter dem Gemeinsamen Außenzolltarif und einen Anteil von über einem Prozent der Einnahmen der Länder aus der Mehrwertsteuer *(value added tax – VAT)*. Das Europäische Parlament übt eine gewisse Kontrolle über die Ausgaben aus *(exercises some control over expenditure)*. Zu finanzieren sind vor allem die Ausgaben im Rahmen der Gemeinsamen Agrarpolitik, die Kosten der europäischen Institutionen *(European institutions)*, der Europäische Sozialfonds *(European Social Fund)* zur Förderung der Beschäftigung und Mobilität von Arbeitnehmern *(mobility of workers)*, Forschung und Investitionen sowie die Hilfe für überseeische Länder *(overseas aid)*. Die Agrarpolitik nimmt den weitaus größten Teil der Mittel in Anspruch *(claims by far the largest part of the funds)*, die Industrie- *(industrial policy)* und Regionalpolitik *(regional policy)* stehen dahinter zurück.

„If you destroy a free market you create a black market. If you have ten thousand regulations you destroy all respect for the law." (Winston Churchill, 1874 bis 1965)

Konjunkturpolitik durch Nachfragesteuerung*

Große Ziele: Vollbeschäftigung bei Preisstabilität
High-flying aims: full employment at price stability

Eine der großen Streitfragen des 20. Jahrhunderts ist, inwieweit der Staat die Wirtschaft steuern kann und soll. Einstmals war es auch eine Frage des „Ob", aber diese Phase scheint endgültig vorbei. Ein sehr großer Teil des Sozialprodukts, oft zwei Fünftel und mehr, geht heute durch die Hände des Staates, und er übt vielerlei wirtschaftliche Tätigkeiten aus, die früher Privaten überlassen waren. Aus beidem ergibt sich ein starker Einfluß auf die Wirtschaft. Außerdem haben sich andere Auffassungen von den Pflichten des Staates gegenüber den Armen *(poor)* und den Minderbemittelten *(the less well-off)* durchgesetzt.

Eines der wichtigsten Gebiete staatlicher Wirtschafts- und Sozialpolitik *(economic and social policy)* ist die Konjunkturpolitik – und gerade dafür ist im Englischen und Amerikanischen kein Wort richtig im Sprachgebrauch verankert. Das am Anfang dieses Kapitels gebrauchte Stichwort *demand management* kommt dem Sinn des in Deutschland üblichen Wortes „Konjunkturpolitik" am nächsten, ist aber nicht weit verbreitet. Eine andere brauchbare Übersetzung ist *anti-cyclical policy*. Im Amerikanischen gibt es das sprachliche Gegenstück zu „Stabilitätspolitik" (AE *stabilization policy),* zumindest in der Sprache der Nationalökonomen *(economists)*. Es wird auch von den Wirtschaftsberatern *(economic advisers)* des amerikanischen Präsidenten verwendet.

Drei Ziele sind der Konjunkturpolitik gesetzt, und sie scheinen zuweilen so unvereinbar wie Feuer und Wasser: Wirtschaftliches Wachstum *(economic growth),* stabile Preise *(stable prices)* und ausgeglichene Zahlungsbilanz *(balance of payments in equilibrium)*. Das erste dieser drei Ziele wird heute meist gleichgesetzt mit Vollbeschäftigung *(full employment)*. Darunter versteht man theoretisch, daß die Arbeitslosenquote *(unemployment rate)* drei Prozent des Arbeitskräftepotentials *(labour/*AE *labor force)* nicht überschreitet; politisch wurden drei Prozent früher meist schon als jenseits des Erträglichen angesehen. Als Arbeitslose bezeichnet man in der Bundesrepublik und in England Erwerbspersonen *(working persons),* die arbeitsfähig *(capable to work)* und arbeitswillig *(willing to work)* sind und daher am Tage der Zählung *(on the day of count)* als Arbeitskräfte verfügbar *(available for work)* sind. Die Arbeitslosenquote ist dann

* *Stabilization policy by demand management.*

die Zahl der gemeldeten Arbeitslosen *(registered unemployed),* ausgedrückt als Prozentsatz *(expressed as a percentage)* der gesamten Zahl der unselbständig Tätigen *(employees)* in Arbeit *(with/in a job)* oder ohne Arbeit *(without a job).* „Unselbständig Tätige" in diesem Sinne sind auch solche, die bisher selbständig tätig *(self-employed)* waren, aber nun um eine unselbständige Tätigkeit nachsuchen *(require a job).*

Auch in den Vereinigten Staaten geht es im Prinzip um die Zahl der Arbeitslosen, gemessen am gesamten Arbeitskräftepotential. Gemessen wird aber durch Repräsentativerhebung *(sample survey).* Eine repräsentative Auswahl *(representative sample)* von Haushalten wird regelmäßig befragt, und dabei wird festgestellt, wieviele Personen zu einer bestimmten Zeit Arbeit gesucht haben *(looked for work)* und für Arbeit verfügbar waren.

Die Gesamtarbeitslosigkeit *(overall unemployment)* setzt sich meist aus verschiedenen Formen zusammen. Die übelste Form ist strukturelle Arbeitslosigkeit *(structural unemployment).* Sie tritt auf, wenn in einem Lande, gemessen an der Zahl der Arbeitskräfte, dauernd zu wenig Arbeitsplätze *(jobs)* vorhanden sind. Ursachen können sein: eine hohe Geburtenrate *(birth rate)* und gleichzeitig Kapitalmangel *(lack of capital),* ein Krieg kann Arbeitsplätze zerstört *(jobs destroyed)* haben, Flüchtlinge *(refugees)* können in das Land geströmt sein. Bei konjunktureller Arbeitslosigkeit *(cyclical unemployment)* ist in der gerade bestehenden Phase des Konjunkturzyklus *(phase of the economic/business cycle)* die Gesamtnachfrage *(aggregate demand)* zu gering, aber in der nächsten Phase der konjunkturellen Erholung *(recovery of the economy, pick-up of business activity)* kann das schon wieder überwunden sein. Diese beiden Formen können Massenarbeitslosigkeit *(mass unemployment)* bedeuten. Friktionelle Arbeitslosigkeit *(frictional unemployment)* entsteht, wenn in einem Industriezweig *(industry)* oder in einem Landesteil wegen Schrumpfung des Geschäfts *(decline of business)* oder Niedergang von Industriezweigen *(decline of industries)* auf Grund technischer Veränderungen *(technological changes)* Arbeitsplätze verlorengehen, aber an anderer Stelle in der Wirtschaft offene Stellen *(vacancies)* in großer Zahl vorhanden sind. Die eigentliche Ursache der Arbeitslosigkeit ist dann entweder die Immobilität der Arbeitskraft *(immobility of labo[u]r)* oder Fehlen der dort geforderten Fähigkeiten *(skills)* oder einfach Unkenntnis. Umschulung *(retraining)* und unter Umständen finanzielle Hilfe *(financial assistance)* beim Umzug können die notwendige Umgruppierung der Arbeitskraft *(regrouping/reallocating of labo[u]r) beschleunigen.* Saisonale Arbeitslosigkeit *(seasonal unemployment)* gibt es in Gewerbezweigen *(industries),* deren Geschäft jahreszeitlichen Schwankungen *(seasonal fluctuation)* unterworfen ist, zum Beispiel im Bewirtungsgewerbe *(catering trade)* in Ferienorten *(holiday resorts)* während der stillen oder „faulen Zeit" *(„silly season").* Im Deutschen spricht man ferner von Fluktuationsarbeitslosigkeit *(casual unemployment*[1]*)* in den Fällen, in denen Arbeiter bei Wechsel ihres Arbeitsplatzes *(change of job)* zeitweilig ohne Beschäftigung sind; das englische Wort *fluctuating unemployment* ist kaum üblich und zudem mißverständlich, denn es bedeutet zunächst „zu- und abnehmende Arbeitslosigkeit".

[1] Ein Begriff für Fälle unregelmäßiger Nachfrage nach Arbeitskräften bei P.A.S. Taylor, *„A Dictionary of Economic Terms"*, Fourth Edition, 1968, Routledge and Kegan Paul Ltd., London, Stichwort *„Unemployment"*.

Andererseits hat man im Englischen die Bezeichnung *disguised unemployment*[1], „verdeckte Arbeitslosigkeit", wenn Arbeitnehmer trotz schlechten Geschäftsgangs *(difficult trading, adverse trading conditions)* nicht entlassen werden, sondern die Arbeit gestreckt wird.

Das zweitgenannte Ziel, stabile Preise, wird in dieser Formulierung selten wörtlich verstanden. Die Vereinigten Staaten hatten in den fünfziger Jahren und noch bis Mitte der sechziger Jahre nur etwa zwei Prozent Preissteigerung *(price increase)* jährlich, in den Jahren darauf jedoch das Doppelte dieses Satzes und mehr. Die Bundesrepublik hatte viele Jahre lang nur einen jährlichen Preisanstieg *(annual price increase)* von zweieinhalb Prozent im Durchschnitt *(on average)*, 1973 kam sie jedoch auf sieben bis acht Prozent. England hatte von 1950 bis 1967 im Durchschnitt etwa 4,5 Prozent Preisanstieg, aber danach zeitweilig zweistellige *(double-digit)* Sätze. Bei diesem Vergleich sind für mehrere Jahre jeweils kumulative Sätze *(compound rates*[2]*)* zugrundegelegt, also die gesamte Preissteigerung über eine Anzahl von Jahren, dividiert durch die Zahl der Jahre. Der wichtigste Maßstab *(yardstick)* für die Inflation *(inflation)* ist der Lebenshaltungskostenindex *(cost of living index)*, in England amtlich: Einzelhandelspreisindex *(retail price index)*, in Amerika: Verbraucherpreisindex *(consumer price index)*. Ergänzende Preisindikatoren *(price indicators)* sind der Großhandelspreisindex *(wholesale price index, index of wholesale prices)*, mitunter auch ein Erzeugerpreisindex *(producers' price index)* sowie der Index der Import- und Exportpreise je Einheit *(import and export unit value index)*.

Wenn diese Indices etwas Vernünftiges aussagen sollen, müssen sie richtig aufgebaut sein. Der Index der Lebenshaltungskosten zum Beispiel muß die Ausgabengewohnheiten *(habits of expenditure)* der Verbraucher widerspiegeln. Da diese sich ständig ändern, muß auch das dem Index zugrundeliegende Wägungsschema *(set of weights)* immer wieder berichtigt *(revised)* werden. In den Industrieländern nimmt der Anteil der Ausgaben für Grundnahrungsmittel *(basic food)* dauernd ab, aber der Anteil der Ausgaben für Dienstleistungen *(services)*, Reisen und Erholung *(recreation)*, langlebige Verbrauchsgüter *(durable household goods)* und für „auswärtige Mahlzeiten" *(meals out)* nimmt immer weiter zu. Um die Preisveränderungen bei den einzelnen Gruppen von Gütern deutlich zu machen, weist man auch Indexzahlen *(index numbers)* für Untergruppen *(subgroups)* aus. Außerdem stellt man Sonderindices für bestimmte Bevölkerungsgruppen mit abweichenden Verbrauchsgewohnheiten auf, zum Beispiel in England für Rentnerhaushalte *(pensioner households)*. Gelegentlich bindet der Staat Lohnerhöhungen an den Index der Lebenshaltungskosten. In Schwellenvereinbarungen *(threshold agreements)*, Indexvereinbarungen, dürfen die Unternehmer mit den Gewerkschaften ausmachen, daß eine zusätzliche Lohnerhöhung *(pay increase)*, eine Teuerungszulage *(cost of living supplement)* ausgelöst *(triggered off)* wird, wenn der Index eine gewisse Schwelle *(threshold)* überschreitet.

Preisindices können natürlich ihre Funktion nur ausüben, wenn die Preise frei sind. Setzt der Staat die Preise fest *(fixes prices)* und fährt gleichzeitig mit

[1] So bei Alan Gilpin, „*Dictionary of Economic Terms*", Butterworth & Co (Publishers) Ltd., London, 1966, Stichwort *Unemployment*, und bei Harold S. Sloan/Arnold J. Zurcher, „*A Dictionary of Economics*", Fourth Edition Revised, Barnes & Noble, New York, Reprinted 1969, Stichwort *disguised unemployment*, hier mit etwas anderer Erklärung.

[2] *compound interest* = Zinseszins.

seiner Inflationspolitik *(inflationary policy)* fort, so entsteht eine „versteckte" oder „latente" Inflation *(hidden/masked inflation)*. Die Folge ist bald, daß die Ware aus den Geschäften verschwindet und sich ein Schwarzer Markt *(black market)* auftut. Im Index erscheinen dann zwar niedrige Werte, aber zu diesen Preisen ist Ware kaum noch erhältlich.

Die Indices der Import- und Exportpreise dienen gleichzeitig zur Errechnung der *Terms of Trade,* der „realen Austauschverhältnisse im Außenhandel". Dazu werden die Indexwerte der Exportpreise je Einheit *(export unit value index numbers)* in Prozenten der Indexwerte der Importpreise je Einheit *(import unit value index numbers)* ausgedrückt. Steigt dieser Prozentsatz, so sagt man, die *Terms of Trade* hätten sich verbessert, sinkt er, so haben sie sich verschlechtert.

Welche Mittel hat die Regierung, den Ablauf der Wirtschaft zu beeinflussen *(influence)*? Sie kann es tun mit dem direkten Gebot *(order),* der Anweisung *(directive)* und dem Verbot *(ban, disallowance, interdiction).* Aber in einer freien Gesellschaft *(free society)* sollte sie versuchen, ohne diese harten Methoden auszukommen. Die Gefahr besteht, daß von da aus allmählich die Grundrechte des Bürgers *(civil rights)* eingeschränkt werden. Zum Beispiel könnte das Recht der freien Wahl des Arbeitsplatzes *(free choice of the job)* verdrängt werden durch eine Zwangsbewirtschaftung der Arbeitskraft *(compulsion of labo[u]r).* An die Stelle freier Lohnverhandlungen *(free wage negotiations)* könnte die staatliche Zwangsschlichtung *(compulsory arbitration by the government)* treten. Konsumfreiheit *(freedom of consumption)* und Freizügigkeit *(freedom of movement)* könnten verlorengehen. Das alles wäre wenig erstrebenswert.

Abgesehen von gewissen Sondergebieten verzichten demokratische Regierungen deshalb heutzutage auf diese groben Mittel und bedienen sich indirekter Verfahren. Im wesentlichen lassen sich zwei Techniken unterscheiden: Fiskalpolitik *(fiscal policy)* und Währungspolitik *(monetary policy).* Beide bieten Mittel, die Wirtschaft zu beleben *(stimulate)* und zu drosseln *(slow down).* Aber wie stark sie jeweils wirken, mit welcher zeitlichen Verzögerung *(time lag)* und welche Nebenwirkungen *(side effects)* sie haben, darüber sind sich die Nationalökonomen keineswegs einig. Man kann ohne Übertreibung sagen, daß die Theoretiker *(theorists)* wie die Politiker der freien Welt über der Frage gespalten sind, welche Maßnahmen den Vorzug verdienen.

Ausgangspunkt aller Überlegungen ist stets die Gesamtnachfrage *(aggregate/ total demand).* Ihre Bestimmungsgründe sind der Verbrauch *(consumption)*, die Investitionen *(capital investment/expenditure/outlay)*, die Nachfrage des Staates *(government demand)*, Veränderungen der Vorräte, der Export und die Ersparnisbildung *(supply of savings)*. Um auf die Gesamtnachfrage einzuwirken *(to operate on the level of total demand)*, genügt es, auf einzelne ihrer Bestandteile *(components)* einzuwirken.

Aber zunächst ist zu fragen, warum der Staat überhaupt in die Lage kommt, auf die Nachfrage einwirken zu müssen. Tatsächlich war das durchaus nicht immer selbstverständlich. Die Klassiker *(Classics)* der Nationalökonomie, vor allem der Franzose *Jean Baptiste Say,* hatten zu Beginn des 19. Jahrhunderts die Theorie aufgestellt, daß eine Wirtschaftskrise *(economic crisis)* infolge einer allgemeinen Überproduktion *(overproduction)* nicht möglich sei. Das hauptsächlich von *Say* formulierte „Gesetz der Absatzwege" *(Say's Law [of the Market])* geht davon aus, daß produzierte Güter stets nur gegen produzierte Güter getauscht würden. Das Geld kommt nur als Tauschvermittler *(medium of exchange)* dazwischen[1]. Mit der Produktion der Güter entstehe zwangsläufig zugleich das Einkommen, sie zu kaufen. Daher sei die gesamte Nachfrage stets gleich dem gesamten Angebot *(total demand equals total supply)*. Stocke der Absatz *(selling is going tough)*, so sei das nur darauf zurückzuführen, daß die Absatzwege *(channels of distribution)* verstopft seien.

Unterkonsumtion und Verelendung

Underconsumption and increasing misery

In der Kritik hierzu wurde gesagt, daß eine allgemeine Überproduktion doch möglich sei, wenn das Geld seine Funktion versage. Auch habe *Say* die Selbststeuerungsfähigkeit der Wirtschaft *(self-righting qualities of the economy[2])* überschätzt. Der Schweizer *Simonde de Sismondi* und der Engländer *Robert Malthus*, Zeitgenossen von *Say*, entwickelten eine Unterkonsumtionstheorie *(underconsumption theory)* als Erklärung von Wirtschaftskrisen. *Karl Marx*, der bedeutendste Vertreter des wissenschaftlichen Sozialismus *(scientific socialism[3])* machte daraus eine ganze Verelendungstheorie *(theory of increasing misery)*. Sie läßt sich ebensogut als Überproduktions- *(overproduction theory)* wie als Unterkonsumtionslehre auffassen. Ihr Ausgangspunkt ist das vermeintliche Mißverhältnis der Einkommen *(income)* von Kapitalisten *(capitalists)* und Arbeitern *(workers)*. *Marx* ging in seinen Schlußfolgerungen bis zu der Prophezeihung, daß das kapitalistische System wegen des ihm innewohnenden Widerspruchs *(immanent contradiction of the capitalist system)* eines Tages verschwinden werde.

Anknüpfend an die Arbeitswertlehre *(labo[u]r value theory)* der „klassischen Lehrmeinung" *(classical school of thought)* entwickelten er und einige andere sozialistische Schriftsteller die Idee, daß der Wert einer Ware *(commodity)* der Menge an menschlicher Arbeit *(amount of human labo[u]r)* entspreche, die nötig ist, die Ware zu produzieren. *David Ricardo* hatte ihm dafür den Weg geebnet, indem er die Mitwirkung der anderen beiden Produktionsfaktoren *(production factors)* Boden *(ground)* und Kapital erklärt hatte: Die Grundrente *(ground rent)*, sei nicht Faktor der Preisbildung *(formation of prices)*, sondern Folge des Preises, und das Kapital sei nichts anderes als „vorgetane Arbeit" *(preserved/accumulated work)*. *Marx* unterschied sodann „variables Kapital" *(variable capital)*, das zur Lohnauszahlung *(payment of wages)* nötig ist, und „konstantes Kapital" *(constant capital)*, das in Maschinen, Anlagen, Rohstoffen usw. angelegt

[1] Vor dem Aufkommen der Marktwirtschaft waren die Krisen anderer Art: Versorgungskrisen *(supply crises)*. — Nach *Friedrich Lists* Stufengliederung betrachtet man als erste wirtschaftliche Entwicklungsstufe den „Wilden Zustand" der Jagd und Fischerei *(hunting and fishing stage)*, danach den Hirtenstand *(pastoral stage)* und darauf den Agrikulturstand *(agricultural stage)*. Englische Begriffe nach Erwin Walter Kemmerer, *„Money"*, The Macmillan Company, New York, 1935.

[2] A. Gilpin, a.a.O., Stichwort *Keynesian Revolution*.

[3] In den angelsächsischen Ländern spricht man nicht von *scientific socialism*, das Wort ist nur Übersetzung des deutschen. Gebräuchlich ist im wesentlichen *Marxism*. Gelegentlich wird von *academic socialism* gesprochen, ein weitläufiger Begriff, der linksintellektuelle Strömungen der Gegenwart mit einschließt. *Utopian socialism*, „utopischer Sozialismus", ist dagegen auch im Englischen ein fester Begriff.

wird. Nur das „variable Kapital“ schaffe zusätzliche Werte, den „Mehrwert“ *(surplus value)*, während sich das konstante Kapital lediglich reproduziere. Dem Arbeiter stünde an sich der volle Mehrwert zu, aber er werde ihm vom Unternehmer vorenthalten. So bekomme der Arbeiter nur jenen Teil des Mehrwerts, den er für seinen Lebensunterhalt *(upkeep)* unbedingt braucht. Alles übrige verwendeten die Unternehmer ständig zur Vermehrung des konstanten Kapitals – statt zur Erhöhung der Löhne. Da die Arbeiter ihren Verbrauch kaum steigern können, geraten nach *Marx* die Ausgaben für Konsumgüter *(expenditure on consumer goods)* immer mehr in ein Mißverhältnis *(disparity)* zu den Ausgaben für Investitionsgüter *(expenditure on capital goods)*. Immer weniger Arbeiter werden gebraucht, und viele werden daher entlassen *(dismissed)*. Sie bilden eine „industrielle Reservearmee“ *(reserve army of unemployed labo[u]r)*, auf die die Unternehmer jederzeit zurückgreifen können, um die Löhne zu drücken *(to force/ bring down wages)*. Der Wettbewerb unter den Unternehmern fördert diesen Prozeß noch, und das hat zur Folge, daß die kleineren von den Großen übernommen *(taken over)* werden. Der Akkumulation und Konzentration des Kapitals *(accumulation and concentration of capital)* folgt die Akkumulation des Elends *(accumulation of misery)*. In der letzten Phase dieses Prozesses sind nur noch ganz wenige Riesenunternehmen *(giant concerns)* oder gar nur noch eines übrig. Das Ende des Klassenkampfes *(class struggle)* werde dann sein, daß sich die Arbeiterklasse *(working class[es])* erhebe und den verbliebenen Unternehmern ihr Eigentum entziehe *(divest the entrepreneurs of their property)*, indem sie die Unternehmen in Staatshand *(state ownership)* überführe. An die Stelle des Privateigentums an den Produktionsmitteln *(private ownership of the means of production)* tritt das Gemeineigentum *(collective ownership)*. Die Unternehmer *(employers)* würden nicht viel Widerstand bieten, denn mit ihrer Kapitalansammlung hätten sie sich selbst den Absatz und die Rendite verdorben: Theorie des fallenden Gewinns *(theory of falling profit rate)*. Mit der „Ausbeutung der Ausbeuter“ *(expropriation of expropriators, exploitation of exploiters)* ziehe das Proletariat *(proletariat[e])* den Schlußstrich unter den Kapitalismus *(capitalism)*.

Die Voraussagen des marxistischen Sozialismus *(Marxist socialism)* haben sich nicht erfüllt. Die Aufforderung „Proletarier aller Länder, vereinigt Euch!“ *(Workers of the world unite)*, auf dem Grabstein von *Karl Marx* auf dem Friedhof des Nord-Londoner Stadtteils Highgate eingemeißelt, wird von den meisten Menschen nur noch mit großer Skepsis aufgenommen.

Keynes beschreibt den Multiplikatoreffekt

Keynes describes the multiplier effect

Aber auch die These der klassischen Nationalökonomen, daß dem wirtschaftlichen Geschehen eine „prästabilisierte Harmonie“ *(prestabilized harmony)* innewohne, ist zumindest heftig umstritten. Wenn sie stimmte, müßte sich für Angebot und Nachfrage immer wieder ein Gleichgewichtszustand *(equilibrium level)* bei Vollbeschäftigung einstellen. Dazu ist vor allem nötig, daß die Preise und Löhne vollkommen flexibel *(perfectly flexible)* sind. Das ist in der Tat oft nicht der Fall, aber wiederum läßt sich dieser Mangel nicht ohne weiteres dem System der freien Wirtschaft zur Last legen, sondern die beobachtete Unelastizität *(inflexibility)* erklärt sich häufig mit Eingriffen der Regierung oder interessierter Gruppen.

Besonders entschieden ist der Harmoniethese der englische Nationalökonom *John Maynard Keynes* (1884–1946) entgegengetreten. Sein berühmtes Werk *„The General Theory of Employment, Interest and Money"* (1936) rief eine Art Revolution im wirtschaftlichen Denken *(economic thinking)* hervor und löste jahrzehntelange, heftige Diskussionen aus. Die Massenarbeitslosigkeit *(mass unemployment)* der dreißiger Jahre schien selbst schon die Auffassung zu widerlegen, daß sich der Preis der Arbeit auf einer Höhe einspiele, bei der alle Arbeitskräfte Beschäftigung finden *(the price of labo[u]r adjusts itself to a level at which all labo[u]r find employment)*[1]. Millionen von Arbeitern waren in den westlichen Ländern bereit, zu niedrigem Lohn *(at a low rate of wages)* zu arbeiten, konnten dennoch keine Arbeit finden und gingen stempeln *(were on the dole)*.

Die Keynessche Wirtschaftslehre *(Keynesian economics)* versucht, die Bestimmungsgründe der „wirksamen Gesamtnachfrage"[2] *(determinants of total effective demand)*, vor allem den Konsum *(consumption)*, die Investitionen und die Ersparnisbildung, das Sparen *(saving)*, in ihrer wechselseitigen Abhängigkeit darzustellen. Die Ausgaben für Konsum und für Investitionen sind in der Summe das Volkseinkommen, von der Verwendung her gesehen. Die Spartätigkeit *(saving)* ist nur das Gegenstück, die andere Seite, der Investitionen. Konsum und Investitionen bestimmen den Beschäftigungsstand *(level of employment)*. Sie streben immer wieder zu einem Gleichgewichtszustande *(equilibrium)* hin, jedoch keineswegs immer vor dem Hintergrunde voller Beschäftigung. Anders ausgedrückt, Beschäftigung und Volkseinkommen hängen davon ab, auf welchem Niveau die Investitionsvorhaben der Unternehmen und die Sparabsichten der Haushalte *(households)* sich decken.

Bis etwa zu der schweren Weltwirtschaftskrise *(Great Depression/Contraction)* der dreißiger Jahre galt als ziemlich gesichert, daß der Zinssatz *(rate of interest)* die Investitions- und die Spartätigkeit so steuere, daß sie immer wieder ins Gleichgewicht kommen. In der Krise aber fiel der Zins für lange Zeit auf einen sehr niedrigen Stand, ohne daß die Unternehmer sich angeregt fühlten, die überreichlich vorhandenen Ersparnisse aufzunehmen *(take up the ample savings)* und ihre Investitionen zu steigern *(increase their investment, increase their capital expenditure)*. *Keynes* meinte nun, nicht der Zins gebe den Ausschlag, sondern die Konsumneigung *(propensity to consume)* und die Investitionsneigung *(propensity to invest)*. Wenn sich in der Wirtschaft eine starke „Liquiditätsvorliebe" *(liquidity preference)* breitmache, sei es durchaus möglich, daß die Kapitalausgaben *(capital outlay)* der Unternehmer trotz niedrigen Zinses zurückzugehen. Das erkläre sich damit, daß für die Höhe der Investitionen *(level of investment)* nicht so sehr die Zinshöhe *(level of interest)*, sondern vor allem die Gewinnerwartungen *(expectations of profit)* der Unternehmer maßgebend seien. Die Unternehmererwartungen *(entrepreneurial expectations)* wiederum seien bestimmt von der Grenzproduktivität des Kapitals *(marginal efficiency of capital)*, das heißt von

[1] Englische Begriffe hier u. a. nach Gilpin, *„Dictionary of Economic Terms"*, Stichwort *„Keynesian Revolution"*, Butterworth & Co. (Publishers), London, 1966.

[2] Bei diesem Begriff ist das Beiwort „wirksam", genaugenommen, überflüssig, denn „Nachfrage" allein ist bereits Bedarf, der mit Geld ausgestattet ist *(desire to buy backed by money)*, also ein wirksamer Marktfaktor.

dem Ertrag der jeweils zusätzlich investierten Kapitaleinheit *(unit of capital).* Sind die Gewinnerwartungen gering, so unterbleiben Investitionen, damit geht die Nachfrage zurück, damit das Einkommen und infolgedessen auch das Sparen, bis schließlich die Ersparnisse *(savings)* nicht mehr den für Investitionen benötigten Kapitalertrag übersteigen *(exceed).*

Demnach stellt sich das Gleichgewicht von Angebot und Nachfrage nicht von allein wieder auf Vollbeschäftigungsniveau *(full employment level)* ein, sondern erst bei einem geringeren Beschäftigungsgrad. Es erweist sich auch, daß Arbeitslosigkeit selbst dadurch nicht aus der Welt geschafft wird, daß die Arbeiter niedrige Löhne fordern. *Keynes* folgerte daraus, daß der Staat etwas zur Förderung der Investitionen *(encouragement of investment),* der Bildung von Anlagekapital *(formation of fixed capital)* tun müsse. Von diesem Teilgebiet der Gesamtnachfrage werde dann eine vervielfachende, eine Multiplikatorwirkung *(multiplier effect)* ausgehen: Höhere Investitionen der Wirtschaft bedeuten höhere Einkommen, diese werden zum großen Teil konsumiert *(consumed)* und erzeugen damit ihrerseits Einkommen, von denen wiederum die gleiche Wirkung ausgeht.

Um diesen Multiplikatoreffekt einzuleiten, sind in Zeiten hartnäckiger Krisen Ausgaben nötig, die nicht von dem Selbststeuerungsmechanismus *(self-adjusting mechanism)* der Marktwirtschaft ausgelöst werden: „autonome Ausgaben" *(autonomous spending).* Autonom werden sie deshalb genannt, weil die Anregung dazu nicht aus der Wirtschaft selbst kommt, zum Beispiel in Form niedrigen Zinses. Das Gegenstück dazu sind „induzierte Ausgaben" *(induced spending).* Sie werden getätigt auf Grund zunehmenden Verbrauchs im Inland oder zunehmenden Exports. Die höheren Verbraucherausgaben und Exportaufträge regen die Unternehmer zu höheren Investitionen an, diese sind daher induzierte Investitionen *(induced investment).*

Autonome Ausgaben und autonome Investitionen *(autonomous investment)* sind daher in erster Linie Staatsausgaben *(government spending)* und -investitionen. Zunächst dachten *Keynes* und einige andere Nationalökonomen im wesentlichen an öffentliche Aufträge *(public works).* Für diese Art Konjunkturpolitik kam der Ausdruck Fiskalpolitik *(fiscal policy)* auf. Heute versteht man darunter die Gesamtheit der Maßnahmen, die der Regierung auf dem Gebiete der Staatsausgaben und der Besteuerung *(taxation, taxing)* zu Verfügung stehen. Dazu gehören zum Beispiel Steuersenkungen *(tax cuts)* und -erhöhungen *(tax increases),* Steuerzuschläge *(surcharges)* oder Zusatzsteuern *(surcharges),* auch „Stabilitätsabgabe" *(stabilization levy)* genannt, Vergünstigungen für Investitionen *(investment allowances),* Zuschüsse dazu *(investment grants),* die Erlaubnis zusätzlicher Abschreibungen *(additional depreciation),* hohe Anfangsabschreibungen *(initial allowances),* sogar völlige Abschreibungsfreiheit *(freedom of depreciation)* für neuangeschaffte Investitionsgüter *(investment/capital goods),* Steuergutschriften *(tax credits).* Auch die Verbrauchssteuern *(expenditure taxes, excise duties),* die Kaufsteuern *(purchase taxes)* und Umsatzsteuern *(turnover taxes)* werden dazu benutzt, den Binnenkonsum anzuregen *(stimulate domestic consumption)* oder um andererseits überschüssige Kaufkraft abzuschöpfen *(mop up/absorb/siphon off excessive purchasing power).* Gelegentlich hilft die Regierung noch dadurch nach, daß sie eine Stabilisierungsanleihe *(stabilization loan)* aufnimmt und das Geld stillegt *(immobilizes, sterilizes).*

Traditionelle Mittel: Offenmarkt-Politik und Diskont

Traditional instruments: open-market operations and minimum lending rate

Die Fiskalpolitik hat geraume Zeit gebraucht, bis sie von den Regierungen der Industrieländer allgemein als das Mittel der Konjunktursteuerung anerkannt wurde. Ihr Gegenstück ist die Geldpolitik *(monetary policy)*, und deren Anhänger haben, mal mit mehr, mal mit weniger Erfolg, die Technik der Fiskalisten *(fiscalists)* immer wieder angezweifelt. In der wissenschaftlichen Auseinandersetzung geht es ganz wesentlich um die Frage, welche Bedeutung die Geldmenge in der Wirtschaft hat.

Keynes hielt von Mitteln der Geldpolitik insgesamt nicht viel. Zwar ist nach seiner Ansicht eine Politik des billigen Geldes *(policy of cheap money)* nützlich, weil sie den Zins niedrig hält *(keeps interest rates down)* und damit auch die Zinslast *(burden of interest)* auf der Staatsschuld. Hierfür waren ihm auch die traditionellen Mittel der Zentralbanken gut genug: Die Offenmarkt-Geschäfte *(open-market operations)* und der Diskontsatz *(bank rate,* AE *discount rate)*. Bei den Offenmarkt-Geschäften beeinflußt die Zentralbank, die Notenbank *(central bank)*, die Barreserven *(cash reserves)* der Geschäftsbanken *(commercial banks)*, indem sie von den Geschäftsbanken Wertpapiere *(securities)* kauft oder sie ihnen verkauft. Im ersten Falle erhöhen sich die liquiden Mittel *(liquid funds)* der Geschäftsbanken, so daß sie ihre Ausleihungen *(advances)* steigern können. Im zweiten Falle mindern sich die liquiden Mittel der Banken, so daß sie ihre Ausleihungen verringern *(reduce) müssen*. Der Diskontsatz ist der Mindestsatz *(minimum rate)*, zu dem die Zentralbank erstklassige Wechsel *(prime/first-class bills)* rediskontiert *(re-discounts)*, die ihr von den Geschäftsbanken eingereicht werden. Hält die Zentralbank den Diskontsatz hoch, so reichen ihr die Geschäftsbanken weniger Wechsel ein, weil die Zentralbank ihnen zuviel Zins abzieht. Hält sie den Diskontsatz niedrig, so reichen die Banken ihr viele Wechsel ein. So refinanzieren sie sich *(recapitalize, refinance their business)* direkt bei der Zentralbank, wodurch sie befähigt werden, ihr Kreditvolumen *(credit volume)* auszuweiten *(extend)*. Über den Diskontsatz beeinflußt die Zentralbank zumindest die Höhe des Zinses für kurzfristige Ausleihungen *(short-term lendings)*. Gelegentlich leiht sie auch Geld sehr kurzfristig gegen Wechsel als Sicherheit *(collateral)* aus – Lombardgeschäfte –, und mitunter bietet sie Pensionsgeschäfte *(sale and repurchase deals)* an.

Billigte *Keynes* also der Diskont- und der Offenmarkt-Politik unter den verfügbaren monetären Instrumenten *(monetary instruments)* eine gewisse ergänzende, wenn auch untergeordnete Rolle in der Konjunkturpolitik zu, so schätzte er die Bedeutung der Geldmenge *(money supply/stock)* sehr gering ein.

Die Keynesschen Lehren – oft aber mehr die Art, wie sie von den „Keynesianern" *(Keynesians)* vergröbert wurden, – haben in der Folge in den angelsächsischen Ländern dazu geführt, daß die Geldmengenpolitik *(policy of money supply)* als Mittel zur Steuerung der Wirtschaftstätigkeit *(as a means for influencing the economic activity)*, sowohl für die Förderung *(stimulation)* wie für die Eindämmung *(curbing)*, weitgehend ignoriert wurde. Statt dessen wurden fiskalpolitische Mittel angewandt. Es stellten sich allerdings gelegentlich Zweifel ein, ob das so richtig sei. Das führte in England im Jahre 1957 dazu, daß die Regierung einen Ausschuß zur Untersuchung der Arbeitsweise des Geldsystems

(Committee on the Working of the Monetary System) unter Vorsitz des früheren Richters Lord *Radcliffe* einsetzte. Aber der Radcliffe-Bericht *(Radcliffe Report)* bestärkte die Minister und Politiker noch in ihrer Geringschätzung der Geldpolitik. Er räumte zwar ein, daß monetäre Maßnahmen *(monetary measures)* ein Hilfsmittel sein könnten, aber in dem entscheidenden Punkte, der Geldmenge in der Wirtschaft, kam er zu einem verhängnisvollen Ergebnis: „Wir meinen, daß die Kontrolle der Geldmenge nicht mehr ist als eine wichtige Facette *(an important facet)* der Schuldenhandhabung *(debt management)*." Nach Ansicht der Kommission ist nicht die Geldmenge entscheidend für die Ausgabeentscheidungen *(spending decisions)* des Einzelnen *(individual)*, sondern die gesamte Liquiditätslage *(liquidity position)*, und davon ist die Geldmenge nur ein Teil. Ausgabeentscheidungen hingen nicht nur davon ab, daß der Bürger oder Unternehmer Bargeld *(cash)* oder Geld auf der Bank *(money in the bank)* hat, sondern auch von der Möglichkeit, Kredit aufzunehmen *(borrow)* oder Vermögenswerte zu verkaufen sowie von den Aussichten des Mittelzuflusses *(cash flow)* auf Grund des künftigen Umsatzes *(sales)*[1].

Diese gründliche und sorgfältige Untersuchung bedeutete für ein weiteres Jahrzehnt, daß England die Geldmenge fast beliebig vermehrte *(increased the money supply)*. Was immer letzten Endes die Ursache war – England hatte eine fast doppelt so hohe Geldentwertung *(loss in value of money)* wie die Bundesrepublik und mußte 1967, nur achtzehn Jahre nach der Pfundabwertung *(devaluation of sterling)* des Jahres 1949, seine Währung erneut abwerten *(devalue)*.

Schon vorher hatte sich das ständige Intervenieren *(intervening)* immer mehr als eine unglückselige „*Stop-Go*"-Politik erwiesen, die den Unternehmen das Disponieren *(making decisions)* erschwerte. In der zweiten Hälfte der sechziger Jahre ging es für die Regierung fast nur noch darum, Binnenkonsum und Importe zu drosseln sowie Produktivkräfte für den Export freizumachen *(make resources available for export)*. Sie versuchte also, mit den gewohnten fiskalischen Mitteln Kaufkraft abzuschöpfen. Da sie jedoch gleichzeitig großzügig das Geld vermehrte, war dieser Manipulation durch Steuern *(manipulation by taxes)* wenig Erfolg beschieden. Die Unternehmer waren schon bald dazu übergegangen, auch in Zeiten rückläufiger Konjunktur *(times of declining economic activity)* ihre Belegschaft *(labo[u]r force, personnel, staff)* fast auf voller Stärke zu halten, in der Annahme, daß die Regierung zwar eine Abwärtsbewegung *(downturn)* erlauben, es jedoch nicht zu einer richtigen Rezession *(recession)*, zu einem tiefen konjunkturellen Wellental *(trough)*, kommen lassen würde. So verzichteten sie auf die Personalbereinigung *(shake-out)*, die an sich angesichts der Beschäftigungslage angebracht gewesen wäre. Nach einiger Zeit der Flaute *(lull)* kam dann auch prompt die neue Konjunkturspritze *(pump-priming)* in Form höherer Staatsausgaben. Sie bedeutete in aller Regel Defizitpolitik *(policy of deficit spending, policy of budget deficit)*. Es wurde also mehr ausgegeben als eingenommen *(received, collected)* und auf den Ausgleich des Staatshaushalts *(balancing of the budget)* wenig Rücksicht genommen. Das amtliche Wort war auch nicht *budget deficit*, sondern man zog es vor, von „Kreditbedarf" *(borrowing requirement)* zu sprechen. Dieser wurde jedoch zu wesentlichen Teilen nicht durch Aufnahme echter Ersparnisse des Publikums *(genuine savings of the public)* gedeckt, sondern mit Mitteln der Bank von England.

[1] Her Majesty's Stationery Office, London, Cmnd. 827, S. 132.

Vor dem Hintergrund der unsteten Konjunkturpolitik wurde die personelle Überbesetzung *(overmanning)* in vielen Unternehmen immer mehr üblich mit der Folge geringer Produktivität *(productivity)*.

Erst im Jahre 1969 gelang es tatsächlich, den Binnenkonsum stark einzudämmen und einen Exportüberschuß *(export surplus)* zu erzielen – aber dazu hatte Schatzkanzler *(Chancellor of the Exchequer)* Jenkins auf dringendes Ersuchen des IWF zu einer Politik der Verbrauchsbeschränkung *(austerity)*, der Einschränkung der Geldmenge, der monetären Kontraktion *(monetary contraction)* übergehen müssen: Die Staatseinnahmen *(government revenue)* waren auf einmal höher als die Staatsausgaben *(government expenditure)*, und der Staatshaushalt wies einen Überschuß auf *(budget was in surplus)*. Konjunkturpolitik mit fiskalischen Mitteln blieb jedoch auch unter den nächsten Regierungen noch auf der Tagesordnung.

Wieder modern: die „naive" Quantitätstheorie

Back in fashion: the naive quantity theory of money

Schon vor Jahrhunderten haben die Menschen geahnt, daß zwischen der Menge des vorhandenen Geldes in der Wirtschaft und dem Preisniveau *(price level)* eine Beziehung besteht. Bemerkungen darüber finden sich in der Literatur der politischen Ökonomie zum Beispiel schon im 14. Jahrhundert bei *Nicolaus Oresmius,* dem Bischof von Paris. Merkwürdigerweise ist heute der Glaube noch weit verbreitet, daß nur Banknoten *(bank-notes)* ihren Wert verlieren könnten. Dabei hat schon der französische Staatsmann *Jean Bodin* vor vierhundert Jahren, als Papiergeld noch kaum üblich war, darauf hingewiesen, daß der starke Zufluß *(inflow)* von Silber aus den südamerikanischen Kolonien die Preise hinauftrieb *(pushed up prices).* Er stellte bereits die sogenannte „grobe" oder einfache oder naive Quantitätstheorie des Geldes auf *(crude or naive quantity theory of money):* Der Geldwert verändert sich im umgekehrten Verhältnis zur Geldmenge *(the value of money varies in reverse proportion to changes in the quantity of money).* Schon bald danach kamen jedoch andere Ökonomen und Philosophen, wie *John Locke* und *David Hume,* zu der Auffassung, daß nicht allein die Menge des Geldes eine Rolle spiele, sondern auch seine Umlaufgeschwindigkeit[1] *(velocity of circulation, income velocity of money).* In neuerer Zeit hat der Amerikaner *Irving Fisher* (1867–1947) diese Zusammenhänge im einzelnen ausgearbeitet, untersucht, und in die Form der berühmten Verkehrsgleichung *(quantity equation)* gebracht. $G \times H = P \times U$ (BE/AE $M \times V = P \times T$), oder in Worten ausgedrückt: Die Geldmenge multipliziert mit der Umlaufgeschwindigkeit ist gleich dem durchschnittlichen Preisstand *(average price level)* multipliziert mit dem Umsatzvolumen *(volume of transactions).* In dieser Form wurde die Gleichung im großen und ganzen als zutreffend anerkannt und gelehrt. Nicht ganz eindeutig schien die Rolle der Umlaufgeschwindigkeit, aber mehr oder weniger glaubte man davon ausgehen zu können, daß sie in normalen Zeiten nahezu konstant *(constant)* sei.

[1] Walter Weddigen, „Theoretische Volkswirtschaftslehre als System der Wirtschaftstheorie", Westkultur Verlag Anton Hain, Meisenheim am Glan, 1948, S. 186.

In der deutschen galoppierenden Inflation *(galloping/run-away inflation)* des Jahres 1923 allerdings war nicht nur eine ungeheuere Menge Geld vorhanden, sondern es wechselte auch sehr rasch den Besitzer *(changed hands)*. In der großen Wirtschaftskrise schrumpfte *(contracted)* die Geldmenge nicht nur, sondern verlangsamte *(slowed down)* auch ihre Umlaufgeschwindigkeit. In Zeiten schleichender Inflation *(creeping inflation)* und bloßer wirtschaftlicher Flaute zeigt sich das nicht so deutlich.

In Sachen Umlaufgeschwindigkeit und damit in dem entscheidenden Punkte war *Keynes* jedoch gänzlich anderer Meinung. Er hielt sie für so flexibel, daß sie Änderungen der Geldmenge jederzeit ausgleichen könne: Staat oder Notenbank mögen die Geldmenge steigern – auf der anderen Seite, dem Produkt aus Preisen und Umsätzen, wird sich dennoch nichts rühren, weil die Umlaufgeschwindigkeit des Geldes entsprechend langsamer wird. Andererseits, wenn sich das Sozialprodukt durch höhere Preise oder größeren Ausstoß vermehrt, braucht die Geldmenge nicht entsprechend vermehrt zu werden, weil die gleiche Geldmenge das größere Umsatzvolumen *(volume of turnover)* mit größerer Umlaufgeschwindigkeit[1] mühelos bewältigt.

Der nächste Umschwung der Lehrmeinungen *(doctrines)* kam in den sechziger Jahren, als die „Chikagoer Schule" *(Chicago School)* mit ihrer Zentralfigur, dem an der Universität von Chikago lehrenden Professor *Milton Friedman* (geboren 1912), mit ihren Forschungsergebnissen *(results of research)* auf den Plan trat. Die neue wirtschaftliche Lehrmeinung behauptete, es bestehe eine enge Beziehung *(close/strong correlation/relationship)* zwischen Veränderungen der Geldmenge *(changes in the quantity of money)* und der allgemeinen wirtschaftlichen Tätigkeit, das heißt der Güternachfrage *(demand for goods)*, der Produktion *(output)* und den Preisen: Innerhalb einiger Vierteljahre nach einer Verringerung der Zuwachsrate der Geldmenge *(reduction in the monetary growth rate)* beginnt das reale Sozialprodukt zu schrumpfen *(real output contracts)*, und die Rate des Preisanstiegs verringert sich *(the rate of price rise diminishes)*. Umgekehrt steigen einige Zeit nach Beginn einer Steigerung der Zuwachsrate der Geldmenge *(increase in the monetary growth rate)* zunächst das Sozialprodukt und später die Preise. Wann jeweils nach der Veränderung des Sozialprodukts die Wirkung auf die Preise *(effect on the prices)* einsetzt, hängt ab von der Ausnutzung der Kapazitäten *(utilization of capacity)* in der Wirtschaft[2].

Die „Monetaristen" *(monetarists)*, wie sie bald genannt wurden, stützten sich auf umfangreiche empirische Studien *(extensive empirical studies)* der Währungsgeschichte *(monetary history)*, vor allem der Vereinigten Staaten. *Friedman* selbst schilderte: *„I had the dismal task of reading through 50 years of annual reports of the Federal Reserve Board"*[3]. Bis in die sechziger Jahre des 19. Jahrhunderts zurück verfolgten er und seine Mitarbeiterin *Anna Jacobson Schwartz*, wie sich Ausstoß und Preise auf Vermehrung und Verminderung der Geldmenge

[1] Rechnerisch ist die Umlaufgeschwindigkeit das Verhältnis des Bruttosozialprodukts zur Geldmenge.

[2] Anna Jacobson Schwartz, „*Why Money Matters*" in „*Lloyds Bank Review*", No. 94, Oktober 1969, Published by Lloyds Bank Ltd., London.

[3] Milton Friedman, „*The Counter-Revolution in Monetary Theory*", „*Occasional Paper 33*" des Institute of Economic Affairs, 1970, S.12. „*First Wincott Memorial Lecture*" *delivered at the Senate House, University of London*, 16. September 1970. Der Veröffentlichung ist, mit freundlicher Genehmigung der Wincott Foundation, ein wesentlicher Teil der Darstellung der Lehre Friedmans entnommen.

hin verhielten, und beobachteten dazu Aufschwung *(upturn)*, Wendepunkt *(turning point)* und Abschwung *(downturn, decline)*, Höhepunkt *(peak)* und Tiefpunkt *(trough)* des Konjunkturzyklus.

Friedman stieß bei seinen Untersuchungen darauf, daß die amerikanischen Währungsbehörden *(monetary authorities)* bei ihrer Stabilitätspolitik *(stabilization policy)* fast immer zu stark und zu spät eingriffen. Gelegentlich geschah es auch, daß mit monetären Mitteln in der einen und mit fiskalischen in der anderen Richtung gearbeitet wurde. Seine Ansicht von Fiskalpolitik ist, daß sie nichts nützt. Ebensowenig hält er von „Einkommenspolitik" *(incomes policy)*, das heißt vor allem Preis- und Lohnbeschränkungen *(wage restrictions/controls)*, mit denen viele Regierungen immer wieder versucht haben, die Preise in den Griff zu bekommen. Sie stützten sich hierbei auf die von *Keynes* vertretene Ansicht, daß Inflation ein Kostenphänomen sei. Es bildete sich daraufhin sogar ein Meinungsstreit heraus, in welchen Fällen man von „Kosteninflation" *(cost-push inflation)* und wann man von „Nachfrageinflation" *(demand-pull inflation)* zu sprechen habe.

Friedman hingegen sieht in der Inflation ein Problem der Geldmenge. Seine Empfehlung für ein gleichmäßiges Wachstum der Volkswirtschaft lautet deshalb, die Währungsbehörden sollten sich im wesentlichen darauf beschränken, die Geldmenge jahraus, jahrein und während des Jahres gleichmäßig um eine Jahresrate *(annual rate)* von nicht mehr als vier bis fünf Prozent zu steigern – diesen Satz empfahl er für die Vereinigten Staaten, während für andere Länder je nach Entwicklung der Produktion und der Neigung zur Kassenhaltung *(money-holding propensities)* ein anderer Satz in Frage kommen mag.[1]

Völlig im Gegensatz zu *Keynes* ist *Friedmans* Erfahrung, daß die Umlaufgeschwindigkeit den inflatorischen oder deflatorischen Effekt einer Zunahme oder Abnahme der Geldmenge nicht neutralisiert, sondern sogar verstärkt. Die Umlaufgeschwindigkeit verändert sich im gleichen Sinne wie die Geldmenge. Der Zins reagiert nach *Friedman* auf eine Beschleunigung der Geldvermehrung *(acceleration of an increase in money supply)* zunächst, indem er sinkt. Dann aber, wenn die kräftige Geldvermehrung anhält, steigt er. Wird umgekehrt das Wachstum der Geldmenge verlangsamt, so steigt der Zins zunächst, geht aber dann zurück. Deshalb ist nach dieser Schule der Zins ein irreführender Anhalt für die Konjunkturpolitik. Solche zwielichtigen Vorgänge und Erscheinungen haben nach *Friedmans* Erfahrungen die staatlichen Stellen oft verleitet, Maßnahmen, die in der einen Richtung wirken sollten, wieder aufzuheben. Zum Beispiel schlug Präsident *Johnson* 1968 eine restriktive *(restrictive)* Politik ein, indem er eine Zusatzsteuer zur Einkommensteuer von zehn Prozent verfügte *(enacted a surtax)*. Das *Federal Reserve System* aber befürchtete, auf Grund der Warnungen der „Keynesianer", ein Abwürgen *(overkill)* der Konjunktur und leitete deshalb schon kurz darauf wieder expansive Maßnahmen *(expansionary measures)* in Form einer Vermehrung der Geldmenge ein – „Stop-Go" auch in Amerika.

[1] Milton Friedman, a.a.O., S. 27.

Falscher Ehrgeiz: Feineinstellung der Konjunktur

Wrong ambition: fine tuning of the business cycle

So wie die Epigonen *Keynes* dessen Ideen zu weit getrieben hatten, besteht offensichtlich Gefahr, daß auch die Schüler *Friedmans* mehr aus seinen Vorstellungen machen wollen als er selbst. Er warnt jedoch vor dem Versuch einer „Feineinstellung der Konjunktur“ *(fine tuning)* mit Mitteln der Geldmengenpolitik, indem er darauf hinweist, daß das Verständnis der Zusammenhänge von Geld, Preisen und Ausstoß dazu noch nicht ausreiche[1].

Das Wiederaufleben der Quantitätstheorie in der neuen Schule des „Monetarismus“ *(Monetarism),* die Rückkehr zur orthodoxen Geldpolitik *(orthodox monetary policy),* blieb natürlich nicht unbestritten. Zwar konnte die Schule hier und da praktische Erfolge buchen. So begann der *Federal Reserve Board* im Januar 1970, sich nicht mehr nach den Geldmarktverhältnissen *(money market conditions)* zu richten, also im wesentlichen nach dem Zins, sondern nach den „Geldgesamtbeständen“ *(monetary aggregates).* Aber die Gegner blieben zumindest bei ihren Zweifeln. Sie stellten vor allem drei Fragen: 1. Was ist „Geld“, und was bleibt von der Theorie übrig, wenn man verschiedene Geldbegriffe zugrundelegt? 2. Stimmt es, daß die Umlaufgeschwindigkeit konstant ist? Ist sie nicht in hohem Maße anpassungsfähig *(adaptable)*? 3. Ist nicht denkbar, daß Schwankungen der Geldversorgung *(fluctuations of the money supply)* die Folge von Einkommens- und Preisveränderungen sind statt die Ursache?

Unter „Geld“ versteht man zunächst Zahlungsmittel. Geld im Umlauf beim Publikum *(currency in circulation with the public),* bestehend aus Münzen *(coins)* und Banknoten, ferner Einlagen auf Kontokorrentkonten *(current account deposits),* auch Sichteinlagen *(sight/*AE *demand deposits)* oder Scheckeinlagen (AE *checking deposits)* genannt. *Friedman* schließt aber auch Gelder auf Terminkonten[2] und sogar gewisse Spareinlagen *(savings deposits)* ein. Um eine Unterscheidung des Geldcharakters dieser verschiedenen Einlagen zu haben, behelfen sich manche Autoren, indem sie für Termineinlagen (s. Fußnote[2]) und Spargelder mit Kündigungsfrist *(savings deposits at notice)* den Ausdruck *near-money*, also etwa „Beinahe-Geld“, verwenden, oder indem sie von *moneyness*, soviel wie „Geldähnlichkeit“, sprechen. Die amtliche Statistik umgeht die Definitionsschwierigkeiten dadurch, daß sie mehrere Geldbegriffe *(concepts of money)* nebeneinander verwendet. So spricht die englische Statistik zum Beispiel von M_0, M_1 und M_3. Der engste Geldbegriff *(narrowest concept of money)*, M_0, besteht aus Banknoten und Münzen im Umlauf beim Publikum *(bank notes and coins in circulation with the public)*, den Barbeständen *(cash stock)* der Geschäftsbanken *(commercial banks)* und ihren Arbeitsguthaben bei der Bank von England *(working balances with the Bank of England)*. Der schon etwas weitere Geldbegriff *(wider concept of money)*, M_1, umfaßt

[1] Milton Friedman, a.a.O., S. 25/26.

[2] Termingelder oder Termineinlagen *(term/*AE *time deposits)* und Terminkonten *(term/*AE *time accounts)* sind solche mit fester Laufzeit *(term)* oder mit Kündigungsfrist *(notice)*, Kündigungsgelder *(deposits at notice*, AE auch *notice deposits)*. Ein in England besonders verbreitetes Termineinlagekonto ist das *deposit account;* von ihm kann mit sieben Tagen Kündigungsfrist *(seven days' notice)* abgehoben werden. Bei sonstigen Termineinlagemöglichkeiten *(term/*AE *time deposit facilities)* wird eine relativ hohe Mindestsumme verlangt, dafür aber auch ein besonderer Zinssatz *(special rate of interest)* geboten. Im amerikanischen Sprachgebrauch werden Spareinlagen in der Regel unter *time deposits* eingereiht.

zusätzlich Sichteinlagen in Pfunden *(sterling sight deposits)* des britischen Privatsektors *(UK private sector)* – also nicht der öffentlichen Hand *(public sector)* –, unverzinsliche *(non-interest-bearing)* wie verzinsliche *(interest-bearing)*, abzüglich 60 Prozent der durchlaufenden Posten *(transit items)*. Nochmals weiter greift M_3, wobei Sterling-M_3 noch einschließt Termineinlagen – befristete Einlagen *(time deposits)* – des privaten Sektors sowie Sicht- und befristete Einlagen der öffentlichen Hand, alles in Pfunden *(in sterling)*. Zu M_3 ohne das Beiwort „Sterling" gehören auch Einlagen in anderen Währungen *(deposits in other currencies)* von Einwohnern. Die Bundesbank verwendet als besondere Meßgröße das Zentralbankgeld *(central bank money)*: Bargeld im Umlauf *(money in circulation)* und Mindestreserven *(special deposits/ minimum reserves)* auf Inlandsverbindlichkeiten *(domestic liabilities)*.

„Schlechtes Geld verdrängt das gute"

Bad money drives out good.

Geld ist der große Fortschritt der Menschheit vom Naturaltausch *(barter)* zur arbeitsteiligen Marktwirtschaft *(market economy with division of labo[u]r)*. Auf den frühen Stufen wirtschaftlicher Entwicklung gab es noch kein Geld im heutigen Sinne. Man mußte Waren gegen Waren tauschen. Aber der große Nachteil der Tauschwirtschaft ist, daß selten die notwendige „doppelseitige Übereinstimmung der Wünsche" *(double coincidence of wants/in desires)* besteht: Wer eine bestimmte Ware sucht, muß einen Tauschpartner finden, der nicht nur diese Ware besitzt und abzugeben bereit ist, sondern auch an der Gegenleistung *(consideration)* interessiert ist, die der erste zu bieten hat. Mangels solcher Übereinstimmung ist oft ein umständlicher Ringtausch *(roundabout exchange)* nötig. Erst das Zwischentauschmittel *(medium of exchange)* Geld machte diesen zweiseitigen Tauschverkehr überflüssig. Aber auch heute findet international noch zweiseitiger *(bilateral)* Handel statt, *countertrade*, Gegenhandel, genannt, wenn die Devisen *(foreign exchange)* für einen vielseitigen Handel *(multilateral trade)* fehlen. So wird etwa der Lieferant einer Anlage mit deren Produkten bezahlt – „buy-back".

Geld, das allgemein anerkannt *(generally/universally acceptable)* sein soll, muß folgende Funktionen *(functions)* erfüllen: Es muß dienen können als Generaltauschmittel *(common medium of exchange)*, als Wertausdrucksmittel *(unit/ standard/measure of value)*, als Wertaufbewahrungsmittel *(store of value)* für Sparzwecke, als Wertübertragungsmittel für spätere Zahlungen *(means for deferred payments)*, das heißt, es muß brauchbar für Kreditgeschäfte *(credit transactions)* sein.

Die Entwicklung zu den heutigen Geldformen ging in aller Regel über eine Ware *(commodity)*, die zunächst als Geld verwendet wurde. Je nach den Lebens- und Wirtschaftsformen haben die Völker sehr unterschiedliche Produkte als Warengeld *(commodity/*AE *standard money)* benutzt, aber den meisten dieser Dinge fehlen einige wesentliche Eigenschaften. Als weitaus am besten geeignet haben sich Edelmetalle *(precious metals)* erwiesen. Sie sind relativ knapp *(scarce)* und besitzen daher einen hohen spezifischen Wert *(specific value)*, sie sind dauerhaft *(durable, lasting)*, daher relativ wertbeständig *(of stable value)*, sie sind gleichartig *(homogeneous)* und leicht in Bruchteile teilbar *(divisible in fractional units*[1]*)*. In der Geschichte des Geldwesens gab es das System der Einzelwährung *(single standard)*, auch Monometallismus *(monometallism)* genannt, und das System der Doppelwährung *(dual standard)*. Im ersten Falle gründet sich das Geldsystem eines Landes auf ein einziges Metall, im letzteren Falle auf zwei Metalle. Üblich war bei Doppelwährung im allgemeinen die Form des Bimetallismus *(bimetallism)*, das heißt, die beiden Metalle, gewöhnlich Gold und Silber, standen in einem gesetzlich festgelegten Austauschverhältnis *(legally fixed ratio of exchange)* zueinander.

Immer wieder haben Fürsten und Regierungen versucht, für sich einen Sonderprofit zu machen, indem sie ihre Münzmetalle *(coinage metals)* mit minderwertigem Material legierten *(alloyed)*, aber doch den gleichen Nominalwert *(face value)* auf die Münzen prägen ließen. Früher oder später erkannte das Volk aber die Verschlechterung des Geldes *(debasement of money)*, behielt daraufhin die noch vollwertigen Münzen im Hause und gab nur noch die minderwertigen aus. Der Berater der Königin Elisabeth I., *Sir Thomas Gresham*, hat diesen Vorgang in die bündige Formulierung gefaßt: „Schlechtes Geld verdrängt das gute“ *(bad money drives out good)*, heute allgemein das „Greshamsche Gesetz“ *(Gresham's Law)* genannt.

Nach Ansicht der Vertreter des „Metallismus“ *(metallism, commodity theory of money)* beruhten Wesen und Wert des Geldes allein auf seinem Stoff, dem Metall. Aber nach und nach kam als Zahlungsmittel *(means of payment)* ein Stoff auf, der selbst fast gar keinen Wert hatte, und übernahm die Funktion des Metallgeldes überraschend gut: Papier. Der erste Schritt dazu waren die Quittungen *(receipts)* der Goldschmiede *(goldsmiths)* über Gold, das ihre Kunden bei ihnen hinterlegt *(deposited)* hatten. Die Kunden der Goldschmiede brauchten für ihre Zahlungen an Dritte nicht mehr Gold auszuhändigen, sondern übergaben die Quittungen. Später entwickelte sich daraus die Banknote *(bank-note)*, die zunächst nur von privaten Banken ausgegeben *(issued)* wurde und das Versprechen enthielt, den aufgedruckten Betrag auf Verlangen in Gold einzulösen *(redeem/convert in gold)*. Solange gleichzeitig Goldmünzen geprägt *(coined, minted)* wurden und umliefen *(circulated)*, war das Währungssystem eine Goldumlaufwährung *(gold-coin standard, full gold standard)*. Eine andere Form des Goldstandards ist, daß nur Banknoten und daneben minderwertige Scheidemünzen *(small change, "coppers")* umlaufen, die Notenbank *(central bank)* aber verpflichtet ist, gegen einen relativ hoch angesetzten Mindestbetrag von Noten ungemünztes Gold *(bullion gold)* abzugeben, gewöhnlich in Barren *(bars)* von einem ziemlich hohen Mindestgewicht: Goldbarrenstandard *(gold-bullion standard)*. Einige Staaten lösten sich noch weiter vom Golde, indem sie es nur noch in begrenztem Umfange und für bestimmte Zwecke hergaben. In der amerikanischen Literatur findet sich hierfür die Bezeichnung *limited gold-bullion standard*, „beschränkter Goldbarrenstandard“[2].

[1] Englische Begriffe u. a. nach J. L. Hanson, „*An Outline of Monetary Theory*“, Macdonald & Evans Ltd., London, 1966, S. 4.

[2] Lester V. Chandler, „The Economics of Money and Banking“, Fifth Edition, A Harper International Edition, jointly published by Harper & Row, New York/Evanston/London, and John Weatherhill Inc., Tokyo, 1969, S. 32.

In der ersten Hälfte des 19. Jahrhunderts gab es in England Hunderte von Banken, die Banknoten ausgaben *(issued bank-notes)*. Etliche von ihnen nahmen es mit der Golddeckung *(gold backing)* ihrer Noten nicht so genau, und es kam zu Zusammenbrüchen *(collapses)*. Das war der Anlaß zu einem Grundsatzstreit über die Frage, in welchem Maße Papiergeld *(paper money)* durch Gold gedeckt *(backed by gold)* sein müsse. Die Vertreter der Currency-Theorie *(Currency School)* verwiesen auf die Quantitätsgleichung und verlangten, daß das Papiergeld voll und ganz durch Metall gedeckt *(fully backed by metal)* sein müsse. Anderenfalls könnten die Banken versucht sein, zuviele Banknoten auszugeben. Daraufhin würden allgemein die Preise steigen, die Folge wären eine ungünstige Zahlungsbilanz *(unfavo[u]rable balance of payments)* und schließlich Abfluß von Geld in das Ausland, jedoch nicht von Papiergeld, sondern von Kurantgeld, vollwertigem Metallgeld *(specie)*. Hingegen meinten die Vertreter der Banking-Theorie, eine Teildeckung *(partial backing)* der Banknoten genüge. Eine übermäßige Ausgabe von Noten *(overissue of notes)* sei nicht möglich, denn die Wirtschaft reiche nicht benötigte Noten von sich aus zurück. Andererseits müsse die Notenausgabe *(note issue)* flexibel *(flexible)* sein, denn die Handelsumsätze *(commercial transactions)* könnten rasch zunehmen und müßten dann finanziert werden.

Der Gesetzgeber entschied sich für einen Kompromiß: Die unter dem Premierminister *Peel* im Jahre 1844 verkündete Bankakte *(Bank Charter Act)* schrieb vor, daß die Banknoten der Bank von England grundsätzlich voll durch Münzen oder Barrenmetall gedeckt *(covered by coins or bullion)* sein mußten; Silber durfte davon nur ein Fünftel ausmachen. Sie erlaubte aber darüber hinaus Notenausgabe ohne Deckung *(fiduciary issue)* bis zum Betrage von 14 Millionen Pfund. Weitere Bestimmungen schränkten die Notenausgabe durch Privatbanken derart ein, daß die Bank von England mehr und mehr das Monopol der Notenausgabe *(monopoly of note issue)* erhielt. Sie mußte dazu eine besondere Abteilung für Notenausgabe *(Issue Department)* einrichten, getrennt von der Bankgeschäftlichen Abteilung *(Banking Department)*. Die Privatbanken gaben das Recht nach und nach auf *(surrendered the right)*. Die starre Deckungsvorschrift *(rigid backing regulation)* der Bank von England wurde später erweitert. Tatsächlich hatte sie kaum jemals ernsthafte praktische Bedeutung, denn schon zu jener Zeit gab es Bankeinlagen *(bank deposits)*, über die mit Scheck verfügt wurde. Ihr Betrag vermehrte sich in der Folgezeit so rasch, daß Hartgeld und Noten dahinter weit zurücktraten.

Heute hat man genügend Beispiele für Währungen, die durch keine nennenswerten Bestände an Edelmetall gedeckt sind oder waren. Die Deutsche Mark war gleich nach der Währungsreform *(currency reform)* 1948 eine solche Währung. Das Funktionieren solchen reinen Papiergeldes scheint die Lehre des Nominalismus *(nominalism)* zu bestätigen, daß Wesen und Wert des Geldes allein auf dem staatlichen Gebot *(fiat)* beruhten, wie es vor allem der Nominalist *(nominalist)* *Knapp* erklärt hat. Im BE wie im AE ist dafür auch die Bezeichnung *fiat money* üblich, also soviel wie „Befehlsgeld". Durch das staatliche Gebot wird das Papiergeld gesetzliches Zahlungsmittel *(legal tender)*, jedoch in vollem Umfange nur die größeren Einheiten, die Banknoten, während Scheidemünzen nur in beschränktem Umfange zur Zahlung verwendet werden können.

Theorien über den Außenwert des Geldes

Theories about the external value of money

Das bisher Gesagte gilt in der Hauptsache für den Binnengebrauch einer Währung. Zum internationalen Handel *(international trade)* und für sonstige internationale Zahlungen *(international payments)* gehört in aller Regel ein Zahlungsmittel, das auch international akzeptiert wird. In den Zeiten der Goldwährung regulierte sich die Form der Zahlung durch den „Goldautomatismus" *(automatic working of the gold standard*[1]*)*. In jedem Lande mit Goldumlaufwährung hatten die umlaufenden Kurantmünzen *(specie)* oder die voll in Gold einlöslichen Banknoten einen bestimmten Goldgehalt *(gold content)*. An Hand der Goldgewichte ließ sich die Goldparität der Währungen *(mint par of exchange)*, ihr Wertverhältnis zueinander, leicht errechnen. In Wirklichkeit entsprach aber der Wechselkurs *(rate of exchange)* der Währungen untereinander nicht immer der rechnerischen Goldparität. Wenn ein Land viel exportierte, war seine Währung besonders stark gefragt, und damit stieg ihr Kurs. Der Kursanstieg hatte seine Grenze an dem Punkte, an dem es für den ausländischen Kunden relativ zu teuer wurde, die fremde Währung gegen eigene Währung zu erwerben, und es billiger wurde, Gold bei der Zentralbank zu kaufen und in das andere Land zu versenden. Kosten des Goldtransportes *(cost of transporting gold)*, Zins, Versicherung und mitunter noch das Prägen *(coinage)* bildeten die obere Grenze für den Kursanstieg der fremden Währung, denn von da an war nicht mehr sie, sondern statt dessen Gold gefragt: Der „obere Goldpunkt" oder „Goldausfuhrpunkt" *(gold export point)* war erreicht. Das andere Extrem war entsprechend der „untere Goldpunkt" oder „Goldeinfuhrpunkt" *(gold import point)*, beide zusammen die „Goldpunkte" *(gold/specie points)*. Dieser Automatismus im internationalen Geschäft ging verloren, als die Länder vom Goldstandard abgingen *(abandoned the gold standard)*, indem die Regierungen erklärten, daß ihre Banknoten nicht mehr in Gold eingelöst würden. Das geschah zum ersten Male während des Ersten Weltkrieges. Nach dem Kriege dauerte die Wiederherstellung *(restoration)* des Goldstandards, meist eines Goldbarrenstandards, bis zum Ende der zwanziger Jahre. Aber 1931 ging ein Dutzend Länder erneut vom Gold ab *(went off the gold)*, darunter England und Deutschland. 1933 folgten die Vereinigten Staaten, und Mitte der dreißiger Jahre hielten nur noch wenige Länder den Goldstandard aufrecht *(maintained the gold standard)*.

Schon frühzeitig hat es Versuche gegeben, Theorien über den Außenwert des Geldes *(external value of money)* – im Gegensatz zu seinem Inlandswert oder Binnenwert *(internal value)* – aufzustellen. Nach einer der neueren, der Kaufkraftparitäten-Theorie, verhalten sich die Kurswerte zweier Währungen auf die

[1] J. L. Hanson, a.a.O., S. 61.

Dauer wie ihre jeweilige Inlandskaufkraft[1]. Freier Handel ohne Devisenkontrolle *(foreign exchange control)* vorausgesetzt, tendieren die Wechselkurse zur Kaufkraftparität *(parity of purchasing powers):* Für die Währung des Landes A kann dann im Lande A ebensoviel an Waren gekauft werden wie für die Währung des Landes B im Lande B. Diese Theorie läßt jedoch unter anderem außer acht, daß die Konsumgewohnheiten *(habits of consumption)* und der Lebensstandard *(standard of living)* von Land zu Land verschieden sind. Infolgedessen können für den Inlandswert der Währungen zunächst nur die Preise der Exportgüter *(export goods)* und das Volumen des Außenhandels *(volume of foreign/external trade)* bestimmend sein.

Nach der Zahlungsbilanz-Theorie *(balance of payments theory)* entscheidet die Lage der Zahlungsbilanz *(balance of payments situation)* über den Außenwert der Währung: Eine aktive Zahlungsbilanz *(balance of payments in surplus)* bedeutet – unter anderem –, daß die eigenen Exporteure *(exporters)* hohe Deviseneinnahmen *(foreign exchange receipts/earnings)* haben. Devisen sind also von daher reichlich angeboten *(on offer),* und demgegenüber ist die eigene Währung relativ knapp. Eine passive Zahlungsbilanz bedeutet – unter anderem –, daß Devisen von den Importeuren *(importers)* sehr gefragt *(in demand)* sind, also hoch im Kurs stehen, und der Kurs der eigenen Währung niedrig *(low)* ist.

Heute sieht man den Wechselkurs einer Währung als das Ergebnis von Angebot und Nachfrage, für die es viele Bestimmungsfaktoren *(determinants)* gibt: Außenhandel, Geld- und Kapitalbewegungen (für beides: *capital movements/flow),* Trends in der Wirtschaftspolitik *(trends in economic policy),* politische Ereignisse *(political events)* und sonstige Faktoren.

Glanz und Elend des Golddevisenstandards

Glamo[u]r and gloom of the gold exchange standard

Nach dem Zweiten Weltkrieg gab es kein Zurück mehr zum reinen Goldstandard. Mit der Einlösbarkeit *(redeemability, convertibility)* von Banknoten in Gold war es, jedenfalls innerhalb der Volkswirtschaften, endgültig vorbei. Aber in den auswärtigen Handelsbeziehungen *(external trade relations)* ging es nach wie vor nicht ganz ohne Gold.

Der Neuanfang wurde 1944 auf der Konferenz von Bretton Woods *(Bretton Woods Conference)* in den Vereinigten Staaten gemacht. Das damals in Anwesenheit von vierundvierzig Nationen entworfene internationale Währungssystem *(international monetary system)* wurde in den kommenden Jahren weiterentwickelt. Im wesentlichen war es ein System von festen Wechselkursen *(fixed/stable rates of exchange)* als Nachfolger des Goldautomatismus. Dazu hatte jedes Land einen Goldwert *(gold value)* für seine Währungseinheit *(money unit)* zu erklären. Die Vereinigten Staaten selbst legten den Goldwert des Dollars

[1] Walter Weddigen, „Theoretische Volkswirtschaftslehre", S. 194.

mit 0,88 Gramm Gold fest. Dazu wurde gefordert, daß die Währungen konvertibel *(convertible)*, das heißt jederzeit in andere Währungen umtauschbar wurden. Einige Länder fanden sich jedoch zunächst nur zur Ausländerkonvertierbarkeit *(non-resident convertibility)* bereit, ehe sie schließlich auch den weiteren Schritt zur Inländerkonvertierbarkeit *(resident convertibility)* taten. Jene bedeutet, daß nur Ausländer die Währung in eine andere Währung umtauschen können. Bei Inländerkonvertierbarkeit hingegen können zum Beispiel auch Engländer selbst jederzeit Pfunde in andere Währung umtauschen. Die Konvertierbarkeit kann beschränkt *(restricted)* sein, etwa auf Außenhandelsgeschäfte, so daß Kapitaltransaktionen *(capital transactions)* ausgenommen sind. Sie kann in dieser Weise auch auf die Währungen gewisser Länder beschränkt sein, zum Beispiel auf die des Sterlinggebiets *(sterling area)*.

Die Währungen der dem Bretton-Woods-System angeschlossenen Länder waren zwar – direkt oder über ihren „Goldwert" – auf eine gewisse Parität *(parity)* zum Dollar festgelegt *(pegged)*, aber sie konnten um gewisse „Schwankungsbreiten" *(fluctuation margins)* nach beiden Seiten davon abweichen, ehe die Notenbank des jeweiligen Landes verpflichtet war, in den Markt zu gehen *(go into the market)* und den Kurs zu stützen *(support)* oder herunterzudrücken *(bring down*[1]*)*. Stellte sich der Wechselkurs jedoch auf die Dauer als gründlich falsch heraus, so durfte das Land seine Währung neu bewerten *(revalue)*, also eine neue Parität zum Dollar erklären. War seine Währung, gegen den Dollar gerechnet, offensichtlich überbewertet *(in dollar terms overvalued)*, so durfte es abwerten *(devalue, depreciate)*, war sie unterbewertet *(undervalued)*, so durfte es aufwerten *(upvalue*, oft auch *revalue*, *appreciate)*.

Drei internationale Finanzinstitute *(financial institutions)* gehörten zu dem System und bestehen heute noch: Der Internationale Währungsfonds – IWF *(International Monetary Fund – IMF)* in Washington, die Bank für Internationalen Zahlungsausgleich – BIZ *(Bank for International Settlements – BIS)* in Basel und die Internationale Bank für Wiederaufbau und Entwicklung *(International Bank for Reconstruction and Development – IBRD)* in Washington, meist kurz „Weltbank" *(World Bank)* genannt. Der IWF mußte seine Genehmigung geben, wenn ein Land den Wechselkurs seiner Währung um einen Satz *(rate)* von mehr als zehn Prozent ändern wollte. Außerdem gab der Fonds Unterstützung *(assistance)*, wenn Mitgliedsländer *(member countries)* knapp an Devisen *(short of foreign exchange)* waren. Dazu war der Fonds in der Lage dank der Mittel, die die Mitgliedsländer ihm zuzuweisen *(assign)* hatten. Von dieser Zeichnung *(subscription)* mußten 25 Prozent Gold oder Dollar sein, die „Goldtranche" *(gold quota)*, der Rest in eigener Währung. Im Bedarfsfalle konnte ein Mitgliedsland fremde Währung vom IWF „ziehen". Die „Ziehung" *(drawing)* war in Wirklichkeit ein Kauf fremder Währung, denn das ziehende Land mußte dafür eigene Währung hergeben. Der Fonds sammelte also aus solchen Ziehungen Gegenwertmittel *(counterpart funds)* an, doch nahm er sie nur bis zu einer bestimmten Höchstgrenze entgegen. Das ziehende Land erhielt die fremde Währung auf drei bis fünf Jahre. Eine weitere Geldquelle des Fonds waren Beistandskredite *(stand-by credits)* der „Zehnergruppe" *(Group of Ten)*, der zehn wichtigsten Mitgliedsländer. Wenn ein Land in besonderen

[1] Weiteres darüber im Kapitel „Devisenhandel und Goldmarkt", S. 276ff.

Schwierigkeiten war, konnte diese Kreditfazilität *(credit facility)* benutzt werden auf Grund der „Allgemeinen Kreditvereinbarungen“ *(General Agreements to Borrow)*.

Welche Stellung war in diesem System dem Golde geblieben? Unter dem Goldstandard war die Währung eines Landes direkt in Gold konvertierbar. Unter dem Golddevisenstandard *(gold exchange standard)* war sie zunächst nur in Devisen, also Währung eines anderen Landes konvertierbar. Aber da hinter der Leitwährung *(key currency)* und Reservewährung *(reserve currency)* des Systems, dem Dollar, immer noch Gold stand – wenn auch in unzureichenden Mengen – bestand letztlich doch auch noch eine Bindung an das Gold. Aber dann traten Entwicklungen und Ereignisse ein, die die Bedeutung des Goldes als Währungsmetall soweit zu mindern schienen, daß man von seiner Demonetisierung *(demonetization)* zu sprechen begann. Ein großer Schritt auf diesem Wege war die Schaffung von Sonderziehungsrechten – SZR *(Special Drawing Rights – SDR)* beim IWF. Sie wurden geschaffen unter dem Druck jener Länder, die ständig über Mangel an internationaler Liquidität *(international liquidity)* – also Devisenmangel – klagten. Das neue Reservemittel *(reserve medium/ facility/asset)* besteht aus dem Recht, unter gewissen Bedingungen beschränkte Beträge anderer nationaler Währungen beim IWF abzufordern. Dann wurde während der Währungskrise *(monetary/currency crisis)* im Frühjahr 1968 das Zweipreissystem *(two-tier system)* für Gold eingeführt: Die Notenbankpräsidenten *(governors of central banks)* von sieben westlichen Industrieländern gaben bekannt, daß Gold in staatlichem Besitz *(officially held gold)* künftig nur noch an andere Währungsbehörden abgegeben werden würde, nicht mehr an Private. Sie erklärten ferner, der Bestand an Währungsgold *(stock of monetary gold)* sei ausreichend, so daß er nicht durch Käufe neugeförderten Goldes *(newly-mined gold)* oder aus sonstigen privaten Quellen vermehrt zu werden braucht. Damit bildete sich ein völlig freier Preis für Gold heraus. Der amtliche Preis für Währungsgold blieb aber zunächst immer noch bei 35 Dollar je Unze fein *(per troy ounce)*, das heißt auf der Höhe, auf der ihn der amerikanische Präsident im Jahre 1934 festgesetzt *(pegged)* hatte. Mit diesem Schritt hatten die Amerikaner und die ihnen verbündeten Notenbanken wenigstens erreicht, daß der Goldabzug *(gold drain)* aus den amtlichen Reserven *(official reserves)* aufhörte. Zu ihrer „besten Zeit“, 1949, hatten die amerikanischen Währungsbehörden einen Goldvorrat *(gold stock)* im Werte von 24,6 Milliarden Dollar besessen, die Unze Gold bewertet zu *(valued at)* 35 Dollar.

In den frühen siebziger Jahren brach das System von Bretton Woods in einer Reihe von Währungskrisen *(currency/monetary crises)* endgültig zusammen. In den verschiedenen Phasen dieses Zusammenbruchs *(collapse)* wurde die Konvertierung *(conversion)* von Dollarforderungen ausländischer Zentralbanken in Gold durch Präsident Nixon beendet, der Dollar wurde gegenüber dem Gold abgewertet *(the dollar was devalued in terms of gold)*. Angesichts einer Flut von Dollars *(dollar flood)* wußten sich die außeramerikanischen Industrieländer nicht anders zu helfen als durch Freigabe des Wechselkurses *(by floating their rates of exchange, by letting . . . float)*. Als daraufhin die Kurse ihrer Währungen nach oben gingen, betrieben einige Länder ein „dirty floating“, das heißt, sie nahmen Dollar auf *(took up dollars)* und gaben eigene Währung ab *(sold their own currency)*, um deren Kurs möglichst niedrig zu halten *(to keep the rate low)* und damit ihr Exportgeschäft zu schonen. Aber die anderen Länder sahen in dieser Art Wechselkurspolitik *(exchange rate policy)* den Versuch, sich einen unangemessenen Wettbewerbsvorteil *(improper competitive advantage)* zu verschaffen.

In dem Bemühen, wieder feste internationale Währungsverhältnisse zu schaffen *(to restore stability to international monetary arrangements)*, und das hieß in erster Linie: feste Wechselkurse *(fixed exchange rates)*, versuchte man es nochmals mit einem System, das den Dollar im Mittelpunkt hatte. Die Schwankungsbreite *(margin of fluctuation)* für das Abweichen der anderen Währungen von ihrer Dollarparität *(dollar parity)*, der Abstand zwischen dem unteren Interventionspunkt *(lower intervention point)* und dem oberen Interventionspunkt *(upper intervention point)*, wurde vergrößert. Aber trotz dieser Neubereinigung *(re-alignment)* der Wechselkurse war man sich einig, daß ein neues, auch privat verwendbares Reservemedium *(reserve asset)* nötig sei, das nicht zugleich eine Landeswährung *(national currency)* ist. Der Bestand an internationaler Liquidität *(volume of international liquidity)* dürfe nicht wieder von der außenwirtschaftlichen Position *(external position)* eines Landes abhängen.

Und die nächste Krise ließ nicht lange auf sich warten. Daraufhin suchte eine Gruppe europäischer Länder die Lösung im gemeinsamen Schwanken – Blockfloaten *(joint/block floating)* – ihrer Währungen gegenüber dem Dollar. Es bildete sich die Ansicht heraus, daß man zu festen, aber anpassungsfähigen Paritäten *(adjustable parities)* zurückstreben sollte. Während sich im größten Teil der restlichen Welt ein nahezu ungeregeltes System freier *(floating)* Wechselkurse der Währungen gegeneinander durchsetzte, richtete sich die Europäische Gemeinschaft von März 1979 an in mehreren Stufen ihr „Europäisches Währungssystem" – EWS *(European Monetary System – EMS)* ein. Ihr Kern ist die Europäische Währungseinheit (ECU). Sie ist gleichsam ein Währungskorb *(currency basket)*, in dem sich die EG-Währungen zu unterschiedlichen Anteilen befinden, je nach der Bedeutung ihres Sozialprodukts *(national product)* und dem Anteil jedes Landes am Handel innerhalb der EG. Sodann ist für jede EG-Währung ein amtlicher Mittelkurs *(official middle rate)* zur ECU festgelegt, zum Beispiel (Ende 1984) 2,24 DM für eine ECU. Auf dieser Basis werden zweiseitige *(bilateral)* Wechselkurse zu den anderen EG-Währungen festgelegt. Schwankt *(fluctuates)* der Kurs einer Währung um mehr als 2,25 Prozent gegen den einer anderen – der Kurs der italienischen Lira um mehr als 6 Prozent – so muß die Zentralbank auf dem Devisenmarkt intervenieren *(intervene in the foreign exchange market)*. Bei großen Abweichungen des Kurses von dem in ECU ausgedrückten gewägten Durchschnitt *(weighted average)* der anderen muß darüber hinaus unter Umständen die Wirtschaftspolitik umgestellt werden. England allerdings nahm jahrelang nicht teil an diesem System. Aber es hatte dennoch ein Fünftel seiner Gold- und Dollarreserven beim Fond für europäische Währungs-Zusammenarbeit *(European Monetary Co-operation Fund)* eingelegt und dafür ECU erhalten. Mit diesen kann ein Land Verpflichtungen regeln *(settle debts)*, die aus Devisen-Interventionen entstanden sind.

Der IWF hatte auch nach Aufgabe der festen Wechselkurse nichts von seiner Bedeutung verloren, im Gegenteil: Der Bedarf an Finanzhilfe *(financial assistance)* von ihm war infolge der Ölkrise *(oil crisis)* bedeutend gewachsen. Seine Kreditmöglichkeiten *(borrowing arrangements)* wurden erweitert, und neue Fazilitäten *(facilities)* für Ausleihungen *(lending)* wurden geschaffen. Die Beitragsquote *(quota subscription)* des einzelnen IWF-Mitglieds ist gewöhnlich zu 75 Prozent in dessen eigener Währung zahlbar und zu 25 Prozent in SZR, also nicht mehr in Gold. Von den einstigen 150

Millionen Unzen Gold des Fonds, rund 4,7 Millionen Kilogramm, wurde ein bedeutender Teil verkauft und versteigert *(auctioned)*. Das gehörte zu der internationalen Abmachung *(international agreement)*, Gold als Währungsmetall abzulösen, zu „demonetisieren" *(demonetize)*.

Geldschöpfung – Geldvernichtung

Creation and destruction of money

Von einer Dollarlücke *(dollar gap)*, wie sie noch in den fünfziger Jahren bestanden hatte, war die Welt zu einem Dollarüberfluß *(dollar abundance)* gelangt. Die Ursache war, daß die Vereinigten Staaten zu hohe Auslandsforderungen *(foreign claims)* gegen sich hatten entstehen lassen, indem sie zu viele Einheiten ihrer Währung, der Schlüsselwährung, hatten entstehen lassen.

Solange der Dollar im Mittelpunkt des Weltwährungssystems steht, bedeutet die Schaffung neuen Dollargeldes zugleich die Schaffung internationalen Geldes. Ein Fehlbetrag *(deficit)* in der amerikanischen Zahlungsbilanz bedeutet eine Ausweitung der internationalen Liquidität *(expansion of international liquidity)*, ein Überschuß *(surplus)* bedeutet Schrumpfen der internationalen Liquidität *(contraction of international liquidity)*.

Für die anderen Länder bedeutet Geldschöpfung *(creation of money)* nur Schaffung nationalen Geldes. Dafür gibt es drei Möglichkeiten: 1. Die Notenbank druckt und prägt Geld oder gewährt Buchkredit. 2. Es kommen mehr Devisen vom Ausland herein als hinausgehen, und die Eigentümer *(owners)* dieser Devisen, vor allem Exporteure, tauschen sie bei der Notenbank in nationales Geld um, indem sie von ihr Banknoten oder eine Gutschrift *(credit)* erhalten. Fließt umgekehrt Geld an die Notenbanken zurück, zum Beispiel indem die Importeure Devisen von ihr verlangen und dafür nationales Geld hergeben, so findet Geldvernichtung *(destruction of money)* statt. 3. die Geldschöpfung der Geschäftsbanken *(commercial banks)*. Sie sind dazu in beschränktem Umfange in der Lage, indem sie über den Betrag ihrer Einlagen hinaus Forderungen gegen sich in Umlauf setzen *(have claims circulated against themselves)*. Wie das im einzelnen geschieht und in welchem Maße das möglich ist, darüber bestehen noch weithin Meinungsverschiedenheiten. Lange Zeit hatte sich die Ansicht gehalten, daß die einzelne Bank Kreditgeld *(credit money)* schaffen könne, indem sie einem Kunden einen Kredit gewährt *(grants a loan)* und dazu seinem Konto eine Einlage gutschreibt *(credits his account with the amount of a deposit)*; Kredit und Einlage entstünden also gleichzeitig. Heute neigt man mehr zu der Auffassung, daß nur das Bankensystem *(banking sector)* als ganzes oder jedenfalls mehr Banken als nur eine zur Schaffung von Buch-, Giralgeld *(credit money)* in der Lage ist. Das geschieht etwa dadurch, daß ein Kunde einen Kontokorrentkredit *(overdraft)*, den ihm seine Bank gewährt, zu Überweisungen *(credit transfers)* benutzt. Auf Grund der Überweisung von dem überzogenen Konto *(overdrawn account)* entsteht auf dem Konto des Zahlungsempfängers *(recipient, payee)* eine Einlage, während der Zahler *(payer)*, der Überweiser *(transferor)* selbst nicht von einem ursprünglich vorhandenen Guthaben *(balance)* abgezogen *(withdrawn)* und auch kein Bargeld zuvor bei seiner Bank eingezahlt *(paid in)* hat.

Welche Bedeutung die Geldschöpfung der Geschäftsbanken hat, darüber gibt es eine endlose wissenschaftliche Diskussion. Die so geschaffene Liquidität ist vermutlich längst nicht so groß wie die Überliquidität *(excess liquidity),* die der Staat schafft, indem er bei der Notenbank Kredit aufnimmt *(borrows from the central bank)* und so ständig seine Verschuldung *(indebtedness)* steigert; vor allem in Ländern, in denen die Notenbank währungspolitische Anweisungen der Regierung zu befolgen hat.

Immerhin müssen die Geschäftsbanken bei ihrer Kreditexpansion *(credit expansion)* auf die allgemein anerkannten Liquiditätsgrundsätze *(liquidity rules)* Rücksicht nehmen. Außerdem hat die Notenbank verschiedene Möglichkeiten der Steuerung *(control).* Das einfachste und gröbste Mittel ist eine Mengenbeschränkung *(quantitative restriction),* indem sie den Banken etwa sagt: „Ihr dürft Euer Kreditvolumen *(credit volume)* nicht über 105 Prozent des Standes von Ende November ausweiten *(expand).*" Ein solcher Kreditplafond *(credit ceiling)* ist deshalb eine ungeschickte Form der Kreditdrosselung *(credit squeeze),* weil damit auch Ausleihungen *(advances)* auf Grund echter, durch Einzahlungen entstandener Einlagen, sogenannte *primary deposits,* beschränkt werden. So wird der Wettbewerb zwischen den Banken behindert *(competition is impeded),* denn die leistungsfähigen *(efficient),* die viele Einlagen an sich ziehen, sind in der Kreditgewährung ebenso beschränkt wie die weniger tüchtigen *(less efficient).* Viele Zentralbankiers *(central bankers)* lehnen daher dieses Verfahren der direkten Kreditlenkung *(direct guiding of lending)* ab und ziehen es vor, auf die Finanzierungsquellen der Banken einzuwirken *(operate on the banks' resources).*

Dazu gehört auch das Verfahren, den Banken Mindestreservesätze *(minimum reserve ratios)* vorzuschreiben: Je nach der Liquidität *(domestic liquidity)* in der Volkswirtschaft müssen die Banken einen Teil ihrer Einlagen als Guthaben bei der Notenbank *(balances with the central bank)* halten. In England heißen diese Mindestreserven *special deposits.* Sie werden selten benutzt und dann etwa zum Schatzwechselsatz *(treasury bill rate)* verzinst. Durch Einforderung von Sonderreserven *(call for special deposits)* zu einem höheren oder geringeren Prozentsatz der in Frage kommenden Einlageverpflichtungen *(relevant deposit liabilities)* wirkt die Zentralbank auf die Geldverhältnisse *(monetary conditions)* ein. Außerdem verlangt sie gewöhnlich, daß darüber hinaus ein bestimmter Teil der Einlagen in vorgeschriebenen liquiden Anlageformen *(specified reserve assets)* gehalten wird. Das sind in England weitere Kassenmittel *(cash),* Schatzwechsel, täglich fälliges Geld im Londoner Geldmarkt *(money at call with the London money market),* britische Staatspapiere *(government securities)* mit einem Jahr oder weniger Restlaufzeit *(a year or less to run to maturity),* Wechsel der Gemeinden *(local authority bills),* die zum Rediskont bei der Bank von England zugelassen sind *(eligible for rediscount at the Bank of England),* und in gewissem Umfange Handelswechsel.

Die Instrumente der Diskontpolitik *(bank rate policy, discount rate policy)* und der Offenmarkt-Geschäfte *(open-market operations)* der Zentralbank wurden bereits erwähnt. In der praktischen Politik erfreuten sie sich in den letzten Jahrzehnten unterschiedlicher Beliebtheit. So stand der englische Diskont von 1932 bis 1951 ununterbrochen bei zwei Prozent *(bank rate stood at two per cent).* Später wurde er in den meisten Ländern wieder fleißig benutzt. Aber dann machten einige Länder mit unbehindertem Geld- und Kapitalverkehr *(unrestricted capital flow[1])* die unangenehme Erfahrung, daß ein hoher Diskont, mit dem man den Boom zügeln wollte *(curb the boom),* gerade die entgegengesetzte Wirkung hatte: Der hohe Zinssatz *(interest rate)* zog Geld und Kapital von draußen an *(attracted capital from abroad),* der Zufluß dieser Mittel *(influx of those funds)* erhöhte die innere Liquidität und förderte damit noch die Überhitzung der Konjunktur *(overheating of business activity, ... of demand).* Von anderen Maßnahmen, mit denen die Notenbank das Kreditangebot im Inland knappzuhalten *(keep credit supply short)* und die allgemeine Übernachfrage in den Griff zu bekommen versucht *(get to grips with the general excess demand)*, droht diese Gefahr mehr oder weniger ebenfalls, so auch von höheren Mindestreserven. Immer wieder haben dann die Währungsbehörden einiger Länder ihre letzte Zuflucht in der Beschränkung *(restriction)* des freien internationalen Kapitalverkehrs gesehen.

Für zwei weitere Instrumente, die in England und Amerika nicht oder nicht in der gleichen Weise wie in der Bundesrepublik gehandhabt werden, gibt es nur künstliche Übersetzungen: das Rediskont-Kontingent *(rediscount quota),* den Höchstbetrag an Wechseln, die die Geschäftsbanken der Zentralbank einreichen können, sowie den Lombardsatz *(lombard rate, rate for central bank lending on securities),* den die Zentralbank den Banken auf Kredite gegen Wertpapiere als Sicherheit berechnet.

Im Zuge der großen Neubesinnung auf die Möglichkeiten der Konjunkturpolitik, besonders der Währungspolitik, hat man in England auch eine neue Einstellung zum Verbraucherkredit *(consumer credit)* gewonnen. Verbraucherkredit oder Konsumkredit ist in verschiedenen Formen möglich: Erhält der Verbraucher ein Darlehen von einer Bank, einem Geldverleiher *(money lender)* oder einem Pfandleiher *(pawnbroker),* so ist das ein Leihkredit *(lender credit),* wobei es nicht darauf ankommt, ob das Darlehen an einen bestimmten Kauf gebunden ist *(tied to/associated with a particular purchase).* Erhält er dagegen von dem Verkäufer *(vendor, seller)* Kredit auf den Kauf oder die Miete *(hire)* einer Ware, so ist das ein Kaufkredit oder genauer Verkäuferkredit *(vendor credit).* Der Kredit kann gesichert *(secured)* und ungesichert *(unsecured)* sein.

Kaufen auf Stottern

Buying "on the never-never"

Die einfachste und zugleich häufigste Form des Verbraucherkredits ist der gewöhnliche Anschreibkredit *(account/trade credit),* den der Kaufmann dem ihm bekannten Kunden ohne jede Formalität *(formality)* einräumt. Das Gegenstück dazu ist der Kredit auf Grund eines formalen Kreditvertrags *(formal*

[1] Im englischen Sprachgebrauch wird noch weniger strikt als im Deutschen zwischen „Geld" und „Kapital" unterschieden. So ist mit *capital flow* oft der Fluß sehr kurzfristiger Mittel gemeint. Discount bedeutet auch Disagio, Abschlag, bei anderen Wertpapieren, zum Beispiel Schuldverschreibungen mit Null-Kupon *(zero coupon)* aber hohem Disagio *(deep discount).*

credit contract), in dem die Rückzahlungsbedingungen *(conditions of repayment)* und die Kosten des Kredits *(credit charges)* geregelt sind sowie als Sicherheit *(security)* für den Verkäufer die Abmachung enthalten ist, daß im Falle des Zahlungsverzugs *(in the event of default in payment)* die Ware zurückzugeben ist. Im einzelnen gibt es folgende juristisch unterschiedliche Formen des Verbraucherkredits *(legally distinctive forms of consumer credit)* – nach den in England üblichen Rechtsvorstellungen und Begriffen[1]:

Kauf unter Eigentumsvorbehalt *(retention of ownership/title):* Hierbei bleibt das Eigentum an der Ware bei dem Verkäufer *(the property/ownership in the goods remains in the seller)*, bis die Ware bezahlt ist.

Mietkauf *(hire-purchase agreement):* Hierbei mietet *(hires)* der Kunde die Ware und erhält außerdem ein Kaufrecht *(option to purchase)* eingeräumt. Er kann, muß aber nicht kaufen.

Kreditkauf, Abzahlungs- oder Teilzahlungskauf *(credit sale agreement):* Der Kaufpreis ist in mehreren Raten *(instalments,* AE *installments)* zu zahlen, aber das Eigentum an der Ware *(property in the goods)* geht unmittelbar auf den Käufer über *(passes immediately to the buyer).* Der Verkäufer hat also keine Sicherheit, da er sich nicht bis zur Zahlung das Eigentum vorbehält *(reserves the property pending payment).*

Miete *(lease, rental):* Wie im deutschen Recht, wo die Vorschriften für die Miete auf die Pacht „entsprechende Anwendung finden", gehen auch im englischen Recht und in der Umgangssprache die Begriffe ineinander über. Im gleichen Sinne wie *lease* und *rental* wird oft auch *hire* verwendet. Aber *lease* ist besonders üblich für mittelfristige Mietverhältnisse *(medium hiring),* etwa zwischen drei und fünf Jahren. Ein Sonderfall ist *contract hire,* das ist die Vermietung oder Verpachtung von Kraftfahrzeugen auf kürzere Zeit als im Falle des *lease,* aber länger als eine Woche. Nicht selten werden dabei ganze Fahrzeugflotten *(fleets of motor vehicles)* von Finanzierungsinstituten *(finance houses)* übernommen, die sie dann anderen mietweise überlassen *(let for hire)* und nach einer bestimmten Zeit an den Lieferanten *(supplier)* zurückgeben. Der Mieter *(hirer)* mag die Fahrzeuge wiederum an andere Interessenten untervermieten *(sub-hire).* Mit *rental* werden schließlich kurz- bis mittelfristige Vermietungen bezeichnet, aber auch solche für unbestimmte Zeit. Die Miete von Fernsehgeräten *(television rental)* ist in England sehr verbreitet.

Mit der Finanzierung von Verbraucherkrediten befassen sich neben den großen Girobanken oder Clearingbanken *(clearing banks)* vor allem die *Finance Houses.* Der Begriff ist am einfachsten übersetzt mit „Teilzahlungsbanken" oder „Kundenkreditbanken". Damit ist der Tätigkeitsbereich der *Finance Houses* nicht voll umfaßt, aber an erster Stelle in ihrem Geschäft stehen jedenfalls Ausleihungen *(advances)* zur Finanzierung von Mietkauf- und Abzahlungsgeschäften. Wie im deutschen Teilzahlungsgeschäft *(instal[l]ment credit business)* kann sich das in verschiedenen Formen abspielen: bei der *direct collection* verkauft der Händler

[1] Die folgenden Definitionen sowie die Darstellung des Geschäfts der Teilzahlungsbanken, des Check Trading und der Kredit-Auskunfteien sind im wesentlichen entnommen dem 1971 veröffentlichten Crowther-Report *„Consumer Credit"*, Cmnd. 4596, Vol. I. – Mit freundlicher Genehmigung von Her Majesty's Stationery Office.

die Waren für einen bestimmten Kunden an die Teilzahlungsbank, die sie dann auf Teilzahlung an den Kunden abgibt. Die Papiere werden vom Händler ausgefüllt und in seinem Büro unterzeichnet. Von der Teilzahlungsbank aus gesehen, ist es ein Direktgeschäft, ein direktes Inkasso *(direct collection),* weil sie die Raten direkt vom Kunden einzieht. Bei der *agency collection* – von der Teilzahlungsbank aus gesehen, indirekte Einziehung oder indirektes Geschäft – unterzeichnet *(signs)* der Händler selbst gegenüber dem Kunden den Teilzahlungs-Kaufvertrag als Agent der Bank und zieht die fälligen Raten *(instal[l]ments due)* ein. Beim *block discounting* schließlich – von der Bank aus gesehen etwa: Sammelgeschäft – finanziert *(finances)* der Händler zunächst seine Verkäufe selbst und zieht die Raten ein. Anstatt jedoch das Fälligkeitsdatum *(due date)* der Raten abzuwarten, um sich aus ihnen zu refinanzieren *(recapitalize),* hat er eine Vereinbarung *(agreement)* mit dem Teilzahlungsinstitut, wonach er diesem in wöchentlichen, vierzehntäglichen oder monatlichen Losen *(batches)* und zu einem Abschlag *(discount)* die Teilzahlungsverträge verkauft, die er in dieser Zeit abgeschlossen hat. Das Institut pflegt einen Bruchteil, zum Beispiel ein Viertel des Barwerts *(collection value)* einzubehalten *(retain),* bis es die volle Zahlung erhalten hat *(received payment in full).* Sein Entgelt besteht in der Diskontgebühr *(discount charge),* die es von dem Barwert abzüglich des einbehaltenen Betrags *(retention)* berechnet *(calculates)* und gewöhnlich im voraus abzieht *(deducts in advance). Block discounting* ist ein Kauf von Buchschulden *(book debts)* und wird auf Kleinabschlüsse *(small-unit business)* angewandt, wo für das Teilzahlungsinstitut die direkte Einziehung verwaltungstechnisch umständlich *(administratively burdensome)* wäre.

Eine andere in England und anderen Ländern übliche Form der Konsumfinanzierung ist *check trading,* etwa zu übersetzen mit „Kaufscheckfinanzierung". Das darauf spezialisierte Unternehmen, der *check trader,* gibt Kaufschecks *(checks)* über runde Summen an Kunden ab, die nur einen kleinen Betrag darauf anzahlen *(deposit)* und dann jede Woche wiederum eine kleine Rate abzahlen. Insgesamt zahlt der Kunde etwas mehr als den Barbetrag des Kaufschecks, der Mehrbetrag von etwa fünf Prozent wird als Bearbeitungsgebühr *(service charge)* erhoben. Wenn der Kunde in Einzelhandelsgeschäften mit dem Kaufscheck einkauft, wird er mit dem Barpreis der Ware belastet *(he is charged [with] the cash price),* und der Betrag wird auf der Rückseite des Kaufschecks vermerkt *(the amount is noted on the back of the check).* Der *Check Trader* erstattet dem Einzelhändler *(reimburses the retailer)* sein Geld, etwa in monatlicher Abrechnung *(monthly settlement),* zieht aber dabei einen Diskont ab, der von 12,5 bis 15 Prozent reichen kann *(the discount may range from 12,5 to 15 per cent).* – Der übliche Bankscheck für unbare Zahlungen schreibt sich in England *cheque,* in Amerika *check.* In der Schreibweise *check* hat das Wort in beiden Ländern außerdem die Bedeutung von Kontroll-, Spiel-, Garderobenmarken – neben *luggage ticket, cloakroom ticket.* In Amerika ist es ferner das Wort für die Rechnung im Restaurant: AE *Waiter, the check please,* BE *The bill, please.*

Dem *check* im Sinne von Kaufscheck sehr ähnlich ist der *voucher,* der Gutschein. Er unterscheidet sich vom *check* meist dadurch, daß er nur für eine bestimmte Ware gilt. Bestes Beispiel sind die *luncheon vouchers,* Mittagessen-Gutscheine, die viele Unternehmen ihren Angestellten aushändigen, damit sie darauf in bestimmten angeschlossenen Restaurants ein Mittagessen *(lunch[eon])* erhalten. (Ein *luncheon* ist ein aufwendigeres und förmlicheres Mittagessen als ein *lunch.)*

Ein Instrument des Verbraucherkredits ist auch die Kreditkarte *(credit card)*. Die einfachste Form ist die Kaufhaus-Kreditkarte *(store card)*, von Kaufhäusern, Tankstellen oder Hotels ausgegeben *(issued)* zur Zahlung bei ihnen. Mit ihnen kann der Kunde nur bei dem ausgebenden Unternehmen kaufen. Er begleicht bei Vorlage der Abrechnung *(settles at presentation of the account)*, zum Beispiel monatlich. Mit einigen dieser Karten kann der Kreditkarteninhaber *(credit card holder)* bei vielen Einzelhandels- *(retail businesses)* und Dienstleistungsunternehmen *(service businesses)* Güter auf Kredit erhalten, so auch für Reisen und Bewirtungen, weshalb sie gelegentlich als die Gruppe der Travel and Entertainment Cards – T & E – bezeichnet werden. Die höchstentwickelten Kreditkarten sind meist von großen Gruppen von Kreditinstituten *(credit institutions)* ausgegeben. Mit ihnen kann der Inhaber *(holder)* nicht nur bei den angeschlossenen Geschäften kaufen. Er kann damit bei Mitgliedern der Bankengruppe allein mit der Karte Bargeld *(cash)* beheben *(withdraw)* und bei weiteren Banken eigene Schecks kassieren *(encash cheques)*, sogar im Ausland. Dabei dient die Karte als Mittel der Identifizierung *(means of identification)* und hat auch die Funktion einer Scheck-Garantiekarte *(cheque card)*. Des weiteren kann sie dazu benutzt werden, Geld aus Bargeldautomaten *(cash dispensers, automated teller machines – ATM)* zu ziehen *(draw)* und dabei den Kontenstand *(balance)* zu ersehen. Für die Aufnahme eines Kredits mit der Karte wird eine Gebühr erhoben *(a charge is made)*.

Das Hilfsgewerbe der Kreditauskunfteien *(credit reference bureaux/agencies, rating bureaux/agencies)* spielt für den Verbraucherkredit eine besondere Rolle. Sie sind entweder auf Gewinn ausgehende *(profit-making)* Firmen oder Kreditschutzvereinigungen *(trade protection societies)* der Finanzinstitute. Sie untersuchen den geschäftlichen Ruf *(credit standing)* von Händlern und Herstellern und die Kreditwürdigkeit *(credit worthiness)* von Kunden. Dazu sammeln sie Unterlagen *(records)* über Gerichtsurteile *(court judgements),* Konkursverfahren *(bankruptcy proceedings),* sehen Vergleichsurkunden *(deeds of arrangement)* und (Sicherungs-)Übereignungsverträge *(bills of sale)* ein, informieren sich über gerichtliche Anordnungen *(decrees),* Zahlungen auf Grund von Gerichtsurteilen *(satisfaction of judgment),* Vermögen unter Zwangsverwaltung *(estates sequestered),* Vermögensübertragungen zu treuen Händen *(trust deeds granted)* sowie Mitteilungen aus dem Kreditgewerbe selbst über uneinbringliche Schulden *(bad debts)*, Fälle der Wiederinbesitznahme von Waren durch den Händler *(repossession)* und anderes. Ein anderes Hilfsgewerbe, damit eng verbunden, ist das der Kreditversicherer *(credit insurers)* – Näheres darüber im Kapitel „Versicherung", S. 313ff.

Der Volksmund hat auch im Englischen einige bildhafte Ausdrücke für den Ratenkauf. Dem deutschen „auf Stottern kaufen" entspricht etwa das englische *buy on the never-never.* Kreditgeber *(lenders),* die Geld unter Wucherbedingungen *(on usurious terms;* Wucher = *usury,* Wucherer = *usurer)* ausleihen, werden gelegentlich als *loan sharks,* „Kredithaie", bezeichnet.

Konjunkturpolitik mit Mindestanzahlungen

Demand management with minimum deposits

Viele Jahre lang hatte der britische Schatzkanzler *(Chancellor of the Exchequer)* mit Bestimmungen über den Verbraucherkredit versucht, je nach Konjunkturlage die Nachfrage für Konsumgüter zu drosseln *(slow down)* oder anzuheizen *(stoke up)*. Die Bestimmungen über Teilzahlungsbedingungen *(regulations on hire-purchase terms)* verlangten eine gewisse Mindestanzahlung *(minimum [initial] deposit)* und eine Höchstdauer für die Abzahlung *(maximum period of repayment)*. Im Jahre 1983 gab die Regierung Thatcher jedoch dieses Instrument der Nachfragesteuerung *(demand management)* auf.

Vom Gesetzgeber her gesehen, hatte das Verbraucherkredit-Gewerbe *(consumer credit industry)* in England nun unbeschränkte Freiheit in der Gestaltung der Anzahlungen und Fristen. In Wirklichkeit hängt das aber von seinen Möglichkeiten ab, sich zu refinanzieren *(recapitalize)*, und von der Bereitschaft der Verbraucher, für lange Abzahlungsfristen hohe Zinsen zu zahlen. Das britische Gesetz über Verbraucherkredit *(Consumer Credit Act)* gewährt dem Verbraucher-Kreditnehmer *(consumer borrower)* umfassenden Schutz *(provides comprehensive protection)*. Unter ihm besteht eine Konzessionsordnung *(licensing system)* nicht nur für Kreditgeber *(lenders, credit grantors)*, sondern auch für die Kreditvermittlung *(credit brokerage)*, Schuldenregelung *(debt adjusting)* und Schuldenberatung *(debt counselling)*. Das Gesetz beschränkt die Möglichkeit, Kreditangebote an der Haustür zu machen *(door-step canvassing of loans)*. Es verlangt, daß die wirklichen Kreditkosten *(true cost of the credit)* offengelegt *(disclosed)* werden. Im Falle irreführender Angaben *(misrepresentation)* kann der Kunde *(customer)* den Kreditgeber ebenso wie den Lieferanten *(supplier)* für den gesamten Betrag seines Anspruchs *(whole amount of the claim)* verklagen *(sue)*. Verbraucher, die eine „ausbeuterische" Kreditvereinbarung *(extortionate credit bargain)* eingegangen *(entered)* sind, können beantragen, daß das Gericht ihnen Erleichterung gewährt *(grants relief)*, so wenn der Kunde unmäßige Zahlungen *(exorbitant payments)* zu leisten hat, oder wenn der Vertrag den üblichen Grundsätzen eines gerechten Handels grob zuwiderläuft *(the transaction grossly contravenes ordinary principles of fair dealing)*. In einem Öffentlichen Register für Verbraucherkredit *(Consumer Credit Public Register)* kann jedermann zum Beispiel nachsehen, ob jemand konzessioniert *(licensed)* ist und ob Konzessionen zurückgezogen *(revoked)*, ausgesetzt *(suspended)* oder abgeändert *(varied)* worden sind.

Die herkömmliche „Nachfragesteuerung" wurde unter Präsident Reagan und Premierministerin Margaret Thatcher ersetzt durch eine „angebotsorientierte Politik" *(supply-orientated policy)*. Dazu gehören Verzicht auf künstliche Reflation *(reflation)*, statt dessen Disinflation *(disinflation)*, dies mit einer Verringerung des Wachstums der Geldmenge *(reduction of the growth of the money stock)*, notfalls mit hohen Zinssätzen. Allerdings war dann der Realzins *(real interest rate)* zeitweilig so hoch, daß die Privatwirtschaft *(private business)* vom Kapitalmarkt verdrängt *(crowded out)* war und die Brutto-Anlageinvestitionen *(gross fixed investment)* bedenklich zurückgingen. Durch Umstrukturierung *(restructuring)* der Steuern versuchte man, neue Anreize

[1] a.a.O., S. 150.

(incentives) zu schaffen: Die direkten Steuern *(direct taxes)* wurden gesenkt *(reduced, cut)*, die indirekten *(indirect taxes)* wurden erhöht *(increased)*. In Amerika entstanden jedoch zeitweilig hohe Haushaltsdefizite *(budget deficits)*, während es in England der Regierung eher gelang, das Defizit und damit die jährliche Neuverschuldung der öffentlichen Hand *(public sector borrowing requirement – PSBR)* zu verringern. Für diese Art Politik kamen die Bezeichnungen „Reagonomics" – zusammengezogen aus „Reagan's Economics" – und „Thatcherism" auf.

„The reason why worry kills more people than work is that more people worry than work." (Robert Frost, amerikanischer Lyriker, 1875–1963)

Arbeit *

Die Ausbreitung der Gewerkschaftsbewegung

The spread of trade unionism

Wer als Arbeitnehmer *(employee)* in ein Beschäftigungsverhältnis *(employment)* oder als öffentlich Bediensteter *(civil servant)* in ein Amt eintritt, tut dies meist sowohl auf Grund seines Einzelvertrags *(individual contract)* als auch zugleich eines Kollektivvertrags *(collective contract/agreement)*. Oft bestehen bereits die Grundregeln *(basic rules)* eines Mantelvertrags *(collective agreement on working conditions)* und eines Lohntarifvertrags *(collective wage agreement)*, so daß der einzelne Arbeiter für sich nur noch die Besonderheiten seines Arbeitsvertrags auszuhandeln hat *(bargain for the particulars of his contract of employment)*. Im Hintergrund steht in irgendeiner Form auch noch das Gesetz, etwa über Sicherheitsbestimmungen *(safety regulations)*, über Kündigungsfristen *(terms of notice)*, über Arbeitszeit *(working hours, hours of work)*, über Mindestlöhne *(minimum wages/pay)*, oder das Kinderarbeitsgesetz *(child labo[u]r law)*, das ein Mindestalter *(minimum age)* für die Beschäftigung von Arbeitern im Kindesalter *(child workers)* setzt. Allgemein gilt, daß die Einzelabmachung *(individual agreement)* für den Arbeiter nicht ungünstiger sein darf als der Kollektivvertrag, aber sie darf günstiger sein. Im Streitfalle gilt aus beiden Verträgen jeweils das, was für den Arbeiter günstiger ist; im deutschen Tarifvertragsrecht *(law of collective agreements)* spricht man daher vom „Günstigkeitsprinzip", etwa zu übersetzen mit *rule of advantage*.

Vertragspartner *(parties to the contract)* des Kollektivvertrags sind meistens Arbeitgeberverbände *(employers' associations/federations)* auf der einen und Gewerkschaften *(trade unions*, gelegentlich auch *labo[u]r unions)* auf der anderen Seite. Kollektivverträge werden aber auch geschlossen zwischen einzelnen großen Arbeitgebern *(big employers)* und Gewerkschaften, ja sogar auf Werksebene *(at factory level)* und gelegentlich – für die Beschäftigten eines Betriebsteils – auf Betriebsebene *(at plant level)*. Das Ergebnis ist eine Konzern-, Unternehmens-, Werks-, Betriebsvereinbarung usw. *(group/company agreement, factory agreement, plant agreement)*. Auf Arbeitnehmerseite kann Partner in den Kollektivverhandlungen *(collective bargaining)* eine einzelne Gewerkschaft sein, aber auch eine ganze Anzahl von Gewerkschaften, die dazu einen gemeinsamen Verhandlungsausschuß *(joint negotiation committee)* bilden. In gewissen Fragen tritt ferner der Betriebsrat *(workers/works council)* als Gesprächspartner auf.

* *Labo[u]r.*

Abgesehen von einigen kümmerlichen Ansätzen im 17. Jahrhundert, nahm die britische Gewerkschaftsbewegung *(trade union movement, trade unionism)* ihren Anfang in der zweiten Hälfte des 18. Jahrhunderts, zunächst hauptsächlich in den Fachberufen *(skilled trades),* die fachliche Geschicklichkeit erfordern. Bei ihrem Versuch, durch gemeinsame, abgestimmte Aktion *(concerted action)* die Löhne und Arbeitsbedingungen zu verbessern, stießen sie jedoch jahrzehntelang nicht nur auf den Widerstand der Arbeitgeber, sondern auch des Staates. So verbot das Gemeine Landrecht *(Common Law)* Zusammenschlüsse zum Zwecke der Beschränkung gewerblicher Tätigkeit *(combinations in restraint of trade).* Dazu erließ die Regierung in den Jahren 1799 und 1800 noch strengere Gesetze über Zusammenschlüsse *(Combinations Acts),* mit denen praktisch das Grundrecht der Koalitionsfreiheit *(right to organize, freedom of association)* vorenthalten wurde. Es war der Beginn einer Periode der Unterdrückung gewerkschaftlicher Tätigkeit *(repression of trade union activity).* Die Gewerkschaftsbewegung wurde damit jedoch nicht vernichtet, sondern nur in den Untergrund getrieben *(driven underground),* wo sie an Stärke und Solidarität *(solidarity)* wuchs. In mehr oder weniger spontanen Aktionen demonstrierten die Arbeiter gegen ihre elenden Lebensverhältnisse mit Streiks *(strikes),* Aufständen *(riots)* und Maschinenstürmerei *(machine wrecking).*

Nach 1820 besserten sich die Verhältnisse für die Gewerkschaften, besonders mit der Aufhebung *(repeal)* der Gesetze über Zusammenschlüsse im Jahre 1824. Sie wurden von nun an nicht mehr automatisch als „kriminelle Verschwörungen" *(criminal conspiracies)* angesehen, aber ihr Rechtsstatus *(legal status)* blieb noch lange unsicher.

In der wirtschaftlichen Expansion *(economic expansion)* der zweiten Hälfte des 19. Jahrhunderts erlebten die britischen Gewerkschaften eine Blütezeit, und im Jahre 1868 wurde der erste Gewerkschaftskongreß einberufen *(the Trades Union Congress was convened).* Auch wurde in den siebziger Jahren ihr Rechtsstatus verbessert, indem sie als rechtmäßige *(lawful)* Vereinigungen anerkannt wurden, die gewisse Schutzrechte *(immunities)* genossen. Ein weiterer Erfolg für sie war der *Trades Disputes Act* des Jahres 1906, auf Grund dessen Gewerkschaften nicht wegen einer angeblich unrechtmäßigen Handlung *(wrongful act)*, von ihnen selbst oder in ihrem Namen *(on their behalf)* begangen, zivilrechtlich verklagt *(sued)* werden konnten. Damit waren sie straf- und zivilrechtlich abgesichert. Im Jahre 1913 wurde im *Trade Union Act* bestimmt, daß sie politische oder andere gesetzmäßige Ziele in ihre Satzung *(constitution)* aufnehmen durften, vorausgesetzt ihre Hauptziele *(principal objectives)* waren die einer Gewerkschaft[1].

In den achtziger Jahren gab es in England rund 450 Gewerkschaften mit über elf Millionen Mitgliedern; etwas mehr als 40 Prozent aller Arbeitnehmer waren organisiert *(organized)*. Die größten Gewerkschaften waren die Allgemeine und Transportarbeiter-Gewerkschaft *(Transport and General Workers Union – TGWU)* mit etwa 1,8 Millionen Mitgliedern und die Vereinigte Gewerkschaft der Metallarbeiter *(Amalgamated Union of Engineering Workers – AUEW)* mit nahezu anderthalb Millionen Mitgliedern. Dachverband der britischen Gewerkschaften ist der Gewerkschafts-

[1] Im wesentlichen nach „*Trade Unions in Britain*", by Central Office of Information, London, 1964, und „*Employment in Britain*", Central Office of Information, 1984.

kongreß *(Trades Union Congress – TUC)*. Die meisten Gewerkschaften von einiger Größe und Bedeutung sind ihm angeschlossen *(affiliated)*, Arbeitergewerkschaften *(manual workers unions)* ebenso wie Angestelltengewerkschaften *(non-manual workers unions, white-collar unions)*. An seiner Spitze steht ein Generalrat *(General Council)*, der alljährlich gewählt wird. Ein Generalsekretär *(General Secretary)* führt die laufenden Geschäfte, äußert sich aber auch zu arbeits- und gewerkschaftspolitischen Tagesfragen.

Der Aufbau der einzelnen Gewerkschaften ist nicht an ein bestimmtes Schema gebunden. Die meisten haben an ihrer Spitze einen Geschäftsführenden Landesvorstand *(National Executive Committee)*, der eine Anzahl ständiger Gewerkschaftsreferenten *(union officials)* beschäftigt, deren oberster wiederum ein Generalsekretär ist. Der Geschäftsführende Ausschuß wird von der Konferenz der Ortsverbandsdelegierten gewählt *(elected by the conference of branch delegates)*. Zwischen Hauptverwaltung *(head office)* und Ortsverbänden *(branches)* haben die meisten Gewerkschaften eine Bezirksorganisation mit jeweils einem Bezirkssekretär *(district/regional officer)* als hauptamtlichem Funktionär an der Spitze. Ganz unten, in den Werkstätten und Betrieben, gibt es das Heer der gewerkschaftlichen Vertrauensleute oder Betriebsobleute *(shop stewards)*, mehrere hunderttausend in England. Sie werden von den Arbeitnehmern in ihrem Betrieb gewählt. In größeren Betrieben gibt es darüber meist einen Seniorbetriebsobmann *(senior steward, convenor)*, der vor Kampfmaßnahmen oder aus sonstigen wichtigen Anlässen die Vertrauensleute, einen Ausschuß von Vertrauensleuten *(shop stewards committee)* oder die ganze Betriebsbelegschaft einberuft und abstimmen läßt.

Die meisten britischen Arbeitnehmerverbände sind auch heute noch Fachgewerkschaften *(crafts unions)*, das heißt, sie vereinigen Arbeitnehmer gleicher Tätigkeitsmerkmale. Das Gegenstück ist die Industriegewerkschaft *(industrial union)*, wie sie in der Bundesrepublik üblich ist. Auch in Amerika herrscht die Industriegewerkschaft vor mit riesigen Organisationen, zum Beispiel in der Autoindustrie, der Stahl-, Bekleidungs- oder Gummiindustrie. Der Dachverband ist die *American Federation of Labor/Congress of Industrial Organizations – AFL/CIO*.

Auch der Angestellte ist ein „worker“

Even white-collar employees are "workers"

Zwischen „Arbeiter“ und „Angestellter“ gibt es in England und Amerika keinen solchen Unterschied wie im Deutschen. Beide sind Beschäftigte *(employees)* und sogar *workers*. Die britische Postgewerkschaft zum Beispiel ist die *Post Office Workers Union*. Zahlreiche Bürokräfte *(office workers)* werden, wie die Arbeiter, wöchentlich bezahlt. Die Sozialversicherung *(National Insurance)* ist ebenfalls die gleiche für beide Gruppen. Die meistgebräuchliche Unterscheidung ist die von *white-collar workers* oder *white-collared employees* für Angestellte und *blue-collar workers* für Arbeiter. Eine andere Möglichkeit ist *salaried staff* und *wage earners*.

Für Büro- und Schreibpersonal sind auch *clerical workers* und *clerical staff* gängige Wörter, jedoch bezeichnen sie nur Personal für untergeordnete Arbeit *(lower-grade work).* Ebenso ist der *clerk* im allgemeinen nur eine Hilfskraft: der *filing clerk* ist mit dem Ablegen und Heraussuchen von Briefen und Aufzeichnungen in der Registratur *(filing department)* beschäftigt. Im öffentlichen Dienst ist der Clerk gelegentlich wesentlich mehr: der *town clerk* ist so etwas wie ein Stadtsyndikus. Angestellte in irgendeiner leitenden Stellung, wenn auch noch ziemlich weit unten, zum Beispiel bereits der Leiter eines kleinen Supermarktes, sind *managerial staff,* etwa zu übersetzen mit: „untere Führungskräfte". Von der mittleren Ebene der Betriebshierarchie *(business hierarchy)* an heißen Führungskräfte *executives.* Dazu ist nicht nötig, daß sie Weisungsrecht *(right of command)* über andere haben; ein hochqualifizierter *(highly qualified)* und gutbezahlter *(well-paid)* Wissenschaftler *(scientist)* oder Konstrukteur *(design engineer),* der für sich allein arbeitet, allenfalls mit einer Assistentin, ist durchaus ein *executive.* Andererseits ist ein *manual worker* ein Handarbeiter, auch an einer Maschine; im letzten Falle wäre er genauer ein *machine operator* oder *machine operative. Workman* ist ein allgemeines, ziemlich eindeutiges Wort für den körperlich Arbeitenden, auch den Handwerker, *labo[u]rer* bezeichnet einen ungelernten Schwerarbeiter, im engeren Sinne einen Landarbeiter *(agricultural labo[u]rer).*

Mit der Industriegewerkschaft verbindet sich das „Prinzip der ausschließlichen Vertretung" (AE *doctrine of exclusive representation).* Es bedeutet, daß alle Arbeitnehmer des Industriezweiges von einer einzigen Gewerkschaft vertreten *(represented)* werden. Der Arbeitgeber oder Arbeitgeberverband hat dann nur mit einem Verhandlungspartner zu tun statt mit einem oder zwei Dutzend, die sich untereinander nicht einigen können, da die Gewerkschaften der niedrig bezahlten Arbeiter *(lower paid workers)* den Lohn ihrer Mitglieder kräftig angehoben haben wollen, während die Gewerkschaften der hochqualifizierten Arbeiter eifersüchtig darüber wachen, daß ihr Lohnabstand, ihr Lohnvorsprung *(wage differential)* nicht verkleinert wird. Eine besonders groteske Form des Arbeitskampfes sind zuweilen die zwischengewerkschaftlichen Auseinandersetzungen *(inter-union disputes):* Zwei Gewerkschaften bestreiken ihren Unternehmer abwechselnd, um von ihm die Anerkennung als Verhandlungspartner *(recognition as negotiating partner)* oder die Zuweisung *(allocation, assignment)* einer bestimmten Arbeit an Mitglieder ihrer Gewerkschaft zu erzwingen. Im Englischen spricht man von *recognition strike,* im Amerikanischen von *jurisdictional strike,* für beides eignet sich die Übersetzung „Anerkennungsstreik".

Kampf um den Lohnvorsprung

Fighting for the wage differential

Trotz der Arbeitsrechtsreform der achtziger Jahre sind Tarifverträge in England noch immer keine rechtlich bindenden Verträge *(legally binding contracts).* Sie haben nur etwa die Bedeutung von Gentlemen's Agreements. So kann es geschehen, daß eine solche lose Abmachung, die nach Wochen zähen Verhandelns *(tough bargaining)* unterschrieben worden ist, schon kurz danach von einer Gruppe mißachtet wird. Hochqualifizierte Facharbeiter *(highly skilled workers, craftsmen)* in der Werkzeugmacherei *(tool room)* entdecken, daß zwar ihre Löhne erhöht worden sind, aber ihr Lohnvorsprung *(wage differential)* gegenüber anderen Gruppen dabei verkleinert worden ist. Ohne oder nur mit kurzfristiger Ankündigung *(short notice)* legen sie die Arbeit nieder *(down tools)* und gehen in Streik *(go on strike, come out on strike)*. Das geschieht zunächst oft gegen den Rat der Gewerkschaft, aber nicht selten macht sich die Gewerkschaft später unter dem Druck der Arbeiter deren Argument *(case)* zu eigen und erklärt den Streik für offiziell *(makes/declares the strike official)*. In dem Augenblick, da der bisherige nichtgewerkschaftliche Streik *(unofficial/wildcat strike)* zu einer organisierten Kampfmaßnahme *(official action)* wird, haben die Arbeiter oftmals, je nach den gewerkschaftlichen Satzungen *(the union's rules)*, Anspruch auf Streikgeld aus der Kasse der Gewerkschaft *(can claim strike money/strike benefits from the union's funds)*. Wild-Streikende *(wildcats)* erhalten kein Streikgeld, aber ihre Familien können öffentliche Unterstützung *(supplementary benefits, public assistance)* bekommen, sofern sehr wenig sonstiges Einkommen und kein nennenswertes Vermögen *(capital)* vorhanden ist. Die Streikenden selbst haben jedoch später Anspruch auf eine Steuerrückerstattung *(tax refund)*.

Der Teilnehmer an einem wilden Streik läuft theoretisch Gefahr, von seinem Arbeitgeber wegen Vertragsbruchs *(breach of contract)* verklagt und für den Schaden verantwortlich gemacht zu werden *(be held liable for damages)*. Praktisch ist dieses Risiko aber gering. Im Landesdurchschnitt dauern wilde Streiks in England nur Stunden, und wenn der Konflikt beigelegt ist *(the dispute is settled)*, hat der Arbeitgeber meist kein Interesse, nun einen neuen aufzurühren. Wenn er die Streikenden oder die Streikführer vor Gericht bringt *(takes strike leaders to court)*, läuft er Gefahr, daß große Teile der Belegschaft nun einen Sympathiestreik *(sympathy strike)* beginnen *(go on strike in sympathy for them)*.

Die Gewerkschaft sollte einen Streik stets erst ausrufen *(call a strike, call the men on strike)*, wenn sie die ganze Verhandlungsprozedur durchgegangen ist *(has gone through the whole negotiating procedure)*. Das Verfahren für Schlichtung *(conciliation)* und Schiedsspruch *(arbitration)* ist in England nicht in allen Industriezweigen das gleiche; mitunter besteht nur eine lose Abmachung darüber oder gar nichts dergleichen. Bei größeren Konflikten bietet manchmal das Arbeitsministerium *(Department of Employment)* seine Hilfe *(assistance)* an.

In Amerika ist der Tarifvertrag eine Rechtsurkunde *(legal document)*, die die Parteien bindet und deren Abmachungen *(provisions)* rechtlich erzwingbar *(legally enforceable)* sind. Eine Gewerkschaft vertritt in der Regel alle Arbeitnehmer des Gewerbezweigs *(industry)* als Verhandlungsbeauftragter *(AE bargaining agent)*. In diesen Fällen sind daneben keine privaten Abmachungen einzelner Gruppen zulässig *(no private deals permitted)*. Die gewerkschaftlichen Vertrauensleute dürfen daher nur darauf achten, daß der Vertrag auf Werksebene *(on the factory floor)* ausgeführt *(carried out)* wird. Die Gewerkschaftspolitik *(trade union policy)* und ihre Überwachung liegt in der Hauptsache in den Händen der örtlichen Gewerkschaftsfunktionäre *(union officials)*, die mit den Spitzenfunktionären *(top-level officials)* in der Gewerkschaftshierarchie *(union hierarchy)* zusammenarbeiten *(co-operate)*. Die Zahl der bezahlten hauptamtlichen Funktionäre *(full-time officials)* ist viel größer als in England. Während also in Amerika Streik grundsätzlich nur nach Auslaufen eines Vertrags *(expiry of a contract)* möglich ist,[1] kam es in England auf Grund irgendeines

[1] "*Bargaining – a comparison of the British and American System*" by Tom Byrne, in "*Labor News from the United States*", November-December 1968, S. 9.

unbereinigten Übelstandes oft schon während der Laufzeit des Vertrages zu einem offiziellen oder inoffiziellen Streik.

Abkühlungsfrist – Gewerkschaftsbetrieb – Beitragseinziehung

Cooling-off period – closed shop – check-off system

Selbst im Falle von Ausständen *(stoppages, walk-outs)*, aus denen Gefahren für die Volksgesundheit *(national health)* oder für die Sicherheit des Landes erwachsen, hat die britische Regierung praktisch keine wirksame Handhabe zum Eingreifen. In Amerika bietet der *Labor-Management Relations Act*, *Taft-Hartley Act*, von 1947 der Regierung die Möglichkeit, in solchen Fällen eine gerichtliche Verfügung *(injunction)* zu erwirken, die eine Abkühlungsfrist *(cooling-off period)* bis zu achtzig Tagen vorschreibt. Mit dieser Notstandsregelung wird Zeit gewonnen für einen Lagebericht *(fact-finding survey)* und für weitere Vermittlungsversuche.

Der *Taft-Hartley Act* war der Rückschlag des Pendels von einer gewerkschaftsfreundlichen Gesetzgebung zu einer, die den Machtpositionen mehr gerecht wurde. In den zwanziger und dreißiger Jahren waren in mehreren Gesetzen die Koalitionsfreiheit des Arbeitnehmers und sein Recht, kollektiv zu verhandeln *(to bargain collectively)*, festgelegt worden. Dem Arbeitgeber wurde untersagt, sich in diese Rechte des Arbeitnehmers einzumischen *(to interfere with the employee's rights)* und Arbeitnehmer wegen ihrer Gewerkschaftszugehörigkeit oder gewerkschaftlichen Tätigkeit zu benachteiligen *(to discriminate against employees because of their union membership or union activity)*. Der Höhepunkt dieser Entwicklung war der *National Labor Relations Act*, auch *Wagner Act genannt*, von 1935. Durch ihn wurde der *National Labor Relations Board – NLRB* – ins Leben gerufen, eine unabhängige Regierungsstelle *(government agency)* zur Überwachung dieser Arbeitnehmerrechte.

Der *Taft-Hartley Act* legte zwölf Jahre später auch den Arbeitnehmern und den Gewerkschaften Pflichten und Beschränkungen auf. Regierungsangestellte *(government workers)* dürfen nach dem Gesetz nicht streiken. Die Einrichtung des „gewerkschaftspflichtigen Betriebs", des *closed shop*, wurde untersagt. Unter gewissen Umständen ist jedoch der *union shop*, der weniger strikt gewerkschaftspflichtige Betrieb, zugelassen. Kennzeichen des *closed shop* ist, daß nur Gewerkschaftsmitglieder *(union members)* eingestellt *(taken on, recruited, accepted for employment,* AE auch *hired)* werden. Kennzeichen des *union shop*[1] ist, daß auch nicht gewerkschaftlich organisierte Arbeiter *(non-union workers)* eingestellt werden, sofern sie bereit sind, innerhalb von dreißig Tagen der Gewerkschaft beizutreten *(to join the union)*. Das Aufstellen von Streikposten in großer Zahl *(mass picketing)* wurde untersagt. Zuschüsse der Arbeitgeber an gewerkschaftliche Wohlfahrtsfonds *(welfare funds)* sind nur unter ganz bestimmten Bedingungen zulässig. Der Abzug *(deduction)* der Gewerkschaftsbeiträge *(union dues)* vom Lohn durch den Arbeitgeber, das *check-off system*, wurde erlaubt, sofern der Arbeiter dazu für das laufende Jahr seine schriftliche Ermächtigung *(written authorization)* gibt.

[1] In England *post-entry closed shop* genannt.

Das Gesetz stellte also, unter dem Protest der großen Gewerkschaften, einen ganzen Katalog unzulässiger Verhaltensweisen im Arbeitsleben *(unfair labor practices)* auf, aber nicht nur zum Schutz der Arbeitgeber gegen die Gewerkschaften, sondern auch umgekehrt, sowie zum Schutz des Arbeiters gegen gewerkschaftlichen Druck. Die Überwachungsaufgaben des *NLRB* wurden damit wesentlich erweitert.

Im Zusammenhang mit der Reform des Arbeitsrechts in England gab es lange Auseinandersetzungen darüber, ob das amerikanische Recht für den Arbeitsfrieden *(industrial peace)* und damit für die ganze Wirtschaft so viel besser sei als das bis dahin nur schwach entwickelte englische Recht mit seinem Grundsatz der Nichteinmischung *(non-interference, non-intervention).* Es wurde geltend gemacht, daß Amerika oftmals in einem Jahr mehr Arbeitstage je tausend Beschäftigte *(per thousand employees)* durch Streiks verliere als England. Auch andere Länder, besonders Italien, hatten in der Vergangenheit nicht selten eine schlimmere Streikbilanz *(strike record).*

In einer freien und demokratischen Gesellschaft *(free and democratic society)* ist das Recht, das eigene Arbeitskraftangebot zurückzuziehen *(the right to withdraw labo[u]r),* im allgemeinen garantiert. Streiks werden unter mancherlei Begründungen und Umständen ausgerufen (Streik ausrufen = *call a strike).* Der im Jahr 1968 vorgelegte Bericht einer Königlichen Kommission über Gewerkschaften und Arbeitgeberverbände *(Royal Commission on Trade Unions and Employers' Associations),* nach ihrem Vorsitzenden *Donovan Report* genannt, zählt folgende Möglichkeiten von Übelständen *(grievances)* und Streikbegründungen auf: Löhne, Arbeitszeit *(hours of work),* Streit über Tätigkeitsabgrenzungen *(demarcation dispute)*, Entlassung wegen Beschäftigungsmangels *(redundancy,* eigentlich „Überzähligkeit"; *to make redundant/AE lay off* = entlassen wegen Beschäftigungsmangels), Entlassung *(dismissal)* aus sonstigen Gründen, zwangsweise zeitweilige Freistellung von der Arbeit *(lay-off, suspension)*, Anerkennung als Gewerkschaft *(trade union recognition)*, angebliche Maßregelung – Drangsalierung – *(alleged victimization)* wegen Gewerkschaftszugehörigkeit *(for trade union membership)*, Streit über Gewerkschaftszwang *(closed shop)*, Sympathiestreiks *(sympathy/sympathetic strikes)*.

Von einem vertragswidrigen Streik *(unconstitutional strike)* spricht man, wenn eine Gewerkschaft ihn ausruft, obwohl sie noch an Verfahrensvereinbarungen *(procedure agreements)* oder gar an gesetzliche Verfahrensvorschriften *(legal provisions on procedure)* gebunden ist und daher noch eine Friedenspflicht *(peace obligation)* zu erfüllen hat.

Streiks ohne Ankündigung *(without [giving] notice)* sind in jedem Falle bedenkliche Formen des Arbeitskampfes. Auf lang- oder zumindest kurzfristig angekündigte Streiks *(strikes at long – short – notice)* kann sich der Unternehmer in gewisser Weise einrichten. Blitzstreiks *(lightning strikes)* hingegen, von einer Minute zur anderen ausgerufen *(called),* können seine gesamte Planung durcheinanderbringen. Manchmal findet vor der eigentlichen Kampfaktion ein kurzer Warnstreik *(token strike),* etwa nur von einer Viertelstunde Dauer, statt.

Neben dem Streik sind andere Formen des Arbeitskampfes *(industrial action)* möglich, so vor allem die „Arbeit nach Vorschrift" *(work to rule),* auch Bummelstreik *(go-slow [movement])* genannt, Überstundenverweigerung *(overtime ban),* Boykott *(boycott, blacking).* Wenn ein Gegenstand boykottiert *(boycotted)* oder „für schwarz erklärt" *(blacked)* wird – so wie man im Deutschen von „anschwärzen" spricht –, darf er von den Arbeitern nicht angefaßt, nicht benutzt, nicht verarbeitet *(manufactured, processed)* oder umgeschlagen *(transhipped)* werden. Der Grund ist zum Beispiel, daß diese Maschinen oder Materialien Ersatz sind für die anderen, regelmäßig benutzten, die wegen eines Arbeitskampfes nicht verfügbar sind. Die Vorstellung von „schwarz" findet sich auch in dem englischen Wort für Streikbrecher *(blackleg,* neben *scab).* Einem solchen Manne mag das böse Schicksal widerfahren, daß er „nach Coventry geschickt" *(sent to Coventry)* wird, das heißt, daß fortan niemand mehr mit ihm spricht, bis er aus dem Betrieb hinausgegrault ist. Boykott kann nicht nur gegen Gegenstände gerichtet sein, sondern auch gegen Personen und gegen ganze Unternehmen. Ein direkter Boykott *(primary boycott,* meist nur *boycott)* richtet sich gegen diejenigen selbst, die den vermeintlichen Grund zu der Aktion gegeben haben. Ein indirekter Boykott *(secondary boycott)* richtet sich gegen Dritte, Unbeteiligte, um sie zu zwingen, die Aktion zu unterstützen.

Um Streikbrecher zur Solidarität *(solidarity)* zu mahnen, dürfen die Gewerkschaften während des Streiks Streikposten *(pickets)* an den Werkstoren *(factory gates)* aufstellen, die die Streikbrecher von dem guten Sinn des Kampfes zu überzeugen versuchen – aber das Aufstellen von Streikposten und ihre Tätigkeit (beides: *picketing)* müssen friedlich bleiben *(peaceful picketing),* das heißt: keine Gewalt, keine Behinderung der Arbeitswilligen.

Auf der Seite der Arbeitgeber ist die schärfste Waffe des Arbeitskampfs die Aussperrung *(lock-out)* der Arbeitnehmer, heutzutage meist nur noch als Antwort auf einen Streik benutzt. Ein von der Gewerkschaft geführter begrenzter Streik kann zu einer großen moralischen und finanziellen Belastung für sie werden, wenn auf einmal Zehntausende weitere ihrer Mitglieder in anderen Landesteilen und Unternehmen ohne Arbeit und Lohn sind. Davon zu unterscheiden ist die zeitweilige Entlassung *(lay-off)* unbeteiligter Arbeiter von der Arbeit, die infolge eines Streiks ihrer Kollegen kein Material, Vorerzeugnisse *(products for further processing, semi-manufactured goods),* Strom, Wasser und dergleichen erhalten können. Das Gegenstück zum „Blacking" ist auf der Arbeitgeberseite das Führen von Schwarzen Listen *(black-listing).* Auf der Schwarzen Liste *(black list)* werden in den Unternehmen die Namen solcher Arbeiter verzeichnet, die als Unruhestifter *(troublemakers)* bekannt sind.

Angesichts der ständigen Gefahr von Arbeitskonflikten war die englische Industrie viele Jahre lang bereit gewesen, Kompromisse zu schließen, die das kleinere Übel bedeuteten. Auf Entlassungen wegen Arbeitsmangels *(redundancies)* wurde unter Streikandrohung verzichtet, und statt dessen einigte man sich auf *work sharing,* Aufteilung der Arbeit auf eine an sich zu große Zahl von Leuten in der Hoffnung, daß sie sich durch natürlichen Abgang *(natural wastage, AE attrition)* von allein vermindern werde; mit vorzeitiger Pensionierung *(premature retirement)* ließ sich das beschleunigen. Für das Behalten überzähliger Arbeitskräfte wie für jede Maßnahme, mit der zu Lasten der Produktivität die Arbeit erleichtert wird, ist auch der Ausdruck *feather-bedding,* „Auf-Federn-Betten", üblich. Die Folge ist nicht selten eine Überbesetzung von Unternehmen mit Arbeitskräften *(overmanning, overstaffing*[1]*)*. Ein wesentlich besseres Verfahren können Produktivitätsabkommen *(productivity agreements/deals)* sein, sofern man sich einigen kann. Man erhöht zum Beispiel den Lohn nur um einen gewissen Satz und legt im übrigen einen Bonus *(bonus)* für zusätzlich produzierte Einheiten fest. Oder der Unternehmer gesteht zwar eine größere Lohnerhöhung zu, jedoch unter der Bedingung, daß gewisse Gruppen von Arbeitern zeitweilig auch andere Tätigkeiten ausführen. Wenn es gelingt, die Funktionäre und Betriebsobleute für solche neuartigen Vorschläge zu gewinnen, ist in der Regel auch die Masse der Gewerkschaftsmitglieder *(rank and file of the union)* bereit zu folgen. Durch solche Abmachungen vergrößert sich die Lohndrift *(wage drift)*. Darunter versteht man die Differenz zwischen den Wachstumsraten der Verdienste und der Lohnsätze *(the difference between the rate of growth of earnings and wage rates)*[2]. Aber wenn die Abmachungen richtig eingehalten werden, sind diese Art Lohnerhöhungen *(wage increases)* kein Beitrag zu der sogenannten Lohninflation *(wage-push inflation)* und der Lohn-Preis-Spirale *(wage-price spiral)*.

Arbeitsbeziehungen: Lösungsversuch über die Gerichte

Industrial labo[u]r relations: the judicial approach

Britische konservative Regierungen haben in den siebziger und achtziger Jahren zwei Versuche einer Arbeitsgesetzgebung *(labo[u]r legislation)* unternommen, mit der die Zahl der Arbeitskonflikte *(labo[u]r/industrial conflicts/disputes)* verringert werden sollte. Bei dem ersten Versuch, unter der Regierung Heath, erhielt ein solcher Gesetzentwurf *(bill*[3]*)* zwar die Zustimmung der Mehrheit des Parlaments *(majority of parliament)* und im Sommer 1971 als „Gesetz über Arbeitsbeziehungen" *(Industrial Relations Act)* die königliche Zustimmung *(royal assent)*. Aber schon drei Jahre später, nach Unterhauswahl *(general election)* und Regierungswechsel *(change of government)*, wurde das Reformgesetz *(reform act)* von der neuen Labour-Regierung größtenteils wieder aufgehoben *(repealed)*. Bestehen blieben jedoch die Vorschriften *(provisions)* über den Kündigungsschutz *(protection against dismissal)* für Millionen von Arbeitnehmern. Beendet der Arbeitgeber den Vertrag *(terminates the contract)*, sei es durch befristete Kündigung *(by giving notice)* oder durch fristlose Kündigung *(dismissal without notice*[4]*)*, so gilt die Kündigung nur als gerechtfertigt *(fair)*, wenn sie

[1] Vermutlich erklärt sich zum Teil mit diesen Verhältnissen, daß über Abwerbung von Arbeitskräften *(labo[u]r piracy/poaching)* in England selten Klage zu hören war.

[2] Definition aus *„Wage Drift, Review of Literature and Research"*, Office of Manpower Economics, Her Majesty's Stationery Office, London, 1973, S. 3. – In einer anderen Definition an der gleichen Stelle wird *wage drift* bezeichnet als „die anhaltende Tendenz der am Arbeitsplatz tatsächlich gezahlten Löhne, im Durchschnitt schneller zu steigen als sich aus den Steigerungen ergeben würde, die von Zeit zu Zeit in landesweiten Abkommen festgelegt werden" *(the persistent tendency for wages actually paid at the workplace to rise, on average, faster than would result from the increases arranged from time to time under national agreements)*.

[3] *Bill* ist der Gesetzentwurf, *act* das verabschiedete und verkündete Gesetz.

[4] *Notice* ist wie im Deutschen sowohl die Ankündigung der Entlassung als auch diese selbst: I have been given notice. – Andere Wörter aus der Alltagssprache für „entlassen" neben *dismiss* und *discharge* sind *fire, sack, give s. o. the sack*. „Ich bin entlassen worden." – *I have got the sack*.

erfolgt: 1. wegen unzureichender körperlicher oder geistiger Fähigkeiten *(capabilities)* des Arbeitnehmers oder ungenügender Qualifikation *(qualification)*; oder 2. wegen des Verhaltens *(conduct)* des Arbeitnehmers; oder 3. wegen so schlechter Geschäftslage *(adverse trade conditions)*, daß er überzählig *(redundant)* ist; oder 4. weil er in der Stellung, die er innegehabt hat *(the position which he held)*, ohne Gefahr eines Verstoßes gegen eine gesetzliche Verpflichtung oder Beschränkung *(contravention of a duty or restriction imposed under an enactment)* nicht weiterarbeiten kann. Glaubt der Arbeitnehmer, daß keiner dieser Gründe vorliegt, so kann er bei einem Arbeitsgericht klagen *(file a complaint to an Industrial Tribunal)*. Das Gericht kann seine Wiedereinstellung *(reinstatement, re-engagement)* verfügen oder ihm eine Abfindung zugestehen *(award compensation)*. Im Falle der Entlassung aus Beschäftigungsmangel *(redundancy)* ist die Pauschalabfindung eine lump-sum redundancy payment.

Auf Grund einer „ungerechtfertigten Entlassung" *(unfair dismissal)*, auch „willkürliche Kündigung" *(arbitrary dismissal)* genannt, kann der Arbeitnehmer vor dem Arbeitsgericht *(labour court, industrial court/tribunal)* als Geschädigter *(injured)* Schadensersatz *(compensation)* verlangen. Der Schutz gilt jedoch erst nach zwei Jahren Betriebszugehörigkeit *(two years service in the business)*.

Mindestkündigungsfristen *(minimum periods of notice)* gibt es in England als gesetzliche Kündigungsfrist *(statutory notice)* erst seit 1963 – in Deutschland seit 1900. Daß die Briten sie nicht eher gehabt haben, war vermutlich mit ein Grund für das ungute Arbeitsklima *(industrial climate)* in den Beziehungen zwischen den Sozialpartnern *(employers and employees)*.

Die Regierung Thatcher setzte ebenfalls eine gründliche Reform *(reform)* in Gang. In drei Gesetzen schränkte sie vor allem das Streikpostenstehen *(picketing)* ein, ferner die Art der zulässigen Streiks *(lawful strikes)* und den Closed Shop. Seitdem schützt das Gesetz den Streikposten *(picket)* vor einer Zivilklage *(from civil proceedings)* nur noch, wenn er an seinem eigenen Arbeitsplatz *(at his own place of work/workplace)* im Rahmen eines Arbeitskonflikts *(in furtherance of a trade/industrial dispute)* mit seinem eigenen Arbeitgeber friedlich Posten steht *(pickets peacefully)*.

Andererseits gewährt das Gesetz Schutz *(the law affords protection)* auch denen, die normal zur Arbeit gehen *(go to work normally)*. Sofern eine Person sich an das Gesetz hält *(remains within the law)*, darf sie unbehindert ihren täglichen Geschäften nachgehen *(go about his/her daily business)* und darf ohne weiteres die Streikpostenkette durchschreiten *(cross the picket line)*.

Es ist ein zivilrechtlicher Verstoß *(civil wrong)*, wenn jemand einen anderen zu überreden versucht, seinen Anstellungsvertrag zu brechen *(break his contract of employment)*. Aber im Falle eines Arbeitskonflikts sind Streikposten von dieser Haftung *(liability)* ausgenommen. Die zulässigen Fälle des Streikpostenstehens und -aufstellens sind jedoch dadurch beschränkt, daß seit Anfang der achtziger Jahre ein Arbeitskampf *(industrial action)* nur noch zulässig ist gegen den eigenen Arbeitgeber *(employer)* und daß es dabei ganz oder hauptsächlich gehen muß um Lohn *(pay)* und Arbeitsbedingungen *(working conditions)*, Arbeitsplätze *(jobs)*, Arbeitszuweisung *(allocation of work)*, Disziplin *(discipline)*, Verhandlungsrahmen *(negotiating machinery)* und Mitgliedschaft in der Gewerkschaft. Damit sind nun zum Beispiel ausgeschlossen Konflikte über Arbeitsabgrenzung *(demarcation disputes)* zwischen Gewerkschaften sowie Konflikte zwischen einer Gewerkschaft und einem Arbeitgeber, wenn kein Mitglied der Belegschaft *(work-force)* des Arbeitgebers im Streit mit ihm steht *(is in dispute with him)*. Solche Streiks sind ungesetzlich *(illegal)*.

Erschwerte Regeln gelten für „Sekundär-Streikposten" *(secondary pickets)*: am eigenen Arbeitsplatz, aber zur Unterstützung *(in support)* anderer Arbeitnehmer in deren Konflikt mit ihrem Arbeitnehmer; die zivilrechtliche Immunität *(immunity from civil proceedings)* ist hier nicht immer gegeben. Ein entlassener Arbeitnehmer, dessen Arbeitgeber wegen des Konflikts den Anstellungsvertrag beendet hat *(has terminated the contract of employment)*, darf an seinem früheren Arbeitsplatz *(at his former workplace)* als Streikposten stehen. Im allgemeinen sollte bei einer Streikpostengruppe *(picket line)* ein Gewerkschaftsfunktionär *(trade union official)* zugegen sein, ausgestattet mit einem Ermächtigungsschreiben *(letter of authority)*. Gesetzeswidrige Streikpostentätigkeit *(unlawful picketing)* kann zu einer gerichtlichen Verfügung auf Unterlassung *(court injunction*, in Schottland: *court interdict)* führen und, falls sie unbeachtet bleibt, zu einer hohen Buße *(fine)* wegen Mißachtung des Gerichts *(contempt of court)*. Zuständig hierfür sind der High Court of Justice als erste Instanz *(court of first instance)*, danach das Berufungsgericht *(court of appeal)* und schließlich die Richter des Oberhauses *(House of Lords)*, die Law Lords. Aber bei den Urteilssprüchen *(judicial findings)* der Obergerichte geht es nur noch um Rechtsfragen *(points of law)*, nicht mehr um Tatfragen *(points of fact)*.

In schweren Auseinandersetzungen zwischen Arbeitgeber und Gewerkschaft, wenn das vorgesehene Beschwerdeverfahren *(grievance procedure)* erschöpft ist und die direkten Verhandlungen *(direct negotiations)* festgefahren *(deadlocked)* sind, kann mitunter die staatliche Schlichtungsstelle *(conciliation/arbitration service)* als Vermittler *(mediator)* die Lage noch retten. In England heißt diese Stelle „Acas" – Advisory, Conciliation and Arbitration Service, in Amerika ist es der FMCS – Federal Mediation and Conciliation Service. Sie wird oftmals auch von sich aus tätig werden, besonders wenn das öffentliche Wohl *(public interest)* auf dem Spiele steht, weil lebenswichtige Versorgungsdienste *(essential supplies)* gefährdet sind und ein Notstand *(emergency)* droht.

In einem Vielgewerkschafts-System *(multiple unionism)* ist es mitunter schwierig, einen brauchbaren Verhandlungsrahmen *(bargaining structure)* zu bekommen. Entweder muß dann eine Gewerkschaft zum alleinigen Verhandlungsvertreter *(sole bargaining agent)* bestellt *(appointed)* werden und damit die ausschließlichen Verhandlungsrechte *(exclusive negotiating rights)* für bestimmte Gruppen von Beschäftigten erhalten, oder statt dessen wird ein gemeinsamer Verhandlungsausschuß *(joint negotiating panel)* von mehreren Gewerkschaften gebildet.

Mit der Frage des Gewerkschaftszwangs stehen für den Arbeitgeber der flexible Einsatz der Arbeitskraft *(flexible use of manpower)* und die freie Wahl *(free choice)* bei der Anwerbung neuer Arbeitskräfte *(in recruiting new labour)* auf dem Spiel. Das gilt besonders im Falle des pre-entry closed shop, wenn also die Gewerkschaftszugehörigkeit schon vor der Einstellung des Bewerbers verlangt wird; die mildere Form ist der post-entry closed shop, bei dem es genügt, wenn sich der Bewerber zum Beitritt zur Gewerkschaft verpflichtet. Angesichts dieser Beschränkungen *(restrictions)* seiner Geschäftsführungsbefugnisse *(managerial authority)* mag der Arbeitgeber von Zeit zu Zeit eine Überprüfung *(review)* solcher Vereinbarungen anstreben, vor allem wenn sich infolge eines beträchtlichen Personalumschlags *(turnover of the labour force)* die Ausgangsbedingungen geändert haben. In England ist überdies eine Vereinbarung über Gewerkschaftszwang nur gültig, wenn in den letzten fünf Jahren vier Fünftel der Betroffenen die Vereinbarung gebilligt *(approved the agreement)* haben. Aber selbst in diesem Falle kann ein Arbeitnehmer sich aus Gewissensgründen *(grounds of conscience)* oder tiefempfundenen persönlichen Überzeugungen *(deeply-held personal convictions)* widersetzen *(object)*. Er darf auch dann nicht wegen Nicht-Mitgliedschaft *(non-membership)* entlassen *(dismissed)* werden, sei es in fristgerechter Entlassung *(dismissal with notice)* oder in fristloser Entlassung *(dismissal without notice)*, wenn er, nach dem Befund eines unteren Arbeitsgerichts *(industrial tribunal)*, aus der Gewerkschaft zu Unrecht ausgeschlossen *(unreasonably excluded)* oder ausgestoßen *(expelled)* worden ist. Ferner sind Arbeitnehmer gegen Gewerkschaftszwang geschützt, wenn sie als Mitglieder von berufsständischen Vereinigungen *(professional associations)* besonderen Regeln der Standesehre *(code of ethics)* oder Verhaltensregeln *(code of conduct)* unterliegen. Auch hier hat der Arbeitnehmer als Rechtsmittel *(remedy)* die Klage an das untere Arbeitsgericht *(complaint to the Industrial Tribunal)* und danach die Berufung *(appeal)* beim Arbeits-Berufungsgericht *(Employment Appeal Tribunal)*. Der Arbeitnehmer kann neben den geschriebenen Regeln des Gesetzes zu seinem Schutze auch die des Naturrechts *(natural justice)* in Anspruch nehmen.

Wenn ein Arbeitgeber einen Arbeitnehmer unter Druck einer Gewerkschaft *(pressure exercised by a union)* entlassen mußte und sich dann einer Klage wegen ungerechtfertigter Entlassung *(complaint of unfair dismissal)* gegenübersieht, kann er ersuchen, daß die Gewerkschaft zu dem Verfahren beigezogen wird *(the union is joined to the proceedings)*. Als Ergebnis der Beiziehung *(joinder)* kann die Gewerkschaft dazu verurteilt werden, den zuerkannten Schadensersatz *(compensation awarded)* zu zahlen.

Englands Gewerkschaften müssen nun vor einem Arbeitskampf eine geheime Urabstimmung *(secret ballot)* veranstalten. Die früher übliche offene Massenversammlung der Gewerkschaftsmitglieder *(mass meeting)* auf dem Werkshof mit Handaufheben *(raising hands)* genügt nicht mehr. Ohne diese Art Urabstimmung kann die Gewerkschaft keinen Streik organisieren *(organize a strike)*, sonst riskiert sie ihre rechtliche Immunität *(immunity)*. In geheimer Abstimmung *(secret ballot)* müssen auch die Mitglieder des geschäftsführenden Ausschusses *(executive committee)* sowie Amtsträger *(office holders)* mit einer ausschlaggebenden Stimme *(casting vote)* im Ausschuß, wie der Generalsekretär *(general secretary)* oder der Präsident *(president)*, gewählt werden. Die Abstimmung findet statt durch Ankreuzen auf einem Stimmzettel *(marking a ballot paper)*.

Schließlich müssen die Mitglieder in Abständen von mehreren Jahren noch darüber befragt werden, ob sie mit der politischen Betätigung *(political activity)* und dem politischen Fonds *(political fund)* der Gewerkschaft einverstanden sind. Ein großer Fortschritt in England ist, daß die Gewerkschaften, wenn es um Streik, Strafen und Schadensersatz *(damages)* geht, nun den Status einer rechtlich selbständigen Körperschaft *(corporate status)* haben, also insoweit als juristische Personen *(legal entities)* behandelt werden. Die früher gültige Erfahrung „An ihre Kassen kommst Du nicht ran“ *(You can't get to their funds)* ist damit überholt.

Bessere Arbeitschancen mit Lehre

Better job opportunities after an apprenticeship

Von den vielen Veränderungen im englischen Arbeitsleben *(industrial life)* ist auch die Berufsausbildung *(vocational/occupational training)* erfaßt worden. Das System einer festen Lehre *(apprenticeship)* ist jedoch noch immer nicht so weit verbreitet wie in der Bundesrepublik. Viele Gewerbe *(trades)* stellen kaum Lehrlinge *(apprentices)* ein *(take in)*. Dann müssen die Schulabgänger *(school-leavers)* bei der Arbeit *(on the job)* lernen und Arbeitserfahrung *(work experience)* in arbeitsnaher Ausbildung *(work-related training)* gewinnen. Im Interesse der internationalen Wettbewerbsfähigkeit *(international competitiveness)* Englands richtete die Regierung zunächst regionale Ausbildungskammern *(Industrial Training Boards)* ein mit der Aufgabe, die gewerbliche Ausbildung *(industrial training)* zu verbessern. Sie organisieren Ausbildungskurse oder helfen anderen Organisationen dabei. Die Mittel *(funds)* erhalten sie aus einer Ausbildungsabgabe *(training levy)* der Arbeitgeber, die selbst keine Lehrlinge ausbilden. Daraus zahlen sie Zuschüsse *(grants)* an solche Unternehmen, deren Ausbildungsverfahren sie gutheißen.

Später wurde die „Landesanstalt für Arbeitsvermittlung und Berufsausbildung" *(Manpower Services Commission – MSC)* gegründet. Sie ist dem Arbeitsminister *(Secretary of State for Employment)* verantwortlich *(accountable to)*. Ihre beiden Hauptzweige sind der Arbeitsvermittlungsdienst *(employment service)* und der Ausbildungsdienst *(training service)*. Die MSC hat die meisten Arbeitsämter *(employment offices)* in sogenannte „Jobcentres", Arbeitsvermittlungstellen *(labour exchanges)* mit Selbstbedienungseinrichtungen *(self-service facilities)* umgewandelt, wo die Arbeitssuchenden *(jobseekers)* sich selbst nach Arbeitsgelegenheiten *(job opportunities)* umsehen können. Die MSC arbeitet oft mit privaten Vermittlungsbüros *(private employment agencies)* zusammen, die vom Staate zugelassen *(licensed)* sind. Selbst in den schwierigen frühen achtziger Jahren hat die staatliche Arbeitsvermittlung *(public employment service)* jährlich nahezu zwei Millionen offene Stellen *(vacancies)* gemeldet *(notified)* bekommen und nahezu 1,5 Millionen Arbeitsuchende untergebracht *(placed)*. Außerdem kam der Sonderdienst für die Anwerbung *(recruitment)* von gehobenen Kräften *(professional staff)* und Führungskräften *(executives)* auf 15000 bis 20000 Unterbringungen *(placings)*.

Zu den staatlichen Ausbildungseinrichtungen *(training facilities)* gehören neben anderem ein Berufsberatungs-Dienst *(job information service, vocational guidance service, careers service)*, ein Jugend-Ausbildungsprogramm *(youth training scheme)*, ein Unterstützungsprogramm *(support programme)* für Jugendliche, die eine Lehre durchmachen *(undertake apprenticeship)*, aber dabei arbeitslos werden, und ein Umschulungsprogramm *(retraining programme)* für Ältere, besonders für Arbeitslose *(unemployed)*, wobei Kurse *(courses)* stattfinden entweder in staatlichen Lehrwerkstätten, sogenannten „Skillcentres", oder in Betrieben *(establishments)* der Arbeitgeber und ihren Lehrwerkstätten *(training workshops)*, verbunden mit Tagesbesuchen *(day attendances)* bei einer örtlichen Berufsschule *(training college)*, aber nicht selten auch in einer Berufsschule mit Wohnheim *(residential training college)*. Die Umschüler *(trainees)* und Anlernlinge *(trainees)* erhalten unter einigen dieser Programme Umschulungsbeihilfen *(training allowances)*. Schwerbeschädigte *(disabled people)* und entlassene Soldaten *(ex-servicemen)* erhalten auf diese Weise Hilfe *(assistance)* bei ihrer Wiedereingliederung in das zivile Arbeitsleben *(resettlement in civil employment)*. Gleichzeitig wird einem Mangel an Facharbeitern *(shortage of skilled workers)* in diesem oder jenem Industriezweig abgeholfen. Dem gleichen Zweck dienen die Mittel zur Erhöhung der Mobilität *(mobility)* von Arbeitnehmern: Umsetzungs- oder Umzugszuschüsse *(transfer grants)* für die Versetzung *(transfer)* an einen neuen Standort *(location)*, wo es sich als schwierig erwiesen hat, offene Stellen zu besetzen *(to fill vacancies)*, und Tagespauschalen *(per diem allowances)*, um sich vorzustellen *(to be interviewed)*.

Lohnkürzungen für Sicherheit des Arbeitsplatzes

Pay cuts for job security

Die Rezession der frühen achtziger Jahre brachte im Arbeitsleben tiefgreifende Veränderungen. In den Industrieländern verschwanden Millionen untergeordneter Arbeitsplätze *(menial jobs)*. Ein großer Teil der älteren Industriebasis ging verloren *(the older industrial basis was eroded)*. Der Einsatz von Robotern *(robots)*, die durch Mikroprozessoren *(microprocessors, microchips)* immer vielseitiger werden, wurde als Bedrohung für die Arbeitsplätze im Werk *(factory jobs)*, für die Arbeiterbeschäftigung *(blue-collar employment)* empfunden. Die Automatisierung im Büro *(office automation)* mit Personal-Computern *(personal computers)*, Computern mit optischer Zeichenerkennung *(optical character recognition)* oder sogar mit Spracheingabe *(voice sensitive computers)*, mit Textverarbeitern *(word processors)* und ganzen „Arbeitsstationen" *(workstations)* voller fortgeschrittener Technik *(advanced technology)* galt zeitweilig als Bedrohung auch für die unteren Ränge der Angestellten-Beschäftigung *(white-collar employment)*. Viele Bewerbungen von Arbeitslosen um einen neuen Arbeitsplatz wurden zurückgewiesen *(rejected)* mit der Begründung, daß der Bewerber *(applicant)* unzulänglich ausgebildet *(undertrained, underqualified)* oder auch überqualifiziert *(overqualified)* sei.

Große Gewerkschaften, vor allem in Amerika, mußten ihre Mitglieder überreden, im Interesse der Sicherheit des Arbeitsplatzes *(job security)* Lohnkürzungen *(pay cuts)* zuzugestehen *(concede)*, weil die Unternehmen die Arbeitskosten zusammenstreichen *(slash labour costs)* mußten. Manchmal ging es mit einem Einfrieren der Löhne *(pay freeze)* ab oder mit einem Verzicht auf Anpassungen an die Lebenshaltungskosten *(AE cost-of-living adjustment – COLA)*. Aber oft genug waren Gehaltskürzungen *(reductions in salaries)* und Kürzungen der Zusatzleistungen *(reductions of „perks"/perquisites)* des Arbeitgebers bis hinauf zum Verwaltungsrats-Vorsitzenden *(board chairman)* notwendig. Für diese Rückgaben von Ansprüchen aus dem Arbeitsverhältnis, in Amerika „give-backs" genannt, gestand die Verwaltung dann der Gewerkschaft eine weitgehende Partnerschaft *(fully-fledged partnership)* zu, etwa mit einem Fonds für Gewinnanteile *(profit-sharing fund)*, Aktienbesitz von Beschäftigten *(employee share ownership, AE: stock ownership)* und Mitgliedschaft im Verwaltungsrat *(board membership)* für Gewerkschaftsführer. Hier, und besonders in der Autoindustrie, wurde der „garantierte Arbeitsplatz" *(guaranteed job)* zugestanden, und es gab sogar Ansätze zu einer Beschäftigung auf Lebenszeit *(life-time employment)* nach japanischem Vorbild. Vor dem Hintergrund einer solchen engeren Zusammenarbeit *(close collaboration)* findet sich dann oft auch der einzelne Arbeiter stärker in Leitungsfunktionen einbezogen *(involved in management functions)*, zum Beispiel in Qualitätszirkeln *(quality circles, quality-of-work teams)*.

In den ersten achtziger Jahren zeichnete sich auch die Schrumpfung der Gewerkschaften *(shrinking of union membership)* deutlich ab, die „Ent-Gewerkschaftung" *(AE: de-unionisation)*. Die Reagansche Wirtschaftspolitik *(„Reagonomics")* in Amerika und die Aufhebung von Reglementierungen *(deregulation)* in etlichen Wirtschaftszweigen, zum Beispiel im Transportgewerbe *(transport industry)*, trugen neben der Rezession dazu bei. Einige Bundesstaaten haben Gesetze über Gewerkschaftsfreiheit *(open-shop)*, als Gegenprinzip zum „closed shop", so daß viele Arbeitnehmer es dabei bewenden lassen, als „Trittbrettfahrer" *(free-riders)* der Gewerkschaft fernzubleiben. Unter den schwierigen Verhältnissen jener Jahre mußten die Gewerkschaften oft auch Zugeständnisse in Sachen Abgrenzung der Tätigkeiten *(demarcation, restrictive practice, AE: workplace practice)* machen mit dem Ergebnis, daß der Arbeitnehmer nicht mehr nur eine bestimmte Aufgabe, sondern eine ganze Reihe von Tätigkeiten ausführt *(performs a range of activities)*. Nicht selten mußten die Gewerkschaften sich ferner mit dem Aufkommen neuer Niedriglohn-Betriebe *(sweatshops)* abfinden. Manche Unternehmen in Amerika und Europa führten Arbeitsplatzteilung *(job sharing, work sharing)* ein: Arbeitsplätze mit einfachen Tätigkeiten *(menial jobs)* wurden für jeweils die Hälfte der Woche von zwei Arbeitern ausgefüllt *(filled)*.

In einer Reihe von Industriezweigen sind Unternehmen auf eine „gleitende Arbeitszeit" *(flexible working hours scheme)* übergegangen – mit viel Zustimmung. Hierbei bleibt es den Arbeitnehmern innerhalb eines gewissen Rahmens überlassen, wann sie täglich ihre Arbeit beginnen *(start work)* und beenden *(finish work)*. Sie müssen während einer gewissen Kernzeit oder „Blockzeit" *(core period)*, zum Beispiel von 10.30 bis 16.30 Uhr, und insgesamt eine bestimmte Stundenzahl da sein, aber wann sie außerhalb der Kernzeit kommen und gehen, bleibt ihnen überlassen. Dazu ist eine Zeitüberwachung *(time recording system)* nötig. Manche Unternehmen greifen dazu – mit überraschender Zustimmung der Angestellten – auf die Stechuhr *(time-record clock)* zurück, mit der der Arbeitnehmer aus einer Stechkarte die Zeit seiner Ankunft und seines Weggangs stempelt *(stamps the time card)*: das morgendliche und abendliche „Ein-" und „Ausstechen" *(clocking-in, clocking-out)*. Allerdings zählt die Uhr die Stunden nicht. Ein modernes Verfahren im Zusammenhang mit der gleitenden Arbeitszeit ist die Verwendung eines persönlichen Zeitschlüssels des Angestellten in einem Zeitzählgerät mit seinem persönlichen Code *(a personal time key to be inserted in a personally coded time rack)*. Mit dessen Hilfe ist leichter zu ermitteln, welches „Zeitguthaben" *(time credit)* der Arbeitnehmer während eines Monats aufgebaut oder welche „Zeitschuld" *(time debit)* er zu tilgen hat. Eine weitere Verbesserung ist die Verbindung mit einem Schreibtischcomputer *(desk computer)*, der sofortiges Ablesen *(read out)* ermöglicht, wer wo anwesend ist.

Die gleitende Arbeitszeit, kurz „Gleitzeit" *(flextime)* genannt, hat den Vorteil, daß die Arbeitnehmer ihre privaten Verrichtungen besser in den Tagesablauf einordnen und ihren Arbeitsrhythmus besser ihrer physischen Kondition *(physical condition)* während des Tages anpassen können. Auf diese Weise lassen sich die Fehlzeiten, das Fernbleiben der Arbeitnehmer *(absenteeism)* aus allen möglichen Gründen, verringern.

Für die Angestellten *(white-collar/non-manual workers)* und für die Bürozeit *(office hours)* läßt sich so etwas leichter arrangieren als für Arbeiter *(blue-collar workers)*, besonders bei Fließbandproduktion *(assembly line production)*. Um so stärker ist bei diesen das Drängen auf eine Verkürzung der Arbeitswoche *(reduction of weekly hours)* auf eine Viertagewoche *(four-day week)* oder jedenfalls eine 35-Stundenwoche *(35-hour week)*. Hand in Hand mit der Frage nach kürzerer Arbeitszeit *(working hours)* geht die Forderung nach einem längeren Urlaub *(annual holiday/*AE *vacation)* sowie nach mehr öffentlichen Feiertagen *(public/official holidays)*. Für viele Arbeiter erhält die Verkürzung der wöchentlichen Arbeitszeit auf jede Weise allmählich den Vorrang vor der Lohnfrage *(reduction of weekly hours gets priority over the wage issue)*.

Noch in den ersten achtziger Jahren war in vielen Unternehmen Englands der Grundsatz gleichen Lohns für Mann und Frau *(equal pay for men and women)* nicht verwirklicht.

Die britischen Hafenarbeiter *(dockers)* waren früher in der weit überwiegenden Mehrzahl praktisch Gelegenheitsarbeiter *(casual workers)*. Sie meldeten sich im Hafen zur Arbeit *(reported for work)*, aber wenn es keine Arbeit gab, erhielten sie auch keinen Lohn. Heute sind die weitaus meisten ständig bei den Hafenunternehmen beschäftigt; die Bezeichung für den Vorgang dieses Wechsels war *decasualization*. Jetzt erhalten sie einen ziemlich hohen Lohnausgleich *(fall-back pay)*, wenn es für sie keine Arbeit gibt.

Demokratie an der Werkbank

Democracy at the workbench

Da in der Bundesrepublik *(Federal Republic)* jährlich besonders wenige Arbeitstage durch Arbeitsniederlegungen verloren gehen *(working days are lost by stoppages)*, hat man in England geglaubt, das Geheimnis liege in der deutschen Mitbestimmung *(co-determination)*: der Wirtschaftsdemokratie *(industrial democracy)*, auch „Demokratie an der Werkbank“ *(democracy at the workbench)* genannt. Delegationen *(delegations)* des Bundesverbands der Britischen Industrie *(Confederation of British Industry – CBI)* und anderer Organisationen unterrichteten sich an Ort und Stelle über die Wirkungsweise des Betriebsverfassungsgesetzes *(Works Constitution Act)* und des „Gesetzes über die Mitbestimmung der Arbeitnehmer in den Aufsichtsräten und Vorständen der Unternehmen des Bergbaus und der eisen- und stahlerzeugenden Industrie“ *(Law on the Co-Management of Employed Persons in the Mining and Steel Industry)*.

Bei der einfachen Mitbestimmung gibt es einen Betriebsrat *(works council)*, der von der Arbeitnehmerschaft *(workpeople)* gewählt wird. Außerdem entsendet die Belegschaft *(workpeople)* Arbeitnehmervertreter *(workers' representatives)* in den Aufsichtsrat *(supervisory board)*, jedoch in Unternehmen *(concerns)* mit bis zu 2000 Beschäftigten nur halb so viele wie Aktionärsvertreter *(shareholders' representatives)*. In Unternehmen mit mehr als 2000 Beschäftigten besteht der Aufsichtsrat aus der gleichen Anzahl Vertreter der Arbeitnehmer und der Anteilseigner *(shareholders)*, außerdem aus einem Vertreter der Gruppe der leitenden Angestellten *(senior managers, executives)* – aber nicht der Spitze der Geschäftsleitung *(top management, chief executives)*. Im Bergbau sowie in der Eisen- und Stahlindustrie *(iron and steel industry)* besteht in der Bundesrepublik ebenfalls eine „erweiterte

Mitbestimmung" *(extended co-determination)*. Dazu gehört neben dem Betriebsrat und der Vertretung der Arbeitnehmer im Aufsichtsrat *(representatives of employees on the supervisory board)* ein Arbeitsdirektor *(worker/employee director)* im Vorstand *(management board, board of management, executive board)*. Die Arbeitnehmer haben also in großen Teilen der deutschen Wirtschaft *(large sectors of the German economy)* beträchtlichen Einfluß auf die Alltagsgeschäfte *(day-to-day running of the business)*.

Etliche britische Unternehmen haben ihren Beschäftigten eine mehr oder weniger weitgehende Beteiligung an Entscheidungen über Angelegenheiten des Unternehmens *(participation in decision-making processes affecting the undertaking)* eingeräumt. Auch von der anderen Möglichkeit, die Arbeitnehmer stärker am Schicksal des Unternehmens zu interessieren, Gewinnbeteiligung *(profit sharing)*, ist hier und da Gebrauch gemacht worden. Ferner haben einige wenige Gesellschaften die Idee des Miteigentums *(co-ownership)* aufgegriffen. Der Sammelbegriff für alle diese Versuche, ein neues Verhältnis zwischen Unternehmensleitung und Arbeitnehmer herzustellen *(to create a new relationship between management and employees)* ist *co-partnership*, etwa zu übersetzen mit „Partnerschaft", und die Arbeitnehmer werden dadurch *co-partners*.

Im Jahre 1973 veröffentlichten jedoch maßgebende britische Gewerkschaftler wesentlich weitergehende Vorstellungen von „Mitkontrolle" *(joint control)*. Sie erklärten das System der zweigeteilten Unternehmensleitung *(two-tier board)*, also Vorstand und Aufsichtsrat, schon bei mittleren Unternehmen für erstrebenswert. Die Hälfte des Aufsichtsrats sollte von der Belegschaft über den Gewerkschaftsapparat berufen werden *(appointed by the workpeople through trade union machinery)*, gewöhnlich auf Unternehmens- oder Konzernebene *(at company or group level)*. Der Aufsichtsrat sollte das höchste Organ der Gesellschaft *(supreme body of the company)* werden, so daß die Arbeitnehmervertreter in der Lage wären, sich gegenüber dem Vorstand und der Hauptversammlung der Aktionäre zu behaupten *(to overrule both the management board and the general meeting of shareholders)*, jedenfalls in wichtigeren Entscheidungen *(major decisions)* wie bedeutsame Investitionsbeschlüsse *(major investment decisions)*, Stillegung *(closure)*, Umstrukturierung *(redeployment)* und anderes. Aber das Arbeitsgesetz *(Employment Act)* von 1982 schrieb dann nur vor, daß Unternehmen *(companies)* mit mehr als 250 Beschäftigten in ihre Jahresabschlüsse *(annual reports)* Angaben *(statements)* einzufügen haben über die Heranziehung der Arbeitnehmer *(employee involvement)* zu Fragen des Unternehmens.

Zu Beginn der siebziger Jahre kamen in der europäischen und amerikanischen Autoindustrie *(motor industry)* starke Bestrebungen auf, die geisttötende Eintönigkeit *(soul-destroying monotony)* der Arbeitsplätze am Montageband *(assembly line)* zu beenden und sie entweder voll zu automatisieren *(fully automate)* oder mit neuem Leben zu erfüllen *(revitalize jobs)*. Letzteres geschieht, indem man die auf wenige Handgriffe beschränkte Arbeitsaufgabe des einzelnen Mannes erweitert *(spread out/enlarge the job)*. Mit dieser Arbeitsplatzerweiterung *(job enlargement)* oder Arbeitsplatzbereicherung *(job enrichment)* will man nicht nur den Arbeitern mehr Befriedigung an der Arbeit *(job satisfaction)* verschaffen und damit betrieblicher Unruhe *(industrial unrest)* vorbeugen, sondern hofft sogar, die Produktivität steigern zu können.

„Inasmuch as ye have done it unto one of the least of these my brethren, ye have done it unto me." (St. Matthew, 25, 40)

Soziales *

Vom Armenrecht zum Beveridge Report

From the Poor Law to the Beveridge Report

Unter den Produktionsfaktoren Boden, Kapital und menschliche Arbeit war der Mensch in früheren Jahrhunderten oftmals der mit dem geringsten Wert. Die Menschen vermehrten sich rasch und standen damit in großer Zahl als billige Lohnarbeiter oder sogar als Sklaven *(slaves)* zur Verfügung. In den armen Volksschichten *(classes/strata of the population)* mußten meist mehrere Familienmitglieder ihre Arbeitskraft *(working power)* anbieten, selbst die Kinder, damit die Familie ihren Lebensunterhalt *(keep, subsistence)* verdiente. Die tägliche Arbeitszeit *(daily hours of work, daily working hours),* der Arbeitstag *(workday, working day)* war viel länger als heute – vierzehn Stunden waren keine Seltenheit. Das Arbeitsangebot *(labo[u]r supply)* war infolge der Bevölkerungsexplosion *(population explosion)* in der Frühzeit des modernen Kapitalismus, im 19. Jahrhundert, sehr reichlich *(ample).* Es verbreitete sich das Gefühl, daß der Arbeiter gleichsam auf Grund eines Naturgesetzes für immer dazu verurteilt sei, ein Geknechteter und Unterdrückter, ein „armer Hund" *(underdog)* zu bleiben. Der Sozialist *Lassalle* formulierte diese Ansicht als das „Eherne Lohngesetz" *(iron law of wages):* Die Löhne können sich nicht dauernd über den notwendigen Lebensunterhalt *(above minimum subsistence level)* erheben, weil dann die Geburtenrate *(birth rate)* steigt und von dem Bevölkerungszuwachs *(increase in population)* neuer Druck auf die Löhne ausgeht. Sie können auch nicht für dauernd unter den notwendigen Lebensunterhalt fallen, weil dann Verzicht der Arbeiter auf Ehe und Kinder, Auswanderung und eine höhere Sterberate *(death rate)* infolge von Armut *(poverty)* das Angebot von Arbeitskräften vermindern. Hinzu kam, daß die Gesellschaft *(society)* noch andere Vorstellungen von ihren sozialen Verpflichtungen *(social obligations)* hatte als heutzutage. So erklärt sich, daß die Staaten bis tief in das 19. Jahrhundert hinein darauf verzichteten, ein umfassendes arbeitsrechtliches und sozialpolitisches Rahmenwerk *(framework of labo[u]r legislation and social policy)* zu entwickeln. Vieles blieb der privaten Nächstenliebe *(charity)* und Almosen *(alms)* überlassen. Daher gibt es noch heute in England Zehntausende von Wohltätigkeitsorganisationen *(charitable organisations, charities)* und Stiftungen *(foundations).* In einzelnen Ansätzen allerdings reicht die staatliche Sozialpolitik weit zurück. So wurde in England unter Königin Elisabeth I. das Armenrechtsgesetz erlassen *(the Poor Law*

* Etwa zu übersetzen mit *social security.*

Act was passed), das es den Gemeindebehörden zur Pflicht machte, aus den Gemeindesteuern *(local rates)* für die Kranken *(the sick)*, die Bedürftigen *(the needy)* und die Obdachlosen *(the homeless)* zu sorgen. Auf Grund dessen gewährten die Gemeinden ihren Armen Unterhalt *(maintenance)* in Arbeitshäusern *(workhouses)*, auch Armenhäuser *(poorhouses)* genannt. Für jene Zeit und ihre wirtschaftliche und soziale Struktur *(economic and social structure)* war das Gesetz sehr fortschrittlich. Seit der Industriellen Revolution *(Industrial Revolution)* aber erwies es sich immer mehr als unzulänglich. Denn nun wurde nicht mehr nur auf Bestellung produziert *(made to order)*, sondern für einen unbekannten Markt, und das bedeutete in größerem Maße als zuvor die Gefahr der Arbeitslosigkeit.

Ziemlich früh im 19. Jahrhundert erließ England eine zunächst noch rohe Industriegesetzgebung *(factory legislation)*, die nach und nach ausgebaut wurde. Die Arbeitszeit *(hours of work)* für Kinder und für Frauen wurde beschränkt, ein landesweites System von Gewerbeaufsichtsbeamten *(factory inspectors)* wurde eingerichtet, Sicherheitsmaßnahmen *(safety measures)* wurden vorgeschrieben, und Ende des Jahrhunderts wurden Entschädigungszahlungen an Arbeiter *(workmen's compensation payments)* nach Arbeitsunfällen *(accidents at work)* für den Arbeitgeber zur Pflicht gemacht. Von der Mitte des Jahrhunderts datieren auch die ersten Wohnungsbaugesetze *(housing acts)*. Im Jahre 1908 wurde in England ein Gesetz über Altersrenten *(old-age pensions)* aus staatlichen Mitteln *(out of government funds)* erlassen, 1910 wurde die erste staatliche Arbeitsvermittlungsstelle *(labour exchange, AE government employment office)* eröffnet. Dem folgte bald darauf, 1911, der erste *National Insurance Act*, der Zahlungen bei Krankheit und Arbeitslosigkeit *(payments during sickness and unemployment)* vorsah, und zwar nicht mehr nur als Fürsorge, sondern als Rechtsanspruch auf Grund von Beiträgen *(as [a matter] of right in return for contributions)*. Das System war zunächst auf einen kleinen Teil der unselbständig tätigen Bevölkerung *(employed population)* beschränkt.

Sein großes Reformwerk erlebte England nach dem Zweiten Weltkrieg auf Grund des mitten im Kriege veröffentlichten *Beveridge Reports*, so genannt nach dem Politiker und Minister *Beveridge*. Es wurden erlassen das Gesetz über Familienbeihilfen *(Family Allowances Act)*, ein neues Staatsversicherungsgesetz *(National Insurance Act)*, ein weiteres für Arbeitsunfälle *(industrial injuries, occupational accidents)*, ein Gesetz über den staatlichen Gesundheitsdienst *(National Health Service)* und über öffentliche Unterstützung *(National Assistance)*.

Die Vereinigten Staaten richteten ihr umfassendes System sozialer Sicherung im Jahre 1935 unter Präsident *Roosevelt* mit dem *Social Security Act* ein. Auf dem Prinzip der nationalen Zwangsversicherung *(compulsory insurance)* aufgebaut, umfaßt es Altersversicherung *(old-age insurance)* beziehungsweise Ruhestandsversicherung *(retirement insurance)*, Invalidenversicherung *(disability insurance)*, Hinterbliebenenversicherung (AE *survivors' insurance)*. Eine gesetzliche Arbeitslosenversicherung bestand seit 1932 im Staate Wisconsin; davor gab es das nur auf Grund von Abmachungen zwischen Unternehmern und Gewerkschaften *(trade unions,* AE *labor unions)*. Der *Social Security Act* machte nun auch einen Anfang mit einer allgemeinen Arbeitslosenversicherung *(unemployment insurance)*, wozu zunächst Unternehmen von einer gewissen Mindestgröße an mit einer Art Lohnsummensteuer *(payroll tax)* beitragen mußten. Träger der Arbeitslosenversicherung sind die Bundesregierung und die Einzelstaaten gemeinsam, verwaltet wird sie von den Einzelstaaten. Der Versicherungsschutz *(insurance coverage)* wurde im Laufe der Jahre immer weiter erstreckt und umfaßt jetzt so gut wie alle Beschäftigten, einschließlich der Bundesangestellten *(Federal employees)* und der entlassenen Soldaten *(ex-servicemen);* neunzig Prozent aller arbeitenden Amerikaner haben unter dem System Alters-, Hinterbliebenen- und Invalidenversicherung. Ferner gibt es die staatliche Krankenversicherung „Medicare" für Menschen über 65 Jahre, gleichgültig ob sie Rentner *(AE retiree)* sind oder noch arbeiten. Sie besteht aus einer Krankenhausversicherung *(hospital insurance)*, die aus einem Teil der Sozialversicherungsabgabe *(Social Security Tax)* finanziert wird, und einer Arzt-/Medikamentenversicherung *(medical insurance)*, die freiwillig ist und aus den Monatsprämien der daran teilnehmenden Menschen sowie aus allgemeinen Bundeseinnahmen *(general Federal revenue)* finanziert wird. Allgemein für Bedürftige gibt es den Gesundheitsdienst „Medicaid". Diese Hilfe ist von dem Ergebnis einer Bedürftigkeitsprüfung *(test of need, means test)* abhängig. Dafür kommen Menschen in Frage, die zwar Essen und Obdach *(food and shelter)* aufbringen, so daß sie nicht auf Hilfe im Rahmen der einzelstaatlichen öffentlichen Unterstützungssysteme *(state public assistance programs)* angewiesen sind, die aber Arztrechnungen *(medical bills)* nicht bezahlen können.[1] Die zuständige Bundesbehörde *(Federal Agency)* ist das *Department of Health and Human Services* – Ministerium für Gesundheit und Wohlfahrt. In England ist es das *Department of Health and Social Security* – Ministerium für Gesundheit und soziale Sicherheit.

Lohngekoppeltes Versicherungssystem

An earnings-related insurance scheme

Die Sozialversicherung hat in allen Ländern mit der Inflation zu kämpfen. Deshalb haben einige Länder für die Alters- und Hinterbliebenenversicherung lohnbezogene Systeme *(wage-related/earnings-related schemes)* entwickelt. Die einfachste Form ist, daß der Beitrag *(contribution)* in einem Prozentsatz *(percentage rate)* des Lohns erhoben wird. Jedesmal wenn der Arbeitnehmer eine Lohnerhöhung *(wage increase/rise/*AE *raise)* erhält, erhöht sich auch sein Beitrag entsprechend. Am Ende seines Arbeitslebens *(at the end of his working life)*, wenn er in Pension geht *(retires)*, wird seine Altersrente *(retirement pension*[2]*)* nach den Beiträgen berechnet, die er insgesamt entrichtet hat. Vom Zeitpunkt des Rentenfalles, von seiner Pensionierung *(retirement)* an wäre damit aber die Rente nicht mehr gegen Geldentwertung *(devaluation of money)* gesichert, sofern sie nicht durch Gesetz erhöht wird. Deshalb geht man oft noch

[1] "*Labor News from the United States*", January–February 1969, published by the United States Information Service, S. 3 ff, 12 u. 15. – "*A brief explanation of Medicare*", U.S. Department of Health and Human Services, Social Security Administration, Health Care Financing Administration, SSA Publication No. 05 – 10043, January 1984.

[2] Das englische Wort *rent* bedeutet stets nur „Miete" oder „Pacht".

einen Schritt weiter und koppelt die Renten an das durchschnittliche Lohnniveau *(average wages level)* in der Volkswirtschaft.

Wenn es keine Inflation gäbe, wäre ein System mit einem Einheitsbeitrag *(flat-rate contribution)* und einer Einheitsrente *(flat pension)* wegen seiner Einfachheit und Übersichtlichkeit eine gute Sache. Ein gesundes Prinzip wäre, daß jedermann der Sozialversicherung angehört, dort eine bescheidene Grundsicherung *(basic security)* hat und im übrigen seine Altersvorsorge *(old-age provision)* nach eigenem Ermessen gestaltet: Zwangsversicherung *(compulsory insurance)* nur für ein Minimum an Sicherheit. Tatsächlich geht aber die Entwicklung zu einem immer höheren Grad an Staatsversicherung.

Der Sozialversicherung gehören fast alle Briten an. Das System teilt sich – 1984 – in vier Beitragsklassen *(classes of contributions)*. In Klasse 1 zahlen die unselbständig Tätigen *(employed persons)* und ihre Arbeitgeber *(employers)*. Die Beiträge sind verdienstabhängig *(earnings-related)*; die Altersrente *(retirement pension)* besteht aus einer Grundrente *(basic pension)* und einer verdienstabhängigen Zusatzrente *(additional pension)*. Hat der Arbeitgeber eine betriebliche Altersversorgung *(occupational pension scheme)*, so kann er für seine Beschäftigten, soweit es die Zusatzrente angeht, aus der Staatsversorgung *(state pension scheme)* ausscheiden *(contract out)*; damit ermäßigen sich die Beiträge. In Klasse 2 zahlen Selbständige *(self-employed)* einen Einheitsbeitrag *(flat rate contribution)* und außerdem in Klasse 4 einen weiteren Beitrag, der sich nach dem Gewinn richtet *(depending on profit)*. Sodann gibt es noch freiwillige Beiträge *(voluntary contributions)* in Klasse 3 für Leute, die sich Anrechte sichern möchten *(safeguard rights)* auf gewisse Sozialleistungen *(benefits)*. Eine freiwillige Höherversicherung *(voluntary supplementary insurance)* gibt es nicht. Ein großer Teil der Leistungen der britischen Sozialversicherung wird aus allgemeinen Steuermitteln *(general tax revenue)* finanziert.

Die Beitragspflicht *(liability for contributions)* endet mit der „Pensionierung" *(retirement)*, dem Rentenbeginn. Die untere Grenze des Rentenalters, das Mindestrentenalter *(minimum pension age)*, ist bei Männern das vollendete 65., bei Frauen das vollendete 60. Lebensjahr. Gehen sie jedoch danach noch einer regelmäßigen Beschäftigung *(regular employment)* mit mehr als einem bescheidenen Verdienst nach, so schiebt sich der Rentenbeginn hinaus, bei Männern auf das 70., bei Frauen auf das 65. Lebensjahr. Dies ist dann das endgültige gesetzliche Rentenalter *(statutory pension age)*.

Das britische System Dutzender von Sozialleistungen *(social benefits)* ist kompliziert und widerspruchsvoll. Es gab daher immer wieder Ansätze zu einer tiefgreifenden Reform. Die Leistungen unterscheiden sich nach solchen auf Grund von Beiträgen *(contributory benefits)* und Leistungen ohne Beiträge *(non-contributory benefits)*. Zu der ersten Gruppe gehören vor allem die Altersrente *(retirement pension)*, die Invalidenrente *(invalidity pension)*, Arbeitslosengeld *(unemployment benefit)*, Krankengeld *(sickness benefit)*, zeitweilige Witwenbeihilfe *(widow's allowance)* und langfristige Witwenrente *(widow's pension)*, einmaliger Mutterschaftszuschuß *(maternity grant)* und wöchentliche Mutterschaftsbeihilfe *(maternity allowance)* sowie Sterbegeld *(death grant)*. Aus dem gleichen Fonds, wenn auch ohne Beitragsleistung, wird Arbeitsunfall-Entschädigung *(industrial injury benefit)* gezahlt. Andere Leistungen werden allgemein und steuerfrei *(tax-free)* gewährt, vor allem das Kindergeld *(child benefit)*. Wieder andere werden nur auf Grund einer Bedürftigkeitsprüfung *(means test)* gezahlt. Dazu gehören Wohlfahrtsunterstützung *(supplementary benefit)* für Arbeitslose und Unterbeschäftigte *(underemployed)* mit geringem Einkommen, Familienunterstützung *(family income supplement)*, wo der Ernährer *(bread-winner)* zwar Arbeit hat, aber zuwenig verdient, Mietbeihilfe *(rent allowance)*, Mietnachlaß *(rent rebate)*, Orts-Steuer-Nachlaß *(rate rebate)*, Beihilfe für Hauspflege *(attendance allowance)*, Vormundschaftsgeld *(guardian's allowance)* für Waisen, Transportbeihilfe *(mobility allowance)* für Geh-Unfähige und anderes. Manche Leistungen unterliegen einem „Rückhol-System" *(claw-back)*, indem sie dem sonstigen Einkommen zugeschlagen und der Einkommensteuer unterworfen werden.

Private Pensions-Anwartschaften *(accrued pension rights)* verloren früher bei einem Wechsel des Arbeitsplatzes *(change of job/employment)* viel von ihrer Kaufkraft *(purchasing power)*. Mitte der achtziger Jahre ging man daran, das zu ändern und übertragbare Betriebsrenten *("portable" company pensions)* zu entwickeln.

Arbeitslosengeld wird bis zu zwölf Monaten in jeder Periode unterbrochener Beschäftigung *(interruption of employment)* gezahlt. Die Sätze des Arbeitslosengelds *(rates of unemployment benefit)* sollten so bemessen sein, daß für den Arbeitnehmer ein Anreiz *(incentive)* besteht, seine Arbeitskraft anzubieten *(offer himself for work)* und nicht seine Arbeitskraft zurückzuhalten *(hold back his working power)*. Ein Arbeitnehmer kann für einige Zeit vom Bezug von Arbeitslosengeld ausgeschlossen *(disqualified for receiving unemployment benefit)* werden, wenn er durch eigene Schuld ohne Arbeit ist *(out of work through his own fault)*. Andererseits kann auch Arbeitslosengeld erhalten, wer Freizeitarbeit tut *(moonlights, does a spare-time job)*. Der Anspruchsteller *(claimant)* muß jedoch für eine Ganztagsarbeit verfügbar sein *(available for full-time work)*, er darf nur sehr wenig verdienen, und die Arbeit darf nicht seine gewöhnliche Hauptbeschäftigung *(main occupation)* sein.

Bei Abwesenheit wegen Krankheit *(sick absence)* erhält der britische Arbeitnehmer in der Regel vom Arbeitgeber gesetzliches Krankengeld *(statutory sick pay)* für die ersten acht Wochen der Krankheit in jedem Steuerjahr *(tax year)*. Die ersten drei Tage sind jedoch Karenztage *(waiting days)* ohne Krankengeld. Er muß dem Arbeitgeber unverzüglich Krankmeldung *(notification of sickness)* erstatten. Dauert die Krankheit länger als acht Wochen, so erhält der Arbeitnehmer danach staatliches Krankengeld *(state sickness benefit)*. Der Arbeitgeber erhält sein Krankengeld in jedem Falle zurückerstattet, indem er die Beträge von den monatlichen Abzügen für Lohnsteuer *(pay-as-you-earn tax)* und Sozialversicherungsbeiträge einbehält *(holds back)*. Pensions-Anwartschaftsrechte *(accrued pension rights)* sollten durch einen Wechsel des Arbeitsplatzes *(change of employment)* nicht verlorengehen.

Stolz auf den Staatlichen Gesundheitsdienst

Proud of the National Health Service

Der Staatliche Gesundheitsdienst *(National Health Service)* ist größtenteils kostenlos *(free of charge)*. Er wird hauptsächlich aus Steuermitteln und nur zu einem kleinen Teil aus Beiträgen sowie aus Gebühren *(charges)* für gewisse Leistungen *(services)* finanziert. Die „sozialisierte Gesundheitspflege" *(socialized/*

state medicine) ist eine auch in England sehr umstrittene Sache. Sie bietet den Ärzten und dem übrigen Personal zu wenig finanzielle Anreize *(financial incentives)*, leidet daher unter Mangel an guten Ärzten, ist zu wenig anpassungsfähig *(flexible, adaptable)* und läßt insgesamt an Leistung zu wünschen übrig. Den Patienten werden oftmals unglaublich lange Wartezeiten, nicht selten Jahre, zugemutet. Für die Anhänger des Wohlfahrtsstaats *(welfare state)* gilt sie dennoch als dessen größte soziale Errungenschaft *(greatest social achievement)*.

Mancherlei weitere Einrichtungen gehören zu dem Sozialaufwand *(social expenditure)* Englands wie anderer Industriestaaten: Kriegsopferrenten *(war pensions)*, Wohlfahrtsdienst *(welfare service)* für kriegsversehrte Soldaten *(disabled servicemen*/AE *veterans)* und Kriegswaisen *(war orphans)*, Erziehungs- und Jugendeinrichtungen *(education and youth services)*, Kinderbetreuung *(child care)*, das Bürgerberatungsbüro *(Citizens' Advice Bureau)*, Einrichtungen und Maßnahmen für Umweltschutz *(protection of the environment)*, eine Wohlfahrtsbehörde *(Charity Commission)*, die die privaten Wohlfahrtsorganisationen berät und überwacht, Zuschüsse *(grants)* zu kulturellen Einrichtungen wie Museen, Bibliotheken, Gemäldegalerien, Theater, Schulen und Universitäten sowie Beihilfen für Schüler und Studenten.

Aus dem Ballungsgebiet auf die Grüne Wiese

From the conurbation to the green fields

Auch die Wohnungswirtschaft *(housing)* ist heutzutage in der Regel ein Gebiet staatlicher sozialpolitischer Betätigung. Meist findet sie statt in Form der Mietenüberwachung *(rent control)* und Mietenbeschränkung *(rent restriction)*, vor allem für unmöblierte Häuser und Wohnungen *(unfurnished houses and flats)*. Millionen von gemeindeeigenen Wohnhäusern *(council houses,* AE *public housing)* sind in England zu oftmals sehr niedrigen Mieten vergeben *(let,* AE *rented)*. Daneben besteht ein Mieterschutz *(security of tenure, tenant protection)*, auf Grund dessen eine Ausweisung *(eviction)* des Wohnungsinhabers *(occupier of the dwelling, tenant)* durch den Vermieter *(landlord)* ohne gerichtliche Verfügung *(court order)* nicht möglich ist.

Mit verschiedenen Verfahren wurden die niedrigen Mieten subventioniert *(subsidized)*. Bei gemeindeeigenen Häusern gab es lange Zeit eine Zinssubvention *(subsidy on interest)*, indem der Fiskus *(exchequer)* den Unterschied zuzahlte zwischen dem Marktzins *(market rate of interest)* und vier Prozent. Ergänzende Subventionen *(subsidies)* gab es in besonderen Fällen, zum Beispiel für Wohnungsbau in Entlastungsgebieten *(overspill areas)*. Das sind in der Nachbarschaft großer Städte und Ballungsgebiete *(conurbations)* gelegene Wohnsiedlungen, die deren Bevölkerungsüberschuß *(overspill)* aufnehmen. So gibt es viele auf der Grünen Wiese *(on the green)* angelegte Satellitenstädte *(New Towns)*. Die Sanierung der Elendsviertel, der Slums *(slum clearance)*, ist oftmals nur mit solchen großzügigen Aussiedlungen möglich. Das Einzugsgebiet *(catchment area)* der Großstadt für Pendler *(commuters)* vergrößert sich dadurch beträchtlich.

Private Hausbesitzer können Einkommensteuererleichterung *(income tax relief)* auf ihre Hypothekenzinsen *(mortgage interest)* oder eine Staatssubvention in bar *(government subsidy in cash)* bekommen, außerdem Staatshilfe *(government assistance)* bei der Verbesserung *(improvement)* von Wohnhäusern *(private houses)* oder beim Umbau *(conversion)* von Gebäuden in Mietshäuser *(block of flats,* AE *apartment houses)* mit mehreren Wohnungen *(flats,* AE *apartments).*

Auf niedrigem Stand festgehaltene Mieten *(rents pegged at a low level)* haben oft zur Folge, daß die privaten Wohnungsbauinvestitionen zurückgehen *(capital expenditure on housing/AE residential investment decreases).* Man läßt dann in den Mietengesetzen *(rent acts)* ausnahmsweise auch frei ausgehandelte *(freely negotiated)* Mieten *(rents)* zu und zahlt bedürftigen *(needy)* Mietern *(tenants)* eine Mietbeihilfe. An die Stelle der Preisintervention *(price intervention)* tritt damit die direkte Einkommenssubvention *(income subsidy).* Im Wohnungsgesetz *(Housing Act)* 1980 ging die Regierung daran, den öffentlichen *(public)* Wohnungsbestand *(housing stock)* zu verringern: Mieter dürfen Häuser und Wohnungen *(flats)* mit einem Abschlag *(at a discount)* mit vollem Grundeigentum *(freehold)* [1] kaufen. Ansonsten haben die Mieter das Recht der Hereinnahme von Untermietern *(subletting, taking in lodgers).* Verwandte Mitbewohner *(resident relatives)* sind berechtigt zum Eintritt in das Mietverhältnis *(succession to the tenancy)*, wenn der Erstmieter stirbt.

Sozialpolitik, wie sie heute betrieben wird, ist oft ein ungeordnetes Nebeneinander und Durcheinander von staatlichen Leistungen *(benefits)* auf vielen Gebieten und verschiedenen Ebenen der öffentlichen Verwaltung *(strata of public administration).* Viele Menschen beziehen zugleich aus mehreren öffentlichen Kassen, während andere unter der „Armutslinie" *(poverty line)* leben. Die Armutslinie wird bezeichnet von einem Einkommens- und Vermögensstatus *(status of income and capital),* der unter der Grenze für die öffentliche Unterstützung liegt. Schließlich stellt sich das heutige komplizierte System auch in der Verwaltung teuer. Angesichts dessen haben vor allem amerikanische und britische Nationalökonomen die Idee einer „umgekehrten" oder „negativen Einkommensteuer" *(reverse or negative income tax – RIT)* vorgetragen: Jeder Bürger erhält vom Staat ein festes Grundeinkommen *(basic income).* Es ist so bemessen, daß er davon unter bescheidenen Verhältnissen leben kann. Darüber hinaus erhält niemand irgendwelche weiteren staatlichen Leistungen. Die Armen kommen in den vollen Genuß des staatlichen Grundeinkommens, bei den Wohlhabenden *(wealthy)* wird es dem sonstigen Einkommen zugeschlagen und mehr oder weniger weggesteuert *(taxed away).* Die Idee verblüfft durch ihre Einfachheit. Es sind jedoch auch etliche schwerwiegende Einwände geltend gemacht worden: Besteht nicht die Gefahr, daß die Anreize *(incentives)* zum Arbeiten und Sparen verlorengehen? Auch steht zu erwarten, daß *pressure groups*, Berufs- oder Bevölkerungsgruppen mit großem Stimmengewicht *(voting power)*, doch wieder Sondervorteile für sich fordern und durchsetzen werden.

Um einen Anfang zu machen, hatte die englische Regierung schon einmal ein Grünbuch *(Green Paper)* mit Vorschlägen für ein *tax-credit system*, ein Steuerguthaben-System, veröffentlicht. Es sollte erfassen Arbeitnehmer *(employed persons)*, Empfänger von Leistungen aus der Sozialversicherung *(national insurance bene-*

[1] Im Gegensatz zu *leasehold*, mit Pachtgrund.

ficiaries), einschließlich Invaliden- und Altersrentner *(disability and retirement pensioners)*, sowie die meisten Bezieher von Firmenruhegeldern *(occupational pensioners)*. Jeder sollte eine feste wöchentliche Steuergutschrift *(a fixed weekly tax credit)* erhalten. Diese sollte verwendet werden zunächst zur Verrechnung *(as an offset)* gegen seine Einkommensteuer, sodann als eine Zuzahlung in bar *(cash addition)* zu seinem Einkommen. Das Guthaben würde durch den Arbeitgeber ausgezahlt werden; Altersrentnern würde es automatisch mit der Rente und Beziehern von Arbeitslosen- oder Krankengeld *(people drawing unemployment or sick benefit)* würde es durch die Sozialbehörden *(social security authorities)* ausgezahlt werden. Daraus wurde zunächst nichts, aber später wurde die Idee aufs neue von dem Nationalökonomen Patrick Minford in Liverpool belebt.

Die gegenwärtige Sozialpolitik in den meisten Industrieländern befriedigt nicht. Sie ist zu sehr zu einem System der Umverteilung von Einkommen und Vermögen *(redistribution of income and wealth)* geworden, behindert dadurch die für den Wohlstand *(wealth)* eines Landes auf die Dauer unerläßliche Kapitalbildung *(formation of capital)* und vernachlässigt obendrein ihre ursprüngliche Aufgabe: den wirklich Bedürftigen zu helfen. Eine fortschrittliche und zugleich kostengünstige *(cost-effective)* Sozialpolitik müßte darauf gerichtet sein, die menschlichen Fähigkeiten zur Selbsthilfe *(self-help)* zu stärken. Dazu sind die staatlichen Nothilfen gerade auf Überlebenshöhe *(subsistence level)* zu halten – was allerdings schwierig zu definieren ist –, damit die Anreize zum Arbeiten *(incentives to work)* nicht verlorengehen. Im übrigen versuchen viele Industrieländer, die Vermögensbildung *(formation of wealth)* in der Bevölkerung zu fördern und so eine Eigentümer-Gesellschaft *(property-owning society)* zu schaffen.

„Pay your taxes with a smile."
„We tried, but they wanted cash."
(Wandspruch in einer Fabrik)

Steuern und Abgaben *

Lenken – oder nur Einnahmen erheben?

Regulate – or just raise revenue?

Überall auf der Welt verlangen die Staaten von den Bürgern Mittel, um die Verwaltung des Gemeinwesens zu finanzieren *(means to finance the administration of the community)*. In den westlichen Industrieländern gehen die Behörden darin so weit, zwei Fünftel und mehr dessen zu beanspruchen, was die Bürger erarbeiten *(what the citizens earn by their work)*. Da das Steuerzahlen die Menschen so unmittelbar trifft und sie sich ihm kaum entziehen können, hat sich eine Art Galgenhumor entwickelt, wie er zum Beispiel in dem oben zitierten Ratschlag und der resignierenden Antwort darauf zum Ausdruck kommt.

Die Steuerbehörden *(tax authorities/officers)* kennen dieses Mißvergnügen unter den Steuerzahlern *(tax-payers)*, und sie versuchen, ihm mit ausgesuchter Höflichkeit zu begegnen. Mag der Steuerzahler oftmals seinem Groll freien Lauf lassen, in England wird Ihrer Majestät Steuerinspektor *(Her Majesty's Inspector of Taxes)* in der Regel eine Antwort in gewählter Sprache erteilen: „Ich bedauere, daß für Lebensversicherungsprämien, die an eine ausländische Versicherungsgesellschaft gezahlt werden, keine Einkommensteuererleichterung gewährt werden kann." *(I regret that no income tax relief is due in respect of life assurance premiums paid to an insurance company abroad.)*

Die staatlichen und gemeindlichen Stellen *(the government and local authorities)* brauchen handfeste politische Rechtfertigung für ihre Steuerforderungen *(tax demands)*. Woher kommt sie? Was ist der Sinn und Zweck der Besteuerung *(taxation)*, und nach welchen Grundsätzen sind die Steuergesetze *(tax laws)* zu handhaben?

Der ursprüngliche Zweck der Besteuerung ist auch heute noch der Hauptzweck: Einnahmen zu erheben *(raise revenue)*, mit denen die staatlichen Stellen die Kosten ihrer Tätigkeit bestreiten *(defray the cost of their activities)*. Nach Ansicht einiger ernstzunehmender Nationalökonomen *(economists)* sollten die Steuern auf diese Aufgabe beschränkt bleiben. Aber mehr und mehr ist eine andere Vorstellung vom Wesen der Steuern vorgedrungen. Danach sind sie ein nützliches Mittel *(a useful instrument)*, erstrebenswerte wirtschaftliche und soziale Ziele zu erreichen *(achieve desirable economic and social objectives)*. Wo man auch hinblickt, es gibt kaum noch ein Steuersystem, das sich auf den einzigen Zweck beschränkt, Einnahmen zu schaffen *(provide revenue)* und damit die Staatsausgaben zu decken *(meet government expenditure)*.

* *Taxes, duties, levies.*

Allein an Hand der Erfahrungen seit dem Zweiten Weltkrieg ließe sich ein langer Katalog darüber aufstellen, in welcher Weise die Steuern dazu benutzt wurden und werden, Einfluß auf den Lauf der Wirtschaft auszuüben *(exert influence on the course of the economy)*. Durch eine Erhöhung oder Senkung der Steuern *(an increase or cut in taxation)* lassen sich bis zu einem gewissen Grade die Verbraucherausgaben steigern oder drosseln *(increase or restrain consumer expenditure)*. Andererseits kann man in das Steuersystem *(tax system)* Anreize zum Sparen *(incentives for saving)* einbauen, indem man für die gesparten Beträge Steuererleichterung einräumt *(by conceding tax relief for the amounts saved)*. Mit Hilfe von Sonderabschreibungen *(by means of additional depreciation)* können Anreize für Investitionen *(incentives for capital expenditure)* gegeben werden. Allerdings ist durchaus nicht immer sicher, daß die Unternehmer *(employers, entrepreneurs)* und die Konsumenten *(consumers)* auf diese Anreize überhaupt oder zur gewünschten Zeit reagieren *(respond to the incentives)*. Man kann den Bau bestimmter Anlagen anregen *(stimulate the establishment of certain plants)*, zum Beispiel gegen die Vergiftung der Luft *(pollution of air)* oder die Verseuchung der Flüsse *(contamination of rivers)*. Industrie kann, wenn die Bedingungen im übrigen nicht zu ungünstig sind, in unterentwickelte Gebiete gezogen *(attracted to underdeveloped regions)* und von überbevölkerten, bereits hochindustrialisierten abgezogen werden *(detracted from overpopulated, already highly industrialized areas)*, indem man Teile ihres Gewinns steuerfrei läßt *(by leaving parts of their profits tax free)* oder Bewertungsfreiheit *(free depreciation)* für Vermögensposten *(assets)* zugesteht.

Steuern werden auf Importe gelegt *(taxes are imposed on imports)*, um die einheimische Industrie zu schützen *(protect domestic industry)*. Mitunter verknüpft sich die Abwehr von Importen mit einem Kampf gegen aufwendige Lebenshaltung *(sumptuous living)*, indem Luxusgüter *(luxuries)* mit besonderen Steuersätzen *(special tax rates)* belegt werden. In England wurde 1976 eine Baulandsteuer *(Development Land Tax)* eingeführt. Sie sollte das Horten *(hoarding)* von Land verhindern und bewirken, daß Grund für Wohnungsbau *(land for housing)* alsbald nach erteilter Planungsgenehmigung *(planning permission)* bebaut *(developed)* wird. Sie wurde aber bald wieder abgeschafft.

Steuerliche Maßnahmen *(fiscal measures)* werden gelegentlich sogar gegen Exporte verhängt. Die deutsche „Exportsteuer" *(border tax)* während des letzten Jahres der Regierung Kiesingers bis zur zweiten Aufwertung *(revaluation, upvaluation)* der D-Mark war ein Beispiel dafür. Ferner gibt es Steuern auf den Export oder Import von Kapital *(capital)*. Während der Amtszeit von John F. Kennedy wurde in den Vereinigten Staaten eine Zinsausgleichssteuer *(interest equalization tax)* eingeführt, mit der der Zinsertrag aus Kapitalanlagen im Ausland *(investment abroad)* beschnitten wurde *(interest yield was cut down)*. Das erwies sich als notwendig, weil die amerikanische Regierung zuvor eine Obergrenze für den Zins in den Vereinigten Staaten gesetzt hatte und daraufhin hohe Kapitalbeträge nach Europa, in Anlagen mit höherem Zins, strebten. Andererseits legte die deutsche Bundesregierung *(German Federal Government)* im Jahre 1964 eine Kouponsteuer *(coupon tax)* auf Anleihezinsen *(loan interest)*, die Sparer mit Wohnsitz außerhalb der Bundesrepublik *(non-residential investors)* aus Anleihen deutscher Kreditnehmer *(borrowers)* bezogen *(received)*. Der Sinn war, den Zufluß ausländischen Kapitals in Schranken zu halten *(restrain the influx of foreign capital)*, weil er zusätzliche Inflationsgefahr bedeutete.

Schließlich und nicht zum wenigsten werden Steuern dazu verwandt, Einkommen und Vermögen umzuverteilen *(redistribute income and wealth)*. Das geschieht, indem den Wohlhabenden hohe direkte Steuern auferlegt *(by imposing high direct taxes upon the rich)* und diese Mittel dann direkt oder indirekt Menschen mit niedrigem Einkommen *(lower income)* gegeben werden. In England hat die Forderung nach immer noch mehr Umverteilung ihren kräftigsten Ausdruck gefunden in dem Schlagwort der extremen Linken *(extreme left)* „Schröpft die Reichen!“ *(Soak the rich!)* Aber selbst in der Labourpartei *(Labour Party)* sehen verantwortliche Männer, daß diese Art von Politik ihre Grenzen hat, da sie den Unternehmergeist abtötet *(discourages enterprise)*, das Gewinnstreben sinnlos erscheinen läßt *(stultifies the pursuit of profit)* und das Sparen bestraft *(penalises saving)*. Außerdem wird gegenüber konfiskatorischen *(confiscatory)* Steuern die Gefahr zu groß, daß sie der Steuerzahler durch legale Steuervermeidung *(tax avoidance)* oder gesetzwidrige Steuerhinterziehung *(tax evasion)* auf ein vernünftiges Maß zu drücken versucht.

Gerecht, allgemein, billig und einfach

Fair, universal, equitable, simple

Zwar pflegen Finanzminister *(ministers of finance)* und Parlamente ideale Grundsätze für die Besteuerung zu verkünden, aber die sind oft so vage, daß sie in Wirklichkeit einen weiten Spielraum für die praktische Handhabung bieten. Oberster Grundsatz ist: Die Steuerlast soll so gerecht wie möglich verteilt werden. *(The burden of taxation should be spread as fairly as possible.)*[1], wobei Rücksicht auf die Zahlungsfähigkeit *(ability to pay)* genommen werden soll. Familienverhältnisse *(family circumstances)* und Vermögensstand *(wealth)* sind dabei von besonderer Bedeutung.

Der Grundsatz bedeutet nicht, daß jeder das gleiche an Steuer zahlt, auch nicht den gleichen Teil seines Einkommens, sondern der Bezieher des höheren Einkommens *(the recipient of larger income)* steuert einen größeren Teil davon bei als der Bezieher des kleineren Einkommens *(of smaller income)*. So erklärt es sich, daß der Tarif *(scale of rates)* der Einkommensteuer heute meist progressiv *(graduated, progressive)* ist, selten proportional *(proportional)* und schon gar nicht regressiv *(regressive)*. Im ersten Falle werden mit höherem Einkommen oder Vermögen *(capital)* die Steuersätze *(tax rates)* höher, im zweiten Falle bleiben sie konstant, und im dritten Falle werden sie niedriger.

Nicht nur durch Veränderungen des Steuersatzes *(by variations of the rate)* wird die Steuerlast *(tax burden)* angepaßt, sondern auch durch die Gewährung von Freibeträgen *(by granting allowances)* für gewisse persönliche Umstände, die die Fähigkeit des einzelnen Steuerzahlers zum Steuerzahlen *(taxpaying capacity)* berühren. Viele Systeme gewähren außerdem eine Steuerermäßigung auf Arbeits-

[1] "*The British System of Taxation*", Central Office of Information, London, 1971, S. 1. Für den neuesten Stand wurden benutzt "*Britain 1984*", COI, sowie amtliches Material des Budgets 1984.

einkommen *(earned income relief)* im Gegensatz zu Kapitaleinkommen *(unearned /investment income)*.

Ein zweiter wichtiger Grundsatz ist: Steuern sollen allgemein und gleich *(universal and equitable)* sein, das heißt, niemand soll ausgenommen sein aus anderen Gründen als denen des ersten Grundsatzes. Sie sollen auferlegt werden ohne Ansehung der Person *(without distinction of person)*, soweit die Bürger sich in ähnlicher Lage befinden. Ferner sollen Steuern leicht zu verwalten sein *(easy to administer)*. „Leicht" bedeutet zugleich ohne große Kosten *(inexpensively)*. Schließlich sollten Steuern einfach *(simple)* sein, damit sie zu verstehen sind. Es wäre ein unerträglicher Zustand, wenn der Bürger das Gefühl hätte, daß die Verwaltung ihn willkürlich höher oder niedriger besteuern kann *(tax him heavily or less heavily)*, weil er nicht in der Lage ist, das Gesetz zu verstehen *(understand the law)*.

Das höchste Aufkommen von der Einkommensteuer

The largest yield from income tax

In England wie in den Vereinigten Staaten und wie in den meisten freien Industrieländern *(industrialized countries)* steht die Einkommensteuer *(income tax)* im Mittelpunkt und bildet die Nabe des Systems. Sie erbringt dem Fiskus das höchste Aufkommen *(the largest yield to the Revenue)* aller Einzelsteuern, in England und den Vereinigten Staaten zum Beispiel mehr als die Hälfte des gesamten Steueraufkommens. In England wurde sie im Jahre 1799 zuerst eingeführt *(first introduced)*, um den Finanzbedarf im Krieg gegen das Frankreich der Revolution zu decken. Der Einheitssteuersatz *(standard rate)* war zehn Prozent des Bruttoeinkommens eines Landesbewohners *(ten per cent of a resident's gross income)*. Seit 1842 ist sie nun in ständigem Gebrauch. In den Vereinigten Staaten wurde die Bundeseinkommensteuer *(federal income tax)* erst 1913 fester Bestandteil des Steuersystems.

Die Einkommensteuer erscheint in verschiedenen Formen: Als veranlagte *(assessed)* Steuer zum Beispiel auf Geschäftsgewinne *(profits)* oder Einkommen aus selbständiger Tätigkeit *(income from self-employment)*; als Abzugsteuer *(withholding tax)* auf Löhne und Gehälter *(wages and salaries)* sowie auf Zinsen und Dividenden *(interest and dividends)*; in England auch bis 1973 als stark progressive *(steeply progressive)* Zusatzsteuer *(surtax)* auf höhere Einkommen; als Körperschaftssteuer *(corporation tax)* der Gesellschaften mit eigener Rechtspersönlichkeit.

In den Vereinigten Staaten erheben neben der Bundesregierung auch viele Einzelstaaten und sogar Städte eine zusätzliche Einkommensteuer. Die Sätze der *state individual income taxes* wie der *city income taxes* sind vergleichsweise niedrig, doch sind auch sie in der Regel gestaffelt *(graduated)*.

Wie die Einkommensteuern treffen auch die Steuern auf Kapital und Vermögen *(capital and wealth)* den Steuerzahler direkt. In England sind das die Vermögens-Übertragungssteuer *(capital transfer tax – CTT)* und die Vermögenszuwachssteuer *(capital gains tax – CGT)*, mit der deutschen Spekulationssteuer vergleichbar. In den USA gibt es neben der Bundesnachlaßsteuer *(federal estate tax)* eine Bundesschenkungssteuer *(federal gift tax)* sowie Staatsnachlaß- und -erbschaftssteuern *(state estate taxes and state inheritance taxes)*. Gelegentlich werden zusätzlich einmalige *(once-and-for-all)* Vermögensabgaben *(capital levies)* oder Sonderabgaben *(special charges)* auf Einkommen aus Vermögen erhoben, so in England unter Schatzkanzler Jenkins 1968. Eine allgemeine Vermögensteuer *(wealth tax)* gibt es dagegen in England nicht.

Die dritte Gruppe von Steuern sind die Aufwandssteuern *(taxes on expenditure)* sowie die Steuern auf den Besitz oder Gebrauch gewisser Vermögensgegenstände *(taxes on the ownership or use of certain assets)*. Dazu gehören die Zölle und Verbrauchssteuern *(customs and excise duties)*, in England die Mehrwertsteuer *(value added tax – VAT)*, die die einstige Kaufsteuer *(purchase tax)* ersetzte, die Grundsteuern der Gemeinden *(local rates)*, die Stempelsteuern *(stamp duties)* bei Ausfertigung *(execution)* vieler Arten kaufmännischer und juristischer Urkunden *(commercial and legal documents)*, die Verkehrssteuern *(transaction taxes*[1]*)* und Konzessionsabgaben *(licence duties)*, zum Beispiel für Kraftfahrzeuge, Feuerwaffen oder Hunde. In Amerika erheben sowohl die Bundesregierung als auch die Einzelstaaten Verbrauchssteuern und Umsatzsteuern *(federal excise taxes and state sales taxes)*.

Wohnhaft, aber nicht daheim

Resident, but not domiciled

Die großen Formulare *(forms)* für die Einkommensteuer-Erklärung *(income tax return)* sehen in den meisten Ländern wuchtig und eindrucksvoll aus, und das gleiche gilt für die beigegebenen Steuerrichtlinien *(tax guides)*. In England ist die Steuererklärung *(tax return)* zurückzusenden an *Inland Revenue*[2], vertreten durch die Finanzämter *(Inland Revenue Offices, tax offices)*, gewöhnlich bis zum 5. Mai. Das amerikanische Formular geht an *Internal Revenue Service*, gewöhnlich bis zum 15. April. In beiden Ländern sind diese Behörden Abteilungen des „Schatzamtes" *(Treasury)*, des Finanzministeriums.

Grundsätzlich wird in England Einkommensteuer erhoben auf alles Einkommen *(income tax is charged on all income)*, wo immer es herrührt, das einer Person mit Wohnsitz im Vereinigten Königreich[3] zufließt *(accruing to a person resident in the United Kingdom)*, außerdem alles in England anfallende Einkommen *(all income arising in the UK)* ohne Rücksicht auf Wohnsitz oder Staatsangehörigkeit *(nationality)* der empfangenden Person (siehe aber: Doppelbesteuerung). Mit „Person" sind nicht nur natürliche Personen, sondern auch Körperschaften *(corporate bodies)* gemeint. Von dieser Grundsatzregelung gibt es jedoch Ausnahmen: Bei Personen, die zwar in England ansässig *(resident)*, aber nicht „zu Hause" *(not domiciled)* sind, sind Kapitaleinküfte *(capital income)* aus dem Ausland nur steuerbar, soweit sie nach England herübergebracht *(remitted)*, transferiert

[1] Übersetzungsvorschlag nach C. A. Gunston / C. M. Corner: „Deutsch-Englisches Glossarium finanzieller und wirtschaftlicher Fachausdrücke", Fritz Knapp Verlag, Frankfurt/M., vierte erweiterte Auflage 1962.

[2] *The Board of Inland Revenue* entspricht etwa der Abteilung „Besitz- und Verkehrsteuern" im Finanzministerium der Bundesrepublik.

[3] Die Bezeichnung *United Kingdom* umschließt England, Schottland, Wales und Nordirland. *Great Britain* umschließt nur die ersten drei Landesteile, nicht Nordirland. In diesem Buch wird der Einfachheit halber meist „England" stellvertretend für „Vereinigtes Königreich" verwendet.

(transferred) werden; in England entstehendes Einkommen *(income arising in the UK)* ist voll steuerbar *(fully taxable)*.

Die Schwierigkeiten beginnen bei der Frage, was den Begriff Wohnsitz ausmacht *(what constitutes "residence")*, denn jemand kann in mehr als einem Lande ansässig sein. Es muß nach den Tatsachen des Einzelfalles entschieden werden *(each case has to be decided on its own merits)*. Im Falle eines britischen Staatsangehörigen, der sich viel im Ausland aufhält, wird man zunächst danach gehen, ob er in England noch eine Wohnung unterhält *(maintains a residence)*. Sodann wird man nach der Zahl, Art und Länge seiner Besuche entscheiden. Auf jeden Fall wird er nicht als „Einwohner" im Sinne von Steuerinländer – und Deviseninländer – angesehen, wenn er während eines ganzen Haushaltsjahres *(fiscal/financial year)* nicht zurückkehrt. In England läuft das Haushaltsjahr, zugleich das Steuerjahr *(tax year)*, mit dem Staatshaushalt *(budget)* vom 6. April bis zum 5. April des folgenden Jahres. In den Vereinigten Staaten läuft das Haushaltsjahr *(fiscal year)* mit dem Bundeshaushalt *(Federal Budget)* vom 1. Oktober bis zum 30. September.

Die Frage, ob ein „Wohnsitz" begründet wird, ist besonders bedeutsam für Besucher und andere Zugereiste, die sich nur zeitweilig in England aufhalten wollen. Folgende Regeln gelten: Jemand wird in einem Steuerjahr als ansässig betrachtet, in dem er Zeitspannen von insgesamt sechs Monaten in England ist. Darüber hinaus wird er, auch wenn er in keinem Jahr sechs Monate in England ist, als ansässig betrachtet, wenn er das Land vier Jahre lang hintereinander für durchschnittlich vier Monate oder länger besucht hat.

Hält er jedoch in England eine Bleibe *(place of abode[1])* aufrecht, wird er in jedem Jahr als ansässig betrachtet, in dem er dem Lande einen Besuch abstattet, für wie kurz auch immer. Diese Bestimmung gilt wiederum nicht, wenn er die ganze Zeit in einem Gewerbe oder freien Beruf arbeitet *(works full time in a trade or profession)*, ohne daß auch nur ein Teil davon in England betrieben wird, oder in einem Amt oder Beschäftigungsverhältnis, dessen sämtliche Tätigkeiten außerhalb Englands ausgeübt werden *(in an office or employment all the duties of which are performed outside the UK)*.

Trotz all dieser Regeln ist oft denkbar, daß jemand in mehreren Ländern besteuert wird: in der Hauptsache in dem Lande, in dem er wohnt, aber außerdem in einem anderen Lande, wenn er von dort Einkommen bezieht. Zum Beispiel mag jemand mit ständigem Wohnsitz in England Erträge *(income)* aus deutschen Wertpapieren haben, von denen ihm die deutsche Bank als Zahlstelle *(paying agent)* Kapitalertragsteuer *(capital yield tax[2])* oder Kouponsteuer *(coupon tax)* abzieht. Deshalb haben viele Länder miteinander Doppelbesteuerungsabkommen *(double taxation agreements)* getroffen, so auch England, die Vereinigten Staaten und die Bundesrepublik miteinander. Sie enthalten Regeln *(provide rules)*, nach denen gewisse Einkünfte, die in einem Lande erwachsen *(income of certain classes arising in one country)*, von der Steuer in diesem Lande befreit sind *(exempt from taxes)* oder dort zu niedrigeren Sätzen belastet werden *(charged at reduced rates)*, wenn sie einem Einwohner des anderen

[1] Das deutsche Steuerrecht spricht auch vom „Ort des gewöhnlichen Aufenthalts" *(customary place of abode)*.
[2] Übersetzungsvorschlag nach Gunston/Corner, a.a.O.

Landes zufließen *(flow to ...)*. Die von dem Abkommen erfaßten *(covered)* Steuern sind gewöhnlich Einkommen-, Körperschafts- und Vermögenszuwachssteuer. Wo solche Abkommen nicht bestehen, gewähren nicht wenige Staaten einseitige Steuererleicherungen *(provide unilateral relief)*. Dem Einwohner wird die ausländische Steuer in seinem Heimatlande angerechnet *(he is allowed credit against his domestic tax on the income for the tax paid abroad)* [1].

In den Vereinigten Staaten sind die Bestimmungen darüber, wer der Einkommensteuerpflicht unterworfen ist *(who incurs income tax obligation)*, ähnlich, doch sind die Begriffe oftmals andere. Allgemein gilt: Wer ständig in den Vereinigten Staaten ansässig ist, hat sein Einkommen aus allen Quellen *(income from all sources)* zu versteuern, soweit es nicht steuerfrei ist. Ein nichtansässiger Ausländer unterliegt keiner Steuer auf sein Einkommen aus ausländischen Quellen *(a non-resident alien is not subject to tax on his income from foreign sources)*.

Die Steuerbehörde verlangt von jedem Ausländer, der nach einer gewissen Zeit der Anwesenheit die Vereinigten Staaten verläßt, daß er zuvor eine Steuererklärung einreicht *(files a return)*, auf die hin er von der Behörde eine Einwilligungs- oder Unbedenklichkeitsbescheinigung *(certificate of compliance)* erhält. Diese Bescheinigung, gemeinhin als „Reiseerlaubnis" *(sailing permit)* bekannt, bestätigt, daß er seinen amerikanischen Einkommensteuerverpflichtungen nachgekommen ist *(certifies that he has satisfied his US income tax obligations)*.

Sechs Einkunftsarten

Six schedules of income

In den modernen Industriestaaten ist alles Einkommen steuerbar, in welcher Form es auch empfangen wird *(income in whatever form received)*, sofern es nicht ausdrücklich ausgenommen ist *(income not specifically exempt)*. In England sind Einkünfte oder Gewinne aus den folgenden Quellen gewöhnlich nicht steuerbar *(taxable)*: Naturalbezüge, die nur vom Empfänger selbst genossen werden können und die sich nicht in Geld oder Geldeswert umwandeln lassen *(benefits in kind which can be enjoyed only by the recipients and which are not convertible into money or money's worth)*, zum Beispiel freie Wohnung und Verpflegung für einen häuslichen Dienstboten *(free board and lodging for a domestic servant)*, freies Reisen für Eisenbahner, Zins auf Staatliche Sparbriefe *(interest on National Savings Certificates)*, Beschädigtenrente von Angehörigen der Streitkräfte *(disability pensions of members of the Armed Forces)*, Einkommen aus Schulstipendien *(income from educational scholarships)*, Arbeitslosen-, Krankheits- und Mutterschaftsunterstützungen sowie Beihilfen bei Mutterschaft und Tod aus der Sozialversicherung *(unemployment, sickness and maternity benefits, maternity and death grants under the National Insurance Scheme)*. Befreiung von der Einkommensteuer wird auch gewissen Gruppen von Personen oder Körperschaften gewährt *(exemption from income tax is granted to certain*

[1] *„The British System of Taxation"*, S. 12/13.

classes of persons or bodies), zum Beispiel diplomatischen Vertretern, Krankenhäusern und karitativen Stiftungen *(diplomatic representatives, hospitals and charities)*. Im großen und ganzen sind diese Arten von Einkommen auch in den Vereinigten Staaten befreit.

Die folgende Liste von Beispielen, zusammengestellt von der amerikanischen Steuerbehörde[1], gibt einen Anhalt dafür, was in den Vereinigten Staaten alles als steuerbare Einkünfte angesehen wird: Löhne, Gehälter, Prämien *(bonuses)*, Provisionen *(commissions)*, Honorare *(fees)*, Trinkgelder *(tips, gratuities)*, Schmiergelder (AE *kickbacks*[2], *push money)*, Unterkommissionen *(side commissions)*, unter gewissen Umständen eine pauschale Reiseentschädigung *(travel allowance)*, Kilometergeld *(mileage allowance)* oder Tagegeld (AE *per diem allowance)*, Entlassungsentschädigung *(severance pay)*; Dividenden, Zinsen von Bausparkassen *(interest from savings and loan associations)*, Kreditvereinen *(credit unions)*, auf Bankeinlagen *(bank deposits)*, auf festverzinsliche Wertpapiere *(bonds)*, auf Schuldscheine *(notes)*, auf Sparbriefe der Vereinigten Staaten *(U.S. Savings Bonds)* – zum Unterschied von den Staatlichen Sparbriefen in England –, Zinsen auf Steuerrückerstattungen *(interest on tax refunds)*; Gewinne aus Gewerbebetrieb oder freier Berufstätigkeit *(profits from business or profession)*, der Anteil an Gewinnen von Gesellschaften ohne eigene Rechtspersönlichkeit *(share of partnership profits)*; Entschädigungen für Vertragsbruch *(breach of contract damages)*, Entschädigungszahlungen für Patentverletzung *(compensatory damages for patent infringement)*, Schuldnachlaß *(debts forgiven, cancellation of debt)*; Dotationen/Zuwendungen *(endowments)*; Zusatzrenten nach dem Eisenbahnrenten-Gesetz *(supplemental annuities under Railroad Retirement Act)*, aber nicht die Grundbezüge; Gewinne aus dem Verkauf oder Tausch von Grundeigentum, Wertpapieren oder anderem Eigentum *(profits from sales or exchanges of real estate, securities or other property)*; Mieten *(rents)*; Tantiemen, Lizenz- und Konzessionseinnahmen (alles: *royalties)*; Einkommen aus Nachlaß- oder Treuhandvermögen *(share of estate or trust income)*; Arbeitslosenunterstützung durch den Arbeitgeber *(employer unemployment benefits)*; Alimente *(alimony)* und gesonderte Unterhalts- oder Unterstützungszahlungen *(separate maintenance or support payments)*, empfangen aus Zahlungen des Ehemanns und absetzbar bei ihm *(received from and deductible by the husband)*; Preise und Belohnungen aus Wettbewerben, Auslosungen usw. *(prizes and awards from contests, raffles etc.)*, Spielgewinne *(gambling winnings)*, Einkünfte aus einem Hobby *(hobby income)*, Rückerstattungen von Steuern der Einzelstaaten oder der Gemeinden – Kapitalbeträge *(refunds of State and local taxes – principal amounts)*; Arbeitslosengeld *(AE unemployment compensation)*; Gewinnanteil aus Personalgesellschaften *(share of profit from partnerships)*; unterschlagenes *(embezzled)* oder anderes ungesetzliches Einkommen *(illegal income)*.

Ähnlich wie es in der Bundesrepublik sieben „Einkunftsarten" gibt, hat die britische Finanzverwaltung ein System von fünf – früher sechs – Einkunftsarten *(classes of income)*. Sie sind in Einkunftstabellen *(income schedules)* eingeteilt. *Schedule A* sind Mieterträge aus Vermietung möblierten und unmöblierten

[1] Nach: "*Federal Income Tax, Forms and Instructions*", 1982, U.S. Treasury Department, Internal Revenue Service. Diese amtliche Veröffentlichung wurde auch in anderem Zusammenhang in diesem Kapitel zugrundegelegt.

[2] Das Verbum *kick back* wird transitiv gebraucht, aber nicht in bezug auf die Person („schmieren"), sondern im Sinne von „Beträge abzweigen", zum Beispiel: *to kick back a portion of one's commission to somebody else.*

Grundbesitzes *(rent from furnished and unfurnished lettings),* Pachteinnahmen *(rents under leases),* Grundrenten *(ground rents)* und andere Einnahmen aus Grundbesitz *(income from real property).* Zu der Gruppe B gehören Einkünfte aus gewerblich genutztem Forstbesitz *(income from woodlands managed on a commercial basis),* sofern der Besitzer nicht Veranlagung nach Gruppe D gewählt hat *(if the occupier has not chosen assessment under Schedule D). Schedule C* sind Zinsen aus gewissen britischen Staatspapieren *(interest from certain UK Government securities)* und Zinsen ausländischer Regierungen *(overseas governments),* soweit sie in England gezahlt werden. *Schedule D* umfaßt eine Reihe von Fällen, darunter Gewinne aus Handwerks- und Handelsgewerbe sowie freiem Beruf *(profits of trades, business and professions),* Darlehnszinsen *(interest on loans)* und Einkommen aus dem Ausland *(income from abroad).* Grundlage der Veranlagung von Gewerbegewinn und freiberuflichen Einkünften *(basis of assessment of trading profits and professional earnings)* ist gewöhnlich der Gewinn des Geschäftsjahrs *(financial/accounting/fiscal year),* das in dem vorangegangenen Veranlagungsjahr *(preceding tax year)* endet. Besondere Vorschriften gelten *(special rules apply),* wenn ein Geschäft neu aufgenommen wird *(a new business is started),* ein Geschäft aufgegeben wird *(is discontinued)* oder der Bilanzstichtag sich ändert *(the accounting date is changed)*[1]. Der Gewinn wird im allgemeinen ermittelt *(profit is computed)* nach den Grundsätzen ordnungsgemäßer kaufmännischer Buchhaltung *(on ordinary commercial accounting principles)* jedoch unter gewissen Abweichungen *(subject to certain modifications).*

Unter *Schedule E* fällt Einkommen aus unselbständiger Arbeit, auch Ruhegelder *(pensions)* als Einkommen aus früherer unselbständiger Arbeit. Die Steuer von diesen Einkünften wird in England (wie in der Bundesrepublik, den Vereinigten Staaten und anderen Ländern) vom Lohn oder Gehalt *(salary)* abgezogen *(deducted):* Lohnsteuerabzug *(pay-as-you-earn – PAYE).*

Die Einkunftsart F erfaßte früher Dividenden *(covered dividends)* und andere Ausschüttungen *(distributions)* von Gesellschaften, die in England ansässig sind. Ihnen war bis 1973 gesetzlich vorgeschrieben, von solchen Zahlungen *(payments)* die Steuer abzuziehen: Steuerabzug an der Quelle *(deduction of tax at source)*[2].

Die amerikanische Steuerbehörde bedient sich ebenfalls des Ausdrucks *Schedule.* Sie meint damit aber nicht nur einzelne Einkunftsarten, sondern auch Formblätter für sonstige steuerliche Angaben *(statements).* So ist zwar *Schedule B* für Dividenden und Zinseinkünfte *(dividends and interest income)* bestimmt, *Schedule C* für Gewinn oder Verlust aus Geschäftsbetrieb und freiem Beruf *(profit or loss from business and profession), Schedule F* für landwirtschaftliche Einkünfte und Betriebsausgaben *(farm income and expenses)* und *Schedule E* für sonstige Einkünfte *(miscellaneous income).* Aber *Schedule A* dient dem Zweck, gewisse Abzugsposten einzeln aufzuführen: Einzelabzug *(itemized deduction),* im Gegensatz zu Pauschalabzug *(standard deduction).* Dabei geht es um Posten, die in der Bundesrepublik teils als Sonderausgaben, teils als „außergewöhnliche Belastungen" bezeichnet werden würden. *Schedule D* wird benutzt

[1] Einstellung des Betriebs = *closing-down / cessation of the business.*

[2] Über das Verfahren der Anrechnung von Körperschaftssteuer auf die Einkommensteuer der Aktionäre siehe im Abschnitt „Doppelbesteuerung von Gesellschaftsgewinnen", S. 111 ff.

bei Verkäufen oder Tausch von Eigentum *(sales or exchanges of property)* zur Erfassung kurzfristiger Vermögensgewinne. *Schedule T* dient zur Selbstveranlagung des Steuerpflichtigen *(tax computation)* teils für die Unterlagen *(records)* des Steuerpflichtigen selbst, teils mit zusätzlichen Angaben *(additional statements)* für die Steuerbehörde und wird der Steuererklärung *(income tax return)* beigefügt. *Schedule SE* dient der Ermittlung der Abgaben von Selbständigen zur Sozialversicherung *(computation of social security self-employment tax)*.

Mit streng abgegrenzten Einkommensbegriffen plagen sich die Amerikaner nicht sonderlich herum. Sie sprechen von „Bruttoeinkommen" *(gross income)*, bei Gewerbetreibenden von „Bruttoeinnahmen" *(gross receipts)* oder „Bruttoumsatz" *(gross sales)*. Nach Abzug gewisser Betriebsausgaben *(business expenses)*, hauptsächlich Löhne und Material, ergibt sich bei Gewerbetreibenden der „Bruttogewinn" *(gross profit)*, wovon nach Abzug weiterer Posten *(items)* der „Nettogewinn" *(net profit)* übrigbleibt. Angestellte ziehen zunächst die Werbungskosten *(expenses in employment)* ab. Beide Gruppen können dann unter Umständen ganz bestimmte weitere Ausgaben absetzen, die noch mehr oder weniger mit dem Beruf zusammenhängen, und kommen dann zum „bereinigten Bruttoeinkommen" *(adjusted gross income)*. Hier sei auch erwähnt, daß das amerikanische Steuerrecht ein besonderes Verfahren der niedrigeren Besteuerung außerordentlich hoher Einkünfte *(unusually large amounts of income)* kennt, eine Durchschnittsbesteuerung *(income averaging)*.

Ausgaben – Werbungskosten – Freibeträge

Outgoings – expenses in employment – allowances

Die Engländer gehen ebenfalls vom Bruttoeinkommen *(gross income)* aus – in Deutschland würde man von „Einnahmen" sprechen. Unternehmer und Selbständige verrechnen dagegen Betriebsausgaben *(business/commercial expenses)*. Eine weitere Gruppe von Abzugsposten ist im Formular der Steuererklärung schlechthin als „Ausgaben" *(outgoings)* bezeichnet. Das sind nach deutschen Begriffen sowohl Werbungskosten *(expenses in employment/against earnings)* als auch Sonderausgaben wie Schuldzinsen an die Bausparkasse auf die Hypothek *(interest to the building society on the mortgage)*[1] und anderes, jedoch nicht Zinsen auf einen Kontokorrentkredit der Bank *(bank overdraft)*. Danach bleibt das Gesamteinkommen. Hiervon gehen die *allowances* ab, und unter diesem Begriff verstehen die englischen Steuerbeamten *(tax officers)* sowohl persönliche Freibeträge *(personal allowances)* als auch außergewöhnliche Belastungen und Sonderausgaben[2]. Es gehören dazu die Freibeträge für die mit dem Ehemann zusammenlebende oder gänzlich von ihm unterhaltene Ehefrau (*wife living with or wholly maintained by the husband*), für die Kinder *(child allowances)*[3], der Altersfreibetrag *(age allowance)*, der für eine Haushälterin, für einen bedürftigen Verwandten *(dependent relative)*, Freibeträge wegen

[1] Zinsen auf gewisse Kredite für Geschäftszwecke in einem Gewerbe *(trade)* oder freien Beruf sind bereits bei der Gewinnermittlung *(computation of profit)* abziehbar.

[2] Das Wort *allowance* ist daher am besten mit „Freibetrag" übersetzt.

[3] Nur wenn keine Ehefrau oder kein Ehemann existiert. Im übrigen gibt es Kindergeld *(child benefit)*.

Blindheit und für Betreuung durch die Tochter *(daughter's services)*. Weiter gehören dazu Lebensversicherungsprämien *(life insurance premiums)*, Zahlungen auf Grund von zivilrechtlichen Verpflichtungen *(payments under deeds of covenant)*, Vermögensübertragungen *(settlements)* oder sonstigen freiwilligen Übereinkommen und Verpflichtungen *(undertakings)*, sofern sie rechtlich erzwingbar sind *(agreements legally enforceable)*, sowie Alimente *(alimony)* und Unterhaltszahlungen *(maintenance)*. Alle diese Zahlungen kommen unter Umständen für Steuererleichterung in Frage *(such payments qualify for tax relief)*.

„In Ausübung dienstlicher Tätigkeiten"

"In the performance of the duties of the employment"

Hinsichtlich des Abzugs *(deduction)* von Werbungskosten belehren die Steuerrichtlinien *(tax guides)* den Steuerpflichtigen: „Um absetzbar *(allowable)* zu sein, müssen die Ausgaben aus Ihrer eigenen Tasche bestritten worden sein" *(expenses must be incurred out of your own pocket)*. Sie müssen „gänzlich, ausschließlich und zwangsläufig bei der Ausübung des Beschäftigungsverhältnisses entstanden sein" *(arisen wholly, exclusively and necessarily in the performance of the duties of the employment)*.

Zwei Gruppen von Ausgaben sind nicht abzugsfähig *(disallowed)*: Die Kosten der Fahrt zwischen Wohnung und Arbeitsstätte *(travel/commuting between home and [place of] work)* und die Kosten der Unterhaltung oder Bewirtung von Geschäftsfreunden *(cost of business entertainment)*, sofern sie nicht angemessene Unterhaltung/Bewirtung eines ausländischen Kunden sind *(reasonable entertainment of an overseas trading customer)* – letzteres gilt ebenso bei Unternehmern und Selbständigen *(businessmen and self-employed)*. Das Verbot des Abzugs der Kosten der Fahrten zwischen Wohnung und Arbeitsplatz *(workplace)* erklärt sich mit dem strikten Erfordernis, daß Werbungskosten entstanden sein müssen „in Ausübung der Tätigkeiten" *(in performing duties)*. Die Kosten der Fahrt zur Arbeit entstehen aber nach englischer amtlicher Auffassung, bevor man zur Arbeit gelangt ist und wenn man sie beendet hat.

Gebühren oder Beiträge an Berufsvereinigungen *(fees or subscriptions to professional bodies)* müssen Bedingung für die Ausübung des Berufs *(condition for carrying on the profession)* oder zumindest wichtig für das Beschäftigungsverhältnis sein und nicht nur dem Sozialprestige *(social prestige)* dienen. Berufskleidung *(functional clothing, working clothes)* wird anerkannt *(allowed)*, wenn sie Schutzkleidung *(protective clothing)* ist, hingegen nicht, wenn sie gewöhnliche Alltagskleidung ist. Wenn der Arbeiter Werkzeug selbst stellt *(provides his own tools)*, ist Abzug möglich. Oft haben die Gewerkschaften mit den Steuerbehörden einen Pauschbetrag *(round sum, fixed deduction)* dafür ausgemacht[1]. Im Falle der Benutzung der Wohnung als Büro *(use of home as office)* muß ein ganzer Raum ausschließlich dafür abgezweigt sein. Zum Abzug zugelassen werden ein Anteil an der Miete einschließlich Grundsteuer *(rent including rates)* und an den

[1] Nach "*Which? – Tax Saving Guide*", March 1983, Consumers Association, S. 13.

sonstigen Ausgaben wie Heizung, Reinigung usw. Von Hotelkosten von Reisevertretern *(hotel expenses for commercial travellers)* und anderen Firmenvertretern *(company representatives)* wird unter Umständen eine Haushaltsersparnis *(saving of cost of living at home)* abgezogen. Als schriftliche Belege *(documented evidence)* dienen Quittungen *(receipts)*, Gutschriftzettel *(credit slips)*, abgerechnete Schecks *(cheques/*AE *checks accounted for)* und anderes. Glaubhafte Zahlen *(realistic figures)* wird das Finanzamt aber auch ohne Beleg anerkennen. Die Beträge werden auf volle Pfunde nach oben abgerundet *(rounded off to the nearest pound above)*, also zugunsten des Arbeitnehmers *(in favo[u]r of the employee)*. Soweit der eigene Wagen für das Geschäft benutzt wird, sind Kilometeraufzeichnungen *(mileage record)* nötig, getrennt nach Dienst- und Privatfahrten.

Für diejenigen eigenen Gegenstände, die der Angestellte in seinem Arbeitsverhältnis zu benutzen hat, also etwa Schreibmaschine *(typewriter)*, Schreibtisch *(desk)*, Aktenschrank *(filing cabinet)* werden ihm wie einem selbständigen Kaufmann Anlageabschreibungen *(capital allowances)* gewährt. Die Ausgabe *(expenditure)* für die Anschaffung wird in Form von Absetzungen für Abnutzung *(writing-down allowances)* auf eine Reihe von Jahren verteilt *(is spread over a number of years)*. Wenn der Gegenstand am Ende veräußert wird *(is disposed of)* und die wirkliche Wertminderung *(actual depreciation)* sich nun als höher oder niedriger herausstellt, kommt es zu einer Restwertbereinigung. Ist die erzielte Summe, der Erlös *(realized sum, proceeds)* geringer als der Restwert, der Buchwert *(written-down value, unallowed expenditure,* AE auch *salvage value)*, so wird eine Rest- oder Schlußabschreibung *(balancing allowance)* gewährt. Im umgekehrten Falle kann sich eine steuerliche Mehrbelastung *(balancing charge)* ergeben.

Meist selbst zu tragen: Kosten der Weiterbildung

Mostly from one's own pocket: educational expenses

Die Bestimmungen *(regulations)* in Amerika über Werbungskosten *(expenses of employees)* decken sich großenteils mit den englischen. In einigen Fällen weichen sie jedoch davon ab und lassen eine andere Auffassung erkennen. Meist gehen die amerikanischen Bestimmungen viel mehr ins einzelne als die englischen. Anders als in England kann der unselbständig Tätige in Amerika Kosten der beruflichen Weiterbildung *(educational expenses)* unter gewissen Bedingungen absetzen *(deduct)*, wenn er in erster Linie einem ausdrücklichen Ersuchen des Arbeitgebers oder Anforderungen des Gesetzes nachkommt *(meets the express requirements of the employer or requirements of law)*, um Gehalt, Stellung oder das Beschäftigungsverhältnis zu halten *(keep salary, status or employment)*; wenn die auferlegten Anforderungen einem ernstgemeinten Geschäftszweck dienen *(if the requirements imposed serve a bona fide business purpose)* und nicht in erster Linie dem Nutzen des Angestellten; um Fähigkeiten, die er zur Erledigung der Aufgaben auf seinem gegenwärtigen Arbeitsplatz braucht *(skills required in performing the duties of his present employment)*, zu bewahren oder zu verbessern.

Nicht abziehbar *(not deductible/allowed)* sind auch in Amerika Kosten der Weiterbildung, Studien- oder Unterrichtsgebühren *(educational/instruction fees)*, Examensgebühren *(examination fees)*, wenn ihr Hauptzweck darin besteht, eine neue Stellung zu bekommen *(obtain a new position/employment)* oder in der gegenwärtigen Stellung eine wesentliche Beförderung zu erreichen *(obtain a substantial advancement in the present position)* oder wenn der Angestellte nach höherer Allgemeinbildung strebt.

Anders als in England sind in Amerika Gewerkschaftsbeiträge *(trade union dues)* und Aufnahmegebühren *(initiation fees)* für den Eintritt in die Gewerkschaft absetzbar. Das gleiche gilt für Gebühren an einen Arbeitsvermittler für das Beschaffen eines Arbeitsplatzes *(fees paid to an employment agency for procuring employment)*. Hingegen sind sonstige Ausgaben, die aufgewendet werden, um einen Arbeitsplatz zu bekommen, Ausgaben für sogenannte „Stellenjägerei" *(job-hunting expenses)*, nicht zugelassen.

Als absetzbar führt die amerikanische Steuerbehörde unter anderem noch auf: Kosten einer regelmäßigen ärztlichen Untersuchung, wenn sich der Arbeitnehmer ihr auf Verlangen des Arbeitgebers unterziehen muß, um seine körperliche Leistungsfähigkeit nachzuweisen *(establish his physical fitness)*, und sofern sie auch nötig ist, um den Arbeitsplatz zu halten *(retain the job)*; Versicherungsprämien eines angestellten Arztes *(physician)* zum Schutze gegen Prozesse wegen falscher Behandlung *(insurance as protection against malpractice suits)*; Umzugskosten *(cost of a move)* sind bei den Amerikanern als Werbungskosten eines Angestellten abziehbar, wenn sein Arbeitgeber ihn an einen neuen Arbeitsplatz versetzt hat *(transferred him to a new place of employment)* oder weil er den Arbeitgeber gewechselt hat. Soweit der Arbeitgeber ihm solche Kosten vergütet *(the employer reimburses him for such expenses)*, muß der Angestellte die Vergütung/Erstattung *(reimbursement)* seinem Einkommen zufügen.

Für Beiträge zur Sozialversicherung *(National Insurance contributions)*, soweit sie der Arbeitnehmer selbst trägt, gibt es in England keine Steuererleichterung *(tax relief)*. Bei den Amerikanern ist die „Sozialversicherungssteuer" *(Social Security tax)*, da sie als persönliche Steuer wie die Einkommensteuer selbst angesehen wird, ebenfalls nicht abziehbar.

Auf dem Gebiet der Steuerermäßigungen wegen persönlicher Verhältnisse *(personal allowances)* unterscheidet sich die amerikanische Einkommensteuer stärker von der englischen. Zum Unterschied auch vom deutschen Recht sind Prämien einer Lebensversicherung auf das eigene Leben nicht abziehbar. Da in England der Staatliche Gesundheitsdienst für jedermann frei ist, gibt es dort in der Regel keinen Abzug von Prämien zur Krankenversicherung oder für Arzt- und Zahnarztaufwendungen *(medical and dental expenses)*. In Amerika dagegen sind solche Ausgaben beschränkt abziehbar, soweit sie nicht durch Versicherung oder auf andere Art abgegolten werden *(not compensated by insurance)*. Andererseits dürfen in Amerika Prämien auf Unfall- und Krankenversicherungspolicen geltend gemacht werden *(premiums paid on accident and health insurance policies may be claimed)*, die Erstattung der Kosten für Unterbringung im Krankenhaus, Operationshonorare und andere Krankheitskosten gewähren *(reimbursement for hospitalization, surgical fees and other medical expenses)*. Anders als in der Bundesrepublik sind Beiträge zu einer privaten Haftpflichtversicherung *(third-party insurance)* und zur Kraftfahrversicherung *(motor insurance)* in den beiden angelsächsischen Ländern nicht abziehbar.

Gewisse Steuern von Einkommen und Vermögen sind in Amerika abziehbar. Solche „abziehbaren Steuern" *(deductible taxes)* sind Einkommensteuern der Einzelstaaten und der Gemeinden *(state and local income taxes)*, Grundsteuern *(real property taxes)*, Steuern auf gewisses persönliches Eigentum *(personal property taxes)*, wenn sie nach dem Werte bemessen sind *(taxes based on the value)* – Wertsteuern *(ad-valorem taxes)*. Ferner sind abziehbar allgemeine Umsatzsteuern *(general sales taxes)* und Kraftstoffsteuern (AE *gasoline taxes)* auf den Verkauf von Benzin, Dieselöl und Schmieröl (AE *gasoline, diesel fuel and lubricating oil)*, sofern sie gesondert aufgeführt und an den Verbraucher weitergegeben worden sind *(seperately stated and passed on to the consumer)*. Diese Steuern sind gewissermaßen „Sonderausgaben" und als solche von jedermann abziehbar. Sie lassen sich entfernt vergleichen mit der „gezahlten Vermögensteuer" und der „gezahlten Kirchensteuer" und ihrem Abzug in der Bundesrepublik. Beide Steuern gibt es übrigens in den angelsächsischen Ländern nicht. Man ist dort erstaunt, von der deutschen Kirchensteuer *(church tax/rate)* zu hören. Für Engländer liegt der Scherz nahe, nach dem Vorbild der Bezeichnungen für das Lohnsteuer-Abzugsverfahren *(pay-as-you-earn system)* und für den Abzug von Sparraten *(save-as-you-earn)* von *pay-as-you-pray* zu sprechen.

Das englische Lohnsteuer-Abzugsverfahren ist dem deutschen ähnlich: Der Arbeitgeber hat für jeden Arbeitnehmer eine Lohnsteuerkarte *(deduction card)*, auf der eine Schlüsselzahl, eine Kennzahl *(code)* für die steuerlich relevanten persönlichen Verhältnisse des Arbeitnehmers und seine Sozialversicherungsnummer *(National Insurance Number)* eingetragen sind. Die Abzüge werden bei jeder – wöchentlichen oder monatlichen – Lohnzahlung *(weekly or monthly payment of wages)* eingetragen *(entered)*. Nach Ende des Haushalts- und Steuerjahrs werden die Eintragungen *(entries)* addiert und die Karten an die Steuerkasse *(Collector of Taxes)* zurückgereicht *(deduction cards are returned)*.

Ordnungsgemäße Buchführung

Proper accounts

Während der unselbständig Beschäftigte meist mit wenig Schreibarbeit *(paper work)* auskommt, müssen der Selbständige und vor allem der Geschäftsmann Bücher und Aufzeichnungen führen *(keep business books, maintain records)*, an Hand deren er einen Abschluß und die Steuererklärung erstellen kann *(prepare the accounts and the tax return)*. Das Fehlen einer ordnungsgemäßen Buchführung *(absence of proper accounts)* kann eine zu hohe Steuerschuld *(overcharge of tax)* zur Folge haben oder eine zu niedrige Steuerschuld *(undercharge of tax)*. Viele Gewerbetreibende *(traders)* nehmen sich daher einen Steuersachverständigen *(employ a qualified accountant)*.

Der steuerliche Gewinn ist gewöhnlich nicht der in den Büchern aufgezeigte Gewinn *(the profits shown by the accounts)*. Für Zwecke der Einkommensteuer sind gewisse Ausgabeposten zum Abzug nicht zugelassen *(certain items of ex-*

penditure are not allowed). Sie müssen dem Gewinn wieder hinzugefügt *(added)* werden. Andererseits sind manche Einnahmen *(receipts)* nicht steuerbar und können daher vom aufgezeigten Gewinn abgezogen werden.

Im englischen wie im amerikanischen Steuerrecht ist im einzelnen nicht vorgeschrieben, wie die Bücher geführt werden müssen. Die amerikanische Steuerbehörde läßt ausdrücklich mehrere Arten von Buchhaltung *(accounting methods)* und Aufzeichnungen *(records)* zu. Die einfachste ist die Einnahmen-Ausgaben-Rechnung *(cash [receipts and disbursement] method).* Hierbei werden alle Posten steuerbaren Einkommens aufgeführt, so wie sie wirklich oder doch mit Bestimmtheit *(actually or constructively)* während des Jahres zugeflossen sind, ob in bar, Sachwerten oder Dienstleistungen *(received in cash, in property or in services).* Auf der anderen Seite stehen die Beträge, die während des Jahres als abziehbare Kosten *(deductible expenses)* wirklich gezahlt *(actually paid)* wurden. Einkünfte sind „mit Bestimmtheit" eingegangen *(income is constructively received),* wenn es dem Konto gutgeschrieben *(credited to the account)* oder für den Empfänger abgesondert *(set aside)* ist und er jederzeit davon abheben kann *(the receiver may draw upon the account).* Vorausgezahlte Kosten *(expenses paid in advance)* sind jedoch oft nur in dem Jahre abziehbar, für das sie gelten *(to which they apply).* So muß die Vorauszahlung *(the prepaid premium)* für einen mehrjährigen Versicherungsvertrag *(for a several-year insurance policy)* über die Zeitspanne, für die die Versicherung wirksam ist, in gleichen Raten verteilt werden *(must be prorated over the period for which the insurance is in effect).*

Die „Zuwachs-Methode" *(accrual method)* hingegen bedeutet, daß Einkünfte angegeben werden *(income is reported),* wenn sie verdient *(earned)* sind, auch wenn sie noch nicht eingegangen *(not received)* sind, und daß Kosten abgezogen werden, wenn sie aufgewendet wurden, auch wenn sie noch nicht zu Ausgaben geführt haben *(cost incurred but not yet paid).*

Noch weitere Verfahren sind zulässig, zum Beispiel für Bauunternehmer *(contractors)* mit Bauverträgen, die sich über mehr als ein Jahr hinziehen *(contracts covering a period of more than a year).* Sie können ihre Einnahmen aus dem Vertrag entweder nach dem Teil-Abrechnungsverfahren *(percentage of completion method, progress payments method)* oder nach dem Schluß-Abrechnungsverfahren *(completed-contract method)* angeben. Das Teil-Abrechnungsverfahren bedeutet, daß als Einnahmen nur der im laufenden Steuerjahr *(current tax year)* fertiggestellte Prozentsatz des gesamten Vertrags aufgeführt wird. Das Schluß-Abrechnungsverfahren sieht vor, daß die Einnahmen aus einem langfristigen Vertrag *(long-term contract)* abzüglich aller ordnungsgemäß zurechenbaren Kosten *(all expenses properly allocatable to it)* in dem Jahr angegeben werden, in dem der Bau endgültig zu Ende geführt und abgenommen worden ist *(the construction is finally completed and accepted).*

Wer allerdings nur die Einnahmen und Ausgaben aufzeichnet und sonst keine Konten führt, muß sein Einkommen auf Grund der *cash method* erklären. Außerdem muß der Gewerbetreibende *(trader)* bei dem einmal gewählten Verfahren bleiben. Eine Buchhaltung *(accounting system)* spiegelt das Einkommen nur dann klar wider, wenn alle Einnahme- und Abzugsposten von Jahr zu Jahr in der gleichen Weise behandelt werden *(all items are treated consistently from year to year).*

In aller Regel gehört zu einer ordnungsgemäßen Buchhaltung die jährliche Bestandsaufnahme oder Inventur *(annual stocktaking/inventory),* das heißt die Feststellung des Werts der Vorräte am Jahresende *(year-beginning value of stock).* Bei Handelskaufleuten *(dealers, merchants)* ist die Inventur meist auf die Handelsware *(merchandise, stock in trade)* beschränkt. In einem produzierenden Unternehmen *(manufacturing business)* sind die Bestände (AE auch *inventories)* hauptsächlich Rohmaterial *(raw material),* in Arbeit befindliche Erzeugnisse *(work in progress – w.i.p.,* auch *partly manufactured goods* oder *semi-manufactured goods)* und Fertigerzeugnisse *(finished goods/products)*, unter Umständen noch Schrott *(scrap)* und wiederaufbereiteter *(recycled)* Abfall *(waste).*

Richtige Vorratsbewertung
Correct stock valuation

Die richtige Bewertung der einzelnen Posten *(valuing of items)* und insgesamt eine vernünftige Bewertungspolitik sind von großem Einfluß auf die Ermittlung des steuerlichen Einkommens *(a sound valuation policy is a major factor for the computation of taxable income).* Das allgemein anerkannte Kaufmanns- und Buchhaltungsprinzip *(generally accepted commercial and accounting principle)* ist, den Kosten- oder den Marktwert zu verwenden *(adopt cost or market value),* jedoch jeweils das niedrigere von beidem[1].

Bei Handelsware sind die Kosten meist der Rechnungswert abzüglich angemessener Abschläge *(invoice price less appropriate discounts).* Dem Nettorechnungswert *(net invoice price)* sind Transport und andere notwendige Kosten, die beim Erwerb der Güter aufgewendet wurden, zuzuschlagen *(transportation and other necessary charges incurred in acquiring the goods must be added).*

Der Kostenwert *(cost value)* von produzierten Gütern *(goods produced)* und Halbfertigwaren ergibt sich aus *(results from)* den Kosten des Rohmaterials und der Hilfsstoffe, die in das Erzeugnis eingehen *(the cost of raw materials and supplies entering into the product)* plus Lohneinzelkosten und Lohngemeinkosten *(plus expenditures for direct labo[u]r and overhead)* einschließlich des dazugehörigen Anteils an Verwaltungskosten *(including the applicable portion of management expenses)*, aber ausschließlich Vertriebskosten *(excluding selling expenses)*[2]. Der Marktwert *(market value)* ist der gegenwärtige Preis, wie er am Tage der Inventur vorherrscht *(the current price prevailing at the date of stocktaking).*

Das Niederstwertprinzip *(lower-of-cost-or-market principle)* gilt nicht für vorhandene oder im Herstellungsprozeß befindliche Waren *(goods on hand or in*

[1] Das ist Ausfluß des Grundsatzes, daß Gewinne nicht ausgewiesen werden, ehe sie realisiert sind *(profits are not recognized and recorded until realized),* unrealisierte Verluste *(unrealized losses)* hingegen sofort auszuweisen sind.

[2] Definition nach "*Tax Guide for Small Business*", 1966 Edition, US Treasury Department, Internal Revenue Service, Publication Nr. 334, S. 22. Diese amtliche Veröffentlichung ist auch für andere Darstellungen auf dem Gebiet der Besteuerung von Gewerbeeinkünften verwendet worden. Für die amerikanische Einkommensteuer wurde ferner verwendet "*Federal Income Tax Forms and Instructions*", IRS, 1982.

process of manufacture) zur Lieferung auf Grund eines festen Vertrags zu festen Preisen *(for delivery upon a firm sales contract at fixed prices).*

Unter „Inventur" versteht man meist die körperliche Bestandsaufnahme in angemessenen Zeitabständen *(physical inventory taken at reasonable intervals),* vor allem die Eröffnungsinventur *(opening inventory)* und die Schlußinventur *(ending inventory).* Daneben gibt es die permanente oder Buchinventur *(perpetual or book inventory).* Hierbei müssen die Lagerbücher oder -karteien *(inventory accounts)* mit den tatsächlichen Kosten der gekauften oder hergestellten Güter belastet *(charged)* und mit dem Wert der gebrauchten, weitergegebenen oder verkauften *(used, transferred or sold)* Güter erkannt *(credited)* werden.

Schicksal der meisten Aktiva: Wertminderung

Fate of most assets: depreciation

Mit Anlageabschreibungen oder Absetzungen für Abnutzung *(capital allowances)* werden in jedem Jahr die Erschöpfung, Abnutzung, der Verschleiß und das Veralten von abnutzbaren Gegenständen in Rechnung gestellt *(exhaustion, wear and tear and obsolescence of depreciable property are taken into account).* Das befähigt den Kaufmann, die Kosten eines solchen Vermögensgegenstands in der Zeit seiner geschätzten wirtschaftlichen Nutzungsdauer wieder hereinzuholen *(recover the cost of such an asset during its estimated useful life). Capital allowances* ist die im englischen Steuerrecht übliche Sammelbezeichnung, sie entspricht etwa dem Begriff „steuerlich wirksame Abschreibungen" oder „steuerliche Abschreibungen" im Deutschen. Darunter fallen Einmalabschreibungen oder Sonderabschreibungen *(initial allowances or additional capital allowances)* und Absetzungen für Abnutzung im engeren Sinne oder laufende Abschreibungen *(writing-down/annual allowances).* Die amerikanischen Steuerleute ziehen *depreciation* vor. In der englischen und amerikanischen Buchhaltungssprache findet sich für „Abschreibung" ebenfalls meist *depreciation.* Eine Normalabschreibung ist hier eine *ordinary depreciation,* das ist die jährliche Absetzung für Abnutzung *(annual depreciation).* Mitunter aber wird eine Sonderabschreibung *(extraordinary depreciation)* oder eine erhöhte Abschreibung *(accelerated depreciation)* notwendig.

Für Abschreibungen in Frage kommen vor allem Anlagegüter *(capital goods)* wie Maschinen *(machinery),* Anlagen *(plant),* Werkzeuge *(tools),* Kraftfahrzeuge *(motor vehicles),* Möbel *(furniture),* fest eingebaute Anlagen *(fixtures)* und Installationen *(fittings).* Neben diesen materiellen Vermögensgegenständen *(tangible assets,* AE auch *tangible property)* können aber oft auch immaterielle *(intangible)* Anlagegüter abgeschrieben *(written down)* werden, sofern ihre Nutzungsdauer *(period of usefulness)* beschränkt ist.

Der steuerliche Abzug für Wertverlust ist nur zulässig für Gegenstände, die in einem Handels- oder Gewerbeunternehmen *(business or trade)* verwendet oder für die Erzielung von Einkommen benutzt werden *(held for the production of income).* Grundlage für die Bemessung der Abschreibung *(basis for determining the capital allowance/depreciation)* sind gewöhnlich die Anschaffungskosten *(initial cost, cost of purchase)* oder Herstellungskosten *(production cost).* Wenn der Gegenstand „wesentlich verbessert" *(substantially/materially improved)* wird, müssen diese Aufwendungen *(cost)* in der Bilanz aktiviert *(capitalized)* werden, indem sie dem Gegenstand hinzugeschlagen werden.

In England sind die Erstjahresabschreibungen *(initial/first-year allowances)* zum Zwecke der Konjunktursteuerung oft abgewandelt worden. In den ersten achtziger Jahren waren zum Beispiel erlaubt auf Investitionen in Anlagen und Maschinen *(investment in plant and machinery)* bis zu 100 Prozent, für Fabriken *(factories)* und Lagerhäuser *(warehouses)* 75 Prozent, für Landwirtschafts- *(agricultural buildings)* und Hotelgebäude *(hotel buildings)* 20 Prozent. Zeitweilig wurden solche Sonderabschreibungen auch benutzt, um den innerbritischen Entwicklungsgebieten *(development areas)* zu helfen, gelegentlich sogar für Gebrauchtgerät *(secondhand equipment)*. Sie wurden später verringert und sollten vom Steuerjahr 1986/87 an nicht mehr zugelassen werden – wogegen die Körperschaftsteuer gesenkt wurde.

Die jährliche laufende Abschreibung *(yearly writing-down allowance)* gilt für die ganze Zeit, die die Gegenstände in Gebrauch sind. Welcher Abschreibungssatz jeweils in Anspruch genommen werden kann *(what rate of allowance can be claimed),* richtet sich nach der Art des Gegenstands und seiner Verwendung. Die laufenden Abschreibungen werden normalerweise gewährt auf alle Gegenstände, die sich am Ende des Abschlußzeitraums *(accounting year)* im Betrieb *(business)* in Gebrauch befinden. Etwas anderes gilt bei Beginn eines Unternehmens *(start of a business):* Umfaßt in diesem Falle die erste Veranlagungsperiode *(period of assessment)* weniger als ein Steuerjahr *(less than a full tax year),* wird nur der entsprechende Anteil der laufenden Abschreibung, jedoch die volle zusätzliche Erstabschreibung gewährt.

Von den verschiedenen möglichen Abschreibungsverfahren *(methods of writing-down/depreciation)* ist in England am weitesten verbreitet die Abschreibung vom jeweiligen Buchwert *(book/written-down value).* Bei der Buchwertabschreibung *(diminishing/declining balance depreciation)* wird die Abschreibung im ersten Jahre, laufende wie Zusatzabschreibung, als Prozentsatz der Anschaffungskosten berechnet *(calculated as a percentage of initial cost).* In den folgenden Jahren wird sie von dem jeweils verbliebenen Buchwert oder abgeschriebenen Wert *(written-down value)* berechnet. Ein anderes Verfahren ist die lineare Abschreibung *(straight-line depreciation).* Bei ihr werden die laufenden Abschreibungen gleichmäßig über die geschätzte Nutzungsdauer des Gegenstands verteilt *(depreciation is spread evenly over the estimated working life of the asset).* Ein drittes Verfahren, in Amerika öfter verwendet als in England, ist die Digitalabschreibung *(sum of the year-digits depreciation).* Hierbei wird auf den Ausgangswert *(initial/original value),* vermindert um den geschätzten Restwert *(residual value)* am Ende der Nutzungsdauer – oft nur noch der Schrottwert *(salvage value)* –, in jedem Jahre ein anderer mathematischer Bruch *(fraction)* angewandt. Der Nenner *(denominator, bottom)* bleibt immer der gleiche. Er ist die Summe der Ziffern *(digits)* und bezeichnet die Jahre der Nutzungsdauer. Der Zähler *(numerator, top)* wechselt jedes Jahr und nennt die Zahl der Jahre restlicher Nutzungsdauer zu Beginn des jeweiligen Abschreibungsjahres. Demnach wird ein Gegenstand mit einer geschätzten Nutzungsdauer von fünf Jahren im ersten Jahre abgeschrieben mit einem Abschreibungssatz *(at a rate of depreciation)* von 5/15, im zweiten mit 4/15, im dritten mit 3/15 usw.

Neben der normalen oder regelmäßigen Abschreibung *(regular depreciation)* ist auch in Amerika für besonders zugelassene Anlagegegenstände *(qualifying property/assets)* im ersten Jahr eine zusätzliche Abschreibung *(additional first-year depreciation)* erlaubt. Im Zeitalter rascher Geldentwertung beklagen sich die Unternehmen immer wieder, daß Abschreibung vom Wiederbeschaffungswert *(depreciation on replacement value)* in aller Regel steuerlich nicht zulässig ist. Für kalkulatorische Zwecke *(costing purposes),* ohne Rücksicht auf die Steuer, wird oft ein produktionsabhängiges Abschreibeverfahren *(output/production method)*[1] angewendet, je nachdem wie stark die Maschine oder Anlage dabei in Anspruch genommen wird.

Gelegentlich muß ein Gegenstand in einem Zuge voll abgeschrieben *(written off)* werden, etwa wegen Zerstörung oder weil er seinen wirtschaftlichen Nutzen plötzlich eingebüßt hat. Von einem schwerbeschädigten Wagen pflegt man zu sagen: „Den können Sie abschreiben, er ist ein Totalschaden *(it's a write-off).*" In manchen Ländern gewährt der Staat *(government)* unter gewissen Voraussetzungen Investitionszuschüsse zu Kapitalaufwendungen *(investment grants towards capital expenditure).* In diesen Fällen muß gewöhnlich zur Errechnung der laufenden Abschreibung *(in calculating the writing-down allowance)* der Zuschuß *(grant)* von den Anschaffungskosten abgezogen werden. – Eine andere Art der Abschreibung ist die auf den Teilwert *(value to the business),* den Wert, den der Gegenstand für gerade dieses Unternehmen hat.

Substanzverringerung – faule Forderungen – Verlustvortrag

Depletion – bad debts – carry forward

Im deutschen allgemeinen Sprachgebrauch wird das Wort Abschreibung meist noch verwendet für die Tilgung *(amortization)* eines Aufgeldes *(premium),* für Absetzungen für Substanzverringerung *(depreciation of wasting assets, allowances for depletion)* und für die Abschreibung uneinbringlicher Forderungen *(irrecoverable/irretrievable/bad debts).* Mit *amortization* kann aber auch die Rückzahlung von Schulden gemeint sein. Das Aufgeld oder Agio einer Schuldverschreibung *(bond premium)* ist der Betrag, den der Käufer der Schuldverschreibung *(bond)* über den Nominalwert *(face value)* hinaus zahlt. Das Abgeld oder Disagio *(discount)* ist der Unterschiedsbetrag zwischen dem Nominalwert und dem, was der Kreditnehmer *(borrower)* wirklich als Kredit erhält. Absetzungen für Substanzverringerung *(depletion)* kann in Anspruch nehmen, wer Grundstücke mit Bodenschätzen *(mineral property),* eine Ölquelle *(oil well),* ein Gasvorkommen *(gas deposit)* oder stehendes Nutzholz *(standing timber)* besitzt. Die Absetzung bei solchen Substanzbetrieben *(wasting assets)* richtet sich nach dem Verhältnis der Abbaumenge *(volume of exploitation)* zur insgesamt vorhandenen Menge. Forderungen, die als mit Sicherheit wertlos festgestellt werden *(debts which have been definitely ascertained to be worthless),* dürfen abgeschrieben

[1] Dr. Leopold Vörös, „Betriebswirtschaftliche Fachausdrücke", Englisch–Deutsch, Verlag Organisator AG, Glattbrugg-Zürich; Forkel-Verlag GmbH, Stuttgart, S. 62.

(written off, depreciated) werden, nur zweifelhafte Forderungen *(doubtful debts)* dagegen noch nicht. Waren uneinbringliche Forderungen abgeschrieben *(written off)*, dann aber doch noch eingebracht *(recovered, collected)*, so werden sie als Geschäfts-/Betriebseinnahmen *(trading receipts)* des Empfangsjahres behandelt[1].

Für den Abzug von Debitoren *(accounts receivable)* und Schuldscheinen *(notes receivable)*, die zum Teil oder ganz als wertlos angesehen werden *(partially or totally worthless)*, unterscheidet die amerikanische Steuerbehörde zwei Verfahren: Die direkte Absetzung *(specific charge-off method)* und das Verfahren der Sammelwertberichtigung *(reserve for bad debts method)*. Bei dem ersten Verfahren setzt der Kaufmann die im einzelnen spezifizierten uneinbringlichen Geschäftsforderungen ab *(deducts specific bad debts)*. Bei dem zweiten Verfahren erhöht er eine Sammelwertberichtigung um eine angemessene Zuweisung *(increases a reserve for bad debts by a reasonable addition)* anstelle des direkten Abzugs *(in lieu of the direct deduction)*.

Die englische und amerikanische Steuerrechtsprechung *(jurisdiction on tax)* haben im Laufe der Zeit in vielen Einzelfällen entschieden, was absetzbar ist und was nicht. Bei vielen Aufwendungen muß untersucht werden ob sie laufende Betriebsausgaben *(current business expenses)* oder Investitionen *(capital expenditure/investment)*[2] sind, wofür nur anteilige Absetzungen für Abnutzung *(pro-rata capital allowances)* beansprucht werden können. Oft sind erworbene Güter strenggenommen Vermögen, brauchen aber dennoch nicht als Vermögenswerte in der Bilanz aktiviert zu werden *(capitalized as assets in the balance sheet)*, weil sie nur geringen Wert *(little value)* haben. Sie können daher als laufende Betriebsausgaben behandelt *(treated as current business expenses)* werden, so in der Regel kleine Werkzeuge und geringwertige Büroeinrichtung *(low-value office equipment)*. Die Grenze zwischen voll absetzbaren Betriebsausgaben *(fully deductible business expenses)* und eindeutig aktivierungspflichtigen Investitionen *(expenses of a definite capital nature)* ist nicht immer leicht zu ziehen.

Der Geschäfts- oder Firmenwert *(goodwill)* ist ein Beispiel für einen immateriellen Vermögensgegenstand *(intangible asset)*, der in der Regel nicht nach und nach abgeschrieben *(written down)*, sondern allenfalls in einem Zuge heruntergeschrieben *(written off)* wird, wenn er sich eines Tags als wertlos erweist. Der Preis für den Erwerb von Warenzeichen *(trademarks)* und Handelsmarken *(tradenames)* ist nicht absetzbar *(deductible)*, abschreibbar *(depreciable)* oder tilgbar *(amortizable)*, kann und muß aber ebenfalls, wenn wertlos, ausgebucht *(written off)* werden.

Für Verluste aus einem Handelsbetrieb oder freien Beruf *(losses in a trade or profession)* ist nach englischem wie nach amerikanischem Recht Steuererleichterung möglich. Die Verluste können zunächst gegen Einkommen aus anderen Quellen verrechnet werden *(set off against income from other sources)*. In England können sie sodann aufgerechnet werden gegen *(set off against)* die Gewinne der folgenden Jahre. Dieser Verlustvortrag auf die folgenden Jahre *(carryforward to*

[1] In den veröffentlichten Jahresabschlüssen *(annual reports)* von Banken finden sich Einzel- *(specific provisions)* und Sammelwertberichtigungen *(general provisions)*. Nicht selten wird zuviel wertberichtigt *(overprovisioned)*.

[2] Eine andere gebräuchliche Unterscheidung ist die in *capital items* und *non-capital items*, also etwa „aktivierungspflichtige" und „nicht-aktivierungspflichtige Posten".

subsequent years) ist solange erlaubt, bis der Verlust ausgeglichen ist *(the loss is balanced)*.

In Amerika ist sowohl Rücktrag *(carryback)* als auch Übertrag *(carryover)* eines Verlustes über mehrere Jahre möglich. Zunächst muß dazu der Nettobetriebsverlust für steuerliche Zwecke bereinigt *(net operating loss adjusted for tax purposes)* werden. Nach diesen Bereinigungen kann der Verlust als Verlustrücktrag *(loss carryback)* und Steuerabzug zunächst für das weitest zurückliegende Jahr geltend gemacht *(claimed)* werden. Soweit das Einkommen dieses Jahres den Verlust nicht aufsaugt *(absorbs the loss)*, kann der Verlust auf die näher zurückliegenden Jahre rückgetragen werden. Sodann kann er fünfzehn Jahre vorgetragen werden.

In England ist ein Rücktrag nur erlaubt im Falle der Geschäftsaufgabe *(closedown of the business)*. Ein Verlust aus den letzten zwölf Monaten darf im Wege der Neuveranlagung *(reassessment)* und mit den Gewinnen der letzten drei Geschäftsjahre *(financial years)* vor der Aufgabe des Geschäfts verrechnet werden.

Steuerabzug an der Quelle

Tax deduction at source

Als Arbeitseinkünfte *(earned income)* gelten in England solche aus selbständiger und unselbständiger Arbeit *(self-employment and employment)*, also Gewinne aus Gewerbe *(profits from trade)*, Einkommen aus freiberuflicher Tätigkeit *(profits from profession)*, Löhne *(wages)* und Gehälter *(salaries)*, sonstige Vorteile aus dem Arbeitsverhältnis *(benefits from the job)*, aber auch Renten *(pensions)* und gewisse Sozialleistungen *(social security benefits)*. Kapitaleinkünfte *(capital/investment income)*, auch „arbeitsloses Einkommen“ *(unearned income)* genannt, sind im wesentlichen Zinsen *(interest)* und Dividenden *(dividends)*. Der Empfänger erhält Zins und Dividende meist nach Abzug von Steuer an der Quelle, „netto Steuer“ *(net of tax)*. Der Steuerabzug an der Quelle *(tax deduction at source)*, die Quellensteuer *(withholding tax)*, kann verschiedene Formen annehmen. Der Steuerzahler kann Rückzahlung verlangen *(claim repayment)*, falls der Abzug angesichts seiner persönlichen Steuerverhältnisse zu hoch ist. Eine besondere Regelung *(special arrangement)* gibt es in England für die Besteuerung von Zinsen von Banken und Bausparkassen *(building societies)*.

Hier noch einige Fachausdrücke aus diesem Gebiet: Beim Verkauf von Rentenpapieren *(bonds)* zwischen zwei Zinsterminen *(interest dates)* muß in Amerika der Verkäufer die aufgelaufenen Stückzinsen *(accrued interest)* versteuern, wenn er dafür ein Entgelt erhalten hat. *Patronage* oder *patronage dividends* sind Gewinnausschüttungen *(distributions)* an Kunden, vornehmlich Mitglieder von Einkaufs- und Verbrauchergenossenschaften *(co-operative societies,* oft nur *co-operatives)*. Sie sind je nach Umständen steuerlich verschieden zu behandeln. „Stockdividenden“, auch Zusatzaktien oder Gratisaktien genannt (BE *scrip issues*, AE auch *stock dividend)*, sind im allgemeinen nicht zu versteuern. Maklergebühren *(brokerage fees)* sind unter bestimmten Umständen abziehbar, desgleichen in Amerika die Safemiete *(safe-deposit box rent)*, wenn das Safe zum Aufbewahren von Wertpapieren, Bonds *(storage of stocks, bonds)* usw. benutzt wird und die Einkünfte aus ihnen steuerbar sind. Die Miete ist nicht abziehbar, wenn das Safe benutzt wird, um darin persönliche Dinge oder steuerfreie Wertpapiere aufzubewahren *(store personal effects or tax-exempt securities)*. Kosten der Teilnahme an der Hauptversammlung *(expenses of attending the stockholder/shareholder meeting)* sind gewöhnlich nicht absetzbar.

Im Streitfalle Berufung

In case of disagreement: appeal

Einige Zeit nachdem der Steuerpflichtige seine Steuererklärung eingereicht hat *(filed his return)* – je nach persönlichen Verhältnissen in getrennter Steuererklärung *(separate tax return)* oder Ehemann und Ehefrau in gemeinsamer Steuererklärung *(joint tax return)* –, erhält er seinen Veranlagungsbescheid *(notice of assessment)*. Ist er damit nicht einverstanden, hat er die Möglichkeit, Rechtsmittel einzulegen *(to appeal)*.

In England muß er dazu innerhalb von dreißig Tagen an seinen Steuerinspektor schreiben und seine Einsprüche erheben. Kommt es zu keiner Einigung, kann sich der Steuerpflichtige an die *General Commissioners* wenden. Sie sind keine Beamten *(civil servants)*, meist auch keine Steuerfachleute *(tax experts)*, sondern gewöhnliche ortsansässige Bürger und beziehen kein Entgelt für diese Tätigkeit. Er kann aber auch – gewissermaßen in Sprungberufung – vom Steuerinspektor aus sogleich an die *Special Commissioners* gehen. Sie sind Steuerfachleute und zugleich letzte Tatsacheninstanz. Wenn sie also in einer Streitfrage über Tatsachen *(question of fact)* entscheiden, ist diese Entscheidung endgültig *(the decision is final)*. Entscheiden sie aber über eine Rechtsfrage *(question of law)*, können der Steuerpflichtige wie der Inspektor an die Steuerabteilung des Obergerichts *(Chancery Division of the High Court)*, von da weiter an das Berufungsgericht *(Court of Appeal)* und schließlich sogar an das Oberhaus *(House of Lords)* in dessen Eigenschaft *(capacity)* als höchste rechtsprechende Instanz des Landes appellieren. Es besteht kein Anwaltszwang *(legal representation is not required)*, der Steuerpflichtige kann seinen Fall selbst darlegen *(present his own case)*, aber im allgemeinen ist schon in der Commissioner-Instanz Vertretung durch einen Rechtskundigen ratsam *(legal representation is advisable)*[1].

Auch in den Vereinigten Staaten gibt es bereits innerhalb der Steuerverwaltung *(Internal Revenue Service)* drei Stufen *(levels)* für das Rechtsmittelverfahren. Die erste, etwa dem „Einspruch“ in der Bundesrepublik vergleichbar, ist die „Prüfung“ *(audit)*. Dazu kommt es, wenn entweder dem Finanzamt *(Internal Revenue Office)* neue Tatsachen bekanntgeworden sind oder der Steuerpflichtige selbst Widerspruch einlegt *(files a claim)* und einen Anspruch geltend macht *(files a claim)*. Für das Verfahren in den nächsten Stufen erhält er zunächst eine Rechtsmittelbelehrung *(explanation on rights of appeal)*, in der ihm erklärt wird, wie er seine Rechtsmittel auszuüben hat *(exercise his rights of appeal)*. Er kann eine Verwaltungsstufe überspringen *(bypass)*, und er kann im späteren Verfahren das Gericht anrufen. Die Zuständigkeit *(jurisdiction)* im Gerichtsverfahren hängt davon ab, ob von ihm eine höhere Steuer verlangt wird oder ob er geltend macht, zuviel Steuer bezahlt zu haben *(he claims overpayment)*. Im

[1] Teils nach "*Money Which? – Tax Saving Guide*", March 1983, S. 56/57, Consumers' Association.

ersten Falle muß er zum Finanz-/Steuergericht *(tax court)* gehen, im zweiten Falle Klage auf Rückerstattung einreichen *(file suit for refund),* entweder bei einem Bezirksgericht *(district court)* oder beim Rückerstattungsgericht *(court of claims).* Gelangt der Streitfall nicht bis vor die Gerichte, weil man sich in einer der Verwaltungsstufen einigt, so wird der Steuerpflichtige gebeten, eine Verzichtserklärung zu unterzeichnen *(to sign a waiver)*, in der er sich weiterer Rechtsmittel begibt[1].

Reform an Haupt und Gliedern

Root and branch reform

Verschiedene britische Regierungen haben eine Reform der Einkommensteuer versucht und zugleich Steuersenkungen *(tax cuts)* erklärt. So wurde das einstige Zweigespann von Einkommen- und Zusatzsteuer *(surtax)* durch eine einheitliche Steuer *(unified tax)* ersetzt mit einem Proportionalsteuersatz *(proportional tax rate)* für die ersten Teile steuerbaren Einkommens *(the first units of taxable income)* von meist 30 Prozent. Die Steuersätze wurden gesenkt *(reduced, lowered)*. Der oberste Grenzsteuersatz *(top marginal rate)* betrug 1985 noch 60 Prozent, die einstige Zusatzsteuer auf Kapitaleinkünfte *(investment income surcharge)* wurde beseitigt. Des weiteren wurden die persönlichen Freibeträge *(personal allowances)*, die Steuerschwellen *(tax thresholds)* sowie die Bandbreiten der Steuersätze *(rate bands)* „indiziert" *(indexed):* Sie werden alljährlich der Inflation angepaßt *(adjusted to inflation)*, wobei man den Lebenshaltungskostenindex *(cost-of-living index, retail price index, AE consumer price index)* zugrunde legt. Allerdings hat der Finanzminister *(minister of finance, finance minister)* einige Ermessensfreiheit *(discretion, latitude)* für die Wahl des Stichtags des Index.

Für die Beurteilung der Einkommensteuerlast *(burden of income tax)* kommt es nicht nur auf den „Plafond", die effektive Gesamtbelastung *(effective rate)*, an, also wieviel jemand insgesamt von seinem Einkommen an Einkommensteuer zu zahlen hat. Ganz wesentlich ist auch der Grenzsteuer- oder Marginalsatz *(marginal rate)*, der auf den jeweils letzten zusätzlichen Einkommenseinheiten *(the last slices of income)*[2] liegt. In den unteren Einkommensbereichen *(lower income brackets)* ist der Marginalsatz noch gleich dem Proportionalsatz. Aber schon in den mittleren Einkommensbereichen *(medium income brackets)* erhöht sich der Grenzsteuersatz bedenklich. Der Sparer muß außerdem auch noch die ständige Geldentwertung *(continuous loss of purchasing power)* seiner Sparanlagen *(investments, savings)* im Auge haben. Was hat er von seinem Konsumverzicht *(abstention/refraining from consumption)*, wenn die Inflation jährlich einen beträchtlichen Teil seines Kapitals aufzehrt *(erodes, eats away)*, und er dennoch von seinem Zins die Hälfte oder noch mehr an den Fiskus *(exchequer)* abführen muß. Infolge dieser negativen Anreize, Entmutigungen *(disincentives)*, ist in den Industrieländern eine umfangreiche „Schattenwirtschaft" oder „Schwarze Wirt–

[1] "*If Your Return is Examined*", Document No. 5202 des US Treasury Department, Internal Revenue Service.

[2] Im praktischen Sprachgebrauch versteht man unter diesen zusätzlichen Einheiten oft auch größere Beträge, wenn man die Steuer darauf isoliert betrachtet, zum Beispiel auf den Betrag einer Lohnerhöhung *(pay/wage/income rise)* oder auf Lohn für Überstundenarbeit *(overtime pay)*.

schaft“ *(black economy, informal economy)* aufgekommen. Arbeiten werden ohne Rechnung *(without invoice)* ausgeführt, um Steuer und Sozialversicherungsbeiträge *(national insurance contributions)* zu sparen.

Doppelbesteuerung von Gesellschaftsgewinnen

Double taxation of company profits

Wie die meisten Industrieländer, so haben auch Großbritannien und die Vereinigten Staaten das System der Doppelbesteuerung von Gesellschaftsgewinnen *(double taxation of company profits)* mit getrennter Besteuerung der Gesellschaft und des einzelnen Empfängers der Dividende *(separate tax on the company and on the individual recipient of the dividend)*.

Der Körperschaftssteuer unterliegen *(corporation tax is chargeable on)* Gesellschaftsgewinne jeglicher Herkunft, ausgenommen Dividenden und andere Ausschüttungen *(distributions)*, die von einer im Lande ansässigen Tochtergesellschaft *(subsidiary)* oder Beteiligungsgesellschaft *(associated company)* der besteuerten Gesellschaft stammen. Das Einkommen wird ermittelt nach den Grundsätzen der Einkommensteuer *(computed in accordance with income tax principles)*. Der Steuersatz für ein Finanzjahr wird, wie alle neuen Steuervorschriften für das Jahr, in der Haushaltsvorlage in der ersten Hälfte des nächsten Jahres festgesetzt *(the tax rate is fixed in the budget)*. Wenn sich das Rechnungsjahr *(accounting period)* nicht mit dem Haushaltsjahr deckt, wird der Gewinn im Verhältnis der Zeit aufgeteilt *(profit is apportioned on a time basis)*, und der Steuersatz für jedes der beteiligten Finanzjahre, falls er verschieden ist, wird auf jeden der beiden Gewinnanteile getrennt angewendet.

Von 1965 bis 1973 hatte England ein System mit einem einheitlichen Körperschaftssteuersatz *(uniform rate of corporation tax)*, zuletzt 40 Prozent, dem der gesamte Gewinn unterlag. Außerdem mußte der Aktionär auf ausgeschüttete Gewinne Einkommensteuer zahlen. Von der Dividende wurde schon bei der Gesellschaft Einkommensteuer zum allgemeinen Satz abgezogen *(income tax deducted at the standard rate)*. Erhielt eine englische Gesellschaft von einer anderen Dividenden, nachdem von diesen bereits Einkommensteuer abgezogen worden war, so wurden diese Nettodividenden nicht auch noch der Körperschaftssteuer unterworfen *(net dividends were not charged to corporation tax)*, sondern waren befreite Kapitaleinkünfte *(franked investment income)*. Die abgezogene Einkommensteuer wurde aber auch nicht erstattet, außer im Wege der Aufrechnung *(refunded by way of set-off)* gegen die Verpflichtung der Gesellschaft, Einkommensteuer auf ihre eigenen Dividenden und Ausschüttungen abzurechnen *(account for income tax on its own dividends and distributions)*, sowie im Wege der Steuererleichterung für Betriebsverluste *(relief for trade/trading losses)*. Andere Zahlungen, zu deren Empfang die Gesellschaft berechtigt *(entitled)* war und von denen die Einkommensteuer zuvor abgezogen worden war, unterlagen der Körperschaftssteuer *(were liable to corporation tax)* in den Händen dieser Gesellschaft, wobei ihr die abgezogene Einkommensteuer gutgeschrieben wurde.

Im Rahmen der Steuerreform in England wurde auch die Körperschaftssteuer umgebaut. Zunächst standen zwei Systeme zur engeren Wahl *(two tax systems were shortlisted),* das System mit gespaltenem Körperschaftssteuersatz *(two-rate system)* und das Anrechnungssystem *(imputation system).* Beim ersten wird auf Gewinnausschüttungen für einen Abschlußzeitraum ein ermäßigter Satz, eine Steuerermäßigung auf den ausgeschütteten Gewinn *(distribution relief)* gewährt. Durch Freistellung *(franking)* wird dafür gesorgt, daß die Muttergesellschaft *(parent company)* die von der Tochtergesellschaft *(subsidiary [company])* empfangenen und von ihr bereits versteuerten Dividenden nicht nochmals zu versteuern hat – sofern die Muttergesellschaft sie weiter an ihre eigenen Aktionäre ausschüttet *(distributes).* Die Gesellschaften haften für den Abzug der Einkommensteuer der Aktionäre *(are liable to deduct income tax from dividends)* und legen darüber dem Finanzamt Abrechnung vor *(account to the Inland Revenue).*

Die Regierung entschied sich jedoch für das Anrechnungssystem. Hierbei zahlt die Gesellschaft Körperschaftssteuer zum Beispiel zum Satz von 40 Prozent auf alle Gewinne, ob ausgeschüttet oder einbehalten *(retained).* Auf ausgeschüttete Gewinne wird Einkommensteuer nicht mehr einbehalten, aber die Gesellschaft muß dem Finanzamt eine Steuervorauszahlung auf die Aktionärsdividende leisten. Ist der Proportionalsatz der Einkommensteuer zum Beispiel 30 Prozent, so beträgt die Vorauszahlung drei Siebentel. Diese Vorauszahlungen werden auf die Körperschaftssteuerschuld auf ihren Gewinn für diesen Abschlußzeitraum angerechnet *(advance payments are set off against its corporation tax bill on its profit for that accounting period),* mindern sie also.

Der Empfänger einer Ausschüttung, auf die die Körperschaftssteuer-Vorauszahlung geleistet wird, ist zu einer Steuergutschrift berechtigt *(entitled to a tax credit).* Er erhält damit nicht mehr, wie beim alten System, eine Nettodividende *(net dividend),* nämlich Bruttodividende *(gross dividend)* abzüglich eines Einkommensteuerabzugs zu einem festen Satz, sondern eine Dividende, die eine Steuergutschrift mit sich trägt *(a dividend which carries with it a tax credit).* Diese Gutschrift muß er mit als Einkommen erklären. Hält sich sein Gesamteinkommen jedoch in einem Rahmen, bei dem der untere proportionale Steuersatz von 30 Prozent der Einheitseinkommensteuer gilt, so ist insoweit seine Steuerverpflichtung abgegolten *(his tax liability is satisfied)* durch die Vorauszahlung der Gesellschaft: Drei Siebentel auf die Dividende ist gleich 30 Prozent auf Dividende plus Steuergutschrift. Ein Aktionär, der nicht steuerpflichtig *(not liable to tax)* ist, kann Auszahlung der Gutschrift verlangen *(claim payment of the credit);* ein Aktionär, der zu einem höheren Satz als 30 Prozent steuerpflichtig ist *(liable to tax at a higher rate),* verliert die Gutschrift und hat nachzuzahlen.

Für die Hauptkörperschaftssteuer von 50 Prozent hat man die Bezeichnung *mainstream corporation tax* oder kurz *mainstream tax* gewählt, für die auf ausgeschüttete Gewinne vorausgezahlte Körperschaftssteuer die Bezeichnung *advance corporation tax,* abgekürzt *ACT.* Nur Dividenden und dividendenähnliche Zahlungen *(payments akin to dividends)* ziehen eine Verpflichtung zur Zahlung von *ACT* nach sich *(attract a liability to ACT-payments)* und führen zu der Steuergutschrift für den Empfänger *(tax credit for the recipient).* Sie werden *qualifying distributions* genannt, also etwa entsprechend der deutschen Bezeichnung „berücksichtigungsfähige Ausschüttungen“, im Gegensatz zu *non-qualifying distributions,* also „nicht-berücksichtigungsfähige Ausschüttungen“.

Gesellschaften unter Kontrolle von nur wenigen Personen gelten als „geschlossene Gesellschaft“ *(close company)*. Das Gesetz definiert eine Gesellschaft als „geschlossen“, wenn sie nicht mindestens fünf *participators* hat oder wenn die *participators,* gleichgültig wie viele es sind, alle Direktoren sind. Das neue Wort wäre mit „Teilhaber“ unzulänglich übersetzt, denn auch Gläubiger zählen unter gewissen Umständen als *participators.* Eine denkbare Übersetzung wäre „Interessierte“ oder „Interessenten der Gesellschaft“. Die Finanzbehörde hat bei solchen Gesellschaften ein Augenmerk auf deren *relevant income,* den „maßgeblichen Gewinn“. Das ist der zur Ausschüttung verfügbare Gewinn. Bleiben die Ausschüttungen unter diesem ausschüttbaren Gewinn *(distributable income),* kann sie (nur) bei nicht-tätigen *(non-trading)* Unternehmen den nichtausgeschütteten Betrag den Gesellschaftern zurechnen *(apportion)* und der Einkommensteuer unterwerfen. Ferner überwacht sie sogenannte verdeckte Gewinnausschüttungen *(hidden distributions)* an „Interessierte“, zum Beispiel Zuwendungen in Form von Waren *(benefits in kind)*, auch wenn diese an „Nahestehende“ *(associates)* eines „Interessierten“ gehen, etwa an Familienangehörige oder ihm geschäftlich eng Verbundene. Gibt die Gesellschaft einem von ihnen einen Kredit *(makes a loan to ...)*, so muß sie auf diesen Betrag Steuer in Höhe der *ACT (at the rate of ACT)* zahlen; zahlt der Empfänger den Kredit später zurück, so wird die Steuer erstattet. Wird der Kredit bei der Gesellschaft abgeschrieben *(written off)* oder erlassen *(released)*, so muß der Empfänger zusätzlich die gegebenenfalls höhere Einkommensteuer zahlen. Unter dem alten Steuersystem mußte von solchen Gesellschafterdarlehen *(loans to participators)* Einkommensteuer auf den Betrag plus Steuer *(income tax on the grossed-up amount)* abgezogen werden: als wenn die Gesellschaft einen Gewinn ausschüttete und die Steuer darauf übernähme.

Besondere Bestimmungen finden Anwendung *(special rules apply)* für die Berechnung des *relevant income* im Falle der Geschäftsaufgabe *(cessation [of business])*. Für Aktiengesellschaften gelten auch die Regeln über Auslauf- und Stillegungsverluste *(terminal losses)* in Form eines Verlustabzugs *(loss relief)* von den Gewinnen der drei letzten Jahre davor. Für die Phase des Übergangs vom alten auf das neue Körperschaftssteuersystem wurden Übergangsregelungen *(transitional arrangements)* getroffen, desgleichen für Gesellschaften mit Auslandseinkommen *(overseas income)*, die im Ausland bereits hoch besteuert waren.

In Amerika sind Gesellschaften als solche der Einkommensteuer zu besonderen Sätzen unterworfen *(subject to income tax at special rates)*. Man spricht von der „Einkommensteuer von Aktiengesellschaften“ *(corporate income tax)*. Nicht nur Aktiengesellschaften *(corporations)* unterliegen ihr, sondern auch manche Gesellschaften ohne eigene Rechtspersönlichkeit (AE *unincorporated organizations)*, sofern sie bestimmte Merkmale einer Körperschaft haben *(having certain corporate characteristics)*. Solche Merkmale sind: zentrale Geschäftsleitung, Haftung für Schulden der Gesellschaft auf ihr Vermögen beschränkt *(liability for corporate debt limited to corporate property)*, freie Übertragbarkeit der Anteile *(free transferability of interests)*. Unter bestimmten Umständen kann eine Gesellschaft vorziehen, der Einkommensteuer von Gesellschaften nicht unterworfen zu werden. Sie muß dazu eine inländische Gesellschaft sein, nicht Teil einer Unternehmensgruppe, nur eine Klasse von Aktien und nicht mehr als 35 Aktionäre haben. Andererseits können ein Einzelunternehmen *(sole proprietorship)* und eine Offene Handelsgesellschaft *(partnership)* wählen, als Körperschaft besteuert zu werden.

Jede Körperschaft, soweit sie nicht ausdrücklich ausgenommen ist, muß eine Einkommensteuererklärung einreichen. Körperschaften sind bei der Ermittlung ihres Gewinns zu gewissen besonderen Absetzungen *(special deductions)* berechtigt. Vor allem dürfen sie einen Teil der Dividenden, die sie von anderen Gesellschaften erhalten, außer Ansatz lassen. Kleine Holding-Gesellschaften *(small-business investment companies)* dürfen solche Dividenden sogar ganz weglassen.

In den frühen achtziger Jahren kam es zu einem internationalen Konflikt über das Einheitssteuer-Konzept *(unitary tax concept)* etlicher amerikanischer Bundesstaaten gegenüber Tochtergesellschaften *(subsidiaries)* ausländischer Konzerne auf ihrem Gebiet. Diese Staaten legten der Besteuerung nicht den erklärten Gewinn *(profit as stated)* der Tochtergesellschaft zugrunde, den sie als zu niedrig erklärt *(underreported)* ansahen, sondern einen höheren, ermittelt nach dem Verhältnis ihres Vermögens *(assets)*, ihrer Lohnsumme *(payroll)* und ihrer Umsätze *(sales)* zu denen des gesamten ausländischen Konzerns. Sie betrachteten diesen gleichsam als ein „einheitliches Unternehmen" *(unitary business)*, ungeachtet seiner selbständigen Unternehmensteile *(corporate divisions)*.

Vermögensgewinne – Vermögensübertragungen

Capital gains – capital transfers

Beide Länder, England wie die Vereinigten Staaten, besteuern sogenannte Vermögensgewinne *(capital gains)* sowie Vermögensübertragungen *(capital transfers)*, diese mit einer Steuer auf Geschenke zu Lebenszeit *(lifetime gifts)* wie auch auf den Nachlaß im Todesfalle *(estate at death)*.

Die englische Vermögensgewinnsteuer *(capital gains tax – CGT)* erfaßt Gewinne aus der Veräußerung *(disposal)* gewisser Vermögenswerte *(gains accruing from the disposal of certain assets)*. Veräußerung bedeutet jeder Eigentumsübergang *(transfer of ownership)*, jedoch nicht Vermögensübergang nach dem Tode *(transfer of property on death)*. Als Vermögensgegenstände ausgenommen sind das eigene Haus, wenn es der Hauptwohnsitz *(principal residence)* ist; das Privatauto; gewisse Wertpapiere, darunter britische Staatspapiere *(government stocks)*, wenn sie für mindestens ein Jahr gehalten *(held for at least one year)* werden; Vermögensgegenstände, die Teil des Geschäfts *(part of the business)* sind; Wettgewinne *(betting winnings)*; persönliches Hab und Gut *(personal belongings, goods and chattel)* bis zu einer gewissen Grenze. Der Steuersatz *(tax rate)* war 1984 30 Prozent auf „steuerbare Netto-Gewinne" *(net taxable gains)* – das heißt nach Abzug zulässiger Verluste *(allowable losses)*. Dazu wird verglichen der Anfangswert *(initial value)* zuzüglich zulässiger Ausgaben *(allowable expenses)*, insgesamt der Erwerbswert *(acquisition value)* mit dem Endwert *(final value)* zum Veräußerungszeitpunkt *(date of disposal)*. Ein Jahresfreibetrag *(annual exemption)* wird gewährt, der index-gekoppelt *(index-linked)* ist.

In den Vereinigten Staaten unterliegen kurzfristige Vermögensgewinne *(short-term capital gains)* der Einkommensteuer zu den üblichen Sätzen. Aber für Gewinne aus dem Verkauf langfristig gehaltener *(long-term held)* Gegenstände – länger als ein Jahr – gelten ermäßigte Sätze *(reduced rates)*.

Im Jahre 1974 wurde in England die Nachlaßsteuer *(estate duty)*, im Deutschen meist fälschlich „Erbschaftssteuer" genannt, durch die Vermögensübertragungssteuer *(capital transfer tax – CTT)* ersetzt. Von der Idee einer Vermögenssteuer *(wealth tax)* war man wieder abgekommen. Aber die CTT wurde nach ähnlichen Vorstellungen geschaffen: Sie sollte die „ungleiche Vermögensverteilung" *(inequality/maldistribution of wealth)* [1] bereinigen und die Schlupflöcher *(loopholes)* in den gesetzlichen Vorschriften gegen Steuervermeidung *(anti-avoidance provisions)* der Nachlaßsteuer schließen. Diese selbst war jahrzehntelang berüchtigt gewesen wegen der Härte *(severity)* ihres Zugriffs auf große Vermögen *(estates)*. Im Gegensatz zur deutschen Erbschaftssteuer *(inheritance tax)* war die Estate Duty eine Steuer auf das Nachlaßvermögen *(estate)*, nicht auf das Vermächtnis *(bequest)*, das der einzelne Vermächtnisempfänger *(legatee)* erhält. Sie war, wie es auch die CTT wieder ist, „*donor-based*", griff also auf das hinterlassene *(let)* Vermögen des Erblassers *(testators)* zurück, während die deutsche Erbschaftssteuer „*donee-based*" ist, also auf das dem Empfänger *(donee/recipient)* hinterlassene Vermächtnis *(legacy)* abstellt. Sie gewährte auch keine Erleichterung *(abatement, easement)* für Blutsverwandtschaft oder Abhängigkeit *(dependence)* und Bedürftigkeit *(penury)* des Begünstigten *(beneficiary)*.

Die CTT ist zum einen eine Schenkungssteuer *(gift tax)* auf Geschenke unter Lebenden *(gifts inter vivos)*, sodann eine Nachlaßsteuer. Die Schenkungssteuer wird kumulativ berechnet *(tax is charged on a cumulative basis)*, das heißt, der Steuersatz bestimmt sich nach der Summe der steuerbaren Geschenke desselben Schenkers *(the total of taxable gifts by the same donor)*, jedoch beschränkt auf zehn Jahre. Die Steuerschwelle lag 1984 bei 64 000 Pfund, es gibt einen Steuerfreibetrag für Kleingeschenke *(small gift exemption)* und einen Jahresfreibetrag. Der Steuertarif *(scale of rates)* für Übertragungen zu Lebenszeit *(lifetime transfers)* ist niedriger als der für Übertragungen von Todes wegen mit Spitzensätzen *(top rates)* von 30 und 60 Prozent.

In Amerika gibt es eine Bundesnachlaßsteuer *(federal estate tax)* sowie Nachlaß- und Erbschaftssteuern der Einzelstaaten *(state estate taxes and state inheritance taxes)*. Die Steuern der Staaten werden auf die Bundesnachlaßsteuer angerechnet. Der Nachlaß mindert sich für die Steuer vor allem um den Verheiratetenabzug *(marital deduction)*, den der überlebende Ehegatte beanspruchen kann. Die Bundesnachlaßsteuer wird ergänzt durch die Bundesschenkungssteuer *(federal gift tax)*. Jedermann hat als Schenker einen Freibetrag auf Lebenszeit *(lifetime exemption)*, den er nach Belieben auf einmal oder über die Jahre verteilt geltend machen kann. Nach Jahren, in denen er Geschenke von größerem Wert gemacht hat, muß er eine Schenkungssteuererklärung einreichen *(file a gift tax return)*.

Steuern auf das Einkommen und das Vermögen *(taxes on income and on capital),* wie bisher beschrieben, gelten gemeinhin als direkte *(direct)* oder offene Steuern, weil sie vom Steuerzahler erhoben werden, ohne daß eine dritte Person hinzutritt. Bei den indirekten Steuern *(indirect taxes)* hingegen, auch verdeckte Steuern *(hidden taxes)* genannt, sind der Steuerzahler und derjenige, dem sie auferlegt *(imposed)* sind, nicht identisch. Die indirekten Steuern werden daher als weniger schmerzhaft *(less painful)* empfunden. Die Unterscheidung von direkten und indirekten Steuern hat weder theoretisch noch praktisch viel Bedeutung.

[1] U.a. nach Cedric Sandford, „*Capital Taxes – Past, Present and Future*" in „*Lloyds Bank Review*", London, Okt. 1983, S. 34 ff.

Weit wichtiger ist, daß die indirekten Steuern in der Regel Aufwandssteuern *(taxes on expenditure, outlay taxes)* sind. Sie werden erhoben auf Güter des Massenkonsums *(goods of mass consumption)*, möglichst solche, die nicht besonders preisempfindlich *(sensitive to price change)* sind, um stetig fließende Einnahmequellen *(steady sources of revenue)* zu haben.

In England sind das die Zölle *(customs/import duties)* auf importierte Güter – im Rahmen des gemeinsamen EG-Außenzolls –, Verbrauchsabgaben *(excise duties)* auf importierte und im Inland erstellte Waren und Dienstleistungen *(home-produced goods and services)*, früher war es die Kaufsteuer *(purchase tax)* und jetzt ist es die Mehrwertsteuer *(value added tax – VAT)*, die auf inländischen ebenso wie auf importierten Gütern liegt, sowie die Stempelsteuern *(stamp duties)* und verschiedene andere Steuern auf den Verbrauch *(miscellaneous taxes on expenditure)*[1]. Die ersten drei Gruppen werden von Ihrer Majestät Zoll- und Verbrauchssteuerbehörde verwaltet *(administered by H. M. Board of Customs and Excise)*.

Das meiste am Whisky ist Akzise

Most of the whisky is excise

Verbrauchssteuer *(excise duty)* liegt in England auf Tabak, Spirituosen, Bier, Wein, Mineralölen *(hydrocarbon oils)*, auf Wetten *(betting)*, auf Streichhölzern und Feuerzeugen. Amtlich bezeichnet man diese Gruppe Verbrauchssteuern in England als Finanzsteuern und -zölle, insgesamt Finanzabgaben *(revenue duties)* im engeren Sinne. Aber die Bezeichnung hat wenig Sinn, denn die meisten Steuern werden früher oder später zu einer gewohnten und unentbehrlichen Einnahmequelle *(source of revenue)*. Bis 1973 hatte England keine allgemeine Verkehrssteuer *(general transactions tax)*.

Die Kaufsteuer erfaßte einen weiten Bereich von Konsumgütern *(purchase tax covered an extensive range of consumer goods)*, jedoch nicht Investitionsgüter und Dienstleistungen *(services)*. Sie wurde auf Importgüter zum selben Satz erhoben *(levied at the same rate)* wie auf britische, zusätzlich zum Zoll. Sie war eine Wertsteuer *(ad-valorem tax)* und wurde auf der Großhandelsebene erhoben *(collected at the wholesale stage)*. Im Gegensatz zur Allphasen-Umsatzsteuer *(all-stage turnover tax)* war die Kaufsteuer also eine Einphasensteuer *(one-stage tax)*. Sie wurde zuletzt in drei Sätzen erhoben *(charged)*, der höchste auf langlebige Verbrauchsgüter *(durable goods)*; davor gab es noch einen höheren auf Luxusgüter *(luxury goods)*.

Der Schatzkanzler (Finanzminister – *Chancellor of the Exchequer)* ist ermächtigt *(empowered)*, durch Verordnung *(by order)* einen Steueraufschlag *(surcharge)* zur Mehrwertsteuer und den Haupt-Verbrauchssteuern zu verfügen oder sie herunterzusetzen *(reduce)*, die Mehrwertsteuer bis zu 25 Prozent, die Verbrauchssteuern bis zu zehn Prozent. Dieser „Regulator“ ist gedacht als Instrument, mit dem das Schatzamt (Finanzministerium – *Treasury)* notfalls die Nachfrage rasch anregen

[1] *„The British System of Taxation“*, 1971, S. 27.

(stimulate) oder drosseln *(restrain)* kann. Hingegen muß eine Veränderung der Einkommensteuersätze stets dem Parlament vorgelegt werden *(laid before parliament)* und braucht dessen Zustimmung *(approval)*.

Autofahren mit Einheitssteuer

Driving on a flat-rate tax

Zeitweilig, von 1966 bis 1973 gab es in England eine Arbeitskraftsteuer *(selective employment tax – SET)*. Sie sollte Arbeitskräfte von den Dienstleistungsgewerben fort zu der exportierenden, verarbeitenden Industrie drängen *(shift labo[u]r from service industries to the exporting manufacturing industry)*. Sie wurde als ungerecht *(unjust)* und den Wettbewerb verzerrend *(distorting competition)* wieder abgeschafft *(abolished)*.

Die Kraftfahrzeugsteuer *(motor vehicle duty, road tax)* ist eine Abgabe auf die Zulassung *(licence)* zum Verkehr. Sie ist für Personenwagen ein Einheits-Steuerbetrag *(flat-rate tax)* jährlich. Für Motorräder *(motorcycles)* und Dreiradfahrzeuge *(three-wheelers)* zahlt man weniger, je nach Hubraum *(engine capacity)*; Lastfahrzeuge *(goods vehicles)* werden nach Gewicht besteuert *(taxed by weight)* und Taxis und Busse nach der Zahl der Sitze *(taxis and buses are taxed by seating capacity)*.

Stempelsteuern werden in England auf verschiedene Arten von Dokumenten erhoben *(stamp duties are levied on different types of documents)*, vor allem auf solche, die Rechte oder Schuldverpflichtungen schaffen oder übertragen *(creating or assigning rights or indebtedness)*. Die Stempelmarken *(stamps)* müssen vor Ausfertigung *(execution)* der Urkunde oder vor der Unterschrift *(signature)* oder innerhalb einer bestimmten Zeit danach aufgeklebt oder aufgepreßt *(impressed)* werden. Schecks, Quittungen und einige andere Urkunden unterliegen seit 1971 nicht mehr der Stempelsteuer *(are no longer subject to stamp duty)*. – Die deutsche „Gesellschaftssteuer" wäre etwa *share issue duty*, die „Wertpapiersteuer" *securities duty*.

Die Gemeindebehörden *(local authorities)* haben in England nur eine Steuer zur Verfügung, eine Art Grundsteuer, die im Englischen nur im Plural erwähnt wird: *the [local] rates*. Die Einnahmen daraus verschaffen den Gemeinden etwa zwei Fünftel der von ihnen benötigten Mittel *(the funds required by them)*. Die Steuer gründet sich *(the rates are based)* auf den steuerbaren Wert *(rateable value)* des Grundeigentums *(real estate/property)*, also Land und Gebäude *(land and buildings)*. Sehr oft zahlt jedoch der Bewohner *(occupier)*, wenn er Mieter *(tenant)* ist, die Steuer in Form höherer Miete an den Vermieter *(landlord)*, der sie im Namen der besteuernden Behörde *(rating authority)* einzieht *(collects)*. Manche Haushaltsvorstände *(householders)* sind zu einer Ermäßigung berechtigt *(entitled to a tax rebate)*. In Amerika sind die Grundsteuern *(real property taxes)* die traditionellen Kommunalsteuern. Für die Gemeinden bedeuten sie den Großteil der Einkünfte *(bulk of revenue)*. Eine Vielzahl von Verbrauchs- und Umsatzsteuern *(sales taxes)* gibt es in den USA als Bundes- und Staatssteuern. Sie werden meist auf die Einzelhandelsumsätze *(retail sales)*, manche aber auch auf mehreren Stufen erhoben: Mehrphasen-Umsatzsteuer *(multiple-stages sales taxes)*.

Die im Frühjahr 1973 in England eingeführte Mehrwertsteuer ist eine Umsatzsteuer von 15 Prozent auf die Wertschöpfung *(value added)* in der Form des Vorsteuerabzugs *(deduction of input tax)*. Er wirkt in folgender Weise: Jeder Mehrwertsteuerpflichtige *(taxable person)*, das heißt mehr oder weniger jeder Unternehmer, stellt bei Lieferung von Waren *(supply of goods)* oder Erstellung von Dienstleistungen *(supply of services)* seinem Kunden Steuer in Rechnung *(invoices tax to his customer)*; die Steuer wird gesondert ausgewiesen *(separately shown)*. Für jeden Voranmeldezeitraum *(VAT accounting period)* führt er die eingenommene Steuer an das Finanzamt ab *(remits the tax collected to the tax office)*, jedoch erst nachdem er die ihm von seinem Lieferanten in Rechnung gestellte Steuer abgezogen hat *(after having deducted the tax invoiced to him by his supplier)*. Erst aus dem Abzug der Vorsteuer *(input tax)* von der Mehrwertsteuer des Unternehmers *(output tax)* ergibt sich seine Nettosteuerschuld *(net tax liability)*[1]. Ist der Betrag an Vorsteuern größer als seine eigene Steuerschuld, so erhält er eine Steuergutschrift *(tax credit)*. Im Einzelfalle entsteht eine Steuerschuld *(liability to tax arises)*, wann immer steuerbare Umsätze ausgeführt werden *(taxable transactions/supplies are carried out)*. Auf diese Weise wird die Steuer übergewälzt *(rolled forward, passed on)* bis schließlich zum Verkauf an den Verbraucher *(sale to the consumer)*[2]. Exporte bleiben steuerfrei, und die Steuer auf Vorumsätze *(inputs, previous transactions)* solcher später exportierter Güter wird vergütet *(refunded)*. Für Kleinunternehmer *(small traders)* ist die Registrierung *(registration)* zur Mehrwertsteuer nicht vorgeschrieben *(obligatory)*.

Für eine Anzahl von Gütern gilt *zero-rating* = Nulltarifierung, das heißt Steuerfreiheit mit der Möglichkeit des Vorsteuerabzugs. Der Steuersatz für diese Waren ist null *(the tax rate ... is nil)*. Darunter fallen zum Beispiel Lebensmittel *(food)*, Bücher, Zeitungsanzeigen *(newspaper advertisements)*, Nachrichten- und Informationsdienste *(news services)* für Zeitungen, Haus- sowie Hoch- und Tiefbau *(construction of buildings, civil engineering)*, die Lieferung von Brennstoff *(fuel)* und Energie.

Für eine weitere Anzahl von Gütern gilt Befreiung *(exemption)*, oder genauer: Steuerfreiheit ohne die Möglichkeit des Vorsteuerabzugs. Diese sind aus dem Mehrwertsteuersystem ausgenommen. Steuerfreie Lieferungen und Leistungen *(exempt supplies)* sind zum Beispiel nichtgewerbliche Vermietung *(non-commercial letting)*, das Versicherungsgeschäft *(insurance)*, das Bankgeschäft *(banking)*, sonstiges Finanzgeschäft *(finance)*, Erziehungs- und medizinische Leistungen.

Neben effektiven Umsätzen gegen Entgelt *(consideration)* und der Einfuhr *(importation)* unterliegt der Steuer auch der Eigenverbrauch *(self-supply)*; alles dies sind steuerbare Vorgänge *(taxable applications)*. An die Stelle des Rechnungspreises *(invoice price)* tritt in manchen Fällen, z. B. bei Geschenken, der Marktwert *(open-market value)* oder notfalls ein fiktiver Wert *(notional value)*.

Der Einzelhändler kann wählen, ob er in seine Bruttoeinnahmen *(gross takings)* die Verkäufe an Kreditkunden *(account customers)* bei Verkauf oder erst bei Zahlung einbeziehen will.

[1] Aus dem Grünbuch *(Green Paper)* *„Value-added Tax"*, Presented to Parliament by the Chancellor of the Exchequer, March 1971, Her Majesty's Stationery Office, London, Cmnd 4621, S. 6 ff.

[2] Praktisch mag die Überwälzung nicht immer gelingen, wenn nämlich die Elastizität der Nachfrage *(elasticity of demand)* so groß ist, daß die Verbraucher auf Preis- oder Steuererhöhungen hin die Ware weniger kaufen.

ZWEITER TEIL

DAS UNTERNEHMEN

Second Part

The Enterprise

„Two's company – three is a crowd."
(Englisches Sprichwort)

Unternehmensformen *

Einzelunternehmen und Handelsgesellschaft
Sole tradership and partnership

Wer immer ein gewerbliches Unternehmen *(concern/enterprise/undertaking/business/venture/firm)* beginnt, muß etwa eine Vorstellung haben, welches Risiko er eingeht. Aus der Antwort daraus folgt die Entscheidung, wieviel von seinen Mitteln er in das Unternehmen investieren *(invest in the business)* und ob er den Weg allein gehen oder das Risiko mit anderen teilen will *(share the risk)*. Wenn er für sich allein bleibt, hat das den Vorteil, daß er sein eigener Herr *(his own master)* und frei in seinen Entscheidungen ist. Das heißt aber auch, daß er für Rat und Mitarbeit auf Angestellte *(employees)* und Ratgeber von draußen *(advisers from outside)* angewiesen ist. Ein Teilhaber im Geschäft *(partner in business)* ist in der Regel viel eifriger darum bemüht, Umsatz und Gewinn *(turnover and profit)* zu steigern, weil er an zusätzlichem Gewinn unmittelbar interessiert ist. Zum Glück lassen in den Industrieländern das Handelsrecht *(commercial law)*, das Vertragsrecht *(law of contract)* und die Gesetze über Aktiengesellschaften *(companies acts*, AE *corporations acts)* ziemlich viel Gestaltungsfreiheit *(freedom of legal arrangement)*, so daß es einigermaßen möglich ist, die Vorteile der Rechtsformen *(legal forms)* miteinander zu verbinden.

Als englisches Wort für „Unternehmen" bietet sich zunächst *concern* an. Es ist immer richtig und sagt, anders als das deutsche „Konzern", nichts über die Größe aus. *Business* und *firm* – Firma – sind Umgangssprache, *undertaking* ist ein bescheidener Ausdruck, *enterprise* ein wenig hochgestochen, *company* trifft nicht immer zu, wird aber dennoch viel verwendet. Gelegentlich wird auch *venture* gebraucht, jedoch mehr im Sinne eines bestimmten unternehmerischen Vorhabens. Für Unternehmer sind die gebräuchlichsten Bezeichnungen *employer*, also eigentlich „Arbeitgeber", und *businessman*, also „Geschäftsmann" oder „Kaufmann". Für „Er ist Unternehmer" findet sich in der Alltagssprache auch oft die Formel *he is in business*. Hingegen ist *entrepreneur* schon wieder sehr anspruchsvoll, und *undertaker* wird ausschließlich für „Leichenbestatter" verwendet.

Das Einzelunternehmen *(sole tradership, one-man business,* AE *[individual] proprietorship)* ist die einfachste Unternehmensform. Hierbei liegen in der Regel das Eigentum *(ownership)*, Geschäftsführung *(management)* und Kontrolle *(control)* in den Händen des Einzelunternehmers *(sole trader,* AE *[individual] proprietor)*, und ihm fließt aller Gewinn daraus zu. Es bleibt ihm jedoch unbenommen, die Geschäftsführung in die Hände eines leitenden Angestellten *(executive)* zu legen und sich selbst auf die Kontrolle zu beschränken. In jedem Falle ist

* *Forms/types of business organization; legal [and financial] forms of commercial enterprise/undertaking.*

seine Haftung unbeschränkt *(his liability is unlimited)*, er haftet also auch mit seinem vollen Privatvermögen *(he is liable to the full extent of his private fortune)*. Das Eigenkapital *(net worth, net asset value)*, die eigenen Mittel *(own resources)* werden durch das Kapitalkonto *(capital account)* dargestellt, in dem sich Gewinne und Verluste, Entnahmen *(drawings)* des Inhabers *(proprietor)* sowie seine weiteren Einlagen *(further investments)* widerspiegeln.

Schließen sich mehrere Unternehmen zu einem gemeinsamen Geschäft zusammen, ohne ihre persönliche Haftung zu beschränken, so bilden sie eine *partnership*. Das Wort bezeichnet im Englischen und Amerikanischen eine Personengesellschaft, die ungefähr der Gesellschaft bürgerlichen Rechts und der Offenen Handelsgesellschaft (OHG) entspricht. Wie der Einzelunternehmer ist jeder Teilhaber voll haftbar für alle Schulden und Verpflichtungen, die die Gesellschaft oder einer der Gesellschafter *(partners)* eingeht *(fully liable for all debts and obligations which the partnership or a single partner incurs)*. Nicht selten gehen die Partner die Gesellschaft ein *(enter into the partnership)*, um ein Gemeinschaftsunternehmen *(joint venture)* zu betreiben. Das ist dann jedoch meist nur für kurze Zeit bestimmt, als Gelegenheitsgesellschaft (ebenfalls *joint venture)*, zum Beispiel für die Ölsuche *(oil exploration,* AE *petroleum exploration)* oder als Konsortium für die Emission von Wertpapieren *(syndicate for the issue of securities)* – für Gemeinschaftsunternehmen auf Dauer würde man die Rechtsform einer Kapitalgesellschaft wählen. Die Gesellschaft kann gegründet *(established)* werden durch formlose Vereinbarung *(informal agreement)*, aber gewöhnlich wird man einen förmlichen Gesellschaftsvertrag aufsetzen *(make out a formal deed of partnership)*. Er regelt die Rechte und Pflichten der Teilhaber untereinander, ihre Kapitaleinlagen *(capital contributions)*, ihren Anteil am Geschäft *(interest/share in the business)* und ihre Gewinn- und Verlustanteile *(share in the profits and losses)*. Falls nichts anderes bestimmt ist, gehen Gewinne und Verluste an alle Teilhaber zu gleichen Teilen *(failing an agreement to the contrary all partners share profits and losses equally)*.

In weiteren Bestimmungen *(provisions)* wird der Gesellschaftsvertrag festhalten, wer der oder die tätigen *(active)* und geschäftsführenden *(managing)* Gesellschafter sind. Die Partnerschaft kann von allen gemeinsam betrieben werden *(carried on jointly)*, aber oft gibt es einen oder mehrere, die an der Führung der Geschäfte nicht teilnehmen *(have no share in the conduct of the business)*. Sie werden im Englischen als *sleeping partners* bezeichnet, im Amerikanischen als *silent partners*. Es besteht ein wesentlicher Unterschied zu dem deutschen „stillen Gesellschafter". Dieser nimmt am Verlust gar nicht teil *(has no share in the loss)* oder nur bis zur Höhe seiner Einlage *(to the amount of capital contribution)*; im Konkursfalle gilt er als Gläubiger *(in the case of bankruptcy he is a creditor)*. Da er kein echter Gesellschafter ist, kann er nicht in das Handelsregister (Übersetzungsvorschlag: *trade register, general register of enterprises)* eingetragen werden. Er stellt zwar Kapital *(provides capital/finance)*, tritt aber nach außen nicht in Erscheinung *(he is not openly known)*. Da es in England und Amerika kein allgemeines Handelsregister gibt, ist hier nicht die Eintragung das Kriterium, sondern der Umstand, daß er an der Leitung des Geschäfts nicht teilhat *(has no say in the running of the business)*. Auch der deutsche „Stille" nimmt an der Leitung nicht teil und hat nach Handelsgesetzbuch *(Law of Commerce)* nur ein beschränktes Kontrollrecht *(restricted right of control)*. Der entscheidende Unterschied zwischen dem deutschen und dem englischen/amerikanischen „stillen Gesellschafter“ besteht jedoch darin, daß der englische und der amerikanische für die Schulden der Gesellschafter voll haften. Hat man den deutschen Begriff „stiller Gesellschafter“ in das Englische oder Amerikanische zu übertragen, so empfiehlt es sich, die Wörter *sleeping* und *silent* zu meiden und statt dessen zu sagen *secret partner* oder noch deutlicher *secret partner with limited liablility*.

Mehr oder weniger ausführlich gibt der Gesellschaftsvertrag *(deed of partnership)* den Zweck *(purpose)* der Gesellschaft und ihre allgemeine Geschäftspolitik *(general policy)* an, äußert sich über die Dauer *(duration)* der Gesellschaft, über ihre Auflösung und über die Bedingungen, unter denen ein Teilhaber aus dem Geschäft ausscheiden *(retire, withdraw from the business)* kann und wie gegenüber einem neu eintretenden Teilhaber *(incoming partner)* zu verfahren ist. In aller Regel wird der Vertrag verbieten, daß ein Teilhaber seinen Anteil ohne die Zustimmung der anderen an einen Außenseiter verkauft *(sells his share to an outsider without the consent of the other partners)*.[1]

Die Gesellschaft kann eine Firma *(firm)* haben, die aus den Namen der Gesellschafter oder einem Phantasienamen *(fancy name)* besteht. Im letzteren Falle muß sie in Großbritannien den Namen beim Firmenregister *(Register of Business Names)* registrieren *(register)* lassen. – Das Wort *firm* hat wie das deutsche „Firma“ zwei Bedeutungen: das Unternehmen selbst und der Handelsname, unter dem es geführt wird *(under which it is operated)*.

Aufgelöst *(dissolved)* ist die Gesellschaft[2], sofern die Partner nichts Bestimmtes vereinbart haben *(subject to any agreement between the partners)* –

falls sie für eine bestimmte Frist eingegangen war, durch Ablauf dieser Frist *(if entered into for a fixed term, by the expiration of that term)*;

falls sie für ein einzelnes Vorhaben eingegangen war, durch Abschluß dieses Vorhabens *(if entered into for a single undertaking, by the termination of that undertaking)*;

durch Kündigung eines Gesellschafters gegenüber den Mitgesellschaftern *(by any partner giving notice to the copartners)*;

durch Tod oder Konkurs eines Partners *(by the death or bankruptcy of a partner)*, wenn nicht im Gesellschaftsvertrag anders vorgesehen *(unless otherwise provided in the partnership agreement)*.

Die Vor- und Nachteile einer *partnership* liegen dicht beieinander. Die unbeschränkte Haftung *(unlimited liability)* gibt dieser Gesellschaftsform eine große Kreditwürdigkeit *(credit worthiness/standing)*. Sie schreckt aber auch manchen willkommenen Gesellschafter ab, der sonst gewillt wäre, dem Unternehmen beizutreten *(prepared to join the venture)*. Er muß sich stets bewußt sein, daß die Firma keine juristisch selbständige Körperschaft *(corporate personality)* ist, keine rechtliche Wesenheit *(legal entity)* besitzt. Jeder vertragschließende *(contracting)* Teilhaber handelt als Agent *(agent)* der Gesellschaft und verpflichtet

[1] Zum Teil nach „*A Commercial Course for Foreign Students*“, Volume One, by C. E. Eckersley & W. Kaufmann, Longmans, Green and Co., London/New York/Toronto, Third Edition, 1956, S. 94.

[2] Im folgenden zum Teil zitiert nach dem englischen *Partnership Act*, 1890.

(binds, commits) damit auch die anderen Teilhaber. Die Schulden *(debts),* die daraus entstehen *(arise),* sind die Schulden jedes einzelnen Partners. Die Gesellschaft kann auch nur im Namen ihrer einzelnen Partner *(in the names of its individual partners)* klagen *(sue)* und verklagt werden *(be sued).* Die rechtliche Eigenständigkeit der englischen und amerikanischen Partnerschaft ist also noch geringer als die der deutschen Offenen Handelsgesellschaft, die immerhin unter ihrer Firma Rechte erwerben *(acquire rights),* Verpflichtungen eingehen *(incur liabilities),* im Grundbuch *(Land Register)* eingetragen *(registered)* sowie klagen und verklagt werden kann.

Wenn und solange die Teilhaber gut miteinander auskommen *(get along well with each other),* kann die *partnership,* ähnlich wie die deutsche Offene Handelsgesellschaft, eine schlagkräftige Unternehmensform *(efficient form of business)* sein. Vertragen sich die Teilhaber aber nicht oder treten außergewöhnliche Ereignisse ein, so mögen sie den Tag verfluchen, an dem sie die Abmachungen des Gesellschaftsvertrags *(articles of partnership)* unterzeichnet haben.

Einige der abschreckenden Nachteile der Offenen Handelsgesellschaft sind in der Kommanditgesellschaft – KG *(limited partnership)* ausgeschaltet. In dieser Unternehmensform tun sich ein oder mehrere voll haftende Teilhaber, Komplementäre *(general partners),* mit anderen zusammen, Kommanditisten *(limited/* AE *special partners),* deren Haftung auf ihre Einlage beschränkt ist. Die letzteren sind in der Regel nichtgeschäftsführende Teilhaber *(non-active partners).* Die Komplementäre haften, wie bei der Offenen Handelsgesellschaft, gemeinsam und einzeln *(jointly and severally)* – gesamtschuldnerisch.

Die Rechtsgrundlagen der Offenen Handelsgesellschaft sind in England der *Partnership Act* von 1890, in den Vereinigten Staaten der *Uniform Partnership Act* von 1914. Für die Kommanditgesellschaft gibt es seit 1907 in England den *Limited Partnership Act,* in den Vereinigten Staaten besteht ein ähnliches Gesetz. Die beiden amerikanischen Bundesgesetze *(federal acts)* sind inzwischen von den meisten Bundesstaaten übernommen *(adopted)* worden.[1]

Im Wettbewerb um den Anleger: die AG

Competing for the investor: the joint-stock company

Die Aktiengesellschaft *(joint-stock company, limited liability company,* AE *[joint-stock] corporation, incorporated company*[2]*)* ist in den Ländern der freien Welt die Hauptorganisationsform *(main form of business organization)* für mittlere und große Unternehmen. In den angelsächsischen Ländern geht das noch weiter als in der Bundesrepublik, auch viele kleine Unternehmen bedienen sich dort der Finanzierung über Aktien *(equity finance).* Die Gründe dafür sind, daß für sie

[1] *„Encyclopaedia Britannica"*, Volume 7, William Benton Publisher, 1971, S. 421.

[2] Dies sind zugleich in der jeweiligen Sprache die Wörter für „Kapitalgesellschaft", wobei *corporation* allein allerdings im BE wie AE zunächst jede Körperschaft bezeichnet. – Im AE ist eine *joint-stock company* eine Personalgesellschaft, vergleichbar der deutschen Offenen Handelsgesellschaft, jedoch auf Aktien, die übertragbar *(transferable)* sind. Was ihre Rechtspersönlichkeit *(corporate personality)* betrifft, steht sie zwischen der *partnership* und der *corporation.* Die Teilhaber haften voll.

kein Mindestkapital *(minimum capital)* vorgeschrieben ist und daß es in England bis zum Jahre 1965 auch keine getrennte Besteuerung *(separate taxation)* von Gesellschaft und Aktionären gab – beides für die deutsche AG seit langem üblich.

Mit Hilfe der Aktiengesellschaft können relativ kleine Kapitalbeiträge *(small capital contributions)* Hunderttausender von Aktionären für große Investitionsobjekte *(objects of investment)* zusammengefaßt werden. Die Haftung jedes Aktionärs *(shareholder,* AE auch *stockholder)* ist auf diesen Beitrag begrenzt. Er kann sich in der Regel an der Börse leicht zum jeweiligen Preise von seinem Anteil trennen *(easily dispose of his share)* oder weitere hinzuerwerben. Durch die Notierung an der Börse *(quotation on the stock exchange)* ist für jedermann leicht ersichtlich, welche Aktie die günstigste Rendite *(yield)* bietet, so daß die Aktiengesellschaften im Wettbewerb um das Geld des Sparers stehen *(are in competition for the investor's money)*. Das hat den volkswirtschaftlich wünschenswerten Effekt, daß Beteiligungskapital, „Risikokapital“, an den Ort des größten Bedarfs fließt *(risk[-bearing]/venture capital flows to the place of the strongest demand)*, das heißt dorthin, wo es wirtschaftlich den größten Nutzen stiftet.

Die Rechte und Pflichten des Aktionärs sind durch Gesetz *(by law)*, durch die Gründungsurkunde *(memorandum of association,* nur BE) und durch die Satzung der Gesellschaft *(articles of association,* AE *articles of incorporation,* auch *certificate of incorporation)* festgelegt. Das englische Gesetz ist in der Hauptsache das Aktiengesetz *(Companies Act)*, zuletzt geändert *(amended)* im Jahre 1981[1]. In den Vereinigten Staaten ist das Aktienrecht einzelstaatliches Recht *(state law)*, nicht Bundesrecht *(federal law)*, aber die Gesetze einiger Staaten sind mehr oder weniger für die anderen maßgebend geworden. Anders als in England wird in Amerika zwischen Gründungsurkunde und Satzung nicht strikt unterschieden. Nur der Vollständigkeit halber sei erwähnt, daß es in England neben der Eintragung *(registration)* gemäß *Companies Act* noch zwei andere Möglichkeiten der Errichtung *(setting-up)* von Aktiengesellschaften gibt: durch Königlichen Freibrief *(Royal Charter)* und durch Besonderes Parlamentsgesetz *(by Special Act of Parliament)*. Einige der berühmten britischen Überseegesellschaften wie die *East India Company* erhielten ihre Rechtspersönlichkeit *(legal entity)* durch Königlichen Freibrief, desgleichen die Bank von England. Durch besonderes Parlamentsgesetz wurden früher *statutory companies* geschaffen, gewissermaßen „Gesellschaften des öffentlichen Rechts“, vor allem Versorgungsunternehmen *(public utility enterprises)*, Eisenbahn- und Kanalgesellschaften *(canal companies)*, die für ihre Versorgungsmonopole *(utility monopolies)* und für den zwangsweisen Landerwerb *(compulsory purchase of land)* besondere

[1] Seit der Verabschiedung *(passing)* der Aktiengesetze von 1980 und 1981 sowie auf Grund der Bestimmungen *(rules)* des „City-Kodex für Übernahmen und Zusammenschlüsse“ *(City Code on Take-overs and Mergers)* sind überraschende Aktienkäufe, „*dawn raids*“, erschwert. Das gleiche gilt für „*warehousing*“, das Zusammenkaufen von Aktien durch Tochtergesellschaften *(subsidiaries)* und Strohmänner *(nominees)* des Kaufinteressenten. Der Aktienerwerb von „*concert parties*“, verbündeten Käufern, auch verabredeten oder abgesprochenen Käufern, wird zusammengenommen und muß mitgeteilt *(notified)* werden, auch wenn der einzelne Aktienerwerb den kritischen Anteil für die Mitteilung *(notification)*, 5 Prozent der Aktien der „*target company*“, der Ziel-Gesellschaft, nicht überschreitet. Der Aktienhandel Eingeweihter *(insider dealing/trading)* auf Grund vertraulicher *(confidential)* kursbeeinflussender Information *(price-sensitive information)* und die ungehörige Verwendung *(improper use)* solcher Kenntnis ist zur strafbaren Handlung *(criminal offence)* erklärt worden. Die neue Gesetzgebung *(legislation)* macht klar, daß die Verwaltung *(board)* und Leitung *(management)* eine weiterreichende Verantwortung haben als nur für die kurzfristige Gewinnmaximierung *(maximization of profits)*.

Ermächtigungen *(powers)* brauchten. Die meisten wurden später verstaatlicht *(nationalized)* und gemeinwirtschaftliche Körperschaften *(public corporations)*[1].

Robin Saunders entdeckt eine Marktlücke

Robin Saunders finds a market-niche

Immer wieder bekommt Robin Saunders von seinen Kunden zu hören, daß ihr Urlaub enttäuschend war. Es kam kein echter Kontakt zu anderen Urlaubern zustande, bei schlechtem Wetter saß man gelangweilt im Hotel herum, und bei gutem Wetter langweilte man sich am Strand.

Robin leitet ein mittleres Reisebüro *(travel agency)* – mit einigem Erfolg, denn viele seiner Kunden kommen immer wieder zu ihm. Aber ihre leidvollen Berichte haben ihn zunächst nachdenklich gemacht und schließlich auf eine Idee gebracht: Man müßte eine neue Art Ferienhotel schaffen, eines, in dem Langeweile unmöglich ist, in dem aber Familien dennoch zu einem vernünftigen Preis *(at a reasonable price)* unterkommen können. Die Touristen müßten alles vorfinden, was sie beschäftigt halten und zugleich Bekanntschaften vermitteln kann.

Robin hat einige Ersparnisse, aber um die Idee in größerem Stile zu verwirklichen, braucht er weitere Kapitalgeber *(investors)*. Außerdem braucht er einen Fachmann aus dem Hotelgewerbe *(hotel industry)*, während er selbst die Kundschaft werben könnte. Er findet auch einige Interessenten, und nun erhebt sich die Frage, in welcher Form man sich zusammentun soll. Der erste Gedanke ist der einer Partnerschaft, einer Handelsgesellschaft. Einer schlägt vor, sie gleich auf der Stelle zu bilden *(set up)*, da praktisch keine gesetzlichen Erfordernisse *(legal requirements)* bestünden. Aber Robin hat Bedenken: Wenn dies eine größere Sache werden soll, müssen später noch mehr Kapitalgeber gefunden werden. Das geht mit einer Partnerschaft nicht, denn wenn sie auf Gewinnerzielung ausgerichtet ist *(a partnership that has for its object the acquisition of gain*[2]*)*, darf sie im allgemeinen höchstens zwanzig Teilhaber zählen, im Falle einer Bank nur zehn; Ausnahmen gelten nur für gewisse freie Berufe wie Rechtsanwälte *(solicitors)*, Buchprüfer *(accountants)*, Börsenmakler *(stock brokers)* oder Patentanwälte *(patent agents)*. Für eine Handelsgesellschaft *(business partnership)* wie diese würde das Handelsministerium sicher keine weitere Ausnahme zulassen. Außerdem wiegt in diesem Falle der Partnerschaft besonders schwer, daß sie als solche keine Ansprüche an Sachen erwerben *(take title of property)* kann. Die Vermögenswerte würden den Teilhabern selbst gehören *(the assets are vested in the partners)*. Sollten nach dem Tode oder Austritt eines von ihnen *(on the retirement of a partner)* die anderen beschließen, die Gesellschaft fortzuführen *(continue the partnership)*, müßten sie die Mittel aufbringen, den Anteil des ausscheidenden Gesellschafters auszuzahlen *(find the funds to pay off the outgoing partner's share)*; das würde wahrscheinlich Veräußerung *(realization)* eines Hotels bedeuten.

[1] Ranking & Spicer's „*Company Law*", Eleventh Edition, by R. E. G. Perrins & A. Jeffreys, HFL (Publishers) Ltd., London, 1970, S. 4 f.

[2] Formulierung in Section 434 des englischen *Companies Act*.

Es wird also doch wohl auf eine Aktiengesellschaft hinauslaufen. Theoretisch kämen dafür drei Typen in Frage: Die Aktiengesellschaft, bei der die Haftung auf die Aktien beschränkt ist *(company limited by shares)*, die Gesellschaft mit unbeschränkter Haftung *(unlimited company*[1]*)* und die Gesellschaft mit Garantie *(company limited by guarantee, guarantee company)*. *Unlimited companies* gibt es praktisch nicht mehr. Die *guarantee company* kann ein Aktienkapital haben, muß aber nicht. Die Gesellschafter haben eine Nachschußpflicht *(reserve liability)* ähnlich der, wie sie in der Bundesrepublik bei Bergrechtlichen Gewerkschaften und oft auch bei Genossenschaften besteht. Eine solche Gesellschaft wird aber kaum mit Blick auf Gewinnerzielung *(with a view to profit)* gegründet, sondern als ideeller Verein: Golfklubs, Forschungsvereinigungen, Berufsvereinigungen *(professional societies)* sind oft *guarantee companies*. Das *British Consultants Bureau*, die Vereinigung beratender Ingenieure, und die *Association of Certified Accountants* sind in dieser Form organisiert, während deren Konkurrenzvereinigung, das *Institute of Chartered Accountants in England and Wales*, durch *Royal Charter* konstituiert ist und daher seine Satzung weniger leicht ändern kann.

Es bleibt nun noch die Frage zu entscheiden, ob man sich mit einer Privatgesellschaft *(private company*[2]*)* begnügen oder gleich eine Publikumsgesellschaft *(public company)* gründen soll. Robin ist dafür, gleich ganze Sache zu machen. Gewiß, die Gründung *(formation, incorporation, establishment, setting-up)* verursacht mehr Kosten und Umstände, aber dafür kann man auch viel leichter den Kapitalmarkt anzapfen *(tap the capital market)*. Die Pflicht, den Jahresabschluß zu veröffentlichen *(publish the accounts)* und beim Gesellschaftsregister *(Registrar of Companies*[3]*)* einzureichen *(file)*, geht bei beiden etwa gleich weit. Kleine Gesellschaften *(small companies)* und mittlere Gesellschaften *(medium-sized companies)* müssen zwar ihren Aktionären einen vollen Jahresabschluß *(full accounts)* vorlegen, brauchen dem Register aber nur einen gekürzten Abschluß *(shortened accounts)* oder einen abgewandelten *(modified)* einzureichen. Als „klein" und „mittelgroß" gelten sie, wenn ihr Umsatz *(turnover)*, ihre Bilanzsumme *(balance sheet total)* und ihre Beschäftigtenzahl *(number of employees)* innerhalb gewisser Grenzen bleiben.

Man ist zwar auch in England nicht grundsätzlich gegen die Veröffentlichung *(publication)* des Jahresabschlusses, möchte aber doch gewisse bedeutungsvolle, aufschlußreiche Zahlen *(„sensitive figures")* nicht bekanntgeben *(disclose)*, um den Konkurrenten *(competitors)* keinen Anhalt zu geben. Ferner ist es für kleine Gesellschaften mit geringem Personal *(small staff)* eine erhebliche Belastung mit Verwaltungsarbeit *(administrative burden)*, wenn von ihnen zu oft zu viele geschäftliche Angaben *(financial information)* verlangt werden.

[1] Das grob vergleichbare amerikanische Gegenstück dazu ist in der Fußnote zu Beginn des Abschnitts über Aktiengesellschaften, S. 124, erwähnt.

[2] Eine „GmbH" im deutschen juristischen Sinne gibt es in England nicht. Die englische *private company* oder *private limited company* läßt sich aber in ihren wesentlichen rechtlichen und finanziellen Merkmalen mit der GmbH vergleichen. – Für die deutsche „Kommanditgesellschaft auf Aktien" (KGaA) schlagen einige Wörterbücher als Übersetzung vor: *company limited by shares, but having one or more general partners* (so: C. A. Gunston / C. M. Corner, „Deutsch-Englisches Glossarium finanzieller und wirtschaftlicher Fachausdrücke", Fritz Knapp Verlag, Frankfurt/M., Vierte erweiterte Auflage, 1962; ebenso: Renner/Sachs/Fosberry, „Deutsch-Englische Wirtschaftssprache", Max Hueber Verlag, München 1965.

[3] Etwa dem deutschen „Handelsregister" vergleichbar.

Viele Gesellschaften ohne Geschäftsbetrieb

Many dormant companies

Das englische Aktiengesetz von 1980 gibt eine Legaldefinition *(legal/statutory definition)* der „öffentlichen" Aktiengesellschaft *(public company)*. Sie muß sich selbst dazu erklären und sich als solche eintragen *(register)* lassen. Sie muß ein Mindestkapital *(minimum capital)* von 50000 Pfund haben (1984) und hinter ihrem Namen die Bezeichnung „*public limited company*", oder abgekürzt „*p.l.c.*" führen. Eine *private company* ist eine Gesellschaft, die das nicht tut und sich selbst als „privat" ansieht. Sie führt die Bezeichnung „*Limited*", abgekürzt „*Ltd.*". Ihr ist jedwedes Angebot an das Publikum zur Zeichnung von Aktien oder Schuldverschreibungen *(invitation to the public to subscribe for any shares or debentures)* untersagt *(prohibited)*. Aber die Zahl ihrer „Mitglieder" *(members)* ist nicht beschränkt, und sie ist nicht mehr gehalten, die Übertragung ihrer Anteile zu beschränken *(to restrict the transfer of its shares)*.

Danach sind Privatgesellschaften zwar nicht der Vollbluttyp der Aktiengesellschaft, aber von mehr als 750000 eingetragenen Gesellschaften *(companies on the register, registered companies)* sind fast 99 Prozent Privatgesellschaften. Viele üben keinen Geschäftsbetrieb aus, sie ruhen *(many companies are dormant)*. Vermutlich waren Mitte der achtziger Jahre nur 500000 bis 600000 Aktiengesellschaften tätige Gesellschaften *(trading companies)* – so nach Zahlen von 1984. Viele der anderen bestehen nur als „Mantel" *(shell)*. Mehr als zwei Drittel aller Gesellschaften stehen im Eigentum und unter der direkten Kontrolle ihrer Geschäftsführer *(are under the ownership and immediate control of their directors)*. Nur etwa 2650 Gesellschaften wurden 1984 an der Londoner Börse notiert *(quoted on the London Stock Exchange)*, davon 440 ausländische.

Unser Freund Robin Saunders gerät immer mehr in die Rolle des Firmengründers oder zumindest desjenigen, der die neue Gesellschaft voranzutreiben *(get the company under way)* hat, im Englischen: der *promoter*. Da Robin derjenige ist, der die Vorstellung von der unternehmerischen Chance *(idea of a business opportunity)* hatte, übernimmt er auch das Weitere, und das ist nicht weniger als die Kombination der Produktionsfaktoren *(combining the factors of production)*. Bei den Verträgen *(contracts)*, die er für die künftige Gesellschaft abschließt, darf er seine Stellung nicht zum Nachteil der künftigen Aktionäre *(to the disadvantage of the future shareholders)* ausnutzen. Die Rechtsprechung hat in England wie in Amerika Regeln dafür entwickelt, wo die Grenzen seiner Tätigkeit liegen. Außerdem kümmert sich Robin um die Formalitäten *(formalities)* der Gründung. Statt früher sieben Gründern, Unterzeichnern der Gründungsurkunde *(subscribers of the memorandum)*, auch *incorporators* genannt, sind heute nur noch zwei erforderlich. Früher mußte man sonst manchmal Strohmänner *(nominees, men of straw, dummies)* finden, und jeder von ihnen mußte wenigstens einen Anteil übernehmen *(take one share)*. Einige seiner Freunde haben sich bereiterklärt, Geschäftsführer zu werden, so daß er auch die geforderte Geschäftsführerliste *(list of directors)* aufstellen kann. Er gibt dazu noch eine gesetzlich vorgeschriebene Erklärung *(statutory declaration)* ab, daß die Erfordernisse des Gesetzes erfüllt sind *(the requirements of the Act have been complied with)*, und reicht das ganze Paket dem Gesellschaftsregister *(Registrar of Companies)* ein, zusammen mit dem Antrag auf Registrierung *(application for registration)*.

Die Gründungsurkunde hat unter anderem den Namen der Gesellschaft *(name of the company)*, ihren Zweck *(object)* und ihren eingetragenen Sitz *(registered office)* anzugeben. Robin und seine Freunde haben sich entschieden für „New Family Holidays Ltd.“, und der Registerbeamte *(registrar)* hat nichts dagegen einzuwenden; der Name ist dem irgendeiner anderen Gesellschaft nicht zu ähnlich und verstößt auch sonst nicht gegen die Richtlinien des Handelsministeriums. Da die Freunde nicht nur e i n Familienhotel, sondern eine ganze Hotelkette *(hotel chain)* schaffen wollen, würde der Name auch bei engen Maßstäben keine falschen Vorstellungen von der Größe und dem Geschäftsumfang *(volume/ extension of business)* hervorrufen.

Der Zweck der Gesellschaft wird meist viel ausführlicher beschrieben als bei Gesellschaftsgründungen in der Bundesrepublik. Der Grund dafür ist der im englischen Gesellschaftsrecht entwickelte Grundsatz der Vollmachtüberschreitung, die *doctrine of ultra vires* oder *ultra vires rule:* Eine Gesellschaft erhält Körperschaftsstatus *(is incorporated)* nur für die in der Klausel über den Geschaftszweck *(objects)* festgelegten *(stated)* Zwecke. Jedes von der Unternehmensleitung *(directors, management)* getätigte Geschäft *(transaction)* muß von der Klausel gedeckt sein. Andernfalls ist es nichtig *(void)*, weil sich die Unternehmensleitung nicht innerhalb ihrer Vollmachten, „intra vires“ *(within the powers)* gehalten hat. Den Schaden hat der Geschäftspartner, denn selbst die nachträgliche Zustimmung aller Aktionäre macht den Vertrag nicht rechtsgültig *(does not validate the contract)*. Diesen unbefriedigenden Zustand hat jedoch der *European Communities Act* 1972, das Gesetz über die Angleichung englischen Rechts an das EWG-Recht, wesentlich geändert: Geschäfte, die jemand in gutem Glauben *(in good faith)* hinsichtlich des Vollmachtbereichs *(scope of powers)* mit der Gesellschaft abschließt, sind nun gültig.

Alles steht in der Satzung

It's all in the articles of association

Die Satzungen oder Statuten sind die Rechtsregeln *(regulations)*, die die Gesellschaft sich selbst gibt. Das Gesetz stellt in einem Anhang beispielhaft dar, was die Satzung vorschreiben könnte und sollte: Die Aktiengattungen *(classes of shares)* und die damit verbundenen Rechte, ihre Übertragung *(transfer)*, Übergang bei Tod oder Konkurs *(transmission in consequence of death or bankruptcy)*, Verfall *(forfeiture)*[1], – Verwirkung der Rechte daraus, – Bestimmungen über die Änderung des Kapitals *(alteration of capital)* wie Erhöhung *(increase)*, Herabsetzung *(reduction)* oder die Umwandlung der Einzelaktien in Aktienblöcke *(conversion of shares into stock)*[2]. Weiter bestimmt die Satzung,

[1] Das Verbum ist „verfallen“ oder „verwirken“ *(forfeit)*: „Die Aktienrechte sind verfallen oder verwirkt“ = *the shares are forfeited.*

[2] Kein Rechtsverlust *(loss of rights)* der Aktionäre: Veräußerung danach in Bruchteilsbeträgen *(fractional amounts)* möglich.

wie die Hauptversammlung der Aktionäre *(general meeting of shareholders)* einzuberufen *(convene)*, abzuhalten *(hold)* und zu leiten *(conduct)* ist, sie schreibt Einzelheiten vor über das Verfahren in der Hauptversammlung *(proceedings at the general meeting)*, das Abstimmen *(voting)* und die Stellvertretung *(proxy)*; sie äußert sich über die Bestellung *(appointment)*, das turnusgemäße Ausscheiden *(rotation)* und die Abberufung *(disqualification)* von Geschäftsführern, ihre Vollmachten *(powers)* und Pflichten, über den „Gesellschaftssekretär" *(company secretary)*, die Buchprüfung *(audit)* und anderes.

Hat sich der Registerbeamte *(registrar)* überzeugt, daß es mit den eingereichten Dokumenten seine Ordnung hat, so stellt er eine Gründungsbestätigung *(certificate of incorporation*[1]*)* aus. Damit ist die Gesellschaft als selbständige Einheit und juristische Person *(corporate body, legal person)* ins Leben gerufen.

Eine Publikumsgesellschaft darf den Geschäftsbetrieb erst aufnehmen *(commence business)*, wenn die Aktien zugeteilt *(allotted)* sind, wenigstens in Höhe der Mindestzeichnung *(minimum subscription)*, und wenn auch die Geschäftsführer auf die von ihnen übernommenen Aktien eingezahlt haben *(directors have paid on shares taken)*. Der Sinn dieser Vorschrift ist, daß bei Geschäftsbeginn wenigstens ein Teil des haftenden Kapitals *(capital liable)* vorhanden ist. Dazu muß also erst das Zeichnungsangebot *(offer for subscription)* ergangen und der Gründungsprospekt *(prospectus on the formation of the company)* veröffentlicht worden sein. Der Prospekt muß dem Registeramt eingereicht werden. Aber die Gesellschaft benötigt manchmal gar keinen Prospekt, um Kapitalgeber *(investors)* anzulocken; sie kann das Kapital in anderer Weise aufbringen *(raise the capital by other means)*. Oder sie veröffentlicht einen Prospekt, aber die Mindestzeichnung wird nicht erreicht, und sie teilt daraufhin keine Aktien zu. Dann muß sie statt des Prospekts eine „Ersatzerklärung" *(statement in lieu)* einreichen. Die Ersatzerklärung enthält praktisch die gleichen Angaben wie der Prospekt, unter anderem: das Nominalkapital *(nominal capital)*, seine Einteilung *(division)*, die Stimmrechte *(rights of voting)*, die Gegenleistung *(consideration)* auf Aktien und Obligationen, die ganz oder zum Teil in anderer Weise als in bar bezahlt werden *(fully or partly paid up otherwise than in cash)*; eingeräumte Optionen *(options given)*; erworbene Sachen *(property acquired)*; bisherige Ausgaben *(preliminary expenses)*, Beträge, die an einen Gründer gezahlt wurden; Daten, Parteien und allgemeine Natur wesentlicher Verträge *(date of, parties to and general nature of every material contract)*, wo sie eingesehen *(inspected)* werden können; Namen und Anschriften der Geschäftsführer.

Auf Grund dieser Unterlagen darf nun der Registerbeamte eine Bescheinigung ausstellen, daß die Gesellschaft berechtigt *(entitled)* ist, den Geschäftsbetrieb zu beginnen, ein *trading certificate*[2]. Bis zu dem bereits an anderer Stelle erwähnten *European Communities Act* 1972 waren Verträge, die ein Vertreter der Gesellschaft geschlossen hatte, schwebend unwirksam und für sie nicht bindend *(contracts were provisional and not binding on the company)*. Jenes Gesetz aber erklärt solche

[1] Zu unterscheiden von dem *certificate of incorporation* in Amerika (= Satzung, s. o.).

[2] „*Key to Company Law and Practice*", edited by T. Bolton and Percy F. Hughes, published by Secretaries Journal Ltd., London, Third Edition, S. 7.

Verträge grundsätzlich für wirksam und den Vertreter der Gesellschaft für „persönlich haftbar aus dem Vertrag" *(personally liable on the contract)*.

Frühestens einen Monat und spätestens drei Monate nach Erteilung der Geschäftserlaubnis muß eine Publikumsgesellschaft eine Gründungsversammlung *(statutory meeting)* abhalten. Vierzehn Tage davor haben die Geschäftsführer an jeden Aktionär einen Gründungsbericht *(statutory report)* zu senden. Auch dieser Bericht ist dem Gesellschaftsregister einzureichen.

Im Laufe ihres Daseins wird die Aktiengesellschaft noch oft, in regelmäßiger und unregelmäßiger Folge, Berichte und Unterlagen an das Gesellschaftsregister zu senden haben. Da ist vor allem die Jahresaufstellung *(annual return)*, die einmal im Jahre zu liefern *(deliver)* ist. Eine andere Gelegenheit ist die Belastung *(charging)* von Vermögenswerten der Gesellschaft. Gibt sie zum Beispiel Obligationen *(debentures)* aus und räumt sie den Obligationären *(debenture holders)* als Sicherheit *(security)* eine Hypothek auf Land und Gebäude des Unternehmens ein, so muß sie diese Belastung *(charge)* dem Gesellschaftsregister melden. Geschieht das nicht, so ist die Belastung gegenüber einem Liquidator oder Gläubiger der Gesellschaft unwirksam *(the charge is void against the liquidator and any creditor)*. Die Belastung kann eine feststehende *(fixed charge)* auf bestimmte Vermögenswerte sein. Sie kann aber auch als bewegliche oder schwebende Belastung *(floating charge)* auf dem Unternehmen *(the undertaking of the company)* als Ganzem ruhen. Als weitere Möglichkeiten von Belastungen, die gemeldet werden müssen, zählt das Gesetz auf: Eine Belastung auf Buchforderungen *(charge on book debts)*, auf aufgerufene aber noch nicht eingezahlte Teilbeträge von Aktien *(calls made but not paid)*, auf ein Schiff oder einen Anteil daran, auf den Goodwill, auf ein Patent *(patent)*, eine Patentlizenz *(a licence under a patent)*, eine Handelsmarke *(trademark)* oder auf ein Urheberrecht *(copyright)*. Die Gesellschaft ist verpflichtet, die Eintragung zu bewirken *(effect the registration)*.

Was der Gesellschaft ihren Namen gibt und worauf sich ihr Status aufbaut, ist ihr Aktienkapital *(share capital*, AE auch *capital stock)*. In Deutschland und anderen europäischen Ländern sind die Aktien verkörpert in Urkunden für jede einzelne von einem bestimmten Wertbetrag. In England und den Vereinigten Staaten stellt die Gesellschaft Aktienzertifikate *(share certificates*, AE auch *stock certificates)* aus, in denen sie bestätigt, daß der Aktionär eingetragener Eigentümer *(registered proprietor)* einer bestimmten Zahl Anteile ist. Das Zertifikat ist laut englischem Aktiengesetz der „Beweis des ersten Augenscheins", der Prima-facie-Beweis, für den Anspruch auf die Anteile *(prima facie evidence of the title to the shares)*. In England und Amerika ist die Namensaktie *(registered share*, AE auch *registered stock)* mit ganz wenigen Ausnahmen die Regel. Daher ist auf dem Aktienzertifikat der Anteilseigentümer genannt, und ebenso ist er im Aktienbuch *(register of members/shareholders*, AE auch *stock record book)* eingetragen.

Das Aktienbuch steht in England ebenso wie das Gesellschaftsregister dem Publikum zur Einsicht offen *(open to inspection by the public)*. Jedermann kann gegen Bezahlung einer Gebühr einen Registerauszug *(a copy of the register on payment of a charge)* verlangen. Gibt die Gesellschaft Schuldverschreibungen *(debentures)*[1] aus und sind das, wie es die Regel ist, Namensschuldverschreibungen *(registered debentures)*, so muß sie auch ein Schuldverschreibungsbuch *(register of debenture holders)* anlegen, in dem die Obligationäre *(debenture holders)* eingetragen sind und bei Eigentumswechsel umgeschrieben werden. Auch dieses steht zur Einsicht offen.

Kapital: genehmigt, begeben, aufgerufen, eingezahlt

Capital: authorized, issued, called, paid-up

Die Gesellschaft wird mit einem Nominalkapital *(nominal capital, authorized capital* = genehmigtes Kapital) ausgestattet. Das ist die Summe, über die Aktien ausgegeben *(issued)* werden dürfen. Da jedoch das gesamte Kapital nicht immer sofort benötigt wird, werden oft nur Aktien über einen Teil dieser Summe begeben. Dies ist das begebene oder ausgegebene Kapital *(issued capital,* AE auch *outstanding capital)*; das übrige ist nicht-begebenes Kapital *(unissued capital,* AE auch *potential capital)*. Weitere Aktien bis zur Höhe des vollen genehmigten Kapitals können später je nach Bedarf begeben werden.

Das begebene Kapital braucht nicht immer gleich voll eingezahlt *([fully] paid-up capital)* werden. Auf die begebenen Aktien, zum Beispiel mit einem Nominal- oder Pariwert *(par value)* von einem Pfund Sterling, sind etwa zunächst nur vierzig Pence zu zahlen, davon je die Hälfte bei Zeichnung *(on application)* und bei der Zuteilung *(on allotment)*. Sie bleiben für einige Zeit teilbezahlte Aktien *(part-paid shares)*. Den Restbetrag darauf, das nicht-eingezahlte Kapital oder nicht aufgerufene Kapital *(uncalled capital)*, mag die Geschäftsleitung *(the directors)* nach eigenem Ermessen aufrufen *(call up)*. Dieser Aktienaufruf ist ein *call on shares* oder kurz *call,* und was die Geschäftsleitung tut, ist *make a call.* Kommt ein Aktionär seiner Einzahlungsverpflichtung nicht nach, so kann er mit fünf Prozent Zins belastet werden. Die Gesellschaft wird ihm dann eine Mahnung zustellen *(serve a notice on him)*. Befolgt er sie nicht, so kann die Geschäftsleitung feststellen, daß diese seine Aktien verfallen *(forfeited)* sind.

Aktien müssen in England einen Nennwert *(par value)* haben. In der Bundesrepublik gilt das gleiche. In anderen Ländern jedoch, darunter die Vereinigten Staaten, sind auch nennwertlose Aktien *(non-par value shares/stock)*, mit gewissen Ausnahmen, zugelassen. Nach englischem Recht darf eine Gesellschaft grundsätzlich keine eigenen Aktien besitzen. Das Gericht kann jedoch Ausnahmen erlauben, wenn es darum geht, die Aktien einer Minderheit zurückzunehmen, die sich unterdrückt *(minority oppressed)* fühlt. Das Aktiengesetz 1981 hat weitere Ausnahmen zugelassen, so im Falle des „eingeschlossenen" *(locked-in)* Aktionärs. Eine Tochtergesellschaft kann grundsätzlich auch nicht Aktionär ihrer eigenen Muttergesellschaft *(parent/holding company)* sein. In den Vereinigten Staaten ist es in gewissem Umfange gestattet, daß eine Gesellschaft eigene Aktien zurückerwirbt *(reacquires its own stock)*. Sie heißen im Amerikanischen *treasury stock*, also „Bestandsaktien" oder „Verwaltungsaktien".

[1] Festverzinsliche Schuldverschreibungen sind sowohl *debentures* als auch *bonds*. *Bond* ist der allgemeinere Begriff. *Debentures* sind im engeren Sinne Schuldverschreibungen der Privatwirtschaft, also Industrieschuldverschreibungen.

Robin Saunders und seine Freunde haben sich gründlich Gedanken gemacht über die Gattungen von Aktien *(classes of shares)*, die für „New Holidays Ltd." in Frage kämen. Sie wollen keine komplizierten Regelungen treffen, um bei möglichen Anlegern *(prospective investors)* nicht von vornherein Bedenken wachzurufen. Aber sie möchten, wenigstens für die ersten Jahre, die Kontrolle über das Unternehmen in der Hand behalten. Deshalb beschließen sie, selbst Stammaktien zu nehmen und im übrigen Vorzugsaktien anzubieten. Stammaktien *(ordinary shares*, AE *common stock)* sind die klassische Form des Anrechts an einer Aktiengesellschaft *(interest in a company)*. Ihre Merkmale sind: Anspruch auf eine Dividende *(dividend)*, sofern eine ausgeschüttet *(distributed)* werden kann, Stimmrecht *(voting right)*, Recht auf Rückzahlung von Kapital *(repayment/return of capital)* im Falle der Auflösung *(winding up, liquidation, dissolution)*, sofern die Vermögenswerte größer sind als die Verbindlichkeiten.

Die Vorrechte von Vorzugsaktien

The privileges of preference shares

Den anderen Kapitalgebern, außerhalb der Gründergruppe, sollen beträchtliche vorrangige Ansprüche hinsichtlich Dividende und Rückzahlung des Kapitals *(prior claims as to dividend and repayment of capital)* geboten werden, jedoch kein Stimmrecht. Dazu schafft man Vorzugsaktien *(preference shares*, AE *preferred stock)* – auch kurz „Vorzüge" genannt. Deren Rechte werden in den Satzungen wie folgt festgelegt *(the rights are set out in the articles):* Nach Abschluß des Geschäftsjahres *(financial year)* wird auf sie als erste eine Dividende gezahlt, sofern genügend Gewinn für eine Dividende zur Verfügung steht. Sie berechtigen also zu einem festen Dividendensatz *(entitle to a fixed rate of dividend)*, ehe auf die Stammaktien etwas ausgeschüttet wird. Sie sind darüber hinaus kumulative Vorzugsaktien *(cumulative preference shares*, AE *cumulative preferred stock)*, das heißt, sie erhalten in einem Gewinnjahr sogar rückständige Dividende *(arrears of dividend)* aus vergangenen Jahren nachgezahlt – Nachbezugsrecht. Obendrein haben sie eine zusätzliche Gewinnberechtigung als „partizipierende", am Gewinn teilnehmende Vorzugsaktien *(participating preference shares* usw.*)*; das bedeutet, über ihren Vorzugsdividendensatz *(preferential rate of dividend)* hinaus nehmen sie auch noch an der Dividende teil, die danach auf die Stammaktien ausgeschüttet wird. Schließlich wird ausdrücklich bestimmt, daß die Vorzugsaktionäre im Falle der Liquidation nicht nur zur Kapitalausschüttung vor den Stammaktionären berechtigt *(entitled to capital repayments in priority to ordinary shareholders)*, sondern daß sie nach Rückzahlung allen Stamm- und Vorzugskapitals *(ordinary capital and preference capital)* an der Verteilung eines Vermögensüberschusses teilnehmen *(participate in the distribution of surplus assets)*. Von diesen Bestimmungen versprechen sich Robin und die anderen Gründer einen besonders starken Anreiz, da die Vermögenswerte zu einem großen Teil aus Grundbesitz bestehen *(assets consist of real property)*, der einen beträchtlichen Wertzuwachs *(growth of value)* verspricht. Dies sollte den Vorzugsaktionären *(preference shareholders*, AE *preferred stockholders)* die Tatsache versüßen, daß sie stimmrechtslose Aktien *(non-voting/voteless shares)* erhalten, also kein Stimmrecht *(voting power)* haben. Die Gesellschaft erhält auf diese Weise Eigenkapital *(equity capital),* ohne daß die Stammaktionäre an Einfluß verlieren *(lose influence).*

Haben die Vorzugsaktien kein kumulatives Dividendenrecht und kein Recht zur Teilnahme am weiteren Gewinn, so sind sie nichtkumulative und nichtpartizipierende *(non-cumulative, non-participating)* Vorzugsaktien.

An sich sind auch stimmrechtslose Stammaktien möglich, aber in England werden sie an der Börse nicht zugelassen. Gelegentlich finden sich auch Gesellschaften mit Nachzugsaktien *(deferred shares/stock).* Darauf wird eine Dividende erst gewährt, wenn alle anderen Aktiengattungen eine erhalten haben. Robin und seine Freunde hatten erwogen, sie für sich, als Gründeraktien *(founder shares)* zu schaffen, sie mit mehrfachem Stimmrecht *(multiple voting right)* und mit dem Recht auf den nach Ausschüttung auf die anderen Aktien verbleibenden Gewinn auszustatten. Aber die anderen Gründer wollten schon bald nach den Anlaufverlusten *(initial losses)* eine Verzinsung ihres Kapitals *(return on capital)* sehen.

Eine besondere Gruppe von Vorzugsaktien sind rückzahlbare Vorzugsaktien *(redeemable preference shares,* AE *redeemable/callable preferred stock).* Sie sind schon ein gutes Stück vom Wesen einer echten Aktie entfernt, denn zu dieser gehört gerade, daß sie nicht zurückgekauft werden darf. Dennoch ist das durch rückzahlbare Vorzugsaktien verkörperte Kapital keine Schuld. Um die echten Gläubiger *(creditors)* der Gesellschaft zu schützen, bestimmt deshalb das englische Aktienrecht, daß sie nur aus Gewinn oder aus dem Erlös einer neuen Aktienemission *(proceeds of a fresh issue of shares)* zurückgekauft werden dürfen. Gewinne können auch zuvor für diesen Zweck in einem Rückkauffonds *(capital redemption reserve fund),* ähnlich einem Tilgungsfonds *(sinking fund)* für die Rückzahlung von Schulden angesammelt werden. Ist beim Rückkauf ein Aufgeld *(premium)* zu zahlen, so müssen auch die Mittel dafür aus Gewinnen stammen oder aus dem Agiokonto *(share premium account),* auf dem Aufgelder bei Aktienemissionen gesammelt werden.

Erwähnt seien hier auch noch garantierte Aktien *(guaranteed shares,* AE *guaranteed stock).* Es sind solche mit einer Dividendengarantie *(guaranteed dividend)* des Hauptaktionärs *(principal shareholder)* oder jedenfalls eines Großaktionärs *(major shareholder),* zum Beispiel einer anderen Gesellschaft, die zuvor die weit überwiegende Mehrheit der Aktien erlangt *(gained the majority)* hat. Anstatt die verbleibende winzige Minderheit von Aktionären *(tiny minority of shareholders)* abzufinden *(pay off),* garantiert sie ihnen eine Mindestdividende. Manchmal wollen diese Kleinaktionäre *(small/minor shareholders)* ihren kleinen Aktienbesitz *(shareholding)* nicht verkaufen, sei es aus Anhänglichkeit zu ihrer alten Gesellschaft oder weil sie sich noch viel von ihr versprechen. Der Mehrheitsaktionär *(controlling shareholder)* will aber vorerst für einige Jahre keine Dividende ausschütten, sondern alle Gewinne wieder hineinstecken *(plough back).* Dank der Dividendengarantie haben die Kleinaktionäre unter dieser Politik nicht zu leiden. Für sich selbst verzichtet der Großaktionär auf den Dividendenanspruch *(the major shareholder waives his entitlement to the dividend)* – Dividendenverzicht *(waiver of dividend).*

Die Gründer der neuen Hotelgesellschaft hätten noch eine andere Möglichkeit gehabt, unerwünschten Einfluß auszuschalten: indem sie die Übertragung von Aktien beschränken *(restrict the transfer of shares).* Das Gesellschaftsrecht der meisten Länder gewährt darin weitgehende Freiheit. So heißt es im englischen Aktiengesetz, die Anteile seien „übertragbar, wie in den Satzungen vorgesehen" *(transferable in manner provided by the articles).* Es kann zum Beispiel in das Ermessen *(discretion)* der Geschäftsleitung gestellt werden, ob sie ihre Zustimmung zu der Übertragung geben will; sie kann es ablehnen, die Übertragung im Aktienbuch zu registrieren *(decline to register the transfer).* Es kann auch zugunsten der anderen Anteilseigner ein Vorkaufsrecht *(right of pre-emption, right of first refusal)* festgelegt werden. Aber die Gesellschaft wird Anleger abschrecken, wenn sie zu strenge Bindungen auferlegt *(imposes fetters).* Im deutschen Aktienrecht ist es ebenfalls möglich, Namensaktien in dieser Weise zu binden, zu „vinkulieren". Während gewöhnliche Namensaktien in der Bundesrepublik durch Indossament *(by endorsement)* übertragen werden können, braucht es bei vinkulierten Namensaktien (etwa: *fettered registered shares, registered shares with restriction on transfer)* die Zustimmung der Gesellschaft. – Über das übliche Verfahren der Übertragung in England siehe im Kapitel „Effektenbörse", S. 293ff.

Neben Namensaktien und Namensschuldverschreibungen kommen in England und Amerika gelegentlich auch Inhaberaktien *(bearer shares)* und Inhaberschuldverschreibungen *(bearer debentures/bonds,* AE auch *coupon bonds)* vor. Die Urkunde über eine Inhaberaktie wird entweder etwas ungenau als *share certificate* oder *stock certificate* bezeichnet, wie die über die Namensaktie, oder in der Formulierung des englischen Aktiengesetzes genauer als *share warrant to the bearer.* Inhaberaktien und -schuldverschreibungen können durch bloße Übergabe übertragen werden *(transferred by delivery).*

Es ist üblich, Inhaberpapiere *(bearer securities)* bei einer Depotstelle *(depositary),* meist einer Depotbank *(depositary bank)* zu hinterlegen *(deposit),* weil der Gesellschaft diese Aktionäre und Obligationäre unbekannt sind und sie daher mit ihnen nur durch Zeitungsanzeigen *(by advertisement)* in Verbindung treten kann. Eine solche Anzeige zum Beispiel mit der Dividendenbekanntmachung *(notice of dividend)* kann der Aktionär leicht übersehen. Die Depotstelle achtet für ihn auf solche Dinge. Für die Entgegennahme der Dividende ist die Inhaberaktie mit einem Satz von Gewinnanteilscheinen, Dividendenscheinbogen oder Kouponbogen *(set of dividend coupons, coupon sheet)*, ausgestattet. Wenn der Aktionär die Dividende bei der Gesellschaft oder bei einer anderen Zahlstelle *(paying office)* behebt *(collects)*, wird ihm von dem Bogen der jeweils fällige Gewinnanteilschein *(coupon)* abgetrennt. Wenn nach einigen Jahren alle Koupons abgetrennt sind, hat er einen Erneuerungsschein oder Talon *(coupon renewal slip)* übrig, den er einreichen kann, um einen neuen Kouponbogen zu erhalten. Inhaberschuldverschreibungen ist ein Zinsscheinbogen *(set of interest coupons, interest coupon sheet)* beigefügt.

Bei Namenspapieren gibt es zum Schutze des Eigentümers die *estoppel,* eine richterliche Verfügung, soviel wie ein klagebehindernder Einwand. Die Gesellschaft wird an der Behauptung gehindert, daß *(the company is estopped from maintaining that ...)* die Eintragung *(entry)* des Eigentümers und des Betrags unrichtig seien.

Eine Zwischenform von Aktie und Schuldverschreibungen ist die Wandelschuldverschreibung *(convertible debenture/bond)*. Die Erwerber von Wandelschuldverschreibungen sind zunächst für eine Reihe von Jahren Gläubiger der Gesellschaft, aber sie können statt dessen später Aktionäre werden. Die Gesellschaft wird sich dieser Form bedienen, wenn sie Kapital für Investitionen braucht, aber im gegenwärtigen Zeitpunkt keine Aktien ausgeben kann oder möchte, etwa weil sie damit ihr Aktienkapital „verwässern" *(water/dilute the share capital)* würde und weil Aktien im Augenblick zu teures Kapital wären. Nach einer festgelegten Reihe von Jahren kann der Obligationär etwa einmal im Jahre innerhalb einer bestimmten Umtauschfrist *(conversion period)* die Wandlung *(conversion)* seiner Obligationen zu einem vorher festgesetzten Kurs *(at a prescribed price)* in Aktien verlangen. Das Umtauschverhältnis *(conversion ratio)*, in dem er seine Wandelrechte ausüben kann *(exercise his conversion rights)* ist oft eins zu eins *(one for one, par for par)*, daß heißt, für eine Schuldverschreibung mit dem Nennwert *(nominal/par value)* 100 kann eine Aktie mit dem gleichen Nennwert empfangen werden. Meist ist außerdem eine Zuzahlung *(additional payment)* der Obligationäre in bar *(in cash)* vorgesehen.[1]

Eine weitere Zwischenform sind Schuldverschreibungen mit Aktienoption *(bonds/debentures with stock purchase warrants)*. Im täglichen Sprachgebrauch werden die anhaftenden *(attached)* Optionsrechte auf Aktien oft nur kurz als *warrants* bezeichnet. Dem Obligationär wird das Recht eingeräumt, zu einer bestimmten Zeit und zu einem festgesetzten Preis Aktien der Gesellschaft zu kaufen. Der Unterschied zu Wandelschuldverschreibungen besteht darin, daß der Optionsberechtigte *(warrantholder)* seine Schuldverschreibungen behält und außerdem Aktionär werden kann. Die Wandlung wie die Ausübung der Optionsrechte *(exercising of the warrant rights)* ist für den Berechtigten vor allem in Zeiten steigender Börsenkurse *(rising share prices)* interessant. Genußscheine *(dividend right /profit participation certificates)* schließlich berechtigen zur Gewinnbeteiligung *(participation in profits)* und oft auch zur Beteiligung an einem Liquiditätsüberschuß *(liquidation surplus)*, verbriefen aber ansonsten nur Gläubigerrechte.

Die Kapitalerhöhung *(increase of capital)* ist eine der Transaktionen, für die die Geschäftsleitung die Zustimmung *(approval)* der Aktionäre braucht.

Beschlüsse in der Hauptversammlung

Resolutions in general meeting

Unsere frischgegründete Gesellschaft „New Family Holidays Ltd." wird zweckmäßigerweise in ihre Satzung eine Ermächtigung aufnehmen, daß das Kapital durch ordentlichen Beschluß *(by ordinary resolution)* erhöht werden darf. Damit sichert sie sich mehr Beweglichkeit und Freiheit in der Finanzierung, denn für einen ordentlichen Beschluß genügt die einfache Mehrheit *(an ordinary resolution is carried by a simple majority)*. Ermächtigt die Satzung nicht bereits

[1] Nach: Kurt Wohlfarth, „Die Wertpapiere und ihre Technik", Deutscher Sparkassenverlag, Stuttgart, Zweite Auflage, 1960, S. 34.

zu Kapitalerhöhungen, so ist ein „besonderer Beschluß" nötig *(a special resolution is required)*. Ein besonderer Beschluß kommt zustande, wenn er mit einer Mehrheit von nicht weniger als drei Vierteln verabschiedet wird *(passed by a majority of not less than three fourths)*. Außerdem muß die Resolution als „besondere" einundzwanzig Tage vorher bekanntgemacht worden sein. Der Gesetzgeber fordert diese hohe Mehrheit, weil es hier um eine „Verfassungsänderung" *(constitutional amendment)* geht, um eine Änderung der Satzung *(an alteration of the articles)*. Zwischen dem ordentlichen und dem besonderen gibt es noch den außerordentlichen Beschluß *(extraordinary resolution)*. Auch dafür braucht es eine Dreiviertelmehrheit, doch entfällt das Erfordernis der Vorankündigung mit einundzwanzig Tagen Frist, da keine *special resolution* deklariert ist. Mit „Mehrheit" ist gemeint: die Mehrheit der zur Abstimmung berechtigten und tatsächlich abstimmenden Aktionäre *(the majority of the members entitled to vote and voting)*.

Die Gesellschaft hat weitere rechtliche Möglichkeiten zu Änderungen am Aktienkapital, von denen sie in der Hauptversammlung Gebrauch machen kann *(legal rights which the company may exercise in general meeting)*. Zum Beispiel kann sie die Aktien zu größeren Stücken vereinigen *(consolidate shares)*; sie kann Aktien zu kleineren Nennwerten unterteilen *(subdivide into smaller denominations)*, etwa wenn sie zu schwer *(heavy)* geworden sind, also jede einzelne einen zu hohen Vermögenswert repräsentiert.

Die Geschäftsleitung hat einmal im Jahre ihre Jahreshauptversammlung abzuhalten *(hold its annual general meeting – AGM)*. Außerdem mag sie eine Außerordentliche Hauptversammlung einberufen *(convene an extraordinary general meeting)*, wann immer sie das für angebracht hält – *whenever they think fit*, wie es im englischen Aktiengesetz heißt. Die Jahreshauptversammlung, die „Jahres-HV" *(AGM)* sowie außerordentliche Hauptversammlungen für besondere Beschlüsse *(special resolutions)* müssen mit mindestens einundzwanzig Tagen Vorankündigung schriftlich einberufen werden *(called by twenty-one days' notice in writing)*, andere Hauptversammlungen vierzehn Tage vorher. Die Einladung zur Jahreshauptversammlung nennt die Punkte der Tagesordnung *(items on the agenda)*. Das sind in der Regel: Entgegennahme und Besprechung des Berichts der Geschäftsleitung und des Jahresabschlusses *(receive and consider the directors' report and accounts)*; Beschluß einer Dividende *(declare a dividend)*; Wahl der Mitglieder des Verwaltungsrats *(elect directors)*; Bestellung des Wirtschaftsprüfers und Ermächtigung der Geschäftsleitung, seine Bezahlung festzusetzen *(appoint auditors and authorize the directors to fix their remuneration)*; sonstige Punkte *(transact any other business of the company)*.

Aktionäre *(members)*, die zur Teilnahme und zum Abstimmen berechtigt sind *(entitled to attend and to vote)*, sind auch berechtigt, einen oder mehrere Vertreter *(proxies*, Singular *proxy)* zu bestellen, die für sie stimmen dürfen. Diese brauchen selbst nicht Aktionäre zu sein.

Oftmals wünschen auch einzelne Aktionäre oder Aktionärsgruppen gewisse Dinge auf der Tagesordnung, damit sie in der Hauptversammlung behandelt werden können. In solchen Fällen ist die Gesellschaft verpflichtet, auf schriftliches Ersuchen *(on requisition in writing)* von Aktionären mit einem Zwanzigstel aller Stimmrechte *(one-twentieth of all voting rights)* oder von nicht weniger als hundert Aktionären mit voll eingezahlten Aktien von durchschnittlich mindestens hundert Pfund, allen Aktionären mitzuteilen, daß diese Aktionärsgruppe eine Resolution einzubringen beabsichtigt *(intends to move a resolution).* Auch muß die Gesellschaft eine Erklärung in Umlauf bringen *(circulate a statement),* die auf die vorgeschlagene Resolution Bezug nimmt – sofern die Erklärung nicht mehr als tausend Wörter umfaßt. Die Antragsteller *(requisitionists)* müssen eine Abschrift ihres Antrags *(requisition)* unterzeichnen *(sign)* und bei der Gesellschaft hinterlegen zusammen mit einem angemessenen Geldbetrag *(a sum reasonably sufficient)* für die Kosten dieser ihrer Initiative. Glaubt die Geschäftsleitung jedoch, daß der Aktionär oder die Aktionärsgruppe nichts anderes als Unruhestifter, Querulanten *(troublemakers)* sind und ihre Rechte mißbrauchen, um „unnütze Publizität für Verunglimpfungen" *(needless publicity for defamatory matter)* zu erhalten, so kann das Gericht die Gesellschaft auf Antrag *(on application)* von der Verpflichtung befreien, das Rundschreiben *(circular)* mit der Erklärung der Aktionärsgruppe zu versenden.

Aktionärsgruppen können auch die Einberufung einer außerordentlichen Hauptversammlung verlangen. Notfalls kann sogar das Gericht die Einberufung und Abhaltung einer Hauptversammlung anordnen *(the court may order a meeting to be called and held).*

Dieser Fall kann zum Beispiel eintreten, wenn die vom Gesetz in einem Anhang *(schedule)* oder von der Satzung geforderte Mindest-Teilnehmerzahl, das Quorum *(quorum),* meist von drei Aktionären, nicht erreicht wird.

Den Vorsitz in der Hauptversammlung hat gewöhnlich der Vorsitzende des Verwaltungsrats *(chairman of the board)* inne. Wenn er nicht verfügbar ist, hat die Geschäftsleitung eines ihrer Mitglieder auszuwählen, und wenn das nicht geht, wählen die Aktionäre einen der ihren aus, den Vorsitz zu übernehmen *(take the chair).*

Im allgemeinen sehen die Satzungen der Aktiengesellschaften vor, daß über einen Punkt, der der Hauptversammlnug zur Abstimmung vorgelegt wird *(a resolution put to the vote of the meeting),* durch Handaufheben entschieden wird *(decided by a show of hands).* Die Aktionäre können jedoch, in der Regel nach Mitteilung des Ergebnisses *(declaration of the result),* Abstimmung mit Stimmkarten *(poll)* verlangen. Bei einer Abstimmung mit Stimmkarten oder Stimmzetteln *(voting cards)* können die Vertreter mitstimmen, und deshalb muß der Vorsitzende prüfen lassen, ob sie Vertretungsvollmacht *(proxy)* haben. *Proxy* bezeichnet im Englischen beides: den Vertreter ebenso wie die Vertretungsvollmacht. Der Vollmachtgeber bestellt den Vertreter durch ein geschriebenes Dokument *(the appointer appoints the proxy by an instrument in writing).* Man unterscheidet General-Vertretungsvollmacht *(general proxy)* und Sonder-Vertretungsvollmacht *(special proxy).* Mit der ersten darf der Vertreter in jeder Hauptversammlung und in jeder Angelegenheit stimmen, mit der zweiten nur in einer bestimmten Hauptversammlung[1]. In der Praxis schickt die Gesellschaft allen Aktionären ein Formular für die Vollmachterteilung *(form of proxy)* zu, mit dem der Aktionär den Vorsitzenden zum Vertreter bestellen kann. Es enthält

[1] Ranking & Spicers's "*Company Law*", Eleventh Edition, by R. E. G. Perrins & A. Jeffreys, HFL (Publishers) Ltd., London, 1970.

je ein Kästchen für „dafür“ *(for)* und „dagegen“ *(against)*. Wenn der Aktionär gar nichts vorschreibt, stimmt der Vertreter nach eigenem Ermessen oder enthält sich der Stimme *(the proxy will vote or abstain at his discretion)*.

Hier noch ein paar Begriffe aus dem Versammlungswesen: Eine Resolution wird eingebracht oder beantragt *(a resolution is moved)*. Der Antrag *(motion)* wird unterstützt *(seconded)* von einem zweiten Sprecher. Nach der Abstimmung ist der Antrag angenommen *(carried)* oder abgelehnt *(lost)*. Bei Stimmengleichheit hat mitunter der Vorsitzende – so bei Sitzungen der Geschäftsleitung *(board meetings)* – eine ausschlaggebende Zweitstimme *(casting vote)*.

Das Gesetz verpflichtet die Aktiengesellschaften, ein Protokoll *(minutes* = Notizen, Protokoll; Singular *minute* = Notiz, Entwurf) von allen Vorgängen auf ihren Hauptversammlungen anzulegen, übrigens auch von Besprechungen der Geschäftsleitung und der Betriebsleiter.

„Hauptamtliche“ und „Nebenamtliche“ im Verwaltungsrat

Executives and non-executives on the board

In das Aktienrecht der meisten Länder sind nach und nach Bestimmungen über den Schutz der Minderheiten *(protection of minorities)* unter den Aktionären aufgenommen worden. So können zum Beispiel nach englischem Gesetz zweihundert Aktionäre oder die Inhaber *(holders)* von einem Zehntel der ausgegebenen Aktien beim Handelsministerium eine Untersuchung *(investigation)* von Angelegenheiten *(affairs)* der Gesellschaft durch einen staatlichen Prüfer *(inspector)* beantragen. Eine Minderheit mit fünfzehn Prozent des ausgegebenen Aktienkapitals kann bei Gericht beantragen, daß es eine Änderung der Gründungsbestimmungen über den Zweck der Gesellschaft aufhebt *(cancels)*.

Die Hauptversammlung der Aktionäre ist gleichsam das Parlament einer Gesellschaft, die Geschäftsleitung ist die Regierung, deren „Politik“ vom Parlament in den Grundzügen und in wichtigen Einzelfragen überwacht wird. Dieser Vergleich trifft auf die englische und amerikanische Aktiengesellschaft besser zu als auf die deutsche, weil bei der deutschen zwischen der Geschäftsleitung, dem Vorstand, und der Hauptversammlung noch der Aufsichtsrat steht. Für den Aufsichtsrat gibt es im englischen und amerikanischen Aktienrecht kein Gegenstück. Für die Übersetzung wird in der Regel das recht gut gewählte Wort *supervisory board* verwendet. Für „Vorstand“ sind *board of executives* und *board of management* brauchbare Übersetzungen. Ohne die Verbindung mit *board* können *manager* aber auch Leiter kleiner, untergeordneter Abteilungen sein. Umgekehrt wird *board of directors* am besten mit „Verwaltungsrat“ übersetzt.

In England wie auch in Amerika gibt es zwei Grundtypen von Geschäftsführern oder Direktoren: den voll für die Gesellschaft tätigen *executive director* – etwa „hauptamtlicher Geschäftsführer“ – der nicht nur für die Geschäftspolitik *(business policy)*, sondern auch für die Tagesarbeit *(day-to-day work)* verantwortlich ist; und den *non-executive director*, den „nebenamtlichen Geschäftsführer“. Seine Aufgabe ist es, Rat zu geben, an den langfristigen Plänen der Gesellschaft mitzuarbeiten, Verbindungen herzustellen, ausgleichend zu wirken,

Kontrolle auszuüben und das Bild, das Image, der Gesellschaft nach außen zu stärken. Er braucht nicht, und soll nicht einmal, aus einer verwandten Branche kommen. Viele *non-executive directors* haben ihre Hauptbeschäftigung *(full-time occupation)* im Bank- und sonstigen Finanzgewerbe *(in banking and finance)* und bringen von daher ihre Sachkenntnis in Finanzfragen *(financial expertise)* mit. Andere gehören dem Verwaltungsrat *(board)* schon deswegen an, weil sie gleichzeitig Geschäftsführer der Muttergesellschaft *(parent company)* oder auch einer Konzerngesellschaft *(associate company)* sind.

In welchem Verhältnis die beiden Gruppen von Direktoren im Verwaltungsrat vertreten sind, ist ganz der Gesellschaft und ihrer Satzung überlassen. In England dürften im Durchschnitt zwischen fünfzig und siebzig Prozent der Verwaltungsratsmitglieder *(board members)* aller Gesellschaften *executive directors* sein, die übrigen *non-executive directors.*

Der Verwaltungsrat wählt einen Vorsitzenden *(chairman)* aus seinen Reihen. Er ist in der Mehrzahl der Fälle hauptamtlicher Geschäftsführer, kann aber auch nebenamtlicher sein. Im ersten Falle liegt bei ihm Wesentliches von der laufenden Geschäftsführung. Ansonsten ist der *managing director,* seltener *chief executive* genannt (deutsch beides: Generaldirektor, Leitender Direktor oder Hauptgeschäftsführer), der Mann an der Spitze der Geschäftsführung. In einigen englischen Versicherungsgesellschaften führt er statt der erwähnten beiden Bezeichnungen den Titel *[chief] general manager.*

Er wird vom Verwaltungsrat aus seinen Reihen bestellt *(appointed),* sofern die Satzung den Verwaltungsrat dazu ermächtigt *(empowers);* andernfalls wird er durch Beschluß der Hauptversammlung bestellt. Je nach Aufgabenbereich *(scope of responsibility),* Vollmachten *(powers)* und Persönlichkeit *(personality)* kann er neben dem *chairman* mehr oder weniger stark hervortreten, ihn oft sogar in den Schatten stellen. Mitunter muß er sich in das Amt aber mit einem anderen teilen, und dann ist jeder von ihnen *joint managing director,* etwa „Mit-Generaldirektor". Andererseits ist der *chairman* nicht selten zugleich *managing director. Chairman* und *managing director* können Stellvertreter haben: *deputy/vice chairman, deputy managing director.* Gelegentlich gibt es in englischen Gesellschaften noch einen Ehrenpräsidenten *(honorary president),* etwa den in Ehren ergrauten Gründer *(founder),* er hat nichts mit dem *president* einer amerikanischen Gesellschaft gemein.

Geschäftsführer englischer Aktiengesellschaften können ihr Amt dadurch erlangen, daß sie bei der Gründung bestellt oder von der Hauptversammlung gewählt werden, oder dadurch, daß der Verwaltungsrat selbst weitere Geschäftsführer hinzu bestellt, um gelegentlich freiwerdende Stellen vorübergehend zu besetzen *(fill casual vacancies).* Wie es nach deutschem Recht für die Mitglieder des Aufsichtsrats üblich ist, tritt jeweils ein Drittel der Board-Mitglieder anläßlich der Jahreshauptversammlung zurück *(retires).* Sie können jedoch wiedergewählt *(re-elected)* werden. Von diesem turnusgemäßen Rücktritt *(retirement by rotation)* sind die *managing directors* ausgenommen. Ein Geschäftsführer einer englischen Gesellschaft kann sein Amt unter anderem dadurch verlieren, daß er nicht wiedergewählt wird, daß er die Altersgrenze erreicht *(by reaching the age limit),* durch Ablauf seiner Amtsdauer *(by expiration of his term of office)* ferner dadurch, daß er sein Amt zur Verfügung stellt *(resigns his office),* also durch eigenen Rücktritt *(resignation),* weiter auf Grund des Verlusts seiner persönlichen und sachlichen Eignung *(due to disqualification)* oder schließlich durch Entfernung *(removal)* aus dem Amt auf Grund eines Beschlusses der Hauptversammlung. Die Altersgrenze nach dem Aktiengesetz ist siebzig Jahre, doch kann die Satzung etwas anderes bestimmen *(the articles may provide otherwise).* Die Eignung kann der Geschäftsführer zum Beispiel dadurch verlieren, daß er persönlich zahlungsunfähig wird *(becomes bankrupt),* sich mit seinen Gläubigern arrangiert *(makes any arrangement with his creditors)* oder zu einem Vergleich mit ihnen kommt *(makes a composition with his creditors),* oder wenn er den von vielen Gesellschaften für die Qualifikation als Geschäftsführer geforderten Bestand an Pflichtaktien *(qualification shares, share/stock qualification)* nicht mehr hat.

Ein Mitglied des Verwaltungsrats kann für Zeiten längerer Abwesenheit einen *alternate director,* Alternativ- oder Vertretungsdirektor, bestellen, sofern die Satzung das zuläßt und der Verwaltungsrat den Vertreter akzeptiert.

Die Hauptversammlung kann einen Geschäftsführer durch ordentlichen Beschluß vor Ablauf seiner Amtsperiode *(before expiration of his period of office)* aus seinem Amt entfernen *(remove).* Für einen solchen Beschluß ist besondere Ankündigung *(special notice)* nötig, und der zu Entlassende kann dazu Ausführungen machen *(make representations),* die auf sein Verlangen den Aktionären zugesandt werden müssen.

Amerika: General-, Finanz-, Verwaltungsdirektor

America: president, treasurer, controller

An der Spitze des *board of directors* einer amerikanischen Aktiengesellschaft steht ebenfalls ein *chairman.* Der weitaus wichtigste Mann in der amerikanischen Gesellschaft ist der Präsident *(president).* Seine Stellung ist die eines Hauptgeschäftsführers *(chief executive officer),* verantwortlich für die innere Verwaltung des Unternehmens ebenso wie für seine Geschäftstätigkeit, vergleichbar der des englischen *managing director.* Der Vizepräsident *(vice president)* ist entweder der Stellvertreter des Präsidenten oder Leiter *(head)* einer großen Abteilung *(department).* Weitere wichtige leitende Personen sind der Finanzdirektor *(treasurer/BE finance director)* und der Chef des Rechnungswesens *(controller, comptroller).* In großen amerikanischen Aktiengesellschaften finden sich oft einige Geschäftsführende Vizepräsidenten *(executive vice presidents)* und daneben ein oder gar zwei Dutzend sonstige *vice presidents.* Sie alle sind in einem oder mehreren Ausschüssen *(committees)* tätig, zum Beispiel im Geschäftsführenden Ausschuß *(executive committee),* im Finanzausschuß *(finance committee),* im Ausschuß für Verwaltung *(administration committee),* an deren Spitze wiederum Leute wie der *chairman,* der *vice chairman* oder der *president* der Gesellschaft stehen. Daneben gibt es oft noch weitere, weniger zentrale Ausschüsse, zu deren Mitgliedern weder Präsidenten noch Vizepräsidenten zählen mögen, die aber dennoch in der Leitung des Unternehmens eine wichtige Funktion haben, zum Beispiel den für den Arbeitsfrieden und die Produktivität so maßgebenden „Ausschuß für Löhne, Gehälter und Prämien“ *(committee for wages, salaries, and premiums)* oder den „Ausschuß für innere Revision" *(audit committee).* Nebenamtliche Direktoren sind wie in England auch in Amerika üblich. Für „leitende Männer" oder „leitende Angestellte" sind im Englischen wie Amerikanischen die Wörter *executive* und *officer* möglich. In England ist jedoch das erste gebräuchlicher. *Officer* ist mehr der Rechtssprache vorbehalten und wird außerdem noch verwendet für Angestellte mit gewissen Sonderfunktionen, zum Beispiel den Pressemann *(press officer),* aber gelegentlich auch für den Personal-„chef" *(personnel officer).*

Noch zwei weitere Leute von Rang sind in der englischen und der amerikanischen Gesellschaft zu finden: der Gesellschaftssekretär *(company secretary)* und der Abschlußprüfer *(auditor).* Der *company secretary* hat eine Stellung inne, die Wesenszüge eines Prokuristen, eines Syndikus und eines Geschäftsführers in sich vereinigt. Viele *secretaries* sind heutzutage aber gleichzeitig Geschäftsführer, also Mitglied des Verwaltungsrates. Das englische Aktiengesetz verlangt, daß der oder die Sekretäre im „Verzeichnis der Geschäftsführer und Sekretäre" *(register of directors and secretaries)* aufgeführt werden, und setzt ihn auch in anderer Weise von einem Geschäftsführer ab: Zum Beispiel kann ein Allein-Geschäftsführer nicht gleichzeitig Sekretär sein. Seine Kernpflichten liegen im Verkehr mit den Aktionären und der Besorgung eines gewissen Schriftverkehrs. Er führt und überwacht das Aktienbuch *(register of shareholders),* verzeichnet Übertragungen von Aktienbesitz *(registers transfers),* beruft „im Auftrage des Verwaltungsrats" *(by order of the board)* die Hauptversammlung ein *(summons the general meeting),* führt das Protokoll *(keeps the minutes)* von Hauptversammlungen und Board Meetings. Aber darüber hinaus hat er heute oft viel weitergehende Aufgaben. Er kann verantwortlich sein für das Personalwesen, für die Finanzbuchhaltung *(financial accounting),* die Grundstücksverwaltung *(real property administration),* sogar für die Finanzen des Unternehmens, soweit es um die Tagesgeschäfte *(day-to-day management)* geht. Er muß einige Rechtskenntnisse *(legal knowledge)* besitzen. Manchmal richtet sich ein Gesellschaftssekretär eine eigene Praxis ein *(sets up an independent practice)* und wird für eine Anzahl Gesellschaften tätig, vor allem solche mit Hauptsitz im Ausland[1].

Der Wirtschafts- oder Abschlußprüfer ist in keinem Falle Angestellter der Gesellschaft, weder leitender *(officer)* noch gar untergeordneter *(servant).* Seine Aufgabe ist, die Bücher zu prüfen *(examine the accounts)* und den Aktionären zu berichten *(report),* vor allem ob die Bilanz und die Gewinn- und Verlustrechnung mit den Büchern und Unterlagen übereinstimmen *(whether the balance sheet and profit and loss account are in agreement with the books of account and returns)* und ob sie ein wahres und zutreffendes Bild von der Lage der Gesellschaft geben *(give a true and fair view of the company's state of affairs)*[2]. Gegenstand der Prüfung *(subject matter of audit)* ist jedoch nicht, ob die Gesellschaft schlecht oder gut geleitet *(ill managed or well managed)*[3] ist. Der Prüfer hat ein Recht auf Zugang zu den Büchern, Konten und Belegen *(right of access to the books, accounts and vouchers),* er kann von den leitenden Angestellten zusätzliche Auskünfte und Erläuterungen verlangen, ist berechtigt, an

[1] *"Company Secretary"*, Choice of Careers, No. 29, Her Majesty's Stationery Office, 1970.
[2] Neunter Anhang zum *Companies Act.*
[3] T. E. Cain, *Charlesworth's Company Law,* Ninth Edition, Stevens & Sons, London, 1968, S. 301.

der Hauptversammlung teilzunehmen *(attend the general meeting)* und dort gehört zu werden. Der Prüfer steht zwischen der Geschäftsleitung und der Hauptversammlung. Er ist den Aktionären verantwortlich, nicht der Geschäftsleitung, und er wird in der Jahreshauptversammlung bestellt. Es muß gesichert sein, daß er von der Geschäftsleitung unabhängig ist. Deshalb darf er kein Angestellter der Gesellschaft, ihrer Muttergesellschaft *(holding/parent company)*, einer Tochtergesellschaft *(subsidiary company)* oder einer Schwestergesellschaft *(fellow-subsidiary company)* sein, nicht einmal Teilhaber oder Hilfskraft *(servant)* eines Angestellten einer jener Gesellschaften.[1] Eine juristische Person *(corporate body)* ist nicht als Prüfer zugelassen. Also würden sich Wirtschaftsprüfungs-Unternehmen in der Form der Aktiengesellschaft umsonst bemühen, als Prüfer bestellt zu werden. Mit dieser Vorschrift wird verhindert, daß Geschäftsführer oder Aktionäre einer zu prüfenden Gesellschaft Einfluß auf die Prüfer erlangen, indem sie Aktien der Prüfungsgesellschaft erwerben. In Deutschland hingegen gibt es Prüfungsgesellschaften in Form der Aktiengesellschaft.

Alljährlich müssen sowohl das Gesellschaftsregister als auch die Aktionäre mit dem Stand der Dinge bei der Gesellschaft vertraut gemacht werden. Wie bereits früher erwähnt, muß dem Register die Jahresaufstellung *(annual return)* eingereicht werden. Sie hat hauptsächlich die Kapitalverhältnisse *(capital structure)* der Gesellschaft darzustellen, darunter solche Einzelheiten wie die Zahl der Aktien, das bei Ausgabe von Aktien eingeräumte Disagio *(discount allowed on the issue of any shares)* oder soviel von dem Disagio, wie bis zu diesem Zeitpunkt nicht abgeschrieben *(not written off at that date)* ist, der Betrag der Aktien, auf die Bezugsberechtigungen ausstehen *(shares for which warrants are outstanding)*, Einzelheiten der gesamten Verschuldung *(indebtedness)* werden gefordert. Sodann ist eine Liste der Aktionäre *(list of members)* und ihrer Anschriften verlangt. Schließlich wünscht der Registerbeamte auch noch eine Abschrift der Bilanz *(copy of the balance sheet)*, eventuell der Konzernbilanz *(group accounts)*, des Berichts der Wirtschaftsprüfer *(report of the auditors)* und des Berichts der Geschäftsleitung *(report of the directors)*, so wie sie der Gesellschaft in der Hauptversammlung vorgelegt *(as laid before the company in general meeting)* wurden. Die Abschrift der Bilanz muß von einem Geschäftsführer und dem Gesellschaftssekretär bestätigt sein *(certified by a director and by the company secretary)*.

Die Jahreshauptversammlung muß in jedem Jahr einberufen werden, spätestens fünfzehn Monate nach der vorangegangenen. Was ihr alles zu berichten ist, nimmt in den Gesetzen meist großen Raum ein. Im folgenden sei dargestellt, was in einem „Bericht des Verwaltungsrats und Jahresabschluß für das Geschäftsjahr zum 30. September 1984" *(Report of the directors and statement of accounts for the financial year ended 30 September 1984*, oder kurz *report and accounts)* enthalten ist.

Zu Anfang finden sich meist die Angaben über den Verwaltungsrat *(directors)* selbst, den oder die Abschlußprüfer, die Bankverbindungen *(bankers)* und die Anwälte *(solicitors)*. Ebenfalls sehr früh im Jahresbericht findet der Aktionär die Einladung zur Hauptversammlung *(notice of meeting)* und Erläuterungen *(notes)*

[1] „*Key to Company Law and Practice*", a.a.O. S. 99.

über seine Teilnahme- und Stimmrechte. Danach folgt der erste große Hauptabschnitt, der *report of the directors,* beginnend mit der Darstellung der Haupttätigkeiten *(principal activities),* den Betriebsergebnissen und Dividenden *(trading results and dividends).* Eine Gesellschaft, die verschiedene Geschäftszweige betreibt *(carrying on different classes of business),* muß in der Regel eine Aufgliederung der Ergebnisse *(analysis of results)* geben: die Anteile jedes Zweigs am Umsatz *(proportion of each class of business in the turnover)* und das Maß *(extent),* in dem jeder Geschäftszweig zu dem Gewinn vor Steuern *(pre-tax profit, profit before taxation)* beigetragen hat. Oft fügen die Gesellschaften noch die eine oder andere Aufgliederung der Ergebnisse *(break-down of results)* bei, zum Beispiel eine geographische *(geographical analysis).*

Gewinn nach Steuern und Minderheitenanteilen

Profit after tax and outside shareholders' interest

In seinem Vorschlag für die Gewinnverteilung *(recommendation of dividend)* geht der Verwaltungsrat etwa vom Betriebs-Rohgewinn *(operating profit)* aus: Einnahmen *(revenue)* abzüglich der laufenden Kosten *(running costs)* und Abschreibungen *(depreciation)*, aber vor Zinsen und Steuern. In der nächsten Stufe der Darstellung wird der Gewinn vor Steuern genannt. Nach Abzug der Steuern, das heißt im wesentlichen der Körperschaftssteuer *(corporation tax)*, bleibt der Gewinn nach Steuern *(profit after taxation)*. Hat die berichtende Gesellschaft Tochtergesellschaften, so wird der Gewinn als *group profit*, als Gruppengewinn oder Konzerngewinn bezeichnet. Von dem „Gruppengewinn nach Steuern", sind die Gewinnanteile der Minderheitsaktionäre von Konzerngesellschaften *(profits attributable to minority shareholders of group companies)* oder kürzer: Anteile außenstehender Aktionäre *(outside shareholders' interest)* abzuziehen. Daraus ergibt sich der den Aktionären der Gesellschaft selbst zustehende Gewinn *(profit[s] attributable/applicable to the shareholders of the company)* oder der „zur Verwendung verfügbare Gewinn" *(profit available for appropriation/distribution)*. Ein Teil der Dividende ist jedoch meist schon während des Jahres als Interims- oder Zwischendividende *(interim dividend)* ausgeschüttet worden, so daß jetzt nur noch die Schlußdividende *(final dividend)* zu zahlen ist. Beides zusammen ist die Gesamtdividende *(total dividend)*. Die Zustimmung der Aktionäre vorausgesetzt *(subject to the approval of the shareholders)*, wird die Gesellschaft unmittelbar nach der Hauptversammlung die Dividendenschecks an die Aktionäre versenden, die zu einem in der Satzung bestimmten Tage im Aktionärsbuch aufgeführt waren. Der Gewinnrest wird auf Vorschlag der Geschäftsleitung in aller Regel den Rücklagen zugeführt werden *(carried to reserves)*, auch: „den Gewinnrücklagen hinzugefügt" *(added to revenue reserves)* oder einfach „vorgetragen" *(carried forward)* werden.

Im weiteren Teil seines Berichts geht der Verwaltungsrat auf bedeutsame Vorfälle während des Berichtsjahres *(year under review)* oder des Berichtsabschnitts *(period under review)* ein. Es wird mitgeteilt, was die Tochtergesellschaften getan haben, ob man welche verkauft oder hinzuerworben hat. Landbesitz der Gesellschaft, seien es Grundstücke in Eigenbesitz oder in Pacht *(freehold tenure or leasehold tenure),* gewinnt oft an Wert. Es muß daher mitgeteilt werden, ob bedeutende Unterschiede zwischen dem Bilanzwert *(balance sheet value, book value)* und dem Marktwert *(market value)* bestehen. Bei Pachtland ist nach lang- und kurzfristigen Pachtverhältnissen *(long and short leases)* zu trennen. Wenn während des Geschäftsjahres Aktien oder Anleihepapiere *(loan stock)* ausgegeben wurden, sind nähere Angaben *(particulars)* zu machen. Einzelheiten werden auch verlangt, wenn ein Geschäftsführer an einem bei Jahresende noch bestehenden Vertrag mit der Gesellschaft ein materielles Interesse hat – womit nicht sein Anstellungsvertrag *(service contract)* gemeint ist. Es muß ferner der Anteil der Geschäftsführer an den Aktien und Obligationen der Gesellschaft *(directors' shareholdings, directors' interest in the share and loan stock of the company)* aufgeführt werden, desgleichen an Aktien und Obligationen von Mutter-, Tochter- und Schwestergesellschaften, und es müssen Abmachungen *(arrangements)* angegeben werden, auf Grund deren ein Geschäftsführer berechtigt ist, Aktien oder Obligationen der Gesellschaft oder anderer Gesellschaften zu erwerben.

Des weiteren verlangt der Gesetzgeber die Angabe der Durchschnittszahl *(average number)* der Beschäftigten während des Jahres und die Gesamtlohn- und -gehaltssumme *(aggregate remuneration).* Gesondert anzugeben sind die Bezüge der Geschäftsführer und gehobenen Angestellten *(emoluments of directors and senior employees).* Beiträge *(contributions)* und Spenden *(donations)* an politische und Wohltätigkeitsorganisationen *(political and charitable contributions)* sind mitzuteilen.

Außer diesen und anderen vom Gesetz vorgeschriebenen Darstellungen schildert ein guter Geschäftsbericht den Verlauf des Geschäftsjahres in einer „Erklärung des Vorsitzenden" *(chairman's statement)* oder in einem „Rückblick" *(review),* worin besonders auf die Markt- und Absatzverhältnisse *(market and selling conditions)* sowie auf die Aussichten für die Zukunft *(future prospects)* eingegangen wird.

Es folgen dann mehrere Seiten Darstellungen in Zahlen, zunächst die Gewinn- und Verlustrechnung *(profit and loss account).* Die englische enthält weniger Positionen *(items)* als die einer deutschen Aktiengesellschaft. Neben denen, die bereits in anderem Zusammenhang erwähnt wurden, gibt es nur noch wenige weitere. Der Umsatz *(turnover, sales, sales proceeds, revenue)* oder bei einem Konzern der Außenumsatz *(sales to external customers, revenue from external sales)* wird entweder hier oder unter den Erläuterungen zu den Abschlußposten *(notes on the accounts, notes relating to the accounts)* aufgeführt werden. Einer der nächsten Posten ist „Erträge aus Finanzanlagen" *(investment income),* das sind in erster Linie Erträge aus Beteiligungen *(income from trade investments).* Bei einem Konzern würde sich die Position *investment income* etwa zusammensetzen aus: Dividenden und Zinsen von nichtkonsolidierten Tochtergesellschaften *(subsidiaries not consolidated);* von Beteiligungen an börsennotierten und nichtnotierten Gesellschaften *(trade investments quoted and unquoted,* AE auch ... *listed and unlisted);* von sonstigen notierten Finanzanlagen *(other quoted investments);* Zinsen aus kurzfristigen Einlagen und verschiedenen Darlehen *(interest from short-term deposits and sundry loans)* oder nur Bankzinsen *(bank interest)* und Darlehenszinsen *(loan interest)* oder nur ganz summarisch Ertragszinsen *(interest received)* – wozu das Gegenstück gezahlte Zinsen oder Aufwandszinsen *(interest paid/payable)* sind. Oft wird neben der Position *investment income* noch eine andere aufgeführt, die etwa lautet: „Anteil an den Gewinnen der wichtigsten Beteiligungsgesellschaften" *(share of profits of principal associated companies).*

Ferner finden sich häufig außerordentliche Posten *(exceptional/extraordinary items)* und einmalige Posten *(non-recurring items).* Das können sein außerordentliche oder einmalige Erträge *(exceptional/non-recurring profits)* als auch außerordentliche oder einmalige Aufwendungen *(exceptional/non-recurring losses).* In der Umgangssprache, nicht in den Büchern oder in der Bilanz, wird auch von *windfall profits* oder *windfall earnings* gesprochen, also von unverhofft anfallenden Erträgen. Damit sind gelegentlich solche außerordentlichen Erträge im buchhalterischen Sinne, öfter allerdings Gewinn in Zeiten überraschend starker Nachfrage gemeint.

Steuerliche Übertrags- und Ausgleichsposten erscheinen in vielen Erfolgsrechnungen, zum Beispiel Übertrag von/nach der Steuerausgleichs-Rücklage *(transfer from/to tax equalization reserve)* oder Steuerberichtigung für frühere Perioden *(taxation adjustment relating to prior period).* Schließlich ist gelegentlich ein Gewinnvortrag aus dem Vorjahr *(balance brought forward from previous year)* vorhanden.

Noch kürzer als die Erfolgsrechnung *(profit and loss account)* für das Geschäftsjahr sind die Darstellungen der Halbjahres- und Vierteljahresergebnisse *(half-yearly and quarterly statements of results, quarterly earnings statements)* und die vorläufigen Ergebnisse *(preliminary figures),* die bereits etliche Wochen vor Fertigstellung des Jahresabschlusses veröffentlicht worden sind.

Vergeblich wird der deutsche Leser in der Gewinn- und Verlustrechnung oder an anderer Stelle im Jahresabschluß nach einer Reihe von Posten suchen, die ihm von der deutschen Aktiengesellschaft her vertraut sind. Er wird vermissen die Gesamtleistung, etwa zu übersetzen mit *total performance* oder *total operating result.* Sie setzt sich zusammen aus dem Umsatz, der Erhöhung oder Verminderung des Bestands an fertigen und unfertigen Erzeugnissen *(increase or decrease in stocks/* AE *inventories of finished goods and partly manufactured goods and of work in progress/process)* sowie aktivierten Eigenleistungen *(capitalized internal deliveries and performances).* Die Aufwendungen für Roh-, Hilfs- und Betriebsstoffe sowie für bezogene Waren *(expenditure for raw materials, auxiliary materials, fuels and goods purchased)* werden in England ebenfalls meist nicht aufgeführt. In der deutschen Erfolgsrechnung ergibt sich nach ihrem Abzug ein Rohertrag *(gross profit, gross operating revenue).* Weitere Positionen der deutschen Erfolgsrechnung sind: Erträge aus Gewinn- und Verlustabführungsverträgen *(income from profit and loss transfer agreements),* Erträge oder Aufwendungen aus dem Abgang von Gegenständen des Anlagevermögens und aus Zuschreibungen zu Anlagevermögen *(profits or losses from disposal and revaluation of fixed assets),* Erträge aus der Auflösung von Rückstellungen für ungewisse Schulden *(income/profits from release of provisions for contingent liabilities),* sonstige Erträge *(sundry/miscellaneous income),* gesetzliche Sozialabgaben *(statutory social contributions),* Aufwendungen für Altersversorgung und Unterstützung *(expenditure for old-age pensions and benefit payments),*

Vermögensabgabe nach dem Lastenausgleichgesetz *(capital levy according to Equalization of Burdens Act)*, sonstige Aufwendungen *(sundry/miscellaneous expenditure)*[1].

Auch die englische Bilanz *(balance sheet)* ist kürzer und gedrängter als die einer deutschen Aktiengesellschaft. Sie ist meist in Tabellenform aufgebaut, so daß sich Aktiva und Passiva *(assets and liabilities)* nicht gegenüberstehen. Sie kann mit dem Aktienkapital und den Rücklagen beginnen, aber meist wird der Anfang mit dem Anlagevermögen gemacht. Für Anlagevermögen gibt es strenggenommen kein englisches Wort. *Fixed assets* heißt bereits Sachanlagen. Im weiteren Sinne wird aber *fixed assets* im täglichen Umgang für Anlagevermögen gebraucht; in diesem Falle ist es nötig, für Sachanlagen ein weiteres Eigenschaftswort heranzuziehen, etwa *fixed tangible assets.*

Die Sachanlagen sind in der Bilanz meist nur in einem einzigen Posten aufgeführt, aber unter den Erläuterungen wird aufgegliedert, zum Beispiel: Grundstücke im Eigenbesitz *(properties, freehold)*, Grundstücke in Pacht *(properties, leasehold* oder *leasehold land and buildings)*, Grundstücke in langfristigem Pachtbesitz – über 50 Jahre Restpachtzeit *(properties held on long leases – over 50 years unexpired)*; Ladenfronten *(shop fronts)*, eingebaute Anlagen, Einrichtung und Ausstattung *(fixtures, fittings and equipment)*, Kraftfahrzeuge *(motor vehicles)*, gemietete Maschinen *(machines on lease)*, Betriebsanlagen im Bau *(plant under construction, capital work in progress)* Anzahlungen auf Anlagen *(payments in advance* oder *prepayment for plant on order)*.

Meist in Tabellenform wird eine Übersicht gegeben über Anlagenzugänge *(additions)*, Anlagenabgänge *(disposals,* AE *retirements)*, aktivierte Verbesserungen *(capitalized improvements)*, Umbuchungen *(transfers)* sowie über die Bewertung *(valuation)*. Es heißt zum Beispiel: „Anlagen und Maschinen sind zu Herstellungs-/Anschaffungskosten aufgeführt“ *(plant and machinery are stated at cost)*. „Investitionszuschüsse sind von den Herstellungs-/Anschaffungskosten des Vermögensgegenstands abgezogen“ *(investment grants are deducted from the cost of the asset)*. „Von Grundstücken in Eigenbesitz ist keine Wertminderung abgeschrieben“ *(no depreciation is written off freehold properties)*. „Pachtgrundstücke werden im Laufe der Pacht amortisiert“ *(leasehold properties are amortized over the life of the lease)*. „Abgeschrieben wurde in gleichbleibenden Jahresraten“ *(depreciation is calculated on a straight-line basis)*. „Schiffe werden abgeschrieben zu einem Satz, bei dem ihr Buchwert auf den geschätzten Restwert heruntergeschrieben wird“ *(ships are depreciated at the rate which will write down their value to their estimated residual value)*.

In der deutschen Bilanz mit ihrer stärkeren Untergliederung finden sich weitere Einzelangaben wie: grundstücksgleiche Rechte *(rights in real property)*, Geschäfts-, Fabrik- und andere Bauten *(office, factory and other buildings)*, unbebaute Grundstücke *(land without buildings)*.

An der zweiten Stelle hinter den Sachanlagen folgen in der englischen Bilanz gewöhnlich Finanzanlagen *(investments)*, besonders Beteiligungen *(trade investments)*. In der Beschreibung der Erfolgsrechnung wurden bereits verschiedene Formen von Finanzanlagen erwähnt. Zu dieser Bilanzposition *(balance sheet*

[1] Einige hier verwendete Übersetzungen sind entnommen der englischen Fassung eines Jahresberichts der August Thyssen-Hütte AG, Duisburg-Hamborn; teils abgewandelt.

item) wird wiederum ein Hinweis auf die Bewertung gegeben wie: „Anteile zu Anschaffungskosten abzüglich abgeschriebener Beträge" oder „... abzüglich Wertberichtigung" *(shares valued at cost less amounts written off, ... less amounts provided);* „Buchwert" *(book value);* „Bewertung durch die Geschäftsleitung" *(directors' valuation).*

Konzernabschlüsse *(group accounts)* sind nötig, wenn das Unternehmen Tochtergesellschaften hat. Zum Begriff der Tochtergesellschaft *(subsidiary [company])* gehört, daß die Muttergesellschaft *(parent/holding company)* mehr als die Hälfte des Nominalwerts des Stammaktienkapitals besitzt *(holds more than half in nominal value of its equity share capital)* oder daß sie zumindest in der Lage ist, die Zusammensetzung des Verwaltungsrats zu bestimmen *(controls the composition of the board).* Eine Tochtergesellschaft von einer Tochtergesellschaft, also eine „Enkelgesellschaft", ist eine *sub-subsidiary.* Mehrere Tochtergesellschaften sind im Verhältnis zueinander Schwestergesellschaften *(fellow/co-subsidiaries).* Der Konzernabschluß muß eine konsolidierte Bilanz *(consolidated balance sheet)* und eine konsolidierte Gewinn- und Verlustrechnung *(consolidated profit and loss account)* umfassen. Er kann jedoch entfallen, wenn die Geschäftsleitung meint, daß damit den Aktionären kein besseres oder sogar ein falsches Bild gegeben würde oder daß der Gesellschaft Schaden entstehen könnte. Dann genügt es, gesonderte Abschlüsse *(separate accounts)* der einzelnen Tochtergesellschaften oder mehrere konsolidierte Abschlüsse *(sets of consolidated accounts)* vorzulegen oder die Angaben im Abschluß der Muttergesellschaft ausführlicher zu machen.

Das Wesen einer konsolidierten Bilanz besteht darin, daß die Konten der Tochtergesellschaft in die der Muttergesellschaft aufgenommen *(incorporated)* und mit ihnen vereinigt *(consolidated)* sind. Gesellschaften ohne die geschilderten Merkmale einer Tochtergesellschaft sind bloße „Beteiligungsgesellschaften" *(associated companies).* Wenn die Muttergesellschaft mehr als zehn Prozent der Aktien solcher Gesellschaften hält, muß sie deren Namen und ihren Aktienbesitz *(holding of shares)* mitteilen. Es gibt außerdem noch den Begriff Konzerngesellschaft *(group company).* Er ist nicht strikt definiert und bezeichnet allgemein die zum Konzern gehörenden Gesellschaften.

Oft wird im Englischen für „Beteiligung" und „Anteil" auch eine Verbindung mit *interest* oder *stake* – dieses nicht in der Bilanz – verwendet, zum Beispiel *interest in subsidiaries* „Anteil(e) an Tochtergesellschaften" oder *our stake in this business activity* „unsere Beteiligung an diesem Unternehmens-/Geschäftszweig". Das englische Wort *participation* ist nicht verwendbar für den Bilanzposten „Beteiligungen". Es wird aber außerhalb der Bilanz gebraucht für das Teilnehmen oder Teilhaben an einem Konsortium, einem Recht oder einem Geschäftsergebnis: *our participation in these mining rights; we participate in the loss of this joint venture.*

Das Umlaufvermögen *(current/floating assets)* besteht im wesentlichen aus Vorräten *(stocks,* AE *inventories),* Forderungen aus Warenlieferungen und Leistungen *(debtors,* AE *accounts receivable)* und flüssigen Mitteln *(liquid funds/resources),* darunter Wertpapiere *(investments),* kurzfristige Ausleihungen *(short-term loans)* und Bankguthaben *(bank balances)* sowie Barmittel *(cash).* Auch zu den Vorräten wird eine Erklärung über die Bewertung gegeben: „Die Vorräte sind bewertet zu dem jeweils Niedrigeren aus Anschaffungskosten und Nettoveräußerungswert" *(stocks are valued at the lower of cost and net realizable value).*

Neben diesen materiellen Wirtschaftsgütern *(tangible assets,* AE auch *tangible property)* gibt es mancherlei immaterielle Vermögenswerte *(intangible assets,* AE auch *intangible property).* Das können sein: Erfindungen *(inventions),* Patente *(patents),* Lizenzen *(licences),* Konzessionen *(concessions, franchises),* Warenzeichen *(trademarks),* der Kundenkreis *(clientele)* und der Firmen-, Fasson- oder Geschäftswert *(goodwill)* eines Unternehmens. In gewissem Umfange können sie in England und Amerika als selbständige Posten ausgewiesen werden *(shown as separate items),* wenn ihr Betrag sich aus den Büchern feststellen läßt *(the amount is ascertainable from the books).* Die Werte erscheinen in der Bilanz als die aktivierten Aufwendungen *(capitalized expenditure).* Der Goodwill eines Unternehmens ist der Kaufpreis, soweit er die Werte der einzelnen Vermögensgegenstände übersteigt *(the goodwill of a business is the purchase price in excess of the values attributable to the assets).* Findet kein Kauf oder Verkauf statt, so läßt sich der Goodwill abschätzen und ansetzen *(assess and price)* als der Unterschied zwischen dem Ertragswert *(value by earnings)* und dem Reinvermögen, dem Nettowert der Vermögensgegenstände *(net value of assets).*

In amerikanischen Bilanzen finden sich neben den Warenforderungen *(accounts receivable)* noch Schuldschein-/Wechselforderungen *(notes/bills receivable),* „abzüglich Wertberichtigungen für Uneinbringliche" *(less allowances for uncollectibles).* Wertpapiere des Umlaufvermögens sind etwa bezeichnet als „börsenfähige Wertpapiere" *(marketable securities* – statt *investments).*

In der englischen Tabellenbilanz folgen nun auf der gleichen Seite die laufenden Verbindlichkeiten und Rückstellungen *(current liabilities and provisions),* bestehend aus Verbindlichkeiten aus Warenlieferungen und Leistungen *(creditors),* Bankkrediten und Überziehungskrediten *(bank loans and overdrafts),* Rückstellungen, aufgeschobenen Steuern *(deferred taxation)* und der vorgeschlagenen Abschlußdividende *(proposed final dividend).* Bei den Bankverbindlichkeiten findet sich oft ein Vermerk, wieviel davon gesichert *(secured)* ist. Diese ganze Gruppe von Passivposten setzt man in England vom Umlaufvermögen *(current assets)* ab und erhält damit das Nettoumlaufvermögen *(net current assets,* auch *working capital).* Dieses addiert der englische Bilanzbuchhalter zum Anlagevermögen und erhält damit „Vermögenswerte abzüglich laufender Verbindlichkeiten" *(total assets less current liabilities).* Von einer Bilanzsumme sprechen der Engländer und der Amerikaner nicht, und das Wort dafür, *balance sheet total,* ist nicht üblich. Wenn sie das Bilanzvolumen eines Unternehmens angeben wollen, nennen sie die Summe der Vermögenswerte *(assets)* oder die gesamten Verbindlichkeiten plus Eigenkapital *(total liabilities and shareholders' equity).*

Durch das Saldieren *(balancing)* der kurzfristig fälligen Verbindlichkeiten gegen diejenigen Vermögenswerte, die sich kurzfristig flüssig machen lassen oder schon flüssig sind, wird erreicht, daß eine grobe Art Liquidität *(liquidity),* die Liquiditätsreserve *(liquid reserve),* sogleich sichtbar wird. Der normale Fall des Überschusses sollte ein Nettoumlaufvermögen sein. Ein Überschuß an kurzfristigen Verbindlichkeiten *(net current liabilities)* wäre bedenklich. Kurzfristiges Kapital sollte nicht in Anlagevermögen gebunden *(tied up)* sein.

In amerikanischen Bilanzen findet sich für Warenverbindlichkeiten *accounts payable,* für Schuldscheine/Schuldwechsel *notes/bills payable.* In der deutschen Bilanz können noch auftauchen: empfangene Anzahlungen *(prepayments received).*

Bei der geschilderten Form der englischen Bilanz stehen das Eigenkapital und das langfristige Fremdkapital am Schluß. Nach dem Aktienkapital *(share capital)* folgen die zwei Gruppen von Rücklagen: Rücklagen aus dem Ertrag *(revenue reserves)* und Kapitalrücklagen *(capital reserves).* Die ersten sind aus dem Gewinn gespeiste Rücklagen. Sie sind manchmal noch unterteilt, wobei Bezeichnungen verwendet werden wie *general reserve* und *retained profit, retained earnings* oder *earned surplus,* also „allgemeine Rücklage" und „einbehaltener Gewinn". Die zweite Art Rücklagen wird aus besonderen Anlässen gebildet und gespeist, zum Beispiel auf Grund einer Neubewertung von Aktivposten *(revaluation/*AE *reappraisal of assets).* Zu den Kapitalrücklagen gehört auch die Agio- oder Aufgeldrücklage *(share premium reserve/account):* Wenn die Gesellschaft neue Aktien mit einem Aufgeld *(at a premium)* ausgibt, das heißt zu einem Kurs über dem Nominalwert *(in excess of par value),* muß sie das Aufgeld dieser Rücklage zuführen. – Die Ausgabe von Aktien mit einem Abgeld oder Disagio *(at a discount)* ist übrigens, wie in Deutschland, grundsätzlich verboten. Nur in Ausnahmefällen ist sie zugelassen, und sie muß vom Gericht genehmigt werden *(sanctioned by the court).*

Aktienkapital, Rücklagen und einbehaltene Gewinne abzüglich eigener Aktien (AE *stock in treasury)* bilden zusammen das den Aktionären zustehende Reinvermögen *(shareholders' equity/funds, stockholders' interest/equity)* – ein anderes Wort für Eigenkapital. Dahinter wird noch das langfristige Fremdkapital *(long-term borrowed capital)* aufgeführt, also zum Beispiel Anleihen *(loans),* Schuldverschreibungen *(debentures, debenture stock),* ungesicherte Wandelschuldverschreibungen *(convertible unsecured stock),* vielleicht auch ein Versicherungsfonds *(insurance fund)* und Pensionsrückstellungen *(pension provisions).*

Zweckgerechte Vergleichsbasis: Rendite auf eingesetztes Kapital

Appropriate basis of comparison: return on capital employed

Neben den bisher erläuterten Kapitalbegriffen sind in vielen Geschäftsberichten noch weitere üblich. So spricht man davon, daß dem Geldkapital *(money capital)* seine sachlichen Erscheinungsformen gegenüberstehen, das Sachkapital *(real capital).* Oder man überschreibt in englischen Bilanzen die gesamten Aktiva abzüglich der laufenden Verbindlichkeiten *(total assets minus current liabilities)* mit *employment of capital* oder *employment of funds,* also etwa „Anlage des Kapitals", und die Posten des Eigen- und langfristigen Fremdkapitals mit *source of funds* also „Kapitalquellen" oder „Kapitalherkunft". Das beschäftigte Kapital *(capital employed)* wird in England gern für Renditevergleiche *(comparisons of return)* verwendet, weil das Aktienkapital allein und sogar noch das Eigenkapital oft ein falsches Bild ergäbe. Die Relation „Gewinn in Prozent des beschäftigten Kapitals" *(profit as a percentage of capital employed)* ist weniger willkürlich.

Vielen englischen und amerikanischen Bilanzen sind noch Bewegungsbilanzen beigefügt, etwa unter der Bezeichnung *statement of funds* oder *source and application of funds*. Während die Hauptbilanz die Beträge des Vermögens und Kapitals an einem bestimmten Stichtag nennt, gibt die Bewegungsbilanz an, was für Mittel während des Jahres hereingekommen sind und was damit gemacht wurde *(what happened to the money received)*. Der größte Teil dieses Mittelzuflusses ist der *cash flow*, das sind die eigenerwirtschafteten Mittel *(funds from sources within the company)*. In erster Linie zählt man dazu den einbehaltenen Gewinn und die Abschreibungen, aber manchmal werden auch Anlagenabgänge und außerordentliche Erträge hinzugenommen. Das Wort *cash flow* wird selten übersetzt, obwohl „Eigenkapitalbildung" ziemlich gut zuträfe. Die Bewegungsbilanz ist zu unterscheiden von der Liquiditätsübersicht *(cash statement)*.

Manchmal in der Bilanz, manchmal außerhalb, sind Eventualverbindlichkeiten *(contingent liabilities)* aufgeführt. Sie können zum Beispiel aus Bürgschaften *(guarantees)* entstehen oder aus dem Aufruf von Kapital *(call of share capital)* bei Konzerngesellschaften. Ebenfalls vermerkt sind oftmals Kapitalbindungen, Ausgabeermächtigungen *(capital commitments)* zu Investitionsvorhaben *(capital expenditure projects)*, für die die Mittel bereits eingeplant *(earmarked)* sind. Das können Bauten und Maschinen sein, die bereits in Auftrag gegeben *(ordered, contracted for)*, aber in der Bilanz noch nicht eingestellt sind *(not provided for in the accounts)*. Es mögen auch Beträge sein, die erst genehmigt *(sanctioned, authorized)* worden sind, ohne daß schon Aufträge erteilt wurden.

In einem ausführlichen Jahresabschluß findet sich außer den Zahlen der Bilanz und der Erfolgsrechnung auch noch eine statistische Zusammenstellung *(statistical record)* der wichtigsten Geschäftszahlen über etliche Jahre zurück, etwa unter der Überschrift „Zehnjahres-Übersicht des Geschäftserfolgs" *(ten-year financial summary)*. Auf diese Weise wird für den Leser und den Aktionär die Leistung *(performance)* des Unternehmens über eine längere Periode sichtbar. Ein anderer guter Brauch ist, gleich zu Anfang des Jahresberichts die „Schlaglichter des Jahres" *(highlights of the year)* hinzuwerfen, die wichtigsten fünf oder sechs Zahlen wie Umsatz, Gewinn, Rendite, Gewinn je Aktie *(earnings per share)* und Dividende des Berichtsjahres *(year under review)*. Der Gewinn je Aktie wird oft „*fully diluted*", „voll verwässert", berechnet, indem ausstehende Rechte auf Aktien bereits als Aktien mit einbezogen werden. Viele Unternehmen erstellen auch einen Abschluß zu Wiederbeschaffungskosten *(current cost accounts)*, neben dem Abschluß zu Kosten der Vergangenheit *(historic cost)*. Dabei werden die Werte neu festgesetzt *(restated)*, aber auch eine Verschuldungskorrektur *(gearing adjustment)* findet statt, wenn die Schulden an Wert verloren haben. Manchmal wird neben dem geprüften *(audited)* Abschluß noch ein ungeprüfter *(unaudited)* Als-ob-Abschluß *(pro forma accounts)* erstellt, in dem eine Sonderentwicklung unberücksichtigt bleibt.

Der Bericht, das Testat, der Wirtschaftsprüfer ist in englischen Bilanzen überschrieben mit *report of the auditors*, in amerikanischen als *certification of financial statements* „Bestätigung des Abschlusses". Das Testat wird gegeben und unterschrieben von geprüften und qualifizierten Wirtschaftsprüfern *(chartered/certified accountants*, AE *certified public accountants)*. Manchmal gibt der Wirtschaftsprüfer nur ein eingeschränktes Testat, einen *qualified report* – kein gutes Zeichen für die Gesellschaft.

„A lean arrangement is better than a fat bankruptcy." (Erfahrungsweisheit)

Unternehmerische Fehlschläge: Liquidation, Konkurs *

Unwillkommene Gäste: Zwangs-, Konkursverwalter, Abwickler

Unwelcome guests: receiver, official receiver, liquidator

Zuzeiten muß ein Unternehmen ganz neue, fremde Männer von draußen hinnehmen, mit deren Erscheinen sich alle Machtverhältnisse und Befugnisse ändern. Niemand kann ihnen das Haus verbieten, obwohl mit ihnen eine Menge Unruhe einzieht und vieles nun anders gemacht werden muß als vorher. Es sind der Zwangs- oder Insolvenzverwalter *(receiver)*, der Amtliche Verwalter *(official receiver)*, der Abwickler *(liquidator)* und unter Umständen der endgültige Konkursverwalter *(trustee in bankruptcy)*.

Aufgabe des Zwangsverwalters ist es, Rechte von Dritten, in der Regel von Gläubigern, zu sichern, die gefährdet erscheinen. Er wird dazu ermächtigt *(empowered)* entweder durch gerichtliche Anordnung *(by an order of the court)* oder auf Grund einer Vertragsurkunde *(under an instrument)* zu Gunsten und zum Schutze bestimmter Gläubiger. Eine solche Urkunde ist vor allem der Treuhandvertrag *(deed of trust, trust deed),* der bei der Emission von Schuldverschreibungen *(debentures)* im Interesse der Obligationäre *(debenture holders)* abgeschlossen wird. Wenn eine Vereinbarung dieser Art besteht, ist die Gläubigergruppe ermächtigt, bei Verzug *(default)* des Schuldners mit dem Schuldendienst *(debt service)* ohne gerichtliche Verfügung einen Zwangsverwalter zu bestellen; der Treuhänder *(trustee)* der Obligationäre kann die Bestellung *(appointment)* allein aussprechen. Die Initiative dazu wird von der Gesellschaft selbst ausgehen, wenn sie sich außerstande sieht, die Schuldverschreibungen zu bedienen. So verständigte der alte Rolls-Royce-Konzern, als er 1971 seine Anleihe nicht mehr bedienen konnte *(was no longer able to service the loan)*, den Treuhänder seiner Obligationäre – eine Versicherungsgesellschaft –, und diese bestellte den *receiver.*

Zur Unterscheidung der beiden Grundfälle von Zwangsverwalterschaft *(receivership)* sollte der vom Gericht bestellte *receiver* stets als *official receiver – O. R.* – bezeichnet werden. Dieser „Amtliche Verwalter" ist ein Beamter des Handelsministeriums. Zum Unterschied von dem bisher besprochenen *receiver,* der auf Grund einer Schuldurkunde auf Bestellung durch Gläubiger ins Spiel kommt, tritt der *official receiver* auf Grund gerichtlicher Anordnung auf den Plan. Wird über eine Gesellschaft auf Grund gerichtlicher Anordnung das Liquidationsverfahren eröffnet *(liquidation proceedings are opened),* so bestellt das Gericht einen *official receiver.* Dieser wird als vorläufiger Abwickler *(provisional/caretaker liquidator)* tätig, bis ein endgültiger Abwickler, zum Beispiel

* *Business failures: winding-up, bankruptcy*

ein von den Gläubigern vorgeschlagener Wirtschaftsprüfer, die Aufgabe von dem Beamten übernimmt.

Eröffnet das Gericht das Konkursverfahren *(the court grants a receiving order)* über einen Privatmann oder einen Kaufmann oder eine Gesellschaft ohne eigene Rechtspersönlichkeit, so übernimmt der „Official Receiver" als vorläufiger Konkursverwalter die Verfügungsgewalt über das Vermögen des Schuldners *(takes control of the debtor's property)*. Von ihm übernimmt später der endgültige Konkursverwalter *(trustee in bankruptcy)*, in der Regel aus dem Kreise der Gläubiger benannt *(nominated by the creditors)*, diese Aufgabe.

Bei dieser Schilderung der Tätigkeit des *official receiver* ist im Falle der Aktiengesellschaft von „Liquidation", im Falle der Einzelperson von „Konkursverfahren" die Rede. Der Unterschied ist deshalb nötig, weil nach englischer Rechtsauffassung – anders als nach amerikanischer – Aktiengesellschaften und andere Körperschaften *(companies)* nicht „bankrott" gehen *(go bankrupt)* oder für „bankrott" erklärt werden *(be made bankrupt)* können. Sie können nur in Liquidation gehen. Der Begriff „Bankrott" *(bankruptcy)* und der *Bankruptcy Act* sind auf Einzelpersonen, Offene Handelsgesellschaften, Gesellschaften des bürgerlichen Rechts (für beides: *partnerships)* und auf Kommanditgesellschaften *(limited partnerships)* beschränkt. In der Umgangssprache wird das Wort *bankrupt* dennoch oft auch in Verbindung mit einer Aktiengesellschaft gebraucht. In einigen Paragraphen *(sections)* erklärt überdies das Aktiengesetz die Vorschriften des *Bankruptcy Act* ausdrücklich für anwendbar[1]. Im Falle der zwangsweisen Abwicklung einer Kapitalgesellschaft durch das Gericht wegen Zahlungsunfähigkeit der Gesellschaft sind die Tätigkeit sowohl des *official receiver* als auch die des endgültigen *liquidator*, im Falle des Konkurses einer Einzelperson oder Partnerschaft die Tätigkeit des *official receiver* wie später die des *trustee in bankruptcy* nach deutschen Begriffen alles Tätigkeiten eines Konkursverwalters. Für alle drei Personen ist daher, mit gewissen Einschränkungen, die Übersetzung „Konkursverwalter" und auf jeden Fall „Insolvenzverwalter" gerechtfertigt.

Nun zurück zu dem anderen Typ des *receiver*, dem ohne das Beiwort *official*. Auch seine Tätigkeit ähnelt der eines Konkursverwalters verblüffend. Aber er wird im Interesse eines einzelnen Gläubigers oder einer einzelnen Gläubigergruppe tätig und von ihm oder ihr bestellt. Er hat daher auch in deren Interesse zu handeln, ohne Rücksicht auf nachrangige Gläubiger – allerdings darf er Vermögenswerte nicht zu deren Nachteil ohne Not spottbillig verschleudern *(sell dirt-cheap)*. Oft liegt zugunsten der vom *receiver* vertretenen Gläubiger auf dem ganzen Unternehmen eine schwebende, offene Gesamtlast *(floating charge)*. Das Unternehmen als Ganzes steht ihnen dann als Sicherheit zu. Im Augenblick der Bestellung des *receiver* wird diese schwebende Last zu einer festen Belastung *(the floating charge becomes a fixed charge)*[2]. In der englischen Rechtssprache hat sich für diesen Vorgang die Bezeichnung *crystallization* eingebürgert: *The floating charge crystallizes*. Die Gesellschaft kann daraufhin über ihre Vermögenswerte nur noch mit Zustimmung *(consent)* des *receiver* verfügen. Er

[1] Die Vorschriften des englischen Aktiengesetzes über die Liquidation werden ergänzt durch die „*Companies (Winding-up) Rules, 1949*", Verfahrensregeln, die im Laufe der Jahre vervollständigt und geändert worden sind.

[2] Charlesworth's „*Company Law*", a.a.O., S. 339.

muß jedoch die Forderung, die das Aktiengesetz ausdrücklich als bevorrechtigt aufführt, mit Vorrang vor den Schuldverschreibungen auszahlen *(pay out in priority to any claim of the debentures).* Eine Anleihe wird bei Verzug des Schuldners meist sofort und in voller Höhe fällig, so daß das Unternehmen oftmals ernsthaft bedroht ist. Aber grundsätzlich ist die Aufgabe des von Gläubigern angerufenen *(called in) receiver* erfüllt, wenn er durch Veräußerung *(realization)* von Vermögenswerten der Gesellschaft diese Gläubiger befriedigt hat. Was danach von der Gesellschaft übrig ist, sei es auch nur noch ein Firmenmantel *(the shell [of the company]),* mag in kleinerem Umfange weiterarbeiten oder eines Tages mit neuem Leben erfüllt werden.

Die Rechtsstellung *(legal position)* des *official receiver* und des *receiver* ist nicht genau die gleiche. Deshalb sollte das Wort *receiver* nicht ebenfalls mit „Konkursverwalter" übersetzt werden. Es empfehlen sich andere Wörter mit einem Zusatz je nach Lage des Falles, zum Beispiel „der Zwangsverwalter der Obligationäre" oder „der von der XY-Bank berufene Zwangstreuhänder".

In den für die Praxis bedeutsamen Punkten besteht jedoch nicht viel Unterschied: Beide sind an die laufenden Verträge *(current contracts)* der Gesellschaft in der Regel nicht gebunden. Die Verträge können aber durch Neubegründung, Novation *(novation),* wieder bindend werden[1]. Für viele Verträge werden beide *receiver* die Novation aussprechen, denn sie werden bemüht sein, den Wert des Unternehmens nicht durch unnötige Unterbrechung des Betriebes zu mindern. Außerdem bedeuten nichterfüllte Verträge die Gefahr von Schadenersatzforderungen *(danger of claims for damages).* Nach Möglichkeit werden sie zunächst versuchen, das Unternehmen als Ganzes zu verkaufen *(sell the company as a going concern),* weil es so den größten Erlös bringt. An die Verträge, die sie selbst eingehen *(contracts which they enter),* sind sie gebunden. Je nach der Vorgeschichte des Insolvenzfalles werden sie entscheiden, ob sie die bisherigen Geschäftsführer oder einige von ihnen weiter beschäftigen.

Das Ende aller Dinge: Abwicklung

The end of it all: liquidation

Die Aufgabe des *receiver* ist erfüllt, wenn durch Verkauf des Unternehmens, von Unternehmensteilen oder einzelnen Vermögenswerten die Gläubiger befriedigt werden. Die Aufgabe des Abwicklers oder Liquidators hingegen ist es, das materielle Dasein der Gesellschaft zu beenden. Die Abwicklung *(liquidation, winding-up)* endet nicht damit, daß die Gläubiger befriedigt sind, sondern was danach übrigbleibt, wird ebenfalls veräußert, und der Erlös geht an die Aktionäre. Die Abwicklung kann eine Zwangsliquidation *(compulsory winding-up),* eine freiwillige *(voluntary)* oder eine freiwillige unter Gerichtsaufsicht *(liquidation subject to the supervision of the court)* sein.

Der englische *Companies Act* gibt einen Katalog von sechs Fällen *(cases),* in denen das Gericht eine Gesellschaft zwangsweise liquidieren kann: Wenn sie durch eigenen Sonderbeschluß *(special resolution)* die gerichtliche Abwicklung

[1] Ranking & Spicer's „*Company Law*", Eleventh Edition, by R. E. G. Perrins & A. Jeffreys, H. F. L. (Publishers) Ltd., London, 1970. S. 224.

beschlossen hat; wenn sie, als neugegründete Gesellschaft, ihren Gründungsbericht *(statutory report)* nicht eingereicht *(delivered)* und die Gründungsversammlung *(statutory meeting)* nicht einberufen hat; wenn sie ihren Geschäftsbetrieb nicht aufnimmt *(does not commence its business)* oder ihn aussetzt *(suspends);* wenn die Zahl der Aktionäre unter das Minimum sinkt; wenn Gläubiger der Gesellschaft von ihr keine Zahlung erlangen können *(creditors cannot obtain payment from the company);* wenn das Gericht es für recht und billig *(just and equitable)* hält, die Gesellschaft zu liquidieren. Das letzte kann zum Beispiel der Fall sein, wenn die Gesellschaft einem ungesetzlichen Zwecke *(illegal purpose)* nachgeht.

In vielen Fällen wird der Antrag auf Liquidation *(winding-up petition)* von einem Gläubiger ausgehen. Dann ist das soviel wie ein Konkursantrag. Ein daraufhin ergehender gerichtlicher Beschluß auf Eröffnung des Liquidationsverfahrens *(winding-up order by the court)* kommt in einem solchen Falle von Zahlungsunfähigkeit *(insolvency)* der Eröffnung des Konkurses im deutschen Sinne gleich[1] – die deutsche Aktiengesellschaft gilt damit ebenfalls als in Auflösung befindlich. Aber neben Gläubigern können auch andere Antrag stellen *(present the petition/application),* zum Beispiel ein bereits bestellter *receiver,* das Handelsministerium oder ein Nachschußpflichtiger *(contributory)* der Gesellschaft, das heißt ein Aktionär, der im Falle der Liquidation verpflichtet ist, zum Vermögen der Gesellschaft beizusteuern *(liable to contribute to the assets of the company).*

Der Antrag auf Liquidation muß zunächst im amtlichen Mitteilungsblatt, der *London Gazette,* und in einer Ortszeitung bekanntgemacht werden. Interessierte, die am festgesetzten Termin den Antrag unterstützen oder dagegen Einspruch erheben wollen *(support or oppose the petition on the fixed hearing),* müssen das dem Antragsteller *(petitioner)* mitteilen. Jeder Antrag muß durch eine beschworene Erklärung bekräftigt *(verified by affidavit)* werden. Das Gericht entscheidet sodann, ob der Antrag zu verwerfen *(dismiss),* ob der Termin zu vertagen *(adjourn the hearing)* ist, oder es läßt den Liquidationsbeschluß ergehen *(makes the winding-up order).* Damit wird zugleich der *official receiver* bestellt, der kraft seines Amtes *(by virtue of his office)* vorläufiger Konkursverwalter oder vorläufiger Abwickler wird. Die Befugnisse der Geschäftsführer erlöschen *(the powers of the directors cease),* sofern der Abwickler sie nicht fortbestehen läßt. Alle Schriftstücke müssen von nun an einen Vermerk *(statement)* enthalten, daß sich die Gesellschaft in Liquidation befindet *(the company is being wound up).* Die Gesellschaft hat dem *receiver* alsbald einen Finanzstatus vorzulegen *(submit a statement of affairs).*

Auf Grund des Beschlusses wird jede Verfügung über das Eigentum der Gesellschaft unwirksam *(any disposition of the company's property becomes void),* ebenso jede Übertragung von Anteilen *(transfer of shares)* und jede Änderung im Status der Aktionäre *(alteration in the status of shareholders).* Außerdem werden unwirksam jede Beschlagnahme *(attachment),* Zwangsverwaltung *(sequestration),* Pfandrecht *(distress)* und Vollstreckung *(execution),* die nach Eröffnung der Liquidation gegen die Vermögensmasse *(estate)* oder die Eigentumsgegen-

[1] Bei anderen Schuldnern als Aktiengesellschaften wird das Konkursverfahren durch die *receiving order* des Gerichts eröffnet, wie oben kurz dargestellt.

stände *(effects)* der Gesellschaft in Kraft gesetzt werden *(are put in force).* Keine Rechtshandlung *(action)* kann gegen die Gesellschaft begonnen *(commenced)* oder weitergeführt *(proceeded)* werden, außer mit Erlaubnis des Gerichts *(by leave of the court):* Rechtshandlungen sind gehemmt *(legal actions are stayed).* Der Abwickler nimmt alles Eigentum der Gesellschaft in seine Obhut *(the liquidator takes all the company's property into his custody).*

Ziemlich bald zu Beginn des Abwicklungsverfahrens hat der Abwickler getrennte Versammlungen der Gläubiger und der Nachschußpflichtigen einzuberufen *(summon separate meetings of creditors and contributories).* Sie sollen entscheiden, ob beim Gericht die Berufung eines Überwachungs- oder Liquidationsausschusses *(committee of inspection)* zu beantragen ist, der mit dem Abwickler zusammenzuarbeiten hat. Ist die Gesellschaft zahlungsunfähig, so wird nur ein Gläubigerausschuß *(committee of creditors)* berufen. Die Ausschußmitglieder sollen von den anderen Gläubigern allgemeine Vollmacht haben *(hold general power of attorney).*

Zu den Aufgaben des Abwicklers gehört auch der Rechtsverzicht *(disclaimer)* im Falle von belasteten Vermögensteilen *(onerous property).* Er muß also unter Umständen verzichten auf Land *(disclaim land),* das unter einem Miet- oder Pachtverhältnis oder sonstigem Besitzverhältnis steht *(land of any tenure)* und auf dem Lasten ruhen *(land burdened with onerous covenants);* auf unrentable Verträge *(unprofitable contracts)* sowie auf Vermögen, das unverkäuflich oder nicht leicht verkäuflich *(not readily saleable)* ist, da es für den Eigentümer *(owner)* mit Auflagen *(onerous acts)* verbunden ist. Ferner muß der Abwickler die der Liquidation vorangegangenen Geschäfte *(antecedent transactions)* daraufhin untersuchen, ob sie etwa als betrügerische Bevorzugung von Gläubigern *(fraudulent preference of creditors)* ungültig *(invalid)* sind. Darunter können fallen jede Übertragung *(conveyance),* Belastung *(mortgaging)* oder Lieferung *(delivery)* von Gütern, Zahlungen oder Vollstreckungen *(executions)* gegen die Gesellschaft innerhalb von sechs Monaten vor Beginn der Abwicklung.

Hat der Abwickler aus der Veräußerung von Vermögensgegenständen *(realization of assets)* genügend flüssige Mittel *(liquid funds)* zur Verfügung, hat er sich eine Übersicht über Vermögen und Schulden verschafft und hat er die Beweise *(proofs)* der Gläubiger für ihre Ansprüche *(claims)* geprüft, so kann er daran denken, eine Ausschüttung zu erklären *(declare a dividend).* Diese Absicht muß er zuvor dem Handelsministerium mitteilen, und außerdem muß er den Gläubigern, die noch keine ausreichenden Belege beigebracht haben, eine letzte Frist setzen, ihre Beweise einzureichen *(lodge their proofs).* Sollte nach Zahlung der Liquidationskosten *(cost of liquidation),* der Schulden gegenüber den bevorrechtigten Gläubigern[1] *(preferential creditors)* und den gewöhnlichen Gläubigern *(ordinary creditors)* noch ein Überschuß *(surplus)* bleiben, so verteilt *(distributes)* das Gericht ihn unter die Aktionäre. Nachschußpflichtige Aktionäre können ihre Nachschüsse *(contributions)* im Wege der Aufrechnung *(by way of set-off)* mindern.

Der letzte Akt für die abgewickelte Gesellschaft ist ihre formale Auflösung *(formal dissolution):* Der Registerbeamte streicht den Namen der Gesellschaft aus dem Gesellschaftsregister *(strikes the company off the Register of Companies).*

[1] Näheres darüber im Abschnitt „Wenn es ans Verteilen geht . . .", S. 165 ff.

Zweierlei freiwillige Abwicklung

Two types of voluntary liquidation

Für die freiwillige Abwicklung *(voluntary liquidation)* gelten etliche Vorschriften der Zwangsabwicklung, unter anderem die über die Befugnis des Abwicklers. Es wird zum Beispiel verwiesen auf Paragraphen, wonach er ermächtigt ist, bestimmte Klassen *(classes)* von Gläubigern voll auszubezahlen *(pay them in full)*, Kompromisse zu schließen *(make compromises)* oder gütliche Einigungen *(arrangements)* zu treffen.[1]

Eine freiwillige Auflösung der englischen Aktiengesellschaft kommt in Frage, wenn die Zeit, für die sie ins Leben gerufen wurde, verstrichen ist oder wenn die Gesellschaft ihre Auflösung beschließt. Danach unterscheidet der *Companies Act* zwischen der freiwilligen Aktionärsliquidation *(members' voluntary winding-up)* und der freiwilligen Gläubigerliquidation *(creditors' voluntary winding-up)*. Zu einer Aktionärsliquidation ist nötig, daß die Geschäftsleitung eine „Erklärung der Zahlungsfähigkeit" *(declaration of solvency)* abgibt und beim Gesellschaftsregister einreicht. Ihr hat eine vollständige Prüfung der Geschäftslage der Gesellschaft *(full inquiry into the affairs of the company)* voranzugehen, und sie muß eine Übersicht *(statement)* der Aktiva und Passiva zum letztmöglichen Zeitpunkt *(as at the latest practicable date)* einschließen. Diese Erklärung bewirkt, daß die Gesellschaft, die Aktionäre und der von ihnen bestellte Abwickler bei der Liquidation unter sich bleiben. Wird die Erklärung aber leichtfertig abgegeben und kann die Gesellschaft nachher ihre Schulden nicht voll bezahlen, so droht den Mitgliedern des Verwaltungsrats Gefängnisstrafe.

Wird eine solche Erklärung nicht abgegeben, so ist das Verfahren eine Gläubigerliquidation. Gläubiger und Aktionäre halten getrennte Versammlungen ab und nominieren je einen Abwickler, wobei der Kandidat *(nominee)* der Gläubiger den Vorrang hat. Dauert die Abwicklung länger als ein Jahr, so hat der Abwickler die Generalversammlung der Aktionäre und eine Gläubigerversammlung einzuberufen und ihr Rechenschaft zu geben *(lay an account before the creditors' meeting)*.

Das dritte Liquidationsverfahren ist die Abwicklung unter gerichtlicher Aufsicht *(winding-up subject to supervision of court)*. Sie ist freiwillig, doch macht das Gericht gewisse Auflagen *(imposes restrictions)* und verlangt vom Abwickler regelmäßige Berichte. Insgesamt hat das Verfahren wenig Bedeutung, weil die Zwangs- und die freiwillige Liquidation den Interessierten genügend Rechtsmittel *(legal remedies)* bieten.

[1] Diesen Entwicklungen gehen zumeist verzweifelte Versuche voraus, die eigenen Forderungen beizutreiben *(collect debts)*: Das Mahnverfahren *(reminding procedure)* mit mehreren Mahnungen *(reminders)*, Kontoauszug *(statement of account)*, Beitreibungsbrief *(collection letter)*, dann Übergabe an einen Schuldeneinzugsdienst *(debt collection agency)* oder an das Gericht, das zunächst einen Zahlungsbefehl *(default summons)* ergehen läßt, woraus sich für den Gläubiger ein vollstreckbarer Titel *(enforceable title)* ergibt, sofern der Schuldner keinen Widerspruch einlegt *(lodges no objection)*. Auf weiteren Antrag des Gläubigers ergeht der gerichtliche Vollstreckungsbescheid *(warrant for execution)*, so daß der Gerichtsvollzieher *(bailiff, sheriff) tätig werden kann.*

Abtretung – Vergleich – Kontrolle

Assignment – composition – control

Da im Zusammenhang mit der Liquidation einer Aktiengesellschaft bereits ein Teil des englischen Insolvenzrechts dargestellt worden ist, sei im folgenden auch gleich auf das Konkursrecht für Einzelpersonen eingegangen, das in England hauptsächlich im *Bankruptcy Act* von 1914 niedergelegt ist. Es wurde durch den *Bankruptcy (Amendment) Act 1926* in einigen Punkten neu gefaßt. Körperschaften und Aktiengesellschaften *(corporations and companies)* fallen nicht darunter. Das Gesetz wird ergänzt durch die *Bankruptcy Rules 1952,* Verfahrensregeln, die im Laufe der Jahre vervollständigt und geändert worden sind[1].

Der Volksmund hat für „pleite gehen" im Englischen *to go bust.* Aber ehe es zum Äußersten kommt, dem Konkurs, wird der Schuldner *(debtor)* versuchen, mit seinen Gläubigern zu einem Vergleich zu kommen *(come to an arrangement, arrive at a composition).* Die Gläubiger selbst haben ein Interesse, einen Vergleichsvorschlag anzunehmen *(accept an arrangement),* denn „ein magerer Vergleich ist besser als ein fetter Konkurs" *(a lean arrangement is better than a fat bankruptcy).* Wenn der Schuldner einen vernünftigen Vergleichsplan *(scheme of arrangement)* vorlegt, mag es sein, daß alle Gläubiger zustimmen *(assent).* Das ist wichtig, denn nur die zustimmenden Gläubiger sind daran gebunden *(bound);* machen einige nicht mit, so gibt es allenfalls noch die Möglichkeit, diese nicht zustimmenden Gläubiger auszuzahlen, sie „auszukaufen" *(pay the dissenting creditors off, buy them out).*

Ein solcher Vergleich kann formlos zustandekommen, sogar durch mündliche Vereinbarung *(oral agreement).* Außerdem gibt es aber die Möglichkeit, sich zu vergleichen nach den Regeln des Gesetzes über Vergleichsanträge *(Deeds of Arrangement Act)* von 1914[2]. Dazu muß ein schriftliches Dokument ausgefertigt und dem *Registrar of Bills of Sale,* also etwa dem „Übereignungsregister", zur Registrierung eingereicht werden. Dieses Vergleichsgesetz bietet einen Katalog von Vergleichsformen an. Wählen die Vergleichspartner eine dieser Formen und stimmt, nach der Zahl wie nach dem Werte der Forderungen, eine Mehrheit der Gläubiger zu *(a majority of creditors in number and value),* so ist der Vergleich gültig. Das Gesetz sieht folgende Möglichkeiten vor: Die Abtretung des Vermögens *(assignment of property)* des Schuldners auf einen Treuhänder *(trustee)* der Gläubiger; einen Schuldenregelungsvertrag *(deed of composition),* wodurch dem Schuldner ein bestimmter Prozentsatz seiner Schulden erlassen *(remitted)* oder zumindest ein neuer Zahlungsmodus *(mode of payment)* zugestanden wird; oder eine Abmachung, mit der die Gläubiger irgendeine Kontrolle über das Vermögen oder Geschäft des Schuldners erlangen *(obtain control over the debtor's property or business).* Das letztere können sein: Ein Vertrag über Geschäftsaufsicht *(deed of inspectorship)* durch die Gläubiger zu dem Zwecke, das

[1] Der *Federal Bankruptcy Act* der Vereinigten Staaten enthält auch Bestimmungen über die Neuordnung der Kapitalverhältnisse *(capital reorganization)*, besonders die Neuordnung des Aktienkapitals *(equity reorganization)*, sowie über Vergleich und über die Stundung *(extension, prolongation)* von Verbindlichkeiten. Neben dem *receiver* und dem *trustee* kennt es auch noch einen *referee*, einen „Schiedsrichter" für Verhandlungen, mit beschränkten Vollmachten. Der Schuldner kann „Schutz gegen Vollstreckungsmaßnahmen von Gläubigern" *(AE protection against creditors)* beantragen *(file an application)*.

[2] Es wird ergänzt durch die „*Deeds of Arrangement Rules, 1925*".

Geschäft weiterzuführen *(carry on the business)* oder abzuwickeln; oder eine Erlaubnis zur Geschäftsführung *(letter of licence)*, die den Schuldner oder eine andere Person ermächtigt, das Geschäft zu betreiben *(manage the business)*, zu veräußern *(realize)* oder abzustoßen *(dispose of the business)*, jeweils mit der Absicht der Schuldenbegleichung *(with a view to the payment of debts)*; schließlich kann jede andere urkundliche Abmachung *(instrument)* in Frage kommen, die diesem Zweck dient – das Gesetz zählt sie nicht weiter im einzelnen auf.

Ein besonderes Wort für „Vergleichsverwalter" kennt das Englische nicht. Das Gesetz spricht von einem „Treuhänder" *(trustee)* und meint damit jede Person, die bestellt wird, einen Vergleich auszuführen *(distribute/execute a composition)*[1] oder irgendwie in treuhänderischer Eigenschaft *(in fiduciary capacity)* tätig wird. Im Falle der erstgenannten Vergleichsregelung, der Vermögensübertragung oder Vermögensabtretung, ist er der Übertragungsempfänger *(assignee)*, auf den der Schuldner sein Vermögen überträgt *(assigns)*. Die Gläubiger entbinden dafür den Schuldner von seinen Schulden und Verpflichtungen *(release the debtor from his debts and liabilities)*. Eine weitere Person, die für die schriftliche Eideserklärung *(affidavit)* des Konkurs- und Vergleichsverfahrens unter Umständen benötigt wird, ist der „Eideskommissar" *(Commissioner for Oaths)*.

Wenn der Schuldner den Vergleich zur amtlichen Registrierung einreicht, muß er eine beschworene Erklärung über seine Vermögensverhältnisse und Schulden *(affidavit stating the debtor's property and liabilities)* einreichen, soweit sie in den Vertrag eingeschlossen sind *(included under the deed)*, und eine Liste der Gläubiger beifügen. Das deutsche Vergleichsrecht spricht vom „Vermögensverzeichnis", und die beschworene Erklärung entspricht etwa dem Auskunfts- oder Offenbarungseid, der „eidesstattlichen Versicherung", wie er seit neuerem heißt. Bei der Berechnung der Mehrheit der Gläubiger *(in calculating the majority of creditors)* werden solche Gläubiger, die eine Sicherheit in Händen haben *(creditors holding security)*, nur so weit mitgezählt, wie ihre Forderung die Sicherheit überschreitet – nur hinsichtlich des Saldos *(only in respect of the balance)*.

Neben diesem außergerichtlichen Vergleich *(arrangement out of/outside bankruptcy)* gibt es noch den gerichtlichen Vergleich *(arrangement in bankruptcy)*, den Zwangsvergleich *(compulsory composition/arrangement)* nach Einleitung des gerichtlichen Insolvenzverfahrens *(after commencement/institution of bankruptcy proceedings)*. Dieser bedarf zu seiner Annahme, ähnlich wie im deutschen Konkursrecht, nur einer einfachen Mehrheit der Zahl der Gläubiger und einer Dreiviertelmehrheit des Werts der Forderungen. Auch im späteren Verlauf des Verfahrens gibt es noch einmal eine Gelegenheit, zu einem Vergleich zu kommen. Das ist, wenn der Schuldner bereits vom Gericht für zahlungsunfähig erklärt worden ist *(the debtor has been adjudged bankrupt)*.

Die beiden Grundbegriffe *insolvent* und *bankrupt*, *insolvency* und *bankruptcy*, werden in England wie in Amerika in der Umgangssprache oft wahllos nebeneinander gebraucht. In der englischen Rechtsprechung gilt ein Schuldner als *insolvent*, der seine Schulden nicht bezahlen kann, wenn sie fällig werden *(fall due, mature)*. Dabei kann der Wert seines Vermögens größer sein als der Betrag seiner Schulden, und wenn ihm genügend Zeit bliebe, könnte er durch behutsame

[1] Die im Vergleich vereinbarte Summe ist ebenfalls *composition*. – Auch die Formulierung *to compound with one's creditors*, sich mit seinen Gläubigern vergleichen, ist üblich.

Veräußerung statt durch Zwangsverkauf *(forced sale)* sogar noch einen Überschuß herausholen. Im Augenblick aber ist er insolvent[1]. Damit ist er jedoch noch nicht automatisch *bankrupt.* Das wird er erst, wenn er vom Gericht für zahlungsunfähig erklärt worden ist. Das geschieht, nachdem er einen *act of bankruptcy* begangen hat *(has committed an act of bankruptcy),* das heißt, wenn er seine Zahlungsunfähigkeit zu erkennen gibt, erklärt oder durch schlüssige Handlung darlegt. Im Deutschen würde man sagen: wenn er „einen Konkursgrund liefert". Zwischen seinem *act of bankruptcy* und der gerichtlichen Erklärung, daß er zahlungsunfähig ist, liegen indes noch einige Verfahrensstufen.

Konkursgründe

Acts of bankruptcy

Die englische Konkursordnung *(Bankruptcy Act)* zählt in ihrem ersten Paragraphen folgende Möglichkeiten eines Konkursgrundes auf:

Der Schuldner vollzieht eine Übertragung oder Abtretung seines Vermögens auf/an einen Treuhänder allgemein zu Gunsten seiner Gläubiger *(the debtor makes a conveyance or assignment of his property to a trustee for the benefit of his creditors generally)* – wie oben geschildert;

er vollzieht eine betrügerische Vermögensübertragung, Schenkung, Lieferung oder Überweisung *(makes a fraudulent conveyance, gift, delivery or transfer of his property);*

er bestellt eine Belastung auf sein Vermögen *(he creates a charge on his property),* obwohl dies, wenn er gerichtlich für zahlungsunfähig erklärt wäre, als eine „betrügerische Bevorzugung" des Empfängers nichtig wäre *(it would be void as a fraudulent preference);*

in der Absicht, seine Gläubiger zu benachteiligen oder hinzuhalten *(defeat or delay his creditors),* verläßt er England, verläßt seine Wohnung oder verbirgt sich zu Haus *(he keeps house);*

bei dem Schuldner ist Zwangsvollstreckung durchgeführt worden durch Beschlagnahme *(execution against the debtor has been levied by seizure)* ihm gehöriger Gegenstände, und die Gegenstände sind entweder verkauft oder vom Vollstreckungsbeamten schon einundzwanzig Tage gehalten worden *(held by the sheriff for twenty-one days);*

der Schuldner gibt bei Gericht eine Erklärung seiner Zahlungsunfähigkeit ab *(files in the court a declaration of his inability to pay his debts)* oder stellt Konkursantrag gegen sich selbst *(presents a bankruptcy petition against himself);*

der Schuldner teilt einem Gläubiger mit, daß er die Zahlungen eingestellt hat *(gives notice that he has suspended payment of his debts)* oder einstellen wird;

ein Gläubiger hat ihm eine Konkurserklärung zustellen lassen *(a creditor has served a bankruptcy notice on him),* und der Schuldner widerspricht nicht und

[1] Im Deutschen spricht man von „Zahlungsunfähigkeit", wenn laufende Verpflichtungen nicht beglichen werden können *(current liabilities cannot be met),* auch wenn die Aktiva die Verbindlichkeiten decken *(assets cover liabilities).* Von „Überschuldung" spricht man, wenn die Verbindlichkeiten die Vermögenswerte überschreiten *(liabilities exceed assets),* auch wenn die laufenden Verpflichtungen noch beglichen werden können. Brauchbare Übersetzungen, wenn auch in der englischen Rechtssprache nicht sehr verbreitet, sind *financial insolvency* und *total insolvency* – so bei Milo Kimball, *Corporate Finance,* Littlefield, Adams & Co., Inc., Paterson 1, N. J., S. 239.

hat keinen Gegenanspruch *(counter-claim)* vorzubringen – ein solcher Gläubiger muß jedoch im Besitze eines rechtskräftigen Urteils *(final judgment)* oder einer endgültigen Verfügung *(final order)* gegen den Schuldner sein, und die Zwangsvollstreckung daraus darf nicht ausgesetzt sein *(execution thereon must not be stayed).*

Hat der Schuldner einen solchen Konkursgrund gegeben, so kann das Gericht auf den Konkursantrag *(bankruptcy petition)* des Schuldners selbst oder eines seiner Gläubiger hin die Konkurseröffnung verfügen *(make the receiving order)* und zugleich einen der für solche Zwecke ständig beim Handelsministerium zur Verfügung stehenden *official receiver* zum Konkursverwalter über das Schuldnervermögen ernennen *(an official receiver is constituted receiver of the debtor's property).* Zum Schutze der Vermögensmasse *(for the protection of the estate)* kann das Gericht, falls es das für nötig erachtet, schon vor seiner *receiving order* einen *official receiver* zum zeitweiligen Konkursverwalter *(interim receiver)* bestellen und ihn anweisen, das Schuldnervermögen in unmittelbaren Besitz zu nehmen *(take immediate possession of the debtor's property).* Ferner kann das Gericht ein schwebendes Gerichtsverfahren gegen den Schuldner hemmen *(stay pending proceedings against the debtor).* Die *receiving order* ist in der *London Gazette,* dem amtlichen Mitteilungsblatt, und in einer örtlichen Zeitung bekanntzumachen. Die *Bankruptcy Rules* schreiben vor *(prescribe),* mit einem Muster, wie das zu geschehen hat; unter anderem sind das Datum und der Ort der ersten Gläubigerversammlung *(first meeting)* und der Öffentlichen Vernehmung des Schuldners *(public examination)* anzugeben.

Nach der *receiving order* muß der Schuldner dem Konkursverwalter eine Vermögensübersicht, einen Status, übergeben *(submit the official receiver a statement of affairs),* die durch eidliche Erklärung bekräftigt *(verified by affidavit)* ist. Alsbald nach Ergehen des Konkurseröffnungsbeschlusses, der *receiving order,* soll eine erste Gläubigerversammlung abgehalten werden. In ihr geht es hauptsächlich darum, ob ein Vergleichsvorschlag *(proposal for a scheme of arrangement)* des Schuldners angenommen werden soll, oder ob es ratsam ist, den Schuldner für zahlungsunfähig zu erklären. Meist wird der Schuldner daraufhin einer öffentlichen Vernehmung *(public examination)* bei Gericht unterzogen. In dieser wird er über sein Verhalten, seine Geschäfte *(dealings)* und über die Ursachen seines geschäftlichen Fehlschlags, seines „Fallierens", *(causes of the debtor's failure)* befragt. Jeder Gläubiger, der für seine Forderung Belege beigebracht hat *(tendered a proof),* darf den Schuldner befragen, desgleichen der Konkursverwalter und das Gericht. Der Schuldner wird unter Eid vernommen *(is examined upon oath).*

Kommt kein Vergleich zustande oder stellt sich nach abgeschlossenem Vergleich heraus, daß der Schuldner mit einer Rate in Verzug geraten ist *(has made default in payment of any instalment),* daß der Vergleich auf rechtliche Schwierigkeiten *(legal difficulties)* stößt oder aus anderen Gründen nicht in Ordnung geht, so kann das Gericht auf Antrag *(on application)* des Konkursverwalters, eines Treuhänders oder eines Gläubigers den Schuldner für zahlungsunfähig erklären *(adjudge the debtor bankrupt)* und einen etwaigen Vergleich oder einen Zahlungsplan annullieren *(annul the composition or scheme of arrangement).* Gewisse Vorgänge lösen in jedem Falle die Zahlungsunfähigkeitserklärung des Gerichts *(ad-*

judication order) aus, zum Beispiel wenn die Gläubiger das ausdrücklich beschließen oder wenn sie auf der ersten Gläubigerversammlung zu gar keinem Beschluß kommen *(the creditors pass no resolution),* auch nicht nach Vertagung *(adjournment).*

Die gerichtliche Zahlungsunfähigkeitserklärung bewirkt, daß das Vermögen des Schuldners auf den Konkursverwalter übergeht *(the property vests in the trustee).* Es ist von nun an unter den Gläubigern verteilbar *(becomes divisible among the creditors).* Zu der Aufgabe des Verteilens bestellen die Gläubiger den endgültigen Konkursverwalter *(trustee in bankruptcy).* Das kann jede geeignete Person sein, aber der *official receiver* des Handelsministeriums sollte es in der Regel nicht sein, damit er für weitere Insolvenzfälle zur Verfügung steht. Es gibt jedoch einige Fälle in denen er endgültiger Verwalter ist, so in kleinen Konkursen *(small bankruptcies)* und im Nachlaßkonkurs *(bankruptcy of the estate of a deceased debtor).* Praktisch werden die Geschäfte von der Konkurseröffnung an oftmals nicht vom *official receiver,* sondern von einem *special manager,* einem Sondergeschäftsführer, geführt. Das ist im Gesetz vorgesehen für Fälle, in denen Wesen und Natur des Schuldnervermögens und -unternehmens *(the nature of the debtor's estate or business)* das erfordern. Auch dem Abwickler einer Aktiengesellschaft wird oft ein solcher *special manager* beigegeben.

Der Konkursschuldner oder Gemeinschuldner *(the bankrupt)* hat nach Kräften bei der Veräußerung seines Vermögens und der Verteilung des Erlöses zu helfen *(shall aid, to the utmost of his powers, in the realization of his property and the distribution of the proceeds).* Er hat eine Aufklärungs- und Auskunftspflicht *(duty of discovery),* auf Grund deren er Unterlagen und Belege *(proofs and vouchers)* beizubringen hat. Er muß an Gläubigerversammlungen teilnehmen, und er muß Vollmachten ausüben *(execute powers of attorney).* Wenn er diesen seinen Pflichten nicht nachkommt *(fails to perform these duties)* oder wenn er den Besitz von Vermögensteilen nicht aufgibt *(fails to deliver up possession of property),* kann er sich einer Mißachtung des Gerichts schuldig machen *(be guilty of contempt of court)* und bestraft werden. Der Richter *(judge)* des Konkursgerichts *(bankruptcy court)* kann durch richterlichen Befehl *(warrant)* den Gemeinschuldner festnehmen *(arrest)* lassen, wenn er glaubt, daß dieser, etwa unter Mitnahme von Vermögen, flüchten will *(is about to abscond with property)* oder auch nur Gefahr besteht, daß er Vermögensgegenstände beiseite schafft *(removes goods).* Auch kann das Gericht die Umleitung von Briefen, die für den Schuldner bestimmt sind *(re-direction of debtor's letters),* an den Konkursverwalter veranlassen.

Der Gemeinschuldner kann jederzeit nach der gerichtlichen Zahlungsunfähigkeitserklärung bei Gericht eine Anordnung beantragen, die ihn von seinen Verpflichtungen befreit *(order of discharge).* Das Gericht bestimmt daraufhin einen Termin für die Anhörung des Antrags *(the court appoints a day for the hearing of the application),* nimmt einen Bericht des Konkursverwalters über das Verhalten und die finanzielle Situation des Gemeinschuldners *(the bankrupt's conduct and affairs)* entgegen und entscheidet dann. Es kann eine Anordnung über die absolute Befreiung des Schuldners von seinen Verpflichtungen *(absolute order of discharge)* erlassen oder sie verweigern, es kann die Ausführung der Anordnung aussetzen *(suspend the operation of the order),* und es kann eine solche

Anordnung unter der Bedingung erlassen, daß der Schuldner aus Einkommen, das ihm später zufällt *(income which may afterwards become due to the bankrupt)*, noch eine Nachzahlung leistet.

Das Gericht muß die Befreiung in jedem Falle verweigern, aussetzen oder von Bedingungen abhängig machen, wenn der Schuldner ein Konkursdelikt (Bankrott) *(bankruptcy offence)* begangen hat. Die englische Konkursordnung zählt auf, was nur ein Konkursvergehen *(misdemeanour connected with the bankruptcy)* und was dagegen ein Konkursverbrechen *(felony connected with the bankruptcy)* ist. Außerdem wird der Schuldner unter anderem in folgenden Fällen Schwierigkeiten haben, Befreiung zu erlangen: Wenn die Vermögenswerte *(assets)* weniger als 50 Prozent der ungesicherten Verbindlichkeiten *(unsecured liabilities)* decken; wenn er sein Geschäft weitergeführt hat, obwohl er wußte, daß er zahlungsunfähig war *(has continued to trade after knowing himself to be insolvent);* wenn er über den Verlust oder das Fehlen von Vermögenswerten keine befriedigende Rechenschaft gegeben hat *(has failed to account satisfactorily for any loss or deficiency of assets);* wenn er seinen Bankrott herbeigeführt hat durch unbesonnene und waghalsige Spekulation *(rash and hazardous speculation)*, durch ungerechtfertigte Extravaganz seiner Lebenshaltung *(unjustifiable extravagance in living)*, durch Spielen *(gambling)* oder durch schuldhafte Vernachlässigung *(culpable neglect)* seiner Geschäfte; wenn er innerhalb von drei Monaten vor der Konkurseröffnung einem Schuldner einen ungebührlichen Vorteil verschafft hat *(has given an undue preference);* wenn er sich eines Betrugs *(fraud)* oder betrügerischen Vertrauensbruchs *(fraudulent breach of trust)* schuldig gemacht hat.

Es kann geschehen, daß der Schuldner für den Rest seines Lebens ein nicht entlasteter Gemeinschuldner *(undischarged bankrupt)* bleibt[1]. Aber natürlich kann er gegen die Entscheidung *(decision)* des Gerichts zunächst Berufung *(appeal)* einlegen. Erhält der Schuldner die Entbindung, so ist er von den meisten Verpflichtungen frei. Von einigen entbindet ihn die *order of discharge* jedoch nicht, zum Beispiel von Verpflichtungen gegenüber dem Fiskus *(exchequer)*.

Vermögen für die Zahlung der Schulden

Property available for payments of debts

Was ist an Vermögen zur Verteilung unter den Gläubigern verfügbar *(property divisible amongst the creditors)*? Die englische Konkursordnung bezeichnet als Konkursmasse *(property of the bankrupt):* „Alles Vermögen, das dem Gemeinschuldner bei Beginn des Konkurses[2] gehört oder ihm zusteht oder das er vor der Befreiung von seinen Verbindlichkeiten erwirbt oder das auf ihn übergeht" *(all such property as may belong to or be vested in the bankrupt at the commencement of the bankruptcy, or may be acquired by or devolve on him before his discharge)*.

[1] Ranking, Spicer & Pegler's "*The Rights and Duties of Liquidators, Trustees & Receivers*", Twenty Second Edition, by H. A. R. J. Wilson and R. D. Penfold, H. F. L. Publishers Ltd., London, 1955, S. 227.

[2] Das ist der Zeitpunkt, in dem der *act of bankruptcy* begangen wurde, also noch vor der Konkurseröffnung.

Aber gewisse Dinge gehen trotz dieser umfassenden Gesetzesbestimmung nicht in die Masse ein und damit nicht auf den Konkursverwalter über. Das englische Konkursrecht *(bankruptcy law)* unterscheidet jedoch nicht so strikt wie das deutsche unter verschiedenen Gesichtspunkten, was nicht dazu gehört. Es nennt unmittelbar nebeneinander Treugut *(property held on trust)*, das nach deutschem Recht ausgesondert werden dürfte, und solche Sachen, die nach deutschem Recht unpfändbar sind wie das Handwerkszeug *(tools of trade)* des Schuldners sowie notwendige Kleidung und Bettzeug *(necessary wearing apparel and bedding)*. Nach deutschen Begriffen gehört unter Aussonderung auch das Verfolgungsrecht *(right of stoppage in transit)*, das der Verkäufer einer noch unbezahlten Ware hat, indem er die Ware, falls sie abgesandt aber noch nicht in den Gewahrsam des Gemeinschuldners gelangt ist, zurückfordern kann. Nach deutschen Begriffen gehören unter das Kapitel Absonderung die Pfandrechte *(rights of lien)* von Pfandgläubigern *(creditors with rights of lien)*. Die Rente *(pension)* aus der Sozialversicherung *(National Insurance)* ist in beiden Ländern auf Grund der jeweiligen Gesetze ebenfalls ausgeschlossen.

Mangels jener Unterscheidungen im englischen Konkursrecht lassen sich keine sicheren deutschen Übersetzungen herstellen. Freie Übertragungen sind verwendbar, wo der Sachzusammenhang klar ist. So ließe sich „Aussonderungsanspruch“ etwa übersetzen mit *claim for recovery of one's property*. Aber auch der Konkursverwalter ist berechtigt und verpflichtet, alles Eigentum zurückzuholen *(recover any property)*, das der Schuldner einem anderen übertragen hat, um es vor dem Zugriff seiner Gläubiger zu retten. Deshalb scheint es besser, innerhalb der Vorstellung des englischen – und amerikanischen – Konkursrechts zu bleiben und die hier üblichen Wendungen zu gebrauchen. Sie unterscheiden im wesentlichen Vermögen, das auf den Konkursverwalter übergeht *(property that passes to the trustee in bankruptcy, property passing to the trustee)*, und Vermögen, das nicht übergeht *(property that does not pass, property not passing)*. Eine andere Ausdrucksmöglichkeit ist „Vermögen verwendbar – nicht verwendbar – zur Verteilung“ *(property applicable – non-applicable – for division)*.

Über das hinaus, was dem Schuldner wirklich gehört, können in die Konkursmasse auch Gegenstände eingehen, die nur im vermuteten oder fingierten Eigentum *(reputed ownership)* des Schuldners stehen. Sie müssen im Besitz *(in the possession)* oder in der Verfügungsgewalt *(in the disposition)* des Schuldners stehen, und zwar mit der Zustimmung und Erlaubnis des wahren Eigentümers *(by the consent and permission of the true owner)* sowie unter Umständen, die den Schuldner als Eigentümer erscheinen lassen. Der Schuldner und der wahre Eigentümer sollen durch diese Vorschrift gehindert werden, zur Irreführung von Geschäftspartnern ein nicht vorhandenes Vermögen des Schuldners vorzuspielen.

Gewisse Geschäfte des Schuldners vor Konkurseröffnung *(antecedent transactions)* sind unter bestimmten Umständen nichtig und können deshalb vom Konkursverwalter angefochten *(challenged)* werden. Beispiele: Abtretung *(assignment)* von bestehenden oder künftigen Buchforderungen *(book debts)* an einen anderen, falls die Abtretung nicht wie eine Übereignungsurkunde *(bill of sale)*[1] im Übereignungsregister *(Register of Bills of Sale)* eingetragen ist und soweit die

[1] Von dem englischen Sicherungsinstrument *bill of sale* wird wegen des komplizierten Verfahrens wenig Gebrauch gemacht.

Forderungen bei Beginn des Konkurses nicht bezahlt sind. Das gilt auch für eine Abtretung sicherheitshalber *(assignment by way of security).* Die Vorschrift gilt nur für Gewerbetreibende und Kaufleute, und dazu gibt es eine Reihe wichtiger Ausnahmen. Überschreibungen von Eigentum *(settlements of property)* des Schuldners innerhalb von zwei Jahren vor seinem Konkurs sind gegenüber dem Konkursverwalter ungültig *(void against the trustee in the bankruptcy).* Ausgenommen sind: Überschreibungen anläßlich der Heirat *(ante-nuptial settlements* = Vor-Heirats-Überschreibungen); in gutem Glauben *(in good faith)* vollzogene Überschreibungen zu Gunsten eines Käufers oder des Berechtigten aus einem Grundpfandrecht *(incumbrancer)* gegen wertvolle Gegenleistung *(for valuable consideration);* Übertragungen von Vermögen, das dem Übertrager *(settlor)* aus der Heirat zugewachsen *(accrued)* ist, auf seine Frau oder Kinder. In diesen Fällen also tritt keine Nichtigkeit *(avoidance)* ein, auch wenn die Übertragungen weniger als zwei Jahre zurückliegen.

Gewisse Rechtshandlungen gegen den Gemeinschuldner können ungültig sein. Beispiel: Ein Gläubiger hat vor Beginn des Verfahrens Zwangsvollstreckung in Gegenstände oder Ländereien des Schuldners erwirkt *(a creditor has issued/levied execution against the goods or lands of the debtor)* oder hat Forderungen eines Schuldners pfänden lassen *(has attached debts due to his debtor).* Er darf den Erlös aus der Vollstreckung oder Pfändung nur behalten *(may retain the benefit of the execution or the attachment),* wenn die Zwangsvollstreckung oder Pfändung vor der Konkurseröffnung abgeschlossen *(completed)* war. Mit „abgeschlossen“ ist gemeint, im Falle von Gegenständen ihre Wegnahme und ihr Verkauf *(seizure and sale),* bei der Pfändung von Forderungen *(attachment of debts)* der Empfang des Forderungsbetrags *(receipt of the debt),* im Falle der Vollstreckung in Land dessen Beschlagnahme *(seizure).*

Wenn es ans Verteilen geht: vorrangige und bevorrechtigte Forderungen

When it comes to distributing: priorities and preferential claims

Was geschieht am Ende mit dem Vermögen des Schuldners, wenn es als ihm gehörig abgegrenzt und notfalls von außen zurückgeholt worden ist, die nachweisbaren Forderungen *(provable debts)* der Gläubiger geprüft und ihre Beweise anerkannt *(proofs admitted)*[1] oder zurückgewiesen *(rejected)* worden sind? Das Vermögen muß dann zunächst herhalten für die Kosten der Veräußerung *(costs/expenses of realization)* und für die Kosten des Konkursverfahrens *(costs/expenses of bankruptcy proceedings).* Der für diese Gruppe von Ausgaben gültige deutsche Begriff der „Massekosten“ hat im Englischen und Amerikanischen kein rechtes Gegenstück. Ein Behelf wäre etwa *costs/expenses of bankruptcy administration* oder *expenses/charges incurred by the official receiver* und ... *by the trustee in the bankruptcy.* Entsprechend wären „Masseschulden“, also Verpflichtungen, die der *official receiver* oder der endgültige Konkursverwalter im Rah-

[1] „Konkurstabelle“ läßt sich notdürftig übersetzen mit *list/schedule of creditors' claims.* Englische Konkursverwalter und Abwickler haben, je nach Fall dem Gericht oder dem Handelsministerium, eine *list of proofs* einzureichen, eine Aufstellung von beschworenen Erklärungen der Gläubiger über ihre Forderungen.

men seiner Tätigkeit eingeht *debts incurred by the official receiver* oder ... *by the trustee in bankruptcy*. Die *Bankruptcy Rules* setzen eine „Reihenfolge der aus der Masse zahlbaren Kosten und Gebühren" *(order of payment of costs and charges payable out of estate)*, die aufgewendet wurden für das Erhalten, Veräußern, Schützen und Hereinholen *(incurred in preserving, realizing, protecting and getting in)* der Vermögenswerte. Dazu gehören auch die dem Gemeinschuldner mit Genehmigung des Gläubigerausschusses bewilligte Unterstützung *(allowance made to the debtor by the trustee with the sanction of the committee of inspection)* und die Entlohnung des Konkursverwalters selbst *(remuneration of the trustee)*. Alles das deckt sich ungefähr mit dem, was nach deutschem Recht als Massekosten „vorweg zu berichtigen" ist. Diesem Ausdruck am nächsten kommt der *Bankruptcy Act*, indem er spricht von der „Einbehaltung der Gelder, die für die Verwaltungskosten nötig sind" *(retention of such sums as may be necessary for the costs of administration)*.

Unter den am Konkurs teilnehmenden Gläubigern *(creditors participating in the bankruptcy)* und ihren Forderungen hat zunächst eine Gruppe Vorrang vor allen anderen *(priority to all other debts)*; in der einschlägigen englischen Literatur werden sie meist als *pre-preferential debts* bezeichnet[1], also „absolut vorrangige Forderungen". Dazu gehören zum Beispiel Begräbniskosten *(funeral expenses)* und Testamentskosten *(testamentary expenses)*, die aus dem Tode des Gemeinschuldners entstanden sein könnten, ferner das Lehrgeld *(premium)*, das Lehrlinge *(apprentices)* sowie Praktikanten *(articled clerks)* bei Anwälten und Steuerberatern früher zu zahlen hatten – heute bedeutungslos. Auf Grund des Konkurses können alle beim Schuldner in der Lehre Befindlichen *(apprenticed, articled)* beim Konkursverwalter schriftlich kündigen *(give notice in writing to the trustee)* mit der Wirkung, daß sie von den Verpflichtungen des Lehrbriefs *(indenture of apprenticeship)* entbunden *(discharged)* werden.

Nach dieser kleinen Gruppe verhältnismäßig unwichtiger Forderungen stellt die englische Konkursordnung einen ganzen Katalog bevorrechtigter Forderungen *(preferential debts)* zusammen, die jenen ersten schon eine Kleinigkeit im Range nachstehen *(rank after)*. Untereinander stehen sie im Range gleich *(they rank equally between themselves)*. Es sind: Gemeinde- *(parochial)* und andere Ortssteuern *(local rates)*, die vom Gemeinschuldner fällig *(due from the bankrupt)* waren, ebenso alle für das Steuerjahr *(fiscal year)* veranlagten Steuern *(assessed taxes)* auf sein Einkommen, Vermögen oder seinen Landbesitz; Löhne und Gehälter von Büroangestellten *(clerks)* und häuslichen Dienstboten *(servants)* für dem Schuldner geleistete Dienste *(services rendered)* vier Monate zurück und die Löhne von Arbeitern *(workers, workmen)* zwei Monate zurück; aufgelaufenes Urlaubsgeld *(accrued holiday remuneration)*; Beiträge zur Sozialversicherung *(National Insurance contributions)* und einiges andere.

Sollte das vorhandene Vermögen für diese Gruppen von bevorrechtigten Gläubigern *(preferential creditors)* nicht ausreichen, so mindern sich die Forderungen im gleichen Verhältnis untereinander *(the debts abate in equal proportions between themselves)*. Aber erst wenn sie voll bezahlt sind *(be paid in full)*, können

[1] Zum Beispiel bei O. Griffiths and E. Taylor, „*Bankruptcy Law*", Sixth Edition, Macdonald & Evans Ltd., London, 1967, S. 106.

die nichtbevorrechtigten, gewöhnlichen Gläubiger *(ordinary creditors)* hoffen, etwas auf ihre Forderungen zu erhalten. Sie sind indes immer noch eine Spur besser dran als die Gläubiger mit aufgeschobenen Forderungen *(postponed/deferred debts)*. Das sind hauptsächlich die Ehefrau, die ihrem in Konkurs geratenen Ehemann Mittel für dessen Geschäftsbetrieb geliehen hat, und umgekehrt. Sie kommen erst zum Zuge, wenn alle anderen Ansprüche befriedigt sind *(all other claims have been satisfied)*.

Völlig außerhalb dieser Rangordnung stehen Forderungen, die mit Gegenforderungen *(counterclaims)* aufgerechnet *(set off)* werden können, also wechselseitig eingeräumte Kredite *(mutual credits)* und wechselseitig bestehende Schulden *(mutual debts)* aus wechselseitigen Geschäften *(mutual dealings)*. Hat der Gläubiger jedoch Kredit eingeräumt *(given credit)*, obwohl er Kenntnis von einem *act of bankruptcy* – einem konkursähnlichen Verhalten – des Schuldners hatte, so ist er mit diesem Kredit nicht zur Aufrechnung berechtigt *(not entitled to a set-off)*. Ebenfalls außerhalb der Rangordnung steht ein gesicherter Gläubiger *(secured creditor)*, also einer, der eine Hypothek, eine sonstige Belastung oder ein Pfandrecht auf dem Vermögen des Schuldners oder einem Teil davon hält *(holds a mortgage, charge or lien on the property of the debtor or any part thereof)*. Er muß sich entscheiden, ob er die Sicherheit veräußern *(realize the security)* und einen etwaigen Restbetrag, den „Ausfall“, als Konkursforderung geltend machen *(prove for the balance due to him)* will; oder ob er die Sicherheit aufgeben *(surrender the security)* und seine ganze Forderung geltend machen *(prove for his whole debt)* will, etwa weil er der Sicherheit nur geringen Wert beimißt *(assesses the security at low value)*. Er kann den Konkursverwalter auffordern zu wählen, ob dieser von seiner Befugnis Gebrauch machen will, die Sicherheit einzulösen, zu verwerten *(elect whether he will or will not exercise his power of redeeming the security)*. Der Konkursverwalter kann, falls er mit dem geschätzten Wert nicht einverstanden ist *(dissatisfied with the value assessed)*, verlangen, daß die Sicherheit zum Verkauf gestellt wird *(offered for sale)*, etwa durch öffentliche Versteigerung *(by public auction)*.

Der Vermieter *(landlord)*, dem der Gemeinschuldner Miete schuldet *(to whom any rent is due from the debtor)*, nimmt ebenfalls eine besondere Stellung ein: Vor wie auch noch nach dem Beginn des Konkursverfahrens kann er in die Habseligkeiten des Gemeinschuldners pfänden *(he may distrain upon the bankrupt's effects)*. Wird die Pfändung jedoch nach Beginn des Konkurses betrieben *(the distress is levied after the commencement of the bankruptcy)*, so gilt das nur für sechs Monate Miete. Der Vermieter hat also ähnlich wie im deutschen Recht ein gesetzliches Vermieterpfandrecht *(landlord's right of distress)* und ist, wie sich hier zeigt, „absonderungsberechtigt“. – Pfänden von Sachen ist im Englischen *to distrain. Distraint* ist die Inbesitznahme von Sachen in Form der Pfändung, *distress* ist das Recht dazu, aber auch die gepfändete Sache *(the property distrained)*. Hingegen wird für das Pfänden von Forderungen *attach* verwendet: *to attach a debt; attach* wird auch gegenüber Personen verwendet, zum Beispiel „Arrestbefehl“ *writ of attachment*.

Die erste Konkursdividende *(dividend amongst the creditors)*, eine Abschlagsverteilung, soll der Konkursverwalter möglichst innerhalb von vier Monaten nach Abschluß der ersten Gläubigerversammlung erklären und verteilen *(declare and distribute),* die folgenden Dividenden *(subsequent dividends)* möglichst in Abständen von nicht mehr als sechs Monaten. Vor der Erklärung der Schlußdividende oder Schlußverteilung *(final dividend)* muß er den Gläubigern, die ihre Ansprüche nicht zu seiner vollen Überzeugung belegt haben *(claims not established to the trustee's satisfaction),* eine letzte Frist setzen.

„If you can't beat them, join them."
(Ratschlag in hartem Wettbewerb)

Unternehmenszusammenschlüsse *

Jeder erhofft sich Kostendegression

Everybody anticipates economies of scale

Zurück zum lebenden, arbeitenden Unternehmen. Es steht im Wettbewerb *(competition)* mit anderen auf den Märkten, und es bewährt sich dabei besser oder schlechter als die anderen. Aber es ist selbst ebenfalls Ware: auf dem Markt für ganze Unternehmen. In England und Amerika, weniger in der Bundesrepublik, haben vor allem in den sechziger Jahren mit ihrer Wirtschaftsblüte Zehntausende von Unternehmen den Besitzer gewechselt. Kleine und mittlere Betriebe wurden von mittleren und großen aufgekauft *(purchased),* große wurden von noch größeren übernommen *(taken over),* aus Konzernen *(combines)* wurden Riesenkonzerne *("giants").* Das geschah und geschieht innerhalb des Landes, aber sehr oft auch über die Grenzen hinweg und führt dann zu internationaler Integration *(international integration)* von Unternehmen, zu multinationalen Gesellschaften *(multinational companies/*AE *corporations).*

Die amerikanische Automobilindustrie *(motor industry)* mit General Motors Corp., Ford und Chrysler, die Mineralölindustrie mit Exxon Corp., British Petroleum PLC und der Royal Dutch Shell oder der Weltkonzern für Nahrungs-, Körperpflegemittel und anderes, Unilever, sind besonders eindrucksvolle Beispiele für solche Mammutgebilde. Komplizierte Organisationen sind das, die sich von der Spitze, der Dachgesellschaft *(holding [company])* her in Hunderten von Linien verästeln und verzweigen. Ganze nationale oder internationale Untergruppen von Betrieben sind in Zwischenholdings *(subholdings)* zusammengefaßt. Die Shell und Unilever haben je eine in London und eine in Rotterdam ansässige Holdinggesellschaft, eine „PLC" und eine „Naamloze Vennootschap" (NV). Aus der Notwendigkeit zu diversifizieren *(diversify)* ist die B.A.T. Industries PLC entstanden; international verflochten *(integrated)* und

* *Combinations, business combinations.*

verschachtelt *(interlocked)*, in über 70 Ländern tätig *(operating)*, ist sie ein Weltkonzern ähnlicher Größenordnung *(order of magnitude)*. Vermindert sich durch Zusammenschlüsse die Zahl der Anbieter *(suppliers)* oder Nachfrager *(consumers)* auf einem Markt wesentlich, so bezeichnet man den Vorgang als Konzentration *(concentration)*. Oft wird dieser Begriff auch angewendet auf die bloße Zusammenballung von ganz verschiedenen Unternehmen in einem Konzern, ohne daß sich die Angebots- oder Nachfragestruktur auf den jeweiligen Märkten dieser vielen Unternehmen wesentlich ändert. Die Monopol-, Kartell- oder Antitrustbehörden *(monopoly authorities, cartel or antitrust authorities)* betrachten jedwede Konzentration mit Argwohn.[1]

Unternehmenszusammenschlüsse können von zweifacher Art sein. Im engeren Sinne wird darunter verstanden Übernahme *(takeover)*, das heißt der Kauf der Anteilsrechte, der Stammanteile *(buying of the equity)*, eines anderen Unternehmens. Zusammenschlüsse im weiteren Sinne sind solche, bei denen keine Anteilsrechte den Besitzer wechseln, sondern in Verträgen oder losen Abmachungen eine Zusammenarbeit *(co-operation)* zwischen Unternehmen vereinbart wird.

Für die erste Gruppe, also für Übernahmen, sind in England die Ausdrücke *takeover* und *merger* üblich. Auch *amalgamation* ist richtig, aber in England weniger üblich. Strenggenommen sind diese Bezeichnungen nicht beliebig austauschbar. *Takeover* bedeutet zunächst nur, daß eine Gesellschaft die Kontrolle über die andere gewinnt, weil sie eine genügend große Mehrheit an Aktien *(majority of shares)* der anderen zusammenbringt. Im deutschen betriebswirtschaftlichen Sprachgebrauch pflegt man die Übernahme der Anteile als „unechte Fusion" zu bezeichnen. *Merger* und *amalgamation* haben ursprünglich den Sinn von „Verschmelzung". Sie müßten daher eigentlich der Bezeichnung der echten Fusion vorbehalten sein, für die es mehrere Varianten gibt: entweder wird die übernommene Gesellschaft als rechtlich selbständige Einheit aufgelöst *(dissolved)* und als Betriebsabteilung *(division)* der übernehmenden weitergeführt; oder beide Gesellschaften werden aufgelöst und als Einheit oder als Betriebsabteilungen unter dem Namen einer neugegründeten weitergeführt. Wirtschaftlich macht es aber wenig Unterschied, ob nach der Übernahme der Aktienmehrheit auch noch der zweite Schritt getan wird. Daher werden die drei Wörter im täglichen Sprachgebrauch ziemlich wahllos durcheinander verwendet. Ein englisches Wort *fusion*, ebenfalls „Verschmelzung" bedeutend, gibt es zwar, es wird aber weder in der englischen noch in der amerikanischen Wirtschaftssprache verwendet.

Im Amerikanischen sind *consolidation, merger* und *amalgamation* üblich, hingegen kaum *takeover*. *Consolidation* ist neben *combination* das Wort für allgemein „Zusammenschluß". *Merger* ist die Übernahme einer Gesellschaft durch eine andere. *Amalgamation* ist die Zusammenlegung zweier oder mehrerer Gesellschaften zu einer neuen, also der letzte der oben angeführten Fälle der echten Fusion. Der tägliche Sprachgebrauch setzt sich auch in Amerika sehr oft über Feinheiten hinweg.

Die Integration zweier Unternehmen kann große Vorteile für beide bringen – obwohl das oft überschätzt wird. Zunächst ist zu unterscheiden zwischen horizontaler Konzentration – oder horizontaler Integration – *(horizontal integration/*

[1] Die Steuerbehörden argwöhnen oft, daß internationale Konzerne mit Hilfe von Verrechnungspreisen *(transfer prices)* Gewinne von Gesellschaften in Ländern mit hohen Steuern in solche mit niedrigen Steuern verlagern *(shift profits)*.

combination) und vertikaler Konzentration *(vertical integration/combination).* Bei der ersten Form werden Unternehmen der gleichen Produktions- oder Handelsstufe *(stage of production/trade)* vereinigt, zum Beispiel in der Produktion zwei Hersteller von elektrischen Haushaltsgeräten *(manufacturers of electrical domestic appliances)* oder im Einzelhandel *(retail trade)* zwei Kaufhausgruppen *(groups of department stores).* Im Falle der vertikalen Konzentration werden Unternehmen verschiedener Stufen vereinigt, zum Beispiel eine Spinnerei *(spinning mill)* mit einer Weberei *(weaving mill)* und einer Färberei *(dye-works plant)* oder eine Erzgrube *(ore mine)* mit einer Kohlenzeche *(coal mine),* einem Stahlwerk *(steel works)* und einem Unternehmen des Stahlgroßhandels *(wholesale steel trade).*

Die Vorteile eines horizontalen Zusammenschlusses liegen auf der Hand: Die vereinigte wirtschaftliche Einheit *(combined industrial unit)* kann überall mit größeren Mengen *(larger quantities)* rechnen und auftreten. Ihre Einkaufsabteilung *(buying department)* kann in größerem Stil *(at a larger scale)* einkaufen und niedrigere Preise erzielen *(achieve lower prices).* Die Kosten je Einheit *(costs per unit)* mindern sich in der Produktion und im Handel. Der Aufwand *(expenditure)* für Forschung und Entwicklung *(research and development – R&D),* für Planung *(planning),* für Absatzförderung *(marketing),* Werbung *(advertising)* und vieles andere kann auf einen größeren Ausstoß *(output)* umgelegt werden. Dank der größeren Finanzkraft *(financial power)* ist der neuentstandene Konzern *(combine)* auch im Wettbewerb mit den verbliebenen Konkurrenten *(rivals, competitors)* ein stärkerer Gegner. Er ist flexibler *(more flexible)* in der Preisgestaltung *(pricing)* und kann durch rücksichtslose Preisunterbietung *(undercutting of prices)* anderen Anbietern das Leben schwer machen. Oft in der Wirtschaftsgeschichte *(economic history)* hat mörderischer Wettbewerb *(cut-throat competition)* den schwächeren Beteiligten den Gedanken nahegelegt, sich mit anderen zusammenzutun *(link up with others).* Das hat in der einprägsamen Formel Ausdruck gefunden: *If you can't beat them, join them* – „Wenn du sie nicht schlagen kannst, schließ dich mit ihnen zusammen".

Aber irgendwann ist die optimale Größe *(optimum size)* erreicht, und jede weitere Vergrößerung bringt Nachteile, weil entweder keine weitere Kostendegression *(economies of scale,* Plural) möglich ist und/oder das ganze Gebilde zu schwerfällig *(cumbersome)* wird. Die Leute an der Spitze *(top management)* verlieren die Übersicht, die so wichtige Verbindung *(communication)* zu den Stellen weiter unten in der Verwaltungshierarchie *(hierarchy of administration)* wird immer dünner. Vielleicht ist der Wettbewerb sogar so weit ausgeschaltet, daß das Riesenunternehmen von keiner Seite mehr angestachelt wird, die Leistung *(performance)* zu halten und zu steigern.

Die Gefahr, daß ein Unternehmen sich gedankenlos selbst in eine schlechtere Wettbewerbsstellung *(position in the market)* hineinintegriert, droht im Falle der vertikalen Konzentration: Es blockiert sich unter Umständen selbst die Märkte *(blocks its own markets).* Zunächst mag der Gedanke verführerisch erscheinen, sich eine eigene Rohstoffbasis *(raw materials supply base)* oder ein System eigener Absatzventile *(market outlets)* anzugliedern *(affiliate).* Aber eines Tages mag das Stahlwerk feststellen, daß seine Konkurrenten das Erz billiger oder in besserer Qualität beziehen, als es die eigene Erzgrube zu bieten vermag, und daß neue, übergroße Massengutschiffe *(super bulk-carriers)* überseeisches Erz *(overseas ores)* auch über weite Entfernungen billig heranzubringen vermögen. Und der Verkaufsleiter *(head of the sales department)* mag sich die Haare darüber raufen, daß er auf dem freien Markt, außerhalb des eigenen Konzerns, weit bessere Preise für seine Ware erzielen könnte, als die eigenen Groß- und Einzelhandelsunternehmen ihm zu bewilligen bereit sind.

Gewiß, es gibt Situationen, in denen es für einen Produzenten *(producer)* wichtig sein mag, sich den Rohstoffbezug *(supply of raw materials)* auf solche Weise zu sichern oder eine eigene Handelsorganisation zu haben. Technische Gründe, vor allem die Notwendigkeit eines kontinuierlichen Materialflusses *(continuous flow of material)*, erfordern hier und da noch eine solche Integration. Aber im Zeichen offener Weltmärkte und niedriger Zölle *(low import tariffs)* werden diese Fälle immer seltener.

Es gibt noch eine dritte Form der Unternehmenskonzentration, die weder horizontal noch vertikal ist: den Mischkonzern *(conglomerate)*. Er ist ein zusammengewürfeltes Gebilde aus Unternehmen aller möglichen Stufen und Branchen, die in keiner Weise zueinander passen. Der einzige gemeinsame Gesichtspunkt dieser Art Aufkauf von Gesellschaften *(corporate acquisition)* ist der der Rendite *(return, yield)*. Wann immer der Konzern glaubt, daß ein bestimmtes Unternehmen seine Möglichkeiten *(opportunities)* nicht voll ausschöpft, daß es noch große Wachstumschancen *(chances for growth)* hat und relativ billig zu haben ist, greift er zu. In den sechziger Jahren waren die *conglomerates* vor allem in Amerika, aber auch in England, vielbesprochene Phänomene und ihre Leiter als gottbegnadete Unternehmer, als Wunderkinder *(whizz-kids)* der Wirtschaft bestaunt. Inzwischen ist es stiller um sie geworden.

Indes, im Prinzip ist diese Mischpolitik nicht schlecht, auch nicht für die Volkswirtschaft als Ganzes *(the economy as a whole)*. Sie bedeutet in der Regel eine weite Streuung der unternehmerischen Betätigung: Diversifikation *(diversification)*. Auch bereits horizontal und vertikal gegliederte Konzerne können sich eines Tages vor die Notwendigkeit gestellt sehen zu diversifizieren *(diversify)*. Die Branche, in der sie sich betätigen, kann auf Grund einer technischen oder modischen Entwicklung schrumpfen, oder es ist bereits soviel investiert, daß eine weitere Expansion *(expansion)* sinnlos wird. Das viele Kapital, das solche großen Unternehmen ansammeln *(accumulate)*, sucht Anlage, und so kommt es, daß ein Tabakwarenkonzern sich plötzlich ein Unternehmen für Speiseeis und Fruchtgetränke angliedert oder ein Automobilkonzern eine Gesellschaft erwirbt, die elektronische Rechenanlagen *(computers)* baut. Umgekehrt mag sich eines Tages herausstellen, daß gewisse Tätigkeiten *(activities)* nicht mehr recht in den Konzern passen. Man stößt sie ab *(hives them off)* an einen anderen Konzern, der auf diesem Gebiet in größerem Stile tätig ist. Vielleicht kann er eine andere Tochtergesellschaft in Zahlung geben *(trade in)*, die dort wiederum nicht paßt.

Die Taktik des Übernahmeangebots

Tactics of the takeover bid

In England, Amerika aber auch in der Bundesrepublik werden zu Übernahmen in der Regel außenstehende Berater hinzugezogen. Es gibt Unternehmensmakler *(business/merger brokers),* die das Zusammenbringen von anschlußwilligen Gesellschaften, ähnlich wie die Heiratsmakler *(marriage brokers),* zu einer Spezialität entwickelt haben. Daneben leisten Unternehmensberater *(management consultants)* solche Vermittlerdienste. Bei der Transaktion selbst werden oft Banken tätig, in England vor allem die *merchant banks,* in Amerika die Emissionsbanken *(investment banks).*

Wie geht das im einzelnen vor sich? In England wie in Amerika sind dafür Regeln festgelegt worden, die eine Benachteiligung der Aktionäre verhindern sollen. In London haben Finanzinstitute *(financial institutions)* der City unter der Führung der Bank von England als freiwilliges Gremium *(body)* einen Ausschuß *(panel)* gebildet, den *Panel on Takeovers and Mergers,* der die in einer Sammlung von Richtlinien für Zusammenschlüsse, dem *Takeover Code,* zusammengefaßten Regeln überwacht. In Amerika wird diese Aufgabe mehr oder weniger von der Börsenkommission *(Security and Exchange Commission – SEC)* wahrgenommen.

Eine Gesellschaft, die eine andere übernehmen will, macht zunächst dem Verwaltungsrat *(board of directors)* dieser Gesellschaft ein Übernahmeangebot *(takeover bid).* Der Verwaltungsrat erwägt, ob das Angebot günstig ist. Kommt er zu einem positiven Ergebnis, so akzeptieren die Mitglieder *(board members)* das Angebot für ihren eignen Aktienbesitz *(holding)* und empfehlen das gleiche den anderen Aktionären. Damit hat der Bieter (meist *bidder)* oft schon das Spiel gewonnen. Hält der Verwaltungsrat das Angebot aber für zu niedrig, weil nach seiner Ansicht die materiellen Vermögenswerte *(tangible assets)* und der Goodwill mehr wert sind, so wird er den Aktionären abraten. Halten sich die meisten Aktionäre daran, so wird die bietende Gesellschaft ihr Angebot erhöhen müssen. Wenn sie geschickt ist und Glück hat, wird sie schließlich die Kontrolle über die bebotene Gesellschaft *(company bid for)* gewinnen. Wenn sie ungeschickt ist, zu wenig bietet und Pech hat, sitzt sie am Ende mit einer Minderheit an Aktien der bebotenen Gesellschaft da. Der Bieter wird deshalb von vornherein erklären, daß sein Angebot unter der Bedingung ergeht *(the bid is subject to the condition),* daß er eine bestimmte Zahl Einwilligungen *(acceptances)* erhält, zum Beispiel für 90 Prozent aller Aktien. Anderenfalls behält er sich das Recht der Zurücknahme seines Angebots vor *(retains the right to withdraw).* Aktionäre, die ihre Zustimmung erklären, sind bis dahin gebunden, selbst wenn nach ihrer Zustimmung plötzlich eine andere Gesellschaft ein günstigeres Gegenangebot *(counter offer, counter bid, rival bid)* für ihre Aktien machen sollte. Wenn die bietende Gesellschaft statt Bargeld neuzuschaffende Wertpapiere anbietet, macht sie oft zur weiteren Bedingung, daß die Papiere zum Handel und zur Notierung an der Börse zugelassen werden *(permission to deal in and quotation for the securities is granted).* Ferner muß sicher sein, daß das Handelsministerium die vorgeschlagene Übernahme nicht der Monopolkommission zur Untersuchung zuweist *(refers the proposed merger to the Monopolies Commission).* Erfüllen sich schließlich alle Bedingungen, so erklärt die Gesellschaft ihr Angebot für „unbedingt" *(declares the offer unconditional.)* Fällt ihr Angebot durch *(the offer lapses),* so schickt sie den Aktionären, die bereits zugestimmt haben, die Annahmeformulare *(forms of acceptance)* und die Aktienzertifikate *(share/stock certificates)* oder sonstigen Dokumente, die den Anspruch verbriefen *(documents of title),* zurück.

Die bietende Gesellschaft macht in aller Regel ein Alternativangebot *(alternative offer),* zum Beispiel: „Für jede Aktie zu einem Pfund bieten wir Ihnen 165 Pence in bar *(cash);* oder – zu Ihrer Wahl *(at your option)* – für jeweils zwei Aktien zu einem Pfund drei Stammaktien *(ordinary shares)* unserer Gesellschaft zu 25 Pence; oder nominal vier Pfund *(£4.00 nominal)* unserer $7^3/_4$prozentigen ungesicherten Teilschuldverschreibungen *($7^3/_4$ per cent unsecured loan stock).*" Der Aktionär kann sich also aussuchen, welche Gegenleistung *(consideration)* ihm genehm ist, die Papiere oder die Bar-Alternative *(cash alternative).*

Wird das Übernahmeangebot vom Board der bebotenen Gesellschaft nicht von Anfang an zur Annahme empfohlen *(not recommended from the outset),* sondern erst später, wenn es erhöht worden ist, oder wird es gar während seiner ganzen Frist vom Board bekämpft *(opposed throughout),* so kommt es zu einem Kampf um die Aktionäre. Es ist ein Kampf mit Mitteilungen, Hinweisen und „Neuigkeiten". Beide Boards kommen plötzlich mit Gewinnvorhersagen *(profit forecasts)* heraus, die ihre eigenen Aktien wertvoller erscheinen lassen, versprechen auf Grund der höheren zukünftigen Erträge *(future earnings)* eine höhere Dividende und machen Rechnungen darüber auf, daß das Vermögen der Gesellschaft in Wirklichkeit viel mehr wert ist, als die Bilanz zeigt. Manchmal – nicht sehr oft – stellt sich dann heraus, daß die Gewinnvorhersagen kein besseres Fundament hatten als die Phantasie des Verwaltungsrats. In Amerika sind sie daher im Zusammenhang mit Übernahmeangeboten unzulässig.

Im Deutschen haben sich für integrierte Unternehmen Begriffe herausgebildet, die aus dem Englischen und Amerikanischen stammen, dort aber nicht immer die gleiche Bedeutung haben. Das englische und amerikanische *concern* bedeutet nicht mehr als „Unternehmen, Firma". Das Wort *trust* hat zwar im Englischen und Amerikanischen unter anderem auch die Bedeutung von „Unternehmensgruppe", fast gleichbedeutend mit dem deutschen „Konzern". Es wird aber in der englischen Wirtschaftssprache in dieser Bedeutung praktisch nicht gebraucht; in der amerikanischen hat es in dieser Bedeutung den Beigeschmack von Konzentration von Marktmacht *(concentration of market power)* und Marktbeherrschung *(market dominance),* wie sich auch an der amerikanischen Bezeichnung *Antitrust Law* zeigt.

Das deutsche Wort „Konzern" wird in das Englische zutreffend übersetzt mit *combine, group* oder *group of companies.* Im Amerikanischen ist *combine* für „Konzern" nicht verwendbar. Wenn *trust* im jeweiligen Falle zu stark ist, genügt es im Amerikanischen oft, von einer *large corporation* zu sprechen. *Group* ist ebenfalls verwendbar.

Alle bisher geschilderten Zusammenschlüsse haben als gemeinsames Merkmal, daß Anteilsrechte an ihnen erworben oder abgegeben werden. Bei der zweiten großen Gruppe möglicher Zusammenschlüsse findet eine Kapitalverflechtung *(interlocking/interlacing of capital)* nicht statt. Im allgemeinen sind sie daher viel loser als die ersten. Die loseste ist der Verband *(federation, confederation, association)*, sei es als Arbeitgeberverband *(employers federation/association)* oder als Verband des Gewerbes, als Wirtschaftsverband *(trade association)*. Er vertritt *(represents)* gemeinsame Interessen seiner Mitglieder gegenüber anderen, oft gegenüber der Regierung. Der bedeutendste Verband in England ist die *Confederation of British Industry – CBI.*

Andere Zusammenschlüsse haben zumeist in irgendeiner Form ein gemeinsames Marktinteresse zum Gegenstand. Sie können vielerlei Formen annehmen, und die Bezeichnungen dafür sind oft willkürlich, nichtssagend, mitunter bewußt verharmlosend. Eine Interessengemeinschaft (notdürftig übersetzt mit: *community of interests)* kann alles Mögliche bedeuten, desgleichen die Kooperation *(cooperation)*. Es kann eine Zusammenarbeit in der Forschung *(research)* sein, ein Austausch von Patenten *(exchange of patents)*, von Kenntnissen und Erfahrungen *(know-how)*, Absprachen über zu verwendende Maße und Größen zum Zwecke der Rationalisierung – es kann am Ende aber auch auf ein Kartell *(cartel)* hinauslaufen, einen Zusammenschluß zur Beschränkung des Wettbewerbs *(combination to restrain trade)*.

Zwischen Monopol und vollständigem Wettbewerb

Between monopoly and perfect competition

Die Kartellabsprache *(cartel agreement)* kann ein regelrechter vertraglicher Zusammenschluß *(contractual association)* sein oder auch nur eine sehr flüchtige Abmachung. Sie ist oft nicht mehr als ein Gentleman's Agreement, ein Frühstücks- oder Augenzwinkerkartell. Je mehr sie ihrer Natur nach zur Wettbewerbsbeschränkung *(restraint of competition)* führt, desto mehr werden sich die Beteiligten hüten, etwas schriftlich festzulegen oder gar einen förmlichen Vertrag aufzusetzen *(draw up a formal contract)*. Gegen Rationalisierungskartelle *(rationalization cartels)* und Exportkartelle *(export cartels)* hat das Gesetz in den meisten Ländern wenig einzuwenden. Allerdings sind das keine festumrissenen Begriffe, und von da ist oft nur ein kleiner Schritt zum Beispiel zum Gebietskartell *(market pool)*, der Aufteilung der Märkte *(allocation/division of markets)* auf die einzelnen Produzenten. Die bedenklichste Absprache ist stets das Preiskartell *(price cartel/ring):* Alle Anbieter oder zumindest die wichtigsten einigen sich darauf, nicht unter einem bestimmten Preis oder sogar zu einem bestimmten Preis zu verkaufen.

Kartelle können über die Grenzen eines Landes hinausreichen und damit internationale Kartelle werden. Es gab zum Beispiel vor dem zweiten Weltkrieg ein internationales Spiegelglaskartell, ein internationales Röhrenkartell. Es gibt heute noch zahlreiche Schiffahrtskartelle, „Konferenzen" *(conferences)* genannt. In ihnen machen die beteiligten Reeder *(ship owners)* untereinander die Frachtraten *(freight rates)* in einem bestimmten Fahrtgebiet *(shipping area)* aus und legen außerdem fest, wann jeweils monatlich oder wöchentlich welche Schiffe in diesem Dienst *([shipping] service)* zu fahren *(sail)* haben. Auf diese Weise wird vermieden, daß mehrere Schiffe zur gleichen Zeit fahren, obwohl die Häfen *(ports)* auf der Route nur für eines genügend Fracht *(freight)* bieten. Die Schifffahrtskonferenzen *(freight conferences)* sind anschauliche Beispiele für die Verbindung von Rationalisierungs-, Gebiets- und Preiskartell.

Die höchste Stufe ist das Preis- und Absatzkartell *(price and sales cartel)* mit einer gemeinsamen Verkaufsorganisation *(selling organization)* und Lieferquoten *(selling quotas)* für die Mitglieder. Hier wird die Bewahrung des Preisniveaus *(maintenance of prices)* auf der gewünschten Höhe besonders wirksam überwacht. Im Deutschen bezeichnet man diese höchste Stufe des Kartells als „Syndikat". Das englische Wort *syndicate* ist dafür unbrauchbar. Es bedeutet im Englischen und Amerikanischen nur soviel wie „Konsortium", hauptsächlich ein Finanz- oder Bankenkonsortium für die gemeinsame Finanzierung bestimmter Investitionen und die Unterbringung großer Emissionen. Das Wort Syndikat im Sinne von Verkaufs- oder Absatzsyndikat ist etwa zu übersetzen mit *pool* oder zu umschreiben, zum Beispiel mit *selling organization.* Das Wort *pool* bezeichnet daneben auch jede Gruppe von Personen oder Unternehmen und sogar staatlichen Institutionen, die sich für einige Zeit zu einem bestimmten Zweck zusammentut. Eines der dauerhaftesten Kartelle ist das Welt-Diamantensyndikat *(world diamond cartel)*, die „*Central Selling Organization*" der meisten Diamanten-Produzenten *(diamond producers)*, mit der De Beers Consolidated Mines Ltd. als Betriebsgesellschaft *(operating company)*. Innerhalb einer Gruppe von Unternehmen werden mitunter eine Zeitlang oder für dauernd die Gewinne gepoolt *(profits are pooled)*: Die Beteiligten zahlen – bildlich – ihre Gewinne zunächst in einen gemeinsamen Topf und erhalten dann einen in bestimmter Weise aufgeschlüsselten Betrag daraus zurück.

Einzelne große Anbieter können, etwa nach Übernahme der anderen, einen Markt völlig beherrschen *(control the market)*. Das gleiche kann ein Kartell, wenn sich alle oder praktisch alle Anbieter daran beteiligen. In beiden Fällen spricht man von einem Monopol *(monopoly)*, im zweiten Falle auch von einer Monopolabsprache *(monopoly agreement)*. Sind wenige große Anbieter vorhanden und keine Absprache, so besteht ein Oligopol *(oligopoly)*. Sind es nur zwei und besteht keine Absprache zwischen ihnen, so ist das ein Duopol oder Dyopol *(duopoly)*. Wer noch genügend Griechisch kann, mag weitere Möglichkeiten eines „unvollständigen Wettbewerbs" *(imperfect competition)* umschreiben. Die Marktformenlehre *(theory of market conditions)* spricht auch noch von „polypolistischer Konkurrenz" oder kurz von „Polypol" *(polypoly)*. Damit ist ein Zustand gemeint, bei dem viele Unternehmen mit kleinen Marktanteilen den gleichen Artikel *(the same commodity)* anbieten, aber jedes Unternehmen einen gesonderten Kundenkreis hat, weil die Verbraucher jeweils „ihrem" Lieferanten den Vorzug geben *(give preference to)*[1]. Schließlich ist noch „Preisführerschaft" *(price leadership)* möglich: Ein großes Unternehmen hat ein so starkes Übergewicht, daß die anderen seiner Preispolitik folgen, ohne daß eine Absprache besteht. Sind statt des einen mehrere große Unternehmen vorhanden, so spricht man eher von *parallel pricing*, nach deutschen Begriffen etwa der Fall des „unvollständigen Oligopols".

[1] „Handbuch der Wirtschaftswissenschaften", Band II, Volkswirtschaft, herausgegeben von Prof. Dr. Karl Hax und Prof. Dr. Theodor Wessels, zweite überarbeitete und erweiterte Auflage, Westdeutscher Verlag, Köln und Opladen, 1966, S. 95.

Ein Monopol oder Oligopol auf der Angebotsseite bezeichnet man als Angebotsmonopol *(supplier's monopoly),* Angebotsoligopol *(supplier's oligopoly),* und die Inhaber dieser Marktpositionen als Angebotsmonopolisten *(monopoly suppliers)* und Angebotsoligopolisten *(oligopoly suppliers).* Die gleiche Position kann sich aber auch auf der Nachfrageseite ergeben: Nachfragemonopol *(buyer's monopoly),* Nachfragemonopolist *(monopoly buyer).*

So bilden die Möglichkeiten der verschiedenen „Marktformen", Marktzustände *(market conditions)* oder Wettbewerbsformen *(forms of competition)* ein breites Band: An einem Ende steht das Monopol, am anderen Ende der „vollständige Wettbewerb" *(perfect competition).* In der Theorie der Marktformen wird als vollständiger Wettbewerb der Zustand bezeichnet, bei dem eine unbestimmte, jedenfalls eine große Zahl von Unternehmen miteinander konkurrieren *(compete with each other),* ohne daß irgendeines von ihnen mit seinem Angebot einen starken Einfluß auf den Markt und den Marktpreis *(market price)* auszuüben vermag. Der Marktpreis bildet sich allein nach den Marktkräften *(market forces)* von Angebot und Nachfrage *(supply and demand).* Dieser für den Verbraucher *(consumer)* so wünschenswerte Zustand kann sich am ehesten entwickeln, wenn jeder potentielle Anbieter Zugang zu dem Markte hat *(every potential supplier has access to the market).* Der Staat kann dazu beitragen, indem er günstige Rahmenbedingungen für den Wettbewerb schafft *(the government provides a favo[u]rable environment for competition).* Sein wichtigster Beitrag zur Förderung und Pflege des Wettbewerbs *(fostering competition)* ist die Beseitigung der Hindernisse im internationalen Handel *(removal of impediments to international trade),* seien es Zoll- oder andere Schranken *(tariff barriers, non-tariff barriers)*[1].

In der Wirklichkeit findet sich selten eine Marktform rein, auf den meisten Märkten herrschen gemischte Marktzustände *(mixed market structures).* Irgend etwas fehlt meistens zum vollständigen Wettbewerb im theoretischen Sinne, aber andererseits können sich auch Monopole, Oligopole und Kartelle selten ungestört ihres Daseins freuen. Die modernen Verkehrsverbindungen *(communication routes/lines)* machen es möglich, Konkurrenzprodukte *(rival products)* auch in weit entfernte Märkte billig zu befördern. Vielerlei Substitutionskonkurrenz *(substitute competition)* ist möglich, so daß kein Verbraucher auf ein bestimmtes Gut angewiesen ist, mag sein Preis auch noch so hoch sein. Kartelle erleben zudem früher oder später beinahe mit Sicherheit, daß Außenseiter *(outsiders)* auftreten, die vom Kartell festgelegten Mindestpreise *(fixed minimum prices)* unterbieten *(undercut)* und bald so große Marktanteile *(slices of the market)* an sich ziehen, daß die Kartellmitglieder ihre Felle davonschwimmen sehen, nervös werden und einer nach dem anderen abspringt. Auch Kartelle mit völlig gleichartigen Erzeugnissen *(homogeneous products),* wo sich das Verhalten der Mitglieder am leichtesten überwachen läßt, sind davor nicht bewahrt.

Kartelle werden mehr oder weniger überall zu Recht als schädlich *(harmful)* für die Volkswirtschaft angesehen. Sie sind es deshalb, weil sie die Preise hochhalten *(keep prices up),* damit den Preismechanismus *(price mechanism)* verfälschen *(distort)* und ein falsches Bild vom Gleichgewicht des Marktes *(market*

[1] Nach „*The Control of Monopoly*", Industrial Policy Group, Paper Number 8, London, May 1971, S. 2.

equilibrium) erzeugen. Der Marktpreis ist bei unverfälschtem Wettbewerb *(pure competition)* derjenige Preis, zu dem auf einem bestimmten Markte und zu einer bestimmten Zeit Angebot und Nachfrage zu einem Ausgleich kommen *(even up, supply equals demand).* Heben Monopole oder Kartelle die Marktkräfte *(market forces)* auf, so werden die marktgerechten Preise *(fair market prices),* die das wahre Verhältnis von Angebot und Nachfrage widerspiegeln *(reflect the true state of supply and demand),* durch künstlich hergestellte Preise *(artificially created prices)* ersetzt. Statt des Marktpreises nimmt also ein anderer Preis dessen wichtige Funktion *(function)* wahr, die Produktionsfaktoren *(factors of production)* zu steuern *(regulate),* jeweils an den Ort des höchsten Bedarfs *(the place of the greatest demand).* Die Zuweisung der Produktivkräfte *(allocation of productive resources)* findet nicht mehr in richtiger Weise statt. Sie gehen nicht mehr dahin, wo sie den höchsten Nutzen stiften *(have the most useful effect)* mit der Folge, daß die Leistung *(performance)* der Volkswirtschaft *(economy)* und ihr Wachstum *(growth)* nachlassen. Der allgemeine Wohlstand *(general wealth)* ist geringer, als er sein könnte.

Knebelvereinbarung – Preisdiskriminierung – Personalunion

Tying clause – price discrimination – interlocking directorate

Oft wird als weiterer oder sogar als Hauptgrund für den Kampf gegen Monopole und Kartelle genannt, daß sie ungerechte und ungerechtfertigte *(unfair and unjustified)* Preise nehmen. Aber in der Marktwirtschaft geht es nicht vornehmlich um Gerechtigkeit, sondern um Nutzen und Leistung. Die Wörter *market economy* und *free market economy* bürgern sich im Englischen und Amerikanischen nur langsam ein. Aber sie sind nützlich als Gegenstück zur Zentralverwaltungswirtschaft *(centrally planned economy)* und zur „gemischten Wirtschaft“ *(mixed economy). Free enterprise* bedeutet eher „freies Unternehmertum“.

Soweit die volkswirtschaftliche Theorie *(economic theory).* In der Wirklichkeit sieht es etwas anders aus. Wie bereits erwähnt, sind Monopole heutzutage ständig von Außenseitern und Substitutionskonkurrenz bedroht. Der Monopolist *(monopolist),* die Oligopolisten *(oligopolists)* und die Mitglieder eines Kartells *(cartel members)* sind sich in aller Regel bewußt, daß solche Marktpositionen *(market positions)* nicht ewig halten. Wenn sie, ungeachtet der wirtschaftlichen und technischen Entwicklung, den Preis hochhalten, schließen sie sich früher oder später selbst vom Markt aus *(price themselves out of the market).* Sie werden dank der Preisabsprache *(price agreement)* zwar eine Zeitlang gut in der Lage sein, Kapital zu bilden *(accumulate capital),* aber sie werden sich hüten, dieses Kapital immer wieder in die gleiche Produktion zu investieren *(invest).* Sie würden ja dadurch das Angebot soweit steigern, daß sie ihr Kartell schließlich selbst auseinandersprengen *(blow up)* würden. Oftmals verbietet sich die Re-Investierung *(reinvestment)* schon deshalb, weil mit der Preisabsprache eine Absprache über die Beschränkung der Produktion *(limitation of production/ output)* verbunden ist. So ist die Schädlichkeit von Monopolen und Kartellen in der Praxis weit geringer als in der Theorie – allerdings auch der Nutzen, den sich Monopolinhaber *(holder of a monopoly)* oder die Kartellmitglieder davon für sich selbst und gar für die Volkswirtschaft versprechen mögen. In einer Phase scharfen Wettbewerbs *(abrasive competition)* ist das Kartell nicht selten nur ein Schutzmittel für eine Übergangszeit *(transitional period)*. Die Anbieter gewinnen Zeit *(buy time)*, ihr Angebot allmählich zu vermindern und so ohne zu große Verluste ein neues Marktgleichgewicht herzustellen.

Wie immer es in Theorie und Praxis aussehen mag, die modernen Industriestaaten haben meist eine mehr oder weniger hochentwickelte Monopol- und Kartellkontrolle – was sie übrigens nicht hindert, auf gewissen Gebieten Zwangskartelle *(compulsory cartels)* anzuordnen und Staatsmonopole *(statutory/legal/state monopolies)* zu errichten. Die Antikartellgesetze *(anti-cartel/anti-monopoly laws)* bieten den zuständigen Behörden *(competent authorities)* meist genügend Ermessensspielraum *(discretion)*, jedem Verdacht eines unerlaubten Zusammenwirkens *(illegal collusion;* Verb *collude)* von Anbietern oder Nachfragern nachzuspüren.

Die größte Erfahrung in der Aufrechterhaltung des Wettbewerbs *(maintaining competition)* dürften die Vereinigten Staaten haben. Sie reicht bis in das vorige Jahrhundert zurück. Als in dessen zweiter Hälfte immer mehr große Unternehmen mit zunehmender Marktmacht *(market power)* heranwuchsen, wurde im Jahre 1890 der *Sherman Antitrust Act* erlassen. Das Gesetz erklärte in seinem Paragraphen 1 *(section 1)* für ungesetzlich *(declared illegal, outlawed)* jeden Vertrag, Zusammenschluß und jede „Abrede zur Beschränkung des Gewerbes oder Handels" *(conspiracy in restraint of trade or commerce)*. In seinem Paragraphen 2 bedroht es jedermann mit Strafe, der ein Gewerbe monopolisiert *(monopolizes a trade)* oder auch nur den Versuch dazu unternimmt. Dieses zweite Verbot hat in einigen Fällen dazu geführt, daß Mammutkonzerne *(giants)* sich aufspalten *(break up, split up)* mußten. Die Gesetzgebung *(legislation)* wurde später immer wieder ergänzt und verfeinert, vor allem um den im Jahre 1914 erlassenen und später geänderten *Clayton Antitrust Act*. Er nimmt einerseits Arbeitnehmerverbände *(labo[u]r organizations)* sowie Verbände der Landwirtschaft und des Gartenbaus *(horticulture)* von den Verbotsbestimmungen des *Sherman Act* aus, geht aber andererseits mehr ins Einzelne. Das Verbot des Aufkaufs eines Unternehmens *(acquisition of a business concern)* – ganz oder zum Teil – durch ein anderes gilt oft schon in Fällen, in denen die neue Gesellschaft noch immer nur ein Fünftel oder gar nur ein Sechstel des Marktes hat[1].

Ebenfalls verboten ist unter gewissen Umständen mehrfache Geschäftsführerschaft *(interlocking directorate)* eines leitenden Mannes in mehreren Gesellschaften, die auf Grund ihres Geschäftszweigs *(business line)* oder ihres Standorts *(location)* von Natur aus Konkurrenten *(competitors)* sind und wo das Mehrfachamt somit die Gefahr der Ausschaltung des Wettbewerbs *(elimination of competition)* heraufbeschwört. Preisdiskriminierung *(price discrimination)* verbietet der *Clayton Act* da, wo sie den Wettbewerb wesentlich mindert *(lessens competition substantially)*. Das gleiche Merkmal der „wesentlichen Minderung des Wettbewerbs" ist maßgebend für die Beurteilung und das Verbot von Ausschließlich-

[1] Morris A. Adelman, „*Keeping Competition Alive*", in „*The Changing American Economy*", Voice of America Forum Lectures, New York, 1966, S. 35.

keits- oder Knebelungsverträgen oder -klauseln *(tying contracts; tying clauses)*[1]. Eine solche Klausel liegt vor, wenn dem Pächter oder Käufer die Bedingung auferlegt wird, „Güter, Waren, Handelsgegenstände, Maschinen, Materialien eines Wettbewerbers des Verpächters oder Verkäufers nicht zu benutzen oder mit ihnen zu handeln" *(the lessee or purchaser shall not use or deal in the goods, wares, merchandise, machinery, supplies of a competitor of the lessor or seller).*

Im Jahre des *Clayton Act,* 1914, wurde durch ein weiteres Gesetz auch die *Federal Trade Commission* geschaffen, das Monopol- oder Kartellamt der Vereinigten Staaten zur Überwachung der Wettbewerbspolitik *(competition policy).*

Das englische Antimonopolrecht ist jüngeren Datums. Zwar hatte es schon 1918 und 1944 Untersuchungen und Berichte über wettbewerbsbeschränkendes Verhalten *(restrictive practices)* gegeben: Produzenten *(manufacturers)* versuchten, Preise und Ausstoß zu kontrollieren, die Märkte aufzuteilen *(divide/share markets)* und Verkaufsbedingungen festzulegen *(fix conditions of sale).* Aber erst im Jahre 1948 verabschiedete das Parlament den *Monopolies and Restrictive Practices (Inquiry and Control) Act.* Durch ihn wurde die *Monopolies and Restrictive Practices Commission* errichtet, später *Monopolies and Mergers Commission* genannt, kurz: Monopolkommission. Es ist ein Verwaltungs- *(administrative body)* und zugleich ein Beratungsgremium *(advisory body).* Es legt nicht nur Berichte vor, sondern gibt auch Empfehlungen für die Gesetzgebung. In seiner ersten vom Handelsministerium *(Board of Trade)* angeforderten allgemeinen Untersuchung *(general enquiry)* im Jahre 1955 stellte das Amt Arten von Absprachen *(categories of agreement)* zusammen und empfahl, sie für ungesetzlich zu erklären. Das waren hauptsächlich: Gemeinsamer Boykott *(collective boycott),* Ausschließlichkeitsverträge *(exclusive dealing agreements)* und Gesamtmengenrabatte *(aggregated rebates)* – Rabatte, die vom ganzen Kartell gewährt werden, so daß der Kunde interessiert ist, nur von Kartellmitgliedern zu beziehen. Auf Grund dieser Empfehlungen erging im Jahre 1956 der *Restrictive Trade Practices Act,* später mehrfach geändert und gefolgt von dem *Monopolies and Mergers Act* von 1965, dem Gesetz über Wiederverkaufspreise *(Resale Prices Act)* von 1964, einem Änderungsgesetz *(amendment act)* von 1968 und dem Gesetz gegen unlautere Wirtschaftsgebarung, dem *Fair Trading Act,* 1973. Im Zuge dieser Gesetzgebung wurde ein Kartellregister *(register of cartels)* geschaffen, zunächst unter der Bezeichnung *Registrar of Restrictive Trading Agreements,* also etwa „Registeramt für wettbewerbsbeschränkende Absprachen". An seine Stelle trat 1973 der *Director General of Fair Trading*, also etwa „Amt für lauteren Wettbewerb".

Die Erzwingung von Wiederverkaufspreisen durch gemeinsame Aktion *(enforcement of resale prices by collective action)* ist grundsätzlich verboten, Absprachen müssen der genannten Stelle gemeldet werden. Schon frühzeitig wurde auch der *Restrictive Practices Court,* das Wettbewerbs- oder Kartellgericht, geschaffen. Das Gericht ist zuständig *(the court has jurisdiction)* für die Entscheidung darüber, ob Wettbewerbsbeschränkungen dem Verbraucherinteresse schaden *(are detrimental to the interest of consumers).* Dazu leitet der „Direktor" ein Verfahren vor dem Gericht gegen die Urheber der Beschränkungen ein *(the Di-*

[1] Der englische Begriff nach Harold S. Sloan/Arnold J. Zurcher, *„A Dictionary of Economics"*, Fourth Edition revised, 1969, Barnes & Noble Inc., New York, Stichwort *Clayton Act.*

rector brings proceedings against them before the court), er tritt also als Prozeßpartei auf *(appears as a litigant).* Das Gericht kann daraufhin eine Unterlassungsanordnung *(order to refrain) aussprechen.*

Die Beweislast liegt bei den Absprachepartnern *(the onus of proof is placed on the parties to the agreement).* Sie müssen dazu das Gericht überzeugen *(satisfy the court),* daß die Absprache gewisse günstige Wirkungen hat *(the cartel agreement has certain beneficial effects),* die in einem Katalog aufgeführt sind, und daß die günstige Wirkung nicht durch eine schädliche Wirkung mehr als zunichte gemacht wird *(the benefit of the cartel is not outweighed by any detriment).* Eine Absprache über die Ausführung von bestimmten Waren kann zum Beispiel dem Schutze des Benutzers *(user)* dienen, oder der Verzicht auf eine Absprache würde dem Beschäftigungsstand in einem bestimmten Bezirk *(the level of employment in a certain area)* oder dem Export eines Industriezweiges Abbruch tun.

Maßgebender Marktanteil: ein Viertel

Qualifying market share: one quarter

Auf Ersuchen des Ministeriums für Handel und Industrie *(Department of Trade and Industry)* hat das Monopolamt gewisse Monopolsituationen *(monopoly situations)* zu untersuchen, die sowohl Angebotssituationen *(supply situations)* als auch Nachfragesituationen *(demand situations)* sein können. Eine Monopolsituation wird angenommen, wenn es an dem jeweiligen Markt ein beherrschendes Unternehmen *(dominant enterprise)* gibt, das mindestens ein Viertel des Angebots auf sich vereinigt, desgleichen ein Binnenkartell *(domestic cartel)* oder ein Exportkartell *(export cartel)* mit einem Anteil von einem Viertel am Binnen- *(domestic)* oder Exportmarkt.

Im Jahre 1973 wurden auch Patentkartelle, also Patentaustausch-Abkommen *(patent pooling agreements)* und Gebrauchs-/Geschmacksmusterkartelle *(design pooling agreements)* den Kartellbestimmungen *(cartel provisions)* unterworfen und 1976 auch Dienstleistungskartelle *(services cartels).*

Das Ministerium kann gegen geplante Übernahmen ein Veto einlegen *(veto)* und unerwünschte Monopole aufbrechen *(break up undesirable monopolies),* indem es verlangt, daß die Gesellschaften sich solcher Beteiligungen entledigen *(the companies divest themselves of these interests).* Oftmals kommt es jedoch nicht zu einem solchen Abstoß *(divestiture),* weil die fusionierten Gesellschaften *(merged companies)* Verpflichtungen abgeben *(give undertakings),* wie sie ihre Geschäfte führen wollen *(the companies give undertakings on how to conduct their business).* In der Praxis stellt das Ministerium eine vorläufige Untersuchung an *(the ministry carries out a preliminary examination),* sowie ein vorgeschlagener Zusammenschluß zu seiner Kenntnis gelangt. Nur in den relativ wenigen Fällen, in denen es eine Intervention *(intervention)* für nötig hält, überweist es die Sache der Monopolkommission *(refers the matter to the Monopolies Commission).* Zugleich mit der Überweisung erläßt es eine Stoppverfügung *(stop order)*, mit der der Zusammenschluß aufgehalten wird, bis der Bericht des Amtes vorliegt und erwogen worden ist. Es besteht für fusionswillige Unternehmen kein gesetzliches Erfordernis *(legal requirement)*, um vorherige Genehmigung *(prior consent)* nachzusuchen. Regierung und Parlament gehen davon aus, daß das Erfordernis einer solchen Vorweggenehmigung *(prior authorization)* für die große Mehrheit der Zusammenschlüsse, gegen die die Regierung nichts zu unternehmen beabsichtigt, eine ungerechtfertigte Belastung wäre.

Als Gegenstück zu der „vorbeugenden Fusionskontrolle“ *(pre-emptive merger control)* wurden in England immer wieder Maßnahmen gegen das sogenannte *asset stripping* verlangt. Darunter versteht man das Aufkaufen und darauffolgende Auseinanderreißen von Unternehmen. Volkswirtschaftlich gesehen, ist es eine Transaktion *(transaction)*, bei der Produktivkräfte *(resources)* wie Kapital, Arbeit *(labo[u]r)* und Boden *(land)* von weniger rentablem Einsatz *(less profitable use)* weg- und höherrentierlicher Verwendung *(more profitable use)* zugeführt werden. Die neue Kombination kann dazu beitragen, Leistung *(efficiency)* und Produktivität *(productivity)* zu steigern und die Preise niedrig zu halten *(hold prices down)*.

Soweit es nicht um Zusammenschlüsse geht, ist neben dem Minister auch der *Director General of Fair Trading* berechtigt, das Verfahren gegen Monopole in Gang zu setzen *(set in motion the procedure against monopolies)*. Daneben obliegt ihm allgemein der Verbraucherschutz *(consumer protection)*. Dazu hat er wirtschaftliche Betätigungen zu überprüfen *(review commercial activities)* und wirtschaftliche Mißbräuche abzustellen *(remedy economic abuses)*, zum Beispiel die Irreführung von Verbrauchern *(misleading of consumers)*. Das Gesetz von 1973 erließ ferner Vorschriften gegen gewisse Formen von Schneeball-Verkaufssystemen *(pyramid selling schemes)*. Ein weiteres Gesetz von 1980 übertrug dem Amt die Aufgabe, wettbewerbswidriges Verhalten *(anti-competitive practices)* einzelner Unternehmen zu untersuchen.

Seit dem Gesetz über Wiederverkaufspreise *(Resale Prices Act)* von 1964 ist eine Preisbindung der zweiten Hand *(resale price maintenance)* grundsätzlich nichtig *(void)*. Ausnahmen können beantragt werden *(exemptions can be applied for)*. Es ist ungesetzlich *(unlawful)*, wenn ein Lieferant *(supplier)* dem Wiederverkäufer eine solche Bedingung auferlegt und wenn er Lieferungen zurückhält *(withholds supplies)*, um sie zu erzwingen. Höchstpreise *(maximum prices)* darf er jedoch durchsetzen, und er darf auch Richtpreise empfehlen *(recommend an "appropriate price")*. Auf Antrag können Preisbindungen eingetragen *(entered)* werden, bis das besagte Gericht entschieden hat, ob diese Ausnahmen von dem grundsätzlichen Verbot der Preisbindung der zweiten Hand *(the general ban on resale price maintenance)* gerechtfertigt sind. Sie sind es, wenn per Saldo *(on balance)* die Nachteile der Beseitigung *(abolition)* größer wären, zum Beispiel weil die Qualität und Vielfalt *(variety)* der Ware beeinträchtigt würde, die Zahl der Einzelhandelsverkaufsstellen *(retail outlets)* zurückgehen würde, die Einzelhandelspreise steigen würden, Gesundheitsgefahren zu befürchten wären oder der Service für die Ware leiden würde. Im Jahre 1984 war nur noch für Arzneien und Bücher eine Preisbindung der zweiten Hand zugelassen.

Der Produzent handelt nicht ungesetzlich, wenn er Waren zurückhält, die der Einzelhändler als Lockartikel *(loss leaders)* verwendet, ohne zuvor die Zustimmung der Produzenten eingeholt zu haben. Von einem „Lockangebot“ spricht man, wenn der Händler *(dealer)* die Ware zu einem Preis weiterverkauft *(resells),* mit dem er keinen Gewinn beabsichtigt, sondern nur Kunden in seine Verkaufsstätte ziehen will *(tries to attract customers into his establishment).* Ein echter Saisonausverkauf *(genuine seasonal sale)* oder Räumungsausverkauf *(clearance sale)* zählt nicht in dieser Weise.[1]

„Good order is the foundation of all good things." (Edmund Burke, 1729 to 1797)

Innere Organisation *

Linien-, Stabs-, funktionale Organisation

Line, staff, functional organization

Organisation ist zweckgerichtete Ordnung von Menschen und Dingen. Der Zweck des Unternehmens als Ganzes ist klar: Gewinn erzielen *(make profit),* das Kapital verzinsen *(get a return on capital).* Um das zu verwirklichen, müssen in großen Unternehmen zunächst viele Zwischenziele erreicht werden. Diese dürfen jedoch nicht zum Selbstzweck werden, sondern müssen alle auf das Hauptziel ausgerichtet bleiben. Der Inhaber *(proprietor, owner)* eines Einmannbetriebs *(one-man business),* sei es der Flickschuster *(cobbler)* in seiner Werkstatt *([work]-shop),* der Tabakwarenhändler *(tobacconist),* der Süßwarenhändler *(confectionist, confectioner)* oder der Zeitungshändler *(news agent),* hat damit keine Schwierigkeiten, weil sich bei ihm alle Funktionen *(functions)* in einer Hand vereinigen. Sein Aufsichtsbereich *(span of control/management)* ist personell der kleinstmögliche, obwohl er sachlich den Mann voll ausfüllt.

Aber je größer das Unternehmen, je vielfältiger seine geschäftlichen Tätigkeiten *(lines of business, activities),* desto schwieriger wird die Aufgabe. Sie muß gelöst werden, denn schlechte Organisation kann ungeheuere Geldverschwendung *(waste of money)* bedeuten. Der englische Schriftsteller und Nationalökonom *Northcote C. Parkinson* hat mit seinem „Parkinsonschen Gesetz" *(Parkinson's Law)* drastisch und eindrucksvoll geschildert, wie Organisation zur Überorganisation *(over-organization)* und damit zum Selbstzweck werden kann.

[1] Für die Darstellung des englischen Monopolrechts wurden neben den einschlägigen Gesetzen unter anderem verwendet: die Schrift des Central Office of Information "*The Regulation of Monopolies and Restrictive Practices in Britain*", London, R. 5830/68, zwei Aufsätze in "*Trade and Industry*": Elizabeth Llewellyn Smith, "*The Fair Trading Act*" (9. August 1973, S. 301), und Sir Geoffrey Howe, "*Government Policy on Mergers*" (1. November 1973, S. 230), sowie J. A. Kay und Z. A. Silberston, "*The new industrial policy – privatisation and competition*" in *Midland Bank Review*, Spring 1984.

* *Internal organization.*

Die Aufgabe ist auch nicht ein für allemal gelöst. Die Unternehmen wandeln sich, ihre Tätigkeiten ändern sich, traditionelle Verwaltungs- und Vertriebsstrukturen *(management and operating structures)* veralten. Ab und zu überrascht dann ein Großunternehmen die Öffentlichkeit mit der Mitteilung einer vollständigen Umgruppierung *(restructuring, reshuffle)*. Ob es durch die Umorganisation *(reorganization)* glücklicher und leistungsfähiger *(more efficient)* wird, weiß es immer erst nachher. Manches ist Jahre später still und reumütig zu den alten Formen zurückgekehrt oder hat aus der alten und der neuen Organisationsstruktur Elemente übernommen und zu einer Kompromißlösung *(compromise solution)* zusammengefügt. Die Organisationslehre *(theory of organization)* hat zwar eine Reihe gewichtiger Grundsätze *(principles of organization)* aufgestellt, aber in der Praxis muß doch für jeden einzelnen Fall gesondert entschieden werden, wie sehr dieser und wie wenig jener Grundsatz zu beherzigen ist.

Zum Beispiel klingt die Forderung nach eindeutig abgegrenzten Verantwortungsbereichen *(clear-cut spheres of responsibility, clearly defined scopes and limits of responsibility)* überzeugend. Aber wenn sie zu weit getrieben wird, fühlt sich jeder nur noch für seinen eigenen Bereich verantwortlich, und die Folge ist Desinteresse und Mangel an Initiative *(lack of initiative)*. Durch Delegierung von Befugnissen *(delegation of authority)* kann sich eine Führungskraft *(executive)* entlasten. Wenn aber die Befugnis an untergeordnetes Personal *(subordinate staff)* mit unzureichender Qualifikation geht, können schwere Mängel auftreten. Da die letzte Verantwortung schließlich doch bei dem Delegierenden bleibt, kann das ein Verstoß gegen den Grundsatz sein, daß die Verantwortung der Befugnis entsprechen muß *(responsibility should correspond to authority)*. Außerdem ist unter Umständen der Grundsatz der Trennung von leitender und ausführender Tätigkeit *(separation of managerial and non-managerial activities)* verletzt. Eine lückenlose Weisungskette *(unbroken chain of command)* ist eine gute Sache, aber in einem großen Unternehmensverband *(large business organization)* läßt sie sich oft nicht verwirklichen, weil sie zu lang wird. Dann ist es besser, die Kette hier und da zu unterbrechen und neue, allgemeine, selbständige Verantwortungsbereiche einzurichten *("... to introduce a number of 'cut-off' points of general management into the structure")*[1]. An diesen Punkten ist die Aufsicht über alle betrieblichen Tätigkeiten und Hilfsdienste *(all operational and service activities)* bei einem einzigen Generalbevollmächtigten oder Hauptbetriebsleiter zusammengefaßt *(control is concentrated in a single general manager)*. Auf diese Weise ist für einen begrenzten Bereich die Leitung zentralisiert *(centralized)* und ihre Einheit *(unit of command)* gesichert.

Bei allem gerechtfertigten Zweifel an dem Wert von Grundsätzen in der Praxis sollte einer doch allgemein anerkannt sein und allen anderen vorangehen: Die Achtung vor der menschlichen Würde *(respect for the human dignity)* und der Persönlichkeit *(personality)* auch des letzten „ungelernten" Arbeiters *(unskilled labo[u]rer)*. Daraus ergibt sich die Forderung, daß auch gehobene Führungskräfte *(senior executives)* ständig eine gewisse eigene Verbindung bis zu den untersten Ebenen des Betriebs *(communication to the lower levels of the business structure)* halten und auch bei ihren untergeordneten Führungskräften

[1] R. Peddie, *"line and function" in "British Steel"*, a quarterly review published by the British Steel Corporation, Number 11, November 1970.

(junior executives) von Zeit zu Zeit prüfen, ob diese das tun. Schon mancher Chef *(employer, boss, principal)* ist erst gelegentlich einer ernsten Krise des völligen Zusammenbruchs der innerbetrieblichen Beziehungen *(complete breakdown of communications)* in seinem Unternehmen gewahr geworden; und alle die schönen Schaubilder *(diagrams, graphs)*, Übersichtstafeln *(charts)*, Organisationshandbücher *(organization manuals)* und Geschäftsverteilungspläne *(schedules of responsibility)* und sonstigen organisatorischen Hilfsmittel *(organization aids)*[1] mit ihren klaren Abgrenzungen *(boundary lines)* haben das nicht verhindert – oder vielleicht sogar dazu beigetragen. Ein anderer Ausfluß jenes überragenden Grundsatzes ist, dem Manne in der untergeordneten Position *(subordinate position)* möglichst stets ein wenig mehr Verantwortung zu übertragen, als von der Aufgabe her notwendig wäre. Das ist ein Vertrauensbeweis *(vote of confidence)* für ihn und zugleich ein Anreiz *(incentive)* zu größerer Leistung *(a challenge to higher performance)* – gute Menschenführung *(man-management)*.

Die menschlichen Gesichtspunkte *(human aspects)* sind im Laufe der Jahre in der Organisationslehre *(theory of organization)* immer stärker hervorgetreten. Die Unruhe im englischen Arbeitsleben *(industrial unrest)*, die schließlich sogar den Begriff „Arbeitsanarchie" *(industrial anarchy)* erzeugte, machte eine Neubesinnung nötig. Auch in der Bundesrepublik warfen die allgemeine soziale Unruhe und die wilden Streiks für manchen Unternehmer die Frage auf, ob bei ihm organisatorisch noch alles zum besten stünde. Die theoretisch übliche Unterscheidung der Organisationsformen *(patterns of organization, organizational structures)* nach Linienorganisation *(line organization)*, funktionaler *(functional organization)* und Stabsorganisation *(staff organization)* hat schon in der Vergangenheit wenig Bedeutung gehabt; meist entwickelten sich in der Praxis kombinierte Formen, jedenfalls in Unternehmen von einer gewissen Mindestgröße. Heutzutage sind solche Beimischungen noch wichtiger. Bei der reinen Linienorganisation führt eine gerade vertikale Linie von der Spitze bis zur Basis des personellen Aufbaus derart, daß jeder Mitarbeiter nur einen Vorgesetzten hat. In einem Großunternehmen würde die Linie etwa führen vom Abteilungsleiter *(head of division)* über die Werksleiter *(works/plant manager)* und Betriebsingenieure *(production engineers)* bis zu den Werkmeistern *(shop supervisors)*, den Meistern *(shop foremen)* oder Schichtmeistern *(shift foremen)*, den Vorarbeitern *(foremen, charge hands)* schließlich zum Maschinenarbeiter *(operator)* und einfachen Hilfsarbeiter *(labo[u]rer)*. Anordnungen *(orders)* und Tadel, zum Beispiel des Betriebsingenieurs, gehen nie an die jeweiligen Arbeiter oder Angestellten, sondern zunächst an den Aufsichtführenden *(supervisor)*, der sie weiterreicht. Die Unterstellungsverhältnisse *(order of authority/command)* sind in jedem Falle klar, Kompetenzkonflikte und widersprüchliche Anordnungen durch zwei Vorgesetzte sind ausgeschlossen oder sollten es sein.

Aber wenn ein Glied in dieser Kette schwach ist, kann das die Leistung des ganzen Unternehmens gefährden. Ein ungeschickter Werksleiter kann das ganze Betriebsklima verderben *(spoil the whole climate of industrial relations)*. Deshalb müssen der „Linie" in aller Regel unterstützende und ausgleichende Kräfte

[1] Englische Bezeichnungen für die organisatorischen Hilfsmittel nach Robert C. Appleby, „*Modern Business Administration*", Pitman Paperbacks, Sir Isaac Pitman and Sons Ltd., London, 1969, S. 56 ff.

beigegeben werden. Das kann zum Beispiel dadurch geschehen, daß gewisse Funktionen, die allen Stufen der Unternehmensgliederung *(levels of business organization)* gemeinsam sind, ausgegliedert *(separated)* und zentral wahrgenommen werden, etwa die Personalabteilung *(personnel department)* oder die Forschung und Entwicklung *(research and development – R & D)*. So bauen sich neben der Linie weitere Zuständigkeiten *(responsibilities)* auf mit der unvermeidlichen Gefahr von Überschneidungen und Überlappungen *(overlapping)*, vor allem wenn Linien- und Funktionalabteilungen einander sehr verwandt sind. Daher kann es leicht Streit geben, wie folgendes Beispiel zeigt: In der Kundendienstorganisation *(service organization)* des Verkaufs *(sales department)* ist ein Ingenieur *(qualified engineer)* beschäftigt, der sich durch gute Ideen auszeichnet. Daraufhin wird die Forschungs- und Entwicklungsabteilung, die für das ganze Unternehmen da ist und deshalb der Unternehmensspitze *(top management)* direkt untersteht, beantragen, ihn zu ihr zu versetzen *(transfer)*. Der Kundendienstchef *(head of the service organization)* glaubt, ihn nicht entbehren zu können, und wendet sich an den Verkaufsleiter *(head of sales department, sales manager)* um Unterstützung. Aber da ist auch noch der Personalchef *(head of personnel department, personnel manager)* des ganzen Unternehmens, der auf Grund seiner guten Kenntnis des Arbeitsmarktes *(labo[u]r market)* behauptet, ein Kundendienstingenieur sei leicht zu finden, hingegen sei nichts so schwierig aufzutreiben wie ein guter Entwicklungsingenieur. So prallen unmittelbar unter der Unternehmensspitze drei Stellen zusammen: Die Spitze eines Zweiges der Linienorganisation – Verkauf – und zwei etwa gleichrangige Funktionsabteilungen.

Schon in mittelgroßen Unternehmen ist es üblich, der Unternehmensspitze Stabsstellen *(staff departments)* beizugeben. Sie führen die Detailarbeit *(detail work)* aus, die sich aus den Anordnungen der Spitze oder der oberen Leitungsebenen *(upper management levels)* ergibt. Sie üben keine leitende Tätigkeit aus und haben meist nur eng begrenzte Weisungsbefugnis *(right of command)*. Stabsstellen sind in aller Regel das Büro des oder der Direktionsassistenten *(personal assistant to the general manager – PA to the GM)*, die Pressestelle *(press department)*, meist auch die Rechtsabteilung *(legal department)* und Teile der Planungsabteilung *(planning)*, soweit die Planung nicht wegen der Natur des Unternehmens dezentralisiert *(decentralized)* sein muß.

Auf der mittleren Ebene der Unternehmensleitung, der mittleren Führungsebene *(middle management)*, sind Stabsstellen nicht mehr üblich. Die stützenden Kräfte sind hier Assistenten *(assistants)* und stellvertretende Leiter *(deputy managers)*, in der Umgangssprache auch der „zweite Mann" *(second in command, number two)* genannt. Ihre Stellung kann ganz verschieden ausgestaltet sein. Der stellvertretende Einkaufsleiter *(deputy purchasing manager)* zum Beispiel kann in die „Linie" eingeordnet sein und dem Einkaufschef *(chief buyer)* einen großen Teil der täglichen Routinearbeit *(day-to-day operations)* abnehmen, er kann aber auch als Stabsassistent *(staff assistant)* dem Chef zur Seite stehen und für besondere Aufgaben zuständig sein[1].

Seit einiger Zeit ist im Sprachgebrauch der angelsächsischen Organisationsfachleute *(experts in organization, organizational experts)* noch die Bezeichnung

[1] John Stevens, „*What role for the deputy purchasing manager?*" *in* „*Industrial Purchasing News – The journal of purchasing management*", Morgan-Grampian (Publishers) Ltd., London; September 1971, S. 39.

matrix organization üblich. Gemeint ist ein System, bei dem über die ursprüngliche organisatorische Grundform ein Netzwerk, eine Matrize, von weiteren organisatorischen Zusammenhängen und Beziehungen *(organizational relations)* gelegt wird. Für neue Vorhaben, wie sie in einem wachsenden Unternehmen die Regel sind, sei es ein langfristiger Liefervertrag *(long-term supply contract),* die Erschließung eines neuen Marktes *(opening a new market),* die Gründung einer ausländischen Tochtergesellschaft *(establishment/formation of a subsidiary abroad)* oder ein Werbefeldzug *(advertising/publicity campaign),* werden Sonderabteilungen *(special departments)* aus Fachleuten vieler Unternehmensbereiche zusammengestellt. Sie haben ganz oder mit einem Teil ihrer Arbeitskraft an diesen verschiedenen neuen Projekten zu arbeiten und stehen ihren Abteilungen nicht mehr oder nur noch zum Teil zur Verfügung.

Schließlich läßt sich eine Organisationsstruktur auch noch abstützen durch Ausschüsse, ständige *(standing committees)* oder von Fall zu Fall gebildete *(ad-hoc committees)*[1]. Ausschüsse haben den Vorteil, daß die Entscheidungswege oder Verkehrswege kurz gehalten werden *(chains of decision/communication are kept short),* weil die maßgeblichen Leute immer wieder zusammenkommen. Von der Aufgabenstellung und der Disziplin *(discipline)* der Beteiligten hängt es ab, ob Ausschüsse wertvolle Arbeit leisten *(do a valuable job)* oder ob sie nur den an letzter Stelle Verantwortlichen die Alibis für deren falsche Entscheidungen zu liefern haben.

Konzernstruktur nach Märkten

Group structure by markets

Die Gliederung von Konzernen *(basic organization of combines/groups)* kann für den Erfolg höchst bedeutsam sein. Ein möglicher Gesichtspunkt dafür ist die Technik: die Metallverarbeitung *(metal manufacturing)* ist völlig getrennt von der Kunststoffverarbeitung *(plastics manufacturing).* Oder die geographische Lage: amerikanische Konzerngesellschaften, europäische, fernöstliche. Heute gliedert man mehr und mehr mit Blick auf den Markt. Ungeachtet des Rohstoffs *(raw material)* oder des technischen Prozesses *(technical process)* oder der geographischen Streuung faßt man das eigene Angebot in Arbeitsbereichen zusammen, die mit dem gleichen Markt und Kundenkreis rechnen können.

Eine anschauliche Umgruppierung dieser Art war die der weltweit *(worldwide)* tätigen britischen Reederei *(shipping company) Peninsular and Oriental Steam Navigation Company – P & O –* im Jahre 1971. Sie faßte ihre auf mehr als hundertfünfzig Gesellschaften verteilten Geschäftsinteressen *(business interests)* in fünf Konzerngruppen *(group divisions)* zusammen und stellte jeweils an die Spitze einen *Chief Executive* als Konzerngruppenleiter. Die fünf Gruppen sind: 1. Massengutfahrt *(bulk shipping);* deren Kundschaft sind die Ölindustrie *(oil/* AE *petroleum industry)* für den Transport *(transport)* von Rohöl *(crude oil),* die großen Kohleverbraucher, die Stahlindustrie für den Import von Erz *(ore)*

[1] Robert C. Appleby, „*Modern Business Administration*", a.a.O., S. 47.

und Schrott *(scrap),* die Mühlenindustrie, hauptsächlich für den Import von Weizen *(wheat),* und die Düngemittelindustrie *(fertilizer industry)* für Phosphate *(phosphates).* 2. Stückgutfahrt *(general cargo shipping),* umfassend alle Linienfrachter für große Fahrt *(deep-sea cargo liners);* ihre Kundschaft sind die verarbeitende Industrie *(manufacturing industry),* hauptsächlich für ihre Exporte, sowie der Export- und Importhandel *(export and import trade).* 3. Passagierschiffahrt *(passenger shipping);* ihre Kundschaft sind heutzutage meistens Privatleute, ihre Vermittler *(intermediaries)* die Reisebüros *(travel agencies).* 4. Allgemeine Beteiligungen *(general holdings),* darunter zum Beispiel die Beteiligung an der Ausbeutung des Nordsee-Öls, die im Konsortium *(in consortium)* betrieben wird. 5. Europa- und Luftverkehr *(European and air transport)* nach und von dem europäischen Kontinent, See- und Luftfrachtspedition *(freight forwarding by sea and air),* Küstenfahrt *(coasting),* Kleine Fahrt *(short sea shipping)* und Fährdienste *(ferry services).* Der Markt auch dieser Konzerngruppe dürfte in sich ziemlich einheitlich sein, nämlich kontinentale und englische Verlader *(shippers)* mit lebhaftem Geschäft von und nach England.

Jede Konzerngruppe *(division)* wurde eine relativ selbständige Unternehmenseinheit *(independent business unit)* und Ertragsstelle *(profit centre).* Sie wurde ferner auf ihrem Gebiet verantwortlich für die weltweite Untersuchung neuer Geschäftsmöglichkeiten *(became in its field responsible for the worldwide investigation of new business opportunities).* Außerdem wurden fünf zentrale Stabsabteilungen *(central staff divisions)* geschaffen, die den Verwaltungsrat der Muttergesellschaft und die Konzerngruppen zu unterstützen und zu beraten haben. Sie wurden eingerichtet für Finanzen *(finance),* Internationale Angelegenheiten *(international affairs),* Technische Dienste *(technical services),* Personaldienste *(personnel services)* und Planung *(planning).* – Später gab P & O den einzelnen Konzerngesellschaften mehr Autonomie *(autonomy),* um sie beweglicher zu machen. Die Gliederung nach Märkten wurde gelockert.

Für Weltkonzerne mit einheitlichem Angebot oder gleichförmigem Rohstoff wie Fluggesellschaften *(airlines),* Bohrunternehmen *(drilling companies)* oder Ölkonzerne entwickelt sich mehr und mehr eine systemorientierte Organisationsstruktur *(systems-oriented pattern):* keine Zentralverwaltung *(central management)* mehr im herkömmlichen Sinne, sondern nur noch eine Art zentrale Einsatzsteuerung *(overall logistics function),* die für den optimalen Einsatz *(optimal deployment)* der beweglichen Produktionskräfte *(mobile resources)* sorgt[1].

Ein kleineres Unternehmen ist mit diesen Fragen meist nicht so geplagt. Oft ergibt sich die Gliederung in Abteilungen *(departmentation)* mehr oder weniger von selbst, nämlich aus dem Gang der Ware und ihrer Entstehung. Der Groß- und Einzelhandel *(wholesale trade; retail trade)* kauft Ware *(merchandise)* ein und verkauft sie weiter. Die Industrie tut das gleiche, aber sie produziert *(produces),* bearbeitet und verarbeitet *(manufactures)* außerdem. Daraus ergibt sich, falls nicht Eigenart und Vielfalt der Ware und Tätigkeit etwas anderes vorschreiben, die Einkaufsabteilung *(purchases/buying department, purchasing office,* kurz *purchasing, buying)* und die Verkaufsabteilung, der Verkauf *(sales [department]),* sowie die Produktion *(production).*

[1] So beschrieben bei Peter C. Hobbins (McKinsey) „*Moving Towards the Systems-Oriented Organization*", in „*European Business*", No. 24, January 1970, Paris.

In der Regel ist der Verkauf untergliedert nach Inlandsverkauf *(home sales)* und Export *(export sales)* und weiter nach Gebieten *(areas)* oder nach Produkten *(products)*, für die jeweils ein Gebiets(verkaufs)leiter *(area/district manager)* oder ein Produkt(verkaufs)leiter *(product manager)* verantwortlich ist.

Wie im einzelnen die Verkaufs- oder Vertriebsorganisation *(sales organization)* eines Unternehmens beschaffen ist, hängt sehr von der Branche *(industry)*, seiner Ware *(merchandise)* oder seinen Erzeugnissen, seiner Größe, seinen Märkten und anderen Umständen ab. Am einfachsten organisiert ist der Einzelhandel *(retail trade)*, jedenfalls soweit er an Ort und Stelle verkauft *(sells on the premises/spot)*. Der kleine unabhängige Ladeninhaber *(small independent shopkeeper)* mit seinem Gemischtwarenladen *(general store)* oder Fachgeschäft *(one-line shop, AE single-line store)*, der Supermarkt des Filialunternehmens *(multiple/chain store)*, das an eine freiwillige Kette *(voluntary chain)* oder eine Genossenschaft *(co-operative society)* angeschlossene Geschäft – sie alle arbeiten mit Verkäufern und Verkäuferinnen *(shop assistants, salesmen; saleswomen)*, die mit mehr oder weniger Warenkenntnis *(knowledge of the goods)* ihre Verkaufskunst *(salesmanship)* hinter dem Ladentisch *(counter)* zu beweisen haben. Oft sind sie auf Selbstbedienung *(self-service)* umgestellt, und dann entfallen sogar diese Verkaufskräfte. Das Versandgeschäft *(mail-order business)* hingegen verkauft durch die Post *(trades by post)*. Allenfalls führen ihm Freizeitvertreter *(part-time agents)* Sammelbestellungen *(collective orders)* zu.

Die englischen und amerikanischen Wörter für Verkäufer, *salesman, saleslady* usw., bedeuten sowohl Verkäufer im Außendienst *(in the field)* wie auch im Laden *(shop)*.

Die eindeutige Bezeichnung für Außenvertreter, Absatzvertreter oder Reisender ist *sales representative* oder *travelling salesman* oder *traveller* – im Amerikanischen nur mit einem *l*: *traveling* und *traveler*. Der ganz allgemeine Ausdruck für Verkäufer ist natürlich auch *seller*, und das gilt für jeden, der etwas zu verkaufen hat. Schließlich ist in der Rechtssprache noch *vendor* üblich, und sein Vertragspartner *(party to the contract)*, der etwas von ihm kauft, ist dann der *vendee*. Ist der Absatzvertreter nicht Angestellter sondern selbständig, so ist er entweder Absatzagent *(sales agent)*, der für seine Verkäufe eine Provision *(commission)* erhält, oder er ist der konzessionierte Händler *(franchised dealer)*, der auf Grund der Konzession *(franchise)* ein bestimmtes Verkaufsgebiet *(sales area)* hat, in dem er der einzige Wiederverkäufer *(reseller)* ist. So ist es zum Beispiel meist im Autogeschäft *(motor/car business)*. Dazwischen gibt es häufig einen Hauptverteiler *(main dealer)*, der – oft neben einem eigenen Unterbezirk – Großhandelsfunktion und das zentrale Auslieferungslager *(distribution centre)* für den Bezirk hat. Von da aus geht die Ware an die Unter-Händler *(subdealers)*, und im Falle des Autogeschäfts sind sie diejenigen, die Verkaufspersonal *(sales force)* im Außendienst haben.

Viele Unternehmen brauchen nur einen ganz bescheidenen oder gar keinen Außendienst. Dann obliegt es der Verkaufsabteilung in der Zentrale *(head office)* oder in der Bezirksdirektion *(regional office)* um so mehr, dafür zu sorgen, daß die Kundschaft bestens bedient wird *(customers get the best service)* und daß die dem Lieferanten vom Kunden erteilten Aufträge *(orders placed by the customer with the supplier)* pünktlich ausgeführt *(punctually executed/[ful]filled)* werden. In eiligen Fällen wird der Kunde oft zunächst telefonisch ordern *(order by telephone)* und dann schriftlich bestätigen *(confirm in writing).* Der Lieferant vermerkt den Auftrag in seinem Auftragsbuch *(takes the order on to his order book, enters the order into his order book),* sendet eine Auftragsbestätigung *(acknowledgment of order)* – falls er ihn nicht ablehnen *(refuse)* muß – und leitet die Produktion oder bereits den Versand *(dispatch, despatch, shipment)* der Ware ein.

Eine einigermaßen sichere Absatzplanung *(sales planning)* erfordert eine gute Übersicht über den Auftragsbestand *(orders on hand)* und den Rückstand an unerledigten Aufträgen *(backlog of unfilled orders).* Dabei müssen neben den Neuaufträgen *(new orders)* auch die regelmäßigen, ständigen oder Daueraufträge *(standing orders)* und mögliche Nachorders *(repeat orders)* berücksichtigt werden, ferner vorliegende Absichtserklärungen *(letters of intent)* und vorläufige Aufträge *(provisional/preliminary orders)* sowie andererseits die erfahrungsgemäß eingehenden Auftragsstornierungen/-widerrufe *(cancellations of orders).* Die gesamte Auftragslage *(order position)* muß auch daraufhin betrachtet werden, ob man der Ausführung *(execution)* von Binnenaufträgen *(home/domestic orders)* oder von Exportaufträgen *(export/foreign orders)* den Vorrang geben muß, und inwieweit ein Lagerabbau *(destocking,* AE *reduction of inventories)* möglich und nötig ist. In Zeiten einer überhitzten Konjunktur *(overheated economy),* wenn die Aufträge hereindrängen *(orders are running high),* werden die Unternehmer oft vom Lager liefern *(supply from stock);* wenn das Geschäft flau ist *(business is at low ebb),* wird man auf Lager produzieren *(manufacture for stock),* um nicht zu weit unter volle Kapazitätsausnutzung *(full capacity level of output)* zurückzufallen *(fall back).*

Alle diese Daten und Möglichkeiten bestimmen schließlich die Einkaufs- *(purchase requisitions)* und Produktionsanforderungen *(production requisitions),* also die Einkaufsplanung *(purchase planning)* und die Produktionsplanung *(production planning).*

Vielseitiger Mann: der Einkaufsleiter

Versatile man: the head of purchasing

Auf der Beschaffungsseite *(procurement side)* kommt eine Untergliederung nach Gebieten kaum in Frage, jedoch oftmals eine nach Materialien *(materials),* seien es Rohstoffe *(raw materials),* Betriebsstoffe *(fuels)* oder zugekaufte Fertigteile *(bought-out finished items).* Eine andere Möglichkeit ist, daß jeder Einkäufer *(buyer)* oder jede Gruppe von Einkäufern für eine bestimmte Produktgruppe des eigenen Unternehmens einkauft. Das Gegenstück zum Absatzvertreter ist der Einkaufsvertreter *(buying agent).* Der Einkaufsleiter *(purchasing manager, head of purchasing department)* eines großen Unternehmens mit zentralisiertem Einkauf *(centralized buying)* muß ein vielseitiger Mann sein, der Marktkenntnis *(knowledge of markets)* mit der Kenntnis des technischen Prozesses *(technical process)* in seinem Unternehmen vereinigt, der auch über Zölle *(import tariffs)* und Transport *(transport,* AE *transportation)* Bescheid weiß, sowie die Verfahren der Preisabsicherung *(hedging)* kennt. Ihm untersteht auch die Materialkontrolle *(materials control),* in der die eingekauften Güter auf ihre

Beschaffenheit geprüft werden, und oft auch die Lagerhaltung *(storage, stores/stock control)*, dazu Einrichtungen für die Lagerhaltung *(storage facilities)* mannigfacher Art wie Kühlhäuser *(refrigerated warehouses)*, wo wärmeempfindliche Waren kühl gelagert *(coldstored)* werden, Zollgutlager *(bonded warehouses)*, aus denen zoll- oder verbrauchssteuerbare Rohstoffe *(raw materials subject to import duty or excise)* nur unter Aufsicht der Behörde für Zölle und Verbrauchssteuern *(Customs and Excise)* entnommen werden dürfen, oder Tanklager *(storage tanks)*, die strengen Sicherheitsvorschriften *(safety regulations)* genügen müssen. Manchmal wird Rohmaterial eingekauft und dem Vorlieferanten im Wege des Lohnauftrags *(tolling)* zur Lohnveredelung *(custom refinery)* überlassen.

Manche organisatorischen Einrichtungen des Warenabsatzes *(supply of goods)* haben, je nach Art des Unternehmens, ihr Gegenstück im Wareneinkauf. Die Stelle, wo der Groß- oder Einzelhändler im Werk die von ihm ausgesuchten Waren auf sein Fahrzeug übernimmt *(collects)*, ist die Warenausgabe *(goods outwards office, goods issuing department)*, und die darin Beschäftigten sind Warenausgeber *(issuing clerks)*. Das Gegenstück auf der Seite des Warenempfangs *(receipt of goods)* ist die Wareneingangsstelle oder kurz Warenannahme *(goods inwards office, goods receiving department)*. Sie befindet sich, wie die Warenausgabe, ebenfalls günstig an der Werkstraße oder, für sperrige *(bulky)* Güter und lose Ware *(bulk goods)*, am Nebenanschlußgleis *(side track, siding)* oder an der werkseigenen Kaianlage *(factory wharf)*. In der Warenannahme sind Warenannehmer *(receiving clerks)* tätig. Vor Eintreffen der Ware haben sie die Versandanzeige *(advice note, advice of dispatch, advice of shipment)* erhalten und können daraufhin die Lagerhausarbeiter *(warehousemen)* oder die Leute am Lagerplatz *(storage place)* unterrichten, damit sie Raum für die neue Ware schaffen. In der Warenausgabe läßt der Ausgeber vom Händler oder dessen Fahrer einen Kontrollabschnitt *(counterfoil)* zum Lieferschein *(delivery note)* als Empfangsbestätigung *(receipt)* abzeichnen *(sign)* und schickt einen Durchschlag *(copy)* des Lieferscheins *(delivery note)* als Warenausgangsmeldung *(goods issued note)* an die Lagerbuchhaltung *(stores accounting)* und an den Verkauf, eventuell auch noch an die Rechnungsabteilung *(invoice/billing department)*. Entsprechend verfährt beim Empfang von Waren die Warenannahmestelle und informiert mit einer Wareneingangsmeldung *(goods received note)* die anderen Stellen.

Auf beiden Seiten gibt es auch eine Warenkontrolle *(inspection/examination of goods)*. Die ausgehende Ware wird einer Endkontrolle *(final inspection)* unterworfen, die hereinkommende einer Wareneingangsprüfung *(goods inwards inspection)*. Die Warenannahme prüft in der Regel nur auf Menge *(quantity)* oder Gewicht *(weight)*, gründliche Prüfung findet in der Materialprüfstelle *(materials inspection department)* und ihrem Laboratorium *(laboratory)* statt. Wird die Qualität *(quality)* für minderwertig *(inferior)* befunden oder stimmt die Menge nicht, so wird eine Mitteilung der Annahmeverweigerung, eine Ablehnungsmitteilung *(rejection note)* oder eine Fehlmengenmitteilung *(discrepancy/deficiency note)* ausgestellt. Der Einkauf wird daraufhin dem Lieferanten eine Mängelrüge, einen Beschwerdebrief *([letter of] complaint)* senden und die Annahme der Ware verweigern *(refuse acceptance)* oder Ersatz *(replacement)*, Umtausch *(exchange)* oder Preisnachlaß *(price reduction, deduction, discount, rebate)* verlangen.

In der weit überwiegenden Mehrzahl der Fälle wird ausgehende Ware nicht im Werk dem Empfänger übergeben, sondern die Versandabteilung *(shipping department, dispatch, despatch)* besorgt den Versand. Sofern sie das nicht mit eigenen Lieferwagen *(delivery vans)* tut, bedient sie sich dazu, direkt oder indirekt, eines gewerbsmäßigen Frachtführers/Verfrachters *(common carrier)*. Das kann sein: die Eisenbahn, ein Straßentransportunternehmen *(road haulage firm)*, eine Seereederei *(shipping company)*, ein Binnenschiffahrtsunternehmen *(inland waterway carrier)* oder ein Fluguntemehmen *(air operator)*. Im Falle des Versands auf Schiene oder Straße wird ein Frachtbrief *([rail] consignment note, [rail] waybill)* ausgestellt *(made out)*, beim Lufttransport ein Luftfrachtbrief *(air waybill)* und bei der Beförderung mit dem Schiff *(conveyance by ship)* oder Flußschiff *(barge)* ein Konnossement *(bill of lading)* beziehungsweise ein Ladeschein *(bill of lading)*.

Der Vollständigkeit halber seien hier noch einige Formen des Konnossements erwähnt. Es handelt sich um ein „reines" Konnossement *(clean bill of lading)*, wenn es keine Vorbehalte *(qualifications)* wegen der Beschaffenheit der Güter oder ungeeigneter *(improper)*, schadhafter *(damaged)* Verpackung *(packing)* enthält. Bei einem „unreinen" Konnossement *(foul/dirty bill of lading)* sind solche Bemerkungen hinzugefügt. Das Konnossement enthält unter anderem die Namen des Empfängers *(consignee, recipient)*, des Kapitäns *(master)* und des Schiffes *(vessel)*, Lade- *(port of lading)* und Entladehafen *(port of discharge)*, eine Beschreibung der Güter *(description of goods)* und die Frachtrate *(rate of freight)*. Während das *mate's receipt* nur eine Quittung über den Empfang der Ladung an Bord und das Manifest *(manifest)* ein Ladungsverzeichnis, hauptsächlich für behördliche Zwecke, ist, dient das Konnossement vor allem als Übergabe-/Traditionspapier *(document of title, title-deed)*. Es ist ein begebbares Wertpapier *(transferable instrument)*, das durch Indossament *(endorsement)* und Übergabe *(delivery)* übertragen *(transferred)* werden kann. Aber es ist kein abstraktes Wertpapier *(negotiable instrument)*. Ein solches, zum Beispiel der Wechsel *(bill of exchange)* und die Inhaberaktie *(bearer share)*, kann übertragen werden durch Übergabe mit oder – im letzteren Falle – ohne Indossament. Wird ein *negotiable instrument* in gutem Glauben *(bona fide, in good faith)* und gegen Entgelt *(for value)* erworben *(acquired)*, so erwirbt der Empfänger *(transferee)* einen gültigen Anspruch *(a good title)*, obgleich der Anspruch des Übertragers *(transferor)* fehlerhaft oder gar nicht vorhanden *(faulty/non-existent title)* gewesen sein mag, etwa weil er durch Betrug *(fraudulently)* erlangt war.[1]

Schließlich gibt es das Durch[fracht]konnossement *(through bill of lading)*. Es wird ausgeschrieben *(written out)*, wenn die Ware auf ihrem Weg zum Empfänger von mehreren Verfrachtern *(carriers)* befördert werden muß, und bestätigt von vornherein für alle Teilabschnitte der Reise die Übernahme *(receipt)* der Ware und die Ablieferverpflichtung *(undertaking of delivery)*.

Das Durch[fracht]konnossement ist ein Beispiel der Rationalisierung im Dokumentenwesen. Mehr und mehr versucht man das auch auf anderen Gebieten. So hat man in England für einige Industriezweige einen Satz von einheitlichen Liefer- und Rechnungsdokumenten *(a set of common delivery and invoice docu-*

[1] Nach W. J. Nicholls, „*English Law for Business Studies*", Longmans, Green and Co., Ltd., London, 1968, S. 178.

ments) entwickelt. Er umfaßt ein Rechnungsformular mit zwei Kopien *(a two-copy invoice form)* und einen Lieferschein mit vier Kopien *(a four-copy delivery note)*. Damit soll dem Zustand abgeholfen werden, daß die Einkaufsabteilungen sich in immer wieder neue Formen dieser Rechnungs- und Versanddokumente *(shipping documents)* einlesen müssen. Der Lieferscheinteil kann allein benutzt werden. Für genaue Angaben über Paletten und Container *(precise pallet and container information)* und sonstige Einzelheiten der Verpackung *(packing details)* ist Platz vorgesehen[1].

Das Einkaufsbüro führt gewöhnlich auf Grund der bisherigen Bestellungen oder Anfragen *(enquiries)* ein Angebots- oder Preisstellungsverzeichnis *(record of quotations)* der Lieferanten, um für neue Bestellungen und Verhandlungen jeweils einen Anhalt zu haben. Es ergänzt sich ständig durch neu eingehende Offerten *(offers)*, die von selbst oder auf Grund einer Preisanfrage *(on request for quotation)* hereinkommen. Ferner führt das Einkaufsbüro für jedes Material eine Liste der laufenden Bestellungen – im Deutschen gelegentlich „Bestellstand“ *(purchase contract register)* genannt – aus der jederzeit die ausstehenden Lieferungen *(outstanding deliveries, balance to deliver)* ersichtlich sind.

Sowohl der Verkaufschef als auch der Einkaufsleiter werden ständig engen Kontakt halten *(keep in touch)* mit dem Leiter der Abteilung Marketing *(marketing director)*. Das Wort *marketing* ist auch im Deutschen beliebt und gebräuchlich geworden, und es hat noch keine einhellige Übersetzung gefunden. Einige Möglichkeiten sind „Absatzwirtschaft“, „Absatzförderung“ oder einfach „Absatz“. Gemeint ist die Gesamtheit aller Tätigkeiten und Maßnahmen der Förderung des Absatzes. Aber es ist mehr als Verkaufsförderung *(sales promotion)* im engeren Sinne, denn darunter wird im allgemeinen nur die direkte Einwirkung auf den Kunden verstanden. Hingegen gehört zum Marketing auch die Endgestaltung der Produkte *(styling, appearance design, finishing)*, ja sogar seine technische Konstruktion *(technical design)* oder chemische Zusammensetzung *(chemical composition)* auf Grund der Marktforschung *(market research)*, Verbraucherforschung *(consumer research)* und der Motivforschung *(motivation research)*. Das bedeutet Untersuchungen der Einkommensstruktur *(income structure)* und der Kaufkraft *(purchasing/buying power)* sowie Beobachtung der Konsumgewohnheiten *(habits of consumption)*, oftmals durch Befragung eines Querschnitts von Verbrauchern *(cross-section of consumers, consumer panel)*. Auf diese Weise soll am Ende eine einigermaßen realistische Marktanalyse *(market analysis)* und Absatzprognose *(sales forecast)* zustande kommen. Auf die Einkaufsabteilung muß der Marketingdirektor seinen Einfluß geltend machen, weil es für die Marktfähigkeit *(marketability) seines Erzeugnisses* auch auf das verwendete Material und die von Unterlieferanten *(sub-contractors)* gelieferten Teile *(components)* ankommt. Sein Wort hat besonderes Gewicht in der Frage, ob man auf höhere Qualität übergehen soll *(go upmarket)* – oder auf geringere *(go downmarket)*.

[1] Mitgeteilt in „*Industrial Purchasing News*“, September 1971, S. 12.

Hoher Einmalaufwand für Vorrichtungen und Werkzeuge

High one-off expenditure on jigs and tools

Zwischen Einkauf und Verkauf liegt in produzierenden Unternehmen *(manufacturing undertakings)* das weite Feld der Produktion. Für deren Organisation kommt es darauf an, was und wie produziert wird: ob in kontinuierlicher Produktion, Fließfertigung *(continuous/flow production)*, wie in der Ölraffinerie *(oil refinery)* und Glasherstellung *(glass making)*, oder in intermittierender Fertigung *(intermittent production)* am Fließ-/Montageband *(conveyer belt, assembly line)*, wie in der Autoindustrie *(motor/car industry)*, Chargen-, Serien-, Reihenproduktion *(batch production)* wie in der Bäckerei *(bakery)* und Kleiderfabrikation *(clothes manufacture)*, oder schließlich in der Einzelfertigung *(job/one-off/[single-]unit production)*, wie im Anlagenbau *(plant construction)* und Großmaschinenbau *(heavy engineering)*.

Allenfalls zwei allgemeingültige Prinzipien lassen sich herausarbeiten: 1. Wegen des höheren Kapitaleinsatzes *(capital investment)* in der Produktion, verglichen mit der Verwaltung, kommen unvorhergesehene Stillstandzeiten *(unscheduled downtime)* und Stockungen hier viel teuerer zu stehen; 2. Je größer die Produktionsmenge *(quantity of production)*, desto eher lohnt sich ein hoher Einmalaufwand *(one-off/one-and-for-all expenditure)*, sowohl was die Auslegung der Fabrik *(factory lay-out)*, als auch was die Vorrichtungen und Werkzeuge *(jigs and tools)* angeht. An alldem erweist sich, daß die für die Produktion Verantwortlichen nicht nur ihr technisches Wissen *(technical know-how)*, sondern auch eine gute Portion betriebswirtschaftlicher Kenntnis *(knowledge of business operation)* mitbringen sollten. Der Produktionsleiter *(production manager)* hat oft auch etwas Betriebswirtschaftslehre *(business economics/administration)* an einer Universität, einer Handelsschule *(business school)* oder Wirtschaftshochschule *(school of economics)* studiert. Die akademischen Grade „Diplomkaufmann" und „Diplomvolkswirt" lassen sich übersetzen mit "graduate in business administration/business economics" und "graduate in economics".

Im folgenden sei kurz aufgeführt, was alles zur Organisation der Produktion in einem Unternehmen des Maschinen-, Geräte- und Teilebaus *(engineering)* gehört. Dieser Industriezweig ist in den Industrieländern meist der größte mit einigermaßen gemeinsamen Kennzeichen. Dazu sei ferner ein Unternehmen mit Serien- oder Reihenfertigung gewählt.

Dem Produktionschef unterstehen die Werksleiter *(works manager)*. Je nach Größe des Unternehmens können nun die folgenden Abteilungen den einzelnen Werken beigeordnet sein oder direkt dem Produktionschef unterstehen: Konstruktionsabteilung *(technical/engineering design department)* mit dem Chefkonstrukteur *(chief designer)* an der Spitze – diesem ist unmittelbar das Zeichenbüro *(drawing office)* zugeordnet –, die Abteilung Verfahrenstechnik *(process/methods engineering)*, Vorkalkulation *(estimating office)*, Fertigungsplanung *(production planning)* und Fertigungslenkung *(production control)*, Arbeitsvorbereitung *(production scheduling, pre-production planning)*[1], das Büro für Arbeitsstudien *(work studies)*, das Akkord- oder Stücklohnbüro *(rating office)*, die Terminüberwachung *(progress supervision office)* und der Lagerverwalter *(storekeeper)*.

[1] Eine Bezeichnung aus „*The production process*" von Alan Lawlor; Longman, Green & Co. Ltd., London and Harlow, 1969, S. 76.

Inwieweit die einzelnen Produktionsabteilungen technisch unabhängig sind, richtet sich wiederum nach Art der Produktion und Größe des Unternehmens *(size of the company)*. Oft wird es überflüssiger Aufwand sein, jedem Werk eine eigene Modellabteilung *(pattern shop)*, eine Werkzeugmacherei *(tool room)* und eine Prüfwerkstatt *(test shop)* beizugeben, denn dazu werden teuere Maschinen benötigt. Dagegen hat jedes Werk, oft sogar jede Fertigungsstraße *(production line)*, Inspektoren *(inspectors)* für die Qualitätskontrolle *(quality control)* und die Zurückweisung von Ausschuß *(rejects)*. Ebenso hat jedes Werk eigene Betriebsschlosser oder Wartungstechniker *(maintenance engineers)*. Nicht vergessen sei der Terminüberwacher oder Arbeitsflußüberwacher *(record/progress chaser, expediter, shop progress man)* ganz unten in der Werkstatt. Es ist meist der Meistergehilfe *(assistant shop-foreman)*. Mit ein paar Werkstatthilfsarbeitern *(shop labo[u]rers, work shifters)* sorgt er für stetigen Materialfluß.

Wenn die grundsätzliche Entscheidung über den Umfang der Produktion getroffen ist und man nunmehr weiß, was für eine Serie aufzulegen *(put on)* ist, muß ein Fertigungsplan oder Fertigungsprogramm *(production schedule, works program[me])* aufgestellt werden. Hierbei hat die Verfahrenstechnik ein Wort mitzureden. Nicht nur aus technischen Gründen, auch mit Blick auf die Lieferzeiten *(lead/delivery times)* müssen zweckmäßige Verfahren ausgewählt werden, in der Metallverarbeitung *(metal manufacturing)* zum Beispiel Schmieden *(forging)*, Gießen *(casting)* oder spanabhebende Fertigung *(metal cutting)*. Dazu muß die bereits bestehende Auslastung *(load[ing])* der einzelnen Produktionsabteilungen und der größeren Maschinen, Öfen *(furnaces)* und sonstigen Fabrikeinrichtungen *(installations)* beachtet werden: was sie noch an Auftragsbeständen *(work in hand)* haben und was ihre Termine *(dead-lines, set dates)* sind. Das weist der Maschinenbelegungsplan *([machine] load record)* aus, oft in Form eines Ansteckbretts *(pegboard)* geführt.

Sodann legt der Fertigungsplan die Arbeits- oder Werksaufträge *(manufacturing/works orders)* fest, setzt Termine und sieht notfalls Reservekapazität *(spare capacity)* vor. Sollten irgendwo Engpässe *(bottlenecks)* in der Produktion bestehen, weil wichtige Fertigungsstellen *(production sections)* bereits mit voller Kapazität arbeiten *(work at full capacity, are up to capacity)*, müßte man erwägen, Aufträge nach draußen zu vergeben *(farm work out, place orders outside the company)*. Das sind dann nicht mehr Fertigungsaufträge für das eigene Werk *(works orders)* oder Werkstattaufträge, „Kommissionen“ *(shop orders)*, sondern Aufträge an Zulieferanten *(orders to sub-contractors)*. Natürlich wird man zunächst die volle Ausnutzung der Kapazitäten des eigenen Unternehmens *(full utilization of the company's own capacities)* anstreben, denn ungenutzte Kapazität *(idle capacity)* bedeutet ungedeckte Kosten *(uncovered costs)*. Dann kann Hereinnahme, Eigenarbeit *(farming-in)* ratsam sein.

Die darauffolgende Arbeitsvorbereitung ist Fertigungsplanung eine Stufe weiter unten. Ihre Aufgabe ist es, die Reihenfolge der einzelnen Arbeiten, die Arbeitsfolge *(sequence of operations)* festzulegen und für jede einzelne nähere Anweisungen zu geben. Die Unterlagen, an Hand deren sie das tut, sind die Konstruktionszeichnungen *(design drawings)* und die dazugehörigen Stücklisten *(parts/piece lists*, AE auch *bills of materials)* mit den Materialangaben *(materials specifications)*. In rechnergestützter Fertigung *(computer-aided manufacture – CAM)*, ebenso wie mit rechnergestützter

Konstruktion *(computer-aided design – CAD)*, lassen sich viele dieser Aufgaben leichter bewältigen.

Der Mann in der Arbeitsvorbereitung *(planning/scheduling clerk)* stellt für jeden Fertigungsauftrag *(job)* eine Laufkarte *(route card/slip, operation card, manufacturing tag, sequence schedule)* zusammen. Auf ihr ist der Gang des Werkstücks *(workpiece)* von Werkbank *(workbench)* zu Werkbank und zu den einzelnen Maschinen im Maschinensaal *(machine shop)* festgelegt. Sie liegt in den Kästen mit den Werkstücken obenauf und rollt mit ihnen durch die Werkstatt. Jeder Arbeiter *(operator, operative)* bekommt gesagt, was er tun soll. Im Falle größerer oder schwierigerer Arbeiten wird ein besonderer Arbeitsplan *(operation layout* – oft auch für „Laufkarte" verwendet) beigefügt, meist auch eine Zeichnung. Der Arbeiter erhält außerdem den Akkordzettel *(rate/piecework slip)*, sofern er Akkordarbeiter *(pieceworker)* ist und nicht im Stundenlohn steht *(is paid by the hour)*. Darauf steht der Akkordsatz *(piece rate)* verzeichnet. Hat er seine fertigen Stücke abgeliefert und müssen sie nicht nachgearbeitet *(redone)* werden, so wird im Werkstattbüro *(shop office)* der verdiente Lohn eingetragen, worauf der Zettel ins Lohnbüro *(payroll/wages office)* geht. Mit Robotern *(robots)* und unbemannten Karren *(unmanned trolleys)* ist auch hier modernisiert worden.

Diese Art Fertigungslenkung *(production control)* und Arbeitsvorbereitung ist nicht möglich an der in gleichmäßigem Takt laufenden Fertigungsstraße *(production line)* oder an der Transferstraße *(transfer line)*. Hier hat der einzelne Arbeiter nur noch wenig Freiheit für seinen Arbeitsrhythmus *(work rhythm)*. Er kann daher nicht nach Stücksätzen *(at piece rates)*, jedenfalls nicht im Einzel-Akkordlohn *(individual piecework pay)*, entlohnt werden. Gelegentlich können die Arbeiter im Gruppenakkord *(under a collective piece-rate scheme)* oder in einem Gruppenprämiensystem *(under a collective bonus scheme)* bezahlt werden, also Prämienzahlung für die Gruppe *(bonusing by gangs/groups)*. Oft ist aber nur Entlohnung *(remuneration)* im reinen Zeitlohn *(in time pay, at time rates)* möglich. Für Schichtarbeit *(shift work)* wird ein Schichtzuschlag *(shift allowance)* auf die Grundlöhne *(basic rates)*, die gewöhnlichen Sätze *(ordinary rates)*, gezahlt.

Arbeitsstudien zur Produktivitätssteigerung

Work studies for increasing productivity

Rationelle Arbeitsgestaltung *(rational organization of work)* ist für ein im Wettbewerb stehendes Unternehmen unerläßlich. Wo viel gleichförmige Arbeit *(repetitive work)* zu leisten *(perform)* ist, geht es nicht nur um einen hohen Durchsatz *(throughput)*, sondern auch um einen gerechten und angemessenen Lohn *(fair and appropriate wage)* je Einheit. Dazu hat das Unternehmen ein Büro für Arbeitsstudien *(work studies)* und seine für Zeit- und Bewegungsstudien *(time and motion studies)* ausgebildeten *(trained)* Spezialisten: die Arbeitsstudieningenieure *(work/time study engineers)* oder schlicht Arbeitsstudienleute *(work/time study observers)*. In Deutschland ist der Arbeitsstudien-Fachmann kurz als REFA-Mann bekannt. Das Acronym REFA bedeutete ursprünglich „Reichsausschuß für Arbeitszeitermittlung", später „Reichsausschuß für Arbeitsstudien" und hat sich von daher erhalten. Heute ist es der „Verband für Arbeitsstudien –

REFA – e. V.". In England hat er sein Gegenstück in dem *Institute of Work Study Practitioners.* Als der geistige Vater der Arbeitsstudie gilt der amerikanische Ingenieur *Frederick Winslow Taylor* (1856–1915) mit seinen „Grundsätzen wissenschaftlicher Betriebsführung" *(scientific management).*

Während die Arbeitsstudientechnik *(work study technique)* in Deutschland von der Arbeiterschaft ziemlich uneingeschränkt akzeptiert ist, stößt sie in England hier und da noch auf Widerstand, zum Beispiel noch Anfang der siebziger Jahre in den Häfen. In einigen großen Häfen ließen die Arbeiter allenfalls Arbeitsablaufstudien *(method studies)* zu. Hierbei wird versucht, die günstigsten organisatorischen und technischen Bedingungen für eine Arbeit und ihren Ablauf zu ermitteln.

Der Arbeitsstudienmann beobachtet den Arbeiter und seine Arbeitsbedingungen *(working conditions),* vor allem die Gestaltung des Arbeitsplatzes *(layout of the workplace).* Mit der Stoppuhr *(stop-watch)* mißt er die benötigte Arbeitszeit *(time for the job).* Dazu zerlegt er die Arbeit *(breaks the operation down)* in ihre einzelnen Arbeitsvorgänge *([working] cycles),* Teilvorgänge *(elements)* und Griffe *(parts of elements).*

Die Arbeitsstudie ist nicht Teil eines Antreibersystems *(sweated labo[u]r system),* sondern soll die für eine Arbeit nötige Zeit unter vernünftigen und realistischen Bedingungen ermitteln: eine Normalzeit *(normal/standard time)* auf Grund der Normalleistung *(normal performance)* oder Standardleistung *(standard performance),* zu der ein gesunder, williger und mit der Sache vertrauter Arbeiter unter vernünftigen Umständen fähig wäre.

Akkordlohn bringt Lohnstreitigkeiten

Piecework pay causes wage disputes

Aus diesem System von Messungen, Beobachtungen, Berechnungen und Zuschlägen ergibt sich am Ende die Vorgabezeit *(allowed/predetermined time),* die der Arbeiter für seinen Arbeitsauftrag erhält. Braucht er weniger Zeit, so verdient er mehr, und in dieser Möglichkeit liegt für ihn der Anreiz *(incentive).* Er steht im Leistungslohn *(he gets payment by results).* Dabei spielt es für ihn keine Rolle, ob sein Akkordsatz *(piecework rate)* ein Stückgeldakkord *(money rate)* ist, zum Beispiel 60 Pfennig je Stück, oder ein Stückzeitakkord (Übersetzungsvorschlag: *piece-time rate).* Was er verdienen kann oder verdient hat, kann er auch beim Stückzeitakkord leicht ausrechnen: Er multipliziert die Zahl der von ihm hergestellten Stücke mit der Vorgabezeit in Minuten und dem Minutenfaktor (Übersetzungsvorschlag: *minute rate, wage rate per minute)* – das ist der Lohnsatz je Minute. Dieser ist ohne weiteres zur Hand, wenn man den Lohnsatz pro Stunde *(wage rate per hour)* auf die Minute umlegt. Der Lohnsatz je Zeiteinheit wird im Akkordlohnsystem im Deutschen als Akkordrichtsatz bezeichnet (Übersetzung etwa *wage target).* Er entsteht aus dem tariflich vereinbarten Stundenlohn *(wage rate per hour according to the wage agreement, agreed wage rate)* und einem Zuschlag für die Bereitschaft zur Akkordarbeit und die daraus meist folgende bessere Ausnutzung der Anlagen, dem Akkordzuschlag *(payment-by-*

results bonus). Für das Unternehmen ist der Stückzeitakkord günstiger, weil es bei allgemeinen Lohnerhöhungen nicht jeden einzelnen Geldakkordsatz, sondern nur den Minutenfaktor zu ändern braucht.

Mehr und mehr versucht man heute, ohne die Zeitstudie am Arbeitsplatz auszukommen. Statt dessen benutzt man die Tausende von Meßergebnissen, die in großen Werken vorliegen, zu Arbeitssynthesestudien *(synthetic time studies).* Die Arbeitssynthesedaten *(synthetic data)* sind das Material, aus denen für neue Arbeitsverrichtungen die Vorgabezeiten zusammengestellt werden. Hin und wieder kontrolliert man die Richtigkeit dieser neuen Kombinationen noch durch eine praktische Zeitstudie. Noch mehr von der Zeitstudie am Arbeitsplatz gelöst ist das *methods-time measurement – MTM,* ein System der Zusammensetzung elementarer menschlicher Bewegungen. In England wird es als *predetermined motion time system – PMTS* – bezeichnet.

Auf die Arbeitsbewertung *(job evaluation)* oder Arbeitswertstudie *(job evaluation study)* wird im Abschnitt „Viel Gesprächsstoff im Gemeinsamen Ausschuß", S. 201 f., eingegangen.

Viele Unternehmen der amerikanischen Industrie sind in den sechziger und siebziger Jahren vom Akkordsystem *(piecework pay)* abgegangen. Teile der englischen Industrie, vor allem die Autoindustrie, sind diesem Beispiel gefolgt. Akkordlohn als Arbeitsentgelt *(remuneration of labo[u]r)* hat sich als Anlaß ständigen Feilschens *(constant haggles)* um Stückzeiten *(job times)* erwiesen. Die Arbeiter sind etwa mit der Akkordfestsetzung *(rate-fixing)* oder mit den Ergebnissen der Zeitnahme *(time-taking)* nicht einverstanden. Sie beklagen sich über schlechte Organisation, vor allem des Materialflusses *(flow of materials),* wegen derer sie oft zu warten hätten. Wilde Streiks *(wildcat strikes)* waren eine verbreitete Form des Protests mit der Folge kostspieliger Unterbrechungen der ganzen Produktion *(disruptions of production).* Deshalb ging man auf ein System des *measured day work* oder der *measured day rate* über, etwa zu übersetzen mit „Tagesvorgabe" oder „Tagwerkssystem". Es wird eine bestimmte Tagesarbeit vorgegeben, und der Arbeiter wird im Zeitlohn bezahlt. Das Anreizelement wird aber in Form eines Bonus *(bonus),* einer Prämie *(premium),* beibehalten. Oft war der Übergang auf die neue Form zunächst wiederum mit Streiks verbunden.

Einstellung – Ausbildung – Beförderung – Versetzung

Recruitment – training – promotion – transfer

In der Linienorganisation hat die Personalabteilung *(personnel department)* keinen Platz. Sie steht als Funktional- oder gar nur als Stabsstelle irgendwo außen und hat Aufgaben, die direkten oder indirekten Umgang mit fast allen Menschen im Unternehmen bedeuten. Da diese aber zugleich Vorgesetzte *(superiors)* und Untergebene *(subordinates)* in ihren eigenen Abteilungen haben, befindet sich die Personalabteilung oft in einer schwierigen Stellung. Sie wird organisatorisch dadurch gestärkt, daß ihr Leiter, der Personalchef *(personnel manager, head of personnel department),* einer hohen Instanz im Unternehmen direkt unterstellt ist.

Was ihre Funktionen im einzelnen sind, ist sehr unterschiedlich. In kleinen Unternehmen fühlt sich oft der Chef *(principal, boss)* selbst für Personalfragen *(personnel matters)* zuständig und mischt sich in Angelegenheiten wie Einstellung *(recruitment)*, Ausbildung *(training)*, Umschulung *(re-training)*, Beförderung *(promotion)*, Versetzung *(transfer)* und Entlassung *(dismissal)*. Er hat in der Regel auch das letzte Wort, wenn es um Löhne und Gehälter *(wages and salaries)*, zusätzliche Sozialleistungen *(fringe benefits)* oder um Urlaub *(holiday,* AE *vacation)* geht. In mittleren Unternehmen obliegt die allgemeine Betreuung *(care)* mitunter einem Personalreferenten *(personnel officer)* oder richtiger Sozialreferenten *(welfare officer)*, der in manchen persönlichen Nöten von Beschäftigten selbst hilft, in anderen die Verbindung zu einem der Chefs herstellt. Oft gibt es aber für alle oder einige dieser Aufgaben bereits einen Prokuristen, dem dann auch die verwaltungstechnische Seite des Personalwesens obliegt, in der Hauptsache das Lohnbüro *(wages/payroll department)* und die Lohnbuchhaltung *(wages/payroll accounting)*. Damit unterstehen ihm als ausführende Kräfte die Lohn- und Gehaltsabrechner, die Lohnbuchhalter *(wages/payroll clerks)* und deren Gehilfen *(assistant wages/payroll clerks)*.

Sie führen die Lohnliste *(payroll)* und die Lohnkonten *(wages accounts)*, berechnen die Löhne und Gehälter *(calculate wages and salaries)* und behalten die verschiedenen Abzüge ein *(retain deductions)*. Sie gehen aus von den Stundenlohnsätzen *(hourly wage rates)*, Wochenlöhnen *(weekly wage rates)* oder dem Akkordverdienst *(piecework earnings)*, schlagen Prämien und Boni zu *(add premiums and bonuses)*, stellen den Lohnsteuerabzug *(pay-as-you-earn deduction)* und den Abzug der Sozialversicherung *(National Insurance, Social Insurance)* fest, ferner den freiwilligen Beitrag zum staatlich geförderten *(encouraged)* Sparen *(National Savings System)* – sowie zu einem etwaigen firmeneigenen Pensionsfonds *(pension fund)* oder einem Wohltätigkeitsfonds *(benevolent fund)*. Manchmal sind Überstunden *(overtime)* mit Überstundenzuschlag *(overtime pay/premium)* und Nachtarbeit *(nightwork)* mit Nachtarbeitszuschlag *(nightwork pay)* abzurechnen *(calculate)*. So ergeben sich Überstunden zu anderthalbfachen oder sogar doppelten Lohnsätzen *(overtime at time and a half or overtime at double time)*. Eine Schmutzzulage *(dirt[y] money, dirt pay)*, eine Gefahrenzulage *(danger money/pay)* können anfallen. An Hand von Stechkarten *(clock cards)* oder anderen Unterlagen muß festgestellt werden, ob der Arbeiter pünktlich *(on time)* zu Arbeitsbeginn *(at starting time)* angetreten ist und nicht schon vor Arbeitsschluß *(finishing time)* Schluß gemacht *(finished)* hat. Während des Urlaubs wird oft nicht nur Urlaubslohn *(holiday/vacation pay)* gezahlt, sondern dazu noch ein Urlaubsgeld *(holiday/vacation allowance)*. Zu Weihnachten gibt es vielleicht eine Weihnachtsgratifikation *(Christmas bonus)*. Ältere Angestellte mögen eine Dienstalterszulage *(seniority pay, long-service award)* erhalten. In manchen Industriezweigen ist noch Deputatlohn, Naturallohn *(payment in kind)* üblich, zum Beispiel Deputatkohle *(concessionary coal)*. Nicht zum Lohn gehören im allgemeinen Reisespesen *(travel[l]ing expenses)* und Tagegelder *(daily allowances)*.

Die Lohnabrechnung *(calculation of wages)* erfordert viel Sorgfalt, denn es stecken eine Menge Fehlermöglichkeiten in dieser Arbeit. Auf der Lohn- oder Gehaltskarte *(wage sheet, wages statement)* eines Beschäftigten sind mitunter zwei Dutzend Eintragungen *(entries)* in ebensovielen Spalten *(columns)* erforderlich. In der Steuertabelle *(tax table)* muß der richtige Lohnzahlungszeitraum *(wage period)* und die richtige Steuerklasse *(tax code)* nachgeschlagen *(looked up)* werden. Schließlich müssen Bruttolohn *(gross pay)*, Steuerfreibetrag *(free pay)*, steuerpflichtiger Lohn *(taxable pay)*, die Abzüge *(deductions)* und der Nettolohn *(net pay)* an jedem Zahltag *(pay day)* auf der Lohnsteuerkarte *(deduction card)* eingetragen *(entered)* werden; manchmal statt der Steuer auch eine Steuerrückerstattung *(tax refund)*. Immer wieder heißt es prüfen *(check)* und gegenprüfen *(cross-check)*. Für die Lohnzahlung *(payment of wages)* selbst muß passendes Geld *(ready money)* vorbereitet werden, sei es von Hand oder mit Hilfe einer Geldzählmaschine *(cash counting machine)*, die auf Tastendruck *(on pressing the key)* die richtigen Münzen auswirft *(releases)*. Schließlich muß der auszuzahlende Lohn *(take-home pay)* in die Lohntüten *(wage/pay packets)* eingegeben *(put)* oder überwiesen *(transferred)* werden. Viele Arbeiter *(blue-collar workers)* erhalten vierzehntäglich eine Abschlagszahlung *(interim payment)*.

Diese verwaltungstechnische *(administrative)* Aufgabe der Personalbuchhaltung *(personnel accounting)* kann an sich ebensogut auch innerhalb der allgemeinen kaufmännischen Verwaltung wahrgenommen werden. Die Hauptaufgabe der Personalabteilung aber ist es, die Personalplanung *(manpower planning)* des Unternehmens auszuführen und dafür zu sorgen, daß die für das Unternehmensziel benötigten Menschen, zur Mitarbeit bereit und fähig, zur Verfügung stehen. Das reicht von der Einstellung des einzelnen Arbeiters oder der einzelnen Sekretärin *(secretary)* bis zu so schwierigen Aufgaben wie der Ausarbeitung eines allgemeinen Anreizsystems *(incentive system)* oder dem Verhandeln in schweren Arbeitskonflikten *(negotiating in serious labo[u]r conflicts)*.

Arbeitskräfte werden eingestellt über die amtliche Arbeitsvermittlung, das Arbeitsamt *(labo[u]r exchange,* AE *Government employment office)*, über private Arbeitsvermittlungen *(employment agencies/bureaus)*, durch Stellenangebote *(recruitment advertising,* AE auch *want ads)* in den Zeitungen unter „Offene Stellen" *(situations vacant, situation offers, vacancies/jobs offered)* und durch Studium der Stellengesuche *(situations required, situations/vacancies wanted)*, durch Anfragen *(enquiries)* bei Schulen und Hochschulen, wenn die Schulabgänger *(school leavers)* selbst beginnen, sich Gedanken über ihre Zukunft zu machen.

Ein Bewerber für einen Arbeitsplatz *(applicant for a job/position)* erhält einen Termin für eine Vorstellung *(appointment for an interview)*. Für gewisse Tätigkeiten wird er sich dann einer Eignungsprüfung *(aptitude test)* unterziehen müssen. Geht es um einen höheren Posten *(superior job)*, so wird oftmals eine Prüfergruppe *(interview panel)* nötig sein, den Kandidaten *(candidate)* zu prüfen *(test)*. Man wird von ihm Zeugnisse *(references)* und Nachweise *(evidence)* seiner Qualifikation *(qualification)* sowie Bericht über seine bisherigen Tätigkeiten *(past jobs)* erbitten. Er seinerseits wird eine Arbeitsbeschreibung *(job description)* verlangen sowie Angaben über Arbeitsbedingungen *(working conditions)*, Urlaubsregelung *(holiday provisions, vacation arrangements)*, Aufstiegsmöglichkeiten *(chances of promotion)* und anderes. Man muß sich über das Anfangsgehalt *(starting salary)* und die künftigen Steigerungen *(increments)* einigen, und die Schwierigkeit besteht nicht selten darin, daß sie nicht in die Lohnstruktur *(wage structure)* des Unternehmens passen. Ein Geschäftswagen *(company/business car)* verschönt den Job außerordentlich. Oft wird es nötig sein, eine Vorauswahl unter Bewerbern zu treffen *(shortlist applicants)*, ehe die endgültige Auslese *(selection)* getroffen wird. Manchmal wird man eine Probezeit *(probationary period)* vereinbaren.

Geht es um die obersten Führungskräfte *(top executives)*, so wird sich der Verwaltungsrat *(board of directors)* selbst die Bewerber ansehen. Dabei geht es dann mitunter noch um Fragen wie Gewinnbeteiligung *(profit-sharing)*, Aktienoptionen *(share options)*, Repräsentations- oder Bewirtungsspesen *(entertainment expenses)*, besondere Kündigungsfristen *(special terms of notice)*, Abfindung bei Entlassung *(settlement on dismissal, severance pay, compensation for loss of office)* – den „goldenen Händedruck" *(golden handshake)*.

Seit 1963 schreibt in England ein Gesetz vor, daß das Unternehmen jedem neuen Beschäftigten schriftlich festgelegte Anstellungsbedingungen *(terms of employment in writing)* überreichen muß. Es gilt für alle Beschäftigten, die nicht nur zeitweilig *(temporarily)*, für eine Saison oder in Teilzeit *(part-time)* eingestellt *(taken on)* sind, also nicht für Teilzeitkräfte *(part-time workers)* und Saisonkräfte *(seasonal workers)*.

Auf Grund der Personalanforderungen *(on requests for staff)* der anderen Abteilungen weist die Personalabteilung ihnen Mitarbeiter zu *(allocates staff)*. Über deren Löhne und Gehälter hat sie ein gewichtiges Wort mitzureden und somit auch, wenn es um eine Lohn- oder Gehaltserhöhung *(rise, raise, wage/pay increase)* geht.

Sie hat darüber zu wachen, daß Lohngrenzen *(pay limits)* und Gehaltsgrenzen *(salary ceilings)* nur in wohlbegründeten Ausnahmefällen durchbrochen werden, damit die Lohn- *(pay structure)* und Gehaltsstruktur *(salary structure)* des ganzen Unternehmens nicht mit der Zeit durcheinanderkommt *(is upset)*. *Leap-frogging*, das Überspringen ganzer Gehaltsstufen durch besonders begabte Mitarbeiter *(gifted staff)* – oder nur durch besonders gerissene – wird sich dennoch nicht immer verhindern lassen. Deshalb ist regelmäßige Überprüfung der Gehaltsstruktur *(regular review of the salary structure)* nötig. Das gilt, wenn auch in geringerem Maße, auch für die Löhne. Eine bloße Anhebung der Grund- oder Ecklöhne *(increase of basic wages)* stellt indes nur das ganze System auf eine höhere Stufe. Andere Fragen, in denen die Personalabteilung meist mitzureden hat, sind Versetzungen *(transfers, postings)* und *job rotation* – das ist der Wechsel von einer Abteilung zur anderen, den angehende Manager oft durchzumachen haben, um das ganze Unternehmen kennenzulernen – ein nicht unwichtiger Teil der Personalpolitik *(personnel/manpower policy)*. Die Mitarbeiter, die höher hinauf wollen *(high-fliers)*, sind zu unterscheiden von denen, die nur durch häufigen Stellenwechsel *(job hopping)* ihr Einkommen verbessern wollen.

Viel Gesprächsstoff im Gemeinsamen Ausschuß

Much to talk about in the joint committee

Ein großes und wichtiges Gebiet ist die ständige gemeinsame Beratung *(joint consultation)* mit den Gewerkschaften über alle Fragen der Organisation, der Besetzung von Arbeitsplätzen *(staffing)* und der menschlichen Beziehungen *(human relations)* im Betrieb. Die aus Betriebsleitung und Gewerkschaften gebildeten

Gemeinsamen Ausschüsse *(joint committees)* und Gemeinsamen Beiräte *(joint councils)* besprechen Dinge wie Arbeitszeit *(hours of work)*, Arbeitsbeginn *(starting time)* und Arbeitsschluß *(finishing time)*, bezahlten Urlaub *(paid leave)*, Sonderurlaub *(special leave)*, Krankheitsurlaub *(sick leave)*, Regelungen für den Krankheitsfall *(sickness arrangements)*, Sicherheit *(safety)* im Betrieb, Fernbleiben von der Arbeit, also Fehlzeiten *(absenteeism)*, Fluktuation der Arbeitskräfte *(labo[u]r turnover)*[1], allgemeine Fürsorge *(welfare)*, Wohnungshilfe *(housing aid, assistance with housing)*. Das Thema Verpflegung *(catering)* im Betrieb interessiert immer, also die Kantine *(canteen)*, aber auch die Verpflegung aus Automaten *(vending machines)* oder Getränkewagen *(tea-trolleys)* und die Teepause *(tea-/coffee-break)* selbst. Arbeiter und Angestellte mit Initiative regen zu Sport- und Geselligkeitsvereinen *(sports clubs and social clubs)* an. Themen, die die Gemüter zu erhitzen vermögen, sind Lohnunterschiede *(wage differentials)*, Fragen der Rangordnung *(job hierarchy)* und des Angestelltenstatus *(staff status)*. Eine ernste Sache sind Entlassungen wegen Beschäftigungsmangel *(redundancies; redundancy* wörtlich: Überzähligkeit). Die Gewerkschaften widersetzen sich oft und verlangen Aufteilung der vorhandenen Arbeit auf alle Leute *(work-sharing)* anstelle von Entlassungen. Die Geschäftsleitung wird versuchen, die Schwierigkeiten zu mildern: Sie wird älteren Arbeitnehmern mit Sonderzahlungen *(special payments)* die vorzeitige Pensionierung *(premature retirement)* schmackhaft zu machen suchen. Sie wird ferner auf (AE) *backtracking* bedacht sein, auf Entlassungen der Arbeitnehmer mit kurzer Zugehörigkeit zum Unternehmen und Behalten der dienstälteren. Wenn es mit den Entlassungen nicht sehr eilig ist, kann sich ihre Zahl außerdem durch den natürlichen Abgang von Arbeitskräften *(natural wastage of labo[u]r, AE attrition)* verkleinern. Mitunter müssen dennoch die verbleibenden Arbeiter auf Kurzarbeit gesetzt *(operatives put on short-time work)* werden.

Immerhin, es kann zu kritischen Verhandlungen *(crucial negotiations)* kommen. In solchen Fällen macht es sich bezahlt *(it pays)*, wenn die Personalabteilung als Sprechstelle der Unternehmensleitung immer eine gute Verbindung zur Belegschaft gehalten und auch eine gute Ausbildung des Aufsichtspersonals *(supervisory staff)* auf allen Stufen betrieben hat. Der Personaldirektor, der oft schwierige Verhandlungen über Löhne und Entlassungen zu führen und sich dabei als *troubleshooter*, als Störungssucher und Friedensstifter zu bewähren hat, spürt dann am ehesten, wie gut oder schlecht seine Personalpolitik, seine Menschenführung (beides: *man-management)*, bis dahin waren.

Mittel, die Verbindung zwischen Unternehmen und Belegschaft zu halten, sind Plakate *(posters)*, Wandzeitungen *(wall information sheets)*, Anschläge am Schwarzen Brett *(notice board)*, Produktionsschaubilder *(production charts)*, Hauszeitschriften *(house journals, works magazines)*, Diskussionen *(discussions)* und Vorträge *(lectures)*, Ausstellungen *(exhibitions)* und Filmvorführungen *(film shows)* – manchmal sogar der Betriebsausflug *(staff outing)*.

Schließlich sei noch eine Aufgabe erwähnt, die mehr und mehr an Bedeutung gewinnt: Arbeitsbewertung *(job evaluation)*. Das sind Verfahren, mit denen die Anforderungen von Arbeiten *(demands of a job)*, ihr Schwierigkeitsgrad, auf Grund von Stellen- oder Arbeitsplatzbeschreibungen *(job descriptions)* einge-

[1] Das ist rechnerisch die Zahl der Abgänger *(leavers)* oder der Ersatzeinstellungen *(replacements)* im Verhältnis zur Gesamtzahl der Beschäftigten *(as a proportion of the aggregate number of employees)*.

schätzt *(assessed)* werden. Sie sind etwas anderes als die Arbeitszeitstudie. Ihr Sinn ist, für die Arbeiten im Betrieb eine geordnete Rangfolge *(rank order of jobs)* aufzustellen, auf die sich eine Lohnstruktur gründen kann. Dafür gibt es analytische und nichtanalytische oder summarische Verfahren *(analytical and non-analytical methods)*. Die analytische Arbeitsbewertung dringt rasch vor, vor allem die Punktwertung *(points rating)*. Bei dieser werden Gruppen von „Anforderungsmerkmalen“ *(job requirements)* gebildet, Hauptmerkmale *(factors)* und Untermerkmale *(sub-factors)*. Für eine körperliche Arbeit *(manual work)* sind zum Beispiel folgende Merkmale denkbar: 1. Übung und Erfahrung *(skill and experience)* mit den Untermerkmalen Erziehung, Ausbildung, Erfahrung in dieser Arbeit, Gewandtheit *(dexterity)*, Sorgfalt *(accuracy)*; 2. geistige Anforderungen *(mental requirements)* und Verantwortung: Urteilsfähigkeit *(reasoning power)*, Gedächtnis *(memory)*, Konzentration, Initiative, Arbeit in der Mannschaft *(teamworking)*, Aufsichtführung *(supervision)*, Verantwortung für Sicherheit, Sorgfalt im Umgang mit Gerät *(care of equipment)*, Vermeiden von Materialvergeudung *(avoidance of wastage of materials)*; 3. körperliche Anforderungen: Heben *(lifting)*, Ziehen *(pulling)*, Stoßen *(pushing)*, Stehen *(standing)*, Laufen *(walking)*, Behendigkeit *(agility)*, Sehschärfe *(sharpness of vision)*; 4. widrige Arbeitsbedingungen *(adverse working conditions)* in der Höhe *(at a height)*, unterirdisch *(under ground)*, schwierige Haltung *(awkward position)*, Lärm *(noise)*, Schmutz *(dirt)*, Hitze *(heat)*, Kälte *(cold)*, Gefahr *(danger)*.

Die Merkmalsgruppen und die einzelnen Merkmale werden in Punkten ausgedrückt, wobei oftmals noch nach Bedeutung gewichtet *(weighted)* werden muß: Bei vielen körperlichen wie geistigen Tätigkeiten sind gewisse Merkmale entscheidend für das Gelingen, und andere treten dahinter weit zurück. Es läßt sich also nicht vermeiden, Gewichtungen festzulegen *(to establish weightings)*. Den Aufbau einer Rangfolge erleichtert man sich sodann, indem man gewisse typische Arbeitsplätze oder solche mit besonders ausgeprägten Merkmalen als „Richtarbeitsplätze“ *(key/benchmark jobs)* auswählt. Damit gewinnt man Anhalte für die Zuordnung von Punkten *(allotment of points)* bei den anderen Arbeitsplätzen[1]. Gemessen und beurteilt wird der Arbeitsplatz selbst, nicht der Arbeiter mit seinen individuellen Vorzügen und Schwächen und auch nicht die Tatsache, ob er Facharbeiter *(skilled worker)* oder ungelernter Arbeiter *(unskilled worker)* ist.

Ein anderes analytisches Verfahren, aber gröber als das eben geschilderte, ist die *factor comparison method*. Schließlich seien als summarische Verfahren das *ranking* und das *grading* erwähnt. Bei beiden wird eine ziemlich simple Rangfolge ausgearbeitet, ohne daß die Größe der Unterschiede zwischen den einzelnen Tätigkeiten voll deutlich wird. Zum Vergleich seien aus der deutschen Arbeitsbewertungstechnik, ohne den Versuch der Übersetzung, als zwei analytische Verfahren genannt das „Stufenwertzahlverfahren“ und das „Rangreihenverfahren“, als summarische Methoden das „Rangfolgeverfahren“ und das „Lohngruppenverfahren“[2].

[1] Näher dargestellt und gewürdigt sind dieses und andere Verfahren in *„Job Evaluation“*, National Board for Prices and Incomes, Guide 3, Her Majesty's Stationery Office, Januar 1971.

[2] Erwähnt bei Theodor Beste, „Fertigungswirtschaft und Beschaffungswesen“ in „Handbuch der Wirtschaftswissenschaften“, Band 1: Betriebswirtschaft, Westdeutscher Verlag Köln und Opladen, 1958 und 1966, S. 222, 225 und 226.

„Costing is the classifying, recording and appropriate allocation of expenditure for the determination of the costs of products or services."[1]

Betriebsabrechnung und Kalkulation

Einzel- und Gemeinkosten

Direct cost and overhead cost

Zahlen begleiten das Unternehmen vom ersten bis zum letzten Tag. Sie kommen herein mit jedem Stück Material, treiben durch den Fertigungs- und Verwaltungsprozeß und bleiben noch geraume Zeit in den Büchern, wenn die verkaufte Ware die Packerei *(packaging department)* längst verlassen hat. Es fehlt nicht viel, daß jede Bewegung eines im Betrieb tätigen Menschen oder eines Gegenstandes irgendwo ihren Niederschlag in einer Zahl findet. Dafür sorgt das ausgetüftelte Rechnungswesen *(accounting system)*, das ein moderner Betrieb von einiger Größe heute hat.

Man kann fragen, ob all dieser papierne Aufwand, dieses Sammeln *(collecting)*, Ordnen *(marshalling)*, Zerlegen *(break-down)* und tabellarische Zusammenstellen *(tabulating)* Hunderttausender von Zahlen einen Sinn hat. Aber darüber gibt es keinen Zweifel mehr. Diese Zahlen sind für den Unternehmer das Mittel, das Unternehmen zu überwachen *(controlling the concern)*, den Ertrag des eingesetzten Kapitals *(return on capital employed)* festzustellen, ihm Anhalte *(guides)* für seine Unternehmenspolitik *(business policy)* zu geben, schwache Stellen aufzudecken *(reveal weak points)* und Verluste zu erkennen *(recognize losses)*.

Je nach Größe und Art des Unternehmens ist sein Rechnungswesen mehr oder weniger hoch entwickelt. Die wichtigsten Zweige eines kompletten Systems sind: Geschäfts- oder Finanz- oder Hauptbuchhaltung *(financial accounting/accounts)*, Betriebsbuchhaltung/-abrechnung *(cost accounting/accounts)* und Kostenrechnung/Kalkulation *(costing)*, gewisse Sparten der Statistik *(statistics)* und die Finanzplanung *(financial/budgetary planning)* mit ihrem besonders wichtigen Teil, der Investitionsplanung *(capital expenditure planning, investment planning)*. Von diesen hängen die ersten beiden, Finanz- und Betriebsbuchhaltung, eng zusammen *(financial accounts and cost accounts are closely linked)*. Die Finanzbuchhaltung liefert das Bild der finanziellen Vorgänge *(financial transactions)*, der Geschäftslage *(trading position)* und des Geschäftserfolgs *(financial results)*. Die Betriebsbuchhaltung benutzt aus diesem Material nur diejenigen Zahlen, an denen der „Betrieb" beteiligt ist. Das ist die Gesamtheit der Einrichtungen *(facilities)* und Tätigkeiten *(activities)*, die dem Betriebszweck *(business objective)* dienen. In produzierenden Unternehmen *(producing/manufac-*

[1] Definition aus Harold J. Sheldon: „*Cost Accounting and Costing Methods*", Tenth Edition, 1960, Macdonald & Evans, London, S. 1.

turing enterprises) sind das die Produktion und der Absatz *(selling)* von Gütern, in Handelsunternehmen *(enterprises in wholesaling and retailing, wholesale and retail enterprises)*[1] der Einkauf und Verkauf *(buying and selling)* von Waren, im Falle von Dienstleistungsgewerben *(service industries)* ist es die Erstellung von Dienstleistungen *(supply of services)*. Der Unterschied zwischen den beiden Buchhaltungsbereichen besteht darin, daß die Finanzbuchhaltung mit Aufwand *([total] expenditure)* und mit Ertrag *(income)* zu tun hat, die Betriebsbuchhaltung dagegen nur mit Kosten *(cost[s])*[2] und Kostenkonten *(cost accounts)* sowie andererseits mit Leistung *(output)*. Der Unterschied zwischen Aufwand und Kosten wird im täglichen Sprachgebrauch unter englischen und amerikanischen Kaufleuten eher noch weniger beachtet als im Deutschen. Für eine schlüssige Kostenrechnung ist es aber wichtig, in den Geschäftsbüchern *(books of account)* die betriebsfremden und außerordentlichen Aufwendungen *(non-operative and extraordinary/exceptional/non-recurring expenses)* von den betrieblichen und ordentlichen *(operative and ordinary expenses)* zu trennen. Ebenso sind auf der anderen Seite betriebsfremde und außerordentliche Erträge *(non-operative and extraordinary/exceptional/non-recurring income)* getrennt zu halten von den betrieblichen und regelmäßigen Erträgen *(operative and ordinary income)*.

Das Schema, nach dem sich das Kontensystem der gesamten Buchhaltung aufbaut, ist je nach Wirtschaftszweig verschieden. Es gibt aber Vorbilder dafür, im Deutschen „Einheitskontenrahmen" (Übersetzungsvorschlag: *uniform scheme of accounts)* genannt. Danach stellt sich das einzelne Unternehmen seinen eigenen Kontenplan *(plan/chart of accounts)* zusammen mit Klasseneinteilung der Konten nach Dezimalsystem *(class numbering of accounts in decimal system)*. Die Schlüsselnummern *(code numbers)* werden zur Kontierung *(coding)*, zur numerischen Bezeichnung der von einem Geschäftsvorfall berührten Konten *(accounts affected by a transaction)*, benutzt.

Die Betriebsbuchhaltung oder Betriebsabrechnung hat die Aufgabe, die Kosten zu erfassen *(find/ascertain/record cost)* und aufzuteilen, umzulegen *(apportion, allocate,* AE auch *prorate)*. Sie vereinigt in sich Elemente der Materialbuchhaltung *(stores accounting)*, der Lohnbuchhaltung *(wages accounting)*, der Anlagenbuchhaltung *(plant accounting)* und der Gemeinkostenrechnung *(overhead accounting)*. Auf einige Begriffe aus diesen Buchhaltungsbereichen sei zunächst eingegangen: Bei den Materialkonten wird unterschieden zwischen Bestandskonten *(stock accounts)* und Verbrauchs- oder Verrechnungskonten *(issue accounts)*. Ferner geht es nach Rohstoffen *(raw materials)* oder Fertigungsmaterial *(manufacturing materials)*, Hilfsstoffen *(auxiliary materials)*, Betriebsstoffen *(fuels)*, allgemeinem Material *(general stores)*, Wartungs- und Reparaturmaterial *(maintenance and repair stores)*, Büromaterial *(stationery)*, Packmaterial *(packing materials)* und was sonst noch gebraucht werden mag. Es muß unterschieden werden zwischen Einzelfertigungsmaterial *(direct materials)* und Gemeinkostenmaterial *(indirect materials)*.

Bei den Löhnen gibt es unter anderem Fertigungslöhne *(manufacturing wages)*, Wartungslöhne *(maintenance wages)*, Meisterlöhne *(supervision wages)*, Löhne

[1] *Trading* wäre nicht „Handeln" im Gegensatz zu „Produzieren", sondern jede kommerzielle Betätigung.

[2] Das Plural-s empfiehlt sich, wenn man mehrere Gruppen von Kosten im Sinne hat; es ist aber nicht notwendig.

der Werkstattbüros *(shop-office wages)*, Löhne und Gehälter der allgemeinen Verwaltung *(wages and salaries of administration)* und des Vertriebs *(wages and salaries of distribution)*. Wiederum muß nach Einzel- oder direkten Löhnen *(direct wages)* und Gemeinkosten-, Hilfs- oder indirekten Löhnen *(indirect wages)* unterschieden werden. Die indirekten Löhne und Gehälter lassen sich, wie die indirekten Materialien, nicht unmittelbar einem bestimmten Erzeugnis zurechnen. Sie müssen zuvor aufgeteilt *(divided)* und umgelegt *(apportioned, allocated,* AE auch *prorated)* werden. Dazu benutzt man je nach Bedarf Hilfskonten, nämlich Sammelkonten *(control accounts)* und Zwischen- oder Verrechnungskonten *(suspense accounts)*.

Der Sammelbegriff für alle Kosten, die sich ohne weiteren rechnerischen Umweg für die einzelne Erzeugnis- oder Verkaufseinheit direkt erfassen lassen, ist Einzelkosten *(direct/prime cost)*. Sie treten hauptsächlich in der Produktion auf, und die beiden größten Gruppen sind Einzelkosten-Fertigungsmaterial *(direct production materials)* und Einzelkosten-Fertigungslöhne *(direct production wages)*. Bei großen, neuen Erzeugnissen, die in Einzelfertigung *(one-off/single-unit production)* hergestellt werden, sind auch Einzel-Konstruktionslöhne *(direct design wages)* denkbar. Ferner hat der Vertrieb *(distribution)* oft mit Einzelkosten zu tun, wie Verpackung, Versand des einzelnen Stücks und Vertreterprovision *(salesmen commission)*. Solche Kosten werden als Sondereinzelkosten *(special direct cost)* der jeweiligen Unternehmensfunktion bezeichnet, hier also Sondereinzelkosten des Vertriebs *(special direct cost of distribution)*.

Im Gegensatz zu den direkten Kosten lassen sich die indirekten oder Gemeinkosten *(indirect/overhead cost, oncost,* AE auch *supplementary costs, burden)* den Erzeugnissen nur auf Umwegen zurechnen. Je nach Informationsbedarf werden die Kosten zugeteilt *(allocated, apportioned)*: einer Abrechnungsperiode *(accounting period)*, einem Auftrag *(job, contract)*[1], Erzeugnisgruppen *(product groups)*, Erzeugniseinheiten *(product units)* oder zunächst Kostenstellen *(cost centres)*, das heißt Verantwortungsbereichen *(spheres of responsibility)*, Abteilungen *(departments)*, Unterabteilungen *(sub-departments, sections)*, Anlagen *(plants)*, einem Kostenplatz *(cost point)*, der nur gerade ein einzelner Arbeitsplatz ist, oder einem ganzen Produktionsprozeß *(production process)*. Die Ergebnisse aus diesen verschiedenen Formen der Kostenrechnung sind Periodenkosten *(period costs, costs on a time basis)*, Auftragskosten *(job/contract costs)*, Erzeugniskosten *(product costs)*, Stückkosten *(unit costs, costs per unit)*, Abteilungskosten *(departmental costs)*, Unterabteilungskosten *(sub-departmental/section costs)*, Anlagekosten *(plant/section costs)*, Platzkosten *(costs of a cost point)* oder Verfahrenskosten *(process costs)*. Die Zusammenstellung der Kosten nach ihren gemeinsamen Merkmalen geschieht in der Kostenartenrechnung *(cost classification)*. Werden die Kosten auf die Erzeugnisse verrechnet, so spricht man von Kostenträgerrechnung *([unit] product costing)*, weil die Erzeugnisse die auf sie entfallenden Kosten zu tragen haben: sie sind die Kostenträger *(cost units)*. Werden die Kosten auf die Abteilungen, Unterabteilungen, Arbeitsplätze usw. verrechnet, also auf die Kostenstellen *(cost centres)*, so spricht man von Kosten-

[1] Ein *contract* ist meist ein größerer Auftrag, besonders ein Bauauftrag; vergl. *contractor* im engeren Sinne = Bauunternehmer – im weiteren Sinne jeder Unternehmer, der liefert oder arbeitet, nachdem ihm ein Auftrag erteilt worden ist *(after having been awarded a contract)*.

stellenrechnung *(departmental/section/responsibility costing)*. Werden sie nach Aufträgen verrechnet, seien es Werksaufträge oder Kundenaufträge, so wird eine Auftragskostenrechnung oder Auftragskalkulation *(job/contract costing)* aufgemacht.

Notwendiger Umweg über Kostenstellen

*Essential detour via cost centres/*AE *centers*

Neben den bereits erwähnten Kostenarten *(cost groups)* sind die folgenden beispielhaft aufgeführten in der Regel ebenfalls Gemeinkosten: Verbrauch von Strom, Gas, Wasser, Dampf und hydraulischer Kraft *(hydraulic power)*, Werkstattmaterialien *(factory supplies)*, Abschreibung auf Gebäude *(depreciation on buildings)*, gewisse Mieten *(rents)* und Steuern, Kraftfahrzeugreparaturen *(motorcar, lorry and van repairs,* AE *automotive repairs)*, freiwillige Sozialleistungen *(voluntary social expenses)*, Weihnachtsgratifikationen *(Christmas bonuses)*, Weihnachtsgeschenke *(Christmas gifts)*, Kindergeld *(child benefits)*, Urlaubslöhne *(holiday pay)*, Reisekosten *(travel expenses)*, Werbekosten *(advertising expenses, public relations expenses)*, Rechtskosten *(legal charges)*, Patent- und Lizenzkosten, Patentgebühren *(expenses on patents and licences, patent and licence fees)*, Zinsen *(interest)*, Zeitschriften *(magazines, periodicals)*, Bewirtungskosten *(entertainment expenses)*, Verbandsbeiträge *(trade associations' fees)*, Handelskammerbeiträge *(contributions to the chamber of commerce)*, Büromaschinen *(office machinery)*, Musterkosten *(samples expenses)*, Schutzkleidung *(protective clothing)*, Ausbildungszuschüsse *(training allowances)*, Telefon- und Telegrammgebühren *(telephone and telegram charges)*, Porto *(postage)*, Bankgebühren *(bank charges)*, Gebühren für Werksinspektionen *(works inspection fees)*.

Da der Betriebsabrechner *(cost accountant)* und der Kostenrechner *(cost[ing] clerk)* Gemeinkosten nicht sogleich den jeweiligen Enderzeugnissen belasten kann *(charge overheads to the respective final products)*, muß er sie zunächst den einzelnen Kostenstellen belasten *(charge to cost centres/*AE *centers)*. Von da aus können sie auf die Erzeugnisse umgelegt werden, oft durch einfache Division. Aber in jedem Unternehmen gibt es Bereiche und Abteilungen, die an der Fertigung entweder gar nicht beteiligt sind oder nur indirekt zur Fertigung des Enderzeugnisses beitragen. Demnach unterscheidet man in der deutschen Betriebsabrechnung verschiedene Kostenstellengruppen *(groups of cost centres/*AE *centers):* Allgemeine Kostenstellen, Materialkostenstellen, Fertigungshilfsstellen, Fertigungsstellen, Verwaltungskostenstellen und Vertriebskostenstellen. Eine weitere Unterscheidung ist im Deutschen die nach Hauptkostenstellen und Hilfskostenstellen, wobei zu den ersteren die Fertigungsstellen sowie Material-, Verwaltungs- und Vertriebskostenstellen gehören, zu letzteren die allgemeinen Kostenstellen und die Fertigungshilfsstellen[1].

Allgemeine Kostenstellen sind solche, die für das gesamte Unternehmen da sind, also zum Beispiel die Gesamtheit der Grundstücke und Gebäude mit ihrer Wartung, Abschreibung, Versicherung, Grundsteuern und anderem; andere Bei-

[1] So Karl Sewering, „Kostenrechnung in der Industrie", Betriebswirtschaftlicher Verlag Dr. Th. Gabler, Wiesbaden, S. 75.

spiele für allgemeine Kostenstellen sind die Energieversorgung *(power supply)*, das Kesselhaus *(boiler plant)*, die Wasserversorgung *(water supply)*, die zentrale elektronische Datenverarbeitung *(electronic data processing, computer department)* oder die Sozialstelle *(welfare department)*. In der englischen Fachsprache gibt es kein Wort für „allgemeine Kostenstelle“, aber die Übersetzung *general cost centre* würde im Zusammenhang verstanden werden. Beispiele für Fertigungshilfsstellen sind der Modellbau *(pattern shop)*, Werkzeugmacherei *(tool room)*, Wartungsstelle *(maintenance shop)*, Zeichenbüro *(drawing office)*. Materialkostenstellen sind der Einkauf *(buying)*, die Warenannahme *(goods inwards office)*, die Lager *(stores)*, Reservelager *(depots for reserve stock)* und anderes. Ein strikt abgegrenztes englisches Wort für Fertigungshilfsstellen und Materialkostenstellen gibt es zwar nicht, aber die Übersetzung *subsidiary/auxiliary cost centres of production* und *cost centres materials* sollte im Zusammenhang verstanden werden. Verwaltungsstellen *(cost centres of administration)* sind die allgemeine Verwaltung des Unternehmens. Vertriebstellen *(cost centres of distribution)* sind alle die Stellen, die das Erzeugnis versandfertig machen *(make the product available for dispatch)* und unter Umständen es auch noch ausliefern *(deliver)* oder ansonsten versenden *(send off, post off, dispatch)*. Zum Unterschied von den Vertriebskosten sind übrigens Verkaufs- oder Absatzkosten *(selling costs)* solche, die beim Hereinholen von Aufträgen *(securing orders)* oder bei der Schaffung von Nachfrage *(creating demand)* für das Produkt entstehen[1]. Eine zwar grobe aber verständliche und übliche Unterscheidung ist im Englischen die nach *service departments, subsidiary manufacturing departments* und *direct production departments*. Das entspricht etwa der deutschen Unterscheidung nach allgemeinen Kostenstellen, Fertigungshilfsstellen und Fertigungsstellen. Die Gruppen von Kostenarten und -stellen und diese selbst werden zweckmäßigerweise nach einem Kostenschlüssel *(cost code)* numeriert.

Diese Unterscheidungen haben nicht nur theoretische Bedeutung, sondern sind wichtig, um den Gang der Kostenrechnung klar zu machen. Diese vollzieht sich in mehreren Stufen: In der ersten Stufe der Kostenrechnung *(first stage of costing)* werden die Kosten der allgemeinen Kostenstellen auf mehr oder weniger alle Kostenstellen des Unternehmens umgelegt. In der zweiten Stufe werden die Kosten der Fertigungshilfsstellen auf die Fertigungsstellen umgelegt. Oft erbringen zwei Kostenstellen Leistungen füreinander. Dann muß eine Vorverrechnung dieser wechselseitigen Kosten *(pre-allocation of interdependent costs)*[2] stattfinden.

Für diese Rechenoperationen muß der Kostenrechner die anfallenden Kosten zunächst auf Kostenbögen zusammenfassen und ordnen *(collect and marshal costs on cost sheets, cost statements, cost summary sheets)*, ehe er sich an ihre Verteilung auf die Kostenstellen *(apportionment to/distribution among cost centres)* macht. Dabei erweist sich, daß einige Kostenarten gar nicht verteilt zu werden brauchen, weil ohne weiteres ersichtlich ist, wer sie in welcher Höhe verursacht hat: Wenn eine Maschinenwerkstatt *(machine shop)* Drehstähle braucht, neue Glühbirnen oder Ersatzteile für ihre Fräsmaschine *(milling machine)*, so erhält der Kostenrechner darüber von dieser Werkstatt über die Werkzeugausgabe

[1] nach: *„Terminology of Cost Accountancy“*, Published by the Institute of Cost and Works Accountants, Gee & Co (Publishers) Ltd., London, 1966.

[2] *„Cost Accounting in Industrial Management“*, a.a.O., S. 55.

(tools issue) oder über die Materialausgabe *(materials issue)* Materialgemeinkostenzettel *(indirect materials issue/requisition notes)* und kann auf diese Weise die Werkstatt genau belasten *(charge)*. Der Stromverbrauch einer Werkstatt wird auf ihrem Stromzähler *(meter)*, manchmal auch noch auf Zwischenzählern *(submeters)* festgehalten. Solche Kosten sind bei der Werkstatt noch Einzelkosten und heißen deshalb Stelleneinzelkosten *(direct costs of cost centres)*, zum Unterschied von Stellengemeinkosten *(indirect costs of cost centres)*, die auch an den Kostenstellen nicht direkt erfaßbar sind. Beim Kostenträger *(cost unit)* sind die Hilfsmaterialien und der Strom in der Regel Gemeinkosten, weil nicht für das einzelne Stück exakt feststellbar: Kostenträger-Gemeinkosten *(indirect costs of the cost unit)* – zum Unterschied von den direkten Fertigungsmaterialien und -löhnen, die Kostenträger-Einzelkosten *(direct cost of the cost unit)* heißen.

Bereitet also im Falle von Stellen-Einzelkosten die direkte Zurechnung zu Kostenstellen *(direct allocation to cost centres)* keine Schwierigkeit, so muß sich der Betriebsabrechner im Falle von Stellengemeinkosten über den Umlageschlüssel *(basis of apportionment)*[1] klar werden, den er anzuwenden hat. Grundsätzlich ist das irgendein Maß der Inanspruchnahme. Soweit Stromverbrauch nicht mehr von Zählern direkt abgelesen werden kann, wird man ihn auf die Unterkostenstellen *(cost sub-centres)* und Kostenplätze *(cost points)* verteilen auf der Basis der dort installierten elektrischen Leistung *(wattage)*, kombiniert mit der Zahl der Arbeitsstunden. Heizungskosten *(heating cost)* können umgelegt werden entweder nach der Größe der jeweils installierten Heizkörper oder im Verhältnis des Rauminhalts *(in ratio to the cubic capacity)*. Gehälter und Löhne von Aufsichtspersonal *(supervisory staff)*, Betriebsingenieuren *(production engineers)*, Werkstatt-Hilfsarbeitern *(shop labo[u]rers)* usw. können entweder nach der Zahl der verrichteten Einzelarbeiten oder auf Zeitbasis *(on a time basis)* umgelegt werden. Die Kosten der Kostenstelle Grundstücke und Gebäude wird man nach der Fläche der einzelnen Büros, Werkstätten, Laboratorien usw. umlegen, die Kosten der EDV-Anlage oder der Sozialstelle nach der Zahl der Beschäftigten in den einzelnen Werkstätten, Büros usw.

Die Umlegung und Verteilung der Kosten auf die Kostenstellen der Fertigung hat im allgemeinen ihre Grenze bei den Material-, Verwaltungs- und Vertriebskostenstellen. Deren Kosten werden jeweils für sich gesammelt und dann nur noch in einem Prozentsatz dem Produkt zugeschlagen.

Abschreibungen werden, ohne Schlüsselaufteilung, direkt an der jeweiligen Kostenstelle erfaßt[2]. Als Betrag der Abschreibung *(depreciation)* kann in der Kostenrechnung nicht ohne weiteres der Betrag verwendet werden, der in der Finanzbuchhaltung *(financial accounts)* erscheint. Dieser ist oft bestimmt von finanzpolitischen Überlegungen der Unternehmensleitung. Er soll zum Beispiel zu einer hohen Eigenkapitalbildung *(cash flow)* beitragen und ist daher in den ersten Jahren oft viel höher als später. Solche Überlegungen müssen in der Betriebsbuchhaltung im Interesse einer sauberen Errechnung der Kosten aus-

[1] Die Wörter *allocation, apportionment, allotment* und gelegentlich auch *distribution* werden oft für den gleichen Rechenprozeß verwendet. Manche Kostenrechner unterscheiden genauer zwischen *direct allocation* = direkte Erfassung und Zurechnung, sowie *apportionment* = Umlage nach Schlüssel.

[2] W. Kalveram, „Betriebsabrechnung", Betriebswirtschaftlicher Verlag Dr. Th. Gabler, Wiesbaden, 1949, S. 100.

geschaltet werden. In die Kostenrechnung gehen daher kalkulatorische Abschreibungen ein. Das sind produktions- und nutzungsbedingte Abschreibungen, in denen außerdem das technisch-wirtschaftliche Veralten *(obsolescence)* berücksichtigt ist. Im Englischen finden sich für kalkulatorische Abschreibungen Bezeichnungen wie *depreciation in cost accounts, physical depreciation* oder *process depreciation.* Sie werden ermittelt *(ascertained)* an Hand eines Anlagen- und Maschinenverzeichnisses *(plant and machinery register).* Es enthält neben den technischen Einzelheiten der Maschine oder Anlage ihren Standort *(location),* den Anschaffungswert *(cost of acquisition)* plus Montagekosten *(installation costs),* den Wiederbeschaffungswert *(replacement value)* – denn dieser wird oft für die kalkulatorischen Abschreibungen zugrunde gelegt, – die geschätzte Nutzungsdauer *(estimated useful life),* den voraussehbaren Schrottwert *(scrap value)* oder Wiederverkaufswert *(trade-in value)* und anderes. Für die kalkulatorischen Abschreibungen geht man sodann von der wahrscheinlichen Zahl der Betriebsstunden *(operating hours)* der Maschine oder dem geschätzten möglichen Durchsatz *(throughput)* aus. – Die verschiedenen Verfahren der Bilanzabschreibungen *(depreciation in financial accounts)* sind an anderer Stelle geschildert. Ob auch kalkulatorische Zinsen *(interest in cost accounts, interest for costing purposes, cost of capital)* in die Kostenrechnung einzubeziehen sind, ist in England umstritten. Doch ist man sich natürlich im klaren darüber, daß bejahendenfalls Zins nicht nur auf das Fremdkapital *(borrowed capital/funds)* zu verrechnen ist, sondern auch ein gedanklicher Zins auf das Eigenkapital[1] *(notional interest on equity/proprietary capital).* Noch weniger geneigt ist man in England, kalkulatorischen Unternehmerlohn[2] (Übersetzungsvorschlag *entrepreneur's remuneration in cost accounts;* üblich, aber weniger genau *management salaries)* und kalkulatorische Wagnisse *(contingencies [in cost accounts])* zu verrechnen.

Auf Konten oder Betriebsabrechnungsbogen

On accounts or departmental cost distribution summary

Der oben geschilderte Prozeß der Verteilung der Kosten auf Abteilungen und kleinere Kostenstellen kann sich in verschiedener Weise vollziehen: auf Konten und auf dem Betriebsabrechnungsbogen *(departmental cost distribution summary).* Hat ein Unternehmen viele Kostenstellen, so kann das Kontensystem schwerfällig und unübersichtlich werden. Viele Posten müssen über die Konten der Hilfskostenstellen hinweggewälzt werden. Das bedeutet eine Menge Buchungen *(entries).* Dabei sind diese Konten nur Durchgangskonten[3] *(transit accounts),* von denen die Kostenbeträge alsbald auf die Hauptkostenstellen übertragen *(posted)* werden. Wegen dieses Umstands ziehen viele Unternehmen heute den Betriebsabrechnungsbogen – BAB – vor. Er ist eine Übersichtstabelle, die zeigt, wie sich die Kostenarten *(cost groups)* auf die Kostenstellen verteilen. Auf dem

[1] So nach Walter W. Bigg, „*Cost Accounts*", Eighth Edition, Macdonald & Evans, London, 1963, S. 93.

[2] Gemeint ist das Entgelt für die Arbeit des Einzelunternehmers im eigenen Unternehmen oder des Teilhabers in einer Gesellschaft ohne eigene Rechtspersönlichkeit, nicht das Gehalt des Managers in einer Kapitalgesellschaft.

[3] Karl Sewering, „Kostenrechnung in der Industrie", a.a.O., S. 77.

BAB werden auch die Verteilungsschlüssel angegeben und die verschiedenen Gemeinkostenzuschläge *(overhead charges)* ausgerechnet.

Bis dahin hat man nun zweierlei erreicht: 1. Man hat sich Kostenunterlagen *(costing data)* geschaffen, mit deren Hilfe man die Betriebsabteilungen während einer Abrechnungsperiode *(accounting period)* auf ihre Kosten untersuchen, mit ihrer Produktionsleistung *(productive performance)* vergleichen und ihre Schwächen oder Stärken erkennen kann. 2. Man kennt das Verhältnis *(ratio)* von Gemeinkosten zu Einzelkosten *(prime/direct cost)* im ganzen Betrieb wie in den einzelnen Fertigungsstellen und ist damit in der Lage, eine Kostenträgerrechnung, eine Stückkalkulation *(unit/product costing)* aufzumachen. Diese braucht man für zwei Gelegenheiten: für die Vorkalkulation *(estimate)* und für die Nachkalkulation *(historic costing)*. Wenn ein Kunde an das Unternehmen eine Preisanfrage richtet *(asks for a quotation)* oder einen Voranschlag erbittet *(asks for an estimate)*, gilt es, einen Verkaufspreis festzusetzen *(fix a selling price)*, der die Kosten deckt *(covers cost)*. Dazu muß man die Gemeinkostenzuschläge wissen. Ebenso braucht man sie, wenn das Erzeugnis oder die Erzeugnisse erstellt sind und nun seine Kosten im nachhinein ermittelt werden, sei es für einen Einzelauftrag *(one-off/single-unit order)* oder für eine Serie *(batch)*, sei es auch für die Produktion, die zunächst auf Lager geht *(goes into stock, is taken into stock)*. In diesen Fällen ist die Kalkulation eine Einzelkalkulation *(single-unit costing)* oder eine Serienkalkulation *(batch costing)*.

Das deutsche „Kalkulation“ und „kalkulieren“ *(to cost)* kann im Englischen und Amerikanischen in aller Regel nicht mit *calculation* und *calculate* übersetzt werden. Diese Wörter heißen zunächst nichts weiter als „Rechnung“, „Berechnung“ und „rechnen“. Eine *calculating machine* ist eine Rechenmaschine. Ein Vorkalkulator ist ein *estimating clerk*, sein Büro ist das *estimating office*, und der Leiter der Vorkalkulation ist der *chief estimator*. Die Nachkalkulation ist *costing* oder, mit besonderer Betonung, *historical costing*. Der Mann, der dies besorgt, ist der *cost[ing] clerk*, und wenn er nicht nur mit einfachen Arbeiten beschäftigt ist, sondern schon mit der Kostenumlage und Betriebsabrechnung, ist er Betriebsbuchhalter, *cost accountant* oder auch *works accountant*.

Aber zurück zur Kostenträgerrechnung. Sie stellt sich am einfachsten, wenn einheitliche Erzeugnisse *(uniform products)* vorliegen, wie es in Kohlenbergwerken *(coal mines)*, Steinbrüchen *(quarries)*, Kiesgruben *(gravel pits)*, Brauereien *(breweries)* oder Zementwerken *(cement works)* der Fall ist. Ist das Erzeugnis immer genau das gleiche, so genügt eine einfache Divisionskalkulation *(output costing)*: Die Kosten werden durch die Zahl der produzierten Einheiten dividiert. Schwieriger wird es, wenn die Erzeugnisse etwa in Größe oder Art mehr als geringfügig voneinander abweichen, zum Beispiel in der Ziegelei Mauerziegel, Klinkersteine und Dachpfannen. Bei diesen einzelnen Gruppen sind die Kosten der Brenndauer unterschiedlich. Daher muß ein Wägungsschema *(weighting scheme)* berechnet werden, aus dem sich nach Brenndauer, nach Prozeßdauer gewägte Ausstoßeinheiten *(output units weighted by the duration of process)* ergeben: Äquivalenzziffern *(equivalent units)*. Dann können die Kosten durch die Zahl der Äquivalenzziffern geteilt und jeder Produktgruppe die Kostenanteile zugemessen werden, die sie auf Grund ihrer Äquivalenzziffern zu tragen hat. Auch in Produktionszweigen, aus denen Kuppelprodukte *(joint products)* und

Nebenprodukte *(by-products)* hervorgehen, bedient man sich einer solchen Äquivalenzziffer-Kalkulation *(costing with equivalent units)*. Haben die Nebenprodukte jedoch nur ganz geringen Wert, dann ist dieses Verfahren zu aufwendig. Dann ist es am einfachsten, die Verkaufserlöse *(sales proceeds)* für die Nebenprodukte oder, soweit diese noch nicht verkauft sind, ihren Marktwert *(market value)* von den Gesamtkosten abzuziehen, so daß sich die Kosten des Hauptprodukts *(main product)* mindern.

Wo die Erzeugnisse sehr unterschiedlich sind, berechnet man ihre Kosten mit Hilfe von Gemeinkostenzuschlägen *(overhead/oncost charges,* AE auch *burden charges)*. Man weiß aus der Kostenerfassung *(cost recording/ascertainment)*, der Kostenartenrechnung und der Kostenstellenrechnung, wie sich die direkten Kosten und die Gemeinkosten im ganzen Betrieb und in den einzelnen Abteilungen zueinander verhalten, und verrechnet sie nun im gleichen Verhältnis auf das Erzeugnis. Meist macht man das nicht mit einem einzigen Zuschlag, sondern in mehreren Rechenoperationen nacheinander. Zunächst werden die direkten Materialkosten *(direct materials cost)* – Einzelkosten-Fertigungsmaterial – addiert, sowohl die aus der Fertigung kommenden als auch die dem Lager entnommenen Materialien *(materials drawn from stock)*. Dieser Summe werden die Materialgemeinkosten *(indirect materials cost, materials overhead)* in einem Prozentsatz zugeschlagen: Gemeinkostenzuschlag auf Material *(overhead charge on materials)*, Gemeinkostensatz bezogen auf Material *(direct materials cost percentage rate)*. – Manchmal werden den direkten Materialkosten auch mehr als nur die materialabhängigen Gemeinkosten zugeschlagen. – Die Zwischensumme *(sub-total)* aus Einzelmaterialkosten und Materialgemeinkosten wird im Deutschen als Materialkosten *(cost of materials)* bezeichnet.

Sodann faßt man die direkten Fertigungslöhne *(direct wages)* zusammen und schlägt ihnen die lohnabhängigen Gemeinkosten oder Fertigungsgemeinkosten *(indirect labo[u]r cost)* zu: Gemeinkostenzuschlag auf Fertigungslöhne *(overhead charge on direct wages)*, Gemeinkostensatz bezogen auf Löhne *(direct wages percentage rate)*. – Manchmal werden den direkten Fertigungslöhnen auch mehr als nur die lohnabhängigen Gemeinkosten zugeschlagen. – Die Zwischensumme aus direkten Fertigungslöhnen und lohnabhängigen Gemeinkosten wird im Deutschen als „Fertigungskosten" bezeichnet; im Englischen gibt es dafür, soweit ersichtlich, keine feststehende Bezeichnung, zu erwägen wäre *manufacturing cost*.

Materialkosten und Fertigungskosten zusammen ergeben die Herstellkosten, etwa zu übersetzen mit *works cost*.

Ein einfacheres, aber weit weniger genaues Verfahren ist, die gesamten Herstellgemeinkosten *(works overhead, overhead cost of production)* als material- und lohnabhängige Gemeinkosten in einem Satz der Summe von Einzelfertigungsmaterial und Fertigungslöhnen, also den gesamten Fertigungseinzelkosten *(prime cost of production)*, zuzuschlagen: Gemeinkostenzuschlag auf Fertigungseinzelkosten *(overhead charge on prime cost)*, Gemeinkostensatz bezogen auf Einzelkosten *(prime cost percentage rate)*.

Der nächste Schritt ist, den Herstellkosten einen Prozentsatz an Verwaltungskosten *(administration cost)* zuzuschlagen. Das kann natürlich nur mit solchen Verwaltungskosten gemacht werden, die nicht bereits auf Fertigungshauptstellen umgelegt sind. Unmittelbar darauf folgt als letzter Gemeinkostenzuschlag *(overhead charge)* der Zuschlag der Vertriebsgemeinkosten *(indirect distribution cost)*. Zu den Vertriebsgemeinkosten gehören die Löhne und Gehälter der Vertriebsabteilung *(dispatch department)* sowie deren allgemeine sachliche Kosten, darunter Kosten von Katalogen *(catalogues)* und Preislisten *(price lists, quotations)*, Unterhaltung von Ausstellungsräumen und Außenvertriebsstellen *(upkeep of showrooms and regional sales offices)* sowie von Lieferwagen *(delivery vans)*, Gehälter und Löhne für den Lagerverwalter *(stock keeper)* des Fertigwarenlagers *(finished goods stock)* sowie für die Packer *(packers)* und Fahrer von Auslieferungswagen *(van drivers)*[1]. Daneben werden die Vertriebskosten zu einem großen Teil Einzelkosten *(direct cost)* sein, die für jedes Erzeugnis genau feststellbar sind: Frachtgeld *(carriage, freightage)* – soweit es nicht als *carriage forward* vom Empfänger zu zahlen ist –, Rollgeld *(cartage)*, Versicherung *(insurance)*, Einzelkosten für Verpackung *(direct packing charges)*, Vertreterprovisionen *(commissions to travel[l]ers or agents, salesmen commissions)*, Skonti *(cash discounts)*, Umsatzsteuer *(turnover tax)* oder Mehrwertsteuer *(value added tax)*.

Die Summe der Kalkulationsposten *(costing items)* bis einschließlich der Gemeinkosten des Vertriebs bezeichnet man im Deutschen als Selbstkosten *(total cost)*[2]. Auf diesen Betrag wird der Gewinnaufschlag *(profit charge)* gerechnet. Erst danach verrechnet man die Einzelkosten des Vertriebs.

Soweit die Gemeinkostenverrechnung auf den Kostenträger *(overhead absorption)* mit Hilfe von Gemeinkostensätzen *(overhead [recovery] rates)*. Viele der englischen Begriffe sind nicht so fest abgegrenzt wie in der deutschen Kostenrechnungs-Sprache, für die während der Jahre der Diktatur die Bezeichnungen von oben verordnet wurden – im Interesse einer strikten Kalkulations- und Preiskontrolle *(price control)* wollte man keine begrifflichen Unklarheiten zulassen.

Müssen wegen der Vielfalt einer Produktion mehrere Kalkulationsverfahren *(costing procedures)* zusammen angewendet werden, so spricht der Engländer von *multiple costing*, also etwa „kombinierte Kalkulation".

In Betrieben und Werkstätten, in denen sich die Kosten ziemlich zutreffend auf die einzelnen Arbeitsplätze verteilen lassen, sind rasche und gute Stückkalkulationen möglich mit Hilfe des Maschinenstundensatzes *(machine-hour rate)* und des Arbeiterstundensatzes *(labo[u]r-hour rate)*. Man weiß von der Kostenstellenrechnung her, was eine Stunde Arbeit der einzelnen Maschine oder des einzelnen Handarbeiters kostet, und kann daher nach der Zahl der für ein Erzeugnis benötigten Stunden dessen Kosten errechnen.

Modernes Rechnen mit Grenzkosten

Modern calculation with marginal cost

Ein Unternehmen, das nicht mit voller Leistung arbeitet *(does not work at full capacity, is not up to capacity)*, muß von den hier geschilderten Kalkulationsschemata oft abweichen. Um zusätzliche Aufträge hereinzubekommen, kann es

[1] Einige Beispiele aus Bigg, „*Cost Accounts*", a.a.O., S. 97.

[2] Oft wird für „Selbstkosten" auch nur *cost* gebraucht, zum Beispiel „unter Selbstkosten" = *below cost*, „zu Selbstkosten" = *at cost*.

einem potentiellen Kunden *(prospective customer)* nicht Preise auf Grund der vollen Kosten *(full/total cost)* stellen. Es wird daher nur Grenzkosten, Marginalkosten *(marginal cost)* berechnen. Das sind die zusätzlichen Kostenbeträge, die bei Steigerung der Produktion *(increase of production)* für die zusätzlichen Produktionseinheiten *(additional units of production)* anfallen: Wenn sich die Gesamtkosten der Produktion von vier Einheiten auf 1 000 Dollar und der Produktion von fünf Einheiten auf 1100 Dollar stellen, betragen die Grenzkosten 100 Dollar.

Um sie ermitteln zu können, muß man über das Kostenverhalten *(nature of cost)* Bescheid wissen, das heißt, man muß wissen, welche Kosten fix *(fixed cost)* sind, also unabhängig von der Höhe des Ausstoßes *(rate of output, volume of production),* und welche variabel *(variable cost)* sind, also bei zunehmender Produktion *(rising/increasing production)* im gleichen Maße steigen und bei fallender Produktion *(falling/declining production)* im gleichen Maße zurückgehen.

Variable Kosten sind in aller Regel die Einzelkosten, also direkte Materialaufwendungen, direkte Löhne, oft auch Eingangs- *(carriage inwards)* und Ausgangsfrachten *(carriage outwards).* Sie sind in der Regel sogar proportionale Kosten *(proportional costs).* Außerdem können Gemeinkosten variabel sein, zum Beispiel Strom, Hilfsmaterialien, Kühlmittel. Absolut fixe Kosten sind zum Beispiel die Feuerversicherung für die Gebäude oder Mieten. Sie bleiben bestehen, selbst wenn der Betrieb stilliegt: Stillstandskosten *(idle-time cost, idle-facilities cost).* Dazwischen gibt es noch teilfixe oder halbfixe Kosten *(semi-fixed costs).* Das sind zum Beispiel gewisse Löhne und Gehälter, weil man Hilfskräfte und Aufsichtspersonal *(supervisory staff)* erst vermindern kann oder verstärken muß, wenn der Beschäftigungsgrad *(plant utilization factor)* kräftig zurückgeht oder kräftig zunimmt. Grenzkosten sind in der Hauptsache die variablen Kosten.

Arbeitet also der Betrieb mit nennenswerten fixen Kosten, so bedeutet zusätzlicher Ausstoß *(additional output)* zwar entsprechend höhere proportionale Kosten, aber zunächst unveränderte Fixkosten. Daher sinken die Gesamtkosten je Einheit *(cost per unit).* Erbringen die zusätzlichen Produktionseinheiten beim Verkauf mehr als nur die Grenzkosten, so leisten sie bereits einen Beitrag zur Deckung der fixen Kosten. Der Deckungsbeitrag *([offsetting] contribution)* ist eine wichtige Schlüsselzahl *(indicator)* für die Steigerung der Rentabilität *(profitability),* unter anderem auch für die Antwort auf die Frage, ob man Erzeugnisse selbst herstellen oder fremdbeziehen *(buy out)* soll. Diese Beziehungen macht man sich am besten an Hand eines Schaubildes klar, das den Verlauf der fixen, der variablen und der Grenzkosten sowie die Rentabilitätsschwelle *(break-even point)* bei verschiedenen Beschäftigungsgraden *(different volumes of production)* aufzeigt: ein Rentabilitätsdiagramm *(break-even chart).* Im Deutschen ist neben dem Wort „Grenzkostenrechnung" auch „Deckungsbeitragsrechnung" sehr üblich. Im Englischen und Amerikanischen werden außer *marginal costing* auch die Bezeichnungen *direct costing, differential costing* und *incremental costing* verwendet, teils in leicht abgewandeltem Sinn. Für das Gegenstück „Vollkostenrechnung", bei dem alle Kosten, variable wie feste, auf die Erzeugnisse verrechnet *(charged to products)* werden, hat das englische *Institute of Cost and Works Accountants* die Bezeichnung *absorption costing.*

Ein schwieriges Kapitel der Kostenrechnung und Betriebsbuchhaltung ist die innerbetriebliche Preisstellung *(internal pricing)* für ausgegebenes Material und innerbetriebliche Leistungen *(internal services)*. Es ist oft nicht möglich, den Einkaufspreis von fremdbezogenem oder Herstellungskosten von selbsterstelltem Material später noch festzustellen, weil sich die einzelnen Partien *(lots)* vermischen. Der Fall, daß Material gerade für einen bestimmten Auftrag gekauft worden ist, so daß man es beim Verbrauch zu effektiven Anschaffungskosten oder Herstellungskosten verrechnen *(charge at actual cost)* kann, ist selten. Außerdem ist es ein wichtiger Grundsatz der Kostenrechnung, nur den betriebsbedingten Wertverzehr *(operating consumption/use of goods and services)* zu erfassen. Außerbetriebliche Preisschwankungen sollten daher möglichst neutralisiert werden *(extraneous price fluctuations should be neutralized/eliminated)*. Es geht nicht an, daß Material vor der Teepause *(teabreak)* zu einem anderen Preis ausgegeben und verrechnet wird als nach der Teepause, nur weil die Partien unterschiedlich teuer eingekauft worden sind. Deshalb muß man Verrechnungspreise *(costing prices)* bilden.

Je nach Art des Unternehmens und des Materials hat die Industrie verschiedene Verfahren der Preisstellung für ausgegebenes Material *(methods of pricing issues, pricing of issues)* entwickelt. Es sind Bewertungsverfahren *(methods of valuation/appraisal)* zugleich dafür, wie das Vorratsvermögen zu bilanzieren ist *(how to state stocks in accounts)*. Einige dieser Buchhaltungs-/Bilanzierungspraktiken *(accounting policies)* sind für Kostenrechnung, -vergleich *(cost comparison)* und -kontrolle *(cost control)* nur bedingt geeignet und nicht immer mit den gesetzlichen Bewertungsvorschriften *(regulations for valuation)* vereinbar. Eines ist die Fifo-Methode: Materialien werden in der Bilanz bewertet und bei der Ausgabe der Produktion belastet nach der Annahme, daß das zuerst eingekaufte Material auch zuerst ausgegeben *(issued)* wird – *first in, first out – Fifo*. Das Gegenstück sind Lifo-Preise, Wertansätze und Kostenpreise *(cost prices)* auf Grund der Annahme, daß das zuletzt eingegangene Material zuerst an die Produktion ausgegeben wird – *last in, first out – Lifo*. Beim *Hifo*-Verfahren wird unterstellt, daß diejenigen Waren zuerst verbraucht werden, die zum höchsten Preis eingekauft wurden – *highest in, first out – Hifo*. Beliebt war früher in Deutschland auch der sogenannte „Eiserne Bestand" *(base stock)*, das ist ein Sammelposten *(collective item)* von Material, der als Mindestbestand *(minimum stock)* in den Bilanzen immer wieder zum gleichen Festwert *(fixed value)* eingesetzt wird. Soweit diese Verfahren einen gleichbleibenden Wertansatz *(valuation)* in der Bilanz ermöglichen, sind sie vom Finanzamt, jedenfalls vom deutschen, nicht gern gesehen, weil sie eine sichere Ermittlung des Periodengewinns *(ascertainment of period profit)* verhindern. Dieser Nachteil wird vermieden bei einer Bewertung zu Durchschnitts-, Mittelpreisen *(mean prices)*, und zwar besser gewichteten Durchschnittspreisen *(weighted average prices)* aus den verschiedenen Einkaufslosen *(purchased lots)* als zu einfachen Durchschnittspreisen *(simple average prices)*. Mit der Einführung von festen Verrechnungspreisen *(fixed cost prices)* tut der Kostenrechner einen wichtigen Schritt zu einer Kontrolle der Wirtschaftlichkeit *(control of efficiency)* des Betriebs und damit letztlich seiner Rentabilität *(profitability)*. Er kann nun viel besser Mengen vergleichen, da sie in gleichbleibenden Werten ausgedrückt sind:

Mengen an Material, an Arbeitsleistung *(labo[u]r performance)*, an Produktion, an Diensten. – Eine Bewertung zu Wiederbeschaffungskosten *(replacement cost)* ist noch wenig üblich, kann aber in Zeiten rascher Inflation einen Sinn haben.

Bei der Bildung der Durchschnittspreise wird er ungewöhnliche Umstände der Vergangenheit ausscheiden, aber er wird Faktoren, die sich für die Zukunft abzeichnen, zum Beispiel höhere Preise für Energie *(power)* oder höhere Löhne, bereits in seine Rechnung einbeziehen. Der nächste Schritt ist, daß er auch aus den Gemeinkostenzuschlägen der Vergangenheit Durchschnittssätze bildet, denn auch diese können von Periode zu Periode schwanken. Stellt er sich diese Zahlen zusammen unter den Umständen einer einigermaßen normalen Beschäftigung seines Betriebs, so hantiert er von jetzt an mit Normalkosten *(normal cost)*, er hat eine Normalkostenrechnung *(normal costing)* eingerichtet. Nun wird es ihm aber bei der Verteilung der Gemeinkosten auf die Kostenträger *(allotment of overhead to cost units)*, der Gemeinkostenverrechnung *(overhead absorption)*, in aller Regel widerfahren, daß er im Vergleich mit den wirklichen Kosten, den Istkosten *(actual costs)*, zuviel oder zuwenig verrechnet: er erhält eine Kostenüberdeckung *(over-absorption)* oder -unterdeckung *(under-absorption)*. Solche Unterschiede werden entweder nachträglich anteilig verrechnet oder über ein Vorkonto des Gewinn- und Verlustkontos *(profit and loss account)* verbucht.

Mit Blick in die Zukunft: Plankostenrechnung

Forward looking: standard costing

Im wesentlichen rechnet unser *cost accountant* vorläufig noch immer mit Kosten, wie sie angefallen sind *(costs as they have been incurred)*, wenn auch mit Durchschnitten daraus, und korrigiert um gewisse in der Zukunft sichtbare Veränderungen. In modernen Unternehmen wird er sich damit jedoch nicht zufriedengeben, sondern versuchen, die Kosten genauer vorauszuplanen: Er geht zur Plankostenrechnung *(standard costing)* über. Plankosten *(standard costs)*, auch Vorgabekosten *(standard costs)* genannt, kommen dadurch zustande, daß die Unternehmensleitung Standards, Musterzustände, vorgibt *(sets standards)*, wobei sie von wirtschaftlicher Betriebsführung *(efficient operation)* ausgeht.

Die Plankostenrechnung ist nur Teil eines umfassenden Systems betrieblicher Vorausplanung *(business planning)*, bestehend aus vielen Plänen oder Vorgaberechnungen oder Budgets *(budgets)* für die einzelnen Verantwortungsbereiche. Der Ausgangspunkt ist meist der Absatzplan *(sales budget)*, an dem sich der Produktionsplan *(production budget)*, der Finanzplan *(financial budget)*, der Beschaffungsplan *(purchasing budget)*, der Personalplan *(manpower/labo[u]r budget)* orientieren. Natürlich stehen diese Funktionspläne *(functional budgets)* in Wechselbeziehung zueinander, denn der Absatz- und der Produktionsplan müssen sich zum Beispiel nach den Möglichkeiten der Personalbeschaffung *(recruitment)* richten. In der Kostenrechnung stellt man Kostenpläne oder Kostenbudgets *(cost budgets)* und Aufwandsbudgets *(expense budgets)* auf, im besonderen zum Beispiel Gemeinkostenbudgets *(overhead budgets)*. Das ganze System der Aufstellung von Budgets *(establishment of budgets)* und deren Überwachung an Hand der tatsächlich erreichten Ergebnisse bezeichnet man als *budgetary control,* etwa zu übersetzen mit „Betriebsüberwachung durch Plan- oder Budgetrechnung". Die Pläne reichen hinunter bis zu den Abteilungen und Kostenstellen, zum Beispiel Fertigungsabteilungen. Sie sind Teilbudgets, Teilpläne *(departmental/sectional budgets)* der Pläne der Unternehmensbereiche *(functional budgets),* und diese wiederum machen zusammen den Haupt- oder Gesamtplan *(master plan)*[1] für das ganze Unternehmen aus. Die englischen und amerikanischen Kostenrechner sprechen gelegentlich auch noch von einem *summary budget,* einem zusammengefaßten oder summarischen Plan, in dem nur die Schlüsselzahlen des Betriebs *(key operating figures)* und die des Unternehmens *(key financial figures)* zusammengestellt sind.

Mit der Festlegung dieser Plan- oder Vorgabekosten hat sich unser Kostenrechner ein gutes Stück von dem simplen rückblickenden Verfahren und von den Erfahrungswerten der Vergangenheit *(values of past experience)* entfernt. Ein weiterer wichtiger Schritt ist jedoch, sich nicht mehr mit festen, starren Plänen *(fixed budgets)* zu begnügen, sondern flexible Pläne, flexible Budgets *(flexible budgets)* aufzustellen, in denen unterschiedliche Beschäftigungsgrade *(variable levels of activity)* berücksichtigt sind.

Die Betriebsüberwachung selbst besteht in der Abweichungsanalyse *(variance analysis),* der Untersuchung der Differenzen zwischen den vorgegebenen Sollzahlen *(predetermined figures)* und den tatsächlich erzielten Ergebnissen, Istzahlen. Es gibt einen langen Katalog von Abweichungen *(variances).* Sie lassen sich einteilen in Gruppen wie Kostenabweichungen *(cost variances),* Preisabweichungen *(price variances),* Absatzabweichungen *(sales variances)* usw. Wenn für bezogenes Rohmaterial höhere Preise bezahlt wurden, als im Beschaffungsplan vorgesehen, ist das eine Einzelmaterial-Preisabweichung *(direct materials cost variance),* und man wird unter Umständen den Chefeinkäufer *(chief buyer)* um eine Erklärung bitten. Der Werksleiter und seine Betriebsingenieure werden nachzuforschen haben, wenn sich Abweichungen in der Materialausbeute *(materials yield)* gegenüber der geplanten Ausbeute ergeben, eine Abweichung in der Kapazitätsausnutzung *(capacity usage variance)* oder in der Arbeitsproduktivität *(labo[u]r efficiency)* ergeben. Auf der Verkaufsseite wird man Abweichungen von den geplanten Absatzmengen *(budgeted sales quantities)* oder geplanten Verkaufspreisen *(budgeted sales prices)* nachzugehen haben, um festzustellen, ob sie auf Grund scharfen Wettbewerbs *(due to sharp competition)* oder nur mangelnder Verkaufskunst *(lack of salesmanship)* der Verkäufer aufgetreten sind.

In manchen Betrieben und zu gewissen Zeiten wird es nötig sein, zusätzlich zu dem langfristigen Plan, dem Grundplan *(basic budget),* für kurze Fristen Zwischenpläne, Zwischenbudgets *(current budgets)* aufzustellen *(establish).* Saisonbetriebe werden in der ruhigen Zeit *(off-peak season),* in der „Sauregurkenzeit" *(silly season),* mit einem anderen Wirtschaftlichkeitsgrad *(efficiency ratio)* und einem anderen Ausnutzungsgrad *(capacity usage ratio)* zu rechnen haben, als während der Hauptsaison *(peak season)* und im Durchschnitt des ganzen Geschäftsjahres *(financial year).*

In modernen Unternehmen, vor allem in Amerika, aber auch in Europa, hat man die Abweichungsanalyse zu einem System unter der Bezeichnung

[1] Einige der englischen Bezeichnungen nach „*Terminology of Cost Accountancy*", a.a.O., S. 23/24.

management by exception, Unternehmensführung durch Beanstandung[1], fortentwickelt: Die jeweils selbständigen Verantwortungsbereiche oder Planbereiche *(budget centres/*AE *centers)* im Unternehmen müssen sich darum bemühen, die ihnen vorgegebenen Einzelpläne einzuhalten. Die vorgesetzte Stelle greift nur ein, wenn die Abweichung vom Plan ein gewisses Maß, etwa fünf Prozent[2], überschreitet, und beanstandet das oder läßt eine Ausnahme wegen besonderer Umstände zu, indem sie die Produktionsziele *(production targets),* Verkaufsziele *(sales targets)* usw. ändert.

Es gibt immer wieder Zeiten, da werden die Ausnahmen zur Regel und die Abweichungen zum Normalfall. Das Jahr 1971 war so eine Zeit: Die Wirtschaft verzeichnete in vielen Ländern kaum noch Wachstum oder bereits Stagnation *(stagnation).* Allen Bemühungen um Kostensenkung *(cost reduction)* zum Trotz trieb eine kräftige Kosteninflation ihr grausames Spiel mit den Budgets vieler Unternehmen *(cost-push inflation played havoc with companies' budgets).* Das Wort „Stagflation“, zusammengezogen aus „Stagnation“ und „Inflation“ wurde üblich. Unsicherheit über die Wechselkurse *(rates of exchange)* erschwerte das Auslandsgeschäft *(foreign trade).* Zahlreiche Unternehmen hatten mit einer weit auseinanderklaffenden Erlös/Kosten-Schere *(revenue-costs pincer)* fertigzuwerden und mußten Mittel und Wege finden, die finanzielle Überanspannung *(financial over-stretching)* zu lösen, in die sie auf Grund zu großzügiger Investitionen geraten waren. Viele Unternehmer bereuten ihre früheren Festpreisverträge *(fixed-price contracts)* und gingen zu Gleitklauseln *(escalation/* AE *escalator clauses)* über, so wie bald auch Indexlöhne *(index-linked wages)* üblich wurden.

Aus allem über Betriebsbuchhaltung und Kostenrechnung Gesagten geht hervor, daß die Organisation dieses Teils des Rechnungswesens, vor allem das Belegwesen *(voucher system),* in den Einzelheiten von jedem Betrieb selbst entwickelt und gestaltet werden muß, so wie er es braucht. Aber in den Grundzügen ähneln sich die Systeme doch und damit auch die Bezeichnungen.

Die Belege der Materialwirtschaft werden für zahlreiche Zwecke benötigt: Nachweis über Vorratsentnahmen *(drawings from stock),* Ergänzung der Bestände *(replenishing of stocks),* Verlust- und Schwundkontrolle *(loss and wastage control),* Vorsorge für Aufträge mit besonderer Dringlichkeit *(orders of special urgency),* Beobachtung der Preisbewegungen *(price movements),* Auswahl von Lieferanten *(suppliers),* Kontrolle des Verbrauchs in der Fertigung, Übernahme von Erzeugnissen aus der Fertigung, Kostenüberwachung, Kalkulation, Inventur *(inventory).* Wegen dieser vielen Bedürfnisse erscheinen die gleichen Materialaufzeichnungen *(materials records)* mit Beschreibung *(specification)* und Materialnummer *(materials code number)* von der Anforderung *(requisition)* bis zum Verbrauch immer wieder aufs neue an irgendeiner Stelle im Betrieb oder Büro. Oft müssen über einen Vorgang drei, vier und mehr Stellen unterrichtet werden, so daß der Beleg in dreifacher oder vierfacher Ausfertigung ausgeschrieben *(prepared in triplicate or quadruplicate)* werden muß. Optische Hilfsmittel erleichtern in diesem Papierstrom die Übersicht, zum Beispiel farbige Markierungen

[1] *to take exception* = Anstoß nehmen, beanstanden.

[2] Böckel/Hoepfner, „Moderne Kostenrechnung – lernpsychologisch aufbereitet“, Verlag W. Kohlhammer, Stuttgart, 1972, S. 161.

auf Durchschriften *(colo[u]red markings on copies)*, die regelmäßig an bestimmte Stellen gehen, „Reiter" *(file signals, riders)* auf den Karten der Lagerkartei *(stores cards tray)*, die anzeigen, wo Nachbestellungen *(re-orders)* oder Anmahnungen *(reminders)* fällig sind. Ein Materialhandbuch *(materials manual)* und andere Nachschlagewerke *(reference books)* lassen sich leichter handhaben und auf neuesten Stand bringen *(bring up to date)*, wenn sie in Loseblattform *(loose-leaf system)* gehalten – oder im Computer gespeichert *(stored)* sind.

Materialentnahmeschein – Lohnverrechnungsblatt – Gemeinkostenzettel

Stores requisition form – time analysis sheet – overhead expense form

An früherer Stelle ist bereits geschildert worden, wie Material in das Unternehmen hereingelangt. Das auslösende Schriftstück dazu ist die Bedarfsmeldung oder Einkaufsanforderung *(purchase requisition form)*, auf der die Lagerverwaltung *(stock control department)* die Einkaufsabteilung ersucht, bestimmtes Material zu bestellen *(order)*.

Auf der anderen Seite, der Ausgabe von Material an die Produktion, braucht man einen Materialanforderungs- oder Materialentnahmeschein *(stores requisition form)*, der im Lager auch als Ausgabebeleg *(issue note)* dient. Der Lagerist *(storekeeper*[1]*, stores attendant)* oder Materialausgeber *(stock/issuing clerk)* vermerkt die Ausgabe *(issue)* auf der Lagerfachkarte *(bin card)*. Die Karte hat Spalten für die Materialzugänge *(quantities received)* und die Materialausgänge *(quantities issued)* sowie eine weitere, in der er den neuen Bestand feststellen kann *(strike the new balance)*. Die Karte liegt zusammen mit dem Material im jeweiligen Fach oder Behälter *(bin)* oder ist außen befestigt. In ihrem Kopf *(head)* enthält sie die Materialschlüsselnummer *(materials code number)*, den zulässigen Höchstbestand *(maximum [stock])*, und den Mindestbestand für Nachbestellungen *(minimum re-order level)*. Für jede Materialbewegung muß die Belegnummer *(reference)* angegeben werden. Ab und an, wenn in der Produktion eine neue Serie oder ein größeres neues Einzelstück ansteht, wird der Lagerhalter statt einzelner Anforderungszettel einen Durchschlag der Stückliste *(parts list)* erhalten.

Wenn aus der Produktion Überschußmaterial *(excess material)* an das Lager zurückkommt oder solches, das fälschlich entnommen worden war, wird ein Rückgabeschein *(materials returned note, stores credit note, materials credit slip)* ausgeschrieben. Wird Material von einer Fertigungsstätte direkt zu einer anderen überstellt, so wird ein Materialübertragungsschein *(materials transfer note)* ausgeschrieben. Die Karte kann auch eine zusätzliche Spalte *(column)* enthalten für Bestände, die für einen bestimmten Auftrag vorgesehen, reserviert sind *(earmarked for a certain job)*.

Wenn der Lagerplatz für Materialien gelegentlich wechselt oder für zusammengehörige Materialien nicht reicht, braucht man einen Lagerplan *(stores location plan)* oder eine Lagerplatzkartei[2] *(location card index)*, auf deren Lager-

[1] Im AE ist das ein Einzelhändler *(retailer)*.

[2] Julius Greifzu (Hrsg.), „Das neuzeitliche Rechnungswesen", 7. überarbeitete und stark erweiterte Auflage, Hammerich & Lesser, Hamburg, S. 232.

platzkarten *(location cards)* keine Bestände, sondern nur der Aufbewahrungsort *(location)* vermerkt ist.

Ein Teil dessen, was auf der Lagerfachkarte geschieht, wiederholt sich auf den Material- oder Lagerkarten *(stock ledger cards, perpetual inventory cards)* der Lagerbuchhaltung *(stores accounts)*, doch werden hier auch Werte und Preise festgehalten. Neben diesem Lagerhaupt„buch“ *(stores ledger)*, das nach Materialkarten oder Materialblättern *(materials sheets)* eingeteilt ist, werden noch Tagebuchblätter *(stores day sheets)* zur Verbuchung der Materialbewegungen in zeitlicher Folge geführt. Eine weitere Aufzeichnung, die für die Materialkostenverrechnung benötigt wird, ist die Materialverbrauchsstatistik *(materials abstract, materials issue analysis sheet)*. Sie hält alle Materialausgaben während einer Periode oder für einen Auftrag im ganzen oder nach Verbrauchsstellen fest. In modernen Systemen der Lagerbuchführung, konventionell oder in Form der elektronischen Datenverarbeitung *(computerized)*, sind außer den bereits genannten Angaben auch eine pauschale Verbrauchsstatistik, eine Auswahl mehrerer möglicher Lieferanten und Zusatzangaben wie der Vermerk „bestellt“ *(on order)* einbezogen.

Auf dem Gebiet der Lohnabrechnung *(wages accounting)* sind die Uraufschreibungen *(prime/primary records)* unter anderem die Laufkarte, der Tagesarbeitszettel *(daily time record sheet)* oder der Wochenarbeitszettel *(weekly time record sheet)* des Zeitlöhners und der Akkordlohnzettel *(piecework card)* des im Akkord stehenden Arbeiters. Auf Kostensammelbögen *(cost summaries)*, Lohnverrechnungsblättern *(time analysis sheets)* und Arbeitsberichten *(labo[u]r reports)* werden, wie die Materialien, auch die Löhne nach Gruppen zusammengefaßt und nach Kostenstellen oder Aufträgen neu aufgegliedert.

Neben den beiden großen Kostenarten *(cost groups)* Material und Löhne gibt es die sonstigen Kosten und Ausgaben vielerlei Art, wie eingangs dieses Kapitels in Beispielen aufgeführt. Von Gemeinkostenzetteln *(overhead cost/expense notes)* werden sie auf Gemeinkosten-Sammelblättern *(overhead summary sheets)* nach Gruppen zusammengefaßt und finden von dort schließlich ihren Weg in den Betriebsabrechnungsbogen. In kleineren Unternehmen mögen die Kosten zunächst in einem Kosten- oder Ausgabenjournal *(costs/expenditure journal)* gesammelt und dann in ein Kostenhauptbuch *(cost ledger)* übernommen *(posted)*[1] werden. Zum Zwecke der Auftragsabrechnung oder Auftragskostenrechnung *(job costing)* wird man unter Umständen ein Auftragshauptbuch *(job ledger)* oder ein Auftragskosten-Sammelblatt *(job costs summary)* führen.

Da die Betriebsabrechnung nicht nur Kosten-, sondern auch Leistungsrechnung *(output accounting)* ist, seien auch hiervon noch einige mögliche Belege erwähnt: Auf Grund von Produktionsmeldungen *(output statements)*, Fertigungsnachweisen *(progress record cards)*, Produktionsstatistiken *(output summaries)* werden die einzelnen Kostenstellen mit ihrem Ausstoß *(output)* erkannt *(credited)*. Auf einem Leistungsabrechnungsbogen *(cost and output statement)* können wöchentlich oder monatlich die Kosten und Leistungen der Kostenstellen zusammengestellt werden.

Die Leistungen sind die produzierten Halbfabrikate *(work in progress, semifinished goods)* und Fertigfabrikate *(finished goods)*, zunächst zu Selbstkosten

[1] Unter *post* und *posting* versteht der englische Buchhalter meist die Übernahme auf ein Hauptbuchkonto.

(at cost). Werden Konten benutzt, so braucht man für die verschiedenen Arten von Kosten Zwischenkonten oder Verrechnungskonten, von denen aus man die Kosten, entsprechend der Verursachung, auf die Konten der Halb- und Fertigfabrikate *(work-in-progress accounts, finished-stock accounts)* übernimmt *(transfers).* Bei Verkauf der Fabrikate werden die auf dem jeweiligen Fabrikatekonto angesammelten anteiligen Kostenbeträge in das Soll *(debit)* des Betriebsergebniskontos *(costing profit and loss account)* übernommen; zu einem in der Regel höheren Betrag, der auch den Gewinn einschließt, wird auf einem Erlöskonto *(revenue account)* der Verkaufserlös *(sales revenue/proceeds)* gebucht *(entered)* und von da an in das Haben *(credit)* des Betriebsergebniskontos übernommen *(transferred).* So sammeln sich auf diesem Konto die Kosten und Betriebserträge *(operating revenue)* an, und es wird damit zum Kern einer kurzfristigen Erfolgsrechnung *(ascertainment of short-term operating profit or loss),* der alle betriebsfremden Elemente ferngehalten sind. Das Betriebsergebniskonto ist eine Vorstufe des Gewinn- und Verlustkontos.

Es gibt eine Reihe von Möglichkeiten, die Betriebsbuchhaltung mit der Haupt- oder Finanz- oder Geschäftsbuchhaltung zu verbinden. Sie kann völlig in die Geschäftskonten *(financial accounts/books)* eingebaut *(integrated)* sein, wobei sich der Buchungsfluß durch Kosten- *(cost accounts)* und durch Geschäftskonten zieht. Die Betriebsbuchhaltung kann getrennt, aber auch in Form von Statistiken neben der Geschäftsbuchhaltung herlaufen. Wo sie getrennt, aber in Kontenform geführt wird, wird die Verbindung zur Finanzbuchhaltung durch Gegenkonten *(contra accounts)* oder durch ein Angel- oder Übergangskonto *(transit account)* auf jeder Seite hergestellt.

„Take care of the pennies, the pounds will look after themselves." (Sprichwort)

Finanzbuchhaltung *

Journale und Hauptbücher

Journals and ledgers

Wie weit die Finanzbuchhaltung ausgebaut und aufgegliedert wird, richtet sich wiederum nach den Bedürfnissen des einzelnen Betriebs. In Unternehmen von einiger Größe ist jedoch Maschinenbuchführung *(machine accounting/bookkeeping)* im Durchschreibsystem *(duplicate system)* absolut üblich. Der kleine

* *Financial accounting.*

Einzelhändler *(retailer),* Schlachter *(butcher),* Lebensmittelhändler *(grocer)* oder Obst- und Gemüsehändler *(greengrocer)* sowie die Angehörigen der freien Berufe *(professions)* haben meist keine Buchungsmaschinen *(accounting machines).* Sie begnügen sich mit handschriftlicher Buchführung *(manual bookkeeping),* bei der sie im wesentlichen die Einnahmen *(receipts, takings)* und Ausgaben *(expenses)* aufschreiben, dazu die ausstehenden Forderungen *(outstanding debts)* und die Schulden *(liabilities)* und einige weitere Aufzeichnungen *(records),* aber nicht in doppelter Buchführung *(double-entry bookkeeping),* sondern in einfacher *(single-entry bookkeeping).* Der Personal-Computer dringt auch hier vor.

Zwischen dem Buchhalter *(bookkeeper)* und dem Bilanzbuchhalter *(accountant)* besteht ein wesentlicher Unterschied. Jener ist für die laufende Buchung zuständig, während sich der *accountant* auf die übergeordnete Arbeit beschränkt: Das Erstellen *(producing)* von Zahlen und Übersichten *(statements)* über den Geschäftserfolg *(financial/business success),* das Bewerten der Vermögensgegenstände *(valuation of assets)* und der Schulden, Bemessung der Abschreibungen, innerbetriebliche Revision *(internal audit),* Vorbereitung des Jahresabschlusses *(preparing of the annual financial statement)* und dergleichen. An der Spitze der Buchhaltungsabteilung *(accounts department)* steht der Buchhaltungschef *(chief accountant).* Der angestellte *(employed)* wie der freiberuflich tätige Buchhaltungsfachmann *(accountant in public practice)* müssen über Handelsrecht *(mercantile/commercial law)* und Steuerrecht *(tax law)* Bescheid wissen. Die höchste Stufe des Buchhalters ist der Wirtschaftsprüfer *(chartered accountant – C. A.,* AE *certified public accountant – C. P. A.).* Er muß ein nicht ganz leichtes Examen bestehen *(pass an examination),* um Mitglied einer Standesorganisation *(professional body)* werden zu können, zum Beispiel des *Institute of Chartered Accountants in England and Wales,* also etwa „Institut der Wirtschaftsprüfer", in Amerika des *American Institute of Certified Public Accountants (AICPA).* Die Kunst und Wissenschaft, die diese Vereinigungen und ihre Mitglieder betreiben, ist *accountancy,* etwa „Buchhaltungswesen und Wirtschaftsprüfung".

Der einfache Buchhalter *(bookkeeper)* in der Privatwirtschaft wird gelegentlich auch nach der Tätigkeit bezeichnet, für die er eingesetzt ist, zum Beispiel Kreditorenbuchhalter *(purchase/bought ledger clerk)* oder Debitorenbuchhalter *(sales ledger clerk).*

Zwei Gruppen von Geschäftsbüchern *(books of account)* sind in der Hauptsache zu unterscheiden: Grundbücher oder Journale *(day books, journals),* in denen die Geschäftsvorfälle *(business transactions)* in zeitlicher Reihenfolge aufgezeichnet werden, und Hauptbücher *(ledgers),* in denen sie systematisch, aber zusammengefaßt, auf den verschiedenen Gruppen von Konten verzeichnet werden. Die Engländer nennen die beiden Arten von Büchern auch Bücher für Erst- und für Zweiteintragungen *(books of prime/first/original entry; books of second entry).* Die wichtigsten Journale sind das Wareneingangsbuch *(purchases day book/journal),* das Warenverkaufsbuch *(sales day book, sales journal),* das Kassenbuch *(cash book/journal)* – dieses unter Umständen noch aufgespalten in Kasseneingangsbuch *(cash receipts/received journal)* und Kassenausgangsbuch *(cash payments journal)* – sowie das Tagebuch *(general journal, journal proper).* Während das Kassenbuch Eingänge *(receipts)* und Zahlungen *(payments)* erfaßt *(records),* nehmen die beiden Warenbücher Kreditkäufe *(credit purchases)* und

Kreditverkäufe *(credit sales)* auf. Das Tagebuch verzeichnet alle sonstigen Geschäftsvorgänge *(business transactions)*. Je nach Bedarf können weitere Bücher als Hilfs- oder Nebenbücher *(subsidiary books)* hinzutreten, etwa ein Wechselbuch *(bill book)*, ein Devisenbuch *(currency book)*, ein Anlagenverzeichnis *(plant register)* und andere. Oft benutzt man außerdem eine oder mehrere Kladden, Strazzen *(memo[randum] books)*, in denen Vorgänge, die erst später in das Grundbuch eingetragen werden, zunächst zwangslos notiert werden.

Die Buchungen *(entries)* in den Journalen werden nach einiger Zeit auf die Hauptbücher übertragen *(posted; posting* ist in der Regel die Übertragung in ein Hauptbuch). Die Übersetzung von *ledger* mit „Hauptbuch", obwohl allgemein üblich, befriedigt nicht voll, denn nach deutscher Vorstellung sind gewisse englische *ledgers* durchaus keine Hauptbücher. Wenn man also von Hauptbuch schlechthin spricht, sollte als englische Bezeichnung eine der folgenden gewählt werden: *general ledger, nominal ledger, impersonal ledger, private ledger*. Aber wichtige Hauptbücher sind nach englischer Vorstellung auch das Lieferanten- oder Kreditorenbuch *(purchases/bought/creditors ledger)* und das Kunden- oder Debitorenbuch *(sales/debtors ledger)*, während diese Bücher in der deutschen Buchführung Nebenbücher sind. Wie weit der englische Begriff *ledger* reicht, zeigt sich auch an dem Lagerbuch *(stores ledger)*, dem Kostenbuch oder Kosten„haupt"buch *(cost ledger)* oder dem Auftrags„haupt"buch *(job ledger)*.

Die englische Bezeichnung *impersonal ledger* für Hauptbuch im engeren Sinne erklärt sich damit, daß es hier nicht mehr um die Geschäftsfreunde geht, sondern um Sachen und Bestände: Waren *(merchandise)*, Grundstücke *(real property/estate)*, Anlagen *(plant)*, Maschinen *(machinery)*, Verbindlichkeiten *(liabilities)* usw. Die weitere Bezeichnung *private ledger* rührt daher, daß das Hauptbuch nicht jedem Angestellten in der Buchhaltung zur Einsicht offenstehen soll, sondern nur dem Unternehmer und dem Bilanzbuchhalter *(accountant)*. Im Hauptbuch sind Einnahmen und Ausgaben, Aktiva und Passiva *(assets and liabilities)* sowie das Eigenkapital *(net worth, owner's equity)* oder – bei Gesellschaften mit einem Nominalkapital *(nominal capital)* – das Aktienkapital *(share capital,* AE *capital stock)* und die Reserven *(reserves)* zusammengefaßt. Die Hauptbuchhaltung *(financial accounts)* ist der Ort im Unternehmen, wo sich letztlich alle Zahlen niederschlagen.

Im Lieferanten- und im Kundenbuch haben jeder Warengläubiger *(creditor)* und jeder Warenschuldner *(debtor)* ein Konto. Die englischen Bezeichnungen werden, wie im Deutschen, zugleich auch für den sachlichen Tatbestand gebraucht: Waren- oder Lieferverbindlichkeit, Kreditor *(creditor, [account] payable)*; Waren- oder Lieferforderung, Debitor *(debtor, [account] receivable)*.

Das Wort „Bücher" ist nicht wörtlich zu verstehen. Zwar werden auch heute noch in kleinen Unternehmen gebundene Bücher verwendet. Aber für manuelle Durchschreibbuchführung und für Maschinenbuchführung braucht man lose Kontokarten *(account cards)* und Kontoblätter *(account sheets)*. Wo die Buchhaltung oder ein Teil davon in elektronischer Datenverarbeitung *(electronic data-processing)* geführt wird, müssen die Angaben und Zahlen der den Buchungsvorgang auslösenden Unterlagen *(initiating documents)* zunächst von Hand eingegeben werden oder in einer Form vorhanden sein, daß der Computer sie als optische Zeichen *(optical characters)* erfassen kann. Aber er muß die von ihm gespeicherten Daten und die

Rechenergebnisse daraus auch sichtbar wiedergeben, und so erscheinen sie dann entweder auf dem Bildschirm *(visual display unit – vdu)* oder doch wieder gedruckt auf langen Papierbögen. Unternehmen mit umfangreichem Anfall gleichartiger Buchungen ersetzen oft das Grundbuch durch eine Sammlung der Belege, die geschlossen abgeheftet und deren Beträge obenauf addiert werden: Belegbuchhaltung (Übersetzungsvorschlag: *voucher accounting system)*[1].

Personen- und Sachkonten

Personal and impersonal accounts

Nach der Natur der Konten unterscheidet man im wesentlichen folgende Gruppen: Personenkonten *(personal accounts)* für die Lieferanten und Kunden, Sachkonten oder Bestandskonten *(impersonal accounts)* für Vermögensgegenstände und für Verbindlichkeiten. Die Sachkonten sind entweder Aktivkonten *(assets accounts)* oder Passivkonten *(liabilities accounts).* Konten, auf denen sich der Geschäftserfolg abspielt, sind Erfolgskonten *(nominal accounts),* und sie können Ertragskonten *(income/revenue accounts)* oder Aufwandskonten *(expense accounts)* sein. Aktivkonten und Aufwandskonten einerseits, Passivkonten und Ertragskonten andererseits unterscheiden sich durch ihre Grundkontierung *(basic account class)*[2]: die ersten haben ihre Grundkontierung im Soll *(debit),* sie beginnen mit einem *basic debit,* da Anfangsbestand *(opening stock/inventory, original value/fund)* und Zugänge *(increases, additions)* im Soll stehen, Abgänge *(decreases, issues)* und Endbestand *(final balance)* im Haben *(credit).* Die zweiten haben ihre Grundkontierung im Haben, sie beginnen mit einem *basic credit,* da Anfangsbestand und Zugänge im Haben stehen, Abgänge und Endbestand im Soll.

Ein weiterer Unterschied der Kontenklassen besteht insofern, als ihre Salden *(balances)* in verschiedene Abschlußrechnungen *(accounting reports)* eingehen *(enter):* Die Erfolgskontosalden *(p&l items)* werden über das Gewinn- und Verlustkonto *(profit and loss account,* AE auch *income statement)* abgeschlossen, die Bestandskontosalden *(balance sheet items)* über die Bilanz *(balance sheet)* oder, wie es zunächst heißt, über das Schlußbilanzkonto *(final balance sheet account).* Allerdings wird der Saldo der Erfolgsrechnung *(profit and loss account,* AE *income statement)* am Ende ebenfalls auf das Schlußbilanzkonto übertragen *(transferred).* Er erscheint dort entweder selbständig als Gewinn/Verlust oder als Mehrung *(increase)* oder Minderung *(decrease)* des Kapitalkontos *(capital/ ownership account)* des einzelnen Unternehmers.

An einem alltäglichen Vorgang, einem Verkauf von Waren auf Kredit *(sale of goods on credit)* sei ein typischer Buchungsvorgang geschildert, bei dem eine Reihe von Konten und mehrere Bücher berührt *(affected)* werden: der auslösende Buchungsbeleg *(initiating voucher)* ist der Rechnungsdurchschlag *(copy invoice).* Die Rechnungsabteilung *(invoice/billing department)* hat die Verkaufs-

[1] Übersetzungsvorschlag nach Otto Dobbek, „*Finance and Accounting*", Fachwörterbuch für Buchhaltungs- und Finanzwesen, Deutsch–Englisch, Heinrich Reinhardt Verlag, Frankfurt/M., 2. erweiterte Auflage, 1948.

[2] R. G. A. Boland, „*Accounting Step by Step*", Book 2: „*Debit and Credit*", The English Universities Press Ltd., London, 1965.

oder Ausgangsrechnung *(sales invoice)* auf der Fakturiermaschine *(billing machine)* ausgeschrieben *(made out)*. Das Original *(first copy, original)* ist dem Kunden *(customer)* übersandt *(sent)* worden. Ein Durchschlag *(copy)* geht an die Buchhaltung *(accounts department)*. Unter sehr bescheidenen Umständen in einem kleinen Unternehmen würde es genügen, dort auf einem Konto „Warenforderungen“ *(debtors)* im Hauptbuch den Rechnungsbetrag *(amount of invoice)* im Soll zu buchen *(make an entry on the debit side, to enter the amount on the debit side; debit side = debtor = Dr.)*[1]. Die Gegenbuchung *(other entry)* wäre zu machen im Haben *(on the credit side; credit side = creditor = Cr.)* des Warenverkaufskontos *(sales [revenue] account)* im Hauptbuch. In den weitaus meisten Unternehmen ist dieses einfache Verfahren aber nicht möglich. Das Hauptbuch wäre im Nu überschwemmt mit einer Flut solcher Einzelbuchungen. Es nimmt daher in der Regel nur Summen vieler einzelner Buchungen in jeweils einem Betrage auf. Die Masse der Einzelbuchungen wird von den Journalen aufgefangen.

In der Praxis eines Unternehmens mit Maschinenbuchhaltung würde der Buchhalter das Journalblatt *(day book sheet)* des Warenverkaufsbuchs *(sales day book, sales journal)* einspannen und sich dazu die Karteikarte des Kunden aus dem Karteikasten „ziehen“ *(pull the customer's card from the tray)*, der das Kundenbuch *(debtors/sales ledger)* darstellt. Diese Karte wird dem Journalblatt vorgesteckt *(front-fed)*[2].

Er trägt nun den Rechnungsbetrag *(enters the amount of invoice)* im Soll des Kundenkontos ein, wodurch der zugleich in das Soll des Journalblatts eingeht. Dann nimmt er die nächste Kundenkarte, steckt sie wiederum vor usw. Es wird also jeweils zugleich im Kundenbuch und im Journal gebucht *(journalized)*. Tatsächlich besteht die Buchung aus mehr als nur einem Betrag. Es gehören dazu auch das Datum *(date)*, ein abgekürzter Buchungstext *(reference)*, die Rechnungsnummer *(invoice number)*, der alte Saldo *(old balance)*, der Umsatz *(turnover)* selbst, danach der neue Saldo *(new balance)*.

Zum Zwecke einer Summenkontrolle hat der Buchhalter zuvor eine Belegaddition *(pre-listing)* durchgeführt, indem er die Beträge der ihm übergebenen Rechnungen addiert hat[3]. Durch Abstimmen *(reconciliation)* dieser Summe *(total)* mit der Summe im Journal kann er insoweit die Richtigkeit der Buchungen sichern. Diese Summe schlägt sich noch einmal auf einem Sammelkontoblatt *(control account sheet)* nieder, das der Kundenkartei oder einem Teil davon beigegeben und vorangestellt ist. Auf ihm ist jederzeit die Höhe der Außenstände von Kunden *(accounts receivable, outstanding debts)* ersichtlich. – Es fehlt nun noch die Gegenbuchung. Sie findet im Haben des Warenverkaufskontos statt und wird in einem einzigen Betrage vorgenommen: der Summe der Tagesbuchungen im Journal.

Im Prinzip in gleicher Weise wird verfahren, wenn die Lieferanten ihre Rechnungen geschickt haben und der Buchhalter diese Einkaufs- oder Eingangsrech-

[1] Wenn man den Buchungssatz *([set of] entries)* angibt *(gives the entries)*, sagt man heute meist zum Beispiel: *debit bank account, credit cash account*, also „per Bankkonto an Kassakonto“ oder nur „Bankkonto an Kassakonto“.

[2] *front-feed* = vorstecken, *rear-feed* = hinterstecken.

[3] Einige Begriffe in diesem Teil der Darstellung sind, mit freundlicher Genehmigung, entnommen: Wise and Tighe, „*Modern Accounting*“, Book one, Longman Group Ltd., London, 1970.

nungen *(purchase invoices)* zur Verbuchung erhalten hat. Benutzt werden dazu zunächst das Wareneinkaufsbuch und die Karten der Lieferantenkartei, gebucht wird auf der Habenseite mit der späteren Gegenbuchung im Soll des Wareneinkaufskontos (*[merchandise] purchases account)* des Hauptbuchs.

Kunden und Lieferanten, mit denen nur gelegentlich ein Geschäft getätigt wird, haben unter Umständen kein eigenes Konto, sondern zu mehreren eines zusammen mit der Bezeichnung „Verschiedene Kunden" *(sundry debtors)* und „Verschiedene Lieferanten" *(sundry creditors)*.

Die übliche Zahlungsweise im Einzelhandel war bisher im wesentlichen die in bar oder mit Scheck. Aber rationeller ist die Kontenbelastung beim Einkauf *(point-of-sale debiting – POS)*, die elektronische Geldumbuchung *(electronic funds transfer – EFT)* an der Kasse des Einzelhändlers auf sein Bankkonto von dem des Kunden. Außerhalb des Einzelhandels sind in der Hauptsache folgende Zahlungsformen üblich: mit Scheck *(cheque*, AE *check)*, mit Banküberweisung *(credit transfer*, das Formular dazu: *credit transfer form)*, Postscheck *(post giro cheque)*, Postschecküberweisung *(post giro transfer)*, Postanweisung (bei sehr kleinen Beträgen: *postal order*, bei größeren: *money order)*, für regelmäßig wiederkehrende Zahlungen mit Dauerauftrag an die Bank *(standing/banker's order)* oder durch Einzugsauftrag *(debit transfer, direct debiting)*, oder mit Postscheck-Dauerauftrag *(giro standing order)*, ferner mit Wechsel *(bill of exchange)*, sei es gezogenem Wechsel, Tratte *(draft)*, oder mit Eigenwechsel, Solawechsel, auch „trockener" Wechsel genannt *(promissory note)*, der eigentlich nur ein Zahlungsversprechen ist.[1]

Wenn die Zahlungen der Kunden eingehen, werden ihre Konten entsprechend erkannt *(accounts are credited accordingly)*. Der Buchhalter erhält dazu die Zahlungsmitteilungen *(remittance advices)*, also etwa die Gutschriftanzeige *(credit advice)* von der Bank oder, wahrscheinlicher, eine Sammelmeldung über Zahlungseingänge *(cash received sheet)* von der Kasse *(cashier)* oder den Gutschriftabschnitt des Einzahlungszettels *(counterfoil of the pay-in slip)*, mit dem Barmittel und Schecks auf das eigene Konto bei der Bank eingezahlt worden sind.

Der Buchhalter spannt das jeweilige Tagebuchblatt des Kassenbuchs oder des Kasseneingangsbuchs ein, steckt die verschiedenen Kundenkarten vor und bucht auf beiden Blättern zugleich im Haben. Die Summe dieser Buchungen überträgt er später in das Soll des Bankkontos *(bank account)* oder des Postscheckkontos *(National Giro account)* des Hauptbuchs. Selten mag ein Kunde eines Industrie- oder Großhandelsunternehmens auch einmal in bar zahlen *(pay cash)*; dann würde das Kassenkonto *(cash account)* belastet werden, und der Barbestand darauf ist *cash in hand*. Die meisten Zahlungsein- *(receipts)* und -ausgänge *(payments)* werden Bankeingänge *(bank receipts)* und -ausgänge *(bank payments)* sein.

Die Kasse ist daher oft nicht viel mehr als eine Spesen- oder Handkasse *(petty cash)*. Für die laufenden kleinen Barausgaben einer Woche oder eines Monats ist ein Kassenvorschußsystem *(float/imprest system)* üblich: Der Hauptkassierer (chief cashier) übergibt oder überweist *(remits)* einer Stelle im Unternehmen oder einem Außenbüro *(branch office)* einen Kassenvorschuß *(float, imprest)*. Am

[1] Ein im Inland gezogener/ausgestellter *(drawn, issued)* und zahlbarer Wechsel ist ein Inlandswechsel *(inland bill of exchange)*. Einer, der nicht in Großbritannien ausgestellt und zahlbar ist, ist ein Auslandswechsel *(foreign bill of exchange)*.

Ende des Monats übergibt der für diese Nebenkasse, diesen Barvorschuß (für beides *cash float)* Verantwortliche eine Aufstellung *(list, return)* der Ausgaben *(expenses).* Daraufhin wird seine Kassenausstattung *(cash float)* wieder auf die volle Höhe gebracht.

Als Kassenbelege *(petty cash slips/vouchers)* für die Abstimmung der Kasse *(reconciliation of cash, proving cash)* dienen dem Kassierer *(cashier)* Ausgabenzettel *(expenses slips)* verschiedener Art, zum Beispiel in der Form des Spesenerstattungsformulars *(expenses claims form).* Ein Kassenüberschuß *(excess of cash),* für den es keine Erklärung gibt, kann fast ebenso unangenehm sein wie ein Kassenfehlbetrag *(cash short).*

Hoher Zins: Skonto

High rate of interest: cash discount

Die einfachsten Zahlungsbedingungen *(terms of payment)* des Lieferanten wären „netto" *(net),* „ohne jeglichen Abzug" *(strictly net),* „netto Kasse" *(net cash),* „prompte Zahlung" *(prompt cash).* Noch strenger ist „Zahlung gegen Nachnahme" *(cash on delivery – C. O. D.).* Mitunter wird sogar „Vorkasse" *(payment in advance)* gefordert oder „Kasse bei Auftragserteilung" *(cash with order).* Stehen Lieferant und Kunde schon lange in Geschäftsverbindung miteinander, so wird der Lieferant nicht auf sofortiger oder gar auf Vorkasse bestehen. In diesem Falle mag die Zahlungsbedingung etwa lauten: „Zahlung: Netto monatlich *(terms: net monthly).* Oder es wird sogar ein Skonto *(cash discount)* eingeräumt: 3 % bei Zahlung binnen sieben Tagen" *(3 % seven days).* Der Deutlichkeit halber mag hinzugefügt werden „... nach Empfang der Waren *(after receipt of goods – r. o. g.).* Amerikanische Kurzformel für „3% Skonto bei Zahlung binnen sieben Tagen nach Empfang": *3/7 r. o. g.* Gelegentlich wird das Skonto von der „Zahlung bis zum zehnten Tage des Monats, der dem Rechnungsdatum folgt" *(10th of month following date of invoice),* oder „bis zum zehnten Tage nach Ende des Liefermonats" (AE *10 days end of month – E. O. M.)* abhängig gemacht. *Cash discount,* das Wort für „Skonto" ist nicht zu verwechseln mit *trade discount* = „Händlerrabatt". Dieser wird nur Wiederverkäufern eingeräumt und ist viel höher, zum Beispiel $33^1/_3$ Prozent.

Wo in großem Umfange mit Wechseln gezahlt zu werden pflegt, gehören zur Buchhaltung in der Regel als weitere Hilfsbücher je ein Buch für Besitzwechsel *(bills receivable)* und für Schuldwechsel *(bills payable).* Unternehmen des Einzelhandels haben meist nur ein Wechselbuch, „Wechselkladde" *(bill book)* genannt, weil nur sie selbst mit Wechseln zahlen, hingegen von ihren Kunden kaum je mit Wechseln bezahlt werden. Sind zwei Bücher vorhanden, so sind verschiedene Bezeichnungen dafür möglich, etwa für Besitzwechselbuch, auch Wechselkopierbuch genannt, *notes/bills receivable journal* oder *notes/bills receivable register,* und für das Schuldwechsel- oder Trattenbuch *notes/bills payable journal/register.* In den Büchern werden die Einzelheiten der Wechsel verzeichnet. Das sind: die Wechselsumme *(amount of the bill),* der Verfalltag *(due date, date of maturity),* der Aussteller *(drawer;* im Falle des Eigenwechsels: *maker),* der Bezogene *(drawee),* der zugleich Akzeptant *(acceptor)* ist, sobald er akzeptiert hat, sodann die Vormänner oder Vorinhaber des Wechsels *(previous holders)*, ferner die Angabe, ob ein Indossant *(endorser)* seinem Indossament *(endorsement)* etwa eine Angstklausel „ohne Haftung“ *(without recourse)* beigefügt hat, die Zahlstelle *(domicile)*, sofern eine besondere Zahlstelle auf dem Wechsel vorgeschrieben ist *(if the bill is domiciled)*[1].

Wechsel, die dem Zahlungsempfänger *(payee)* zur Bezahlung eines Warenkaufs gegeben werden, heißen Warenwechsel *(commercial bills)* oder Handelstratten *(trade acceptances)*. Sie sind zu unterscheiden von Finanzwechseln *(finance bills)*; ihnen liegt kein Warenumsatz zugrunde, sondern sie dienen nur als Instrument zur Geldbeschaffung.

Böse Sache: Wechsel nicht honoriert

Serious matter: bill of exchange dishono[u]red

Zahlt der Kunde mit einem Wechsel, so wird sein Konto im Kundenbuch erkannt, und die Gegenbuchung erfolgt im Soll des Kontos „Besitzwechsel“ *(bills receivable account)*. Die weiteren Buchungen im Zusammenhang mit dem Wechsel richten sich danach, was später damit geschieht, ob man ihn für die ganze restliche Laufzeit *(for its remaining life)* behält und ihn dann zur Zahlung präsentiert *(presents for payment)* oder ob man ihn vorher bei der Bank diskontiert *(discounts)*. Es mag auch gelegentlich geschehen, daß der Wechsel nicht eingelöst *(dishono[u]red)* wird. Dann läßt man dies zunächst durch einen Notar vermerken und bestätigen *(has it noted and attested by a notary public)*: Man läßt den Wechsel „zu Protest gehen“ *(has the bill protested)*, und zwar hier zu Protest mangels Zahlung *(protest for non-payment)*[2]. Trägt der Wechsel noch weitere Unterschriften, so hat der Gläubiger eine Rückgrifforderung *(recourse claim)* gegen sie, und er wird ihnen raschestens „Notifikation“, Notanzeige *(notice of dishonour)* zugehen lassen. Ist niemand mehr da, auf den er zurückgreifen kann *(on whom he can fall back)*, auch kein Bürge *(surety)*[3], mag es allerdings geschehen, daß er den Wechsel wieder aus dem Wechselkonto ausbuchen *(get the bill off the bills account)* und seine Warenforderung auf ein Konto „zweifelhafte Forderungen“ *(doubtful/bad debts)* oder auch „uneinbringliche Forderungen“ *(uncollectible debts)* umbuchen *(transfer)* und im übrigen gerichtliche Schritte ergreifen *(take legal action)* muß.

Aber nehmen wir an, der Kunde zahlt innerhalb der Skontofrist mit Scheck, zieht dazu das ihm gebotene Skonto ab, und der Scheck „platzt“ *(bounces)* auch nicht. Dann würden wir seinem Konto in unserem Kundenbuch den Scheckbetrag sowie den Skontobetrag gutbringen. Die Gegenbuchungen wären der Scheckbetrag im Soll unseres Bankkontos und der Skontobetrag im Soll unseres Kontos „Skontoaufwendungen“ oder „Kundenskonti“ *(discounts allowed)*.

[1] Unter anderem nach: „Dr. Gablers Wirtschafts-Lexikon“, (6. Auflage, 1965) Stichwort: „Wechselkopierbuch“, Betriebswirtschaftlicher Verlag Dr. Theodor Gabler, Wiesbaden.

[2] Wird der Wechsel vom Schuldner trotz Vereinbarung nicht akzeptiert, so kann er zu „Protest mangels Annahme“ *(protest for non-acceptance)* gehen. Ob Zahlungs- oder Annahmeverweigerung – in beiden Fällen sagt man, der Wechsel sei „nicht honoriert“ *(dishono[u]red)* worden.

[3] *Surety* bedeutet außer „Bürge“ auch „Bürgegeld“ und „Bürgschaft“. Für Bürgschaft im Sinne von Bürgschaftsvertrag oder Bürgschaftsverpflichtung auch *surety bond*.

Das Gegenstück zu den Skonti, die wir den Kunden einräumen, sind Skonti, die unsere Lieferanten uns gewähren, also von uns aus gesehen Skontoerträge oder Lieferantenskonti *(discounts received)*. Unsere Zahlung und der abgesetzte Skontobetrag würden dem Konto des jeweiligen Lieferanten in unserem Kreditorenbuch belastet, hingegen würden unser Bankkonto und unser Konto „Skontoerträge“ erkannt, eventuell nachdem die Zahlungen und Skonti des ganzen Tages im Kassenausgangsjournal *(cash payments journal)* gesammelt worden sind. In der Lieferantenkartei ist auf einer vorangestellten Kontrollkontokarte *(control account)* der gesamte Stand unserer noch offenen Verpflichtungen gegenüber unseren Lieferanten am Ende eines jeden Tages ersichtlich.

Nicht nur mit Zahlungen und Skonti können sich Gutschriften *(credit entries)* zugunsten der Kundschaft oder Lastschriften *(debit entries)* auf den Konten der Lieferanten ergeben. Wenn einer zuwenig berechnet hat *(he undercharged)*, muß das korrigiert werden, ebenso wie natürlich eine Zuvielbelastung *(overcharge)*. Mängelrügen wegen der Qualität *(complaints about quality)* oder wegen der Anzahl und Menge *(complaints about quantity)* der gelieferten Ware schlagen sich auf dem Konto nieder. Die Mängelrüge kann zu einem Sondernachlaß *(special discount)* führen. Mitunter muß aber die ganze Sendung zurückgeschickt werden. Im traditionellen Kaufmannsdeutsch spricht man von einer „Retoure“ *(return)*. Läßt man selbst eine Lieferung *(delivery)* an seinen Lieferanten zurückgehen, so spricht man im Englischen von einer *return outwards*. Bekommt man dagegen eine Sendung *(consignment, shipment)* zurück, so ist das ein *return inwards*. Entsprechend werden in größeren Unternehmen ein Kundenretourenbuch *(returns inwards journal)* und ein Lieferantenretourenbuch *(returns outwards journal)* geführt, beide zusammen sind die Retourenbücher *(returns books)*. Wird die Mängelrüge als zu Recht bestehend anerkannt und die Ware zurückgenommen, so erhält der Kunde eine Gutschriftanzeige *(credit note,* AE üblicher *credit memo[randum])*. Das Gegenstück dazu ist die Lastschriftanzeige *(debit note,* AE üblicher *debit memo[randum])*. Die Gutschriftanzeige hingegen, die die Bank ihrem Kunden zusendet, wenn auf seinem Konto Beträge eingegangen sind, ist ein *credit advice*. Ein Kontoauszug ist ein *statement,* sowohl zwischen gewerblichen Unternehmen als auch zwischen der Bank und ihrem Kunden, im letzteren Falle deutlicher als *bank statement* bezeichnet.

Die Übersendung von Auszügen ist in Handel und Industrie der angelsächsischen Länder viel üblicher als in Deutschland. Man schätzt das *statement* als zusätzliches Mittel der Überwachung, etwa für den Fall, daß Schecks oder Rechnungen verloren gehen. Bei Durchschreibbuchführung kann zugleich mit der Buchung im Grundbuch und im Journal der Kontoauszug aufgestellt *(made out)* werden.

Der Abschluß der Bücher

The closing of accounts

Nach dem Ende der Rechnungsperiode *(accounting/trading period)*, spätestens am Ende des Geschäftsjahres *(business/financial/*AE *fiscal year)*, heißt es in der Buchhaltung die Konten abschließen *(rule off the accounts)*, die Kontenstände abstimmen *(reconcile the balances)*, die vorbereitenden Abschlußbuchungen oder

Umbuchungen vornehmen *(make the final adjustments)*, die Abschlußbuchungen vornehmen *(make the closing entries)* sowie die Abschlußrechnungen aufstellen *(draw up the final accounts, draw up the accounting reports)*. Am Anfang der Kontrollen steht die Prüfung, ob die Soll- und Habenbuchungen übereinstimmen *(the check if debit and credit entries agree)*. Dazu wird eine Saldenbilanz gezogen *(a trial balance is extracted)*. Anders als ihre deutschen Kollegen verzichten die amerikanischen und englischen Buchhalter darauf, auch noch eine Summenbilanz *(trial balance of totals)* aufzustellen. Nach der Saldenbilanz ist eine Reihe von vorbereitenden Abschlußbuchungen *(adjustments)* zu machen.

In Handelsunternehmen wird zur Ermittlung des Gewinns *(profit,* AE *auch income)* oder Verlusts zunächst der Warenüberschuß oder Warenrohgewinn *(gross trading profit, income from sales)* ermittelt. Dazu wird durch körperliche Inventur *(physical inventory/stocktaking)* der Endbestand *(closing stock/inventory)* an Waren festgestellt und im Haben des Wareneinkaufskontos gebucht. Dort, auf der Habenseite, sind bereits die verkauften Waren zu Einstandspreisen *(sold goods/merchandise at cost)* aufgeführt – Gegenbuchung zu Verkaufspreisen *(selling prices)* im Soll des Warenverkaufskontos[1]. Auf der Sollseite des Wareneinkaufskontos stehen der Eröffnungs- oder Anfangsbestand *(opening stock/ inventory)* vom Beginn des Jahres und die Einkäufe *(purchases)*.

Auf dem Warenverkaufskonto stehen sich also nun der Verkauf von Waren zu Einstandspreisen und zu Verkaufspreisen gegenüber. Der Saldo *(balance)* ist der Warenrohgewinn. Er wird auf das Betriebskonto *(trading account)* übernommen. Dort werden gegen den Warenrohgewinn alle Kosten verrechnet *(costs are set against the gross trading profit)*, die nicht schon bei Ein- und Verkauf in Rechnung gestellt worden sind *(items which have not been taken account of)*.

Bevor der endgültige Gewinn erscheint, sind jedoch in aller Regel noch weitere Berichtigungsbuchungen *(adjustments)* nötig. Manche Aufwands- und Ertragsposten *(expenditure/income items)* gehören nicht oder nicht voll in die gerade beendete Geschäftsperiode *(trading period)*, aber die Einnahmen und Ausgaben dafür haben schon stattgefunden. Manche Aufwands- und Ertragsposten gehören in die gerade beendete Geschäftsperiode, aber die Einnahmen und Ausgaben dafür finden erst in der neuen Geschäftsperiode statt. Der Buchhalter spricht von Rechnungsabgrenzungsposten *(accrued and deferred items,* wörtlich: „aufgelaufene und aufgeschobene Posten"). Auf Abgrenzungskonten *(accrued and deferred items accounts)* und Abgrenzungssammelkonten *(accrued and deferred items summary accounts)* werden sie für die Erfolgsrechnung *(income statement, profit and loss account)* zeitlich richtig aufgeteilt.

Im folgenden seien die vier Fälle von Rechnungsabgrenzung zusammengestellt. Allerdings legt man im Englischen in der Praxis nicht viel Wert auf die strikten Unterscheidungen und Bezeichnungen, oft auch nicht im Deutschen. Der Buchhalter wird versuchen, die Posten nach Möglichkeit bei den laufenden Aktiva *(current assets)* und laufenden Verbindlichkeiten *(current liabilities)* oder Rückstellungen *(provisions)* unterzubringen.

[1] In kleinen Betrieben mögen Wareneingangs- und Verkaufskonto ein einziges Konto sein. Aber ein solches gemischtes Warenkonto *(mixed merchandise account)* ist nicht empfehlenswert, weil darauf Bestandsposten *(balance sheet items)* und Erfolgposten *(profit and loss items – p&l items)* vermengt werden. Das Wareneingangskonto ist ein Bestandskonto, das Warenverkaufskonto als Erlöskonto *(revenue account)* ein Erfolgskonto.

Im Falle von antizipativen Aktiva *(accrued receivables)* hat das Unternehmen schon seine Leistung im alten Jahr bewirkt *(the company has performed its part)*, aber das Entgelt noch nicht erhalten: Ertrag, noch nicht Einnahme *(income/earnings, not yet receipt)*. Im Falle von antizipativen Passiva *(accrued payables)* hat das Unternehmen für Aufwand des alten Jahres noch zu zahlen, zum Beispiel Löhne, Provisionen *(commissions)*, Zinsen: Aufwand, noch nicht Ausgabe *(expenditure, not yet payment)*. Im Falle der transitorischen Aktiva hat es hingegen Vorauszahlungen *(payments in advance)* geleistet, obwohl der empfangende Teil erst im neuen Jahr voll darauf Anspruch hat: Ausgabe, noch nicht Aufwand *(payment, not yet expenditure)*. Im Falle der transitorischen Passiva hat es Zahlungen erhalten, ohne noch selbst voll geleistet zu haben: Einnahme, noch nicht Ertrag *(receipt, not yet income/earnings)*.

In Unternehmen, die keine Kapitalgesellschaften sind, muß am Ende des Jahres auch das Privatkonto *(private/drawing account)* des oder der Inhaber berichtigt werden um die Entnahmen *(drawings)* und Einlagen *(investment, contributions)*. Die Gegenbuchung findet auf dem Kapitalkonto *(capital/ownership account)* des einzelnen Unternehmers statt.

Eine große Rolle bei den Abschlußbuchungen *(closing entries)* spielen die Bewertung der Vorräte *(stock evaluation)* und die Abschreibungen *(depreciation charges)* auf Anlagen *(fixed assets)* in der Bilanz *(in the balance sheet)*. Hier gibt es Möglichkeiten, stille Reserven *(hidden reserves)* zu legen. Das gleiche gilt, wenn auch meist nur in geringerem Maße, für die Bemessung der Rückstellungen für ungewisse Schulden *(provisions, reserve for contingent liabilities)*, der Wertberichtigungen auf zweifelhafte Forderungen *(provisions for doubtful debts)* und uneinbringliche Forderungen *(bad debts)*, das heißt solche, deren Beitreibung wirtschaftlich nicht vertretbar ist und die daher nicht mehr als Vermögenswerte betrachtet werden können *(debts which are beyond economic collection and consequently no longer to be regarded as assets)*[1]. Zu den Abschlußbuchungen mag ferner gehören, einen Geschäftswert abzuschreiben *(write off a goodwill)*, dessen Beibehaltung *(retention)* ein irreführendes Bilanzbild ergeben könnte *(could produce a misleading balance sheet picture)*. Die Sollbuchung *(debit entry)* ist unter einem zutreffenden Titel *(debit under applicable heading)* zu machen, zum Beispiel „Goodwill-Abschreibung" *(goodwill written-off)*.

Wenig Lärm um stille Reserven

Little fuss about hidden reserves

Insgesamt wird das Thema der stillen Reserven in England und Amerika längst nicht so wichtig genommen wie noch bis zu der Aktienrechtsreform des Jahres 1965 in der Bundesrepublik. Publikumsgesellschaften *(public companies)*, die ihre Aktiva zu niedrig ausweisen *(show too low a value of their assets)* oder ihre Verbindlichkeiten zu hoch, laufen eher Gefahr, von anderen übernommen *(taken over)* zu werden.

[1] Definition nach: E. P. Hicks and A. Teasdale, „*Accounting for the distributive trades*", International Textbook Company Ltd., London, 1970, S. 112. – Echt Uneinbringliche werden meist abgeschrieben.

Umgekehrt muß auch eine zu hohe Bewertung vermieden werden, denn sie kann dazu führen, daß Scheingewinne *(fictitious profits)* ausgewiesen werden.

Die allerletzte Buchung ist die Übertragung des Saldos auf dem G&V-Konto *(p&l account)* auf das Schlußbilanzkonto *(transfer to final balance sheet account).* Für die Abschlußarbeiten pflegt man in der deutschen Buchhaltungstechnik einen Abschlußbogen (Übersetzungsvorschlag: *final accounting sheet)* aufzustellen, an dessen Ende eine „Inventurbilanz" und eine „Erfolgsbilanz" stehen.

Nicht vergessen seien im Zusammenhang mit der Darstellung der Fachsprache des Finanzbuchhalters *(financial accountant)* die Ausdrücke für das Fälschen und „Frisieren" von Büchern und Bilanz: *to fiddle/to cook the books.*

Das Rechnungswesen *(accounting system)* des Unternehmens kann vielerlei wertvolle Aufschlüsse liefern, wenn die Unternehmensleitung die Initiative aufbringt, an zwischenbetrieblichen Vergleichen *(interfirm comparisons)* teilzunehmen. Besonders in Zeiten rauhen Wirtschaftsklimas *(difficult business climate)* ist es für die Firma wichtig, Anhalte zu bekommen, ob und wo seine Wettbewerbsleistung unzureichend ist *(it falls short of competitive performance).* Allein mit vagen Schätzungen *(guess-work)* ist das nicht getan.

In vielen Industrieländern gibt es Institutionen, die solche Betriebsvergleiche anstellen und auf Grund dieser Forschungen Informationen liefern über Geschäftspolitik *(business policy),* geschäftliche und unternehmerische Gepflogenheiten *(business practices)* und Ergebnisse. Dazu werden Kennzahlenserien *(sets of ratios, sets of key statistics)* ermittelt, so verschiedenartig und in so großer Zahl, daß auch der tüchtigste Unternehmer noch über der einen oder anderen ins Nachdenken geraten kann. An erster Stelle steht die Rendite *(return on assets),* genauer: die Betriebsrendite. Sie wird in England und Amerika definiert als das Verhältnis des Betriebsgewinns *(operating profit)* zu den betrieblich genutzten Vermögenswerten *(operating assets).* Darauf folgen die Umsatzrendite *(profit margin on turnover/sales)* als das Verhältnis des Betriebsgewinns zum Umsatz und der Kapitalumschlag *(turnover of assets),* das heißt das Verhältnis der betrieblich genutzten Vermögenswerte zum Umsatz. Auf der Kostenseite lassen sich vielerlei Relationen *(ratios)* herstellen: Anteile der Produktions-, der Vertriebs- und Absatzkosten *(distribution and marketing costs)* oder der allgemeinen und Verwaltungskosten *(general and adminstration costs)* am Umsatz, Material- und Arbeitskosten in Prozenten des Verkaufswerts der Produktion *(materials and labo[u]r cost as a percentage of the sales value of production).* Aufschlußreich können auch Kennzahlen über die Nutzung *(utilization)* und Bewegung des Vermögens und einzelner Gruppen von Vermögenswerten sein, zum Beispiel der Kapitalumschlag *(capital turnover),* der Lagerumschlag *(rate of stockturn,* AE *inventory turnover),* Eigenkapital zu Fremdkapital *(equity/debt ratio),* das Verhältnis des Anlagevermögens zum Umlaufvermögen *(ratio of fixed to current assets),* das Verhältnis der ausstehenden Warenforderungen zum Umsatz *(debtors/sales ratio, debtors to sales ratio)* oder das Verhältnis der Lieferschulden zum Lagerbestand *(creditors to stocks ratio),* das Verhältnis der Fertigwarenbestände zum Umsatz *(finished stocks to sales ratio),* der Durchschnittsumsatz je Kunden *(average transaction value)*[1].

[1] Einige der englischen Begriffe aus Hicks/Teasdale, *„Accounting for the distributive trades"*, a.a.O., S. 125 ff.

DRITTER TEIL

DIE GESCHÄFTE DER CITY

Third Part

Business in the City

„A lot of money is made in the City of London.“[1]

Banken und andere Geldinstitute *

Menschen aller Stände
People from all walks of life

Mit der Londoner Finanzstadt, der „City“, verbindet sich seit vielen Jahrzehnten die Vorstellung von Macht und Würde, die sich auf die Verfügungsgewalt über ehrfurchtgebietende Summen Geldes und die damit verbundenen Geschäfte gründet. Aber das ist nur eine Seite. Die andere sieht der Besucher, wenn er während der Mittagsstunde *(lunch hour)* einen Spaziergang etwa durch Bishopsgate, Cheapside oder Moorgate unternimmt. Dann wird er der Scharen von Büropersonal *(clerical staff)* gewahr, Sekretärinnen *(secretaries),* Stenotypistinnen *(shorthand typists),* Büroboten *(office messengers)* und andere. Es wird ihm bewußt, daß die City von Menschen aller Stände *(people from all walks of life)* bevölkert ist, wie er sie ebenso in Frankfurt und Hamburg, in New York, Paris oder Zürich treffen könnte.

Und mehr oder weniger betreiben sie auch die gleichen Geschäfte *(do the same business):* Sie sitzen als Kassierer *(cashier,* in Schottland und AE *teller)* hinter einem Bankschalter *(bank counter),* nehmen Einzahlungsscheine *(pay-in slips)* und Schecks *(cheques,* AE *checks)* von Kunden entgegen, die einzahlen *(pay in)* oder abheben *(withdraw),* und ihre flinken Finger durchblättern Bündel von Banknoten *(wads of banknotes/*AE *bills).* Sie addieren als Lohnabrechner *(payroll assistants)* lange Kolonnen von Posten *(items)* auf der Lohnliste *(payroll).* Sie sitzen als Geldmakler *(money brokers),* Geldhändler *(money dealers)* am Schreibtisch *(desk)*, zwei Telefone *(telephones)* sowie Bildschirm *(screen)* und Tastatur *(keyboard)* ihres Computers vor sich, einen Fernschreiber *(telex, teletyper, teleprinter)*, oft noch einen Nachrichten-Fernschreiber *(ticker)* hinter sich. Sie studieren als Bilanzanalytiker *(analysts)* und Chartisten *(chartists)* in Börsenmaklerfirmen *(stockbroking firms)* Aktien- *(share prices)*, Rentenkurse *(bond prices)* und Renditen *(yields)*. Sie arbeiten als Versicherungsangestellte *(insurance clerks)* und Hilfsbuchhalter *(accounts clerks)*, besorgen als Registraturgehilfen *(filing clerks)* die Ablage oder verfassen als volkswirtschaftliche Berater *(economic consultants)* Vorhersagen *(forecasts)* der Zukunft. Sie sind Kostenabrechner *(cost clerks)* und Kostenkontrolleure *(cost controllers)*, Einkäufer *(buyers)*, Telefonisten und Telefonistinnen *(telephonists)*. Sie sitzen als Empfangsdamen oder -herren *(receptionists)* am Empfang *(reception desk)*, als Fernschreibkräfte *(telex operators)* haben sie noch das Rattern der Fernschreiber und das Surren der Fernfaksimile-Maschinen *(telecopiers)*,

[1] *„The City“*, by Paul Ferris, Victor Gollancz Ltd., London, 1960, S. 7.
* *Banks; financial institutions*

als Phonotypistinnen *(audio/dictaphone typists)* den Text von Geschäftsbriefen *(business letters)* in den Ohren. Von den Sekretärinnen oder Stenotypistinnen verdingen sich nicht wenige als Aushilfs- oder Teilzeit-Sekretärinnen *(temporary secretaries)*, oft nur für wenige Tage oder Stunden. Sie werden im einschlägigen Jargon kurz *temps* genannt, im Gegensatz zu den *perms*, den ständigen Sekretärinnen *(permanent secretaries)*.

Eine Quadratmeile voller Wissen und Sachkenntnis

A square mile of knowledge and expertise

In der Fläche nicht größer als eine Quadratmeile, war die City viele Jahrzehnte lang das Finanzzentrum *(financial centre/*AE *center)* der Welt und ist es in vieler Hinsicht auch heute noch. Ihre besondere Stärke liegt darin, daß sie immer noch mit beinahe der ganzen Welt in Fühlung ist. Aus besonders langer Erfahrung weiß man hier, wie internationale Geschäfte zu handhaben sind *(how to handle international business)*. In vielen ehemaligen Kolonien haben die englischen Banken und Versicherungen noch Tochtergesellschaften *(subsidiaries)* oder stehen doch mit den einheimischen Banken in engem Kontakt *(in close contact with domestic banks)*. Von London aus ging viele Jahre Kapital in andere Länder, und das Pfund wurde weltweit als Instrument zur Finanzierung des Handels benutzt *(Sterling was in world-wide use as a medium for financing trade)*. Auch Englands führende Rolle in der Industrialisierung *(Britain's lead in industrialization)* und die politische Rolle, die sich damit verband, festigte Londons Stellung als Finanzplatz.

Vieles davon ist vergangen. Die Länder des „Empire“ sind unabhängig geworden. Gelegentlich verstaatlichen *(nationalize)* sie jetzt die englischen Banken und Versicherungen. England kann sich keinen so großen Kapitalexport *(capital export)* mehr leisten *(afford)*. Weniger Welthandel als früher wird in Sterling abgewickelt *(settled)*. Aber in den frühen sechziger Jahren war der Eurodollarmarkt aufgekommen und die Londoner City sein Mittelpunkt geworden. Wieder bewies die Stadt ihre Anziehungskraft, denn zahlreiche ausländische Banken *(foreign banks)* errichteten Niederlassungen *(established branches)*. Londons Vorteil ist die Überlappung mit den Zeitzonen *(time zones)* New Yorks und des Fernen Ostens.

Als die Großen Vier *(Big Four)* unter den britischen Banken bezeichnet man *Barclays Bank PLC*, die *National Westminster Bank*, die *Midland Bank* und *Lloyds Bank*, alles „Clearingbanken“, Scheckabrechner. Die Reihenfolge ist nicht ganz sicher, weil man die Größe sowohl nach Einlagen messen *(measure by the amount of deposits)* kann wie auch nach der Zahl der Zweigstellen. Der gesamte britische Bankenapparat läßt sich im wesentlichen in sechs große Gruppen einteilen: Girobanken *(clearing banks)*, gelegentlich auch Depositenbanken *(deposit banks)* genannt; *merchant banks* – nicht übersetzbar; Diskontbanken *(discount houses)*; Teilzahlungsbanken *(finance houses)*; Sparkassen *(trustee savings banks)*; Postsparkasse *(post office savings bank)* und Postgirodienst *(National Girobank)*; Bausparkassen/Hypothekenbanken *(building societies)*.

Die traditionelle Aufgabe der Giro- oder Clearingbanken ist die Abrechnung des Zahlungsverkehrs *(clearing of payments)*, soweit er nicht in bar *(cash)*, sondern mit

Scheck *(cheque,* AE *check)*[1] und Banküberweisung, Überweisungsauftrag *(credit transfer, transfer order,* AE auch *checkless transfer)* stattfindet. In England und in Amerika war das Zahlen mit Scheck *(paying by cheque/*AE *check)* früher üblich als in Deutschland. Die britischen Clearingbanken bewältigen diesen Scheckanfall mit Hilfe ihrer etwa 11000 Zweigstellen *(branches).* Die Londoner Clearingbanken allein erledigen über achtzig Prozent des unbaren *(cashless)* Zahlungsverkehrs, den Rest bestreiten die schottischen und nordirischen Banken. Ihre gemeinsamen Abrechnungsstellen sind vor allem die Londoner Girozentrale *(The London Bankers' Clearing House)* und eine Anzahl Girozentralen *(clearing houses)* in der Provinz. Diese Abrechnungsstellen sind lediglich technische Hilfsstellen, nicht zu vergleichen mit den Girozentralen der deutschen Sparkassen und deren vielfältiger Tätigkeit.

Eine große Vielfalt von Bankdienstleistungen

A great variety of banking services

Die Clearingbanken verwenden die Einlagen *(deposits),* die das breite Publikum bei ihnen hält *(holds),* hauptsächlich für kurz- und mittelfristige Ausleihungen *(short-term and medium-term lendings)* und zum Diskontieren von Wechseln *(bill discounting).* Ihre beträchtlichen flüssigen Mittel *(considerable liquid funds),* die sie zeitweilig nicht benötigen oder als Liquiditätsreserven halten *(keep as liquidity reserves),* leihen sie als jederzeit fälliges Geld *(money at call)* und solches mit kurzfristiger Kündigung *(money at short notice)* im Geldmarkt *(in the money market)* aus oder legen sie an *(invest)* in Schatzwechseln *(treasury bills)* und anderen Geldmarktpapieren *(money market assets),* aber auch in kurzlaufenden Rentenwerten *(short-term bonds)* und zum kleinen Teil in längerfristigen Staatspapieren *(longer-dated government securities).* Außerdem bieten sie heutzutage eine Menge Bankendienstleistungen *(banking services)* an, teils selbst, teils durch Tochtergesellschaften.

An Kontentypen findet der Privatkunde bei seiner Clearingbank[2]: Sicht- oder Kontokorrentkonten *(current/cheque accounts,* AE *demand/checking accounts),* Depositenkonten für befristete Einlagen *(deposit accounts)* und Sparkonten *(savings accounts).* Von Kontokorrentkonten kann jederzeit abgehoben werden *(current accounts can be drawn upon at any time).* Befristete Einlagen (umfassender Begriff BE *term deposits,* AE *time deposits;* Näheres s. S. 46) können nur abgehoben *(withdrawn)* werden, nachdem der Einleger gekündigt hat *(the depositor has given advance notice)* oder nach Ablauf einer vereinbarten Frist. Sonderformen von Sparkonten sind solche für Ratensparen *(regular savings),* für Einlagen mit vereinbarten Fristen *(fixed periods)* und andere. Eine Zwischenform sind zinsbringende *(interest-earning)* laufende Konten sowie kombinierte Spar- und Kreditkonten *(save-and-borrow accounts).*

An Krediten werden dem Privatkunden *(private customer)* neben anderem geboten Kontokorrentkredite *(overdrafts),* womit er sein Konto überziehen darf *(he is allowed*

[1] Barschecks *(uncrossed cheques)* können bar ausgezahlt *(paid in cash)* und in bar kassiert *(cashed)* werden; Verrechnungsschecks *(crossed cheques)* können nur einem Konto gutgeschrieben werden *(credited to an account).*

[2] Für die Darstellung des Geschäfts von *clearing banks* und *merchant banks* wurde unter anderem benutzt Informationsmaterial der Midland Bank Group, der National Westminster Bank, von Barclays Merchant Bank, Kleinwort Benson, Hill Samuel Group, Baring Brothers & Co. sowie zwei Schriften des Banking Information Service, London: "*A Guide to the British Financial System*", 1984, und Patrick Frazer, "*The Clearing Banks*", 1983.

to overdraw on his account), Personaldarlehen *(personal loans)* und sogar langfristige *(long-term)* Hypothekendarlehen *(mortgage loans)* für den Hauskauf *(house purchase)*. Manche Banken haben dazu ihre eigenen Immobilienmakler *(estate agents)*.

Ein Teilzahlungsinstitut *(finance house/company)* im Bankenkonzern *(banking group)* ist zuständig, wenn der Bankkunde *(bank customer/client)* einen Ratenkredit *(instal[l]ment finance)* wünscht. Ein Personalausgabenplan *(personal outlay plan)* ermöglicht ihm, seine regelmäßigen Rechnungen durch die Bank bezahlen zu lassen, während er selbst die Mittel in gleichen monatlichen Zahlungen *(equal monthly payments)* anschafft. Zur Geldüberweisung *(money transmission)*, die heutzutage oft eine elektronische Mittelüberweisung *(electronic funds transfer – EFT)* ist[1], hat er drei Möglichkeiten: die Banküberweisung *(credit transfer)*, mit der er das Geld auf das eigene Konto bei einer anderen Bank oder auf das Konto eines anderen überweisen *(transmit, remit)* kann; das Einziehungsverfahren oder die Einzugsvollmacht *(direct debiting)*, mit dem er einen Gläubiger ermächtigen kann, Geld von seinem Konto abzuziehen; den Dauerauftrag *(standing order)* für wiederkehrende Zahlungen *(routine/recurring payments)*. Wichtige Dokumente und Wertsachen können den meisten Zweigstellen zur sicheren Verwahrung überlassen werden *(documents and valuables can be left in safe keeping)*. Eine andere Form des Verwahrungsgeschäfts – des Depots ohne Verwaltung (für beides: *safe custody)* – ist die Safemiete *(safe deposit, private safe renting)*. Einige größere Zweigstellen haben dazu eine Stahlkammer *(strongroom)*, in deren Safes die Kunden selbst ihre Wertsachen unterbringen können.

Das Bankgeschäft *(banking)* mit dem Privatkunden wird oft als *retail banking* bezeichnet, im Gegensatz zum *wholesale banking*, wo der Kunde ein Unternehmen ist. Dem Geschäftsmann gewährt die Bank vor allem kurz- und mittelfristigen Kredit *(short-term and medium-term loans)*. Der kurzfristige dient als Arbeitskapital *(working capital)*. Der mittelfristige ist im allgemeinen innerhalb von drei bis sieben Jahren rückzahlbar *(repayable)*. Große Bedeutung hat auch der Festkredit *(term loan)* gewonnen, der als Investitionskredit *(capital loan)* für neue Produktionsanlagen *(production facilities)* eine Laufzeit *(term)* von zehn Jahren und länger haben kann. Mitunter ist die längerfristige Finanzierung bereits anderweitig gesichert, und die Bank wird nur noch um einen Zwischenkredit *(intermediate loan)* oder Überbrückungskredit *(bridging loan)* gebeten. Sind aber die Zinsen am Anleihemarkt *(bond/debenture market)* zu hoch, so mag die Bank zunächst einen variabel-verzinslichen Vorschaltkredit *(drop-lock credit)* gewähren mit der Verpflichtung, für den Kunden später, nach Zinsrückgang, die Anleihe zu arrangieren *(arrange for a debenture issue)*.

Die Clearingbanken selbst oder ihre Tochtergesellschaften bieten vor allem der gewerblichen Kundschaft *(commercial customers)* mancherlei Einlagemöglichkeiten *(deposit facilities)* für Termineinlagen *(term deposits)*. Hier sei auch der Nachttresor *(night safe)* erwähnt, wo der Kunde außerhalb der Kassenstunden *(banking hours)* einen Kassenüberschuß deponieren *(deposit surplus cash)* kann.

In vielen Fällen geben Banken heute Kredite ohne Sicherheit *(loans without collateral)*, vor allem Personalkredit *(personal loans)*. Von einem Gewerbetreibenden *(trader)* verlangt die Bank jedoch meist, daß er Sicherheit für den Kredit stellt *(secures the advance)*. Börsenfähige Wertpapiere zum Beispiel bilden eine gute Sicherheit *(marketable securities provide a good collateral)*. Er kann ferner

[1] international durch das Banken-Verbundsystem „*Swift*" – *Society for Worldwide Interbank Financial Telecommunication.*

Eigentumsansprüche *(titles to goods)* auf die Bank übertragen. Bei langfristigen Krediten dienen oft Grundpfandrechte *(charges on property/AE real estate)* als Sicherheit. Wenn keinerlei Belastungen auf Vermögenswerten des Kunden *(charges on customer's assets)* möglich sind, kommt auch eine Bürgschaft *(guarantee)* eines Dritten in Frage, zum Beispiel einer anderen Bank, der Regierung oder einer anderen öffentlichen Stelle. In Amerika sind langfristige Kredite oft von Bundesverwaltungen *(Federal Agencies)* verbürgt *(guaranteed)*, zum Beispiel von der Bundesverwaltung für Wohnungsbau *(Federal Housing Administration)* und der Kriegsteilnehmerbetreuung *(Veterans' Administration)*.

Das Wort *credit* hat im Englischen und Amerikanischen einen größeren Sinnbereich als im Deutschen. Im weitesten Sinne bedeutet es Ansehen, Ruf, Glaube, Ehre – so zum Beispiel in *credit where credit is due* = „Ehre wem Ehre gebührt". Im Wirtschaftsleben hat es den Sondersinn von Vertrauen in die Zahlungsfähigkeit eines anderen, seinen kaufmännischen Ruf und seine Vertrauenswürdigkeit, also soviel wie Kreditwürdigkeit *(creditworthiness)*. Die Einschätzung der Kreditwürdigkeit eines Kreditnehmers *(borrowers)* ist daher *credit rating*. Im buchhalterischen Sinne steht *credit* für eingehende Beträge, Guthaben, Gutschriften und die Habenseite von Konten. Sodann wird es uneingeschränkt gebraucht für „Warenkredit", also Hingabe von Waren ohne gleichzeitige Bezahlung. Für Geldkredit, also die Hingabe von Geld zur zeitweiligen Nutzung, wird hingegen in erster Linie *loan* verwendet, in zweiter Linie auch *advance*, das wörtlich etwa dem deutschen „Vorschuß" entspricht. Mehr und mehr wird aber *credit* auch gleichbedeutend mit *loan* gebraucht, so zum Beispiel in *revolving credit* = revolvierender Kredit, *short-/medium-/long-term credit* = kurz-/mittel-/langfristiger Kredit, *bulk credit* = Gesamtkredit – in der Exportfinanzierung ein Kredit, der zahlreiche mit einem einzigen internationalen Projekt verbundene Verträge deckt.

Für ihre Zinsstruktur, ihr Zinsgefüge, *(structure of interest rates)* haben die britischen Banken einen Eckzins, der als *base rate* bezeichnet wird. Danach richten sich dann die verschiedenen Soll- und Habenzinsen *(debit and credit rates of interest)*. Jede der Banken tut das für sich, aber eine gewisse Gleichförmigkeit ist unverkennbar. Im allgemeinen liegt der Zins für Ausleihungen an erste Adressen *(first-class borrowers)*, die sogenannte *blue chip rate*, einen Prozentpunkt über der *base rate*. Die amerikanischen Banken haben als ihren Eckzins die *prime rate*, das ist bereits der Zins, der erstklassigen Kreditnehmern berechnet wird, also die *blue chip rate* selbst.

Die Bezeichnungen für die verschiedenen Arten von Provisionen werden im britischen Bankgewerbe unterschiedlich gebraucht, so wie diese selbst unterschiedlich gehandhabt werden. Ob eine Kontoführungsprovision *(commission on current account, charge to run the account)* erhoben wird, hängt wesentlich davon ab, ob der Kunde ein angemessenes Guthaben unterhält *(the client maintains an adequate credit balance)*. Die Provision kann sodann sein eine Umsatzprovision *(commission on turnover)* oder nach den einzelnen Buchungen als Postengebühr *(commission on entries)* berechnet werden. Für die Einräumung einer Kreditlinie *(line of credit)* kann eine Bereitstellungsprovision *(commitment fee, arrangement fee)* in Frage kommen und für den Überziehungs-/Kontokorrentkredit selbst eine Überziehungsprovision *(commission on overdraft)* erhoben werden. Oft aber wird die Überziehungsprovision nicht getrennt erhoben werden, sondern im Zins eingeschlossen sein.

Im internationalen Geschäft *(in international business)* machen sich Clearingbanken und Merchantbanken oft lebhafte Konkurrenz *(compete vigorously),* so im Devisenhandel *(foreign exchange dealings),* in der Unterbringung von Einlagen der wichtigsten internationalen Währungen *(placing of deposits in the principal international currencies)* und im Exportkredit *(lending for exports, providing finance for export).* In dem letztgenannten Geschäftszweig wird auf Kredite mit Bürgschaft des staatlichen *Export Credits Guarantee Department* ein Vorzugszins *(concessionary interest rate)* eingeräumt.

Für *merchant banks* gibt es keine befriedigende Übersetzung. „Privatbanken" kann irreführen, denn einige haben – direkt oder indirekt – eine große Zahl von Aktionären *(a major number of shareholders),* und die Aktien werden an der Börse notiert *(shares are quoted on the stock exchange).* Ursprünglich war ihr Hauptgeschäft die Finanzierung des internationalen Handels *(financing of international trade)* mit Akzeptkrediten *(acceptance credits).* Noch früher waren eine Anzahl von ihnen sogar selbst Groß- und Außenhändler *(merchants).* Hätte also einstmals die Übersetzung „Handelsbanken" einen Sinn gehabt, so heute nicht mehr, weil andere Tätigkeiten jetzt weit überwiegen.

Gelegentlich wird ihnen auch die bildhafte Bezeichnung „Großhändler in Kredit" beigelegt, weil sie nicht mit dem Manne auf der Straße im Kreditgeschäft stehen, sondern mit Industrie- und Handelsunternehmen. Sie haben daher nur sehr wenige Zweigstellen. Bis vor einiger Zeit pflegte man zwei Arten von Merchantbanken zu unterscheiden, je nachdem ob sie vorwiegend auf das Akzept- oder das Emissionsgeschäft spezialisiert sind: Akzepthäuser *(acceptance houses)* und Emissionshäuser *(issuing houses).* Einige große von ihnen sind jedoch so vielseitig, daß der Akzeptkredit bei ihnen nur noch wenige Prozent der Erträge ausmacht. Übrigens hat jede der Großbanken auch selbst eine Merchantbank oder ein ähnliches Institut in ihrem Konzernverbund.

Der Akzeptkredit wird heutzutage auch zur Finanzierung des Binnengeschäfts *(domestic business)* verwendet. Mit revolvierenden Akzeptkrediten *(revolving acceptance credits)* kann eine ständige, wenn auch in der Höhe schwankende, Kreditlinie *(continuous but flexible line of credit)* eingeräumt werden für die Lieferung von Waren, die innerhalb der Laufzeit der Wechsel umgeschlagen werden *(supply of goods which are turned over within the bills' maturities).* Barkredite *(cash advances)* statt Wechsel werden nicht nur in Sterling, sondern auch in Eurowährung *(in Eurocurrencies)* gegeben.

Zur Finanzierung größerer Auslandsaufträge, die britische Unternehmer erhalten, muß die Merchantbank oftmals für einen längerfristigen Exportkredit *(longer-term export loan)* ein Kreditkonsortium zusammenbringen *(syndicate a loan).* Bei kleineren Exportorders mag die Merchantbank oder ein *export house* in ihrer Gruppe als *confirming house* auftreten: Das *export house* tritt im Namen des ausländischen Käufers als Eigenhändler *(as principal)* in den Kaufvertrag ein, übernimmt das Kreditrisiko *(credit risk)* und sorgt für die Finanzierung.

Gegenkredite *(back-to-back/parallel loans)* sind nötigenfalls eine Technik, das Hindernis von Devisenbeschränkungen *(foreign exchange restrictions)* zu überwinden. Hierbei borgt etwa eine britische Gesellschaft zur Finanzierung von Auslandsgeschäften *(foreign operations)* von einer Gesellschaft in jenem Lande; zugleich nimmt die fremde Gesellschaft in entsprechender Höhe in England einen Sterlingkredit für ihre englische Tochtergesellschaft auf.

Ein weites Feld der Merchantbanken ist die Beschaffung von Aktien- und Anleihekapital *(raising of share/equity and loan capital)*. Darin sind sie nicht nur auf dem heimischen Kapitalmarkt *(domestic capital market)* tätig, sondern auch auf dem internationalen Markt. Auf dem Eurokapital- *(Eurocapital market)* oder Eurobondmarkt *(Eurobond market)* werden Rentenpapiere *(bonds)* im Namen großer multinationaler *(multinational)* Gesellschaften, Staaten oder anderer Körperschaften begeben und international untergebracht *(placed internationally)*. Sie können auf „Eurowährungen" *(Eurocurrencies)* lauten, also hauptsächlich Eurodollar, ferner Euromark *(Euromark, Euro-Deutschemark)*, Eurogulden *(Euro-guilders)*, Eurofrancs, Euro-Schweizerfranken *(Euro-Swiss francs)*, oder auch auf zusammengesetzte Währungen *(composite currencies)*, wie Sonderziehungsrechte *(Special Drawing Rights – SDR)* oder *European Currency Units – ECU*[1]. Sie können normale Schuldverschreibungen *(straight bonds/debentures)* sein oder solche mit Optionsrecht *(bonds with option warrants)* oder Wandelschuldverschreibungen *(convertible bonds)* oder Anleihescheine mit wechselndem Zins *(floating rate notes – FRN)*. Es gibt zwei Abrechnungssysteme für diese internationalen Wertpapiere *(clearing systems for international securities)*, die *Cedel S.A.* in Luxemburg und die *Euroclear* in Brüssel (siehe auch im Kapitel „Emissionsgeschäft", S. 261 f.).

Betriebskapital sparen durch Faktorieren, Forfaitieren, Pachten

Conserving working capital by factoring, forfaiting, leasing

Ein weiteres Spezialinstitut im Verband ebenso der Clearingbank wie der Merchantbank betreibt oft das Factoring-Geschäft *(factoring)* und die Bevorschussung von Rechnungen *(invoice discounting)*: Sie kauft die Lieferforderungen *(accounts receivables)* ihres Kunden an und nimmt dazu sogar seine Debitorenbuchhaltung *(sales ledger accounting)* in ihre eigenen Hände. Bei der Bevorschussung von Rechnungen nimmt die Bank die Bezahlung von Lieferforderungen ihres Kunden vorweg, so daß ihr Kunde rasch an sein Geld kommt *(gets his money quickly)*, ohne aber jederzeit den vollen Rahmen des Factoring-Dienstes in Anspruch nehmen zu müssen *(without utilizing the full range of factoring services)*. Das Entgelt einer Factoring-Gesellschaft wird gelegentlich als *factorage* bezeichnet. Vom Factoring zu unterscheiden ist die Vereinbarung über die Übernahme des Delkredere-Risikos *(delcredere arrangement)* durch die Bank, wie sie hauptsächlich im Exportgeschäft üblich ist. Bei der Forfaitierung *(forfaiting, à forfait trade)* kauft ein Institut bestimmte Schuldtitel *(obligations)* aus internationalen Handelsgeschäften *(trade transactions)* mit Zahlungszielen *(maturities)* meist von 6 Monaten bis 5 Jahren und verzichtet dabei auf Rückgriff *(recourse)*. Die Titel sind gewöhnlich Handelstratten *(trade drafts)* oder Eigenwechsel *(promissory notes)*. Oft läßt das Institut, der

[1] Dem Obligationär *(bondholder)* oder Anleiheschein-Inhaber *(noteholder)* werden Zins *(interest)* und Kapital *(principal)* auf einem ECU-Konto gutgeschrieben *(credited to)* – *s.a. S. 31.*

„forfaiter", sich von der Bank des Verpflichteten *(obligor)* zur Sicherheit eine Wechselbürgschaft, ein Aval *(aval)*, oder eine Bürgschaft *(surety)* geben[1].

Das Leasing-Geschäft, das heißt das Verpachten von Industrieausstattung, industriellen Anlagegütern *(industrial equipment)*, ist ein besonders wichtiger Geschäftszweig geworden. Das Institut überläßt als Verpächter *(lessor)* die Anlagegüter dem Unternehmer gegen einen regelmäßigen Pachtbetrag *(leasing rental)*. Der Pächter *(lessee)* spart auf diese Weise Betriebskapital *(conserves working capital)* und kann außerdem das Gerät, wenn es veraltet *(becomes obsolete)*, leicht ersetzen, Mitunter ist das Geschäftsvolumen *(scale of business)* des einzelnen Pachtobjekts *(object of lease)* so bedeutend, daß sich mehrere Banken zusammentun.

Die Mitbenutzung des Elektronenrechners einer weiteren Tochtergesellschaft der Bank kann Unternehmen, gegen eine Gebühr *(for a fee)*, eine Menge Schreib- und Büroarbeit *(clerical work)* ersparen, zum Beispiel durch elektronische Lohnabrechnung *(computerized payroll accounting)*.

Je mehr es in das Gebiet der Dienstleistungen geht, vor allem der Beratung, der Vermögensverwaltung *(administration of estates)* und Treuhandverwaltung *(fiduciary management)*, desto mehr verwischen sich heute die Unterschiede zwischen der Unternehmensgruppe *(group of companies)* einer Clearingbank und der einer Merchantbank. Das Gegenstück in Amerika sind die Treuhandbanken *(trust companies)*. Die meisten allerdings sind dort Abteilungen *(departments)* von Geschäftsbanken, die dann diese Tätigkeit meist auch in ihrem Namen zum Ausdruck bringen. Die Fachleute *(experts)* in der Treuhandabteilung *(trust department)* sind nicht Bankkaufleute *(bankers)* im engeren Sinne, denn ihre Aufgabe ist es nicht, Einlagen entgegenzunehmen *(take deposits)* und Kredite zu gewähren *(grant loans)*. Sie sind Spezialisten *(specialists)* in der Verwaltung von Treuhandvermögen *(administration of trusts)* für einen Treuhandbegünstigten *(beneficiary)*, in Rechtsfragen *(legal matters)*, so unter anderem in der Testamentsverwaltung *(administration of wills)* und Nachlaßabwicklung *(settling of estates)*, als Vollstrecker *(executors)* von Vermögensübertragungen unter Lebenden *(inter-vivos settlements)*, in Kapitalanlagen *(investments)* und Steuern *(taxation)*[2].

Bei allen Zweigstellen der Clearingbank kann der Kunde Anteile und Aktien *(stocks and shares)* kaufen. Wenn er dann die Mühe scheut, sein Wertpapierportefeuille *(investment portfolio)* selbst zu überwachen und zu verwalten, kann er das ebenfalls die Vermögensverwaltungs-Abteilung *(trustee department)* der Bank, die Vermögensverwaltungs-Gesellschaft *(trustee company)* der Bankengruppe *(banking group)* oder eine von der Clearingbank unabhängige Merchantbank tun lassen. Sie besorgt die Depotverwahrung seiner Wertpapiere *(safe custody of securities)*, die Einziehung der Dividenden und Zinsen *(collection of dividends and interest)* und alle Tätigkeiten in Verbindung mit der Ausgabe von Bezugsrechten oder Gratisaktien, Zeichnungen, Wandlungen oder Tilgungen *(operations associated with rights issues, bonus issues, subscriptions, conversions*

[1] nach: *„Die Forfaitierung"*, Finanz AG, Zürich, Februar 1982.

[2] Ein besonderes einzelnes Treuhandgeschäft *(trust transaction)* ist die Hinterlegung von Urkunden zu treuen Händen *(delivery in escrow)*, zum Beispiel einer Eigentumsurkunde bei einem Rechtsanwalt. Die *escrow*, die hinterlegte Urkunde, ist der anderen Vertragspartei auszuhändigen, wenn sie gewisse Bedingungen erfüllt hat *(the party to the contract has performed certain conditions)*.

or redemptions). Die Bank mag sogar als Vertreter in Einkommensteuersachen handeln *(act as an agent in income-tax matters)*. In stärkerem Maße als Einzelpersonen bedienen sich jedoch Pensionsfonds *(pension funds)*, Wohltätigkeitsorganisationen *(charities)*, Investmentfonds *(unit trusts)* und ähnliche Einrichtungen der Beratung durch Merchantbanken zur Verwaltung und Überwachung ihrer Kapitalanlagen *(management and supervision of investments)*.

Für Aktiengesellschaften übernehmen die Banken die Führung des Aktienbuchs *(maintenance of the register of members)*, die Registrierung der Aktionäre *(registration of shareholders)*, die Vorbereitung der Zins- und Dividendenzahlung *(preparation of dividend and interest payments)* und die Versendung von Berichten und Mitteilungen *(mailing of reports and notices)*.

Ein solches Institut kann auch als Pfandnehmer *(pledgee)* tätig werden für eine Gesellschaft oder Körperschaft, die neue Mittel benötigt *(a corporation in need of fresh funds)*. Das Pfand, zum Beispiel Grundeigentum *(property, real estate)*, wird auf die Treuhandgesellschaft ausgestellt *(made out to the trust company)*, und sie hält es als Treuhänder für die Käufer und Inhaber der neuausgegebenen Schuldverschreibungen *(trustee for the buyers and holders of the newly issued bonds)*. – Die Worte *pledge* und *pawn* sind sowohl als Verb „verpfänden“ wie als Hauptwort „Pfand“ praktisch austauschbar. Der Verpfänder ist der *pledger* oder der *pawner*, der Pfandinhaber der *pledgee* wie der *pawnee*. Jener gibt einen Vermögensgegenstand zum Pfand *(puts a chattel in/at pawn, puts in pledge)*, dieser nimmt Güter und Vermögensgegenstände zum Pfand *(takes goods and chattles in pawn)*; wenn er das gewerbsmäßig tut, ist er Pfandleiher *(pawnbroker)*. Manchmal wird, was er tut, auch doppelt ausgedrückt: „Er nimmt einen Pfandgegenstand zum Pfande“ *(he takes a pledge in pawn)*. Dagegen ist *lien* das Pfandrecht, und dazu kann Besitz *(possession)* der Pfandsache nötig sein oder auch nicht. Das Wort *corporation* steht im Amerikanischen hauptsächlich für „Aktiengesellschaft“; in amerikanischen Firmennamen ist es etwa ebenso oft wie *company* zu finden. Im Englischen bedeutet es mehr eine öffentlichrechtliche Körperschaft, zum Beispiel Gebietskörperschaft wie Stadtgemeinde, sodann einen Staatskonzern.

Viele Banken bieten kleineren Unternehmen mit Wachstumspotential *(growth potential)* Wagniskapital *(venture capital)* in der Form von Eigenkapital *(equity finance)*, sei es für die Betriebseröffnung *(start-up)*, den Start eines neuen Erzeugnisses *(launch of a new product)* oder auch bei Übernahme des Betriebs durch die Geschäftsleitung *(management buy-out)*.

Von den Überseebanken *(overseas banks)* und den Commonwealth-Banken, die mit den Merchantbanken vieles gemein haben, gibt es in London über dreißig, und viele davon haben hier ihre Hauptverwaltung *(head office)*. Sie sind ebenfalls keine Institute *(financial institutions)* des breiten Publikums. Sie bieten ein umfassendes Angebot an Bankdienstleistungen *(a comprehensive banking service)*, hauptsächlich im Gebiet des britischen Commonwealth und der ehemaligen Kolonien, aber darüber hinaus zum Beispiel in Mittel- und Südamerika. Zusammen mit den sonstigen in London ansässigen ausländischen Banken sind sie tätig in der Finanzierung des Handels ihrer Länder mit England oder auch mit Drittländern *(third countries)*. Mit Hilfe ihrer weltweiten Verbindungen verlegen sie Anlagemittel *(switch funds)* nach Bedarf von einem Kontinent zum anderen.

Die Diskontbanken übernehmen Wechsel *(bills [of exchange])* – möglichst erstklassige *(prime bills)* –, Schatzwechsel *(treasury bills)* und sonstige kurzfristige Papiere *(short-dated stocks)*. Die Mittel dazu haben sie hauptsächlich in Form von jederzeit fälligem Geld *(call money)* und sehr kurzfristigem Geld *(money for very short periods)*, das die anderen Banken, vor allem die Clearingbanken, bei ihnen einlegen *(deposit with them)*.

Von den deutschen Banken sind in London einige mit „Full-Service-Niederlassungen" *(full-service branches)* und einige mit Repräsentanzen *(representative offices)* vertreten. Mehrere große deutsche Institute haben außerdem gemeinsame Tochtergesellschaften *(joint subsidiaries)* mit großen englischen Banken und Banken sonstiger Nationalität. Andererseits sind englische Institute beteiligt an *(have an interest in, participate in)* gemeinsamen Gesellschaften, die in den letzten Jahren auf dem europäischen Kontinent gebildet wurden *(have been set up on the continent)*.

Die vierte Art Banken sind die reinen Sparinstitute *(savings institutions)*, die die Spargelder der unteren Einkommensschichten sammeln *(collect the savings funds of those in lower income brackets)*. Viel mehr als in anderen Ländern ist in England das Postsparen üblich. Die *National Savings Bank*, wie die Postsparkasse *(post office savings bank)* amtlich heißt, hat mehr als 18 Millionen Einleger *(depositors)*; die Postämter im ganzen Lande erledigen jährlich über 100 Millionen Vorgänge *(deal with more than 100 million transactions each year)*. Sie ist damit die größte Einrichtung dieser Art in der Welt. Die Staatsschuldenverwaltung *(National Debt Commissioners)* sorgt für die Anlage der Spareinlagen in Staatspapieren *(investment in government stock)* oder anderen ausgesuchten Wertpapieren *(special securities)*. Außerdem werden dem Sparer mehrere Typen von staatlichen Wertpapieren angeboten: Sparbriefe *(savings certificates)*, bei denen der Zins als Zuwachs zur Kapitalsumme *(interest in form of accruals to the capital value)* gewährt und bei Einlösung *(encashment)* des Sparbriefs ausgezahlt wird; Sparbonds *(savings bonds)*, die neben dem laufenden Zins am Ende einer bestimmten Zeit eine steuerfreie Draufzahlung *(tax-free premium)* erbringen; Prämienbonds *(premium savings bonds)*, die bei der wöchentlichen Ziehung *(weekly draw)* einen Preis gewinnen.

Sparkassen *(trustee savings banks)* sind mit rund 1600 Zweigstellen im ganzen Lande verbreitet. Sie sind jeweils nur in ihrem örtlichen Bereich tätig *(operate locally)*. Die Sparkassenleiter *(savings bank managers)* werden überwacht von ehrenamtlich tätigen Treuhändern *(honorary trustees)*. Ihre Kunden können wählen zwischen Einlagen mit ganz verschiedenen Kündigungsvereinbarungen *(withdrawal arrangements)*: Sie können abheben auf Verlangen *(withdraw on demand)*, mit sieben Tagen, mit einem Monat Kündigung *(one month notice of withdrawal)* oder müssen auf Abheben vor Fälligkeit verzichten.

Im einzelnen bieten die Institute private Scheckkonten *(cheque accounts)* mit Scheckbuch *(cheque book)* und Einzahlungsbuch *(paying-in book)* sowie mit allen Überweisungsdiensten *(money transmission services)*, Geschäftskonten *(business accounts)* auch für Auslandstransaktionen *(overseas/foreign transactions)* und für Lohnzahlung *(wages payment)* durch Banküberweisung *(bank transfer)*, Kündigungskonten *(notice accounts)* und Fest-Einlagen *(fixed term deposits)*, Termineinlagen *(term/AE time deposits)*, Sparpläne *(savings schemes)* mit hohem Zins wie auch mit Buße *(penalty)* bei vorzeitiger Beendigung *(early termination)*, und Sparkonten *(savings accounts)*. Kontenabrechnung *(accounts record)* geschieht durch Auszug *(statement)* oder Kontobuch *(passbook)*. An Krediten kann der Kunde haben Überziehungsrahmen *(overdraft facility)*, Personalkredit mit Zinsaufschlag von Anfang an *(front-end loaded interest)*, Tilgungs- *(repayment mortgage)* und Festhypothek *(endowment mortgage)*, Hausverbesserungs-Darlehen *(home improvement loans)*.

Die Girozentrale der Sparkassen *(central trustee savings bank)* bietet den Sparkassen die zentrale Abrechnung *(central clearing)* und Anlagedienste *(investment services)* und betreibt weitere Geschäfte, für die sie selbst nicht ausgestattet sind. Eine zu der Organisation gehörende Teilzahlungsbank entwickelt nebenbei die Kreditprüfungsverfahren *(credit assessment techniques)* der Sparkassen. Weitere Gesellschaften betreiben das Kreditkartengeschäft, Versicherungen und Investmentfonds *(unit trusts)*. Mitte der achtziger Jahre bereiteten die Sparkassen sich darauf vor, ein einziges Unternehmen unter einer Dachgesellschaft *(holding company)*, etwa mit dem Namen „*TSB Group PLC*", zu werden. Dazu mußte die alte Gesetzgebung *(legislation)* aufgehoben *(repealed)* werden.

Daueraufträge im Postgirodienst

Standing orders by National Giro

Seit 1968 hat England auch einen Postgirodienst *(National Giro)*. Zahlungen unter Kontoinhabern *(payments between account holders)* werden geleistet, indem Überweisungsscheine *(transfer slips)* portofrei *(post-free*, AE *postpaid)* an das Postgiroamt *(Giro Centre*, allg. *post giro office)* gesandt werden. Es erkennt und belastet *(credits and debits)* die Konten von Zahler *(payer)* und Zahlungsempfänger *(payee)* und sendet jedem einen Kontoauszug *(statement of account)*, an Hand dessen er den Verbleib seines Geldes verfolgen kann *(can keep track of his money)*. Auch Daueraufträge *(standing orders)* werden entgegengenommen. Hat der Empfänger kein Postgirokonto, so kann der Zahler einen Postscheck *(girocheque)* an das Amt senden, dieses schickt ihn an den Empfänger, der den Scheck dann bei seinem örtlichen Postamt *(local post office)* einlösen kann. Eine weitere Möglichkeit ist, einen Verrechnungspostscheck *(crossed girocheque)* an den Empfänger zu senden, der ihn durch seine Bank abrechnen *(clear)* läßt. Wer selbst kein Konto hat, kann Einzahlungen *(inpayments)* am Postschalter *(post office counter)* leisten *(make)*. In diesem Falle, wo Bargeld gehandhabt wird *(cash is being handled)*, wird eine kleine Gebühr erhoben *(a small charge is made)*. Solange der Kontoinhaber im Haben bleibt *(stays in credit)*, hat er unentgeltlichen Bankendienst *(free banking)*, zahlt er keine Bankgebühren *(bank charges)*. Er kann bei seinem Postamt Eigenschecks *(personal cheques)* kassieren *(cash)* und erhält Kontoauszüge *(statements of account)* unentgeltlich *(free)*. Neben dem laufenden Konto kann er ein Kündigungskonto *(deposit account)* haben, das ihm Zins bringt *(earns interest)*. Für Zahlungen kann er Geld ohne weiteres auf das laufende Konto übertragen *(transfer)*. Des weiteren bietet der britische Postgirodienst auf Antrag *(on application)* Personaldarlehen *(personal loans)*, Überziehungsmöglichkeit *(overdraft facility)* für Geschäftskunden *(corporate customers)*, Reiseschecks *(traveller's cheques)*, Scheck-Garantiekarte *(cheque guarantee card)* sowie besondere Postbarschecks *(postcheques)* zum Abheben von Bargeld *(drawing cash)* im Ausland.

Eine Anzahl weiterer Geldinstitute *(financial institutions)* vervollständigen das Bild des englischen Bankensystems, aber sie werden im engeren Sinne nicht als Banken angesehen. Die Bank von England als Aufsichtsbehörde *(supervising authority)* ist ziemlich eigen mit der Bezeichnung „Bank". So werden zum Beispiel die Teilzahlungsinstitute (auch *hire-purchase companies),* die im Deutschen allemal Banken heißen, *finance houses* genannt. In Amerika hingegen gehört es zu einer typischen großen oder mittleren Geschäftsbank *(large or medium-sized commercial bank),* daß sie eine Teilzahlungsabteilung *(AE installment credit department)* hat. In England sind sie selbständige Unternehmen, aber oft mit Verbindung zu den Geschäftsbanken. Insgesamt dürften etwa 1 500 Firmen im Teilzahlungsgeschäft tätig sein *(be engaged in hire-purchase transactions).*

Die Unterscheidungsmerkmale der einzelnen Arten von Banken verwischen sich immer mehr. Es ist die gleiche Entwicklung wie in der Bundesrepublik und anderen Ländern: ein Zug zur Universalbank *(a tendency towards the all-purpose/universal bank)*. Alle Typen von Banken streben danach, ihren Tätigkeitsbereich *(range of activities)* zu erweitern, oft durch Tochtergesellschaften.

Schließlich gibt es in England wie in anderen Ländern Sonderinstitute *(special financial institutions),* die in gewissen Situationen und Zeiten besondere Kreditfazilitäten *(special credit facilities)* bieten. So erforderten der Wiederaufbau nach dem Kriege *(post-war reconstruction),* die Hilfe für die überseeischen Entwicklungsländer *(aid for overseas developing countries)* oder die Unterstützung des kleinen und mittleren Handels und Gewerbes *(the small and medium-sized commerce and industry)* zusätzliche Institute. Sie befriedigen Kreditbedürfnisse *(satisfy credit demand),* zum Beispiel in Fällen, in denen aus irgendeinem Grunde weder Finanzierung durch Emission von Aktien *(issue of shares)* noch Schuldverschreibungen *(debentures)* oder Hypothekendarlehen *(mortgage loans)* in Frage kommen. Kleine und mittlere Unternehmen *(companies, enterprises)* können oft keine Aktionäre von draußen hereinnehmen *(accept outside shareholders)* und können nicht genügend Sicherheit stellen *(furnish/provide security)*. Dafür gibt es zum Beispiel eine Gemeinschaftsgründung *(joint venture)* der großen englischen und schottischen Geschäftsbanken und der Bank von England unter dem Namen „*Investors in Industry Group plc*". Sie hat neben anderem eine Abteilung für Wagniskapital *(venture capital)*, besonders auf den Gebieten hochentwickelter Technik *(high technology fields)*. Der vielzitierte neue Unternehmensgeist *(entrepreneurial spirit)* der achtziger Jahre rief nach der Unterstützung durch diese Institute bei neuen Betriebsgründungen *(formation of new businesses)* und Kapital-Neuordnung *(capital reconstruction)*. Eine Grundstücksabteilung *(property division)* ist vor allem beschäftigt mit der Beschaffung *(provision)* von gewerblichen Grundstücken *(industrial premises)* für kleinere Unternehmen. Eine weitere Abteilung für Schiffahrtsfinanzierung *(shipping finance)*, Energie und verwandte Gewerbe *(related industries)* gibt vor allem Schiffshypotheken *(ship mortgage loans)* auf in England gebaute Schiffe als Sicherheit *(makes loans to shipowners on the security of a ship)*. Erwähnt sei ferner die *Agricultural Mortgage*

Corporation PLC, „Landwirtschaftliche Hypothekenbank". Ihre Aufgabe ist es, Darlehen zu gewähren *(grant loans)* bis zu 40 und gelegentlich 60 Jahren gegen erste Hypotheken auf Agrarland und landwirtschaftliche Gebäude *(first mortgages on agricultural lands and buildings)*. Schließlich gibt es Sonderinstitute, die Entwicklungsprojekte *(development projects)* im Commonwealth unterstützen.

Die erwähnte *Agricultural Mortgage Corporation* finanziert ihre Hypotheken durch Ausgabe langfristiger Schuldverschreibungen *(long-term debentures)*. Im übrigen gibt es Hypothekenbanken *(mortgage banks)* deutscher Art, die Pfandbriefe emittieren *(issue mortgage bonds)*, in England kaum. Die Aufgabe, Darlehen gegen Grundsicherheit zu geben *(make advances on the security of property)*, ist in England hauptsächlich die Tätigkeit der Bausparkassen, richtiger: Bauspargenossenschaften *(building societies*, AE üblicher *savings/building and loan associations)*. Es sind Vereinigungen auf Gegenseitigkeit *(mutual associations/institutions)* und insofern den Verbrauchergenossenschaften *(co-operative societies, co-operatives*, AE auch *consumer co-operatives)* verwandt. Ihre wirtschaftliche und soziale Bedeutung *(economic and social importance)* liegt darin, daß sie das Sparen und das Wohnungseigentum fördern *(promote thrift and home ownership)*.

Die englischen Bausparkassen[1] bieten ihren Mitgliedern mehrere Sparformen *(types of investment)*: Anteile *(shares)*, verschiedene Einlagen *(deposits)* und Ratensparen *(regular saving)*. Nach dem Sparaufkommen *(amount of savings/investment)* die bedeutsamste Form ist das Sparen in Anteilen. Da eine Genossenschaft *(association, co-operative society)*[2] kein festes Anteilskapital *(fixed share capital)* hat – anders als eine Aktiengesellschaft –, können neue Anteile solange ausgegeben werden, wie sich Zeichner *(subscribers)* finden. Die Anteile werden nicht an der Börse gehandelt *(are not dealt in on the stock exchange)*. Sie können, anders als Aktien, nach Kündigung abgehoben werden *(withdrawn on giving notice)*. Der Anteilseigner *(shareholder)* bekommt ein Kontobuch *(pass-book)* über seine Anteile ausgehändigt.

Einlagen können ebenfalls mit mindestens einem Monat Kündigungsfrist abgehoben werden *(withdrawn at one month's notice)*. Sie sind ein wenig niedriger verzinslich als Anteile *(deposits carry a rate of interest slightly lower than the rate paid on shares)*, da die Einleger als Gläubiger rangieren *(rank as creditors)*. Kleinere Beträge kann der Anleger meist auf der Stelle abheben *(withdraw on the spot)*. Insgesamt kann also der englische Bausparer *(investor with a building society)* ziemlich rasch und ohne Umstände an seine Ersparnisse gelangen *(can get to his savings quickly with no problems)*. Die englischen Bausparkassen sind somit Institute nicht nur für das langfristige *(long-term)*, sondern auch für das kurzfristige Sparen *(short-term investment/saving)*.

Viele Bausparkassen bieten besondere Spareinrichtungen *(investment facilities)*. Festanteile *(term shares)* kann der Sparer zum Beispiel erwerben, indem er eine Pauschalsumme anlegt *(by investing a lump sum of money)* und sie für etwa zwei Jahre festlegt. Dann erhält er eine Zusatzverzinsung *(extra interest)*.

[1] Darstellung zum Teil nach "*Understanding Building Societies*", published by The Building Societies Association, Dezember 1983.

[2] *Co-operative society* ist im weiteren Sinne Genossenschaft, im engeren Sinne Verbraucher-/Konsumgenossenschaft, diese jedoch genauer: *co-operative consumer retail society*. Weitere Wörter aus diesem Bereich: Produktionsgenossenschaft *co-operative producers' society*, Großhandelsgenossenschaft *co-operative wholesale society*, Einkaufsgenossenschaft *co-operative purchasing society*, landwirtschaftliche Genossenschaft *co-operative agricultural society*, Genossenschaftsbewegung *co-operative movement*.

Auf Ratensparkonten schließlich sparen viele Mitglieder die Anzahlung *(down-payment, down pay)* auf ein Haus zusammen. Unter einer solchen Vereinbarung sind sie gezwungen, regelmäßig jeden Monat einen Betrag beiseite zu legen *(put aside a regular sum each month)*. Die Einkommensteuer auf Zinsen von Anteilen und Einlagen bis zu bestimmten Höchstbeträgen *(maximum amounts)* zahlt die Bausparkasse in einem mit der Finanzverwaltung vereinbarten Pauschsatz *(composite rate)*.

In Englands Wohnungsbaufinanzierung *(financing of housing)* ist der Unterschied zwischen erster und zweiter Hypothek weniger wichtig. Anteilseigner wie Einleger können eine Hypothek in der Regel bis hinauf zu neunzig Prozent des Grundstückswerts erhalten *(a mortgage up to 90 per cent of the property's value)*. Sie brauchen oft nicht einmal vorher Mitglied zu sein, sondern die Mitgliedschaft wird gewährt *(membership is granted)* bei Erfüllung des Vertrags *(on completion of the contract)* über das Darlehen *(advance)*. Kann der Hypothekenschuldner *(mortgagor)* der Bausparkasse als dem Hypothekengläubiger *(mortgagee)* zusätzliche Sicherheit bieten *(produce additional security)*, so kann die Beleihung des Grundstücks *(lending on the property)* sogar noch weiter hinaufgehen. Die zusätzliche Sicherheit kann zum Beispiel bestehen in der Bürgschaft einer Versicherungsgesellschaft *(guarantee by an insurance company)*. Auf dieser Basis kann ein Zusatzdarlehen *(excess loan)* gewährt *(granted)* werden.

Ein Hypothekenvertrag wird aufgesetzt *(a mortgage deed is drawn up)*, durch den die Bausparkasse ein Anrecht auf das Grundstück *(a legal interest in the property)* erhält, bis das Hypothekendarlehen *(mortgage loan)* zurückgezahlt ist. Nach der Art der Rückzahlung unterscheidet man zwei Typen: die gewöhnliche Hypothek *(ordinary mortgage)* oder Tilgungshypothek *(repayment mortgage)* und die Festhypothek *(endowment/fixed mortgage)*. Bei der Tilgungshypothek zahlt der Hypothekenschuldner Kapital und Zins *(principal and interest)* in monatlichen Raten *(monthly instalments)*. Zins wird erhoben auf den jeweils ausstehenden Restbetrag *(interest is charged on the balance outstanding)*. Tilgungstabellen *(repayment tables)* geben für bestimmte Laufzeiten *(periods)* und Beträge die monatlichen Rückzahlungen *(monthly repayments)* einschließlich Zins *(including interest)* an; aufs Jahr sind das die „Annuitäten" *(annuities)*.

Die Festhypothek wird vereinbart in Verbindung mit einer Erlebensfallversicherung *(in conjunction with an endowment assurance policy)*. Die Darlehenssumme bleibt während der Laufzeit des Darlehens unverändert *(the sum borrowed remains static throughout the period of the loan)*, nur Zins wird gezahlt.

Der Hypothekenvertrag berechtigt die Bausparkassen, den Zinssatz zu verändern *(the mortgage deed permits the building societies to vary the rate of interest)*. Wenn sie den Zins erhöhen *(raise the interest rate)* müssen, geben sie dem Schuldner meist die Wahl, höhere monatliche Beträge zu zahlen oder die Tilgung zu strecken *(the option to extend the period of repayment)*. Wenn der Zins gesenkt wird *(the rate is reduced)*, kann der Schuldner die Tilgung beschleunigen *(accelerate repayment)*. Beim Verkauf des Hauses wird die Hypothek entweder zurückgezahlt *(paid off)* oder auf den neuen Eigentümer übertragen *(the mortgage is transferred to the new owner)*. Kann ein Schuldner die Hypothekenschuld *(mortgage debt)* nicht zurückzahlen, so kann das Institut die Hypothek verwerten *(foreclose the mortgage)*. Mit der Verwertung *(foreclosure)* wird das Haus Eigentum *(property)* der Bausparkasse.

Darlehen werden gegeben *(advances are made)* auf Hauseigentum auf eigenem Grund *(freehold property)* wie auf Pachtgrund *(leasehold property)*, vorausgesetzt daß die Pacht noch eine angemessene Zeit läuft *(the lease has a reasonable period to run)*. Die Höchstdauer *(maximum period)* einer Hypothek ist 25 Jahre, ausnahmsweise auch länger. Die meisten Darlehen werden gewährt auf Eigenheime als Sicherheit *(on the security of owner-occupied dwelling houses)*, aber auch auf Läden *(shops)*, Grundstücke im Besitz von Mietern *(tenanted properties)*, Wohnblocks *(blocks of flats)*, Bauernhöfe *(farms)* und gewerblich genutzte Grundstücke *(industrial premises)*.

Bausparkassen stehen unter Staatsaufsicht *(under government supervision)*.

Die Zentralbank: zwölf Reservebanken

The central bank: Federal Reserve Banks

Das amerikanische Bankensystem ist zwar zunächst nach dem Vorbild des englischen entstanden, hat aber dann eine andere Entwicklung genommen. So unterscheidet es sich vom englischen heute vor allem durch seine Zersplitterung *(decentralisation)*. Zu Mitte der achtziger Jahre gab es in den Vereinigten Staaten fast 15000 Banken. Diese Zahl umfaßt alle Geschäftsbanken *(commercial banks)*, Treuhandbanken (AE *trust banks/companies)*, Genossenschafts-Sparkassen (AE *mutual savings banks)*, Aktiensparkassen *(stock savings banks)*, Privatbanken *(private banks)* und Teilzahlungsbanken (AE *industrial banks)* sowie sonstige Arten von Instituten, die von den Bankenaufsichtsstellen der Bundesregierung *(Federal Bank Supervisory Agencies)* als Banken angesehen werden. Die größte Gruppe darunter sind die Bausparkassen, von denen es zwei Gruppen gibt: die öffentlichen Bausparkassen, *Federal Home Loan Banks* genannt, und die genossenschaftlichen Bausparkassen *(savings and loan associations)*. Eine weitere Genossenschaftsgruppe sind die Kreditvereine *(credit unions)*.

Von den nahezu 15000 Banken sind mehr als 6000 Mitglieder des *Federal Reserve System*, also jener zwölf regionalen Reservebanken *(reserve banks)*, die gemeinsam die Aufgaben einer Zentralnotenbank *(central bank)* wahrnehmen. Die 6000 Mitgliedsbanken *(member banks)* vereinigen nach den Statistiken des *Federal Reserve System* 70 Prozent der Einlagen aller Banken auf sich *(account for 70 per cent of the deposits of all banks in the country)*. „Mitgliedsbank" heißt, daß diese Institute das Anteilskapital *(equity stock)* der Reservebanken halten.

Für die *national banks*, das sind die von der Bundesbehörde lizenzierten Banken, besteht Zwangsmitgliedschaft *(compulsory membership)* im *Reserve System*. Außerdem können *state banks*, also von den jeweiligen Einzelstaaten lizenzierte Banken, Mitglieder werden. Dieser für europäische Verhältnisse zunächst seltsam anmutende Aufbau bedeutet jedoch nicht, daß diese Geschäftsbanken eine bedenkliche Kontrolle der Kreditpolitik *(credit policy)* ausüben könnten. Dazu sind die beiden maßgebenden Organe des Systems, der *Board of Governors* und das *Federal Open Market Committee*, zu unabhängig. Der *Board of Governors*, dessen sieben Mitglieder vom amerikanischen Präsidenten bestellt werden, läßt sich etwa vergleichen mit dem Direktorium der Bundesbank in der Bundesrepublik, das *Federal Open Market Committee* ungefähr mit dem Zentralbankrat.

Trotz der Zersplitterung haben die Vereinigten Staaten doch auch eine Anzahl sehr großer Banken. Unter den fünfzig größten Banken der Welt – nach Aktiva *(assets)* gerechnet – befanden sich 1985 neun amerikanische, fünf britische, drei deutsche und nicht weniger als 18 japanische – dies zu der Zeit infolge der Stärke des Yen *(due to the strength of the Yen)*. Aber viele Bankbilanzen enthielten hohe Gegenposten *(contra accounts)* zu den Ausleihungen. Die größte Bank der Welt, nach Aktiva, war eine amerikanische: Citicorp.[1].

Die Vielzahl der Banken in Amerika erklärt sich mit den Vorschriften einer Reihe von Staaten, wonach die Institute keine Filialen *(branches)* außerhalb ihres Bankbezirks *(banking district)* errichten durften. Die Bestimmungen sind im Laufe der Jahre gelockert worden, so daß den Banken dieser Staaten eine allmähliche Expansion *(gradual expansion)* und nicht wenigen von ihnen erst der Übergang von der Bank ohne Zweigstellen *([single] unit bank)* zur Bank mit Zweigstellen *(branch bank)* möglich wurde. Eine andere einschränkende Vorschrift in den Vereinigten Staaten ist, daß Geschäftsbanken sich nicht zugleich als Emissionsbanken (AE *investment banks)* und nicht als *merchant banks* betätigen dürfen; sie können das nur über Tochtergesellschaften tun. Im Zuge ihrer Ausbreitung in Europa, vor allem in London, sind etliche amerikanische Institute internationalen Bankenkonsortien beigetreten *(have joined international banking consortia)*, um durch diese Beteiligung an Gemeinschaftsbanken *(participation in consortia banks)* zum Beispiel das internationale Kreditgeschäft zu betreiben *(handle international loan business)*.

Eine Anzahl amerikanischer Großbanken begann in der zweiten Hälfte der sechziger Jahre durch Ankauf anderer Banken mehr und mehr zu Bank-Holdinggesellschaften *(bank holding companies)* zu werden. Gleichzeitig setzte eine starke Tendenz zur Ausweitung des „Personal-Bankgeschäfts" oder Verbrauchergeschäfts ein, in Amerika *[retail] personal banking* genannt. Die Bank wird dabei zu einer Art Kaufhaus *(department store)*, in dem „Einkauf unter einem Dach" *(one-stop shopping, shopping under one roof)* möglich ist. Die Kreditkarte *(credit card)* wurde stark propagiert *(promoted)*, und gelegentlich heißt es, eines Tages werde nicht nur die bargeldlose *(cashless)*, sondern sogar die schecklose Gesellschaft (AE *checkless society)* verwirklicht sein.

Während Geschäftsbanken in Deutschland und England erst spät in nennenswertem Umfang in das langfristige Geschäft eingestiegen sind *(have entered long-term business)*, haben die amerikanischen Geschäftsbanken diesen Zweig schon lange. Sie haben in der Regel auch eine Hypothekenabteilung *(mortgage department)*.

Fast alle Geschäftsbanken und Sparkassen sind Mitglieder der Bundesanstalt für Einlagenversicherung, der *Federal Deposit Insurance Corporation*, vor allem die Mitgliedsbanken des *Reserve System*. Jeder Einleger hat auf diese Weise mindestens für einen Teilbetrag seiner Einlagen eine Garantie, falls seine Bank zahlungsunfähig werden sollte.

[1] Nach Angaben in „*The Banker*", Juli 1985: "*World Top 500*", Financial Times Business Information Ltd.

Darlehen – Vorschüsse – Wechselkredite

Loans - advances - discounts

In der Bilanz *(balance sheet)* einer amerikanischen wie auch einer englischen Geschäftsbank machen Ausleihungen *(lendings)* in der Regel die Hälfte bis 60 Prozent des Bilanzvolumens *(balance sheet total)* aus, und zwar hauptsächlich als „Debitoren" *(loans, debtors)*. In der englischen Bankbilanz wird für *loans* oft das Wort *advances* vorgezogen. Manchmal wird in der englischen Bankbilanz beides nebeneinander verwendet, also *loans and advances,* oder gar *loans, advances and other accounts.* Der zweite, wesentlich kleinere Posten unter den Ausleihungen sind bei der englischen Clearingbank „Wechsel" *(bills discounted,* auch etwa *bills of exchange and other refinanceable credits).* In der Bilanz einer Merchantbank oder einer amerikanischen Geschäftsbank wären es hingegen eher „Akzeptkredite" *(customers' liabilities for acceptances).*

Der Gegenposten unter den Passiva *(liabilities)* lautet etwa ähnlich „Akzepte für Kunden" *(acceptances for customers),* oft mit dem Zusatz „ausstehend" *(outstanding)* oder „abzüglich Bestand" *(... less amount in portfolio,* oder *acceptances executed less those held in for investment).* Zu den Debitoren findet sich auf der Gegenseite eine Sammelwertberichtigung *(reserve for loan losses).* Soweit die Geschäftsbanken Gelder nicht ausgeliehen *(lent)* haben, halten sie in großem Umfang Wertpapiere zur Geldanlage *(investment securities).* Die amerikanischen Banken haben dafür hauptsächlich Schuldverschreibungen der Vereinigten Staaten *(US Government obligations)* sowie Schuldverschreibungen der Bundesstaaten und politischen Untergliederungen *(obligations of states and political subdivisions)* – gemeint sind Gebietskörperschaften –, und gelegentlich heißt es auch einfacher *state and municipal securities* = Wertpapiere von Bundesstaaten und Gemeinden.

Wertpapiere sind in höherem Maße liquide Anlagen *(liquid assets)* als Ausleihungen. Besonders leicht in Bargeld umwandelbar *(easily convertible into cash)* sind Schatzwechsel und andere handelbare Geldmarktpapiere *(negotiable money market assets).* Ein großer Posten in den Bankbilanzen sind schließlich die flüssigen Mittel selbst, nämlich vor allem der Kassenbestand *(cash in/on hand),* Guthaben bei Banken und Geld auf Abruf *(balances with bankers, money at call and at short notice, cash at banks/at call).* Posten mit relativ hoher Liquidität *(liquidity)* sind in amerikanischen Bilanzen ferner ausgeliehenes Zentralbankgeld *(Federal Funds sold)* und mit Rückverkaufverpflichtung erworbene Wertpapiere *(securities bought under a reselling agreement).* Das Gegenstück dazu sind aufgenommene Zentralbankguthaben *(Federal Funds purchased)* und unter Rückkaufverpflichtung verkaufte Wertpapiere *(securities sold under repurchase agreements)* – das sind Wertpapiere, die im Rahmen von Pensionsgeschäften *(repurchase arrangements)* hingegeben wurden. Die Zentralbanken bieten den Geschäftsbanken solche „Pensionsmöglichkeiten" *(repurchase facilities)* zu deren zeitweiliger Refinanzierung.

Außerhalb der Bilanz wird in den Erläuterungen zu den Bilanzposten *(notes to/on the accounts)* mitgeteilt, ob die Wertpapiere an der Börse *(stock exchange)* notiert *(quoted)* sind, und falls nicht, daß sie zu Anschaffungskosten *(at cost)* in der Bilanz erscheinen *(are shown in the balance sheet),* oder es heißt:

„Die Bewertung erfolgt zu mittleren Börsenwerten für börsennotierte Anlagen und zu Wertansätzen der Geschäftsleitung für unnotierte Anlagen“ *(the valuation represents middle market values for quoted investments and Directors' valuation for unquoted investments).* Eine andere wichtige Erläuterung zu den Bilanzzahlen ist der Hinweis auf die Eventualverbindlichkeiten *(contingent liabilities)* aus Bürgschaften *(guarantees)* und bestätigten Akkreditiven *(confirmed letters of credit),* aus zum Diskont gegebenen Wechseln *(bills receivable discounted),* Konsortialverpflichtungen *(underwriting commitments),* ungenutzten Kreditfazilitäten von Kunden *(costumers' undrawn facilities),* Terminverträgen in fremden Währungen und Edelmetall *(forward contracts in foreign currencies and bullion)* und aus noch nicht aufgerufenen Verpflichtungen auf teileingezahlten Aktien *(uncalled liability on partly paid shares).*

„This public issue is not everyone's cup of tea.“ (Stoßseufzer eines Maklers)[1]

Emissionsgeschäft

Kapital vom Publikum aufnehmen

Raise money/capital from the public

Wer langfristiges Kapital braucht, ob ein Unternehmen oder eine öffentliche Stelle – von den Kreditbanken kann er es in der Regel nicht erwarten. Deren Geschäft ist, kurz- und mittelfristige Kredite *(short- and medium-term loans)* zu geben, zurückzuerhalten und wieder auszuleihen *(relend).* Es ist nicht ihre Sache, Kapital über Jahrzehnte herzugeben. Das muß vielmehr vom sparenden Publikum kommen. Aber in der Aufgabe, es von daher zu beschaffen *(raise money from the public),* im Emissionsgeschäft *(new issue business),* sind die Banken wiederum tätig. Sie helfen, Aktien *(shares, stocks)* und Schuldverschreibungen *(debentures, bonds)* beim Publikum unterzubringen *(place with the public).* Ihre Kundschaft bei dieser Art Geschäft sind Aktiengesellschaften (kurz *companies),* private und öffentliche Körperschaften *(private and public corporations),* Regierungen, Gemeinde- und Stadtverwaltungen *(local authorities, municipalities)* und andere Institutionen. Ist der Emittent *(issuer)* eine Gesellschaft, so ist die Emission eine Form der Gesellschaftsfinanzierung *(corporate financing).* Ist er ein Staat, so ist die Emission eine Form der Staatsfinanzierung *(government financing),* eine Staatsanleihe *(government loan)* – Staaten geben keine Aktien

[1] Quelle des Mottos: *„Financial Times“*, London.

aus, sondern nur festverzinsliche Wertpapiere *(fixed interest bearing securities, fixed interest stocks)*. Auf einem freien internationalen Kapitalmarkt *(free international capital market)* macht es grundsätzlich keinen Unterschied, ob der Emittent seinen Sitz im Inland oder im Ausland hat, ob es sich also um eine Inlandsemission *(domestic issue)* oder eine Auslandsemission *(foreign issue)* handelt – die Devisenbestimmungen für Kapitalverkehr *(foreign exchange regulations on capital transactions)* wurden in England 1979/80 aufgehoben *(abolished)*.

Die Londoner Börse und die Provinzbörsen *(regional stock exchanges)* unterliegen zwar keiner so strengen gesetzlichen Aufsicht *(not subject to legal control)* wie die amerikanischen Börsen, die vom Börsen- und Wertpapieramt *(Securities and Exchange Commission – SEC)* überwacht werden. Aber die selbstgesetzten Regeln der britischen Börsen sind deshalb nicht weniger wirksam. Sie sollen eine Beeinflussung des Wertpapierhandels *(rigging of the market)* verhindern. Ein Kodex von Regeln gilt auch für das Emissionsverfahren und die Zulassung an der Börse *(permission for quotation/listing on the stock exchange)*. Für das Euro-Geschäft hingegen sind teils eigene Formen entwickelt worden. Hier ein paar Ausdrücke aus diesem Grenzbereich: Eine „*bullet loan*" wird erst am Ende ihrer Laufzeit, auf einmal, zurückgezahlt. Einem guten Kreditnehmer stellen die Banken ihre Plazierungskraft *(placing power)* längerfristig im Rahmen einer revolvierenden Übernahmefazilität *(revolving underwriting facility – RUF –/note issuance facility – NIF)* für immer wieder neue kurzfristige Anleihe-/Schuldscheine *(short-term notes)* zur Verfügung. Notfalls bringen sie selbst die Mittel bei *(they fund)*. Mit „*basis points*", *jeweils* $^{1}/_{100}$ Prozent, werden Rendite-Gefälle bezeichnet. Neue Wertpapiere werden mitunter „per Erscheinen" *(when issued)* gehandelt.

Im inländischen Emissionsgeschäft haben die Londoner Emissionsbanken *(issuing houses,* AE *investment banks)* in der Hauptsache die Privatwirtschaft *(private enterprise)* als Kunden *(clients)*. Viele Handels- und Industrieunternehmen *(commercial and industrial companies)* haben ihre Tätigkeit eines Tages so ausgeweitet *(expanded)*, daß sie sich nicht mehr aus einem kleinen Kreis von Familienaktionären *(family shareholders)* mit Kapital versorgen können *(provide themselves with capital)*, sondern an die Öffentlichkeit gehen *(go public)* müssen, also sich zu einer öffentlichen Emission *(public/market flo[a]tation)* entschließen. Auch Gesellschaften, die bereits in Publikumsbesitz sind *(public companies)*[1] und deren Wertpapiere bereits an der Börse notiert sind *(are already quoted on the stock exchange)*, die aber neues Kapital brauchen *(are in need of fresh capital)*, nehmen die Dienste der Emissionsbanken in Anspruch.

Wie eine Emission begeben wird

How to float/launch an issue

Für gewöhnlich lassen sich in London fünf Möglichkeiten unterscheiden, eine Emission zu begeben/aufzulegen *(float/launch an issue)*: Das Verkaufsangebot *(offer for sale)* durch eine Emissionsbank oder einen Emissionsmakler (ebenfalls

[1] Hingegen sind staatseigene Gesellschaften *government-owned companies* und verstaatlichte Industriezweige, Staatsindustrien *nationalized industries*.

issuing house/broker, AE *investment bank),* die Direktemission *(direct offer)* durch den Anleihenehmer selbst; die öffentliche und die private Unterbringung oder Plazierung *(public placing and private placing);* die Ausbietung oder Ausschreibung *(offer for sale by tender, [issue by] tender).* Soweit bei diesen Verfahren das Publikum zur Zeichnung *(subscription)* aufgefordert wird, spricht man von einer öffentlichen Emission *(public issue)* oder auch von Emission durch Prospekt *(issue by prospectus).* Das schließt nicht aus, daß ein Teil der Wertpapiere bevorzugten Bewerbern *(preferential applicants),* zum Beispiel der Belegschaft, angeboten wird.

Die beiden erstgenannten Emissionsverfahren *(methods of issue)* haben so vieles gemeinsam, daß manchmal nicht strikt zwischen ihnen unterschieden wird. Beide bieten einem großen Kreis von potentiellen Anlegern *(prospective investors)* die Möglichkeit, sich über die Wertpapiere *(the stock)* zu unterrichten und sie zu zeichnen *(subscribe for the stock/securities).* In beiden Fällen muß ein Börsenprospekt *(prospectus)*[1] in mindestens zwei führenden Tageszeitungen *(leading daily newspapers)* veröffentlicht werden.

Beim Verkaufsangebot kauft *(purchases)* das Emissionshaus die neuen Wertpapiere und bietet sie dann unter seinem Namen zu einem höheren Preis an. Aus dem Preisunterschied bestreitet es seine Kosten, soweit sie nicht vom Emittenten selbst getragen werden. Dazu gehören Rechtsberatungskosten *(legal expenses),* Anzeigen- und Druckkosten *(advertising and printing expenses),* Börsenzulassungsgebühr *(quotation fee),* Wirtschaftsprüferhonorar *(accountant's fee)* und als besonders wichtiger Posten die Unterbringungsprovision/Bonifikation *(underwriting commission)* an Institute, die die Unterbringung der Emission, jedes für einen Teil, garantieren.[2]

Dem Verkaufsangebot in den Zeitungen und den Sonderdrucken davon sind Zeichnungsformulare *(application/subscription forms)* beigefügt, auf denen Kaufwillige sich um die Wertpapiere bewerben *(apply for the securities)* können. Die Formulare sind dem Emissionshaus oder einer zusätzlich eingeschalteten Bank *(receiving bankers)* einzusenden. Außerdem wird an einem vorher bekanntgegebenen Tage eine Zeichnungsliste eröffnet *(an application list opens).* Bei einer gut laufenden Emission wird sie aber noch am gleichen Tage, oft schon nach einer Minute wieder geschlossen – da schon genügend Kaufanträge eingereicht *(lodged)* worden sind.

Im Falle der Direktemission wendet sich der Emittent selbst an das allgemeine Sparpublikum *(general body of investors),* ebenfalls in der Regel mit Prospekt und Zeichnungsformular. Das Emissionshaus kauft die Wertpapiere nicht, sondern verpflichtet sich *(underwrites)*[3], alle Wertpapiere aufzunehmen *(take up)*, die nicht an das Publikum verkauft werden, und so die volle Zeichnung zu sichern *(ensure full subscription).* Praktisch ist damit die Emission genauso fest übernommen *(underwritten)* wie im Falle des Verkaufsangebots. Bei sehr großen Emissionen werden sich mehrere Banken zu einem Emissions- oder Übernahmekonsor-

[1] *Prospectus* ist der Emissionsprospekt, allgemein die umrißartige Darstellung eines Vorhabens oder Unternehmens, ferner der Waschzettel über ein neues Buch sowie über ein Lehrinstitut. Der kaufmännische Prospekt dagegen ist *pamphlet, folder* oder einfach *booklet* – wenn er die Form einer kleinen Broschüre hat.

[2] *Underwrite* bedeutet im Emissions- wie im Versicherungsgeschäft soviel wie „garantieren", „versichern", eine Ausfallverpflichtung übernehmen.

[3] Einige der englischen Begriffe in diesem Kapitel sind der Broschüre „*British Issuing Houses*" der Issuing Houses Association, London, entnommen.

tium *(issuing/underwriting syndicate)* zusammentun, und eine von ihnen ist die Konsortialführerin *(syndicate manager)*.

Die Bank oder das Konsortium werden versuchen, das Risiko mit anderen zu teilen *(share the risk)*, um es für sich selbst zu verringern. Sie werden sich dazu eine größere oder kleinere Zahl von weiteren festen Übernehmern, Unterbeteiligten *(sub-underwriters)* suchen: andere Banken und Kapitalsammelstellen *(institutional investors)* wie Versicherungen *(insurance companies)*, Pensionsfonds *(pension funds)*, Kapitalanlagegesellschaften *(investment trusts/companies)*. Der Makler, der Zeichner vermittelt, erhält von der Bank oder dem Konsortium eine Vermittlerprovision *(broker's fee, brokerage)*. Für ihre Dienste beziehen die Bank oder das Konsortium eine in Prozenten des Emissionsbetrags ausgedrückte Provision *(commission)* oder Gebühr *(fee)*. Davon geben sie einen Teil, wie beim Verkaufsangebot, an die Fest-Übernehmer als Bonifikation *(sub-underwriting commission)* ab. Im Deutschen wird das Entgelt, das das Konsortium erhält, oft als „Konsortialnutzen" oder „Konsortialspanne" bezeichnet, letzteres allerdings eher im Falle der Übernahme zu einem bestimmten Kurs und der Abgabe an die Kundschaft zu einem höheren Kurs. Das Wort ließe sich, nicht ganz eindeutig, übersetzen mit *underwriting commission* oder einem der oben gebrauchten englischen Wörter. Die Konsortialführerin erhält eine Führungsprovision *(manager's commission)*.[1]

Die Leistung des Emissionshauses oder des Konsortiums besteht nicht nur in den verschiedenen Hilfsdiensten, sondern sie tragen auch das Übernahmerisiko oder Unterbringungs- oder Plazierungsrisiko *(placing/underwriting risk)*. Sie gehen in der Tat ein gewisses Risiko ein *(take a risk)*, denn die Emission kann sich plötzlich doch noch als Fehlschlag, als Reinfall erweisen *(turn out as a failure/flop)* – zum Beispiel wenn im Augenblick des Angebots die Zentralbank plötzlich den Diskont erhöht und die neuen Wertpapiere nun weniger attraktiv erscheinen. Die Zeichnungsaufforderung *(invitation for subscription)* findet daraufhin weniger Anklang *(gets less response)* als erwartet, und die Übernehmer bleiben auf der Emission sitzen *(underwriters are left with the issue)*. Das Emissionshaus oder das Konsortium bleiben die Hauptverpflichteten. Wenn einer der Unterbeteiligten seinen Verpflichtungen nicht nachkommt *(defaults)*, müssen sie dafür aufkommen *(must make good his undertakings)*.

Das Verfahren der öffentlichen Unterbringung *(public placing)* bei kleineren Emissionen ist einfacher und weniger kostspielig *(expensive)*. Hierbei wird oft kein Konsortium, sondern nur eine Börsenmaklerfirma *(stock broker firm)* als Emissionsmakler auf Grund eines Plazierungsvertrags *(placing agreement)* tätig. Sie bietet den größten Teil ihren Kunden an, hauptsächlich Finanzinstituten. Das übrige, in der Regel mindestens ein Viertel, muß sie der Börse zur Verfügung stellen. Sie überläßt diesen Teil mehreren „Jobbern", den „Großhändlern" der britischen Börse. Die geben sie ihrerseits in kleinen Partien *(in small lots)* an die „Broker", die „Einzelhändler" ab, und von ihnen kann der private Interessent sie direkt oder über seine Bank kaufen. So kann sich sogleich ein Markt mit repräsentativen Kursen bilden, bei denen unangemessene Kursgewinne und willkürliche Kursverluste

[1] Nach britischen Emissionsregeln ist ein Mitglied des Verkaufskonsortiums *(selling syndicate)* selbst kein *underwriter*. Hält man sich an diese begriffliche Abgrenzung, so sind die festübernehmenden Kapitalsammelstellen nicht *sub-underwriters*, sondern *underwriters* und erhalten *underwriting commission*.

unwahrscheinlich sind. Sind Wertpapiere dieser Gesellschaft oder öffentlichen Stelle bereits an der Börse eingeführt, so verlangt der Börsenvorstand meist nicht mehr die Veröffentlichung des vollen Prospekts in der Presse, sondern nur Mitteilung von der Emission und Einzelheiten darüber.

Legt ein Emittent wenig Wert auf Börsenzulassung *(quotation on the stock exchange)* oder gibt es Gründe, seine Wertpapiere nicht zuzulassen – etwa zu wenige Aktionäre –, so wird er versuchen, das benötigte Kapital durch private Unterbringung aufzunehmen *(raise capital by a private placing):* Seine Hausbank oder ein Makler bietet die Papiere Finanzinstituten und privaten Großkunden *(big private customers)* unter der Hand an. Diese Übernehmer werden sich gründlich informieren, denn ohne Börseneinführung haben die Papiere nur einen eng begrenzten Markt *(limited market)* und sind daher nur schwer wieder zu veräußern. Ohne besonders gute Wachstumsaussichten *(growth prospects)* wird die Gesellschaft Schwierigkeiten haben, ihre Anteile an den Mann zu bringen.

Ein weiteres übliches Verfahren der öffentlichen Emission ist in London noch die öffentliche Ausschreibung oder Ausbietung *(offer for sale by tender, [issue by] tender).* Hierbei wird ein Mindestausgabekurs festgesetzt *(a minimum price of the issue is fixed);* die Wertpapiere werden zugeteilt *(the stock will be allotted)* an diejenigen Interessenten, die den oder die höchsten Preise bieten. Gebote zu den niedrigsten akzeptierten Preisen werden anteilig gekürzt *(tenders at the lowest prices accepted will be subject to a prorate diminution).*

Unter die Börsenregeln für eine öffentliche Emission fällt in gewissem Umfange auch die Börseneinführung *(introduction)* der Aktien einer noch nicht börsennotierten *(unquoted)* Gesellschaft, ohne daß diese ihr Kapital erhöht *(increases its capital):* Eine Gesellschaft wird Publikumsgesellschaft *(a company goes public).* Dazu müssen die bisherigen Eigentümer *(proprietors)* der Papiere einen Teil davon abgeben, damit sich über die Makler ein Markt bilden kann. Aus dem gleichen Grunde wird verlangt, daß die Gesellschaft bereits eine Mindestzahl von Aktionären hat.

Jeweils nach einer vollzogenen Emission wird in einer kleinen Zeitungsanzeige, nur zur Information *(as a matter of record only),* davon Mitteilung gemacht. Im Bankenjargon wird eine solche lakonische Mitteilung als „Grabstein" *(tombstone)* bezeichnet – weil die beteiligten Banken sich darunter aufreihen wie die Hinterbliebenen in einer Todesanzeige.

Steckbrief des Kapitalnehmers: der Emissionsprospekt

Depicting the borrower: the prospectus

Der Prospekt einer Anleihe nennt gewöhnlich an erster Stelle den Namen des Anleihenehmers *(borrower),* die Bezeichnung der Emission, ihren Betrag, im Falle einer Anleihe den Zins, den Ausgabekurs *(issue price),* das Verfahren der Tilgung *(redemption, retirement)* und die endgültige Fälligkeit *(final maturity).* In den meisten Fällen wird zu pari *(at par)* zurückgezahlt *(redeemed, retired),* gelegentlich aber auch mit einem Aufgeld *(premium).* Die Rückzahlung kann vorgesehen sein für die ganze Anleihe auf einmal *(redemption/retirement at one time)* oder in Teilbeträgen *(in instalments,* AE *installments).* Neben der planmäßigen Rückzahlung *(mandatory redemption)* bedingt sich *(stipulates)* der Anleihenehmer meist noch eine zusätzliche freiwillige Tilgung *(optional redemption)* aus. Die Tilgung geschieht meist durch Auslosung *(drawings)*, und danach wird eine Liste der zur Tilgung aufgerufenen Schuldverschreibungsstücke *(a list of bonds called for redemption)* veröffentlicht. Aber zunächst gibt es meist eine tilgungs- und kündigungsfreie Zeit *(non-call period)*. Aus tilgungsfreier Zeit – Freijahren – und dem Tilgungsmodus ergibt sich die durchschnittliche Laufzeit *(average life)*. Bei öffentlichen Anleihen gibt es mitunter einen Tilgungsfonds *(sinking fund)*, seltener bei Anleihen privater Kreditnehmer *(borrowers)*. Der Fonds wird aus den Einnahmen der öffentlichen Stellen oder der Gesellschaft gespeist *(fed by revenue)* und löst damit die Schuldtitel vor Fälligkeit ein *(retires the titles prior to maturity)*.

Frühzeitig im Prospekt werden der Status der Wertpapiere *(status of the stock/ securities)* und die Art der Sicherheit *(security)*, falls eine gegeben wird, mitgeteilt, zum Beispiel: „Die Schuldverschreibungen werden auf den Inhaber lauten *(the bonds will be to the bearer)* und in Stückelung von 100 Pfund *(in the denomination of £100)* ausgeschrieben sein. Die Papiere sind gesichert durch *(the stock is secured by)* eine erste Hypothek auf den Grundstücken *(a first mortgage on the property)* der Gesellschaft“. Oder: „. . . durch eine erste schwebende Belastung auf dem Unternehmen und allen Vermögenswerten“ *(by a first floating charge on the undertaking and all the assets)*[1]. Oder: „Sie werden direkte, unbedingte, ungesicherte Schuldverpflichtungen *(direct, unconditional, unsecured obligations)* der anleihenehmenden Gesellschaft sein. Sie werden gleichrangig mit allen anderen ausstehenden ungesicherten Schuldverschreibungen der Gesellschaft *(they will rank pari passu with all other outstanding bonds)* und unter sich gleichberechtigt sein *(without preference among themselves)*“. Im Falle einer Eurodollaranleihe *(Eurodollar loan)* der Republik Irland hieß es: „Irland verpflichtet sich *(undertakes)*, daß es keine besondere Sicherheit für irgendeine Anleihe, Schuld, Bürgschaft oder andere Verpflichtung *(no specific security for any loan, debt, guarantee or other obligation)* jetzt oder späterhin geben wird, sei es irgendein Pfandrecht, Versprechen oder eine sonstige Last *(any lien, pledge or other charge)* auf irgendwelche seiner gegenwärtigen oder zukünftigen Einnahmen *(present or future revenue)*, solange nicht der Vorteil der Sicherheit in gleicher Weise und anteilig auf die Schuldverschreibungen erstreckt wird *(the benefit of such security is equally and rateably extended to the bonds)*“. Für „mündelsicher“ wird das Papier erklärt durch den Hinweis: *The Stock is an investment authorized by . . . the Trustee Investments Act.*

Es folgen dann zur Emission selbst noch einige Angaben mehr formaler Natur, zum Beispiel über die Zins- und Kapitalrückzahlungen gegen Übergabe der Zinsscheine sowie der Bonds *(payments of interest and principal against surrender of coupons and bonds)*. Es wird gesagt, bei welchen Banken nach Wahl des Inhabers oder Obligationärs *(at the option of the bearer or bond-holder)* zu zahlen ist. Auch ein Satz über die Verjährung findet sich auf jeden Fall im Prospekt: „Schuldverschreibungen und Zinsscheine werden ungültig, wenn sie nicht innerhalb von sechs Jahren vom Fälligkeitstage vorgelegt werden“ *(bonds and coupons*

[1] Im Gegensatz zur *floating charge* ist die Hypothek eine *specific charge*, eine festumrissene Belastung.

will become void, if they are not presented within a period of six years from the due date).

Was geschieht, wenn der Anleihenehmer nicht zahlen kann *(what happens in the event of the borrower's default)?* Antwort: „Im Falle des Verzugs von mehr als dreißig Tagen bei der Zahlung von Kapital, Aufgeld oder Zins soll die Schuldverschreibung sofort fällig und zahlbar werden" *(in the case of default for more than 30 days in the payment of principal, premium or interest the bond shall become immediately due and payable).* Eine kurze Angabe besagt, wo Mitteilungen bekanntzumachen sind: „Alle Mitteilungen über die Schuldverschreibungen sind rechtsgültig, wenn sie in einer führenden Tageszeitung in London veröffentlicht werden" *(all notices regarding the bonds are valid if published in one leading newspaper in London).* Und weiter wird ausbedungen: „Für die Schuldverschreibungen ist englisches Recht maßgebend" *(the bonds will be governed and construed in accordance with English law* – wörtlich: „. . . werden beherrscht von und ausgelegt gemäß englischem Recht").

Im Falle einer Anleihe der eigenen Regierung beschränkt sich der Prospekt meist auf Angaben zur Anleihe selbst. Aber im Falle jener in London aufgelegten *(launched, floated)* Irlandanleihe sagte er beinahe alles Wesentliche über die Regierung und die Wirtschaft *(economy)* des Landes. Ist der Emittent eine Gesellschaft, so gibt er ins einzelne gehende Auskunft über die Geschichte der Gesellschaft *(history of the company),* ihre Geschäftstätigkeit *(business)* oder Geschäftstätigkeiten *(activities, operations),* ihre Kapitalausstattung *(capitalization),* vor allem ihre Verschuldung *(indebtedness),* die beabsichtigte Verwendung des Erlöses *(use of proceeds)* der Anleihe, Rechtsstreitigkeiten *(litigation),* Geschäftsabschlüsse *(financial statements)* der letzten Jahre mit gewissen Erläuterungen, zum Beispiel über Bilanzwert *(value as shown in the balance sheet)* und Zeitwert *(current value)* von Aktiva *(assets).* Wichtig sind ferner Angaben *(statement)* über die gegenwärtige Geschäftslage *(present trading position)* und die künftigen Geschäftsaussichten *(future business prospects).* Alles zusammen bietet der Prospekt einen Überblick *(survey)* über die allgemeine Lage *(general standing)* der Gesellschaft und ihre Kreditwürdigkeit *(creditworthiness).* In Fällen ungewöhnlicher Emissionen, vor allem solcher, die an einer auswärtigen Börse eingeführt werden sollen, geben die Banken oft ein Versprechen, für einen „regen Markt" zu sorgen *(provide an active secondary market)* und so die Marktgängigkeit *(marketability)* zu verbessern.

Das Zeichnungsformular, das dem Prospekt – oder der Kurzanzeige – beigefügt ist *(the application/subscription form attached to the prospectus)*, hat etwa folgenden Wortlaut – hier im Falle einer englischen Staatsanleihe: „Ich/Wir ersuchen Sie, mir/uns gemäß den Bedingungen des Prospekts *(in accordance with the terms of the prospectus)* achthundert Pfund – in Worten *(say: eight hundred pounds)* – der obengenannten Anleihe zuzuteilen *(allot).*" Am Ende findet der Antragsteller *(applicant),* der Zeichner *(subscriber),* den Hinweis, daß er sich an die Stückelung halten muß und in welcher Form er zahlen soll: „Die Anträge müssen auf hundert Pfund der Anleihe oder ein Vielfaches davon lauten *(application must be made for £100 of the loan or a multiple thereof).* Sie sind bei der Bank von England, Anleiheabteilung, einzureichen *(must be lodged at the Bank of England, Loans Office).* Jedem Antrag muß ein gesonderter Scheck beigefügt sein *(a separate cheque must accompany each application)*. Die Schecks sind als Verrechnungsschecks mit dem Vermerk „Schatzamtsanleihe" auszustellen und bei der Bank von England zahlbar zu stellen *(cheques should be made payable to the Bank of England crossed 'Treasury Loan')*".

Gelegentlich wird eine Anleihe in Tranchen *(tranches, stages)* begeben, entweder in verschiedenen Währungen – zum Beispiel Dollar-Tranche, D-Mark-Tranche *(Deutschemark tranche)* – oder nach verschiedenen Emissionsverfahren.

Repartierung
Scaling down

Gelegentlich stellt sich bei einer Emission heraus, daß der Ausgabekurs recht niedrig festgesetzt war. Bereits kurz nach Zeichnungsschluß *(closing of the subscription)* setzt ein lebhafter Handel *(active dealings start)* in dem neuen Wertpapier ein zu einem Kurs über dem Ausgabekurs. In solchen Fällen zeichnen manche Käufer nur mit der Absicht, rasch wieder mit Gewinn zu verkaufen *(resell quickly at a profit)*. Im deutschen Banken- und Börsenjargon *(bankers and stock exchange slang)* heißen diese Spekulanten „Konzertzeichner", im englischen *stags* (wörtlich „Hirsche"), und was sie tun, ist *stagging the issue*.

Gehen mehr Kaufaufträge ein, als Wertpapiere angeboten worden sind, so müssen die Anträge repartiert *(scaled down)* werden. Bei geringer Überzeichnung *(slight oversubscription)* ist es üblich, alle Anträge im gleichen Verhältnis *(in the same proportion)* zu repartieren. Ist die Emission aber hoch überzeichnet *(the issue is heavily oversubscribed)*, muß man ein anderes Verfahren wählen. Manchmal bleibt nichts anderes übrig als eine Zuteilung durch das Los *(ballot)*. Sogleich danach werden die Benachrichtigungen über die Zuteilung an die Zeichner zur Post gegeben *(letters of allotment* oder *allotment letters are posted)*, denn jeder Zuteilungsempfänger *(allottee)* soll möglichst vor Beginn des Handels in dem neuen Papier wissen, wieviel ihm zugeteilt worden ist.

Ausgabe eines Bezugsrechts
A rights issue

Wenn eine Aktiengesellschaft *(limited company,* AE *stock corporation)* ihr Aktienkapital *(share capital,* AE *capital stock)* erhöhen *(increase)* will, muß sie die neuen Anteile ihren vorhandenen Aktionären anbieten. Das gleiche muß sie tun, wenn sie Wandelschuldverschreibungen *(convertible bonds/debentures,* AE *convertible stock)* begeben *(issue)* will. Diese Art Emission wird „Ausgabe eines Bezugsrechts" *(rights issue)* genannt. Das Recht selbst ist im Englischen das *shareholder's right* oder meist nur *the rights*, im Amerikanischen das *stockholder's right* oder *stock right*. Der Sinn dieser Einrichtung ist, dem Aktionär die Möglichkeit zu geben, seinen gegenwärtigen Besitz an Anteilen der Gesellschaft in unverändertem Verhältnis zum gesamten Aktienkapital zu erhalten *(keep his present holding in an unchanged proportion to the whole of the share capital)*. Da neue Aktien fast immer unter dem Börsenkurs *(stock exchange/*

market price) ausgegeben werden, würde der Aktionär zum Teil enteignet *(expropriated),* wenn die neuen Anteile einem Nichtaktionär *(non-shareholder)* gegeben würden. Eine Kapitalerhöhung *(capital increase)* hat die Wirkung einer Kapitalverwässerung *(capital dilution),* wie sich daran zeigt, daß nachher der Marktwert *(market value)* der einzelnen Aktie an der Börse niedriger ist als vorher. Da mehr Aktien vorhanden sind als zuvor, ohne daß für die neuen Aktien der volle Marktpreis bezahlt worden ist, repräsentiert die einzelne Aktie nun einen geringeren Betrag an Vermögenswerten *(each share now represents a smaller amount of assets).* Außerdem hat sich dadurch die relative Stimm-Macht *(relative voting power)* des Aktionärs vermindert. Das Vorkaufsrecht *(pre-emptive right)* des Aktionärs kann eingeschränkt oder zeitweilig aufgehoben *(suspended)* werden, jedoch nur, indem die Aktionäre diesen Verzicht *(waiver)* selbst beschließen.

Wenn der Verwaltungsrat *(board of directors)* neue Aktien begeben will, wird er sich von einer Emissionsbank beraten lassen, damit dies nicht gerade in einer Zeit geschieht, in der Geld knapp *(funds are short)* und die Börse gedrückt *(depressed)* ist. Sonst könnten die Aktien nur mit einem geringen Agio *(small premium)* oder nur zu pari *(at par)* oder überhaupt nicht begeben werden. Die Geschäftsleitung wird dann ihren Anteilseignern einen Brief schreiben, in dem es unter anderem heißt:

„*Dear Sir (Madam)*,

der Verwaltungsrat hat beschlossen, den Inhabern der Stammaktien der Gesellschaft *(holders of ordinary shares in the company)* im Wege des Bezugsrechts *(by way of rights)* 425 000 Stammaktien von je 10 Pence zum Ausgabekurs von 30 Pence je Aktie *(at 30 Pence per share)* anzubieten. Diese Bezugsrechtsemission wird die Gesellschaft befähigen, ein vertretbares Verhältnis von Schulden zu Eigenkapital aufrechtzuerhalten *(maintain an acceptable debt/equity ratio)* und die Aktionäre voll an dem künftigen Wachstum der Gruppe teilhaben *(participate fully in the group's future growth)* zu lassen . . . Stammaktionären, die am 13. September 1984 bei Geschäftsschluß im Gesellschaftsregister verzeichnet waren *(whose names appeared on the register at the close of business on 13th September 1984)*, werden neue Stammaktien *(new ordinary shares)*, voll zahlbar bei Annahme *(payable in full on acceptance)*, auf folgender Basis *(on the following basis)* angeboten: eine neue Aktie auf je vier alte Aktien *(one new share for four existing shares)*. Bruchteile *(fractions)* einer neuen Aktie werden nicht zugeteilt *(allotted)* werden. Die Gesamtheit *(aggregate)* solcher Bruchteile wird als Überschußaktien – „Spitzen" – *(excess shares)* verfügbar sein, die beantragt werden können. Wenn die neuen Aktien voll eingezahlt *(fully paid)* sind, werden sie in jeder Hinsicht gleichrangig sein mit den alten Stammaktien *(they will rank pari passu with the existing ordinary shares in all respects)*. Sie werden daher auch berechtigt sein zu der vorgeschlagenen Umwandlung von Reserven in Aktienkapital im Verhältnis fünf zu eins *(the proposed one-for-five capitalization issue)* und schließen das Recht auf die Schlußdividende für das am 30. September zu Ende gehende Geschäftsjahr ein *(the new shares carry the right to the final dividend to be declared in respect of the year ended 30th September 1984)* . . ."

Der Rundbrief *(circular letter)* informiert auch über die Geschäftsaussichten. Da es um Beteiligungskapital *(equity capital)* geht, ist das besonders wichtig. In einem kurzen Absatz *(paragraph)* wird Auskunft gegeben über den Aktienbesitz der Geschäftsleitung *(directors' shareholdings),* wobei es auf das wirtschaftliche oder „nutznießende Eigentum" *(beneficial ownership)* ankommt, wie es in den Bestimmungen der Londoner Börse definiert ist. Das bedeutet, es müssen die wahren Eigentumsverhältnisse des Aktienbesitzes *(the true ownership of the holding)* erklärt werden, ohne Rücksicht darauf, wer ihn formalrechtlich hält *(regardless of the name in which it is legally held).* Familienbesitz *(family interests)* gehört also auch dazu. Bei dieser Stammaktienemission *(equity issue)* erklären die leitenden Männer, daß sie den vollen Betrag an Aktien aufnehmen werden, zu dem sie auf Grund des Bezugsrechts berechtigt sind *(take up their full entitlement under the rights issue)* und sich auch um „Spitzen" bewerben *(apply for excess shares).* Es mag den anderen Aktionären Mut machen zu wissen, daß die Geschäftsleitung selbst „mitzieht". Manchmal werden noch besondere Vorgänge mitgeteilt. Im vorliegenden Falle war es ein Aktien-Anreizplan für leitende Angestellte *(executive share incentive scheme).*

Für den potentiellen Kapitalanleger ist es wichtig zu wissen, welche Vorrechte bereits anderen Kapitalgebern eingeräumt sind. Das Verhältnis zwischen Fremdkapital, Vorzugskapital und Stammkapital *(the relationship between loan capital, preference capital and ordinary capital, "gearing")*[1] wird daher im Prospekt angegeben. Im technischen Sinne ist *gearing* soviel wie Übersetzung oder Übersetzungsverhältnis. Sind die Kapitalverhältnisse „hoch übersetzt" *(highly geared),* so heißt das, daß im Verhältnis zum Aktienkapital und besonders zu den neuen Aktien große Beträge an vorrangigen Kapitalien *(prior charges),* also Anleihen und Vorzugsaktien, vorhanden sind. Ist dagegen Aktienkapital, und zwar hauptsächlich Stammaktien, reichlich vertreten, so spricht man von *low geared,* also etwa „niedrig übersetzt", oder von *low gearing* = niedriges Übersetzungsverhältnis.

Eine Bemerkung in dem hier gewählten Prospekt einer Aktienemission[2] besagt, daß das Unternehmen keine *close company* (geschlossene Gesellschaft) ist, sondern in Publikumsbesitz. Der Unterschied ist für die Besteuerung bedeutsam *(significant for taxation).* Schließlich folgt die Mitteilung, daß die Emission von einer Bank garantiert *(underwritten)* ist. Ein Finanzstatus ist dem Rundbrief nicht beigefügt, aber es wird gesagt, daß die geprüften konsolidierten Abschlüsse für die letzten zwei Geschäftsjahre, die Gründungsurkunde und die Satzungen in den Geschäftsräumen eingesehen werden können *(audited consolidated accounts . . . may be inspected at the offices).*

Will der Aktionär die ihm zustehenden neuen Aktien *(the new shares which he is entitled to)* übernehmen *(take up, accept),* so bedient er sich dazu des beigefügten vorläufigen Zuteilungsbriefs mit Verzichterklärung *(renounceable provisional allotment letter)* und sendet diesen zusammen mit seiner Zahlung *(remittance)*[3] an die von der Gesellschaft genannte Bank. Tut er das nicht frist-

[1] Definition nach „*Beginners, please*", published by the „*Investors Chronicle*" *and* „*Stock Exchange Gazette*", Throgmorton Publications Ltd., 1969, distributed by Associated Book Publishers Ltd., S. 258.

[2] Ebenfalls *equity issue*, aber im engeren Sinne bedeutet dieses englische Wort „Emission von Stammaktien".

[3] *Remittance* ist überwiesenes oder versandtes Geld, sei es in bar oder in Form eines Auftrags an das Geldinstitut, also zum Beispiel der übersandte Scheck, daher kann das Wort oft einfach mit „Zahlung" übersetzt werden. Der Vorgang des Übersendens ist ebenfalls *remittance*. Das Verbum ist *remit;* es steht oft auch für *transfer*, „transferieren", also das Überweisen von Geld in ein anderes Land.

gemäß, so wird seine vorläufige Zuteilung *(provisional allotment)* als von ihm abgelehnt *(declined)* angesehen, und die Aktien werden als freie Spitzen verfügbar; normalerweise dürfte ihm die Gesellschaft den Erlös *(proceeds)* überweisen. Aber er sollte besser das Verzichtformular *(renunciation form)* auf der Rückseite ausfüllen und damit ausdrücklich auf die Wahrnehmung seiner Bezugsrechte verzichten. Sie werden dann unbezahlt *(nil paid)* durch den Makler verkauft, und theoretisch müßte er dafür einen Preis bekommen, der dem Unterschied zwischen dem Ausgabekurs *(issue/subscription price)* und dem Börsenkurs *(market price)* entspricht. Alsbald nach der Emission werden die Aktien der Gesellschaft an der Börse „ex Bezugsrecht" *(ex rights)* gehandelt und notiert, das heißt etwa um den Wert des Bezugsrechts niedriger als zuvor. Durch die Ausgabe des Bezugsrechts allein sollte der Aktionär nichts gewonnen und nichts verloren haben. Das Bezugsrecht wird also verbrieft und übertragbar *(transferable)* in Form des Zuteilungsbriefs samt Verzichterklärung.

Sprachlich leicht zu verwechseln mit dem *rights issue* ist der *scrip issue* oder *bonus issue:* die Ausgabe von Zusatz- oder Freiaktien. Im obigen Rundbrief wurde dafür die genauere Bezeichnung *capitalization issue* gebraucht. Zugrunde liegt die Umwandlung von Reserven in Aktienkapital *(capitalization of reserves).* Jahrelang hat mitunter eine Gesellschaft hohe Gewinne erzielt, aber einen großen Teil davon nicht ausgeschüttet *(distributed),* sondern einbehalten *(retained)* und wieder in das Geschäft gesteckt *(ploughed back).* Schließlich sind die Reserven im Verhältnis zum Aktienkapital sehr hoch. Die Börse nimmt natürlich Notiz davon, und der Kurs steigt *(rises).* Schließlich wird die Aktie so teuer, daß sie schwierig zu handeln ist. Das korrigiert man mit der Ausgabe von Zusatzaktien, denn danach verteilt sich das angesammelte *(accumulated)* Reinvermögen *(net assets)* auf eine größere Zahl Aktien. Der Kurs der Aktie sinkt, sobald sie *ex scrip* notiert wird, also sobald das Recht auf Empfang der Zusatzaktien vom Kurs abgeschlagen wird. *Scrip* allein bedeutet im Englischen wie im Amerikanischen allgemein „Berechtigungsschein"; der Inhaber *(bearer)* ist berechtigt, irgend etwas zu empfangen. Im Amerikanischen heißt die Ausgabe von Zusatzaktien *stock dividend.*

Gelegentlich erweist sich die Ausgabe von Zusatzaktien als ein Vorteil für den Aktionär, den die Gesellschaft ihm zuwendet, vor allem wenn der Kursabschlag rasch wieder aufgeholt wird *(the marking down of the price is soon made up for).* In keinem Falle einen Gewinn für den Aktionär bedeutet der Aktiensplit *(split):* Wenn Aktien, deren Kurs hoch ist, „leichter" gemacht werden, indem die Gesellschaft ihren Nominalwert teilt, so daß der Aktionär statt einer Aktie von einem Pfund dann zwei von je 50 Pence hat.

Bei der hier beschriebenen Aktienemission wendet sich das Unternehmen direkt an seine Aktionäre. Deutsche Gesellschaften müssen das in der Regel durch eine Finanzmitteilung *(financial note)* in Zeitungen und im übrigen durch die Depotbanken *(depositary banks)* machen lassen, weil ihre Aktien meist Inhaberaktien sind und sie daher selbst die Aktionäre nicht kennen.

Eurodollaranleihen mit variablem Zins

Eurodollar loans with floating rate of interest

Der Eurodollar-Markt *(Eurodollar market)* war in den sechziger Jahren in London entstanden infolge von Zinsbeschränkungen *(interest rate restrictions)*, Quellensteuer *(withholding tax)* und anderen staatlichen Behinderungen in den Vereinigten Staaten. Unternehmen und Regierungen, zum Beispiel Scheichtümer, mit Dollareinnahmen *(dollar receipts/revenue)* legten diese daher nach London. Die dortigen Banken verwendeten die Einlagen für Ausleihungen. Später wurde aus dem Eurodollar-Markt ein „Euromarkt" *(Euromarket, Eurocurrency market)*, da auch andere Währungen *(currencies)* in London gehalten wurden und umgekehrt auch Pfunde außerhalb Englands, etwa in Paris oder Frankfurt.

Wegen der großen Schwankungen im internationalen Zinsgefüge *(interest rate structure)* wurden auf diesem Geld- und Kapitalmarkt bald neue Kreditformen *(types of loans)* entwickelt. Eines ihrer Hauptmerkmale ist der variable Zins *(floating interest rate)*. Im Falle eines Konsortialkredits in Dollar auf fünf Jahre vereinbart man etwa, daß der Kreditzins *(loan interst rate)* jeweils um eine Marge *(margin, spread)* von sieben achtel Prozent über dem Satz liegen soll, zu dem Eurodollar-Einlagen *(Eurodollar deposits)* in London auf drei oder sechs Monate unter Banken ausgeliehen werden: Sieben achtel über Libor = *London Interbank Offered Rate*. Die am Konsortium *(syndicate)* beteiligten Banken refinanzieren diese Kredite *(refinance the loans)* „revolvierend" *(on a revolving/roll-over basis)*, indem sie Einlagen vom Euromarkt anziehen *(attract deposits)*. Da sie das zu wechselndem Zins tun müssen, bedingen sie sich auch gegenüber dem Kreditnehmer Zinsanpassungen *(interest rate adjustments)* aus. Wenn der Zins sinkt, ist das auch zu seinem Vorteil. Anderenfalls hat er auch noch die Möglichkeit, gegen Zahlung einer Bereitstellungsprovision *(commitment fee)* die Kreditlinie *(line of credit)* unausgenutzt zu lassen oder die Verlängerung oder Erneuerung des Kredits *(renewal of the credit)* auszusetzen.[1]

Der variable Zins wurde bald auch für langfristige Anleihen übernommen. Die Schuldverschreibungen wurden dazu nicht mehr als „*bonds*" sondern als „*notes*" bezeichnet, etwa zu übersetzen mit „Anleihescheine". Ihr Nennwert *(denomination)* ist höher, zum Beispiel 10000 Dollar. Der Börsenprospekt dazu wurde anfangs auch gelegentlich als „Plazierungsmemorandum" *(placing memorandum)* bezeichnet. Eine Gruppe von Bankern als Erst-Übernehmer, „*Managing Underwriters*", unter einem Konsortialführer *(lead manager)*, verpflichtet sich in einem Übernahmevertrag *(underwriting/subscription agreement)* mit dem Emittenten *(issuer)*, die Anleihe fest zu übernehmen *(to subscribe for the loan)* und dafür den Kapitalbetrag *(principal amount)* zum Ausgabekurs *(issue price)* abzüglich einer Übernahmeprovision, oder Bonifikation, *(management and underwriting commission)* zu zahlen. Die Gruppe bietet dann die Stücke *(securities)* anderen Banken, Maklern und Händlern, der Verkäufergruppe *(selling group)*, mit Verkäuferabschlag oder Händlerprovision *(selling group discount/concession)* an, aus der diese dann späteren Wiederverkäufern eine Unterprovision *(reallowance)* zugestehen können. Über den Zins *(interest)* wird zum Beispiel vereinbart, daß er halbjährlich zahlbar *(payable semi-annually)* ist. Es wird ein Mindestzins *(minimum rate)* von 5,25 Prozent ausgemacht, aber in der Hauptsache gilt

[1] Unter anderem nach: Jean L. Blondel, „*Revolving credits in Eurocurrencies*", in „*The Banker*", September 1972, S. 1153. Published by „*The Banker Limited*", London.

ein variabler Zins *(floating rate)*: ein Jahreszins *(annual rate)* von ein viertel Prozent über dem Mittel *(mean)* der in London unter Banken angebotenen und nachgefragten Sätze für Eurodollar-Einlagen auf sechs Monate *(London inter-bank offered and bid rates for six month Eurodollar deposits)*. Daher die Bezeichnung „*Floating Rate Notes*" – *FRN* –, Anleihescheine mit wechselndem Zins, je nach „Libor" und „Libid".

Eine „*Agent Bank*" wird beauftragt, zu Beginn jeder Zinsperiode *(interest period)* die vorherrschenden Libor- und Libid-Sätze festzustellen, und aus diesen Zinsnennungen *(interest rate quotations)* wird „Libmean" gebildet. Für eine solche Anleihe wird meist Börsenzulassung *(stock exchange listing)* in Luxemburg beantragt. Sie kann eine Laufzeit *(life)* von fünfzehn Jahren und mehr haben. Manche von Mitte der achtziger Jahre werden fällig *(mature, fall due)* Ende dieses Jahrhunderts. Aber oft wird auch eine vorzeitige Einlösung nach Wahl des Emittenten *(redemption at the option of the issuer)* ausgemacht, doch erst nach Ablauf einer tilgungsfreien Zeit *(grace period)*. Umgekehrt tritt bei Verzug des Schuldners vorgezogene Fälligkeit *(acceleration of maturity)* ein.

Emissionsbanken betätigen sich später noch als „*market makers*": Durch Kauf und Verkauf der Stücke auf eigene Rechnung bilden sie einen Zweitmarkt *(secondary market)* darin.

Während der Rezession der achtziger Jahre schafften viele Entwicklungsländer *(developing/less developed countries – LDCs)* infolge Devisenmangels *(due to lack of foreign currency)* ihren Schuldendienst *(debt service)* nicht mehr, und diese Staatskredite *(sovereign debts)* wurden zu unbedienten Schulden *(non-performing debts)*. Umschuldung *(rescheduling of debts)* wurde nötig. Manche Bank sah sich auch zu einem Aktiva-Tausch *(asset swap)* oder Zins-Tausch *(interest rate swap)* genötigt: Wegen hohen finanziellen Engagements *(financial exposure)* gegenüber einem bestimmten Land trat sie einiges von diesen Forderungen an ein anderes Institut ab und empfing von ihm andere Forderungen. Oder ein großes Spar-Institut *(thrift institution)* ersetzte wegen mangelnder Übereinstimmung *(mismatch)* von Ausleihungen und Refinanzierung *(refinance)* festverzinsliche Einlagen durch variabel-verzinsliche.

Die Ent-Reglementierung *(deregulation)* in einigen Ländern hat dort wieder einen direkten Kapitalexport ermöglicht. Zum Unterschied von Euroanleihen werden Schuldverschreibungen, die ausländische Anleihenehmer in Amerika, England oder Japan begeben, als „*Yankee-*", „*Bulldog-*" oder „*Samurai-Bonds*" bezeichnet.

Geldmarkt

Anlage für unbeschäftigte Gelder

Investment of idle funds

In jeder Volkswirtschaft liegen die meiste Zeit riesige Bestände an Gütern *(huge stocks of goods)* jeglicher Art unbeschäftigt herum. Sie müssen rasch verfügbar sein, und da sie meist einen körperlichen Transport erfordern, heißt das, sie müssen zur Hand sein. Anders ist es mit Geld. Es braucht nur in kleinen Beträgen gehalten zu werden, denn es läßt sich leicht heranschaffen: ein Telefongespräch und eine Buchung *(booking, entry in the records)* genügen.

Die Aufgabe, unbeschäftigte Mittel *(idle funds)* dort zu holen, wo sie im Überfluß *(surplus)* vorhanden sind, und sie dorthin zu bewegen, wo Mangel *(shortage)* herrscht, obliegt dem Geldmarkt *(money market)*. Die Ware, die hier gehandelt wird, sind Mittel in Form von Guthaben *(balances, deposits)* oder gewissen Wertpapieren: Schatzwechsel *(treasury bills)*, sonstige kurz- und mittelfristige Staatspapiere *(short- and medium-dated government stocks)*, Gemeindeschatzwechsel *(local authority bills)*, Gemeindeschuldverschreibungen *(municipal bonds)*, Wechsel von sonstigen öffentlichen Stellen *(bills on behalf of public authorities,* AE *bills*[2] *on behalf of government agencies)*, Wechsel der gewerblichen Wirtschaft *(commercial bills of exchange)*, Einlagenbriefe *(certificates of deposit)* von Banken, *commercial papers*[3] – das sind kurzfristige Schuldversprechen von Nicht-Banken *(non-banks, others than banks)* – und andere Papiere. Der Sammelbegriff für diese Papiere ist „Geldmarkttitel" oder „Geldmarktpapiere" *(money market assets/papers)*. Ihrem rechtlichen Wesen nach sind sie „handelbare Wertpapiere" *(negotiable instruments)*. Träger des Geschäfts am Geldmarkt sind Banken aller Art. Am Londoner Geldmarkt stehen im Mittelpunkt die Diskontbanken *(discount houses)* und Wechselmakler *(bill/discount brokers)*. Gehandelt wird per Telefon, Fernschreiber, Computer und durch persönlichen Besuch.

In der Bundesrepublik und in den Vereinigten Staaten sind neben Geldmarktpapieren besonders Guthaben im Reservesystem *(reserve system)* Gegenstand des Handels. In der Bundesrepublik sind das Bundesbankguthaben *(balances with the Bundesbank)*, in Amerika Einlagen bei den Federal-Reserve-Banken *(federal funds)*. Verfügbar zum Ausleihen *(lending)* und Aufnehmen *(borrowing)* sind jedoch nur Überschußguthaben, also solche, die im Monatsdurchschnitt die vorgeschriebenen Mindestbeträge übersteigen *(balances in excess of the legal requirements)*.

[1] „Staatspapiere und Wechsel sind die Hauptrequisiten", Überschrift eines Geldmarktartikels in der „*Financial Times*". *Gilts* ist die Abkürzung von *gilt-edged securities*.

[2] Im Amerikanischen wird das Wort *bill* allein oft für „Banknote" gebraucht.

[3] nur im Singular.

Der Londoner Geldmarkt ist weniger übersichtlich als der in anderen Ländern, denn er besteht aus mehreren Teilmärkten. Der wichtigste, seit vielen Jahren bestehende, ist der Diskontmarkt *(discount market)*. Die Tätigkeit der elf Diskonthäuser[1] besteht darin, jederzeit fälliges Geld *(money at call;* wörtlich „auf Abruf“) und Geld auf sehr kurze Fristen *(money for very short periods)* von den Depositenbanken *(deposit banks)* und Nicht-Depositenbanken *(non-deposit banks)* aufzunehmen *(borrow)* und in Wechseln und Wertpapieren anzulegen. Neben dem Diskontmarkt haben sich in den sechziger Jahren mehrere sogenannte Parallelmärkte *(parallel markets)* entwickelt. Sie teilen sich in Parallelmärkte in Sterling[2] *(sterling parallel markets)* und Parallelmärkte in Eurowährungen *(Eurodollar/Eurocurrency markets)*. Unter den Sterlingmärkten gibt es einen Bankengeldmarkt *(inter-bank market)*, an dem praktisch alle Banken und Diskonthäuser untereinander mit Einlagen handeln. Am Kommunalgeldmarkt *(local authorities market)* versorgen sich die Gemeinden mit Mitteln, deren Fristigkeiten *(terms)* von Tagesgeld *(money overnight, day-to-day money)* bis zu mehreren Jahren reichen. Ein weiterer Teilmarkt versorgt die Teilzahlungsbanken *(hire purchase banks)* mit Mitteln für mehrere Monate, aber auch bis zu fünf Jahren. Als letzter Teilmarkt sei der Geldmarkt zwischen Unternehmen *(inter-company market)* erwähnt, auf dem Nicht-Banken untereinander Guthaben ausleihen und borgen. Mehr und mehr haben sich die Grenzen zwischen diesen Einzelmärkten verwischt, und sie sind zusammengewachsen. Wo keine direkten Verbindungen zwischen Geldgeber *(lender)* und -aufnehmer *(borrower)* bestehen, sind Geldmakler *(money brokers)* als Vermittler *(intermediaries)* tätig.

Den Kassenbedarf der öffentlichen Hand decken

Meet the cash requirements of the public sector

Der traditionsreiche zentrale Londoner Diskontmarkt verdient eine mehr ins einzelne gehende Darstellung. Die Diskonthäuser versorgen durch den Ankauf von Wertpapieren nicht nur die private Wirtschaft, sondern auch die öffentliche Hand *(public sector)* mit kurz- und mittelfristigen Geldern. Schatzwechsel sind das wichtigste Instrument der Regierungen, kurze Zeiten eines Geldmangels *(shortage of money)* zu überwinden, bis die Steuer- und sonstigen Quellen wieder stärker fließen. In England wie in den Vereinigten Staaten und in der Bundesrepublik haben sie meist eine Laufzeit *(term)* von drei Monaten, oft auch kürzer, in Amerika gelegentlich ein Jahr und länger. Sie geben keinen Zins *(bear no interest)*, aber der Erwerber *(purchaser)* erhält sie mit einem Abschlag *(discount)* von ihrem Nominalwert, zu dem sie bei Fälligkeit eingelöst *(redeemed on maturity)* werden. Sie lauten auf Beträge von 5000 bis 1 000 000 Pfund *(they are denominated from . . .to . . .)*. In England werden sie an jedem Freitag durch Ausbietung, Submission *(tender)* begeben. Bieter *(tenderers)* dafür sind vor allem die Diskontbanken. Jede bietet für die ausgebotenen Schatzwechsel nach ihrer eigenen

[1] Nach der engeren englischen Definition sind sie keine Banken.

[2] Zu der folgenden Übersicht der Sterlingmärkte wurden unter anderem benutzt eine Darstellung von Hamish McRae: *„London's Shifting Money Markets“* in der Monatszeitschrift *„The Banker“*, (The Banker Ltd., London, Heft Januar 1970) sowie ein späteres ergänzendes Manuskript vom gleichen Verfasser.

Preisvorstellung *(idea of the price)*. Außerdem bieten noch andere Anleger, zum Beispiel ausländische Zentralbanken *(foreign central banks)*, über die Bank von England sowie die Geldhandelsabteilungen *(money trading departments)* anderer britischer Banken für Rechnung von Kunden *(for the account of customers)*[1]. Wann immer etwas übrigbleibt, erwartet die Bank von England, daß die Gemeinschaft der Diskonthäuser auch diesen Rest übernimmt. Für diese Auflage und das Risiko, das sie damit eingehen *(the risk they take)* haben die Diskonthäuser das große Vorrecht, sich als einzige Bankengruppe bei der Bank von England zu refinanzieren *(rediscount at the Bank of England, borrow from the BoE, recapitalize at the BoE)*[2].

Die große Bedeutung der Schatzwechsel in England wie in Amerika und anderen Ländern liegt für den Staat darin, daß er seinen Kassenbedarf *(cash requirements)* leicht decken *(meet)* kann. Sie sind Teil der gesamten Staatsschuld *(national debt)*. Hauptsächlich sind sie innere Schuld *(internal debt)*, aber zum Teil auch äußere Schuld *(external debt)*: Wenn sie einen guten Zins geben, werden sie auch von ausländischen Instituten gekauft. Damit entsteht eine Staatsschuld gegenüber gebietsfremden ausländischen Gläubigern *(non-resident foreign creditors)*. Schatzwechsel gehören ferner zur schwebenden *(floating debt)* oder unfundierten *(unfunded)* Schuld im Gegensatz zur fundierten Schuld *(funded debt)*. Für die Geschäftsbanken sind sie zwar im Vergleich mit Krediten eine niedrigrentierliche Anlage *(low-yielding investment)*. Aber wegen ihrer hohen Liquidität *(liquidity)* eignen sie sich vorzüglich als Liquiditätsreserve *([liquid] reserve asset)*. Sie werden daher von den Zentralbanken, neben anderen Papieren, als Liquiditätsreserven zweiter Linie *(secondary reserves)* anerkannt, und die Banken erfüllen mit ihnen die Verpflichtung, einen gewissen Liquiditätssatz *(reserve ratio)*, ein gewisses Verhältnis der liquiden Anlagen zu den Verpflichtungen, einzuhalten.

Zwei amerikanische Bezeichnungen für kurz- und mittelfristige Staatspapiere neben den Schatzwechseln sind hier zu erwähnen. Das eine sind *certificates of indebtedness*, etwa zu übersetzen mit „Schatzanweisungen". Sie haben eine ursprüngliche Laufzeit *(initial term)* von weniger als einem Jahr. Das andere sind *treasury notes*, etwa zu übersetzen mit „Schatzobligationen"; sie laufen länger als ein Jahr bis zu fünf oder auch sieben Jahren. Mit kurz- und mittelfristigen Titeln lassen sich die Zinskosten niedrig halten *(minimize the cost of interest)*.

Für Industrie und Handel ist der gewerbliche Wechsel *(commercial bill of exchange)* das wichtigste Geldmarktpapier. Nach englischer Legaldefinition *(legal definition)* ist ein Wechsel eine unbedingte Anweisung in Schriftform *(an unconditional order in writing)* einer Person an eine andere, unterzeichnet von dem Aussteller *(drawer)* mit dem Ersuchen an den Bezogenen *(drawee)*, auf Sicht *(on demand, at sight, on presentation)* oder an einem festgesetzten oder bestimmbaren künftigen Zeitpunkt *(at a fixed or determinable future time)* eine Summe Geldes an den Wechselempfänger *(payee)*, an dessen Order oder an den Inhaber *(bearer)* zu zahlen.

Das deckt sich in den meisten Punkten mit den deutschen wechselrechtlichen Anforderungen. Anders als in Deutschland ist nicht unbedingt der Gebrauch

[1] Zur eigenen Anlage kaufen die anderen Banken Schatzwechsel nur über die Diskonthäuser.

[2] *Refinance* ist im Englischen wenig üblich; im Amerikanischen bedeutet es „umfinanzieren", also Aufnahme neuer Kredite zur Ablösung der alten.

des Wortes „Wechsel“ verlangt. Der englische *Bills of Exchange Act* von 1882 legt auch fest, daß ein Wechsel nicht ungültig *(invalid)* ist, wenn er nicht datiert ist oder nicht angibt, wo er gezogen *(drawn)* oder zahlbar *(payable)* ist.

Im Gegensatz zum gezogenen Wechsel *(bill, draft),* der durch Annahme *(acceptance)* zum Akzept *(acceptance)* wird, spielt in den angelsächsischen Ländern ebenso wie in der Bundesrepublik der Eigen- oder Solawechsel *(promissory note)* eine ziemlich unbedeutende Rolle. Er ist in der Tat nicht mehr als ein Zahlungsversprechen, wie das englische Wort deutlich zum Ausdruck bringt. Aber er ist immerhin noch leicht übertragbar, durch Übergabe *(delivery)* zusammen mit Indossament *(endorsement).* Der dem Eigenwechsel scheinbar nahestehende Schuldschein, das *IOU (= I owe you),* ist nach englischem Recht nur Beweis einer Forderung *(evidence of a debt).* Für das deutsche Wort „Schuldschein“ würde man im Englischen verwenden *IOU, [promissory] note* oder *debenture,* dieses jedoch nur, wenn ersichtlich ist, daß nicht Schuldverschreibungen *(debenture stock)* gemeint sind, also viele Schuldscheine über eine gestückelte Gesamtschuld.

Nach der Verfallzeit des Wechsels *(tenor, life, term)* unterscheidet man im wesentlichen folgende Arten von Wechseln: Sichtwechsel *(sight/demand bill);* Nachsichtwechsel *(after-sight bill)* – er ist eine bestimmte Zeit nach Sicht fällig; Zeit- oder Datowechsel *(after-date bill)* – er ist eine bestimmte Zeit nach dato *(after date),* das heißt, nach Ausstellungsdatum, fällig; Tagwechsel *(fixed-date bill)* – er ist an einem bestimmten Fälligkeitstage einzulösen. Eine *term bill* ist im BE allgemein ein Wechsel, der eine bestimmte Frist läuft, im Gegensatz zu einem Sichtwechsel. Zu übersetzen wäre das Wort ebenfalls mit „Zeitwechsel“, aber das Wort *term bill* ist nicht sehr üblich. Ebenfalls wenig gebräuchlich ist *usance bill,* ein Wechsel, dessen Verfallzeit sich nach Handelsbrauch – meist ausländischem Handelsbrauch – ergibt; entspricht etwa dem deutschen Usowechsel. Das Wort *usance* ist darüber hinaus im Amerikanischen oft ein weiteres Wort für Verfallzeit. Die Amerikaner verwenden für Zeitwechsel – oder Zielwechsel *(tenor bill)* – eher *time bill. Bill* und *draft* sind im BE wie im AE praktisch austauschbar. Eine Tratte *(draft)* wird zum Akzept *(acceptance),* wenn der Bezogene *(drawee)* quergeschrieben hat *(has written across the draft).* Hingegen ist eine *banker's draft* kein Wechsel, sondern eine Zahlungsanweisung *(order for payment)*, die eine Bankzweigstelle auf eine andere oder auf ihre Hauptverwaltung *(head office)* oder eine Bank auf eine andere zieht, einem Scheck ähnlich. Während nach deutschem Wechselrecht *(bill of exchange law)* gesetzliche oder richterliche Respekttage *(days of grace)* nicht anerkannt werden, waren in England bis 1972 von Gesetzes wegen *(by law)* drei Respekttage üblich, sofern der Wechsel nicht an einem bestimmten Tage fällig war, wurden dann aber abgeschafft.

Dokumentenkredit – Weisung über die Grenzen

Documentary credit – arrangement across the frontiers

Zwei Arten von gewerblichen Wechseln *(commercial bills of exchange)* werden in der Hauptsache unterschieden: der Bankwechsel *(bank bill)* und der Handels- oder Warenwechsel *(trade bill).* Ein Bankwechsel ist von einer Bank akzeptiert *(accepted)* oder indossiert *(endorsed)*. Die gewöhnliche Laufzeit *(tenor, life, term)* eines Bankwechsels wie auch der meisten Warenwechsel ist neunzig Tage. Ein Warenwechsel trägt zunächst nicht den Namen einer Bank. Ihm liegt ein Warengeschäft zugrunde, und der Käufer hat den Wechsel akzeptiert. Man sagt, ein Warenwechsel sei „selbstliquidierend" *(self-liquidating)*, weil der Akzeptant am Ende der Laufzeit die Waren seinerseits verkauft haben und damit in der Lage sein sollte, bei seiner Bank die Deckung für den Wechsel anzuschaffen *(put his bank in funds to meet the bill)*[1]. Ein Warenwechsel ist dennoch nicht so „fein" wie ein Wechsel mit dem Namen einer angesehenen Bank, weil man von der Bank eine höhere Liquidität erwarten kann. Der Verkäufer eines Warenwechsels muß also mit einem höheren Diskontsatz *(discount rate)* rechnen, mit einem höheren Abzug von der ihm ausgezahlten Wechselsumme, als der Verkäufer eines Bankwechsels. Industrie- und Handelsunternehmen können in der Regel nicht damit rechnen, daß ihnen ihre Warenwechsel zu den günstigsten Sätzen diskontiert *(trade bills discounted at the finest rates)* werden. Erstklassige Bankakzepte für die Außenhandelsfinanzierung *(prime bank acceptances for foreign trade financing)* werden in der Bundesrepublik auch als „Privatdiskonten" bezeichnet und gehandelt.

Wenn die Diskontbank den Wechsel gekauft hat – oft in ganzen Paketen *(parcels)* von runden Beträgen *(round amounts)* –, hält sie ihn, bis eine andere Bank ihn übernimmt, oder läßt ihn zur Fälligkeit reifen *(mature)*. Indem sie ihn weitergibt, übernimmt sie eine Verpflichtung daraus *(accepts liability on the bill)*. Sollte er also am Fälligkeitstage *(on the due date)* nicht honoriert werden *(should the bill be dishono[u]red)*, so zahlt sie sogleich den Inhaber des Wechsels aus *(puts the holder in funds)* und hält sich dann ihrerseits an die anderen Unterzeichner des Wechsels *(the bank claims in its turn from the parties to the bill)*.

Der Wechselinhaber hält sich in der Regel zunächst an den Akzeptanten. Er legt den Wechsel der Bank des Akzeptanten vor *(presents the bill to the acceptor's bank)*, die auf der Vorderseite des Wechsels *(on the face of the bill)* genannt ist. Kann er dort keine Zahlung erhalten *(obtain payment)*, so hat er das Recht des Rückgriffs auf den Aussteller oder die Indossanten *(the holder has recourse to the drawer or to the endorsers/indorsers)*[2].

Durch ihr Wechseldiskontgeschäft *(bill-broking business)* haben die Diskonthäuser in England große Bedeutung als Finanziers des kurzfristigen Außenhandelsgeschäfts *(financiers of short-term foreign trade)*. Allerdings nicht die Diskontbanken allein, sondern zusammen mit den Akzeptbanken *(acceptance houses)*. Das sind in England hauptsächlich die Merchantbanken, in der Bundesrepublik und in Amerika vor allem die großen Geschäftsbanken. Indem eine solche Bank ihr Akzept gibt, macht sie den Wechsel zu einem „feinen Bankwechsel" *(fine bank bill)* mit zwei guten Unterschriften *(two good names)*. Der Wechsel wird dadurch bei der Bank von England rediskontfähig *(eligible for discount)*. Er kann also

[1] Ein Teil der Darstellung in diesem Abschnitt ist entnommen der Schrift „*This is Bill-broking*" des Londoner Diskonthauses Allen, Harvey & Ross Ltd. (jetzt: Cater Allen Ltd.), mit freundlicher Genehmigung.

[2] Der, zu dessen Gunsten der Wechsel indossiert *(endorsed, indorsed;* beide Schreibweisen möglich) wird, ist der Indossatar *(endorsee, indorsee)*. Ein nur aus der Unterschrift bestehendes Indossament ist ein Blanko-Indossament oder Blanko-Giro *(blank endorsement)*. Der Platz des Indossaments ist stets auf der Rückseite des Wechsels *(on the back of the bill)*.

bei ihr rediskontiert *(rediscounted)* werden. – Von einem nur zweitklassigen Gewerbetreibenden *(trader)* mag die Akzeptbank Sicherheit etwa durch Verpfändung *(hypothecation)* von Waren erbitten.

Das Verfahren der Finanzierung kurzfristiger Export- und Importgeschäfte gehört unmittelbar nicht mehr in das Kapitel „Geldmarkt". Da aber die Außenhandelstratte *(foreign trade draft)* als Instrument der Geldbeschaffung eine große Rolle spielt, sei hier beschrieben, wie sie im Rahmen eines Dokumentenakkreditivs *(documentary letter of credit)* verwendet wird. Dazu sei der Fall eines bestätigten und unwiderruflichen Akkreditivs *(confirmed irrevocable [letter of] credit)* geschildert. – Der Ausdruck *letter of credit* ist deutlicher, weil er zugleich das Wort für die Mitteilung der Akkreditiveröffnung ist; für „Akkreditiv" genügt an sich *credit,* wenn sich das Nähere aus dem Zusammenhang ergibt.

Ein amerikanischer Fabrikant *(manufacturer)* und Exporteur verkauft der Kap-Import-Gesellschaft in Johannesburg Fahrräder. Die Kap-Import soll dazu ein Akkreditiv ihrer Bank beschaffen. Daraufhin bittet die Kap-Import ihre Bank in Johannesburg, einen unwiderruflichen Dokumentenakzeptkredit *(irrevocable documentary acceptance credit)* zugunsten des Exporteurs *(in favo[u]r of the exporter)* zu eröffnen; er soll außerdem von einer New Yorker Bank bestätigt *(confirmed)* werden. Die südafrikanische Bank setzt sich dazu mit ihrer Korrespondenzbank *(correspondent bank)* in New York in Verbindung, mit der sie ständig zusammenarbeitet. Wenn die New Yorker Bank einverstanden ist, für sie tätig zu werden, schickt sie dem Exporteur eine Mitteilung etwa folgenden Inhalts: „Wir sind von Import Bank Ltd. in Johannesburg gebeten worden, Ihnen mitzuteilen *(advise you),* daß sie bei uns zu Ihren Gunsten *(in your favo[u]r)* für Rechnung der *(for account of)* Kap-Import-Gesellschaft in Johannesburg ihren unwiderruflichen Kredit Nummer 4321 eröffnet hat *(has opened with us their irrevocable credit No. 4321)* für einen Betrag nicht über 50 000 Dollar *(for a sum not exceeding ...),* verfügbar durch Ihre Tratte auf uns auf 30 Tage nach Sicht *(available by your draft on us at 30 days sight)* gegen Beibringung folgender Dokumente *(to be accompanied by the following documents):* Faktura in vier Ausfertigungen *(commercial invoice in four copies),* Versicherungsbestätigung über Seetransport- und Kriegsrisiko-Versicherung *(marine and war risk insurance certificate),* Packliste *(packing list),* voller Satz Bordkonnossemente *(full set on board ocean bills of lading)*[1], an Order der Import Bank Ltd. in Kapstadt *(drawn to order of the Import Bank Ltd.),* mit Angabe Fracht bezahlt *(showing freight prepaid).*

„Teilverschiffungen sind zulässig *(partial shipments permitted).* Die obengenannte Bank – die südafrikanische Importeursbank – verpflichtet sich Ihnen gegenüber *(engages with you),* daß alle Tratten, gezogen im Einklang mit den Bedingungen dieses Akkreditivs *(drafts drawn in compliance with the terms of this credit),* bei Übergabe der Dokumente *(on delivery of documents)* ordnungsgemäß honoriert *(duly hono[u]red)* werden. Wir – die New Yorker Bank – bestä-

[1] Das Bordkonnossement (auch *shipped bill of lading)* bestätigt, daß die Ware an Bord des Schiffes genommen worden ist. Hingegen bestätigt das Übernahmekonnossement *(received for shipment bill of lading)* nur, daß die Ware zur Beförderung *(shipment)* übernommen worden ist. Die geläufige Abkürzung für *bill of lading* ist *B/L.* Seekonnossemente *(ocean bills of lading)* lauten in der Regel an Order *(to order).* Das Gegenstück zum Orderkonnossement *(order bill of lading)* ist das Namens- oder Rektakonnossement *(not-to-order/*AE *straight bill of lading).*

tigen dieses Akkreditiv *(confirm this credit)* und verpflichten uns damit ebenfalls, Ihre Tratten zu honorieren/negoziieren[1], vorausgesetzt, daß die Fristen und Bedingungen eingehalten worden sind *(provided that all terms and conditions have been complied with)*. Dieses Akkreditiv ist bis zum ... gültig *(this credit is valid until the ...)*."

„Dieses Akkreditiv ist eröffnet gemäß *(this credit is subject to)* den ‚Einheitlichen Richtlinien und Gebräuchen für Dokumentenakkreditive' *(Uniform Customs and Practice for Documentary Credits)* der Internationalen Handelskammer *(International Chamber of Commerce)* zu Paris.

Ihr sehr ergebener *(yours very truly)*"

Der Exporteur erhält also auf Grund dieser Abmachungen ein Akzept, das er sogleich einer Bank zur Bevorschussung einreichen *(discount the acceptance with a bank)* und damit mühelos zu Geld machen *(turn into money)* kann.

Im Falle dieses Beispiels hat die New Yorker Bank das Akkreditiv bestätigt *(confirmed)*. Der Exporteur, der Verkäufer der Ware, ist also besonders gut gesichert *(protected)*, denn zwei Banken haben sich ihm gegenüber verpflichtet *(committed)*, darunter eine im eigenen Lande, die er kennt. Sollte die ausländische Bank, die seines Kunden, nicht zahlen wollen oder können, kann er sich an die New Yorker Bank halten.

Wenn die New Yorker Bank das Akkreditiv nicht bestätigt, handelt sie nur als Agent *(agent)* für die überseeische Bank und wird das dem Begünstigten *(beneficiary)* des Akkreditivs, also dem Exporteur, ausdrücklich mitteilen: „Dieser Brief schafft keine Verpflichtung unsererseits *(this letter conveys no engagement by us* oder *this letter does not involve any undertaking on our part)*." Ein Akkreditiv kann auch als widerruflich *(revocable)* eröffnet werden. Das sollte dann deutlich angezeigt werden, etwa durch eine Formel wie: „vorbehaltlich des Widerrufs oder der Abänderung" *(subject to revocation or modification)*.

Der Kern dieses Arrangements ist ein Rembours- oder Dokumentenakkreditiv *(documentary credit)* mit Hilfe eines „Dokumentenwechsels", die Kurzformel dafür ist „Dokumente gegen Akzept" *(documents against acceptance – D/A)*. Davon zu unterscheiden ist der Fall, daß der Lieferant die Papiere nicht schon bei Erhalt des Akzepts, sondern bei Einlösung des Wechsels oder grundsätzlich bei Empfang der Zahlung zu überreichen hat: „Dokumente gegen Kasse" *(documents against/upon payment – D/P)* oder „Kasse gegen Dokumente" *(cash against/upon documents – C.A.D.)*. Ferner ist vom Dokumentenakkreditiv das freie oder glatte oder offene Barakkreditiv *(clean credit)* zu unterscheiden: Der Lieferant oder sonstwie Begünstigte erhält ein Akzept oder Zahlung, ohne Dokumente einreichen zu müssen; in diesem Falle ist der Wechsel ein Wechsel ohne Dokumente oder dokumentenfreier Wechsel *(clean bill)*. Ein häufiger Fall dieser Art „Akkreditiv" ist der Reisekreditbrief *(travel[l]er's letter of credit)*. Einige der im überseeischen Handel benötigten Dokumente sind in dem hier benutzten Beispiel bereits erwähnt. Oft sind noch weitere erforderlich, zum Beispiel ein Ursprungszeugnis *(certificate of origin)*, Konsularfaktura *(consular invoice)*, Zollfaktura *(customs invoice)*, ein Qualitätszeugnis *(certificate of quality)*. Wird die Ware mit dem

[1] *to honour* (AE *honor*) (s. auch im Kapitel „Finanzbuchhaltung", S. 227 ff.) = „honorieren", bedeutet sowohl „mit Akzept versehen" als auch auszahlen", *to negotiate* = „negoziieren" bedeutet (den Wechsel) „ankaufen".

Flugzeug befördert, so wird als Dokument der Luftfrachtbrief *(air waybill)* verlangt werden, im Falle des Eisenbahntransports eine Eisenbahnempfangsbescheinigung *(railway receipt)* oder der Frachtbrief *(consignment note,* AE *railroad waybill)* im Doppel *(duplicate).*

Geldleiher der letzten Zuflucht

Lender of the last resort

Staatspapiere werden zwar wegen der Sicherheit des dahinter stehenden Schuldners „Goldgeränderte" *(gilt-edged, gilts)* genannt. Dennoch kann der Anleger auch an ihnen Geld verlieren. Ihr Kurs hängt unter anderem vom amtlichen Diskontsatz *(bank rate,* AE *rediscount rate)* ab. Wenn daher Anzeichen aufkommen, daß der Marktzins steigt oder daß die Bank von England den Diskont erhöht *(raises bank rate)*[1], werden die Diskontbanken ihren Bestand *(holding)* an diesen Papieren möglichst klein halten, denn deren Kurs wird sinken. Außerdem werden sie zusehen, daß die Papiere möglichst kurz vor Rückzahlung *(near to redemption)* stehen, denn je näher dieses Datum rückt, desto mehr steigen die Kurse dem Pariwert entgegen *(rise towards par).* Umgekehrt versuchen die Banken, möglichst viele Papiere mit noch relativ langer Laufzeit *(longer stocks)* zu haben, wenn zu erwarten ist, daß der amtliche Diskont gesenkt wird. Neben Schatzwechseln sind vor allem Staatspapiere mit höchstens einem Jahr Restlaufzeit *(one year or less to final maturity)* zur Hinterlegung als Sicherheit für Kredit von der Zentralbank zugelassen, gewissermaßen „lombardfähig" *(eligible as collateral/security against loans from the central bank)*[2].

Wegen der Fähigkeit und der Bereitschaft der Zentralbanken, durch den Rediskont von rediskontfähigen Wechseln *(bills eligible for rediscount)* und die Beleihung hinterlegter Wertpapiere Liquiditätshilfe zu gewähren, werden sie als *lender of the last resort* bezeichnet, „Geldleiher der letzten Zuflucht". In England ist die Zentralbank das nur, wie erwähnt, für die Diskontbanken. Zentralbankgeld ist teuer *(expensive),* denn der Zins ist mindestens der amtliche Diskontsatz. Die Diskontbanken machen daher nur ungern von dieser Möglichkeit Gebrauch. Aber die Tatsache, daß es sie gibt, ist entscheidend für die Leistungsfähigkeit des Diskontmarktes. Anderenfalls müßten die Diskontbanken in der Diskontierung von Wechseln viel zurückhaltender sein. Denn die Giro- oder Clearing- und sonstigen Banken, ihre eigene Finanzierungsquelle *(source of finance),* können einen großen Teil der den Diskonthäusern überlassenen flüssigen Mittel jederzeit zurückrufen *(call the funds back).* Deshalb muß den Diskonthäusern der Weg zur Zentralbank offenstehen.

[1] Seit August 1981 verkündet die Bank von England nicht mehr einen amtlichen Diskontsatz *(Bank Rate)* oder Mindestleihzins *(Minimum Lending Rate).* Statt dessen kauft sie Wertpapiere zu einem variablen Satz, ihrer „*dealing rate*". Gegen Ende ihrer täglichen Geldmarkt-Intervention *(money market intervention)* gewährt sie Geldmarkt-Hilfe *(money market assistance)* auch durch Ausleihen sehr kurzfristiger Mittel gegen Wertpapiere als Sicherheit.

[2] Staatspapiere werden in großen Beträgen aufgelegt, in London hunderte von Millionen Pfund auf einmal. Der Kapitalmarkt kann soviel oft nicht sogleich verkraften *(absorb);* der Betrag übersteigt die Anlagebedürfnisse *(investment needs).* Der staatliche Makler gibt dann die neue Schatzamts-Emission *(treasury stock)* nach und nach ab. Man spricht von „*issue through the tap*" (wörtlich: „durch den Hahn") oder „*tap issue*", also etwa „in freihändiger Abgabe", im Gegensatz zum „*tranche issue*", Abgabe in einer ganzen Tranche.

Eine Eigenart dieses traditionsreichen Geschäfts in London ist, daß die Vertreter *(representatives)* der Diskontbanken am Morgen im Zylinderhut *(top-hat)* durch die City wandern. Sie fragen bei den Geschäftsbanken an, ob sie Geld ausleihen oder zurückrufen oder Geldmarktpapiere kaufen oder verkaufen wollen. Das muß rasch gehen, damit zu Hause in der Bank die Positionen festgestellt *(positions established)* werden können. Der Zylinderhut weist seinen Träger als Geldhändler *(money dealer)* aus, so daß er bei den Banken rasch Zutritt erhält. Aber sein Funksprechgerät ermöglicht ihm raschen Kontakt mit seiner Zentrale.

So wie die Bank von England hilft, wenn der Geldmarkt knapp an Mitteln *(short of funds)* ist oder andererseits durch Aufnehmen *(mopping up)* überflüssiger Mittel *(excess funds)*, leiht die Federal Reserve Bank Mittel am „*discount window*", am Diskontschalter, aus und berechnet einen „Diskontsatz" *(discount rate)* als Zins. Das soll sich normalerweise auf kurzfristigen Geldbedarf *(short-term need for funds)* beschränken. Aber beide leihen auch längerfristig, wenn ein Ansturm *(run)* auf eine Bank droht, wie es zum Beispiel 1984 in Amerika schien.

Indem die Bank von England dem Geldmarkt kräftige Hilfe gibt *(gives large assistance to the money market)* und eine Geldknappheit mildert *(relieves a shortage of money)* oder nur wenig oder gar keine Hilfe gibt, kann sie den Geldmarktzins beeinflussen *(influence the level of interest in the money market)*. Sie wird gewöhnlich in den Zeiten helfen, in denen Übertragungen von Steuerzahlungen an den Fiskus *(tax revenue transfers to the Exchequer)* stattfinden, zugleich die Auszahlungen von Staatsgeldern *(government disbursements)* gering sind und eine Zunahme des Notenumlaufs finanziert werden muß *(a rise in the note circulation is to be financed)*.

Zunächst in Amerika, in den späteren sechziger Jahren auch in England, ist das Instrument der *certificates of deposit,* Depositenbriefe oder Einlagebriefe, aufgekommen. Sie verbriefen *(certify, confirm)* Guthaben bei einer Bank und machen sie damit übertragbar *(transferable)* und handelbar *(negotiable)*. Ein *certificate of deposit,* kurz *CD* genannt, ist eine Quittung über eine Einlage *(a receipt for a deposit)* bei einer Bank, ausgestellt auf den Inhaber *(made out to the bearer)*. In London gibt es CDs auf Pfunde und auf Dollar. Sie lauten auf ziemlich hohe Beträge, Dollar-CDs zum Beispiel auf Vielfache *(multiples)* von 1000 Dollar mit einem Mindestbetrag *(minimum)* von 25 000 Dollar. Sie werden meist zum vollen Nominalwert *(full face value)* ausgegeben, manchmal aber auch mit einem Disagio *(at a discount)*. Der Zins wird dann hinzugezählt und auf kurzfristige CDs bei Fälligkeit *(at maturity)* gezahlt. Auf mittelfristige CDs wird der aufgelaufene Zins *(accrued interest)* jährlich *(annually)* am Jahrestag der Ausgabe *(on the anniversary of issue)* gezahlt. CDs haben unterschiedliche Fälligkeiten *(varying maturity dates)*. Sie reichen von einem oder wenigen Monaten bis zu etwa fünf Jahren.

Banken und Makler bilden einen Zweitmarkt *(secondary market)* [1] für diese wie für andere Papiere und teilen jeden Tag die Zinssätze für CDs *(certificate of deposit rates)* mit, und zwar als Rückzahlungsrendite *(on a yield-to-maturity basis)* [2]. Der CD-Inhaber *(CD-holder)* kann sich also leicht informieren, was er bekommt, wenn er das

[1] „Erstmarkt" *(primary market)* von Wertpapieren ist jeweils der bei ihrer Begebung, der Markt für Neuemissionen *(new issue market)*.

[2] Einige Begriffe aus dem Geldmarkt-Geschäft sind entnommen den Informationsschriften des Diskonthauses Alexanders Discount PLC: „*Money Market Services*" und „*Bills of Exchange*".

Papier wieder verkaufen will, um seine Liquidität erster Linie wiederherzustellen *(to regain his primary liquidity)*. Der Vorteil des CD ist somit, daß der Geldgeber *(lender)* – zum Beispiel große Unternehmen, Versicherungsgesellschaften, Pensionsfonds, Kommunalbehörden *(local authorities)* – seine Mittel vor Fälligkeit *(prior to maturity)* wiedererlangen kann. Mit einer Bankeinlage, die auf eine bestimmte Frist festgelegt ist *(a deposit made for a specific period)*, einer Festgeldeinlage *(fixed[-term] deposit)*, könnte er das nur bei Zahlung eines Bußgelds *(on payment of a penalty)*. Das CD gibt also manchem Besitzer flüssiger Mittel die Möglichkeit, diese auf eine bestimmte Frist anzulegen, während er sie sonst nur auf Bankkonto mit kurzfristiger Kündigung anlegen würde.

Noch ein anderes Instrument für die Beschaffung kurzfristiger Gelder *(raising short-term funds)* sei erwähnt: Das *commercial paper*. Es ist eine Inhaber-Schuldverschreibung, und wie bei den langfristigen Schuldverschreibungen organisiert die Bank gegen eine Provision nur die Unterbringung *(the bank organizes the placement)*, Geldnehmer sind angesehene Unternehmen. Die Laufzeit reicht hinauf bis zu etwa neun Monaten. Der Anleger *(investor)* kann den Geldtitel *(asset)*, wenn nötig, verkaufen oder als Sicherheit für einen Kredit benutzen *(use as collateral against a loan)*. Die Bank hält es auf Wunsch für ihn im Depot *(in safe custody)*. Der Geldnehmer zapft damit eine neue Quelle außerhalb des Bankenapparats an *(the borrower taps a new source outside the banking system)* und kann seine Geldaufnahme zeitlich genau auf seine Bedürfnisse abstimmen *(the borrower can time his borrowings to match his exact requirements)*. Das *commercial paper* war ebenfalls zunächst in Amerika aufgekommen. Es hat in Zeiten knappen Geldes *(at times of tight money)* und staatlicher Beschränkung der Ausleihmöglichkeiten *(lending capabilities)* stark an Bedeutung gewonnen. Bald stellte sich heraus, daß es ein flexibles und oftmals billigeres Kreditinstrument *(means of borrowing)* war als der Kredit von den Geschäftsbanken. Es wurde dann auch auf dem Eurodollarmarkt heimisch. Vor allem große internationale Gesellschaften machen sich seine Vorteile zunutze.

„Good morning, friends, what is your dollar rate?“ (Anfrage am Fernschreiber zwischen Frankfurt und London)

Devisenhandel und Goldmarkt *

Enge Spannen und lebhafter Handel

Narrow margins and heavy trading

„Guten Morgen, Freunde, wie steht bei Ihnen der Dollar?“ Das ist eine verbreitete Form der morgendlichen Begrüßung unter Devisenhändlern *(foreign exchange dealers, forex dealers)* und die erste Frage zur Sache am Fernschreiber oder Telefon, wenn das Geschäft des Tages beginnt. Sie kommt aus allen Finanzplätzen *(financial centres/*AE *centers)* der westlichen Welt. Das ist der Devisenmarkt *(foreign exchange market):* Einige hundert, vielleicht tausend Leute, die ständig miteinander in Verbindung stehen *(are in permanent contact)*. Jeder hat vor sich eine Tafel der für ihn wichtigsten Banken und Devisenmakler *(foreign exchange brokers),* und er erreicht sie über eine direkte Verbindung. Er kann sich auch in Gespräche seiner Kollegen einschalten, die diese mit anderen Marktteilnehmern *([market] operators)* führen. Deren Kurse erscheinen auch auf seinem Computer-Bildschirm, auf dem er sogleich mit ihnen abschließen kann.

Immer wieder kommt plötzlich irgendeine bedeutsame Nachricht auf: Ein Land mit einer bereits schwachen Währung hat große Devisenverluste erlitten *(has suffered big losses of foreign currency)*, eine Notenbank erhöht oder senkt ihren Diskontsatz *(increases or cuts its bank /*AE *rediscount rate)*, die Bundesbank *(Bundesbank)* bietet einen neuen Kurs für Swap-Geschäfte an. Die Spanne zwischen Kauf- und Verkaufskursen hat sich vergrößert *(the margin between buying and selling rates has widened)*, aber nur für kurze Zeit, dann haben sich in lebhaftem Handel *(in heavy trading)* die Margen wieder verengt *(the margins have narrowed)*, und alles beruhigt sich wieder. Man hat in mündlicher Abmachung *(by oral agreement)* große Summen der eigenen und fremder Währungen gegeneinander getauscht *(exchanged)* und in aller Eile die Abschlußbestätigungen ausgeschrieben *(written out the confirmation advices)*. Jetzt ist die Zeit, die Positionen aufs laufende zu bringen *(bring the positions up to date)* und zu sehen, in welchen Währungen man „kurz“ *(short)* oder „lang“ *(long)* ist, also was man zu liefern *(deliver)* hat und was man in der „Kasse“ hat oder noch hereinbekommt. Die Geschäfte müssen gewöhnlich binnen zwei Tagen ausgeführt *(executed)* werden. Dazu hat jede Bank Konten bei ihren Korrespondenzbanken *(correspondent banks)* an den anderen Finanzplätzen, und bei jedem Geschäft wird dem Geschäftspartner *(party to the transaction)* gesagt, welchem Konto bei der Korrespondenzbank der von ihm zu gebende Betrag gutgeschrieben werden soll *(to which account the amount is to be credited)*.

* *Foreign exchange dealings; gold market.*

In einigen Finanzzentren auf dem europäischen Kontinent, zum Beispiel in Frankfurt, wird einmal am Tage eine „amtliche Devisenbörse“ *(official foreign exchange bourse)*[1] abgehalten. Dabei wird ein „amtlicher Devisenkurs“ festgestellt *(an official foreign exchange rate is fixed)*. Er wird bekanntgegeben, so daß die Wirtschaft, vor allem der Außenhandel, einen verläßlichen Anhalt für die Kurshöhe an diesem Tage hat. Der Devisenhändler ist nicht in erster Linie Spekulant *(speculator)*, der auf Währungsgewinne *(exchange profits)* aus ist, wie ihm oft nachgesagt wird. Die Weltwirtschaft *(world economy)* braucht seine Dienste, solange jede Nation ihre eigene Währung hat.

„Outright“ mit dem Exporteur, „Swappen“ für den Gelddisponenten

“Outright” dealings with the exporter, “swapping” for the money dealer

Drei Aufgaben *(functions)* hat der Geldhändler *(money dealer)*: Erstens muß er Devisen von Exporteuren übernehmen *(take in foreign currency from exporters)* oder für Importeure beschaffen *(provide foreign currency for importers)*; zweitens muß er günstige Möglichkeiten für kurzfristige Geldanlagen im Ausland *(short-term investment abroad)* wahrnehmen; auf Grund dieser Tätigkeiten ist er – drittens – oft in der Lage, Kursgefälle *(exchange rate differentials)* auszunutzen, indem er kauft, wo und wann der Kurs niedrig ist, und verkauft, wo und wann er hoch ist: Arbitragegeschäfte *(arbitrage transactions)*. Nicht selten mag er sich in der Tat verhalten wie ein richtiger Spekulant, indem er kauft in der Erwartung, daß der Kurs steigt *(expecting the rate to rise)*, oder verkauft in der Erwartung, daß der Kurs fällt *(falls)* und er sich dann zu niedrigerem Kurs eindecken kann *(he can cover his requirements at a lower rate)*. Aber der Devisenhandel ist nicht in erster Linie von Überlegungen dieser Art bestimmt. Sie können sich zu leicht als falsch erweisen und zu bösen Überraschungen führen.

Das Geschäft mit einem Exporteur oder Importeur ist in der Regel ein einfaches Outrightgeschäft, ein Geschäft „gerade heraus“ *(outright)* in einer Richtung und ohne Gegengeschäft: Der Exporteur fragt an, zu welchem Kurs die Bank ihm einen bestimmten Betrag fremder Währung abnehme, und verkauft danach. Er mag die Devisen bereits haben und sie zur sofortigen Hergabe verkaufen; dann spricht man von einem Kassageschäft *(spot deal)*. Gewöhnlich hat er sie aber noch nicht, sondern erhält die Zahlung von seinem Kunden erst in einem, zwei oder drei Monaten. Dennoch ist er oft interessiert, sie bereits jetzt zu verkaufen, zur Lieferung in einem, zwei oder drei Monaten. Er tut das, weil er für seine Kalkulation *(costing)* wissen will, welchen Gegenwert *(equivalent)* er in seiner eigenen Währung erwarten kann. Er verkauft daher die Devisen per Termin *(he sells forward)*. Das „Termingeschäft“ *(forward deal)* wird bereits jetzt zu einem bestimmten Terminkurs abgeschlossen *(made/done at a certain forward rate)*, jedoch „zur Anschaffung“ zu einem späteren Datum *(for delivery at a specific future date)*.

Unter Umständen unterläßt der Exporteur jedoch das Geschäft, weil ihm der Terminkurs zu niedrig erscheint und er in drei Monaten mehr Gegenwert erwartet. Er wird also in drei Monaten zur sofortigen Lieferung, zum Kassakurs

[1] *Bourse* wird im Englischen oft als das Wort für ausländische Effekten- und Devisenbörsen verwendet.

(at the spot rate) verkaufen, der höher – aber auch niedriger – sein kann als gegenwärtig der Terminkurs. Ein Importeur *(importer),* der in drei Monaten eine Warenlieferung zu bezahlen hat, wird schon jetzt die Devisen dafür kaufen wollen, um zu wissen, was er in eigener Währung aufzuwenden *(to pay)* hat. Er kauft per drei Monate *(buys three months forward),* sofern ihm der Dreimonatskurs *(three-months rate)* nicht zu hoch ist. Anderenfalls kann er etwas später, zum Beispiel per zwei Monate, kaufen oder warten, bis die Zahlung heranrückt *(until payment is due),* und sich dann zum Kassakurs eindecken – aber es kann geschehen, daß er dann mehr bezahlen muß. Der Sinn des Termingeschäfts ist für Exporteur wie Importeur, das Kursrisiko auszuschalten *(to eliminate the foreign exchange risk).*

Etwas schwieriger als das Outrightgeschäft ist das Swapgeschäft *(swap[ping])* (beide Wörter sind in der Sprache des deutschen Devisenhändlers beibehalten; die wörtliche Übersetzung „Tauschgeschäft" gäbe wenig Sinn, weil der Devisenhandel fast immer ein Tausch ist). Der Geldhändler *(money dealer)* der Bank im benachbarten Zimmer kommt herüber und fragt, was es kosten würde, D-Mark für drei Monate in New York anzulegen *(lodge Deutschemark in New York for three months).* Der Devisenhändler vergleicht dazu den Kassakurs des Dollars in D-Mark mit dem Terminkurs per drei Monate *(compares the spot rate of the dollar in DM-terms and the rate three months forward).* Denn um das Geschäft auszuführen, das der Geldhändler im Sinne hat, muß er Kassadollar *(spot dollars)* kaufen und sie gleich wieder, um ein Kursrisiko zu vermeiden, per drei Monate verkaufen. Der Kurs des Dollars per drei Monate mag aber gerade so niedrig sein, daß er beim Terminverkauf der Dollars – der im gleichen Atemzuge mit dem Kassakauf vereinbart wird – zuviel verliert. In diesem Falle lohnt es nicht, Geld für drei Monate zu exportieren, um zum Beispiel den höheren Zins amerikanischer Schatzwechsel *(treasury bills)* auszunutzen. Entscheidend hierfür ist die Höhe des Swapsatzes *(swap rate),* des Unterschieds zwischen Kassa- und Terminkurs. Der Terminkurs der D-Mark gegenüber dem Dollar *(forward rate of the Deutschemark in dollar terms)* mag höher sein als der Kassakurs, dann hat die D-Mark per Termin einen Aufschlag oder Report *(forward Deutschmark is at/shows a premium).* Oder der Terminkurs der D-Mark ist niedriger als der Kassakurs, dann hat sie per Termin einen Abschlag oder Deport *(is at a discount).* Sie kann in einigen Fälligkeiten *(maturities, positions),* zum Beispiel per ein und per zwei Monate, einen Abschlag haben, und zugleich hat sich in der Dreimonatsposition ein Aufschlag gebildet *(a premium was established in the three-months position).*

Für Geldanlagen im Ausland ist das Swapgeschäft die Regel, weil es Kurssicherung *(covering the exchange risk)* bedeutet. Wer es darauf ankommen lassen will, kann Geld im Ausland anlegen, auch ohne das Kursrisiko zu decken *(without covering the exchange risk).* Unter Umständen geht ihm aber nicht nur der höhere Zinsertrag *(higher interest earnings)* verloren, sondern sogar noch mehr, so daß er nach Abzug des Kursverlustes *(exchange loss)* und der Kosten des Geschäfts *(cost of the transaction)* kaum noch eine Rendite *(hardly a return)* erzielt hat.

Der Unterschied zwischen Kassa- und Terminkurs, also der Report oder Deport, wird zunächst in Einheiten der jeweiligen Währung ausgedrückt *(expressed in units of the respective currency).* Es sei zum Beispiel der Kassakurs des Dollars 2,5096 DM und der Terminkurs per einen Monat 2,5041 DM. In diesem Falle hat der Dollar per einen Monat einen Deport von 55 hundertstel Pfennig. Das sind, aufs Jahr gerechnet *(calculated as an annual rate)* und in Prozenten des Kassakurses ausgedrückt *(expressed as a percentage of the spot rate)*, mehr als zweieinhalb Prozent. Unter normalen Verhältnissen ist das ein so hoher Abschlag, daß eine Geldanlage *(investment)* im amerikanischen Geldmarkt keinen Sinn haben wird: Die Kosten der Kurssicherung *(cost of covering the exchange risk)* dürften einen etwaigen Zinsunterschied zunichte machen.

Bis 1973 war das Kursrisiko nicht unbegrenzt, sondern durch die Interventionspunkte *(intervention points)* begrenzt *(limited)*, die im Verhältnis zum Dollar als Leitwährung festgelegt waren *(established in relation to the dollar as the key currency)*. Die Kurse der Währungen durften nur innnerhalb eines engen Spielraums beiderseits der Dollarparität schwanken *(currencies were allowed to drift only within a narrow scope on either side of the dollar parity)*. Die Zentralbank *(central bank)*[1] mußte eingreifen *(intervene)* und den Kurs stützen *(support)*, sobald er auf den unteren Interventionspunkt *(lower point of intervention, "bottom")* fiel. Dazu mußte sie die eigene Währung im Devisenmarkt kaufen, jedoch nur im Kassamarkt *(spot market)*, nicht auch im Terminmarkt *(forward market)*, indem sie andere Währungen, hauptsächlich Dollar, verkaufte. Das bedeutete für sie, zumindest zeitweilig, Devisenverluste. Sie mußte andererseits auch „in den Markt gehen" *(go into the market)*, wenn der Kurs der eigenen Währung gegenüber dem Dollar an den oberen Interventionspunkt kletterte *(climbed to its upper point of intervention, . . . to its "ceiling")*. In diesem Falle mußte sie eigene Währung verkaufen und dafür Dollar aus dem Markte nehmen *(take dollars out of the market)*. Das bedeutete einen Zuwachs *(increase)* für ihre Devisenreserven *(foreign currency reserves)*.

Die Stützung der eigenen Währung durch die Zentralbank kann unter diesem System eine schwere Anspannung ihrer Devisenreserven *(quite a strain on its reserves)* bedeuten. Zum Beispiel, wenn Gerüchte umgehen, daß die Währung abgewertet *(devalued, depreciated, revalued downward)* werden wird. Jedermann verkauft dann diese Währung, ihr Kurs sinkt *(its rate falls)* und bleibt am unteren Interventionspunkt kleben. Die Zentralbank muß dann unter Umständen gewaltige Devisenreserven in den Markt geben *(put tremendous amounts of foreign currency into the market)*. Sie mag sogar gezwungen sein, sich bei anderen Zentralbanken deren Währungen im Swapkredit zu leihen *(borrow)*, indem sie sich Dollar, D-Mark oder Schweizer Franken für drei oder sechs Monate geben läßt und ihnen dafür den Gegenwert in eigener Währung gutschreibt *(puts the equivalent in its own currency to their credit)*.

Umgekehrt kann eine Währung sehr gefragt sein *(be very much in demand)* auf Grund von Erwartungen *(due to expectations)*, daß sie bald aufgewertet *(upvalued, appreciated, revalued upward)* werden wird. Jedermann kauft diese Währung, weil er bei ihrem Verkauf nach der Aufwertung *(upvaluation, appreciation, upward revaluation)* so viel mehr Einheiten der eigenen Währung zurückerhält. So hielt sich die D-Mark vor ihren Aufwertungen jeweils dicht an

[1] Im Englischen heißt es statt dessen oft *the authorities* = die amtlichen Stellen.

ihrem oberen Interventionspunkt *(close to its ceiling)*. Die Bundesbank mußte gemäß ihrer Verpflichtung riesige Mengen Devisen aufnehmen *(had to take up huge amounts of foreign currency)* und ebenso große Mengen D-Mark hergeben.

„Heiße Gelder" abwehren

Keep out hot money

Diese „heißen Gelder" *(hot money)* sind unerwünscht, weil sie die Liquidität der Wirtschaft steigern *(they increase the liquidity of the economy)* und damit inflationäre Wirkung *(an inflationary effect)* haben. Die Zentralbanken versuchen sie abzuwehren, zum Beispiel indem sie den Geschäftsbanken verbieten diese Gelder zu verzinsen.

Darüber hinaus kann es sich als nötig erweisen, jedwede Geldanlage *(short-term investment)* von Devisenausländern *(non-residents in terms of foreign exchange regulations)* zu verbieten. Eine andere Möglichkeit ist, bei Aufnahme von Auslandskrediten durch die Industrie selbst ein Bardepot *(cash deposit)* zu fordern. Die Schweiz gestattete 1971 den Umtausch *(exchange)* von Devisen in Schweizer Franken nur noch mit Verzögerung. Belgien und Frankreich nahmen ihre Zuflucht zu einem doppelten, gespaltenen Wechselkurs *(two-tier system for the rate of exchange, a split rate of exchange):* einem nach wie vor gebundenen *(fixed, pegged)* Wechselkurs für Handelsgeschäfte *(commercial transactions)* und einen freien, flexiblen *(flexible)* für reine Finanzgeschäfte *(financial transactions);* die erste Art Franc wurde „Handelsfranc" *(commercial franc),* die zweite Art wurde „Finanzfranc" *(capital/financial franc)* genannt. Das machte aber strenge Kontrollen *(strict controls)* nötig, denn die beiden Märkte lassen sich schwer trennen. Vor derartigen Maßnahmen werden unter Umständen die Devisenmärkte für ein paar Tage geschlossen *(the foreign exchange markets are closed)* und der Handel eingestellt *(dealings are suspended)*. Die letzte Lösung – und nicht die schlechteste – kann in solcher Situation ein „freischwebender Wechselkurs" *(floating rate of exchange)* für die ganze Währung sein. Manche Länder, so auch England, haben jahrelang ihren Wechselkurs frei ausschwingen lassen *(let their rates of exchange float)*, indem sie Interventionen unterließen.

Verschärft wird die Situation vor einer erwarteten Neubewertung *(revaluation)* einer schwachen *(weak)* wie einer starken *(strong)* Währung durch die sogenannten *leads* und *lags,* das Vorausleisten und das Zurückhalten von internationalen Zahlungen. Ist die eigene Währung schwach, so werden die Importeure dieses Landes die fremde Währung anschaffen *(acquire),* lange ehe ihre Zahlungen fällig werden *(long before their payments are due),* denn nach einer Abwertung müßten sie mehr Einheiten der eigenen Währung aufwenden *(spend, expend),* um die fremde zu erhalten. Die Importeure des Landes mit der starken Währung hingegen werden trachten, ihre Zahlungen zu verzögern *(delay their payments),* weil sie nach der Abwertung der anderen Währung, oder der Aufwertung der eigenen, weniger Einheiten der eigenen Währung aufwenden müssen, um den in der anderen Währung ausgedrückten Kaufpreis zu erlegen.

Im täglichen Geschäft nennen die Devisenhändler einander stets zwei Kurse *(quote two rates):* den Kurs, zu dem sie kaufen, und den, zu dem sie verkaufen.

Wann immer ein Händler angerufen wird, muß er Kurse nennen, das ist Teil der Regeln. Wenn ihm dann ein Geschäft angeboten wird, darf er nicht zurückziehen. Andernfalls wird sich sein Verhalten herumsprechen, und er wird bald aus dem Geschäft heraus sein *(be out of business)*. Er wird nicht mehr angerufen oder angeschrieben. Wenn er Kurse wissen oder ein Geschäft machen möchte *(do business, make a deal)*, muß er von nun an immer selbst anrufen oder anschreiben, und seine Telefon- und Fernschreibrechnungen werden schnell steigen *(his telephone and telex bills will run up rapidly)*.

Bis zu gewissen Beträgen muß der Händler, der seine Kurse genannt hat, ein Angebot für ein Geschäft *(an offer of a deal)* zu diesen Kursen annehmen. Es mag ihm nicht passen, plötzlich 100 000 Pfund oder 250 000 Dollar zu bekommen, aber, wiederum, das ist die Regel. Der andere muß jedoch auf seine Kursangabe *(quotation)* rasch reagieren, sonst darf der Partner in der Zwischenzeit seine Kurse ändern *(alter his quotations)*, denn die Kurse ändern sich im Markte oftmals in Minuten *(rates change within minutes)*. Ein Händler, der sich über die Marktlage nicht sicher ist, pflegt eine weite Spanne *(a wide margin/spread)* von Kauf- und Verkaufskurs zu nennen. Aber auch das sollte er nicht zur Gewohnheit machen, weil er damit seinen Partnern keine Gelegenheit für ein Geschäft *(no chance of a deal)* bietet.

Briefkurs *(seller's rate)* ist der Kurs, zu dem einer verkaufen will, Geldkurs *(buyer's rate)* der Kurs, zu dem er kaufen will. Usancekurs *(cross rate)* – Devisenhändler verwenden fast nur noch das englische Wort – ist der Kurs zweier fremder Währungen zueinander. Für einen deutschen Händler sind *cross rates* zum Beispiel der Dollar/Pfund-Kurs, der Kurs für Gulden *(Dutch guilders)* in Schwedenkronen *(Swedish kroner)* oder der Kurs für Schweizer Franken *(Swiss francs)* in französischen Francs *(French francs)*. Mittelkurs *(middle rate)* ist der Mittelwert zwischen Geld- und Briefkurs. „Technische Gründe" oder „technische Faktoren" *(technical factors)* sind solche, die sich auf Grund echten Bedarfs oder echten Überschusses bemerkbar machen, sei es regelmäßig im Wochen-, Monats- oder Jahresablauf oder unregelmäßig – das Gegenteil sind Gerüchte, Erwartungen oder Mangel an Vertrauen *(lack of confidence)* in eine bestimmte Währung.

Die Begriffe „Devisen" und „Devisenhandel" werden nicht einheitlich gebraucht. Im weiteren Sinne versteht man unter Devisen ausländisches Geld *(foreign currency)* in jedweder Form, auch „Sorten" *(foreign bank-notes and coins)*, also ausländische Banknoten und Münzen im Inland, und auch Reiseschecks *(traveller's cheques*, AE *traveler's checks)* in fremder Währung. Devisen im engeren Sinne *(foreign exchange)* sind nur Guthaben in fremder Währung bei Banken im Ausland *(balances in foreign currency with banks abroad)* sowie Wechsel *(bills of exchange)* und Schecks *(cheques, AE checks)* in fremder Währung, zahlbar im Ausland *(payable abroad)*. Dieser engere Begriff „Devisen" wird in den Lehrbüchern auch definiert mit „Ansprüche auf Zahlungen in fremder Währung an einem ausländischen Platz" *(claims to foreign currency and payment abroad)* [1].

[1] So bei Helmut Lipfert, „Internationaler Devisen- und Geldhandel", Fritz Knapp Verlag, 2. Auflage, 1967, S. 44, und in *„Foreign Exchange"*, veröffentlicht vom Schweizerischen Bankverein (Swiss Bank Corporation), 1964, S. 7.

Die Sortenkurse *(bank-note rates)* laufen mehr oder weniger parallel zu *(run more or less parallel to)* den Devisenkursen *(foreign exchange rates)*. Der Kunde, der Sorten bei der Bank kauft oder an sie verkauft, erzielt dabei einen für ihn ungünstigeren Kurs *(less favo[u]rable rate of exchange)* als den Devisenkurs. Der Grund ist, daß Banknoten und Münzen mehr Arbeit und Kosten verursachen, da sie gezählt *(counted)*, gebündelt *(bundled)*, versichert *(insured)* und versandt *(dispatched)* werden müssen und überdies keinen Zins bringen.

Gold für gewerblichen Bedarf und zum Horten

Gold for industrial demand and for hoarding

Jeden Werktag um 10.30 Uhr und um 15 Uhr treffen sich fünf distinguierte Herren in einem Zimmer des Bankhauses *N. M. Rothschild & Sons* in der Londoner City. Es sind die Vertreter der fünf Mitgliedsfirmen des Londoner Goldmarktes *(members of the London gold market)*. Der Vertreter von Rothschild hat den Vorsitz *(takes the chair)*. Zweck der Zusammenkunft ist das Festsetzen *(fixing)* eines repräsentativen Preises, in dem sich Angebot und Nachfrage spiegeln *(a price which reflects supply and demand)*[1].

Dazu stellen die Goldhändler *(bullion/gold dealers)* fest, bei welchem Preis der Ausgleich von Kauf- und Verkaufsaufträgen erreicht wird *(the price at which the balance of buying and selling orders is reached)*. Manchmal muß das angebotene Gold im Verhältnis der Nachfrage aufgeteilt werden *(shared in proportion to the buyers' demands)*. Der festgesetzte Preis *(fixed price)* wird in Dollar je Edelmetallunze *(troy ounce* = 31,104 Gramm) ausgedrückt *(quoted)*. Der Gegenwert in Pfund *(sterling equivalent)* auf Grund des Wechselkurses, der im Augenblick des Fixing gerade besteht *(the rate of exchange ruling at the moment of fixing)*, wird ebenfalls angegeben. Auch vor und nach dem Fixing wird den ganzen Tag über gehandelt, wobei sich der Preis im Marktverlauf *(in the course of the market)* ändert. Der Goldmarkt ist Teil des Edelmetallmarktes *(bullion market)*, zu dem auch noch der Silbermarkt *(silver market)* gehört. *Bullion* ist das Wort für ungemünztes Gold und Silber.

Die Standardhandelseinheit *(standard unit of dealings)* ist ein Barren, der den Spezifikationen entspricht *(a bar conforming to specifications)*, wie sie in der „Liste für gute Lieferung" *(Good Delivery List)* niederlegt sind. Diese Liste, die sonst kein anderer Goldhandelsplatz auf der Welt veröffentlicht, enthält die Namen der zugelassenen Raffineure und Prüfanstalten *(acceptable melters and assayers)* auf der ganzen Welt. Der Standardbarren wiegt etwa zwölfeinhalb Kilogramm, doch werden auch kleinere Einheiten gehandelt. Über den Feingehalt *(fineness)* heißt es in den Geschäftsbedingungen für den Handel beim Fixing *(conditions of dealing at the fixing)*: „Der Feingoldgehalt *(fine gold content)* eines Barrens guter Lieferung wird berechnet bis auf ein Tausendstel einer Unze fein *(to .001 of an ounce troy)*, indem das Bruttogewicht mit dem Prüfwert multipliziert wird" *(by multiplying the gross weight by the assay)*.

[1] Für die folgende Darstellung wurde im wesentlichen zugrundegelegt ein Prospekt „*The London Gold Market*", herausgegeben von den fünf Goldhandelshäusern, November 1982.

Die Goldhändler erheben eine Provision *(charge a commission)* auf alle Käufe im Fixing. Auf Verkäufe wird keine Provision erhoben. Geschäfte vor und nach dem Fixing sind, was das Entgelt für den Händler betrifft, eine Sache des Aushandelns *(a matter of negotiation)* mit dem Auftraggeber. Eine Nebentätigkeit *(ancillary activity)* ist der Handel in Goldmünzen *(dealing in gold coins)* in Großhandelsmengen *(wholesale quantities)* – nicht mit einzelnen Sammelmünzen *(numismatic specimen)*.

Auch als in England der Privatbesitz von Gold in unbearbeiteter Form *(private holding of gold bullion)* durch Devisenvorschriften *(exchange regulations)* verboten war, bis 1979, war London der Hauptmarkt *(principal market)* für Gold in der Welt. Das Material ist entweder neugefördertes *(newly-mined)* Gold, das nicht in offizielle Währungsreserven *(official currency reserves)* übernommen worden ist, oder stammt aus privaten Beständen. Gekauft wird es in England und vom Ausland für industrielle und kunstgewerbliche Verwendung *(industrial and artistic use)*, zum Beispiel für die Verarbeitung zu Schmuck *(for jewellery)*, oder für privates Horten *(private hoarding)* in Ländern, in denen Gold als das traditionelle Wertaufbewahrungsmittel *(store of value)* angesehen wird. Die gesamte Aufnahme *(offtake)* von Gold richtet sich also nicht nur nach dem gewerblichen Bedarf *(industrial demand)*, sondern auch nach dem Maß an Währungsunruhe *(currency unrest)* in der Welt.

Der Londoner Goldmarkt *(gold/bullion market)* ist zunächst ein Loko-/Kassamarkt *(spot market)* zur sofortigen Lieferung *(spot delivery)*, das heißt gewöhnlich zwei Werktage *(working days)* nach Vertragsdatum *(contract date)*. Aber viele Kunden wollen das Gold nicht physisch übernehmen *(take delivery)*. Dann eröffnet *(opens)* ihnen das Goldhandelshaus *(gold dealer)* ein Goldkonto *(gold account)*. Der Kunde hat dann keinen bestimmten Barren *(bar)* für sich, sondern nur ein allgemeines Recht *(general entitlement)* auf seine Menge. Öfters möchten Kunden auch Voraus-/Terminkäufe *(forward purchases)* oder Voraus-/Terminverkäufe *(forward sales)* tätigen. Das Goldhandelshaus nennt dann einen Termin-/Vorauspreis *(forward price)*. Die Einschußforderung *(margin requirement)* ist dabei eine Sache des Aushandelns *(matter of negotiation)*. An diesem Markt werden die Goldhandelshäuser als Eigenhändler *(principal)* tätig. An der Goldterminbörse *(gold futures market)*, die in London davon getrennt ist, haben es die Kunden mit Maklern zu tun; hier ist es übrigens auch möglich, in Goldoptionen *(gold options)* zu handeln.

Daß London seine Bedeutung als internationaler Großhandelsmarkt *(wholesale market)* so gut bewahrt hat, verdankt es zu einem wesentlichen Teil dem Vorhandensein vieler Hilfsgewerbe *(complementary services)*, wie des Devisenhandels, mannigfacher Versicherungsmöglichkeiten *(manifold insurance facilities)* und vieler Flug- und Schiffsdienste *(air and shipping lines)* nach allen ausländischen Bestimmungsorten *(overseas destinations)*.

„Avoiding the pitfalls of a private portfolio“ (Anlageberater (investment adviser) über den Sinn des Investmentsparens)[1]

Investmenttrusts und Investmentfonds *

Open-end- und Closed-end-Fonds
Open-end and closed-end funds

Mit zunehmenden Einkommen *(with income growing)* werden die Menschen mehr und mehr fähig zu sparen. Damit werden sie vor die Frage gestellt, in welcher Form sie sparen sollen. Eine alte Regel, die allerdings wenig Rücksicht auf die Inflation nimmt, besagt, daß der Sparanfänger sein Geld auf einem Sparkonto anlegen *(put his money in a savings account)* sollte. Er bekommt dort meist nicht den höchstmöglichen Zins, aber das macht bei den kleinen Beträgen nicht viel Unterschied. Andererseits erleidet er keine Kursverluste *(losses, falls in prices),* sondern kann sein Geld zum Nominalwert *(at its face value)* abheben, entweder gleich oder mit einer Kündigungsfrist *(term of notice).* Später jedoch, wenn er größere Beträge zur Anlage hat, wird er zinsbewußter *(more interest-minded)* werden. Er wird beginnen, Rentenpapiere *(fixed-interest stock)* oder sogar Aktien zu kaufen. Damit allerdings geht er in der Regel auch ein größeres Risiko als bisher ein.

An dieser Stelle versuchen die Investmentfonds sich einzuschalten. Alle Sorgen um Renditen *(yields)* und Kurse *(prices)* wollen sie ihm abnehmen, und in der Tat sind sie dazu ihrem Wesen und ihrer Bestimmung nach besonders gut in der Lage. Investmentfonds *(unit trusts,* AE *mutual funds)* legen das Geld der Sparer in vielerlei Vermögenswerten an, meist in Wertpapieren und besonders in Aktien. Sie mischen diese Vermögenswerte so, daß das Risiko von Verlusten gering bleibt, da von einer bestimmten wirtschaftlichen Entwicklung jeweils nur ein Teil der Vermögensanlage betroffen wird. Verluste an gewissen Anlagen können sogar durch Gewinne an anderen wettgemacht *(set off)* werden.

Das ist mehr oder weniger die Grundidee von Investmentfonds. Inzwischen hat sich gezeigt, daß das Risiko trotz gründlichen Mischens noch groß sein kann. In den verschiedenen Rezessionen der Nachkriegszeit verloren in dem allgemeinen Rückgang der Börsenkurse *(slump of stock exchange prices)* auch die Investmentfonds eine Menge am Werte ihrer Kapitalanlagen *(investments).* Aber die Betriebs- und Verwaltungsgesellschaften der Fonds *(management companies)* sagen mit Recht, daß ihre Aufgabe sich nicht im Mischen erschöpfe. Sie sehen sich vielmehr in der Rolle des professionellen Kapitalanlegers *(investment manager)* für kleine und mittlere Sparer *(investors),* deren Einkommen und Vermögen nicht so groß ist, daß sie sich eigene Fachleute dafür

[1] Quelle des Mottos: „*Financial Times*“, London.

* *Investment trusts and unit trusts,* AE *mutual funds.*

halten könnten. Nach ihren Erfahrungen gibt es nur wenige Investoren der unteren Größenordnungen *(orders of magnitude)*, die im Spiel an der Börse *(playing the stock exchange)* erfolgreich sind – so sehr sie auch das Studium von Geschäftsberichten *(financial reviews)* und die eigene Entscheidung *(taking their own decision)* genießen mögen.

Die meisten lassen sich von ihrem Mann auf der Bank *(their bank manager)* oder von einem Wertpapiermakler *(stockbroker)* beraten. Aber beide können nur begrenzte Zeit auf solcherlei Beratung verwenden, aus der am Ende doch nur ein kleiner Kauf- *(buying order)* oder Verkaufsauftrag *(selling order)* herausspringt. Außerdem hat sich das Feld der Anlagemöglichkeiten in den letzten Jahren ganz außerordentlich erweitert. In aller Regel ist auch ein Fachmann als einzelner heute nicht mehr in der Lage, auf Anhieb zu sagen, ob es für einen Anleger vorteilhafter ist, in deutsche Brauereiaktien *(brewery shares)*, südafrikanische Goldminen *(gold mines)* oder in Auslandsanleihen *(foreign loans)* japanischer Großstädte oder des dänischen Staates zu gehen.

Die englische und amerikanische Übersetzung für Investmentgesellschaft oder Kapitalanlagegesellschaft ist *investment company*. Aber im Englischen und Amerikanischen wird mehr darunter verstanden als im Deutschen. Die Definition ist nicht einheitlich. Im weitesten Sinne ist eine *investment company* jede Gesellschaft, die das Geld ihrer Anteils- oder Zertifikatinhaber gestreut *(diversified)* in Wertpapieren anlegt. Die beiden Hauptformen sind in beiden Ländern der *investment trust,* oder die *investment trust company,* und der *unit trust,* AE *mutual fund,* zu deutsch „Investmentfonds“.

Investment trusts oder *investment companies* sind Aktiengesellschaften, die ihre Mittel in Wertpapieren anlegen. Sie geben keine Investmentzertifikate *([unit trust] units)* aus, sondern ihre Mittel stammen aus der Ausgabe von Aktien und in gewissem, beschränktem Umfange aus Kreditaufnahme. Ihre Anteile, die Aktien, können daher nur bei der Emission und danach an der Börse erworben werden, wo sich ihr Preis nach Angebot und Nachfrage bildet. Diese Fonds werden auch als *closed-end[ed] investment companies* bezeichnet, weil sie nicht beliebig viele Anteile ausgeben können; sie müssen dazu erst ihr Kapital erhöhen.

Im Gegensatz dazu ist der *unit trust*, AE *mutual fund*, ein Fonds, der Anteilszertifikate *(units)* ausgibt. Ihr Preis hängt nicht von Angebot und Nachfrage ab *(the price does not depend on supply and demand)*, sondern wird aus dem Inventarwert *(net asset value)* des Vermögens errechnet, auf den meist bei der Ausgabe eine Verkaufsgebühr gelegt wird. Werden einem solchen Fonds Anteile von den Eignern *(owners, holders)* angeboten, so muß er sie – jedenfalls unter der Gesetzgebung der Industrieländer – zurückkaufen *(repurchase)*. Der Treuhandvertrag *(trust deed)* mit der Bank – oder Versicherung – schützt sie gegen betrügerische Verwalter *(fraudulent managers)* und beauftragt den Treuhänder *(trustee)*, die Geschäfte des Fonds abzuwickeln und zu überwachen. Eine Betriebs- oder Verwaltungsgesellschaft *(management company)* legt die durch Abgabe der Zertifikate hereinkommenden Mittel in Wertpapieren oder, allgemeiner: in verbrieften Rechten an. Diese bilden ein Sondervermögen *(trust)* und sind bei einem Treuhänder, meist einer Bank als Depotbank *(custodian/depositary bank)* zu hinterlegen. Das Sondervermögen steht den Anteilsinhabern etwa in der Form zu, daß sie Miteigentümer nach Bruchteilen *(joint owners by fractions)* sind.

Diese Art Fonds wird im Amerikanischen und im Englischen auch als *open-end[ed] investment company* bezeichnet, weil er praktisch beliebig viele Anteile ausgeben und in immer weiteren Vermögenswerten anlegen kann. Es sind aber in etlichen Ländern auch Rechtskonstruktionen *(legal arrangements)* möglich, einen Open-end-Fonds als Gesellschaft zu formieren. Es kommt nur darauf an, daß sie ohne große Formalitäten und Verzögerung neue Anteile ausgeben kann. Es gibt auch Gesellschaften, zum Beispiel auf Jersey, die ihre Mittel in einem *unit trust* anlegen – oder auch in mehreren, sogenannten Parallelfonds *(sister funds)*. Die Gesellschaft selbst macht ein erstes Angebot *(initial offer)* über ihre eigenen Aktien, und danach werden weitere zum jeweiligen Inventarwert abgegeben. Die Aktien können ausgegeben *(issued)*, zurückgekauft *(repurchased)* und eingelöst *(redeemed)* werden wie die Anteile eines *unit trusts*. Durch solche und ähnliche Konstruktionen kommt ein „Open-end-Fonds des Gesellschaftstyps"[1] *(contract type)* zustande.

In Amerika hatte das Kapitalanlagegewerbe, das Investmentfondsgewerbe *(unit trust industry*, AE *mutual fund industry, investment company industry)* mancherlei allzu spekulative Praktiken *(speculative practices)* entwickelt. Prompt erlebten die Amerikaner in der großen Wirtschaftskrise *(the Great Depression;* allgemein *financial crisis/depression)* schwere Zusammenbrüche *(collapses)*. Daraufhin erließ der Staat im Jahre 1940 in dem *Investment Company Act* gesetzliche Bestimmungen für das Geschäftsgebaren *(business practices)* und die Informationspflichten *(duties concerning information)* der Gesellschaften.

In den sechziger Jahren wurden Hunderte von Investmentfonds in sogenannten Steueroasen *(tax havens)* gegründet, zum Teil unscheinbaren Orten, die auf dem Globus kaum zu finden waren, wie auf Curaçao, Bermuda, den Bahamas, der Caiman-Insel, den Jungfern-Inseln, ferner in Panama, in der kanadischen Provinz Ontario, auf den britischen Inseln im Ärmelkanal, auf der Isle of Man, in Malta, Gibraltar, Liechtenstein oder Luxemburg. Diese Off-shore-Fonds *(off-shore funds)* genießen gegenüber ihren Konkurrenten in den Industrieländern gewisse Steuervorteile, weil es in den Steueroasen oft nur eine geringe Körperschaftssteuer *(corporation tax)* und meist keine Steuer auf Kursgewinne *(capital gains tax)* gibt. Die Tatsache, daß es in vielen dieser Orte keine Gesetzgebung zur Überwachung der Fonds *(legislation for the control of funds)* gibt, mag für den einen oder anderen ebenfalls ein Grund gewesen sein, dorthin zu gehen, denn sie sind freier in der Gestaltung ihrer Rechtsverhältnisse und in ihrer Anlagepolitik *(investment policy)*. Mancher Anlagemanager *(investment manager)* mag daraufhin gelegentlich versucht sein, ein zu großes Risiko einzugehen *(take too big a risk)*. Aber im allgemeinen stehen hinter den Fonds namhafte Banken und andere Geldinstitute *(reputable banks are behind the funds, ... are the sponsors of the funds)*, die einen Ruf zu verlieren haben *(have a reputation to lose)*.

Den Vertrieb der Investmentanteile besorgt zunächst die Verwaltungsgesellschaft. Oft gibt es aber daneben noch eine besondere Vertriebsgesellschaft *(distributors, distributing company)*. In England, Amerika und für manche Off-shore-Fonds wird ferner eine Registerstelle *(registrar, transfer agent)* benötigt,

[1] Begriff nach Alwin Ehricke, „Investment ABC", Wörterbuch des internationalen Investmentwesens, Hans Holzmann Verlag, Bad Wörishofen, 1. Auflage 1970.

weil Anteile, sofern sie die Aktien der Fondsgesellschaft sind, auf den Namen des Eigentümers lauten und bei einem Besitzwechsel umgeschrieben werden müssen. Das besorgt häufig auch die Depotbank. In Deutschland sind die Anteilscheine Inhaberzertifikate *(bearer certificates)* mit zugehörigen Dividendenscheinen *(with coupons attached, with dividend warrants attached).*

Inventarwert plus Ausgabegebühr

Net asset value plus loading charge

Der Anleger, der Investmentanteile erwirbt, erhält sie gewöhnlich zum Ausgabepreis *(offer/selling price).* Der Ausgabepreis wird für die meisten Fonds börsentäglich *(on every trading day)* mitgeteilt, für etliche aber nur in größeren Abständen, zum Beispiel zweimal wöchentlich. Er setzt sich zusammen aus dem Inventarwert je Anteil *(net asset value per unit/share)* und der Ausgabegebühr oder Verkaufsgebühr *(loading charge, initial charge).* Der Inventarwert errechnet sich aus dem jeweiligen Börsenwert der zugrundeliegenden Wertpapiere *(current market value of the underlying securities).* Hinzuzufügen sind der Wert der sonstigen Anlagen, zum Beispiel der Geldmarktpapiere, und das Bargeld. Der so ermittelte Vermögenswert des Fonds ist durch die Zahl der ausgegebenen Fondsanteile zu dividieren. Die beim Kauf zu zahlende Ausgabegebühr kann ein fester Prozentsatz des Inventarwerts sein, zum Beispiel fünf oder sechs Prozent. Sie kann aber auch gestaffelt sein und dann für kleine Anlagebeträge bis über acht Prozent hinausgehen, jedoch für sehr große Beträge nur ein Prozent oder noch weniger betragen. Der Rücknahmepreis *(bid/repurchase price)* solcher Fonds, die zur Rücknahme verpflichtet sind, ist gewöhnlich um die Ausgabegebühr niedriger als der Ausgabepreis.

Für ihre Dienste in der Verwaltung des Fonds und der Anlage der Mittel erhält die Verwaltungsgesellschaft ein Verwaltungshonorar *(management/service charge)* von dem Fonds, meist als festen Prozentsatz. Außerdem kann ein Anreizhonorar *(incentive fee)* festgelegt sein, ausgedrückt in Prozent der Nettowertsteigerung *(net appreciation)* der Vermögenswerte des Fonds. Es kommt manchmal vor, daß gar kein festes Verwaltungshonorar festgesetzt ist, sondern nur ein Erfolgs- oder Leistungshonorar *(success/performance fee),* wobei der Erfolg gemessen wird als Wertsteigerung des Fondsvermögens im Vergleich mit der Steigerung der allgemein gebräuchlichen Wertpapierindizes, also in Amerika vor allem des *Dow Jones Index,* in England vor allem der Indizes der *„Financial Times".*

Für den Anteilseigner, den Zertifikatinhaber, den Investmentsparer *(unitholder)* von Interesse sind die Ausschüttungen *(distributions)* auf Anteile und der Wertanstieg der Anteile *(increase in the unit value* oder *unit price).* Die meisten Fonds erklären dem Interessenten, ob sie stärker auf Ausschüttung oder auf Wertzuwachs *(capital appreciation)* ausgerichtet sind, und danach unterscheidet man drei Gruppen: Einkommensfonds *(income funds),* Wachstumsfonds *(growth/capital funds)* und, als Kompromiß daraus, „Gemischte Fonds" *(balanced funds).* Viele Anleger wünschen ein möglichst hohes laufendes Einkommen aus dem Fonds, andere sind, vor allem aus steuerlichen Gründen, nicht an hohen Ausschüttungen interessiert. Ein Einkommensfonds legt seine Mittel großenteils in Standardaktien *("blue chips")* an, weil sie eine einigermaßen gleichbleibend gute Dividende versprechen; sie haben einen großen Markt, auf dem Kursschwankungen *(price fluctuations)* rasch durch neue Käufe *(fresh buying)* oder Gewinnmitnahmen *(profit-taking)* ausgeglichen oder gestoppt werden. In einem ausgeprägten Abwärts- *(marked downtrend)* oder Aufwärtstrend *(marked uptrend)* sind allerdings die Standardaktien gerade die Führer *(leaders)*. Einkommensfonds sind auf jeden Fall auch die Rentenfonds *(fixed-interest securities funds)*, also Fonds für festverzinsliche Wertpapiere *(fixed-interest stocks)*. Sie erbringen meist eine höhere Rendite als der Durchschnitt der Aktien, bieten aber keinen Schutz gegen die Geldentwertung *(safeguard against inflation)*. Ihre Kurse bewegen sich nur wenig, und sie versprechen wenig Wachstum. Der Reiz eines Rentenfonds liegt vor allem darin, daß die Investmentgesellschaft große Posten *(big lots)* kauft und dadurch Sonderkonditionen *(special terms)* herausholt. Manche Fonds lassen es sich besonders angelegen sein, ganze Pakete von Renten *(blocks of bonds)*, die neu emittiert werden, günstig zu übernehmen. Sie müssen sich jedoch in einem *investment letter* verpflichten, solche *letter stocks* eine gewisse Mindestzeit zu halten – die beiden letzteren Begriffe sind nur in Amerika üblich.

Die Verwaltung eines Rentenfonds erkennt überdies früher als der einzelne Sparer eine Änderung des Kapitalmarktzinses *(long-term interest rate)*. Auf Anzeichen eines Anstiegs des Zinses *(indications of a rise of interest)* wird sie niedrigverzinsliche Rentenwerte *(low-interest bonds)* frühzeitig abstoßen und die Mittel für den Kauf der neuen, hochverzinslichen *(high-interest bonds)* bereitstellen. Auch Vorzugsaktien *(preference shares,* AE *preferred stock)* sind gelegentlich Anlageobjekte für Einkommensfonds. Sie erbringen außerhalb der Hochkonjunktur *(except during a boom)* einen sichereren Ertrag als Stammaktien *(ordinary shares, equities,* AE *ordinary/common stock)*. Er ist meist nicht so hoch wie der eines Rentenpapiers, dafür bieten Vorzugsaktien einen gewissen Schutz gegen Inflation. Wachstumsfonds legen ihr Geld in Vermögenswerten an, deren innerer Wert *(intrinsic value)* zu wachsen verspricht; an Erträgnisausschüttungen *(distributions)* sind sie weniger interessiert.

Geldmarktfonds *(money market funds)* legen ihre Mittel in kurzfristigen Wertpapieren *(instruments)* an, die gewöhnlich in für den kleinen Anleger *(small investor)* zu großer Stückelung *(large denomination)* gehandelt werden.

Kursgewinne einheimsen

Cash in on capital gains/profits

Bevorzugte Anlageobjekte *(opportunities for investment)* für Wachstumsfonds sind Aktien von Gesellschaften mit kräftiger Geschäftsausweitung. Sie investieren ihrerseits jeden Pfennig, um der Nachfrage gerecht zu werden *(satisfy demand)*. Sie können also nur wenig Dividende ausschütten, aber der Kurs der Aktie steigt und damit der Wert der Investmentanteile. Die Verwaltung eines guten Wachstumsfonds muß scharf darauf achten, was sich auf den Märkten solcher vielversprechenden Unternehmen tut. Sie wird die Aktie kurzentschlossen abstoßen, wenn sie glaubt, daß die Expansion des Unternehmens sich ihrem Ende nähert, den bis dahin erzielten Kursgewinn realisieren *(cash in on [stock exchange] profits, ... on capital gains)* und sich nach einem Wachstumsobjekt umsehen. Das führt mitunter zu einem raschen Portefeuille-Umschlag *(a high rate of portfolio turnover)*. Für Fonds, die in dieser geschäftigen Weise in kurzer Zeit einen besonders hohen Wertzuwachs erreichen, hat der Finanzjargon die Bezeichnung *go-go-funds* (gleichsam „Vorwärts-vorwärts-Fonds") geprägt.

Um das Wachstum zu beschleunigen, dürfen viele Fonds gemäß ihrer Satzung Fremdmittel *(loans)* aufnehmen. Der Fonds versucht, auch mit diesen Mitteln Kursgewinne zu erzielen. Nach englischer Vorstellung bedient er sich der Hebelwirkung *(leverage)* von Krediten, um das Wachstum zu beschleunigen. Das Fachwort für Kapitalanlage mit geborgten Mitteln lautet daher *leverage,* und ein solcher Fonds ist ein *leverage fund.* Eine andere Bezeichnung ist *geared fund.* Das Wort *gearing* bedeutet allgemein das Verhältnis zwischen Eigenkapital *(equity capital)* und Vorrangkapital irgendwelcher Art[1]. Die Spekulation kann jedoch schiefgehen, und dann sind die Verluste um so größer, wenn der Fonds geborgte Mittel angelegt hat. Deshalb ist auch ein Leverage-Fonds in der Regel nicht völlig frei in seiner Kreditpolitik *(borrowing policy).* Die Satzung zieht meist eine Grenze, indem sie etwa bestimmt, daß der Fonds bis zu 25 Prozent des Vermögenswerts Fremdmittel aufnehmen und „übersetzen" darf *(the fund may borrow and gear up to 25 per cent of net assets).* Manche Fonds verbieten schlankweg jede Kreditaufnahme für Anlagezwecke: „Der Fonds darf nicht borgen, keine Wertpapiere auf Einschuß kaufen" *(purchase any securities on margin),* Wertpapiere nicht verpfänden oder belasten *(pledge or mortgage securities).*

Einige Fonds sind so stark auf Börsenspekulation zum Zwecke eines rascheren Wachstums eingestellt, daß sie sich selbst als *hedge funds* bezeichnen. Im ursprünglichen Sinne versteht man unter *hedging* die Börsen- und Markttechnik des Abschirmens von Vermögenswerten, vornehmlich Rohstoffen und Wertpapieren, gegen heftige Preisschwankungen. Allmählich hat sich der Begriff aber so ausgeweitet, daß schon fast jegliche Börsen- und Marktspekulation oder -gegenspekulation unter „Hedging" fällt. Im Zusammenhang mit Investmentfonds ist hauptsächlich gemeint, daß der Fonds Leerverkäufe tätigt *(undertakes short sales),* Kredit aufnimmt *(borrows),* Einschußkonten unterhält *(operates margin accounts)* und Prämiengeschäfte *(option dealings)* eingeht. Auch hier stecken Gewinn- ebenso wie Verlustchancen. Wer Wertpapiere verkauft, ohne sie noch zu besitzen *(who sells short),* glaubt annehmen zu können, daß ihre Kurse fallen werden, so daß er sich später billig eindecken kann. Wenn die Kurse ihm aber nicht den Gefallen tun, muß er unter Umständen mehr für die Papiere hingeben, als er erhält.

Nach welchen Gesichtspunkten soll ein Aktienfonds seine Mittel anlegen *(invest its funds)?* Dafür hat die Phantasie reichlich Spielraum. Ein allgemeiner Fonds *(general fund)* hält sich für Anlagen ein weites Feld aus vielen Branchen *(industries)* offen. Ein spezialisierter Fonds *(specialized fund)* geht stärker in bestimmte Gewerbezweige *(industries),* zum Beispiel solche der hochentwickelten

[1] siehe auch im Kapitel „Emissionsgeschäft", S. 259ff.

Technik *(sophisticated technology)* wie der Elektronikindustrie *(electronics industry)*, Luft- und Raumfahrt *(aerospace industry)*, in Banken und Versicherungen und andere. Ein namhafter Fonds ist aus Aktien der Versorgungswirtschaft *(public utility shares)* dreier Erdteile zusammengesetzt. Manche Fonds legen das Schwergewicht auf die Länder der Europäischen Gemeinschaft, andere halten sich an amerikanische und kanadische, südafrikanische oder japanische Aktien. Länderfonds bedeuten bereits ein größeres Risiko als international gemischte, denn auch ein ganzes Land kann einen wirtschaftlichen Niedergang *(economic decline)* erleben. Viele Fondsverwaltungen bieten Aktientausch-Pläne *(share exchange schemes)*: Sie übernehmen den Aktienbesitz *(shareholding)* von Anlegern und geben ihnen dafür Fondsanteile *(units)*. Die Aktien müssen jedoch in einen der von der Verwaltungsgesellschaft betriebenen Fonds *(fund run by the management company)* passen.

Reine Rentenfonds haben ebenfalls Variationsmöglichkeiten, doch sind hier der Phantasie engere Grenzen gesetzt. Auch sie können international mischen, um sich damit Zinsunterschiede *(interest rate differentials)* von Land zu Land zunutze zu machen. Gewöhnlich kaufen sie Schuldverschreibungen verschiedener Gruppen von Emittenten, also öffentliche Schuldverschreibungen *(public bonds)*, Kommunalobligationen *(communal bonds)*, Staatsschuldverschreibungen *(government/treasury bonds*, AE, falls von amerikanischen Bundesstaaten, *state bonds)*, Pfandbriefe *(mortgage bonds)*, Stadtanleihen, -anleihestücke *(corporation loans, corporation bonds*, AE *municipal bonds)*, Auslandsanleihen *(foreign bonds)* und Wandelschuldverschreibungen *(convertible bonds)*. In kleinerem Umfange werden auch Eurodollar-Schuldverschreibungen *(Eurodollar bonds)* gekauft.

Letzte Stufe: der Dachfonds

Last stage: fund of funds

Ein weiterer Schritt in der Entwicklung des Investmentgewerbes war die Gründung von Fonds, die ihre Mittel in Aktien von *investment trusts* anlegen. Der Grundgedanke des Dachfonds *(fund of funds)* ist der gleiche wie bei einem Fonds der ersten Stufe: Dem Sparer soll die Qual der Wahl aus einer großen Zahl von Möglichkeiten überall in der freien Welt abgenommen werden.

Eine Sonderstellung unter den Investmentfonds nehmen die Immobilien- oder Grundstücksfonds *(property funds, real estate funds)* ein. Sie legen ihre Mittel in Grundeigentum *(real estate/property)* und grundstücksverbundenen Rechten an, zum Beispiel Erbpachtrecht (Übersetzungsvorschlag: *right of hereditary tenure)*. Entweder investieren sie direkt in die Grundstücke, oder indem sie Anteile an Grundstücksgesellschaften *(real estate companies/trusts, property*[1] *companies/trusts)*, erwerben. Grundstücksfonds können in Zeiten starker Inflation rasch wachsen. Es muß jedoch gesichert sein, daß die Bewertung *(valuation)* in den Händen unabhängiger Sachverständiger *(independent surveyors)* und Schätzer

[1] *Property* bedeutet zunächst allgemein „Vermögen“ sowie „Eigentum“ und die Gegenstände, an denen es besteht *(„this is my property“)*. Im engeren Sinne, soweit sich das aus dem Zusammenhang ergibt, bedeutet es auch „Grundstück“ und „Grundstücke“. Geht die letztere Bedeutung nicht aus dem Zusammenhang hervor, muß *real* davorgesetzt werden.

(valuers, appraisers) liegt. Eine zusätzliche Sicherheit und Beruhigung für die Anteilsinhaber sind Neubewertungen *(revaluations)* der Grundstücke in regelmäßigen Abständen – gelegentlich auch nach unten. Ein Grundstücksfonds, der zur Rücknahme angebotener Anteile verpflichtet ist, muß hohe flüssige Mittel halten, nahezu ein Drittel. In einer Situation, in der viele Besitzer von Anteilen des Fonds ihre Immobilienzertifikate *(property units)*[1] an den Fonds zurückverkaufen wollen, muß er die Mittel dazu bereit haben und kann nicht erst beginnen, private oder Geschäftsgrundstücke *(private or commercial property)* zu verkaufen oder zu belasten. Manche Fonds bedingen sich für den Notfall gegenüber ihren Anteilseignern *delayed encashment,* Auszahlungsaufschub aus. Oft sind die Fonds Tochtergesellschaften von Versicherungen und haben mit ihnen Vereinbarungen über Liquiditätshilfen.

Neben Wertpapier- und Grundstücksfonds gibt es noch Fonds für andere Anlagen, zum Beispiel für Rohstoffe *(commodities),* für Whisky, sogar für Kunstgegenstände *(works of art).* Sie haben aber in der Öffentlichkeit und bei den Sparern weit weniger Beachtung gefunden als die beiden Hauptgruppen. Bei Wertpapieren kann der Anleger den Wert wenigstens eines Teils der Anlagen an Hand der Börsenzettel *(stock lists)* und Börsenberichte *(market reports)* verfolgen. Bei anderen Anlagegegenständen hat er diese Möglichkeit der Prüfung weit weniger, und außerdem sind solche Anlagegegenstände weniger marktgängig *(marketable),* und das heißt, nicht so leicht verkäuflich *(easily saleable)* wie Aktien und Schuldverschreibungen.

Um die Leistung *(performance)* von Investmentfonds zu vergleichen, stellt man den Inventarwert je Anteil *(net asset value per unit)* zu Beginn und zum Ende einer bestimmten Periode fest, zum Beispiel eines Jahres. Aus dem Vergleich ergibt sich, um wieviel der Inventarwert je Anteil im Laufe des Jahres gestiegen oder gefallen ist. Hierzu fügt man die Ausschüttung je Anteil. Der einzelne Sparer muß für sich noch in Rechnung stellen, inwieweit er Ausschüttungen auf seine Anteile dazu benutzt hat, weitere Anteile mit einem Wiederanlagerabatt *(reinvestment discount)* zu kaufen.

Im Konkurrenzkampf der Fonds untereinander ist die Leistung der Verwaltung *(management record)* eines der wichtigsten Argumente der Werbung. Man verkündet triumphierend, daß die eigenen Fonds sowohl die vergleichbaren Wertpapierindizes als auch andere Fonds an Leistung übertroffen *(outperformed)* oder „geschlagen" haben: „Wir haben den Index geschlagen" *(we beat the index).* Um das Bild noch günstiger zu machen, wählt man möglichst Vergleichsperioden, in denen der eigene Fonds besonders erfolgreich war. Zu einem zutreffenden Vergleich gehört jedoch, daß der Fonds etwa den gleichen Querschnitt an Wertpapieren *(cross-section of stocks)* hat wie der zum Vergleich herangezogene Index. Außerdem muß die Vergleichsperiode genügend lang bemessen sein, so daß jahreszeitliche Schwankungen *(seasonal fluctuations)* und konjunkturelle Schwankungen *(fluctuations of the trade cycle)* neutralisiert werden.

Viele Fonds bieten dem Sparer ein Begleitprogramm *(associated programme),* ein Anlageprogramm *(investment scheme).* Er kann sich zum Beispiel ein Anlage- oder Investmentkonto *(accumulation/investment account)* einrichten lassen. Er

[1] Hingegen ist ein *property bond* eine Lebensversicherungspolice, deren Wert an einen Grundstücksfonds geknüpft ist. Je nach Höhe der Versicherungsprämie werden der Police Anteile *(units)* des Fonds zugeteilt.

zahlt unregelmäßig Beträge – oder auch nur einen Einmalbetrag *(a once and for all sum)* – darauf ein. Diese werden in Investmentanteilen angelegt, desgleichen die Erträge *(distributions)* daraus. Er kann sich auch auf einen Anlage- oder Investmentplan *(accumulation/investment plan)* verpflichten *(commit himself to a . . .)*. In diesem Falle zahlt er regelmäßig gleichbleibende Beträge ein. Diese werden angelegt und ebenso die Erträge. Der Investmentplan kann ferner mit einer Lebensversicherung kombiniert werden. Manche Fonds berechnen für die ständige Überwachung eines solchen Anlageprogramms eine im voraus erhobene Ankaufsgebühr *(front-end load)*, andere verzichten darauf. Der Anleger kann auf Wunsch auch regelmäßige Abhebungen *(periodic withdrawals)* vornehmen, damit er ein stetiges Zusatzeinkommen *(steady additional income)* hat.

„My word is my bond." (Wappenspruch)

Effektenbörse *

Markt für Eigen- und Fremdkapital

Market for equity capital and borrowed capital

Der Leitspruch im Wappen der Londoner Börse lautet: *Dictum Meum Pactum* – „Mein Wort gilt" *(my word is my bond)*. Er hat praktische und rechtliche Bedeutung *(practical and legal significance)*, denn er besagt, daß Verträge an der Börse mündlich zustande kommen *(contracts on the stock exchange*[1] *become valid by word of mouth, . . . are being validly entered into by word of mouth)*. Wenn ein Jobber und ein Broker ein Geschäft miteinander machen *(transact business)*, werden keine Schriftstücke ausgetauscht *(no documents change hands)*. Jeder macht einen Vermerk in seinem Notizbuch, und der Handel ist perfekt *(the deal is done)*.[2]

Die Leichtigkeit, mit der an der Börse Wertpapiere gekauft und verkauft werden können, ist ihr wesentlichstes Merkmal. Der große wie der kleine Anleger *(big investor; small investor)* kann jederzeit Geld investieren *(invest)* und dabei sicher sein, daß er sich jederzeit mit genauso wenig Umstand wieder von der Kapitalanlage lösen *(disengage from the investment)* kann. Er wird Aktionär in Riesenkonzernen *(giant combines)*, Gläubiger seines Bezirksrats *(creditor of his*

* *Stock exchange, stock market.*

[1] Der wörtliche Sinn von *stock exchange* ist „Effektenaustausch". Die Börsen auf dem europäischen Kontinent werden oft mit dem französischen Wort *bourse* bezeichnet.

[2] Für Teile der Darstellung in diesem Kapitel wurden Informationsschriften der Londoner Börse zugrunde gelegt.

own county council), seines eigenen Staates *(government)* und unter Umständen sogar eines fremden Staates *(foreign government),* für einen Tag oder für zehn Jahre. Dazu braucht er nicht mehr zu tun, als seinem Bankfilialleiter *(bank manager)* oder seinem Wertpapiermakler *(stockbroker)* einen kurzen Auftrag zu erteilen *(to give an order).*

Für die Volkswirtschaft *(economy)* liegt die Bedeutung der Börse darin, daß das Kapital jeweils mühelos an den Ort des höchsten Gewinns *(profit)* fließen *(flow)* kann. Vor allem ist das das sogenannte Risikokapital *(risk capital)* in Form nichtbevorrechtigter Aktien, Stammaktien *(equities, ordinary shares).* Der Ort des höchsten Gewinns ist theoretisch zugleich der Anbieter, dessen Erzeugnisse besonders stark nachgefragt sind *(products are much in demand).* Das zusätzlich dorthin fließende Kapital macht es möglich, das Angebot zu steigern und damit am Markte jener Erzeugnisse ein neues Gleichgewicht herzustellen *(bring the market to a new balance).* Die Börse ist der organisierte Kapitalmarkt *(organized capital market).*

Im Jahre 1973 schlossen sich die Wertpapierbörsen Großbritanniens und der Republik Irland zu einer einheitlichen Organisation zusammen. Neben der Hauptbörse in London blieben aber die regionalen Börsensäle *(regional trading floors)* in Birmingham, Manchester, Liverpool, Glasgow, Belfast und Dublin erhalten. In den Vereinigten Staaten gibt es neun Wertpapierbörsen. Die wichtigsten sind die beiden New Yorker, die *New York Stock Exchange* in Wallstreet und die *American Stock Exchange* gleich nebenan am Trinity Place. An der *New York Stock Exchange* sind die Zulassungsbedingungen *(requirements for quotation,* AE *listing requirements)* besonders streng. An der „*Amex*“ hingegen sind auch kleinere und jüngere Gesellschaften zugelassen *(quoted,* AE *listed).*

Das offizielle Vertretungsorgan *(official body)* der britischen Wertpapierbörse ist der Börsenrat *(Council of the Stock Exchange).* Seine Mitglieder werden von der Allgemeinheit der Börsenmitglieder *(general body of the stock exchange members)* gewählt und sind unbezahlt *(unpaid).* Der Börsenrat entscheidet in Fragen der Geschäftsgebarung *(matters of business conduct),* er stellt die Regeln für den Börsenhandel *(market dealings,* AE *tradings)* auf und regelt Streitigkeiten *(settles disputes).* Die Arbeit wird großenteils in Ausschüssen getan, von denen der Zulassungsausschuß *(Quotation Committee)* einer der wichtigsten ist. Er erwägt Anträge für Zulassungen zur Börsennotierung *(applications for quotation/*AE *listing on the stock exchange),* entscheidet über die zeitweilige Aussetzung des Handels *(suspension of dealings)* in einer Aktie unter besonderen Umständen. Äußerstenfalls beschließt er, daß eine Gesellschaft vom Amtlichen Kurszettel *(Official [Price] List)* zu entfernen ist. Rund 7000 Wertpapiere *(securities)* werden gehandelt. Mitglieder der Londoner Börse sind etwa 4300 Personen von rund 220 Firmen. Nach Zahl der Wertpapiere wie der Mitglieder ist London die größte Börse der Welt, aber nach dem Kurswert *(market valuation, capitalization)* der gehandelten Aktien wird London sowohl von der New York Stock Exchange, gelegentlich wegen ihres großen Geschäftsvolumens *(business volume)* „*Big Board*“ genannt, als auch von der Aktienbörse in Tokio übertroffen.

In England gibt es zwei Arten von Börsenmitgliedern: *broker* und *jobber.* Der *broker* führt als Agent des Kunden *(client)* dessen Aufträge aus *(carries out)* und empfängt dafür eine frei vereinbarte Provision *(negotiated commission),* seinen Maklerlohn *(brokerage).* Der *jobber* dagegen ist Eigenhändler *(principal),* da er auf eigene

Rechnung handelt *(deals for his own account)*, und Großhändler *(wholesaler)*, da er nur mit Brokern handelt und nicht mit dem Publikum in Kontakt kommt. Diese Funktionstrennung entfiel 1986. Wegen seiner einstigen Bedeutung ist das traditionsreiche System hier dennoch, in der Gegenwartsform, beschrieben.

Jobber berechnen keine Provision *(do not charge a commission)*, sondern erzielen ihren Gewinn *(make their profit)* aus der Spanne *(margin, spread)* [1] zwischen Kaufkurs *(bid price)* und Verkaufskurs[2] *(offered/asking/asked price)*, auch *turn* genannt. Als Großhändler sind sie an der Börse in der Minderzahl: Ungefähr auf je fünf Broker kommt ein Jobber. Ein weiterer Unterschied zwischen den beiden ist, daß der Jobber im Börsensaal *(on the [trading] floor)* seinen festen Platz *(„pitch")* hat, in London eine Seite an einem sechseckigen Stand, während der Broker von einem Jobber zum anderen wandert, um deren Kurse zu erfragen. Die Jobber sind auch in der Regel auf bestimmte Papiere spezialisiert *(specialized in certain stocks and shares)*. Oft stehen Jobber, die in den gleichen Wertpapiertypen *(types of securities)* handeln, dicht beieinander und bilden damit auch im örtlichen Sinne „Märkte". Einen solchen mehr oder weniger abgegrenzten Markt gibt es zum Beispiel für die sogenannten „Goldgeränderten" *(gilt-edged, gilts)*, das sind festverzinsliche britische Staatspapiere, einige mit indexgebundenem *(index-linked)* Zins, der sie inflationssicher *(inflation-proof)* machen soll.

Eine weitere Gruppe von zusammenstehenden Jobbern ist die der Händler in südafrikanischen Goldaktien *(gold shares)*; sie bilden den „*Kaffir market*". Die Jobber anderer Gruppen von Aktien sind über den Floor verstreut. Dennoch spricht man auch in allen diesen Fällen von Märkten, etwa vom Markt für Ölwerte *(oil shares)*, für Chemiewerte *(chemical shares)*, vom Schiffahrts- *(shipping market)* oder Bankenmarkt *(banking market)*, vom Markt für Grundstücks- *(property shares)* oder Brauereiaktien *(brewery shares)*.

Der Broker spricht die einzelnen Jobber an und fragt nach ihren Kursen *(asks for their prices)*, um für seinen Kunden den günstigsten Kurs herauszufinden. Der Jobber nennt *(quotes)* seinen Kauf- und Verkaufskurs, zum Beispiel „115 zu *(to)* 116 1/2". Er ist also bereit, Aktien der Gesellschaft A zum Preise von 115 Pence zu kaufen und für 116 1/2 Pence abzugeben. Geht es um eine Aktie mit lebhaftem Markt *(active market)*, wird der Jobber enge Kurse „stellen" *(give a narrow/close quotation)*. Er kann das tun, weil er in dieser Aktie einen großen Umsatz *(large turnover)* hat, und er muß es tun, weil der Markt einer vielgehandelten Aktie leicht überschaubar und daher von starkem Wettbewerb *(competition)* beherrscht ist. Das gilt vor allem für die Standardaktien *("blue chips")*, die Aktien der großen, bekannten Unternehmen, und für die *gilt-edged*.

[1] *Spread* ist ferner in der Werbung das Wort für eine ganzseitige Anzeige; *double spread* ist eine doppelseitige Anzeige.

[2] In der deutschen Börsensprache heißt es „Geldkurs" und „Briefkurs" *(offer, ask, asked)*. Der Kurzformel „Geld" als Zusatz zu einer Kursangabe entspricht ebenfalls *bid* sowie, wenn zu diesem Kurs kein Angebot besteht: *bid – not offered / asked*. Der Kurzformel „Brief" entspricht *offered* oder *asked* sowie, wenn zu diesem Kurs keine Nachfrage besteht: *offered* oder *asked – not bid*. „Bezahlt" läßt sich übersetzen mit *bargains done* – wörtlich: „zustandegekommene Geschäfte". Für einige Geschäfts- und Wertpapierformen gibt es im Englischen keine gebräuchliche Übersetzung. So muß „Genußschein" künstlich übersetzt werden, etwa mit *warrant/scrip for special distributions*. Der deutsche „Pfandbrief" *(mortgage bond)*, die Schuldverschreibung von Hypothekenbanken, ist in England und Amerika wenig bekannt. Er ist zu unterscheiden von *hypothecation letter*, der Urkunde, in der die Verpfändung *(hypothecation)* eines Gegenstands verbrieft ist, etwa dem Hypothekenbrief vergleichbar. Das Wort „Freiverkehr" ist mit *unofficial dealings* einigermaßen zutreffend übersetzt.

Der Jobber ist an seine Kurse gegenüber dem fragenden Broker gebunden. Will dieser also von ihm kaufen oder an ihn verkaufen, so muß der Jobber bis zu bestimmten Beträgen akzeptieren. Der Broker sendet dann seinem Kunden eine Abrechnung *(contract note)*. Hat der Kunde Gilt-edged-Papiere gekauft oder verkauft, so hat er gleich nach Empfang der Abrechnung zu zahlen oder zu liefern[1]. Über alle anderen Wertpapiere wird nach Börsenhandelsperioden – Abrechnungsperioden – *(for the account)* abgerechnet. Das Jahr ist in vierundzwanzig solcher Börsenhandels- oder Abrechnungsperioden *(account periods* oder kurz *accounts)* eingeteilt. Die meisten umfassen zwei, manche drei Wochen. Die Lieferung *(delivery)* der Wertpapiere und die Zahlung in Erfüllung der während eines *accounts* getätigten Geschäfte *(in fulfillment of bargains struck during an account)* findet am elften Tage nach dem Ende der Periode, dem Abrechnungstage *(Settlement/Settling/Account Day)*[2] statt. Gegen etwas höhere Gebühren kann auch schon an den letzten zwei Tagen einer Periode für die nächste gehandelt werden: Handel für neue Rechnung *(new time dealing)*.

Kurs – Kurswert – Provision

Price – consideration – commission

Die englische Effektenabrechnung *(contract note)*[3] für den Wertpapierkunden beginnt mit: „Gekauft (oder verkauft) im Auftrage und für Rechnung von Herrn ..." *(bought by order and for account of Mr. ...)*. Dann folgen die Wertpapiere, die Gegenstand des Handels waren, zum Beispiel *„200 Timber Company PLC £1 ordinary shares*", darauf die Wertpapiernummer *(stock code)*, der Kurs *(price)* und der Kurswert *(consideration*, allgemein „Entgelt, Gegenleistung"), also das Produkt aus Zahl der Wertpapiere und ihrem Kurs. Zwei Spalten *(columns)* sind vorgesehen für Börsenumsatzsteuer *(transfer stamp)*, die ein Prozent des ausmachenden Betrags ist, und für Urkundensteuer *(contract stamp)*, die wesentlich geringer ist. Früher erhob die Gesellschaft oft noch eine Umschreibungsgebühr *(transfer fee)* für die Umschreibung im Aktionärsbuch. Es folgen der Satz der Maklerprovision *(commission rate)*, der absolute Betrag *(actual amount)* der Provision, der „ausmachende Betrag" *(total)*, und es wird noch gesagt, wann geliefert und gezahlt werden muß: „für Abrechnung ..." *(for settlement 23rd October 1984)*, in der Regel ein Dienstag.

[1] Das allein ist strenggenommen ein Kassageschäft *(cash/spot transaction)*. In England gilt aber ein Geschäft mit längerer Frist zwischen Abschluß und Erfüllung, wie weiter unten beschrieben, nicht als Termingeschäft, sondern als Abschluß für die Abrechnungsperiode *(for the account)*.

[2] Der ursprüngliche Papierkrieg der Umschreibung ist für Aktien schon seit längerem ersetzt durch das Computer-System „Talisman": Es übernimmt, ohne daß ein Zertifikat ausgestellt wird, die verkauften Aktien auf eine Strohmann-Gesellschaft *(nominee company)*, Sepon Ltd., die sie zu treuen Händen *(in trust)* für den jeweils berechtigten Kunden hält und sie dann zum Käufer weiterleitet. Im Jahre 1984 begann für die britische Börse eine neue Entwicklung: Die staatlichen Stellen erzwangen den Verzicht auf festgesetzte Mindest-Provisionen *(fixed minimum commissions)* und leichteren Zugang zur Börse für Außenseiter. 1986 wurde auch die Trennung von Jobber und Broker aufgegeben.

[3] Im deutschen Effektenhandel ist der Schlußschein, die Schlußnote *(contract note)*, die Abrechnung, die der Kursmakler anderen Börsenteilnehmern *(market operators)* für die über ihn abgeschlossenen Geschäfte ausstellt. Hingegen wird die Effektenabrechnung, die der deutsche Kunde von seiner Bank erhält, von deutschen Banken etwa mit *settlement note* übersetzt.

Das Eigentum an den Wertpapieren *(ownership of the securities)* beginnt und endet am Tage des Kaufs und Verkaufs. Sie müssen dann später, oft erst etliche Wochen nach Ende des *accounts,* noch umgeschrieben werden, denn in England wie in Amerika sind Namensaktien und Namensobligationen *(registered shares/ bonds)* die Regel. Dennoch kann der neue Eigentümer der Wertpapiere sie sogleich wieder weiterverkaufen. Zur Umschreibung setzt der Makler den Namen des Käufers als des Übernehmenden oder Zessionars *(transferee)* in ein Umschreibungsformular *(transfer form)* ein *(inserts)* und sendet das Formular zusammen mit dem Zertifikat des Verkäufers als des Übertragenden oder Zedenten *(transferors)* an das Registerbüro *(Register Office)* der Aktiengesellschaft. Der Verkäufer muß das Umschreibungsformular unterzeichnen, um die Gesellschaft zu ermächtigen *(authorize),* seinen Namen aus ihrem Aktionärsbuch *(register of members)* zu streichen, so daß dafür der Käufer eingetragen *(registered)* werden kann. Dieser bekommt dann zu gegebener Zeit ein Zertifikat zugesandt, das seinen Besitz *(holding)* verbrieft *(confirms).* Er besitzt dann also kein „Paket", sondern nur ein Zertifikat über eine Anzahl Stammaktien *(ordinary shares certificate)*, Vorzugsaktien *(preference stock certificate)*, Schuldverschreibungen *(debenture stock certificate)* usw. (siehe auch Fußnote[2] auf Seite 292).

Das Zertifikat besagt im wesentlichen: „Es wird hiermit bestätigt *(this is to certify)*, daß Mr. J. Mason eingetragener Inhaber von *(is the registered holder of)* 50 voll eingezahlten *(fully paid)* Stammaktien von je 25 Pence *(ordinary shares of 25 Pence each)* der Gesellschaft ist, gemäß dem Gründungsvertrag und den Satzungen der Gesellschaft *(subject to the Memorandum and Articles of Association of the Corporation).* Gegeben unter dem üblichen Siegel der besagten Gesellschaft *(given under the common seal of the said Corporation/ Company)* am ... – Anmerkung: Dieses Zertifikat muß abgegeben *(surrendered)* werden, bevor irgendeine Übertragung *(transfer)* des gesamten oder eines Teils des Wertpapierbestands *(of the whole or any part of the stock)* erfolgen kann." Das Zertifikat ist der Beweis *(evidence)* für das Eigentum an den Wertpapieren. Verkauft ein Aktionär oder Obligationär *(debenture holder, bondholder)* nur einen Teil seiner Papiere, wird für das übrige ein neues Zertifikat ausgestellt *(made out).*

Beim Kauf und Verkauf von Wertpapieren muß beachtet werden, ob gewisse Anrechte *(titles)* mitverkauft werden. Das wird jeweils durch kurze Formeln (Singular *formula;* Plural *formulas* oder *formulae)* zum Ausdruck gebracht: *ex-dividend* oder noch kürzer *ex-div* heißt, der Käufer übernimmt die Aktien ohne Dividende. Die Börse hat bestimmte Tage, an denen die Aktien von Gesellschaften, die ihre neue Dividende erklärt *(declared),* aber noch nicht gezahlt haben, *ex-dividend* notiert *(quoted)* werden. Die Dividende bleibt dann dem Verkäufer. Soll jedoch der Käufer sie erhalten, so muß ausdrücklich erklärt werden, daß er *cum-div[idend]* kauft. Gibt die Gesellschaft gerade ihren Aktionären ein Bezugsrecht, so wird entsprechend *ex-rights* oder *cum-rights* gekauft. Gibt sie Zusatzaktien, so lauten die Formeln *ex-cap[italization]* oder *ex-scrip* und *cum-cap[italization]* oder *cum-scrip.* Bei festverzinslichen Wertpapieren *(fixed-interest bearing securities)* heißt es gewöhnlich „mit Stückzinsen", *(cum-interest, and interest),* aber gelegentlich auch „ohne Stückzinsen" *(ex-interest,* AE *flat).* Es kann auch um mehrere Rechte zugleich gehen, zum Beispiel wenn eine Gesellschaft ihre Dividende erklärt, das Kapital erhöht und Zusatzaktien ausgibt. In diesem Falle kann die Abmachung lauten *ex-all* oder *cum-all*.

Gewöhnlich wird der Auftrag des Kunden an seinen Broker lauten, er möge diese oder jene Aktie „bestens“ *(at best,* AE *at the market)* kaufen oder verkaufen. Die Amerikaner nennen einen Bestensauftrag auch *market order*. Der Kunde kann dem Broker jedoch auch einen limitierten Auftrag *(limit[ed] order)* erteilen, ihm ein *limit* setzen. Dann darf der Broker nur zu höchstens diesem Kurs kaufen und nur zu mindestens diesem Kurs verkaufen. Eine besondere Form des limitierten Auftrags sind Stop-loss-Aufträge *(stop-loss orders)*. Sie sind Anweisungen, ein Papier zu verkaufen, wenn sein Kurs um eine bestimmte Zahl Punkte unter den gegenwärtigen Kurs gesunken ist, oder zu kaufen, wenn der Kurs um eine bestimmte Zahl Punkte über den gegenwärtigen Kurs gestiegen ist: Der Verkäufer wie der Käufer will seinen Verlust begrenzen. Ein einfaches Verfahren, beim Kauf von Wertpapieren einen günstigen Mischkurs *(average price)* zu erzielen, ist *averaging* – das stetige Nachkaufen eines Papiers, dessen Kurs fällt, und das stetige Nachverkaufen, wenn der Kurs steigt. – Auf einige besondere Auftragsformen an den amerikanischen Börsen wird später in diesem Kapitel eingegangen.

In London werden jeweils 50 Aktien als *round amount,* in New York jeweils 100 Aktien als *round lot* bezeichnet. Das entsprechende Wort der deutschen Börsensprache wäre etwa „Schluß“ oder „Mindestschluß“. Eine kleinere Anzahl ist in England wie in Amerika ein *odd lot*, ein „gebrochener Schluß“. Dem Käufer mag für einen gebrochenen Schluß ein höherer Kurs berechnet werden.

Prolongation und Option

Continuation, backwardation, contango and option

Schon bald wurde es an den Wertpapierbörsen üblich, Wertpapiere zu einem bestimmten Kurs zu kaufen und zu verkaufen, jedoch Lieferung *(delivery)* erst zu einem späteren Zeitpunkt, zum Beispiel zum Monatsende, zu vereinbaren. Das deutsche Wort dafür ist „Termingeschäft“ oder genauer: „feste Termingeschäfte“, „Fixgeschäfte“ *(forward transactions/dealings, dealings for future delivery)*. „Fest“ sind sie deshalb, weil der Verkäufer am vorbestimmten Termin liefern, der Käufer abnehmen und zahlen muß. Allerdings läßt sich auch ein solches Geschäft prolongieren *(continue, carry over)*, das heißt, seine Erfüllung hinausschieben.

Eine zweite Gruppe von Termingeschäften sind „bedingte Termingeschäfte“: Optionen *(options)* oder Optionsgeschäfte *(dealings in options)*. Ein anderes deutsches Wort dafür ist „Prämiengeschäft“, weil ein Vertragspartner durch Zahlung einer Prämie *(option money)* ein Kaufrecht oder Verkaufsrecht erwirbt. Feste Termingeschäfte werden oft – zu Unrecht – als „ungesunde Spekulation“ *(unsound speculation)* angesehen. In Deutschland, England und anderen Ländern wurden sie deshalb zur Zeit der großen Börsenkrise 1931 verboten. Der Optionshandel wird an den angelsächsischen Börsen lebhaft betrieben. In Deutschland wurde er 1971 wieder aufgenommen *(dealings in options were resumed)*, in England ist er schon seit 1958 wieder üblich.

In England sind infolge der Einteilung des Jahres in „Account"-Perioden die Fristen zwischen dem Abschluß eines Börsengeschäfts und einer Erfüllung besonders lang, oft zwei Wochen und mehr. Infolgedessen ist dort ein kurzfristiger Terminhandel möglich. Allgemein unterscheidet man zwischen Baissespekulanten oder Baissiers, im englischen Börsenjargon *bears* „Bären" genannt, und Haussespekulanten oder Haussiers, *bulls* „Bullen" genannt. Jene erwarten, daß der Kurs eines Papiers fällt *(falls)*, diese, daß er steigt *(rises)*. Der *bear* verkauft das Papier, auch ohne es noch zu besitzen, in der Hoffnung, sich bis zum Liefertermin *(date of delivery)* billig eindecken *(cover)* zu können. Solange er sich nicht eingedeckt hat, ist er in dieser Aktie „kurz" *(short of that share)*. Im deutschen Börsenjargon wird der Leerverkäufer *(short seller)* auch „Fixer" genannt[1]. Der *bull* übernimmt große Beträge des Papiers und wird dadurch „lang" in dieser Aktie *(long of that share)*. Im Deutschen übernimmt man oft die englischen Ausdrücke und sagt dann etwa „Wir sind in einer Short-Position" *(we are in a short-position)* oder „Wir halten eine Long-Position" *(we hold a long-position)* Die Begriffe werden im gleichen Sinne im Devisen- und Rohstoffhandel gebraucht.

Mitunter erfüllt aber der Kurs die Erwartungen nicht. Dann gibt es noch die Möglichkeit der Prolongation oder Schiebung *(continuation, carrying-over)*, um den Fehlschlag des Geschäfts abzuwenden, allerdings kostet sie Geld. Der *bear* müßte sich eigentlich eindecken, um seinen Lieferverpflichtungen *(commitments of delivery)* nachzukommen. Aber die Kurse sind nicht so zurückgegangen, wie er gehofft hatte. Daher macht er über seinen Broker Prolongation aus *(arranges backwardation)*. Er räumt dem Käufer *(buyer)* der von ihm zu liefernden Stücke einen Kursabschlag oder Deport, eine Prolongationsgebühr (für alles *backwardation)* dafür ein, daß der Käufer für diese Abrechnungsperiode noch nicht auf Lieferung besteht.

Der *bull*, dessen Erwartung steigender Preise sich nicht erfüllt hat, macht ein Contango aus *(arranges a contango)*, d. h. die Abwicklung des Geschäfts wird hinausgeschoben, wofür der *bull* einen Kursaufschlag oder Report, eine Prolongationsgebühr (für alles *contango)* zahlt, gleichsam einen Zins für verzögerte Zahlung. Das Wort wird auch als Verbum verwendet: *The bull may contango* „der Haussier darf die Abnahme gegen einen Kursaufschlag hinausschieben".

Geschäfte, bei denen ein anderer als der Käufer die Papiere zeitweilig herein- oder „in Kost" nimmt *(takes in)*, bezeichnet man im Deutschen als Kostgeschäfte *(take-in transactions)*.

Beim bedingten Termingeschäft, dem Options- oder Prämiengeschäft, gibt es Kaufoption *(call option)* – früher auch: Vorprämie – und Verkaufsoption *(put option)* – früher auch: Rückprämie. Eine Kaufoption gibt dem Optionsnehmer gegen Zahlung der Prämie *(option money)* das Recht, innerhalb einer bestimmten Frist *(within a stated/stipulated period)* eine Anzahl Stücke eines Wertpapiers *(stocks)* zu einem vorher ausbedungenen Kurs *(at a stipulated price)* zu verlangen. Der Optionsnehmer, der Prämienzahler *(giver of option money)*, erwirbt die Option *(takes out the option)* in dem zuversichtlichen Glauben daran, daß der Kurs über den ausbedungenen Kurs, den Basispreis *(striking*

[1] An den deutschen Börsen müssen Kassageschäfte *(cash transactions, spot dealings)* in der Regel spätestens am zweiten Börsentag nach Abschluß erfüllt werden. Dem Fixer bleibt also nur sehr wenig Zeit, auf niedrigere Kurse zu warten. Als in Deutschland feste Börsentermingeschäfte erlaubt waren, wurden sie per Monatsende abgeschlossen. Über den Terminhandel mit Aktienindizes siehe im Kapitel „Finanzterminbörsen".

price), steigen wird. Der Optionsgeber, der Prämiennehmer *(taker of option money)*, im Deutschen auch „Stillhalter" genannt, teilt diese Erwartung nicht. Steigt der Kurs tatsächlich, so übt der Optionsnehmer die Option aus *(exercises the option, takes up the option)*. Steigt der Kurs nicht, läßt er die Option verfallen *(abandons/drops the option, lets the option lapse)*. Eine Verkaufsoption berechtigt den Optionsnehmer, innerhalb einer vereinbarten Frist *(within an agreed period)* dem Optionsgeber eine Anzahl Stücke eines Wertpapiers zu einem vorher vereinbarten Kurs zu liefern. Der Optionsnehmer hofft auf einen Kursrückgang des Papiers bis dahin. Tritt das nicht ein, läßt er die Option verfallen.

Statt einer einfachen Option *(single option)* kann der Optionsnehmer auch eine doppelte Option *(double option)*, eine Verkaufs- und Kaufoption *(put and call option)* erwerben. Eine solche Vereinbarung heißt „Stellgeschäft" oder „Stellage" *(straddle)*. Eine weitere Variante des Prämiengeschäfts ist das Nochgeschäft *(call/put of more transaction, buyer's right to double, seller's right to double)*. Hierbei hat der Käufer oder Verkäufer das Recht, im Anschluß an ein festes Termingeschäft nochmals die gleiche Anzahl dieser Stücke zu erhalten oder zu liefern. Es gibt auch einen Markt für Handel in Optionen *(Traded Options Market)*.

Laufende Rendite und Effektivverzinsung

Current/flat yield and redemption yield

Wenn die Börse geschlossen hat – in London um 15.30 Uhr – ist das Geschäft des Tages noch nicht zu Ende. Der Handel geht nachbörslich *(after hours)* im Telefonverkehr *(inter-office trading)* weiter. Ferner muß die Schreibarbeit *(paper work)* erledigt werden, die aus den abgeschlossenen Geschäften folgt.

Was in London an Geschäften *(transactions)* bis 14.15 Uhr abgeschlossen ist, kann in das Amtliche Börsenkursblatt vom Tage *(Stock Exchange Daily Official List)* aufgenommen *(recorded)* werden. Es wird zusammengestellt an Hand der Kursaufzeichnungen *(markings*[1]*)* der Börsenhändler auf Grund vollzogener Umsätze *(bargains/business done)*. Aus diesen Aufzeichnungen geht nicht hervor, ob es sich jeweils um einen Kauf *(purchase)* oder Verkauf *(sale)* handelte. Neben diesen tatsächlichen Kursaufzeichnungen *(actual markings)*, etwa den „fortlaufenden Notierungen" in der Bundesrepublik vergleichbar, veröffentlichen etliche Zeitungen Mittelkurse *(middle prices)* zwischen den Kaufkursen *(buying prices)* und Verkaufskursen *(selling prices)* der Jobber.

Den größten eigenentwickelten Kurszettel *(stock exchange list, price list)* hat unter den britischen Tageszeitungen die *Financial Times* unter der Überschrift „F. T. Aktien-Informations-Dienst" *(F. T. Share Information Service)*. Er beginnt mit festverzinslichen Werten, voran britische Staatspapiere, diese nach Laufzeiten geordnet: kurzfristige Werte, „Kurzläufer" *(„shorts")* mit Laufzeiten bis zu fünf Jahren *(lives up to five years)*; mittelfristige *(mediums)* mit einer Laufzeit *(life)* von fünf bis zu fünfzehn Jahren und als letzte Gruppe die „Undatierten" *(undated)*

[1] *Price mark* ist der ausgezeichnete Preis auf dem Preiszettel, -etikett *(price ticket)*, das z. B. im Kuchen des Bäckers steckt, und auf dem ausführlicheren [Preis]Etikett *([price]tag/label)* an Mänteln und Kleidern im Bekleidungsgeschäft *(clothing shop*/AE *store)*. *To mark* mit einem Preis versehen, auszeichnen, *to mark up / down* den Preis oder Kurs herauf- / heruntersetzen.

oder Nichtrückzahlbaren, Uneinlöslichen *(irredeemables)*. Papiere mit Zinssätzen von zweieinhalb bis vier Prozent sind darunter, wie *Consolidated Annuities*, kurz *Consols*, und manche alte Schatz- *(treasury loan)* oder Kriegsanleihe *(war loan)*.

Für Anleihen wie für die danach folgenden Aktien gibt der Kurszettel zunächst in einer Vorspalte den bis dahin höchsten und niedrigsten Kurs des Jahres, das *high* und das *low*. Dann folgt die Angabe des Wertpapiers *(stock)* abgekürzt, mit Angabe des Zinses und des letzten Rückzahlungsjahres, zum Beispiel: *Treasury 8³/₄ pc 1997* (also „Anleihe des Schatzamtes, zu 8³/₄ Prozent verzinslich, rückzahlbar bis 1997"). In der nächsten Spalte *(column)* wird der Schlußkurs *(closing price)* des Börsentages angegeben und dahinter die Kursveränderung *(price change)* gegenüber dem Tage vorher. Danach folgt die Bruttorendite *(gross yield)* vor Abzug der Einkommensteuer, und zwar zunächst als laufende Rendite *(current yield*, auch *flat/running yield):* Jahreszins multipliziert mit dem Nominalwert des Papiers, dividiert durch den Kurs *(annual interest rate multiplied by the nominal/face value divided by the price)*. Dabei müssen vom Kurs zunächst die aufgelaufenen Stückzinsen abgezogen *(accrued interest deducted)* werden. Sodann ist auch die Effektivverzinsung, die Rückzahlungsrendite *(redemption yield)* errechnet, wobei der Gewinn oder Verlust aus der Rückzahlung in die Rechnung einbezogen ist *(capital gain or loss on redemption is taken account of)*.

Im Aktienkurszettel *(share price list)* ist die jeweils letztbekannte Dividende in Prozent angegeben. Gleichzeitig ist gesagt, wievielmal sie durch den Gewinn des Unternehmens nach Steuern gedeckt ist *("times covered")*, das heißt, wieviel vom Gewinn einbehalten *(retained)* oder ausgeschüttet *(distributed)* wird. Die Bruttorendite *(gross yield)* ist errechnet als Prozentsatz *(percentage)* der Dividende zum Kurs des Tages. Schließlich ist noch das Kurs-Gewinn-Verhältnis errechnet *(price/earnings ratio, P/E ratio)*. Es besagt, wievielmal der Gewinn nach Steuern je Aktie *(net profit per share, earnings per share)* im Kurswert enthalten ist. Ein hohes Kurs-Gewinn-Verhältnis kann bedeuten, daß man sich trotz gegenwärtig niedrigen Gewinns noch viel von dem Unternehmen verspricht; ein niedriges kann bedeuten, daß man trotz gegenwärtig hohen Gewinns die Aussichten für die Zukunft nicht sehr gut einschätzt. Britische – und amerikanische – Aktien haben einen niedrigeren Nennwert als deutsche, oft nur 25, 10 und 5 Pence. Jüngere und kleinere Gesellschaften sowie solche, die weniger als die sonst geforderten 25 Prozent ihrer Aktien an die Börse geben wollen, können statt der amtlichen Zulassung *(official listing)* eine am *Unlisted Securities Market – USM* –, gleichsam zum geregelten Freiverkehr, beantragen. Dazu müssen sie gewöhnlich mindestens drei Jahre tätig *(trading)* gewesen sein und mindestens zehn Prozent ihrer Aktien zur Verfügung stellen. Weniger Erfolgsstatistik *(track record)* als für eine volle Zulassung *(full listing)* ist nötig.

Eine böse Sache ist der Verzug *(default)* eines Maklers, das heißt seine Unfähigkeit, seinen finanziellen Verpflichtungen nachzukommen *(inability to meet his financial obligations)*. Tritt ein solcher Fall ein, so wird das im Börsensaal bekanntgemacht; die Bekanntmachung wird als *hammering* bezeichnet. Zum Schutze der Anleger gegen Verluste aus der Finanzgebarung *(financial conduct)* von Börsenmitgliedern, zum Beispiel durch unrechtmäßige Verwendung von Kundengeldern *(misappropriation of clients' money)* haben die britischen Börsen einen Entschädigungsfonds *(compensation fund)*.

Sorgt für einen geordneten Markt: der „specialist"

Maintains an orderly market: the "specialist"

An den amerikanischen Börsen gibt es keine so lange Abrechnungsperiode wie an den englischen. Im Kassahandel *(spot/cash transactions/dealings/market)* muß zur normalen und fristgerechten Erfüllung *(regular way delivery)* am fünften Werktag *(business day)* geliefert werden; Staatspapiere *(government bonds)* sind am Werktage nach dem Abschluß zu liefern. Die Abwicklungsstelle für den Wertpapierhandel *(stock clearing corporation)* ist eine Tochterorganisation *(subsidiary)* der Börse. Über sie laufen die Wertpapierurkunden *(stock certificates)* auf ihrem Wege vom Makler des Verkäufers zur Umschreibungsstelle *(transfer agent)* und von dort zum Makler des Käufers. Bei der Umschreibungsstelle, meist einer Bank, werden sie auf den neuen Eigentümer umgeschrieben. Staats-, gewerbliche Schuldverschreibungen *(corporate bonds)* und Gemeindeobligationen *(AE local government obligations)* werden meist im OTC (s. u.) gehandelt.

Die amerikanischen Börsenmitglieder *(members of the stock exchange)* handeln, wie die englischen, teils als Agent auf Provisionsbasis *(as agent on a commission basis)* für Kunden *(customers, clients)*, teils als Eigenhändler *(principal, dealer)* auf eigene Rechnung *(on own account)*. Den englischen Jobbern ungefähr vergleichbar sind die *specialists*. Sie sind jeweils auf ein Wertpapier *(stock)* oder eine Gruppe von Wertpapieren *(group of stocks)* spezialisiert. An festen Standplätzen *(trading posts)* im Börsensaal hinter kreisförmigen Barrieren nehmen sie Aufträge von Provisionsmaklern *(commission brokers)* entgegen. Sie sind außerdem verpflichtet, in ihren Wertpapieren für einen geordneten Marktablauf zu sorgen *(maintain an orderly market)*.[1] Bei einem stark einseitigen Börsentrend *(market trend)* müssen sie nach Kräften versuchen, ein neues Gleichgewicht von Angebot und Nachfrage *(balance of supply and demand)* herzustellen, indem sie auf eigene Rechnung, als *dealer*, kaufen und verkaufen. Auf ihren Kursanzeigetafeln *(quote boards)* geben sie ihre Kurse bekannt.

Die Provisionsmakler, oft große Maklerfirmen *(brokerage firms, commission houses)*, haben ihre Büros in Hunderten von amerikanischen Städten und auch im Ausland. Sie erhalten ihre Aufträge entweder direkt vom Publikum *(public)* oder über Banken oder von anderen Wertpapiermaklern *(stockbrokers)*, Nichtmitgliedern der Börse, die Aufträge vom Publikum entgegennehmen und an die Mitgliedsfirma *(member firm)* weiterleiten *(transmit)*. Diese sendet ihre Börsenhändler *(floor brokers/partners)* an die Börse, wo sie im Börsensaal die Kundenaufträge gegen Provision ausführen *(execute customers' orders)*. Viele Sparer *(investors)* unterhalten bei diesen Maklerfirmen ein ständiges Wertpapierkonto *(securities account)*, kaum anders als ein Bankkonto *(bank account)* und ähnlich auch dem Rohstoffkonto *(commodity account)* beim Rohstoffmakler *(commodity broker)*.

Eine weitere Gruppe von Maklern an der *New York Stock Exchange* sind die „Zwei-Dollar-Makler" *(two-dollar brokers)*. Sie erledigen im Börsensaal Aufträge, die ihnen von den Provisionsmaklern zugeführt werden *(orders turned over to them)*, wenn deren Leute in Zeiten lebhafter Geschäftstätigkeit *(busy*

[1] *„Market for Millions – the role and functions of a stock exchange in the national economy"*. The American Stock Exchange, S. 38.

periods) so viele Orders haben, daß sie nicht alle rasch genug ausführen können. Die Bezeichnung rührt daher, daß sie einstmals jeweils zwei Dollar für den Kauf oder Verkauf einer Handelseinheit *(unit of trading)* von 100 Stück eines Wertpapiers erhielten. Jetzt bemißt sich ihre Provision nach dem Wert des Auftrags. Aufträge über ungerade Partien *(odd lots)*, früher Sache von *odd-lot dealers*, werden heute nicht mehr mit einem Preisaufschlag auf *round-lot*-Aufträge, sondern als selbständige Orders zum Marktpreis *(competitive price)* ausgeführt. Die Gruppen von Händlern und Maklern *(dealers and brokers)*, die sich um die Standplätze mit den einzelnen Gruppen von Wertpapieren scharen, werden *crowds* genannt.

Im folgenden seien von den vielen Auftragsformulierungen, die an den amerikanischen Börsen üblich sind, einige genannt: Ein *day order*, ein Tagesauftrag, erlischt am Ende des Tages, für den er erteilt worden ist. Ein *good-till-cancelled – gtc – order* oder *open order* bleibt gültig, bis er ausgeführt oder zurückgezogen *(cancelled)* worden ist. Ein *immediate or cancel order* ist ein „Bestens- oder Limit-Auftrag", der sogleich auszuführen ist, andernfalls erlischt er. Ein *switch order* oder *contingent order* ist ein Auftrag für den Kauf oder Verkauf eines Wertpapiers und den Verkauf oder Kauf eines anderen bei einem bestimmten Kursunterschied *(price difference)* zwischen den beiden Papieren.

An die Kurs- oder Börsenfernschreiber *(tickers)* der New Yorker Börse sind Tausende von Abonnenten *(subscribers)* in Hunderten nordamerikanischer Städte und in einigen Finanzzentren des Auslands angeschlossen. Sie können sich somit in kürzester Frist über die Kursentwicklung und die Umsätze unterrichten. Neben dem organisierten Markt an den Börsen gibt es in Amerika den Schalterverkehrsmarkt oder Telefonverkehr *(over-the-counter market, OTC)*. Er ist keine örtlich-zentrale Einrichtung, sondern spielt sich über Telefon und Fernschreiber zwischen Händlern und Maklern im ganzen Lande ab. Je besser die Verbindung zwischen den einzelnen Wertpapiermärkten ist, desto rascher gleichen sich die Kurse an. Dennoch bieten sich immer wieder Möglichkeiten zur Arbitrage *(arbitrage)*, zu Geschäften unter Ausnutzung eines Kursunterschieds *(difference in price)* zwischen zwei Plätzen.

In den Vereinigten Staaten ist der Wertpapierkauf auf Einschuß *(margin buying, buying on margin)* besonders verbreitet. Wenn die Wertpapiermärkte feste Haltung zeigen *(markets put on a firm display)* und die Aktienkurse Auftrieb haben *(share prices are buoyant)*, nimmt man von der Maklerfirma Kredit gegen – die gekauften – Wertpapiere als Sicherheit *(security loans, loans on stock collateral):* Man leistet nur eine Anzahlung, den „Einschuß" *(margin)*. Im Falle weiteren Kursanstiegs *(further price advances)* ist der Käufer in der Lage, den Kredit aus dem Erlös der Wertpapiere zurückzuzahlen und hat außerdem einen Gewinn *(profit)*. Im Falle eines Kursrückgangs *(decline of prices)* sinkt jedoch der Wert der hinterlegten Wertpapiere *(deposited securities)* unter Umständen so tief, daß sie mit Verlust verkauft werden müssen. Darin sah man Gefahren, und deshalb begann das *Federal Reserve System* in den dreißiger Jahren, Mindesteinschüsse *(minimum margins)* vorzuschreiben, zum Beispiel: 65 Prozent Einschuß, 35 Prozent Kredit.

Bei öffentlichen Schuldverschreibungen unterscheidet man im Amerikanischen zwischen *general credit obligations* oder *„full faith and credit" obligations* und *revenue bonds*. Hinter jenen steht die allgemeine Steuerkraft des Bundesstaats *(state)* oder der

Gemeindeverwaltung *(local authority)*. Die *revenue bonds* haben keine Steuereinnahmen hinter sich, sondern Einnahmen *(revenue)* aus der damit finanzierten Anlage, sei es eine Brücke, ein Tunnel oder eine Abwässeranlage. Europäische Aktien werden gelegentlich von amerikanischen Investment Banks übernommen, und diese bieten sie ihren Kunden in der Form von *American Depositary Receipts* an, Verwahrungsscheinen, die auf Dollar lauten. Der amerikanische Kunde braucht also nicht in eine ihm ungewohnte Währung zu gehen. Auch wird die britische Stempelsteuer vermieden.

Lange Zeit wurden die Zinsen in Europa ganz wesentlich von dem amerikanischen Zins beeinflußt, mit entsprechenden Wirkungen auf die Börsen. Besonders schlimm wurde das, wenn die Aufnahme längerfristiger Schulden *(funding)* durch den Staat zeitlich mit dem gleichen Prozeß in Amerika zusammenfiel, und noch mehr, wenn ein *overfunding* stattfand, eine Übereindeckung mit längerfristigen Mitteln. Zeitweilig war der Realzins *(real interest rate)*, nach Abzug der Inflationsrate, in Amerika zwei bis drei Prozentpunkte *(percentage points)* höher als in Europa. Mitte der achtziger Jahre schien es, als hätten einige europäische Länder eine gewisse Abkoppelung *(decoupling)* durch Vorziehen oder Verzögern ihrer Konsolidierung *(funding)* erreicht.

Wenn der Kunde dem Makler eine gewisse Handlungsfreiheit für den Kauf und Verkauf von Wertpapieren einräumt, nennt man ein solches Wertpapierkonto ein *discretionary account*, etwa zu übersetzen mit „Ermessenskonto". Will er soweit nicht gehen, bleibt ihm die Möglichkeit eines *scale order*, eines abgestuften Auftrags: bestimmte Mengen Papiere zu verschiedenen Kursen zu kaufen oder zu verkaufen.

Die Sprache des Börsenberichts ist im Englischen oft noch bunter und variantenreicher als im Deutschen. Die Grundbegriffe *(basic terms)* für die Beschreibung der Stimmung *(mood)* oder Tendenz *(trend, tendency)* sind etwa: „haussierend" *(bullish)*, „zur Schwäche neigend" *(bearish)*, „unsicher" *(sensitive)*, „lustlos" *(dull)*, „uneinheitlich" *(patchy)*, „leichter" *(easier)*, „freundlich" *(bright)*, „munter" *(cheerful)*. Sie werden oft durch andere, phantasiereichere Ausdrücke ersetzt. Auf den Einfluß der New Yorker Börsen wird hingewiesen mit Erklärungen wie: „Die erneute Festigkeit *(the renewed strength)* dort machte den Londoner Aktienmärkten frischen Mut *(put fresh heart into London equity markets)*, stärkte sie *(boosted them, gave them a boost)*." Die Börse unternahm einen „mutigen Start in den Tag"*(made a brave start to the day)* und tat die vorhandenen Arbeitskonflikte *(labo[u]r problems)* mit einem Achselzucken ab *(shrugged off)*. Aber dann verließ den Aktienmarkt sein Glück *(the market ran out of luck)*. Die Nachfrage „trocknete aus" *(demand dried up)*, die Kurse gaben nach *(drifted back)* oder verloren Boden *(lost ground)*. Anfängliche Gewinne *(initial gains)* wurden rasch „weggefressen" *(eroded)* oder „weggeschnitzelt, weggeschnippelt" *(whittled away)*. Auf Gewinnmitnahmen *(profit taking)* folgen oft Umsteigeoperationen *(switching [transactions])*, mit der Absicht, die Kursgewinne zu sichern *(consolidate profits)*, etwa durch Anlage in Festverzinslichen. Manche Aktie mag ein trübes Bild bieten *(present a rather dismal appearance)*, etwa weil die Gesellschaft einen Gewinnrückschlag *(profit setback)* erlitten hat, sich aber dann erholen *(rally)*, ein paar Punkte zulegen *(add a few points)* und danach einen stetigen bis festen Ton beibehalten *(maintain a steady to firm tone)*.

„For these large enterprises ... hedging is frequently vital to business survival."[1]

Rohstoffwirtschaft und -handel *

Lokomärkte und Terminmärkte

Spot markets and futures markets

Mit dem Wort „Rohstoffe" *(primary commodities,* meist nur *commodities,*[2] *raw materials)* verbinden sich bei vielen Menschen seltsame Vorstellungen und Emotionen. In den Industrieländern wie in den Entwicklungsländern *(developing countries)* sehen nicht nur der einfache Mann, sondern oft auch Politiker und Staatsmänner dahinter Ungerechtigkeit, Gewalttätigkeit, Kolonialismus *(colonialism),* Imperialismus *(imperialism),* Ausbeutung *(exploitation),* Spekulation und den Gegensatz von reichen Völkern, Besitzenden *(haves),* zu Habenichtsen *(have-nots).*

Gewiß verbindet sich auch mit Rohstoffen vielerlei Unrecht, wie mit jedem Gegenstand von Wert. Oft genug haben nicht nur Einzelne, sondern ganze Völker über Rohstoffinteressen ihre Friedfertigkeit und Ehrlichkeit aufgegeben. Aber das liegt nicht im Wesen der Rohstoffwirtschaft und des Rohstoffhandels (beides: *commodity business, trading in commodities).* Ihre Grundlagen sind vielmehr Friede, Partnerschaft und offene Grenzen, anerkannte und gesicherte Besitzverhältnisse bei Bergwerken *(mines)* und Plantagen *(plantations)* statt Enteignung zugunsten des Staates *(nationalization)* und Vertreibung.

Rohstoffe im weitesten Sinne sind alle Materialien, aus denen andere Güter hergestellt werden. Im engeren Sinne sind jedoch jene Bodenschätze und agrarischen Rohstoffe gemeint, die ständig an organisierten internationalen Warenmärkten oder Warenbörsen *(commodity markets/exchanges)* und Warenterminmärkten *(commodity terminal/futures markets, futures exchanges)* gehandelt werden. Das geschieht nicht mit allen Rohstoffen. Eisenerz *(iron ore)* zum Beispiel ist als Ausgangsmaterial für Eisen und Stahl ein sehr wichtiger Rohstoff. Aber die Verbraucher *(consumers)*, die Eisen- und Stahlwerke, kaufen es nicht an Märkten und Börsen, sondern schließen darüber mehrjährige Lieferverträge *(long-term supply contracts)* ab. Rohöl *(crude oil)* ist der Rohstoff, der die Welt in Gang hält, aber nur der kleinere Teil davon wird kurzfristig gehandelt. Das gleiche gilt für manche landwirtschaftlichen Produkte *(agricultural products)*. Lebensmittelwerke schließen Anbauverträge *(crop contracts)* mit Bauern, um Obst und Gemüse *(fruit and vegetables)* in genügender

[1] „Bei diesen großen Unternehmen ist Terminabsicherung oftmals unerläßlich für den Fortbestand"; zitiert aus einem Artikel "*That different breed – the Broker*" im "*Investors Chronicle*".

* *Commodity business.*

[2] Im weiteren Sinne ist *commodity* jede Ware und kann daher oft als Synonym für *merchandise* und *goods* (Plural) stehen.

Menge und in der von ihnen gewünschten gleichbleibenden Qualität zu erhalten. Nutzholz *(timber*, AE *lumber)* wird entweder auf Auktionen *(auctions)* versteigert *(sold at auction, auctioned)*, oder es werden ebenfalls langfristige Verträge abgeschlossen. Manchmal haben große Lebensmittel- oder Reifenkonzerne auch eigene Plantagen, deren Ernten *(crops)* dann gar nicht über Märkte gehen, sondern auf ihrem ganzen Weg zur Verarbeitung *(processing)* ständig im Konzern bleiben.

In einigen Erzeugerländern *(producer countries)* übt die Regierung eine strengere Kontrolle über den Handel aus. Zum Beispiel werden Kakaobohnen von einem Regierungsprüfer *(government grader)* geprüft und nach Sorten eingestuft *(graded)*. Staatliche Marktstellen *(marketing boards)* kaufen die Ware beim Erzeuger *(producer)* auf.

Je nach der Natur des Rohstoffs läßt sich der Handel darin mehr oder weniger vereinheitlichen *(dealings can be standardized)*. Die Vereinheitlichung der Qualität *(standardization of quality)* ist besonders leicht bei Metallen möglich. Der Metallverarbeiter *(metal manufacturer)*, der eine bestimmte Mindestmenge *(minimum quantity)* Kupfer in Form von Drahtbarren *(wire bars)* oder Kathoden *(cathodes)* kauft, weiß ganz genau, was er bekommen wird, ohne die Ware oder ein Muster je gesehen zu haben – sofern er an einer organisierten Metallbörse *(metal exchange)* kauft. Schwieriger ist es bei Produkten, deren Qualität stark von natürlichen Einflüssen bestimmt wird. Kaffee zum Beispiel wird gekauft entweder „auf Beschreibung" *(on quality description)*, nach Type *(upon type sample)* oder nach Partie-, Stocklotmuster *(on stock-lot sample)*[1]. Im ersten Falle beschreibt der Verkäufer die Ware in bestimmten handelsüblichen Bezeichnungen *(terms usual/recognizable in the trade)*. Im zweiten Falle sendet er ein repräsentatives Muster *(representative sample)* des Kaffeetyps und verspricht, Kaffee annähernd nach Typenmuster *(about equal to type sample)* oder genau nach Muster *(fully equal to type sample)*[2] zu liefern. Im dritten Falle sendet der Verkäufer ein Muster aus der Partie *(lot)*, die er tatsächlich vorrätig *(in stock)* hat, und verspricht, Ware in jeder Beziehung nach Muster *(as per sample, according to sample in all respects)* zu liefern.[3]

Bei den organisierten Warenbörsen ist zu unterscheiden zwischen Loko- oder Kassamärkten *(spot/cash markets)* und Terminmärkten. Am Lokomarkt wird effektiv vorhandene Ware, Loko- oder Kassaware *(spot/cash commodity, "actuals")*, zum Tages- oder Kassapreis *(spot price)* zur sofortigen Lieferung *(immediate/prompt delivery)* gekauft und verkauft. Natürlich ist nicht jeder Kauf von sofort lieferbarer Ware ein „Lokogeschäft". An die Stelle individuell ausgehandelter Verträge *(specifically negotiated contracts)* treten an der Warenbörse in der Regel Einheitsverträge *(standard contracts)*, die in ihren Ursprüngen auf Handelsbrauch *(commercial custom/usage)* zurückgehen.

[1] Gerhart Söhn, „Kleine Kaffeekunde", Verlag Cram, de Gruyter & Co., Hamburg, 1964, S. 112.

[2] *„The London Commodity Exchange"*, S. 8.

[3] Andere Wendungen im Zusammenhang mit dem Kauf nach Muster sind „dem Muster entsprechend" *(corresponding with the sample)*, „nach Muster" *(by sample, up to sample)*. Andere Wörter für „Muster" sind *specimen* und *pattern*, letzteres jedoch mehr im Sinne von Entwurf, zum Beispiel bei Geweben. Wenn der Käufer die Ware gebilligt hat, wird „nach Billigung" *(on approval)* geliefert. Manchmal ordert der Käufer Ware, nachdem er sie zur Ansicht *(for inspection)* erhalten hat, oder er läßt sie sich zunächst auf Probe *(on trial)* senden.

Das Gegenstück zum Loko- oder Kassageschäft *(spot business/transaction)* ist das Termingeschäft *(futures operation/transaction)*. Hierbei wird eine Ware bereits heute und zu einem heute ausgehandelten Preis gekauft, jedoch zur Lieferung zu einem künftigen Zeitpunkt. Außerhalb der organisierten Märkte oder auf wenig organisierten Märkten kann ein solcher Vertrag ebenfalls individuell ausgehandelt werden. Aber so wie man ein individuell ausgehandeltes Geschäft über Ware zur sofortigen Lieferung im allgemeinen nicht als „Kassageschäft" bezeichnet, so spricht man bei einem individuell ausgehandelten Kauf von Ware zur späteren Lieferung nicht von einem „Termingeschäft" *(futures operation)* – oder sollte es nicht tun –, sondern schlicht von Vorauskauf *(forward/advance purchase)* oder Vorausverkauf *(forward/advance sale)*. Im täglichen Sprachgebrauch und in manchen Zweigen des Rohstoffgeschäfts werden indes die beiden Begriffe oftmals ausgetauscht und vermengt.

An den hochorganisierten Warenterminbörsen wird teils neben dem Terminhandel *(futures trading, trading in futures)* auch das Kassageschäft betrieben, teils das Termingeschäft allein. Die Vertragsbedingungen sind in den Börsenbestimmungen *(exchange regulations)* und Börsenregeln *(exchange rules)* in vielen Einzelheiten einheitlich festgelegt: Grundkontrakt *(basic contract)* und Grundqualität *(basic quality)* oder Grundsorte *(basic grade)* – das ist eine nach bestimmten Eigenschaften festgesetzte Sorte; Preisabweichungen *(price differentials)* für Ware höherer oder niederer Qualität, also Aufschläge *(premiums)* für bessere und Abschläge *(discounts)* für schlechtere Qualität; die Kontraktmenge oder Kontrakteinheit *(contract size)*, zum Beispiel nach Säcken handelsüblicher Größe *(bags of commercial size)*; die Mindestpreisschwankung *(minimum price variation/fluctuation)* – um mindestens soviel mehr oder weniger muß das neue Gebot lauten, und dazwischen sind keine Verkaufs- oder Kaufgebote *(offers and bids)* zulässig; oft auch eine Höchstschwankung *(maximum price range)*; die Handelszeiten *(trading hours)*; schließlich die Termine *(future dates)*, zu denen gehandelt wird. An der New Yorker Kaffee- und Zuckerbörse *(New York Coffee and Sugar Exchange)* zum Beispiel, dem größten Marktplatz der Welt für Terminkontrakte *(futures contracts)* über Kaffee und Zucker, ist folgendes festgelegt[1]: Es kann gehandelt werden für Lieferung während des laufenden Monats *(for delivery during the current month)* und für zwölf darauffolgende Termine. Der letzte Handelstag *(last trading day)* für einen bestimmten Termin ist der fünfte volle Geschäftstag *(business day)* vor dem letzten Geschäftstag des Monats. Alle Kontrakte, die in der Nacht vor dem letzten Handelstag noch ausstehen *(contracts still outstanding)*, müssen durch Lieferung oder Abnahme effektiven Kaffees liquidiert werden *(liquidated by the delivery or receipt of the physical coffee)*. Die New Yorker Kaffee- und Zuckerbörse ist übrigens eine reine Terminbörse, kein Kassamarkt *(spot market)*.

Die Provision *(commission)* für die Makler ist heute meist frei ausgehandelt *(freely negotiated)*. Hingegen setzt die Börse die Mindesteinschüsse *(minimum trading margins, minimum initial deposits)* fest, die ein Marktteilnehmer beim Makler zu hinterlegen *(deposit with his broker)* hat als Garantie *(guarantee)* für die Vertragserfüllung *(fulfil[l]ment of contract)*. Die Einschußforderung *(margin requirement)* ist nicht immer

[1] Nach einem Prospekt der Börse aus dem Jahre 1970: *„Basic facts to help you trade Coffee/Sugar futures"*.

gleich, aber meist liegt sie bei zehn bis fünfzehn Prozent. Im Falle einer ungünstigen Preisentwicklung *(adverse price movement)* läßt der Makler seinem Kunden eine Aufforderung zu einem zusätzlichen Einschuß *(a call for an additional margin/deposit)* zugehen, weil sich das Risiko vergrößert. Zahlt der Kunde den zusätzlichen Einschuß nicht, so wird er „exekutiert", er wird zwangsweise „ausverkauft" *(sold out)* oder „eingedeckt" *(bought in)*.

Der Börse angeschlossen ist eine Abrechnungsstelle *(clearing house)*. Deren Aufgabe ist es, die Abschlüsse gegeneinander aufzurechnen *(offset transactions)* und Spitzenbeträge zu begleichen *(settle differences)*. Sowie die Abrechnungsstelle einen ihr gemeldeten Kauf oder Verkauf akzeptiert hat, tritt sie in den Vertrag ein. Sie wird für den jeweiligen Käufer oder Verkäufer Vertragspartner *(party to the contract)* anstelle des ursprünglichen Vertragspartners. Auf diese Weise wird es möglich, daß der ursprüngliche Vertragspartner seine Position durch ein Gegengeschäft bereinigt, ohne daß seine Vertragspartei *(party to the contract)* davon berührt wird.

Immer wieder verkannt: die Rolle des Spekulanten

Always misunderstood: the function of the speculator

Dank der Normung in Einheitskontrakten *(standard contracts)* können an einer modernen Warenterminbörse jeden Tag viele Verträge geschlossen werden, und viele Interessenten können am Handel teilnehmen. Das ist erwünscht, denn ein breiter Handel erfüllt den Hauptzweck der Terminbörse: die Sicherung gegen Preisschwankungen *(price fluctuations)*. Tatsächlich ist sie nicht in erster Linie ein physischer Markt *(physical market)* für die effektive Lieferung *(actual delivery)* von Ware; bei den meisten Abschlüssen haben Käufer *(purchaser)* und Verkäufer *(seller)* nicht die Absicht, Ware abzunehmen *(receive)* oder zu liefern. Sie beabsichtigen vielmehr, rechtzeitig vor dem Tage der Lieferung ein Gegengeschäft *(offset [transaction])* abzuschließen und damit ihre Verpflichtungen aus dem Vertrag *(contractual obligations)* aufzuheben *(close out, even up)*. Diesem Hin und Her von Kauf und Verkauf liegt ein ausgeklügeltes System zugrunde, mit Hilfe dessen Produzenten, Händler, Importeure und Verarbeiter sich vor Verlusten durch unvorhersehbare Preisschwankungen schützen.

Das System baut auf der Tatsache auf, daß sich die Preise für Kassaware und für Terminware *(future[s], futures contract, forward commodity)*[1] auf längere Frist etwa in gleicher Weise entwickeln[2]. Sie laufen in mehr oder weniger großem Abstand nebeneinander her. Dabei liegt die Preiskurve für Terminware gewöhnlich über der für Kassaware: Terminware hat gegenüber Kassaware einen Auf-

[1] Wenn die Ware selbst genannt wird, wird ihre Bezeichnung meist vorangestellt: *wool futures* = Terminwolle, Woll-Terminkontrakte; *hog futures* = Schweine auf Termin, Schweine-Terminkontrakte; *copper future[s]*, aber auch *forward copper* = Terminkupfer, *metal future[s], forward metal* = Terminmetall.

Der Plural *futures* ist die Regel, doch ist auch der Singular möglich: *to buy a future* = einen Terminkontrakt, eine Termineinheit kaufen.

[2] Im folgenden stützt sich die Darstellung in Teilen auf Kundenbroschüren der amerikanischen Maklerfirma Merrill Lynch, Pierce, Fenner & Smith Inc., New York, mit deren freundlicher Genehmigung: „Wie deckt man sich gegen Preisschwankungen"; „*How to Buy and Sell Commodities*" (August 1967); „*Coffee*", March 1965.

schlag *(the future is at a premium)*. Das ist normal, denn der Verkäufer einer Ware, die erst in drei Monaten zu liefern ist, hat in dieser Zeit noch Kosten: Lagergebühr *(storage)*, Versicherungsprämien *(insurance premiums)*, Zinsen *(interest)*. Diese Lagerhaltungskosten *(carrying charges)* schlägt er auf den Preis für die Terminware. Je später die Lieferung vorgesehen ist, desto höher sind gewöhnlich die Kosten. Es kommt aber auch vor, daß Terminware gegenüber der Kassaware einen Abschlag hat *(the future is at a discount)*. Der Markt hat seine eigenen Gesetze und kümmert sich nicht immer um die Kosten. Indes, diese Preisrelation ist nicht die Regel, und deshalb spricht man in solchen Fällen von einem „umgekehrten Markt" *(inverted market)*.

Diejenigen Unternehmer, die Preisschwankungen fürchten, daher das Risiko abwälzen und übertragen *(shift/transfer the risk)*, brauchen zur Preissicherung *(hedging)* andere, die bereit sind, das Risiko zu übernehmen *(take/stand the risk)* und zu tragen *(bear the risk)*. Diese anderen werden als Spekulanten *(speculators)* im besten Sinne des Wortes bezeichnet. An ihrem Verhalten ist nichts Unehrenhaftes, sondern sie werden im Interesse des gleichmäßigen, gesicherten Ablaufs vieler Vorgänge in der Wirtschaft tätig, als Risikoträger *(risk bearers)* erfüllen sie eine wichtige wirtschaftliche Funktion *(perform an important economic function)*. Spekulant kann jeder sein, der bereit ist, eine Summe Geldes aufs Spiel zu setzen *(put at stake/risk)*.

Aber er kann auf Gewinn nur hoffen, wenn er sich gründlich informiert. Er erhält seine Informationen aus Zeitungen, Marktberichten *(market reports)* großer Maklerfirmen und aus sonstigem Informationsmaterial *(background information)*. Spekuliert er in Metallen, so wird er den gegenwärtigen Stand von Produktion und Verbrauch und die voraussichtliche Entwicklung erwägen, saisonale und konjunkturelle Faktoren *(seasonal and cyclical factors)* einbeziehen, die politischen Verhältnisse *(political conditions)* in den Erzeugerländern *(producer countries)*, Streiks *(strikes)* und andere Arbeitskonflikte *(labo[u]r disputes)*, Verstaatlichungsabsichten *(intentions of nationalization)*, ferner die Vorratspolitik *(stockpile policy)* der Regierung, technische Neuerungen *(technical innovations)*, besonders die Möglichkeit des Ersatzes *(substitution)* eines Metalles auf gewissen Gebieten durch Kunststoff *(synthetics)*. Spekuliert unser Mann in landwirtschaftlichen Erzeugnissen *(agricultural products)*, so wird er sich Ernteschätzungen *(crop estimates)* ansehen, Anzeichen einer „Bombenernte" *(bumper harvest)* oder eines mageren Ernteertrags *(poor/meagre harvest)* sorgfältig untersuchen. Er wird die Zahlen für den Übertrag an Beständen aus dem vorangegangenen Jahr *(carryover of stocks from the previous year)*, die geschätzten Ex- und Importe, die Wetteraussichten, die Konkurrenz durch andere Produkte während des ganzen Erntejahres *(crop year)* verfolgen. Bei Erzeugnissen, die nicht nur im Rohzustand, sondern auch im Zustande nach der ersten Verarbeitungsstufe *(first stage of proccessing)* gehandelt werden, zum Beispiel Kakaobohnen nach dem Vermahlen *(grinding)*, sind auch Zahlen über diese Verarbeitung von Bedeutung für sein Urteil über die Marktlage *(market conditions)*. Kursdiagramme *(price charts)* sind ein weiteres wichtiges Hilfsmittel[1].

[1] Der „Schweinezyklus" *(hog cycle)* mit seinem scharfen Preisanstieg und Preissturz *(sharp up and down in prices)* ist eines der berühmtesten Beispiele tiefgreifender wiederkehrender Marktveränderungen.

Terminspekulation *(futures speculation)* ist also nicht allein Glückssache, sondern bedarf gründlicher Untersuchung und Vorbereitung. Für den Unternehmer auf der anderen Seite, sei er Produzent *(producer)*, Groß- und Außenhändler *(merchant)*, Verarbeiter *(processor)* oder Weiterverarbeiter *(manufacturer)*, ist es zwar ebenfalls nützlich, über diese Dinge Bescheid zu wissen. Aber er will seinen Gewinn nicht aus Spekulation, sondern aus seinem alltäglichen Produktions- oder Handelsgewerbe erzielen. Deshalb muß er sich gegen die mitunter heftigen Schwankungen der Preise seines Rohmaterials *(excessive fluctuations of raw material prices)* schützen, die ihm die ganze Kalkulation verderben können.

Wie tut er das? An einem Wolle-Beispiel sei im folgenden ein Preissicherungsgeschäft *(hedge operation/transaction)* dargestellt[1].

Ein Schafzüchter *(wool grower)* schert im Oktober eine Schur *(shears a clip)*, kann sie aber erst im Januar nächsten Jahres verkaufen. In den drei Monaten bis dahin läuft er das Risiko eines Verfalls der Wollpreise *(stands the risk of a fall in prices)* und damit eines vielleicht hohen Verlusts an seinen Einnahmen aus der Wolle. Um das Risiko auszugleichen *(to offset the risk)*, verkauft er Termineinheiten per März *(sells futures for March)* ungefähr im Werte seiner Schur *(to the approximate value of his clip)*. Er verpflichtet sich damit, an oder vor dem 23. März Kammzüge *(wooltops)* des Einheitskontrakts zu liefern.

Im Januar kommt seine Wolle am Lokomarkt zum Verkauf. Inzwischen ist der Wollmarkt gefallen, und er erzielt *(realizes)* einen wesentlich niedrigeren Preis, als im Oktober möglich schien. Aber nun bringt er sein Hedgegeschäft zu Ende *(he closes the futures hedge)*, indem er die per März verkauften Kontrakteinheiten *(futures contracts)* zurückkauft. Da der Terminpreis *(futures price)* ebenfalls zurückgegangen ist *(moved down)*, kann er die Kontrakteinheiten wesentlich billiger zurückkaufen. Im Ergebnis hat er am Preise seiner Schur zwischen dem Schurmonat und dem Verkaufsmonat Geld verloren. Aber durch den Verkauf von Terminwolle zu dem hohen Preis und ihren Rückkauf im Januar zu dem niedrigeren Preis hat er den Verlust größtenteils wieder wettgemacht.

Es hätte auch anders kommen können: Bis zum Januar, als er seine Schur zum Verkauf stellte, hätte der Preis gestiegen sein können. Dann hätte die Schur sogar einen höheren Erlös gebracht *(fetched a higher price)* als im Oktober. Aber zugleich hätte er mehr aufwenden müssen, um seine Terminkontrakte zurückzukaufen. Hier hätte er also wieder hergeben müssen, was er beim Lokoverkauf der Schur mehr erzielte. Indem unser Schafzüchter ein solches Hedgegeschäft eingeht *(sets up/puts up a hedge)*, kann er das Risiko eines Verlusts zwar nicht ganz ausschließen, aber er kann es auf ein Minimum herabdrücken *(minimize the risk of a loss)*. Ein kleiner Verlust kann immer noch dadurch entstehen, daß die Preise für Kasse- und Terminware *(prices for spot and futures)* nicht genau parallel verlaufen.

Das war ein Beispiel für ein Verkaufshedge *(selling hedge)*: Der Züchter muß sich gegen einen Preisverfall seiner noch zu verkaufenden Produktion sichern. Das folgende vereinfachte Beispiel steht für ein Kaufhedge *(buying hedge)*: Ein Tuchweber *(cloth manufacturer)*, der bereits einen Vorausverkauf *(forward/*

[1] Unter Verzicht auf detaillierte Preisangaben entnommen einer Schrift der *London Wool Terminal Market Association* mit deren freundlicher Genehmigung: „*The London Wool Futures Market, its functions and how to use it*").

advance sale) über sein Tuch abgeschlossen hat, muß sich gegen einen Anstieg der Preise seines Rohmaterials während der nächsten Monate sichern. Von der Menge Garn, die er benötigt, kann er zu einem akzeptablen Preis zunächst nur einen Teil kaufen. Um sich bis zur Produktion des Tuchs gegen einen Anstieg der Garnpreise zu sichern *(insure against a rise in the price of yarn),* kauft er eine entsprechende Zahl Kontrakteinheiten späterer Monate am Terminmarkt. Sowie er günstige Gelegenheit hat, das weitere Garn von der benötigten Art zu kaufen, stößt er die Terminkontrakte ab *(liquidates the futures contracts).* Im Ergebnis hat er entweder am Termingarn einen Verlust erlitten und dafür sein Produktionsgarn billig bekommen, oder er hat am Termingarn einen Gewinn gemacht und andererseits sein Produktionsgarn teurer eingekauft, als nach dem Preis für das von ihm zu liefernde Tuch gerechtfertigt gewesen wäre, und insofern hier einen Verlust auf dem Papier *(loss on paper)* erlitten. In jedem Falle gleichen sich Gewinn und Verlust normalerweise mehr oder weniger aus.

Gegengeschäft oder effektive Lieferung

Offset/reverse transaction or actual delivery

So können sich durch Terminsicherung *(futures hedge)* Produzenten schützen, die bereits Aufträge hereingenommen *(orders taken)* haben, ebenso wie Produzenten oder Händler, die unverkaufte Bestände halten *(carry unsold stocks)* müssen. Farmer können auf diese Weise die Ernte auf dem Halm *(growing crop)* absichern. Die Banken sind eher zur Hergabe von Kredit bereit, wenn die zur Sicherheit angebotenen Waren *(commodities offered as security)* gegen Preisverfall gedeckt sind *(covered against price risks).* Das Wesen des „Hedgens" *(hedging)* bleibt immer das gleiche: Der Marktteilnehmer „hedget" *(hedges)* indem er zunächst etwas kauft oder verkauft, das der von ihm benötigten oder erzeugten Ware nach Art und Wert etwa ebenbürtig ist, ein Äquivalent, bis die kritische Zeit überbrückt ist.

An den Terminbörsen ist zwar effektive Lieferung *(actual/physical delivery)* und effektive Abnahme *(actual receipt)* der Ware möglich. Aber ihre Hauptfunktion ist nicht dies, sondern das Ausgleichen entgegengesetzter Risiken *(evening-up of opposing risks).* Für den, der das jeweils nötige Gegengeschäft eingeht, indem er seine Kontrakte verkauft *(sells)* oder zurückkauft *(buys back),* ist die Sache erledigt. Wer aber seine Position offenhält *(keeps his position open)* und seinen Vertrag zur Fälligkeit heranreifen läßt *(runs his contract to maturity),* muß als Verkäufer *(seller)* kurz vorher „Andienung" erklären *(make tender, give/issue notice of delivery)* oder als Käufer *(buyer)* „Andienung" entgegennehmen *(receive tender, receive delivery notice).* Das geschieht durch schriftliche Mitteilung an die Abrechnungsstelle *(clearing house).* Diese reicht die Andienung weiter, bis sie zu einem Makler mit einem Kunden gelangt, der effektive Lieferung, zum Beispiel „effektiven Kakao" *(actual cocoa),* wünscht.

Organisierte Rohstoffmärkte und -börsen gibt es in den angelsächsischen Ländern in großer Zahl. London ist noch immer eines der Hauptzentren des Welthandels in Rohstoffen *(main centre/*AE *center of world trade in commodities).*

An der *London Commodity Exchange* werden die meisten *soft commodities*, Weich-Rohstoffe, gehandelt: Kakao *(cocoa)*, Kaffee *(coffee)*, Zucker *(sugar)*, pflanzliche Öle *(vegetable oils)*, Kautschuk *(natural rubber)*, Sojabohnenmehl *(soya bean meal)* und Wolle *(wool)*. Die *International Petroleum Exchange*, wo Rohöl *(cruide oil)* und Gasöl *(gas oil)* gehandelt werden, ist getrennt untergebracht, gehört aber dazu. Ein internationaler Markt für Weizen *(wheat)*, Gerste *(barley)*, Kartoffeln *(potatoes)*, Schweinerümpfe *(pig carcasses)* findet in der *Baltic Mercantile and Shipping Exchange* statt – abgekürzt *Baltic Exchange* oder *the Baltic*. Besser bekannt allerdings ist die *Baltic* als der große Weltschiffahrtsmarkt.[1] Im Jahre 1985 wurden dort Terminverträge *(futures contracts)* über Frachtraten *(freight rates)* eingeführt. Jute *(jute)* und die verwandte Faser Kenaf haben ebenfalls einen Markt in London. In Liverpool besteht eine Börse für Baumwolle *(cotton)*.

Die *London Metal Exchange – LME* –, die Londoner Metallbörse, ist einer der wichtigsten Märkte der Welt für Nichteisen-Metalle *(non-ferrous/base metals)*: Kupfer *(copper)*, Zinn *(tin)*, Blei *(lead)*, Zink *(zinc)*, Nickel *(nickel)* und Aluminium *(aluminium)*. Außerdem wird in Silber *(silver)* als industriellem Rohstoff gehandelt. Die Metallbörse ist in der Hauptsache Terminbörse, aber zu einem kleinen Teil wird auch „per Kasse" *(cash, spot)* gehandelt.

Das sind im wesentlichen die internationalen Märkte in England für die mehr oder weniger klassischen Rohstoffe. Daneben gibt es mancherlei sonstigen Handel in weniger organisierter Form, zum Beispiel in Pelzen *(furs)*, Schmuck- *(gems)* und Industriediamanten *(industrial diamonds)*, Halbedelsteinen *(semi-precious stones)* oder Perlen *(pearls)*. Im wesentlichen für innerbritischen Bedarf bestehen Lokomärkte für Lebensmittel *(provisions)* wie Fleisch *(meat)*, Fisch *(fish)*, verschiedene Getreidefrüchte *(cereals)*, Futtermittel *(animal feeding stuffs)*, Tee-Versteigerungen *(tea auctions)* und anderes.

Zwar kaum in England, aber auf etlichen Märkten auf dem Kontinent werden Waren, zum Beispiel Blumen, in Abschlags- oder Holländischer Versteigerung *(Dutch auction)* verkauft. Dabei wird nicht dem höchsten Gebot *(highest bid)* zugeschlagen *(knocked down)*, sondern der Auktionator *(auctioneer)* geht von seinem Anfangspreis herunter *(lowers his initial price)*, bis sich ein Bieter *(bidder)* meldet. In der modernsten Form wird das mündliche Angebot *(oral offer)* durch eine Uhr ersetzt, deren Zeiger herunterläuft, bis sie ein Bieter durch Knopfdruck zum Halten bringt. Ein Vorteil der Holländischen Versteigerung soll darin liegen, daß kleine Gewerbetreibende *(small traders)* eher eine Partie *(lot)* erhalten, weil sie nicht so leicht durch große Konkurrenten *(big competitors)* oder gar einen Ring *(ring)* überboten *(outbidden)* werden können.

Während England viele Rohstoffe zur Verarbeitung *(processing)* durch die heimische Industrie importiert, sind die Vereinigten Staaten und Kanada selbst Produzenten wichtiger Rohstoffe für den Weltmarkt. Sie exportieren neben anderem Weizen und Weizenmehl *(wheat and wheat flour)*, Ölsaaten *(oilseeds)*, Molkereiprodukte *(dairy products)*, lebende Tiere und tierische Produkte *(live animals and animal products)*, Baumwolle *(cotton)*, Tabak *(tobacco)*, Sojabohnen *(soybeans)*, Talg *(tallow)*, Sorghumgetreide als Futtermittel *(forage)*, Mais *(maize*, AE *corn)*, Schmalz *(lard)* und Gerste *(barley)*.

[1] Näheres darüber im Abschnitt „Bedeutender Frachtenmarkt: die ‚Baltic'", S. 20 f.

Weithin über den nordamerikanischen Subkontinent sind Warenbörsen für wichtige und weniger wichtige Welthandelsgüter verstreut. Die bedeutendsten davon sind die in New York, an der Spitze die *Commodity Exchange – Comex* –, sowie in Chikago der *Chicago Board of Trade*[1] und die *Chicago Mercantile Exchange*. Weitere bedeutende Märkte gibt es in Kansas, Minneapolis und im kanadischen Winnipeg. Der Rahmen der genormten Terminverträge erstreckt sich bis hin zu Platin *(platinum)* und Palladium *(palladium)*, Orangensaft-Konzentrat *(concentrated orange juice)*, Leinsaat *(flaxseed)*, Hirse *(sorghum)*, Lebend-Schweine *(live hogs)*, Lebend-Rinder *(live cattle)*, Rindfleisch *(beef)*, Schweinebäuche *(pork bellies)*, Eier *(eggs)*, tiefgefrorene Brathühner *(iced broilers)*, Bauholz *(timber, AE lumber)*, Sperrholz *(plywood)* und anderem – nicht zu vergessen die Gold-Terminmärkte *(gold futures markets)*, deren es mehrere in Amerika gibt; der Londoner wurde 1985 geschlossen.

Am Beispiel der Londoner Metallbörse, der *London Metal Exchange – LME* – seien im folgenden noch einige bisher nicht erwähnte Merkmale einer bedeutenden Rohstoffbörse geschildert, an der sich Verbraucher in vielen Ländern absichern und eindecken[2].

Voraussetzung für die Mitgliedschaft ist unter anderem der Nachweis eines gewissen finanziellen Ranges und der Redlichkeit *(financial standing and integrity)*. Firmen mit dem Recht der Teilnahme am Handel im „Ring" *(ring dealing privilege)* müssen beträchtliche Bankbürgschaften *(bank guarantees)* oder sonstige Sicherheit *(security)* nachweisen, denn die Londoner Metallbörse ist ein Markt für Eigenhändler *(principals' market)*, und die Ringteilnehmer können sich für keinen Kontrakt auf eine Klausel über „Höhere Gewalt" *(force majeure clause)* berufen. Der Handel findet im Plantation House in der Fenchurch Street in der Londoner City statt, in einem Raum mit kreisförmig angeordneten Sitzbänken.

Gehandelt wird täglich in zwei Sitzungen *(sessions)*. Jeder Kontrakt wird in jeder Sitzung zweimal für je fünf Minuten aufgerufen. Nach jeder Sitzung ist noch etwa zwanzig Minuten lang ein nachbörslicher, inoffizieller Handel möglich, genannt „Handel am Straßenrande" *(kerb dealing)*, weil er früher nach Verlassen des Hauses auf der Straße betrieben wurde. Gegen Ende der Mittagssitzung werden die offiziellen Preise für den Tag bekanntgegeben, wie sie der aus drei Mitgliedern bestehende Preisermittlungs-Ausschuß *(fixing committee)* festgesetzt hat. Kupfer, Blei, Zink und Aluminium werden in Mindestmengen von 25 metrischen Tonnen *(metric tons)* gehandelt, Nickel zu mindestens 6, Zinn zu mindestens 5 Tonnen und Silber zu mindestens 10000 Feinunzen *(troy ounces)*. Bei Verkäufen von Kassametall *(cash metal)* ist die Lieferung am folgenden Tage *(delivery on the following day)* fällig. Dazu muß der Lagerschein *(warehouse warrant/receipt)* auf ein Lagerhaus *(warehouse)* der Börse übergeben werden. Alle von der *London Metal Exchange* zugelassenen Lagerhäuser gelten für alle Kontrakte als Orte ordnungsgemäßer Lieferung *(good delivery points)*; das heißt: der Käufer kann sich nicht beklagen, daß ihm keines der Lagerhäuser als Lieferort passe. Gehandelt wird nur Metall solcher Marken, die der Börsenausschuß zugelassen hat. Während in London Kontrakte nur auf drei Monate abgeschlossen werden können, sind an der New Yorker Metallbörse Abschlüsse über

[1] In England war früher der *Board of Trade* soviel wie das Handelsministerium.

[2] Nach: "*The London Metal Exchange*", herausgegeben von der Londoner Metallbörse, entworfen von Brian Reidy and Associates.

wesentlich längere Fristen, auch ein Jahr und mehr, möglich. Dem Vorwurf, daß es bei ihnen zu wenig Handels- und Sicherungsmöglichkeiten gebe, halten die Londoner unter anderem entgegen, daß man sich bei Bedarf durch *switching* helfen könne: Durch Glattstellen der alten Position *(by evening up/closing [out]/squaring the old position)* und Eingehen einer neuen *(opening/instituting a new position)*.

Aus der Explosion der Ölpreise im Jahre 1973 und der folgenden Unstabilität der Preise *(price instability)* ergab sich für alle Stufen des Ölgeschäfts *(all elements of the oil trade)* – Produzenten *(producers)*, Raffineure *(refiners)*, Händler *(traders)* und Endverbraucher *(end-users)* – die Notwendigkeit, ihre Spannen *(margins)* und den Wert der Vorräte *(value of stocks/inventory)* zu schützen. Daher richtete man an der *New York Mercantile Exchange*, beim *Chicago Board of Trade* und in London Ölterminmärkte *(oil futures markets)* ein. Dort werden vor allem gehandelt Rohöl *(crude oil)*, Heizöl *(heating oil)* und Gasöl *(gas oil)*. Bei Rohöl wird eine Grund- oder Eck-Qualität *(marker)* festgelegt, zum Beispiel an der Internationalen Ölbörse *(International Petroleum Exchange – IPE)* in London Öl vom Brent-Feld in der Nordsee. Für andere Qualitäten gelten feste Preisabstufungen *(fixed price differentials)*, die jeweils ein Zuschlag *(premium)* oder ein Abschlag *(discount)* sein können. Handelseinheit *(trading unit)* für Rohöl ist in London eine Menge von 1000 Faß *(barrels)*. Aus IPE-Kontrakt ist zu liefern – sofern es zur Lieferung kommt – falls nichts anderes vereinbart wird, im Gebiet Rotterdam/Amsterdam entweder „frei an Bord Schiff" *(FOB ship)*; durch „*inter-tank transfer*" oder „*in-tank transfer*", also durch Umpumpen zwischen Tanks oder Einpumpen in den Tank; „frei in der Rohrleitung" *(free in pipeline – FIP)*, je nach Wunsch des Käufers *(at buyer's option)*.

Auf dieser vorgeschriebenen oder freivereinbarten Preisgrundlage *(price basis)* ist Zahlung zu leisten gegen Hinterlegung der Dokumente *(payment against lodging of documents)*. Handelsmonate *(trading months)* sind die sechs aufeinanderfolgenden Monate *(consecutive months)*, die dem laufenden Monat *(current month)* folgen. – Unabhängig von dem Terminmarkt besteht ein Spot-Markt, auf dem in aller Regel ausgeliefert wird, und in Europa ist dessen bedeutendster Platz Rotterdam.

Ringmakler – Auftrieb – Stellage

Floor broker – rally – straddle

Das Verhältnis der Maklerfirma *(commission house)* zu ihren Kunden ist an den verschiedenen Warenbörsen ebenfalls durch eine Reihe von Regeln festgelegt. Der Kunde, sei es der sicherungsbedürftige Unternehmer oder der Spekulant, gibt dem Makler, je nach Gutdünken, entweder einen Bestensauftrag *(market order)* oder einen Limitauftrag *(limit order)*. Praktisch ausgeführt wird der Auftrag im Börsensaal durch einen Ringmakler *(floor broker)*. Er macht seine Absicht durch Zuruf *(open outcry)*[1] bekannt.

Viele Ausdrücke sind im organisierten Rohstoffhandel die gleichen oder ähnlich wie im Wertpapiergeschäft[2]. Es gibt Haussiers *("bulls")* und Baissiers

1 Deshalb werden solche Börsen auch *open-outcry markets* genannt.

2 Erklärungen unter anderem nach „*How to Buy and Sell Commodities*", Merrill Lynch, Pierce, Fenner & Smith Inc. und „*The London Wool Futures Market.*"

("bears"). Der Markt oder die Preise werden leichter *(ease [off]),* wenn sie langsam und um kleine Beträge nachgeben *(decline).* Andererseits spricht man von einer Erholung *(recovery),* wenn sie langsam steigen, und von Auftrieb *(rally),* wenn sie kräftig steigen. Ebenso sagt man, die Preise befestigen sich *(prices harden).* Munteres, lebhaftes Geschäft *(brisk trading)* ist den Rohstoffmaklern, ebenso wie den Effektenmaklern, lieber als träges schleppendes *(dull trading).*

Arbitrage *(arbitrage),* das Ausnutzen von Preisunterschieden an zwei örtlich verschiedenen Märkten durch den Arbitrageur *(arbitrageur),* ist auch im Rohstoffgeschäft möglich. Der Preisunterschied zwischen zwei artverwandten Rohstoffen ebenso wie zwischen zwei Liefermonaten des gleichen Rohstoffs ist der *spread. Spread* und ebenso der Ausdruck *straddle* bezeichnen außerdem Geschäfte, bei denen sich Marktteilnehmer *(operators)* ungewöhnlich große Preisunterschiede solcher Art zunutze machen. Es mag zum Beispiel der Fall eintreten, daß der Terminkurs *(futures price)* für Dezemberlieferung stark gedrückt *(depressed)* ist, hingegen der Märzkontrakt ungewöhnlich hoch steht. Der Marktteilnehmer wird daher Dezemberlieferung kaufen und Märzlieferung verkaufen in der Hoffnung, daß die Kurse sich angleichen *(prices come into line).* Später stellt er seine Position glatt *(squares his position),* indem er den Dezemberkontrakt teuerer verkauft und sich mit Märzkontrakt billig eindeckt – sofern seine Erwartungen sich erfüllt haben. In der Fachliteratur findet sich für *spread* und *straddle* die Übersetzung „Stellgeschäft, Stellage". Es ist eine andere Art Stellage als im Effektenhandel.

Optionshandel *(option trading)* ist ebenfalls im Rohstoffgeschäft möglich. Die Kauf- *(call option)* und die Verkaufoption *(put option)* geben dem Käufer der Option *(buyer of the option)* das Recht, einen Rohstoff zu einem bestimmten Preis zu kaufen oder zu verkaufen.

Partieware *(job lot)* ist eine „krumme" Menge die nicht einer bestimmten Zahl von Kontrakteinheiten entspricht. *Scale buying* oder *scale selling,* „in Stufen (ver)kaufen", ist das Verfahren, bei Preisveränderungen nach unten oder oben weitere Mengen nachzukaufen oder zusätzlich zu verkaufen und so einen günstigen Durchschnittskurs *(average price)* zu erzielen. Der Schluß *(close)* ist die Zeit gegen Ende der Börsensitzung *(trading session),* etwa die letzte halbe Stunde. Die Notierungen während dieser Zeit geben schon einen Anhalt für die Tendenz *(tendency)* des nächsten Tages. Dessen Eröffnungskurse *(opening prices)* werden dann verglichen mit den Schlußkursen des Vortages *(closing prices of the previous day)* oder kurz mit dem Vortagsschluß *(previous close).* Manchmal, wenn schwerwiegende Nachrichten eintreffen, bewegen sich die Kurse regellos auf und ab *(prices move up and down erratically).*

An der Londoner Metallbörse bezeichnet man den Zustand des „verkehrten Marktes" *(inverted market),* bei dem also der Kassapreis *(cash price)* höher ist als der Dreimonatspreis *(three-months price),* auch mit *backwardation.* Das Gegenteil, das Normale, ist *contango.* Bei Metallen kam es in der Vergangenheit nicht selten vor, daß die Terminpreise *(futures prices)* statt eines Aufschlags auf den Kassapreis *(a premium/contango on spot)* einen Abschlag erfuhren *(developed a discount/backwardation).* Im Wertpapierhandel haben die beiden Worte einen etwas anderen Sinn (vgl. im Kapitel „Effektenbörse", S. 295).

Preisstützung – Grenzböden – Rohstoffabkommen

Price support – marginal land – commodity agreements

Nahezu überall auf der Welt nehmen die Staaten in irgendeiner Weise Einfluß auf die Rohstoffmärkte *(interfere with commodity markets)*. Die EG *(EC)* hat dafür ein ausgeklügeltes System (Näheres im Kapitel „Außenhandel und Zahlungsbilanz“, S. 30ff.).

In den Vereinigten Staaten hatte die Regierung immer wieder versucht, das Einkommen der Farmer durch Mindestpreise für ihre Erzeugnisse zu erhöhen. Angesichts der garantierten Mindestpreise *(guaranteed minimum prices)* hatten die Farmer aber um so mehr produziert, und so entstanden immer wieder riesige Überschüsse. Da der Staat die Überschußerzeugnisse *(surplus commodities)* aufkaufte *(bought)* oder zumindest belieh, sah der Bauer keinen Grund, die Erzeugung zu beschränken *(restrict production)*. Die Überschüsse wurden zu einem großen Teil zu Hilfsprogrammen für bedürftige Länder *(foreign relief programs)* verwendet. Dennoch waren sie zeitweilig so groß, daß zum Beispiel die Getreidespeicher *(granaries,* AE *elevators)* überquollen. Die Regierung ging daher alsbald dazu über, die Preisstützung *(price support)* von Absatz- oder Marktquoten *(marketing quotas)* und Anbaubeschränkungen *(restrictions on land in cultivation, restrictions on land in use)* abhängig zu machen. Ein weiteres Mittel sind Exportsubventionen *(export subsidies)*.

In den sechziger Jahren ist die amerikanische Regierung von der Preisstützung in gewissem Umfange ab- und zu mehr oder weniger direkten Einkommensübertragungen *(direct income transfers)* übergegangen. Diese haben den großen Vorteil, daß sie die Marktpreise nicht beeinflussen *(affect market prices)*. Dazu gibt es vielerlei Möglichkeiten. Eine davon sind Boden-Stillegungsprogramme *(land retirement programs):* Die Bauern erhalten einen Einkommenszuschuß, wenn sie Grenzböden *(marginal land)* aus der intensiven Bewirtschaftung *(intensive crop production)* nehmen.

Etwa seit Beginn dieses Jahrhunderts versuchten die Regierungen in aller Welt auch immer wieder, durch internationale Rohstoffabkommen *(commodity agreements)* die Rohstoffpreise zu halten *(maintain commodity prices)*, jedoch meist mit bemerkenswert geringem Erfolg. Der Sinn solcher Bemühungen ist, die starken Preisschwankungen zu mildern, den Erzeugerländern *(producer countries)* gleichmäßig hohe Deviseneinnahmen *(foreign currency/exchange receipts)* zu sichern und auf lange Sicht ein statistisches Gleichgewicht *(statistical equilibrium)* von Produktion und Verbrauch herzustellen.

So versucht das Internationale Kaffeeabkommen *(International Coffee Agreement)*, dem Erzeuger- und Verbraucherländer *(consumer countries)* angehören, die Kaffeeversorgung *(coffee supplies)* mit Exportquoten *(export quotas)* zu regulieren *(regulate)*. Jedes Land erhält zunächst eine Grundquote *(basic quota)*, die seinen Marktanteil bestimmt *(determines its market share)*. Sodann werden Jahresquoten festgelegt *(annual quotas are fixed)* auf der Grundlage der geschätzten Weltnachfrage *(on the basis of estimated world demand)*, des geschätzten Weltbedarfs *(world demand)*. Mit einem System von Richtpreisen *(indicator prices)* legt der Vorstand *(council)* der Internationalen Kaffee-Organisation *(International Coffee Organization – ICO)* Preisrahmen *(price ranges)* und Preisabweichungen *(price differentials)* für die Haupt-Kaffeesorten fest. Je nach dem Richtpreis *(in response to the indicator price)* verfügt der Vorstand anteilige Quotenangleichungen *(pro rata adjustments of quotas)*. Ursprungs- *(certificates of origin)*, Re-Exportzeugnisse *(certificates of re-export)* und Exportmarken *(export stamps)* dienen zur Überwachung.

Andere Abkommen arbeiten mit einem Puffervorrat *(buffer stock)*. Der Verwalter des Puffervorrats *(buffer stock manager)* gibt bei einem bestimmten Höchstpreis *(prescribed maximum price/ceiling)* Vorrat in den Markt *(sells stock on the market)*, den er von den Erzeugerländern als deren Überschuß über die Quoten *(surplus to quotas)* gekauft hat.

Mit Rohstoffabkommen ist ebenso wie mit Interventionen einer einzelnen Regierung auf einem Markte stets die Gefahr verbunden, daß auf lange Frist *(in the long run)* das Gegenteil erreicht wird, von dem was man wollte: Der Marktausgleich *(restoration of market equilibrium)* verzögert sich, weil die Marktkräfte *(market forces)* nicht voll wirken können.

"*Seller beware: More customers sue over faulty products.*"[1]

Versicherung*

Lloyd's – ein wettbewerbsfreudiger Markt

Lloyd's – a highly competitive market

Die Ware des Versicherungsgewerbes ist Schutz *(the commodity of the insurance industry is protection)*. Schutz ist in der modernen Wirtschaft mit ihrer vielfältigen Arbeitsteilung *(manifold division of labo[u]r)* und ihren unzähligen Risiken stark gefragt *(much in demand)*. Daher gehört das Versicherungsgewerbe zu den großen und bedeutenden Wirtschaftszweigen *(industries)*. Aus großen, kleinen und kleinsten Einzelbeträgen, von Privat- und Kaufleuten, werden Milliardensummen für Notfälle und Katastrophen zusammengetragen *(collected)*. Das meiste davon wird der Wirtschaft als kurz- oder langfristiges Kapital zur Verfügung gestellt *(made available to the economy)*.

In den Vereinigten Staaten wie in England hat Versicherung eine langzurückreichende Tradition. Das Prämienaufkommen *(premium income)* in den Vereinigten Staaten in allen Versicherungszweigen *(classes/branches[2] of insurance)* zusammen ist

[1] Zitat aus „*The Wall Street Journal*", Dow Jones & Company, Inc.

* *Insurance, assurance*

[2] Versicherungssparte, -zweig ist *class*. Innerhalb der Lebensversicherung werden die Untersparten, zum Beispiel das kurz- und langfristige Geschäft, *branches* genannt.

etwa vierzig Prozent dessen in der ganzen Welt. Das britische Versicherungsgewerbe kann geltend machen, daß es mehr internationales Geschäft versichert *(underwrites more international business)* als die Versicherer irgendeines anderen Landes. Ungefähr das halbe Prämienaufkommen der Mitgliedsunternehmen *(member companies)* des Britischen Versicherungsverbands *(British Insurance Association)* stammt aus Geschäften im Ausland *(business transacted overseas)*.

Die Anfänge der Versicherungswirtschaft *(insurance industry)* liegen offenbar in Italien und kamen von daher auch nach England. Als der Handel in Europa und mit Übersee zu Beginn der Neuzeit immer lebhafter und daher das Versicherungsbedürfnis *(need for insurance)* immer dringender wurde, pflegten sich die Interessenten an bestimmten Plätzen in der Londoner City zusammenzufinden. Der berühmteste dieser Plätze ist heute im geschichtlichen Rückblick das Kaffeehaus von *Edward Lloyd.* Dank seiner Lage nahe der Themse waren unter der Kundschaft *(patronage)*[1] von *Edward Lloyd* Kapitäne, Reeder *(shipowners)* und Kaufleute, die bereit waren, Versicherung auf Schiff und Ladung anzunehmen *(accept insurance of ship and cargo)* und darüber einen Versicherungsvertrag auszustellen *(make out an insurance contract).* Einer der Kaufleute entwarf eine Art Versicherungsschein *(insurance policy),* auf den er und weitere, einer unter dem anderen, ihren Namen und den Anteil *(share, proportion)* schrieben, den sie im Falle eines Verlusts tragen wollten. So erklärt man sich heute die Entstehung des englischen Wortes für Versicherer: *underwriter.*

Aus jener losen Verbindung Londoner Kaufleute wurde im Laufe von drei Jahrhunderten die Versicherungsbörse von *Lloyd's*[2]. Sie ist heute ein hochleistungsfähiger, wettbewerbsfreudiger Markt *(a competitive market of high performance)*. Ihr gehörten 1986 rund 30 000 Einzelversicherer an, und sie hatte ein Jahres-Prämienaufkommen *(annual premium income)* von nahe an acht Milliarden Pfund, etwa 27 Milliarden D-Mark. Mehr als die Hälfte davon stammt heute aus anderen Zweigen als der Seetransportversicherung.

Vertragspartner *(party to the contract)* für Versicherungsabschlüsse ist aber nicht die *Corporation of Lloyd's,* sondern der einzelne *underwriter.* Er steht im Geschäft mit unbeschränkter und persönlicher Haftung *(transacts business with unlimited and personal liability).* Sein Kapital für das Versicherungsgeschäft, das *underwriting deposit,* muß er in einen Prämienfonds einzahlen, der auf Grund eines vom Handelsministeriums gebilligten Treuhandvertrags *(deed of trust)* verwaltet wird und aus dem nur Schadenansprüche *(claims),* Kosten und festgestellte Gewinne *(ascertained profits)* ausgezahlt werden dürfen. In den Fonds gehen die laufenden Prämien, und mit diesen Mitteln werden Schadenreserven *(underwriting reserves)* aufgebaut. Im Laufe seines Geschäfts muß er schließlich eine Abgabe auf seine Prämieneinnahmen in einen zentralen Fonds zahlen, der für den Fall der Zahlungsunfähigkeit *(insolvency)* eines Mitglieds eingerichtet ist.

Ende des letzten Jahrhunderts kam bei Lloyd's das Konsortialsystem *(syndicate system)* auf. Heute gibt es 350 bis 400 Konsortien *(syndicates)*. Die Geschäfte jedes Konsortiums werden von einem tätigen Versicherer *(underwriting agent)* geführt. Das Geschäft, Versicherungsabschluß, spielt sich ab auf vier Stockwerken eines super-

[1] Der Kunde in der Gastwirtschaft ist in England häufig noch *patron*, außerdem aber auch *customer*, zum Beispiel Stammgast, -kunde = *regular customer*.

[2] Darstellung unter anderem nach Prospekten von *Lloyd's*.

modernen, einer Raffinerie ähnlichen Baus in der City. Jedes Konsortium hat dort einen Stand *(box)*, an dem die Versicherungsmakler *(insurance brokers)* vorsprechen und im Auftrage des Kunden *(on behalf of the client)* nach den günstigsten erhältlichen Bedingungen *(the most favo[u]rable terms available)* fragen. Der Makler schreibt dazu einen Zettel *(slip)* aus mit den Einzelheiten des gewünschten Versicherungsschutzes in Kurzformeln. Sowie der Versicherer seinen Namen unter den *slip* gesetzt hat, beginnt der Versicherungsschutz, obwohl die Police erst noch vom Makler in dessen Büro aufgesetzt *(drawn up, prepared)* und im Policenbüro *(policy signing office)* geprüft *(checked)* und mit dem Siegel *(seal)* versehen werden muß. Ist das Risiko für einen Versicherer zu groß, so unterschreibt er nur einen Teil davon. Den restlichen Deckungsschutz holt sich der Makler bei anderen Versicherern und anderen Konsortien.

Heute werden Versicherungsdienste *(insurance service)* in folgenden Organisationsformen *(forms of organization)* angeboten: Von *Lloyd's* Versicherungsmarkt, von Kapitalgesellschaften *(joint-stock companies)*[1], von Versicherungsvereinen auf Gegenseitigkeit *(mutual insurance societies, mutual offices)*, von den Vorsorgevereinen *(provident societies)* und von den *protection and indemnity clubs*. Bei Versicherungsvereinen auf Gegenseitigkeit – abgekürzt VVaG – ist der Versicherte zugleich Vereinsmitglied, und seine Versicherungsprämie ist ein Beitrag. Nach diesem Prinzip arbeiten in England Hunderte von *Friendly Societies;* das sind Vereinigungen, die vermutlich aus ursprünglich religiösen oder zunftartigen Zusammenschlüssen hervorgegangen sind. Sie bieten ihren Mitgliedern Vorsorge vor allem für Krankheit, Tod und hohes Alter. Sie arbeiten meist als *collecting societies,* das heißt, Hausvertreter *(home-service insurance men)* sammeln die Beiträge zur Kleinlebensversicherung *(industrial life assurance/*AE *insurance)* an der Haustür ein. Auch große Versicherungs-Aktiengesellschaften betreiben *(transact)* oft die Kleinlebensversicherung in dieser Form. Deren unterste Stufe ist die Sterbegeldversicherung *(funeral expense assurance)*. Die englische und amerikanische Bezeichnung für Kleinlebensversicherung erklärt sich damit, daß die Versicherten meist unselbständig Tätige, großenteils Arbeiter sind. Schließlich betätigen sich in der Art von Vorsorgevereinen in größerem oder kleinerem Umfange auch Einkaufs- und Verbrauchergenossenschaften *(wholesale co-operative societies, consumer co-operative societies)*, wobei häufig die Genossenschaftsdividende *(co-operative society dividend)* als Versicherungsprämie stehen bleibt, sodann Gewerkschaften *(trade unions,* AE auch *labor unions)*, bei denen sich die Versicherung an die Mitgliedschaft knüpft.

Das englische und amerikanische Wort für Versicherung ist in der Hauptsache *insurance*. In England heißt Lebensversicherung jedoch meist *life assurance*. Die Amerikaner verwenden stets nur *insurance,* auch für Lebensversicherung. In England sind die Vorschriften *(regulations)* über die Spartentrennung *(specialization)* weniger strikt *(stringent)* als in der Bundesrepublik: Eine Gesellschaft darf zugleich das Sach- und das Lebensversicherungsgeschäft betreiben. Etliche englische Gesellschaften sind Versicherer für alle oder nahezu alle Sparten, Universalversicherer *(composite insurance companies, composite offices)*. Allerdings ist ihnen sorgfältige Trennung der Spartenvermögen *(separation of funds)* vor-

[1] Im Versicherungsgewerbe *proprietary offices* genannt.

geschrieben. Im „Gesetz über Versicherungsgesellschaften" von 1909 *(Assurance Companies Act,* 1909) heißt es: „Das Vermögen einer bestimmten Sparte *(fund of any particular class)* muß uneingeschränkt den Versicherten dieser Sparte *(policyholders of that class)* zur Verfügung stehen, als wenn es einer Gesellschaft gehörte, die kein anderes Geschäft betriebe." Was die Gestaltung der Prämientarife *(shaping of the sets of rates, ... of the scales of premiums)* angeht, hat die englische Aufsichtsbehörde *(supervisory authority)*, das *Department of Industry and Trade*, den Unternehmen meist mehr Freiheit gelassen, als in Deutschland üblich.

In den meisten Industrieländern haben die Regierungen im Laufe der Jahre die Versicherungsaufsicht *(insurance control)* verschärft, nicht nur die Bestimmungen über die Verträge und Tarife *(premium scales)*, sondern auch die über technische Reserven *(underwriting reserves)*, Liquiditätsmargen *(solvency margins)* und Kapitalanlagen *(capital investments)*. In England hatten zum Beispiel einige Versicherungsinsolvenzen Mitte der siebziger Jahre Unruhe hervorgerufen, besonders unter den Versicherungsmaklern. Diese, die Mittler *(intermediaries)* zwischen Versicherern und Kunden, fühlen sich mit Recht betroffen, wenn ein betreuter Kunde seinen Versicherungsschutz dadurch verliert, daß die Gesellschaft pleite geht *(goes bust)*.

Das Risiko verteilen, begrenzen, decken

Spreading, limiting, covering the risk

Das Versicherungsgeschäft *(insurance business)* ist keine Massenproduktion *(mass/quantity production)*. Kein Fall gleicht dem anderen, jeder hat mehr oder weniger seine besonderen Merkmale. Man kann Versicherungspolicen vereinheitlichen *(standardize insurance policies)*, aber man kann nicht das Risiko vereinheitlichen. Ein Personenwagen einer bekannten Marke mag in allen seinen Eigenschaften bekannt sein, aber schon nach einiger Zeit des Gebrauchs kann er Mängel und Tücken entwickeln. Zum objektiven Risiko *(physical hazard)* gesellt sich das subjektive Risiko *(moral hazard)*. Jenes ergibt sich aus dem Versicherungsgegenstand *(subject-matter of insurance)*, seinem Standort, dem Verwendungszweck und ähnlichem. Das subjektive Risiko liegt in menschlichen Fehlern und Schwächen: Der Kraftfahrer *(motorist)* fährt leichtsinnig, vernachlässigt die Wartung, der Unternehmer kümmert sich zu wenig um die Feuerverhütung *(fire prevention)*, der Reeder vertraut sein Schiff einem unzuverlässigen Kapitän an. – Das Wort Risiko wird im Englischen wie im Deutschen vom Versicherungsgewerbe in dreifacher Weise gebraucht. Es bezeichnet die versicherte oder zur Versicherung anstehende Person oder Sache – *he is a bad risk* –, die Gefahr, gegen die sich die Versicherung richtet *(the peril insured against)*, und die Schadenwahrscheinlichkeit *(probability/chance of loss)*.

Um ihrer Aufgabe gerecht werden zu können, muß die Versicherungswirtschaft das Risiko, das sie übernimmt, für sich selbst begrenzen *(limit the risk)*. Sie tut das mit Hilfe des Gesetzes *(law)*, Allgemeiner Versicherungsbedingungen *(General Policy Conditions)*[1], mit Einheitspolicen *(standard policies)* und beson-

[1] So nach „Versicherungswörterbuch", Deutsch/Englisch/Französisch, herausgegeben von Prof. Dr. H. L. Müller-Lutz, Verlag Versicherungswirtschaft e. V. Karlsruhe, 1970.

deren Klauseln *(clauses)* für den jeweiligen Fall. Mit diesen Mitteln macht sie das Risiko übersichtlich, grenzt es ab und dämmt es ein. Es beginnt damit, daß sie feststellt, ob überhaupt ein Versicherungsinteresse, richtiger: ein versicherbares Interesse *(insurable interest)* besteht. Der Versicherungsnehmer *(buyer of an insurance policy, policyholder; insured* = Versicherter[1]) muß ein unmittelbares Interesse an der Person oder Sache haben, für die er Versicherungsschutz wünscht. Dank dieser Begrenzung kann der Versicherer *(underwriter, underwriting company/office, seller of the insurance policy)* übersehen, in welchem Verhältnis der Versicherungsnehmer zu jener Person oder Sache steht, und hat einen ersten Anhalt für die möglichen Gefahren.

Gewisse Dinge sind nicht versicherbar *(uninsurable),* weil es für sie keine Erfahrungen aus der Vergangenheit gibt, oder weil es gegen die guten Sitten verstieße. Ein Kaufmann kann sich nicht gegen einen Rückgang des Geschäfts *(decline of business),* ein Dieb sich nicht dagegen versichern lassen, daß die Polizei ihn fängt. Schließlich sind solche Risiken unversicherbar, bei denen die Wahrscheinlichkeit eines Schadens zu groß ist, zum Beispiel das Leben eines Menschen, der bereits schwer krank ist. Gegen Fälle höherer Gewalt *(force majeure)* gibt es Versicherungsmöglichkeiten, und zwar sowohl gegen höhere Gewalt durch Naturereignisse *(Acts of God),* wie auch gegen solche, die von Menschen ausgehen, wie Streiks oder staatliche Eingriffe.

Sodann legt das Gesetz beiden Seiten, vor allem aber dem Versicherungsnehmer, eine weitreichende Auskunfts- und Anzeigepflicht *(duty of disclosure)* auf: Der Versicherungsnehmer muß, ehe der Vertrag abgeschlossen ist *(before the contract is concluded),* dem Versicherer jeden wesentlichen Umstand mitteilen *(disclose to the insurer every material circumstance).* Andernfalls kann der Versicherer den Vertrag für nichtig erklären *(the insurer may avoid the contract)* und Schadenansprüche bestreiten *(dispute claims).* Wesentlicher Umstand ist alles, was den Versicherer in seiner Entscheidung über Annahme *(acceptance)* oder Ablehnung *(declinature)* des Versicherungsantrags *(proposal, application)* beeinflussen kann. Im Falle eines Antragstellers *(proposer, applicant),* der eine Lebensversicherung abschließen will *(take out/effect a life assurance policy),* wäre das zum Beispiel eine frühere ernsthafte Erkrankung. Ihr Verschweigen im Antragsformular *(proposal/application form)* wäre ein Verstoß gegen den im Gesetz festgelegten Rechtsgrundsatz *(legal principle)* des „höchsten guten Glaubens" *(utmost good faith)*[2]. Aufhebung des Vertrags *(cancellation of contract)*, eventuell mit Rückgabe der Prämien *(return of premiums)* oder eines Teils davon, kann daraus folgen.

Der Versicherungsanspruch *([insurance] claim)* selbst wird in mehrfacher Weise begrenzt. Zum einen durch die genaue Bestimmung der möglichen Ursachen und Schäden. Gebäudeversicherungen *(building insurance policies)* zum Beispiel oder Seeversicherungen *(marine insurance policies)* pflegen einen langen Katalog von Gefahren für das Gebäude *(perils to the building)* beziehungsweise Gefahren der

[1] *Insured* ist für „Versicherungsnehmer" nur verwendbar, wenn dieser und der Versicherte identisch sind. Das ist durchaus nicht immer der Fall.
[2] Die meisten Versicherungsbegriffe dieses Absatzes stammen aus dem englischen *Marine Insurance Act* von 1906.

See *(perils of the sea)* aufzuzählen, die in der Versicherung eingeschlossen sind – einige davon höchst unwahrscheinlich –, und andererseits die Risikoausschlüsse *(policy exclusions/exceptions)* gesondert zu erwähnen. Im Schadenfalle *(event/ occurrence of a damage/loss)* wird sodann untersucht, welches die unmittelbare Ursache *(proximate cause)* war und ob der Geschädigte *(the one who suffered the damage or loss)* dagegen versichert war. Diese Untersuchung des Kausalzusammenhangs *(causal connection)* kann eine schier unlösbare Aufgabe sein, wenn man etwa an Massen-Auffahrunfälle *(pile-ups)* denkt. Andererseits besteht ein deutlicher Kausalzusammenhang zwischen dem Brand eines Hauses und den Folgeschäden *(consequential damage/loss)*, die dadurch entstehen, daß Wind und Wetter später ungehindert auf das fenster- und dachlose Haus einwirken können. In der Feuerversicherung *(fire insurance)* sind solche Schäden neben dem unmittelbaren, direkten Schaden *(direct damage)* mit gedeckt. Für Geschäftsgewinne oder größere Beträge an Mieten, die durch den Brand entgehen, braucht es jedoch eine Betriebsunterbrechungs-Versicherung *(loss of profit/use insurance)* beziehungsweise eine Mietverlust-Versicherung *(use and occupancy insurance)*. In einer Folgeschäden-Versicherung *(consequential loss policy)* für ein Unternehmen wird die Ertragskraft *(earning capacity/power)* nach einem Brand sichergestellt. Es wird für Entschädigung gesorgt gegen Verluste aus Geschäftsunterbrechung *(indemnity is provided against loss caused by the interruption of business)*, im einzelnen gegen Gewinnausfall *(loss of profit)*, für Zahlung weiterlaufender Ausgaben *(standing charges)* und für erhöhte Betriebsausgaben *(increase of working expenses)*.

Schließlich wird das Risiko begrenzt durch die Versicherungssumme *(sum insured/assured)* und durch die rechnerische Schadenregulierung *(claims settlement)*. Viele Versicherungsnehmer geben sich der Vorstellung hin, mit einigem Glück könnten sie aus einem Versicherungsvertrag ein „gutes Geschäft" machen *(make a bargain)*. Nicht durch Versicherungsbetrug *(insurance fraud)*, etwa durch Einreichen unechter Ersatzansprüche *(by lodging/putting in fictitious claim)*, sondern auf völlig ehrliche Weise, indem sie von der Versicherung mehr herausbekommen, als der Schaden wirklich ausmachte. In kleinen Dingen ist das leicht möglich, bei großen Summen jedoch ein seltener Fall. Er kann sich ereignen in der Krankenversicherung *(health/sickness insurance)*. Aber auf dem ganzen weiten Gebiet der Sach- *(property insurance)* und der Haftpflichtversicherung *(liability insurance)* ist die Chance dafür gering. Die Versicherung hat nur den Sinn, den Versicherten sicherzustellen, ihn schadenfrei zu stellen *(indemnify the insured)*. Dazu garantiert *(warrants, guarantees)* sie ihm Ersatz *(replacement)* für den verlorenen oder zerstörten Gegenstand auf der Grundlage des Zeitwerts *(current/present value)*. Der Versicherte erhält also in der Regel nicht den ursprünglichen Wert *(original value)* erstattet. Der Wertverlust des Gegenstands bis zum Schadenereignis *(occurence of the damage or loss)* muß bei der Entschädigung berücksichtigt werden *(depreciation must be allowed for)*, sonst hätte der Versicherungsnehmer nachher einen neuen Gegenstand anstelle des eingebüßten alten. Ohne die Entschädigungsregel würden Schadenversicherungen *(contracts of indemnity insurance)* wesentlich teuerer sein, als sie jetzt sind. Es nutzt dem Versicherten auch nichts, wenn er eine zweite Versicherung eingeht *(effects a second policy)* mit der Idee, von jedem Versicherer vollen Schadenausgleich *(full compensation/indemnification)* verlangen zu können. Er wird auch in diesem Falle der Doppelversicherung *(double insurance)* nur den Ersatzwert *(replacement value)* erhalten: Entweder zahlt jeder Versicherer von vornherein nur seinen Anteil, oder einer zahlt voll und erhält im Wege des internen Schadensausgleichs *(contribution)* einen Teil von dem anderen zurück. Im Falle der Überversicherung *(overinsurance)* bei nur einem Versicherer können beide Seiten verlangen, daß die Versicherungssumme herabgesetzt *(reduced)* wird.

Wie sich mit Überversicherung kein Geschäft machen läßt, so auch nicht mit Unterversicherung *(underinsurance)*. Es kommt die Proportionalregel *(condition of average, average clause)*[1] zur Anwendung: Nicht die volle Versicherungssumme wird ausgezahlt, sondern der vom Versicherungsträger *(insurance carrier)* zu zahlende Betrag der Entschädigung wird im Verhältnis der Unterversicherung gekürzt *(the indemnity payable by the insurer is reduced in proportion to the underinsurance):* Der eingetretene Schaden wird multipliziert mit dem Verhältnis der Versicherungssumme zum Ersatzwert des Versicherungsobjekts.

Wenn die Versicherung dem Versicherten den Schaden ersetzt *(compensates the insured for the damage)*, kann dieser nicht außerdem noch den Schädiger in Anspruch nehmen. Sowie der Versicherer leistet *(the insurer pays the claim)*, gehen die Rechte und Rechtsmittel des Versicherten auf ihn über *(the insurer is subrogated to the rights and remedies of the insured):* Übergang des Ersatzanspruchs, auch Surrogation *(subrogation)* genannt. Der Versicherer mag auf Grund besserer Sach- und Rechtskenntnis *(legal expertise)* noch Möglichkeiten sehen, den Schaden wieder hereinzuholen *(recover the damage)*.

Diese Regeln insgesamt werden verstanden als das „Prinzip der Entschädigung" *(principle of indemnity)*, auch als „Bereicherungsverbot" bezeichnet. Es gilt jedoch strikt nur in der Schadensversicherung *(indemnity insurance)*[2], nicht in der Lebensversicherung und nicht in anderen Fällen der Summenversicherung *(assurance/insurance of fixed sums)*[3]. Wenn in der Unfallversicherung *(accident insurance)* der Versicherer zusagt, bei Verlust von Gliedmaßen bestimmte Summen auszuzahlen, so ist das keine Entschädigung in dem Sinne, daß für den Versicherten der Zustand annähernd wie vor dem Unfall wiederhergestellt wäre.

Um eine Überbezahlung *(overpayment)* zu vermeiden, bedingen sich die Versicherer in vielen Fällen ein Wahlrecht für die Entschädigungsform *(settlement option)* aus. Statt eine Summe Geldes zu zahlen, können sie dann den Gegenstand auch selbst reparieren lassen oder den früheren Zustand in anderer Weise wiederherstellen.

Eine echte Ausnahme vom Entschädigungsprinzip ist jedoch die Neuwertversicherung *(reinstatement policy)*. Sie ist zulässig und wird abgeschlossen im wesentlichen für Gebäude und industrielle Anlagen. Dabei wird vereinbart, daß der Versicherer den vollen Neuwert *(reinstatement value)* zu leisten hat. Im allgemeinen ist dazu notwendig, daß der Versicherungsgegenstand noch einen gewissen Wert hatte, etwa die Hälfte oder 40 Prozent des Neuwerts. Ferner wird

[1] Nicht zu verwechseln mit den besonderen *average*-Begriffen in der Seeversicherung.

[2] Einer aus mehreren Übersetzungsvorschlägen bei Heinze, „Fachwörterbuch des Versicherungswesens", Brandstetter Verlag, Wiesbaden, 1961.

[3] Übersetzungsvorschlag bei Heinze.

gefordert, daß der Versicherte den Gegenstand tatsächlich wiederherstellt oder anschafft.

Personen-, Sach-, Rückversicherung

Insurance of persons, property, reinsurance

In der Privatversicherung *(private insurance)* lassen sich drei große Geschäftszweige *(classes)* unterscheiden: Die Personenversicherung *(insurance of persons, personal insurance)*, die Sachversicherung *(property insurance)* und die Rückversicherung *(reinsurance)*. Unter die Personenversicherung fallen die Lebens-, Unfall-, Invaliditäts- und Krankenversicherung *(life, accident, disablement and health insurance)*. Zur Sachversicherung gehören die vielen Untersparten *(classes)*, in denen Eigentum *(property)* geschützt wird. Auch die Haftpflicht- *(third-party liability insurance)* und die Kreditversicherung *(credit insurance)* gehören dazu. Die Rückversicherung dient zum Schutze des Versicherers *(insurer, assurer, underwriter)* gegen zu hohe Risiken aus den von ihm übernommenen Versicherungsrisiken *(underwriting risks)*.

Der Versicherungsvertrag kommt zustande, indem der Versicherungsnehmer die Versicherung beantragt *(applies for/proposes an insurance)* und der Versicherer den Antrag annimmt *(accepts)*. In aller Regel wird dafür ein Antragsformular *(proposal/application form)* benutzt. Die Verpflichtung *(commitment, liability)* des Versicherers beginnt entweder, wenn die Prämie gezahlt ist, oder als vorläufiger Versicherungsschutz *(provisional cover)* mit der Deckungszusage *(cover note,* AE *binder)*. Sie wird erteilt für die Zeit, bis die Police ausgefertigt *(completed)* ist. Mit der Zusage hat der Versicherer also bereits Deckung gewährt *(granted cover)*; er ist „im Obligo" *(on risk)*. Außer der Police wird in der Kraftfahr-Haftpflichtversicherung *(motor third-party insurance)* noch ein kleines handliches Versicherungszertifikat *(certificate of insurance)* ausgestellt als Nachweis *(evidence)*, daß eine Versicherung besteht. Nach der Art der Prämienzahlung sind zu unterscheiden Versicherungen gegen Einmalprämie *(single premium)* und Versicherung gegen laufende Prämie *(premium paid periodically)*. Im letzteren Falle ist die Erstprämie *(first premium)* bei Vertragsabschluß zu zahlen und danach regelmäßig die Folgeprämie *(renewal premium)* in den Abständen, in denen die Erneuerung, die Verlängerung fällig wird *(renewal falls due)*, zum Beispiel alljährlich eine Jahresprämie *(annual premium)*. Zahlt der Versicherungsnehmer nicht sogleich am Erneuerungsdatum *(renewal date)*, wenn also die Versicherung erlischt *(the insurance expires)*, so bleibt sein Vertrag dennoch zunächst in Kraft *(in force)*, denn der Versicherer räumt ihm eine Respektfrist, Zahlungsfrist *(days of grace)* ein. Schon vor dem Ablauftermin *(date of expiry)* hat er dem Versicherungsnehmer eine Mahnung *(renewal notice)* gesandt, daß die neue Prämie fällig *(due)* ist. Wenn der Versicherungsnehmer innerhalb der gesetzten Frist nicht zahlt, verfällt *(lapses)* die Versicherung, wozu der Versicherer eine Verfallmitteilung *(lapse/forfeiture notice)* sendet. In der Lebensversicherung jedoch wird der Vertrag in diesem Falle zu einer prämienfreien/ beitragsfreien Versicherung *(free/paid-up policy)*; Voraussetzung ist, daß er schon eine gewisse Mindestzeit bestanden hat.

Die Engländer unterteilen das Versicherungsgeschäft nach den Hauptsparten *(classes)* Lebensversicherung, Transportversicherung *(marine insurance)*, Feuerversicherung und Unfallversicherung *(accident insurance)*. Die Feuer-, Unfall-, Kraftfahrversicherung *(motor insurance)*, allgemeine Haftpflichtversicherung *(personal liability insurance)* und andere Zweige werden gelegentlich als „Allgemeine Versicherung außerhalb der Transportversicherung" *(non-marine general insurance)* zusammengefaßt. *General insurance* ist in England alles kurzfristige *(short-term)* Geschäft, eingeschlossen auch kurzfristige Krankenversicherung. Sie umfaßt somit im wesentlichen alles, was nicht Lebensversicherung ist.

Da *transport* in England, dem Inselland, ursprünglich in der Hauptsache gleichbedeutend war mit Seetransport, ist *marine insurance* das Wort für „Transportversicherung" im weiteren Sinne, auch für Landtransport. Im engeren Sinne ist Seetransportversicherung gemeint. Will der Brite von Flußtransportversicherung sprechen, so gebraucht er *inland marine insurance*. Aber das Wort wird selten benötigt, denn im allgemeinen wird das Geschäft mit von den Seetransportversicherern und den Transportversicherungsabteilungen der Universalversicherer *(marine departments of composite offices)* betrieben. Schließlich wird im britischen Englisch auch noch das Wort *transit insurance* oder *goods-in-transit insurance* gebraucht: es bezeichnet nur die Versicherung der Transportgüter, also den Kargoteil der Transportversicherung, sei es im See-, Luft- oder Landtransport *(in course of sea, air or land transport)*. Ein Wort *transport insurance* gibt es, es ist aber in der englischen Fachsprache kaum gebräuchlich. Luftfahrtversicherung *(aviation insurance)* ist eine Untersparte für sich, wird aber meist in enger Verbindung mit *marine insurance* betrieben.

Für die Amerikaner als Bewohner einer großen Landmasse ist die Gleichsetzung von Transport und Seetransport nicht so selbstverständlich. Wenn sie Seetransportversicherung meinen und das besonders zum Ausdruck bringen wollen, sagen sie *ocean marine insurance*. Die sonstige Transportversicherung, also auch im Falle des reinen Überlandtransports, ist im Amerikanischen *inland marine insurance*.

Die Seetransportversicherung *(marine insurance* im engeren Sinne, AE *ocean marine insurance)* kennt folgende Untersparten: die Seekaskoversicherung *([marine] hull insurance)*, das ist die Versicherung des Schiffes selbst, seiner Maschine und Ausrüstung *(equipment)*; die Güterversicherung, auch Waren- oder Kargoversicherung *(cargo insurance)* genannt; die Frachtversicherung *(freight insurance)*, das ist die Versicherung gegen den Verlust des Frachtentgelts *(freight, carriage charge)*, für den Fall daß die Ladung *(cargo)* verloren geht und der Reeder die Fracht erst nach vollendeter Reise zu erhalten hat; die Seehaftpflichtversicherung *(marine liability insurance)*, das heißt Versicherung gegen Haftung gegenüber Dritten *(third-party liability)* für Schäden, die der Versicherte oder seine Beauftragten diesen Dritten zufügen; die Werftrisiko- oder Baurisikoversicherung *(builder's risk insurance)*, sie ist keine Untersparte der Transportversicherung, aber sie schützt gegen Gefahren während des Schiffsbaus *(ship construction)* und während der Probefahrten *(trial runs)*. Keine besondere Untersparte, aber eine besondere Police ist die Kleinfahrzeug- oder Sportbooteversicherung *(small craft insurance)*, die die Versicherer Besitzern von Segel- und Motorbooten anbieten.

Viele Wesensmerkmale der Seeversicherung sind später in andere Zweige der Transportversicherung übernommen worden. So unter anderem die verschiedenen Policenformen. Zunächst unterscheidet man die Einzel- oder Reisepolice *(voyage policy)* und die Zeitpolice *(time policy)*. Jene gewährt Deckung für eine bestimmte Reise, diese für eine bestimmte Frist. Es kann eine taxierte Police oder Taxpolice *(valued policy)* ausgestellt *(made out)* werden oder eine untaxierte *(unvalued policy)*. In der ersten ist der vereinbarte Wert des Versicherungsgegenstands festgelegt *(the agreed value of the subject-matter insured is specified)*, in der zweiten bleibt der Versicherungswert zunächst offen und wird erst später festgestellt *(the insurable value is subsequently ascertained)*. Für Unternehmen, die ständig Waren versenden *(ship)*, ist die Generalpolice oder laufende oder offene Police *(open cover)* eine besonders bequeme Versicherungsform: Für eine bestimmte Zeit wird Versicherungsschutz *(cover)* für alle Versendungen *(consignments, sendings, shipments)* gewährt, wobei nur die Art der Güter und die Umstände der Versendungen allgemein umschrieben werden. In regelmäßigen Abständen, etwa monatlich, meldet der Ablader/Befrachter *(shipper)* dem Versicherer die Transporte des vergangenen Monats, und danach wird die Prämie bezahlt. Ein Gesamtbetrag für den Versicherungsschutz *(aggregate limit of cover)* wird nicht festgelegt. Bei der Abschreibepolice *(floating/declaration policy, floater)* hingegen ist eine Gesamtversicherungssumme *(global sum insured)* ausgemacht, und die einzelnen Sendungen sind auf Grund der jeweiligen „Erklärung“ versichert *(insured on a declaration basis)*, das heißt, der einzelne Transport wird dem Versicherer gemeldet, und der benutzte Betrag wird von der Gesamtsumme abgeschrieben *(written off)*. Am Schluß der Versicherungsperiode *(period of insurance)* wird die im voraus gezahlte Prämie *(premium paid in advance)* berichtigt. Gelegentlich, wenn eine neue Art Risiko *(a new type of risk)* aufkommt, wird der Versicherer die Prämie durch einen angemessenen Prämienzuschlag berichtigen *(adjust the premium)*.

Eine gewisse Mindestsicherheit gegen sein Risiko hat der Versicherer auf Grund der Klassifikation *(classification)* des Schiffes durch eine der anerkannten Klassifizierungsgesellschaften *(classification societies)* wie *Lloyd's Register*, Germanischer Lloyd und andere.

Im übrigen bedingt sich der Versicherer je nach den Umständen Zusicherungen, Garantien *(warranties)* von dem Versicherungsnehmer *(insured, assured, policyholder)* aus. Verletzung einer Verpflichtung *(breach of warranty)* kann bedeuten, daß der Versicherer von seiner Haftung frei wird *(the insurer is discharged from liability)*. Die Zusicherung der Seetüchtigkeit des Schiffes *(warranty of seaworthiness of ship)* oder daß die Reise mit dem Gesetz vereinbar *(lawful)* ist, also die Zusicherung der Gesetzmäßigkeit der Reise *(warranty of legality)* sind zum Beispiel in Reisepolicen stillschweigend inbegriffene Zusicherungen *(implied warranties)*. Auch eine Änderung des Reiseziels *(change of voyage)* oder eine Abweichung von der Reiseroute *(deviation from the voyage)* kann den Versicherer entbinden. Der Versicherer haftet nicht *(the insurer is not liable)* für Verluste auf Grund vorsätzlichen Mißverhaltens des Versicherten *(loss attributable to the wilful misconduct of the assured)*. Aber soweit die Police nichts anderes festlegt *(unless the policy provides otherwise)*, haftet er für Mißverhalten oder Fahrlässigkeit *(negligence)* des Schiffsführers *(master)* und der Besatzung *(crew)*.

Ein auftretender Schaden kann ein Teilschaden *(partial loss)* oder ein Totalschaden oder Totalverlust *(total loss)* sein. Der englische *Marine Insurance Act* von 1906, das Seeversicherungsgesetz, unterscheidet zwischen wirklichem Totalverlust *(actual total loss)* und angenommenem Totalverlust *(constructive total loss – c.t.l.)*. Letzteres ist der Fall, wenn der tatsächliche Verlust unvermeidbar erscheint oder wenn der Aufwand *(expenditure)* zur Rettung der versicherten Sache *(subject-matter insured)*, zum Beispiel die Reparaturkosten *(cost of repair)*, ihren Wert übersteigen würde. Der Eigner kann in diesem Falle durch Aufgabe- oder Verzichtserklärung, Abandon *(notice of abandonment)* an den Versicherer seine Eigentümerrechte aufgeben und abtreten *(abandon and cede his proprietary rights)*.

Besondere und gemeinschaftliche Havarie

Particular average and general average

Das Wort *average* heißt nicht nur „Durchschnitt", sondern außerdem „Haverei" oder „Havarie", also Unfall oder Schaden an einem Schiff oder seiner Ladung, genauer: Teilverlust oder Teilschaden. In diesem Zusammenhang unterscheidet man „besondere Haverei/Havarie" und „gemeinschaftliche Haverei, Havarie-Grosse" *(general average)*. Daneben gibt es noch „kleine Haverei", eine kaum mehr gebräuchliche Bezeichnung für gewisse Nebenaufwendungen der Schiffahrt wie Schlepplohn *(towage)*, Hafengebühren *(port charges)*, Lotsengeld *(pilotage)*, Schleusengebühr *(lock charge)*. Sie fallen in der Regel dem Verfrachter *(carrier)* allein zur Last, da sie in der Fracht *(freight)* enthalten sind, die er dem Ablader *(shipper)* oder dem Befrachter *(shipper, charterer, freighter)*[1] berechnet.

Ein Schaden in besonderer Haverei *(particular average loss)* ist nach englischem Versicherungsrecht ein Teilschaden, verursacht von einer versicherten Gefahr *(caused by a peril insured against)*, der kein Schaden in gemeinschaftlicher Haverei ist. Das sind also Schäden, die zunächst dem Reeder oder Befrachter oder sonstigem Ladungseigentümer gesondert entstehen und nicht aufgeteilt werden. Zur besonderen Haverei gehören nicht die Aufwendungen zur Sicherung und zur Erhaltung des versicherten Gegenstands *(expenses for the safety and preservation of the subject-matter insured)*; die Bezeichnung für diese Aufwendungen ist *particular charges*. Bergungskosten *(salvage charges)* hat der Versicherer zu erstatten, wenn sie aufgewendet *(incurred)* werden zur Verhütung eines Schadens durch Gefahren, gegen die Versicherungsschutz besteht *(in preventing a loss by perils insured against)*.

Von einem Fall großer/gemeinschaftlicher Haverei *(general average act)* spricht man, wenn die Schiffsleitung freiwillig und vernünftigerweise im Interesse der gemeinsamen Sicherheit von Schiff und Ladung Aufwendungen unternimmt und Schäden hervorruft. Typische Fälle von Schäden aus gemeinschaftlicher Haverei *(general average loss)* sind zum Beispiel solche beim Stranden eines Schiffes: Es muß Schlepperhilfe in Anspruch genommen werden, oder es wird ein Überbordwerfen von Ladung, Seewurf *(jettison of cargo)* nötig, um das

[1] Gegenüberstellung der deutschen und englischen Bezeichnungen nach Hans Jürgen Abraham, „Das Seerecht", Verlag Walter De Gruyter & Co., Berlin 1956, S. 82.

Schiff wieder flott zu machen *(refloat the ship)*. Bei Feuer an Bord werden Laderäume *(holds)* und Ladung unter Wasser gesetzt, obwohl diese selbst nicht vom Feuer ergriffen ist. Die Grundsätze für die Verteilung solcher Kosten und Schäden aus „Aufopferung" *(sacrifice)* auf alle Beteiligten sind in den York-Antwerpener Bestimmungen *(York-Antwerp Rules)* festgelegt.

Die Aufgabe, die Ursache der Schäden und Kosten zu prüfen und ihre Höhe zu schätzen *(assess)* obliegt zunächst an Ort und Stelle im Auftrage des Versicherers einem Havariekommissar *(average agent)*, in der Regel ein technischer Sachverständiger *(surveyor)*. Schadenregulierer *(average adjusters)*, in der Seeversicherung „Dispacheure" genannt, machen dann die Schadenaufstellung *(loss adjustment)* auf, „Dispache" genannt. Im Falle einer gemeinschaftlichen Haverei ist die Dispache ein Verteilungsplan *(average adjustment)* für die Schäden und Kosten, ihre Aufteilung *(apportionment)* auf die Beteiligten.

Vor Auslieferung der Ladung wird der Reeder oder der Schiffsführer *(master)* von dem Ladungsempfänger *(consignee)* oft einen Havariebond, einen Havarie-Verpflichtungsschein *(average bond)* verlangen, in dem sich dieser Ladungsbeteiligte verpflichtet, seinen anteiligen Havarie-grosse-Beitrag *(rateable general average contribution)* zu leisten. Der Schiffsführer kann ein Pfandrecht an der Ladung *(lien on the cargo)* geltend machen, falls der andere nicht bereit ist, einen Havarie-grosse-Einschuß *(general average deposit)* zu leisten oder eine Bürgschaft seines Versicherers zu stellen *(produce an underwriter's guarantee)*. Gegen das Risiko des Reeders, ausgelegte Havariegelder *(average disbursements)* nicht zurückzuerhalten, etwa weil am Ende doch ein Totalverlust eingetreten ist, kann er eine Havariegelderversicherung *(average disbursements insurance)* eingehen. Eine andere Möglichkeit, Ausgaben vom Versicherer wiederzuerlangen *(recover)*, ist die Klausel über Rettungskosten *(sue and labo[u]r clause)* des Versicherten. Danach muß der Versicherer Kosten erstatten, die der Versicherte außerhalb der gemeinschaftlichen Haverei bei Gefahr für das Schiff aufgewendet hat, um den Verlust abzuwenden oder zu mindern *(avert or minimize the loss)*. Der Versicherte mag es zum Beispiel für nötig erachten, zur Verteidigung der versicherten Sache gewisse Arbeiten anzuordnen oder Klage bei Gericht zu erheben *(sue)*. Eine Verzichtklausel *(waiver clause)* besagt, daß keinerlei Handlung des Versicherten oder des Versicherers als ein Verzicht *(waiver)* auf oder als eine Annahme des Abandon, der Aufgabe des Eigentums, angesehen werden darf.

Kleinere Schäden muß der Versicherungsnehmer auf Grund der Franchiseklausel *(franchise clause)* oft selbst tragen. Die Franchise, der Freiteil *(franchise)*, kann eine Integralfranchise *(franchise)* sein, dann deckt der Versicherer den Schaden ganz, wenn dieser die Franchise, zum Beispiel drei Prozent, überschreitet. Die Franchise kann aber auch eine Abzugsfranchise *(excess/deductible [franchise])* sein, dann deckt der Versicherer nur den Teil des Schadens, der über drei Prozent hinausgeht. Eine Klausel „ohne Franchise" *(irrespective of percentage – i.o.p.)* besagt, daß Schäden ohne Abzug ersetzt werden.

Im Laufe der Zeit haben sich im Versicherungsgewerbe viele Standardklauseln *(standard clauses)* entwickelt, weil ein Bedürfnis nach einheitlichen Vertragsbedingungen aufkam. In der Seeversicherung haben vor allem die von dem Institut der Londoner Versicherer *(Institute of London Underwriters)* aufgestellten Klauseln große Bedeutung erlangt, zum Beispiel die *Institute Time Clauses, Institute Voyage Clauses, Institute Cargo Clauses.* In der deutschen Versicherung gibt es ein ganzes System von Allgemeinen Versicherungsbedingungen – AVB (etwa *General Policy Conditions)*[1] und in der Seeversicherung die Allgemeinen Deutschen Seeversicherungs-Bedingungen – ADS (etwa *German General Marine Insurance Clauses).* Die englischen und die deutschen Bedingungen sind in vielen Punkten ähnlich. Einige Beispiele wichtiger Institutsklauseln seien im folgenden noch aufgeführt. Die hier gegebenen kurzen Erläuterungen sind nur grobe Inhaltsangaben und decken sich nicht mit denen des Instituts.

Umfassender Schutz wird gewährt durch eine Police „gegen alle Gefahren" *(against all risks – a.a.r.);* etliche Schäden, vor allem innerer Verderb *(inherent vice),* sind dennoch ausdrücklich ausgenommen. In einer Police mit der Klausel *with particular average – w.[p.]a.* – sind auch „Teilschäden eingeschlossen", nicht nur Totalschaden. Andere Policen hingegen mit der Freizeichnungsklausel *free of particular average – f.p.a.,* etwa „frei von Schäden in besonderer Haverei", decken neben Totalschäden nur Teilschäden aus gemeinschaftlicher Haverei. Die Formel *warehouse to warehouse – whs[e],* „von Lager zu Lager" oder „von Haus zu Haus", garantiert durchgehende Versicherung. Die *Termination of Adventure Clause,* etwa „Klausel über vorzeitige Beendigung der Reise", legt fest, in welcher Weise die Versicherung auch in Kraft bleibt *(the insurance remains in force),* eventuell mit Zusatzprämie *(additional/extra premium),* wenn der Befrachtungsvertrag *(contract of affreightment)* in einem anderen Hafen als dem Bestimmungshafen *(port of destination)* oder die Reise *("adventure")* vor Ablieferung der Güter *(delivery of the goods)* beendet *(terminated)* wird. Die Formel *free of capture and seizure – f.c.&s.,* „frei von Beschlagnahme und Aufbringung", bedeutet, daß Versicherungsschutz gegen solche Gefahren ausgeschlossen ist. *Strikes, riots and civil commotion – s.r.&c.c.,* „Streik, Aufruhr und innere Unruhen", ist eine weitere Freizeichnungsklausel, die Schäden aus diesen Arbeitskämpfen und politischen Risiken *(industrial action and political risks)* ausschließt. Die Leichterklausel *(craft etc. clause)* schließt Deckung der Ware auf dem Transport *(transit)* vom und zum Schiff mit Leichter *(lighter)* oder anderen Fahrzeugen *(craft)* ein. Die Verwahrerklausel verpflichtet den Versicherten, sich alle Rechte gegenüber Verfrachtern und Verwahrern oder anderen Dritten vorzubehalten *(preserve all rights against carriers, bailees or other third parties).* Die Deckung für Schäden bei Zusammenstößen von Schiffen ist geregelt in der Kollisionsklausel *(collision clause, running-down clause),* einer Klausel der *Institute Time Clauses Hulls,* und in der Klausel über Kollisionen bei beiderseitigem Verschulden *(both-to-blame collision clause),* einer *Institute Cargo Clause.*

Nach der Auslagenklausel *(disbursement clause)* kann der Reeder zusätzlich zur Versicherung des Schiffes eine Versicherung von Unkosten, Provisionen, Gewinnen oder Wertsteigerungen des Schiffes *(increased value of hull and machinery)* abschließen. Diese ist jedoch auf zehn Prozent des insgesamt versicherten Wertes begrenzt. Außerdem kann der Verlust von Fracht, Charterfracht oder in

[1] So nach „Versicherungswörterbuch", Deutsch/Englisch/Französisch, herausgegeben von Prof. Dr. H. L. Müller-Lutz, Verlag Versicherungswirtschaft e. V. Karlsruhe, 1970.

Aussicht stehender Fracht *(freight, chartered freight or anticipated freight)*[1] versichert werden bis zu 25 Prozent des versicherten Wertes abzüglich des Betrags der versicherten Auslagen, Gewinne, Wertsteigerungen usw.

Einen Teil seiner Risiken kann der Reeder weder bei Versicherungsgesellschaften noch bei *Lloyd's* decken. Das ist zum Beispiel ein Viertel seiner Haftpflicht aus Kollision bei eigenem Verschulden, Haftung für Schäden an Hafeneinrichtungen *(port installations)*, Ansprüche *(claims)* von Fahrgästen *(passengers)*, Kosten der Rückführung *(repatriation)* von Besatzungen, gewisse Geldbußen *(fines)* und anderes. Diese Risiken deckt er bei einem *P&I Club*, einem *Protection and Indemnity Club*. Das sind Vereinigungen von Reedern zum Zwecke des gegenseitigen Schutzes *(mutual protection)*. Sie finanzieren Forderungen gegen ihre Mitglieder und Verwaltungskosten im Umlageverfahren *(proportionate contributions system)* auf Basis der Tonnage *(tonnage)* ihrer Schiffe.

Die Luftfahrt- oder Lufttransportversicherung *(aviation insurance)* ist in ihren Grundzügen teils nach der See-, teils nach der Kraftfahrversicherung gestaltet. Man unterscheidet: Luftkaskoversicherung *(aircraft hull insurance)*, mit der das Flugzeug selbst gegen Unfallschaden *(accidental damage)* versichert ist; Lufthaftpflichtversicherung *(aircraft liability insurance)* gegen Schäden, die Dritten zugefügt werden; Luftunfallversicherung *(aviation personal accident insurance)* zum Schutz von Passagieren und Besatzung. Für alle drei zusammen kann ein kombinierter Versicherungsschein *(comprehensive policy)* ausgestellt *(made out)* werden. Der Luftfahrtunternehmer *(air[line] operator)* haftet *(is liable)* in gewissem Umfange auch ohne Verschulden *(without intention or negligence)* für Schäden, die sich aus dem Betrieb des Flugzeugs ergeben *(damage from the operation of the aircraft)*, doch ist diese Gefährdungshaftung *(absolute liability)* gegenüber den Fluggästen *(air passengers)* auf relativ kleine Beträge beschränkt. Deshalb ist es zweckmäßig, daß der Flugreisende eine zusätzliche Unfallversicherung eingeht. Das ist ohne große Umstände möglich, indem er noch auf dem Flughafen *(airport)* einen Kupon-Versicherungsschein, eine Kuponpolice *(insurance coupon/ticket)* aus einem Automaten *(slot machine)* zieht und vor Abflug an seine Angehörigen sendet.

Luftfracht *(air freight)* wird durch eine Luftgüter- und Luftwarenversicherung *(air cargo insurance)* versichert.

Kraftfahrversicherung mit Schadenfreiheitsrabatt

Motor insurance with no-claim bonus

Nach den Vorschriften der Kraftfahrversicherung *(motor insurance)* braucht der Kraftfahrer *(motorist)* in England noch bis Ende 1987 nur Deckung *(cover)* zu haben gegen Ansprüche von Dritten aus Körperverletzung *(bodily injury)*. Dazu zählen auch unentgeltlich mitfahrende Passagiere *(non-fare-paying passengers)*. Zur gesetzlichen Zwangsversicherung *(compulsory insurance)* gehört also auch die Insassen-Unfallversicherung *(passengers accident insurance)*. Aber nach diesem Zeitpunkt fordert das

[1] Der Wertzuwachs beförderter Güter kann als „imaginärer Gewinn" *(anticipated profit)* bis zu zehn Prozent des Versicherungswerts mitversichert werden.

Gesetz von ihm eine Haftpflichtversicherung *(third-party liability insurance)*, mit der er auch gegen Haftung für Sachbeschädigung *(damage to property)* gedeckt ist.

Weithin üblich ist in England außerdem die Versicherung des eigenen Wagens[1] gegen Feuer und Diebstahl *(fire and theft)* sowie schließlich auch gegen Unfallschäden *(accidental damage)* und Schäden bei anderen Gelegenheiten, zum Beispiel bei Transport auf See oder in der Luft *(in transit by sea or air)*. In der höchsten Stufe der „kombinierten Kraftfahrversicherung" *(comprehensive motor insurance policy)* wird meist noch Einzelunfallversicherung *(personal accident insurance, personal injury cover)* für den Fahrer selbst geboten, ferner Deckung gegen den Verlust von Gepäck, Mänteln und Decken durch Diebstahl, Feuer und Unfall. In der Haftpflichtversicherung kann auch die Deckung von Rechtsanwaltsgebühren für die Verteidigung vor Gericht *(solicitor's fee for legal defence)* enthalten sein, also eine Rechtsschutzversicherung *(legal expenses insurance)*. Bei der Versicherung des eigenen Wagens wird oft ein Selbstbehalt, eine Selbstbeteiligung *(excess*, AE *deductible)* vereinbart. Die Versicherung sagt ausdrücklich, daß die Begriffe und Bedingungen der Musterpolice oder Einheitspolice nicht gelten *(terms and conditions of the policy specimen do not apply)*, wenn besondere Merkmale von Alter, körperlichen Gebrechen oder Unfallhäufigkeit bestehen *(if there are special features of age, physical infirmity or unfavo[u]rable record)*.

Bei Abschluß des Vertrags wird festgestellt, welche Klassifikationsklausel *(classification clause)* gilt. Dazu wird unterschieden, ob das Fahrzeug nur für gesellschaftliche und Vergnügungszwecke *(social and pleasure purposes)* oder auch für den Beruf *(profession)*, das Gewerbe *(trade)* oder das Geschäft verwendet wird. Ferner kommt es auf die Pferdestärke *(horsepower)* oder den Hubraum *(cubic/cylinder capacity – c.c.)* des Wagens an und darauf, wo er gewöhnlich untergebracht ist. Dafür werden verschiedene Prämientarife angewendet *(different scales of premium apply)*[2]. Ist der Versicherte eine Zeitlang unfallfrei *(without accident)* gefahren, genauer: hat er keine Schadenansprüche an die Versicherung gestellt, so erhält er einen Schadenfreiheitsrabatt *(no-claim bonus/ discount)*. Dieser wird jeweils nach Ablauf des Versicherungsjahres bei Zahlung der fälligen Prämie *(at renewal* = bei Erneuerung der Versicherung) von der Prämie abgezogen und kann in England nach vier Jahren 60 Prozent erreichen. Beim Übergang zu einer anderen Versicherungsgesellschaft *(on transfer to another insurance company)* wird der Bonus im gleichen Umfange *(bonus on the same scale)* gewährt, vorausgesetzt, daß Unterlagen für die beanspruchte schadenfreie Zeit beigebracht werden *(provided evidence is produced of the required claim-free period)*.

Seit langem gilt unter Kraftfahrversicherungen der Grundsatz, in schwierigen Fällen lieber untereinander zu einer Vereinbarung über die Schadenregulierung *(claim-settling agreement)* zu kommen, als in langwierigen Prozessen *(litigation, lawsuits)* den Schaden nur immer noch größer werden zu lassen. So verzichten sie in solchen Fällen auf die Feststellung der wechselseitigen Haftungsverhält-

[1] Für Vollkasko- oder Teilkasko-Versicherung ist im Englischen kein fester Begriff üblich. Denkbar wäre etwa *motor hull insurance* oder *motor vehicle insurance*.

[2] Das Wort *tariff* wurde früher im Sprachgebrauch des englischen Versicherungsgewerbes nur für gemeinsame Tarife mehrerer Versicherer, also für Kartelltarife verwendet. Demgemäß waren *tariff offices* Versicherungsunternehmen, die dem Kartell angehörten. Es bestehen aber offiziell keine Kartelle mehr.

nisse *(cross-liabilities)*. Grob gesehen gibt es zwei Möglichkeiten: Die Schadenteilungsvereinbarung, bei der jeder Versicherer den Schaden trägt *(bears the damage)*, der an dem von ihm versicherten Fahrzeug entstanden ist – das *„Knock-for-knock agreement"*. Die andere ist, daß die Schäden an allen Fahrzeugen addiert werden und jeder beteiligte Versicherer den gleichen Anteil trägt – die „Halbe-Halbe-Vereinbarung" *(halving agreement)*[1].

Geht der Kraftfahrer mit seinem Wagen ins Ausland *(abroad)*, so wird ihm auf Ersuchen eine Grüne Versicherungskarte *(Green Insurance Card)* ausgestellt. In England muß dazu meist eine zusätzliche Prämie *(additional/extra premium)* gezahlt werden. Mit einer Pannen-Versicherung *(car breakdown insurance)* kann er sich versichern gegen die Kosten des Abschleppens, des Heimtransports des Wagens sowie gegen zusätzliche Hotel- und Reisekosten *(hotel and travel expenses)*.

Wie der Kraftfahrer, so haben der Hauseigentümer *(houseowner)* und der Haushaltsvorstand *(householder, head of the household)* eine gewisse Wahl, wie weit sie sich versichern lassen wollen. Innerhalb einer Verbundenen Gebäude- und Hausratversicherung *(householder's comprehensive insurance)* lassen sich im wesentlichen drei „Abteilungen" *(sections)* unterscheiden: Versicherung gegen Gefahren für das Gebäude *(contingencies relating to the building)*, Gefahren für den „Inhalt", also den Hausrat *(contingencies relating to the contents)* und „sonstige Schadenmöglichkeiten" *(other contingencies)*. Als versicherte Gefahren für das Gebäude und den Hausrat *(contents)* nennt die Police Feuer, Explosion, Blitzschlag, Einbruchdiebstahl *(burglary)* und viele weitere. Zu der Gruppe der „sonstigen Schadenmöglichkeiten" gehören die Haftung gegenüber Hauspersonal, Mietern und der Öffentlichkeit *(liability to servants, tenants and the public)* sowie Mietausfall *(loss of rent)* infolge eines Schadens am Gebäude. Die Hausratversicherung kann dem Unter-Index *(sub-index)* Langlebige Haushaltsgüter *(Durable Household Goods)* des Verbraucherpreisindex angepaßt werden.

Vielerlei Haftung des Unternehmers

A wide range of employer's liability

Ein noch viel weiterreichendes Bedürfnis nach Versicherungsschutz hat der Unternehmer. Das Kopfzerbrechen, was alles an Gefahren und Ersatzansprüchen auf ihn zukommen kann, nehmen ihm die Versicherungsgesellschaften zu einem großen Teil wiederum durch das Angebot kombinierter Versicherungen ab. Damit kann er das Gebäude, die Waren und den sonstigen Inhalt sichern, darunter die Dinge, die in einer Gebäudeversicherung *(house insurance)* nicht automatisch versichert sind. So sind in einer „kombinierten Betriebsversicherung für den Handel" *(trader's combined insurance)* auch versichert: Glasscheiben *(plate glass)*, besonders Ladenfronten *(shop fronts)*, Firmenzeichen *(signs)*, Neonzeichen *(neon signs)*, ferner Waren auf dem Transport *(goods in transit)*, desgleichen Geld auf dem Transport und auf dem Grundstück *(money in transit and on the premises)*

[1] Erklärung der Begriffe nach W. A. Dinsdale, „*Guide to Insurance*", revised edition, 1970 – First published 1964 as The Pan Book of Insurance by PAN Books Ltd., London, S. 107.

– hierzu kommt die unvermeidliche Frage, ob ein Safe *(safe)* oder eine Stahlkammer *(strongroom)* vorhanden ist. Außerdem kann unser Kaufmann mit einer solchen Police zugleich seine Arbeitgeberhaftung *(employer's liability)* und seine Haftung gegenüber dem Publikum *(public liability)* abdecken. Damit sichert er sich gegen Ansprüche seiner Büroangestellten *(clerks)*, Reisenden *(commercial travel[l]ers)*, seines leitenden Personals *(managerial staff)*, der Verkäufer und Verkäuferinnen *(shop assistants)*, Lehrlinge *(apprentices)* und des Auslieferungspersonals *(delivery hands)*.

In einem Handelsbetrieb mögen die Haftpflichtrisiken noch nicht sonderlich groß sein. In einem produzierenden Betrieb *(manufacturing business)* dagegen haben die Versicherer ihr Augenmerk auch auf gewisse Sondergefahren zu richten. Sie wollen zum Beispiel wissen, ob Kessel *(boilers)*, Dampfbehälter *(steam containers)* oder andere Druckgefäße *(pressure vessels)* sowie Lifts *(lifts,* AE *elevators)*, Aufzugsvorrichtungen *(hoists)* und Kräne *(cranes)* regelmäßig inspiziert *(regularly inspected)* und ob radioaktive Stoffe *(radio-active substances)* oder Explosivstoffe *(explosives)* verwendet werden.

Mit der Dampfkesselversicherung *(boiler insurance)* verschafft sich der Unternehmer Schutz gegen die Folgen einer Explosion in seinem Betrieb. Er versichert sich damit gegen Schaden an der Vorrichtung selbst, an anderen Dingen in der Umgebung, gegen die gesetzliche Haftung für Sachschäden am Eigentum Dritter *(property belonging to third parties)* und gegen die gesetzliche Haftung für Verletzungen von Personen. Heutzutage wird ihm meist gleich auch Versicherung gegen die Gefahren vieler anderer Arten von Maschinen und Anlagen angeboten. Zusätzlich kann er eine technische Gewinnausfallversicherung *(engineering loss of profits policy)* abschließen, denn das Versagen einer unentbehrlichen Anlage kann Unterbrechung *(disruption)* der Produktion und Desorganisation *(disorganization)* zur Folge haben. Aus der einstigen Dampfkesselversicherung ist damit mehr und mehr eine Versicherung für technische Anlagen, eine Maschinenversicherung *(engineering insurance)*, geworden. Die Versicherer bieten zugleich die regelmäßige technische Überwachung *(periodical engineering inspection)*, die gesetzlich vorgeschrieben ist. Sie haben ein Interesse daran, die Gefahren zu verringern, und betreiben daher in Betrieben *(shops, plants, factories)* vielerlei Aufklärung über Schadenverhütung *(instruction about loss prevention)*.

Hersteller *(manufacturer, producer)*, Groß- und Einzelhändler *(wholesaler and retailer)* tun in aller Regel auch gut daran, sich gegen ihre Produktenhaftpflicht *(products liability)* zu versichern. Die Gefahr liegt nicht nur darin, daß Ansprüche gegen sie vorgebracht werden *(claims are brought against the manufacturer)* wegen Körperverletzung oder Sachverlust *(loss of property)* und Sachschaden *(damage to property)*, sondern es können auch hohe Kosten entstehen für die Abwehr solcher Ansprüche *(heavy costs can be incurred in defending claims)*. Selbst wenn die Verteidigung erfolgreich ist, lassen sich diese Kosten oft nicht wieder einbringen *(recover)*, weil der Anspruchsteller *(claimant)* mittellos *(destitute, without means)* ist. Falls der Unternehmer die gelieferten Gegenstände installiert, kann er sich auch gegen Haftung für mangelhafte Ausführung *(defective workmanship)* sichern. Haftungsausschlüsse *(disclaimers of liability)*, die der Unternehmer sich ausbedingt, schützen ihn nicht in jedem Falle gegen Ersatzansprüche.

Gegen Zahlungsunfähigkeit und anhaltenden Verzug

Against insolvency and protracted default

Ein weiteres Teilgebiet der Geschäftsversicherung ist die Kreditversicherung *(credit insurance)*. Sie schützt Unternehmen gegen Verluste aus Zahlungsunfähigkeit *(insolvency)* oder anhaltendem Zahlungsverzug *(protracted default)* von Kunden. Kreditversicherung für das Inlandsgeschäft wird von privaten Unternehmen angeboten. In dem großen Geschäft der Exportkreditversicherung hat dagegen meist auch der Staat seine Hand, weil es hier um Risiken geht, die sich nicht übersehen lassen. Der ausländische Schuldner ist oft nicht bekannt, und außerdem kann der fremde Staat Maßnahmen ergreifen, die die Forderung uneinbringlich machen *(make the debt irrecoverable)*. Zum Beispiel mag er die Konvertierung der vom Schuldner in Landeswährung eingezahlten Summe in fremde Währung verbieten: Konvertierungsrisiko *(exchange transfer risk)*. Oder die Regierung wechselt, und die neue Regierung erkennt einen Vertrag nicht an *(repudiates the contract)*. So deckt in England die Abteilung für Exportkreditgarantie *(Export Credits Guarantee Department)* des Industrie- und Handelsministeriums *(Department of Industry and Trade)* politische Risiken *(political risks)* ebenso wie wirtschaftliche Risiken *(commercial risks)* im Export. In manchen Ländern, so in der Bundesrepublik, betreiben die Privatversicherer diesen Teil der Kreditversicherung im Auftrag der Regierung, als Mandatargeschäft *(mandatary business)*.

Im weiteren Sinne sind Kreditversicherungen auch die Vertrauensschaden- oder Veruntreuungsversicherung *(fidelity/commercial guarantee insurance)* und die Kautionsversicherung *(fidelity bond)*, weil es hier ebenfalls um „Kredit" im Sinne von Glauben und Vertrauen geht. Die Vertrauensschadenversicherung schützt gegen Verluste, die einem Unternehmen aus Veruntreuung, Unterschlagung *(embezzlement)*, Urkundenfälschung *(forgery)* oder sonstiger widerrechtlicher Aneignung *(misappropriation)* von Geld und anderen Dingen durch seine Angestellten entstehen. Schutz gegen solche Art Untreue *(dishonesty)* kann auf zweierlei Art geschaffen werden: Entweder als Personenkautionsversicherung *(personal fidelity bond)* – hierbei schließt der Arbeitnehmer die Versicherung ab und übergibt dem Arbeitgeber die Police als Sicherheit, als Bürgschein *(bond)* – oder als Personengarantieversicherung *(fidelity/AE suretyship insurance)* – hierbei schließt der Arbeitgeber die Versicherung ab.

Die Personenkautionsversicherung kommt auch für andere Personen als Arbeitnehmer in Frage, besonders für gerichtlich oder behördlich bestellte Verwalter *(administrators)*. Das kann zum Beispiel sein ein Nachlaßverwalter *(administrator of an estate)*, ein Zwangsverwalter *(receiver)* für Gesellschaften in Zahlungsschwierigkeiten *(financial trouble)*, ein Vormund *(guardian)*, ein gerichtlich bestellter Vermögensverwalter *(receiver)* für Geisteskranke oder für umstrittenes Vermögen *(estate in litigation)*. Auch diese Vertrauenspersonen müssen oft eine Kaution stellen *(enter into a [fidelity] bond)*. Man spricht von Gerichtskaution *(court bond/guarantee)*, wenn das Gericht den Verwalter bestellt – ebenso aber auch von *administration guarantee* – und von Behördenkaution *(government bond)*, wenn eine Behörde der Zentralregierung ihn bestellt. Eine versicherungsmäßige Kaution im Sinne einer Bürgschaft *(surety)* verlangen oft auch Behörden von Unternehmen für gestundete Zahlungen. Ein typischer Fall dafür ist die Kaution für Zölle und Verbrauchssteuern *(customs and excise bond).* Reiseunternehmer *(tour operators)* müssen in England Barmittel *(cash)* oder eine Bankgarantie *(bank guarantee)* hinterlegen/beibringen *(lodge),* damit die Touristen gegen die Folgen eines finanziellen Zusammenbruchs *(financial collapse)* des Unternehmens gesichert sind. Diese Sicherheitsleistung *(safety bond)* ist Bedingung für die Betriebserlaubnis *(operating licence)* der Luftfahrtbehörde *(Civil Aviation Authority).*

Unsichere Rechtstitel – Leibeserbenrisiko – Bausparversicherung

Defective titles – issue risk – building society indemnity

Dahinter erstreckt sich in der angelsächsischen Rechts- und Versicherungswelt ein weites Feld sonstiger Versicherungen gegen außergewöhnliche Risiken *(contingency risks insurance, contingency bonds).* Sie erklären sich zum Teil mit dem Fehlen eines zusammengefaßt kodifizierten Rechts auf einigen Rechtsgebieten, auch mit dem Fehlen eines Grundbuchs *(Land Register)* bis noch nach dem Zweiten Weltkriege. So ist es möglich, unsichere Rechtstitel *(defective titles)* abzusichern, besonders Besitztitel *(possessory titles)* etwa bei Verlust der Anspruchsurkunden *(title deeds).* Im Erbfalle kann das Schicksal eines vermißten Begünstigten plötzlich für die anderen Erben von Bedeutung sein. Es gibt die Möglichkeit, eine Versicherung gegen Ansprüche eines unauffindbaren Begünstigten *(missing beneficiary indemnity insurance)* abzuschließen. Eine Versicherung gegen das Leibeserbenrisiko *(issue risk insurance)* wird ein Geldgeber *(lender)* verlangen, der einem anderen angesichts einer als sicher erscheinenden Erbschaft Geld leiht – es könnte sich ja bei dem reichen Onkel doch noch Nachwuchs einstellen, und dann ist die Erbschaft und mit ihr die Sicherheit für den Kredit dahin.

Bausparkassen leihen Hypotheken nicht selten über die in England übliche Beleihungsgrenze von etwa 80 Prozent hinaus: eine *building society indemnity insurance,* also etwa „Bausparkassenversicherung" bringt die restliche Sicherheit bei *(furnishes the residual security).* Ein Bauinteressent kann sich dagegen schützen, daß plötzlich Einspruch gegen seine Pläne erhoben und auf eine frühere Zusicherung von Baubeschränkungen hingewiesen wird: Versicherung gegen Baubeschränkungen *(restrictive covenant insurance).* Ganze Projekte *(projects)* von Grundstücks- und Entwicklungsgesellschaften *(property and development companies)* können in Gefahr geraten, wenn ein Nachbar Urkunden *(deeds)* vorlegt mit Zusicherungen *(covenants),* daß dieses Gelände nicht bebaut oder in seiner Art nicht verändert werden würde. Außer dem Entwicklungsunternehmer *(developer)* mögen auch Käufer und Hypothekengläubiger *(mortgagees)* Interesse haben, gegen das Vorgehen eines auf Grund solcher Zusicherungen Berechtigten *(covenantee)* abgeschirmt und schadenfrei gestellt zu werden *(be indemnified).*

Schließlich sei noch kurz erwähnt, daß auch der Landwirt vielerlei Versicherungsmöglichkeiten hat: Er kann zum Beispiel eine Ernte- *(crops insurance)* oder Hagelversicherung *(hail insurance)* aufnehmen *(take out).* Er wird eine Tier- *(live stock insurance)* oder Viehversicherung *([herds of] cattle insurance)* abschließen, die auf Verluste über die normalen Erwartungen hinaus *(loss in excess of normal expectation)* abgestellt ist. Wie in der Versicherung menschlichen Lebens wird auch hier mit Begriffen wie Über- *(excess mortality)* und Untersterblichkeit *(light mortality)* gearbeitet.

Lebensversicherung nach Maß

Life assurance tailor-made

Lebensversicherung *(life assurance/insurance,* AE *life insurance)* ist für den einzelnen wie für die Volkswirtschaft ein ganz besonders wichtiger Zweig. Für den einzelnen, weil sie ihm ermöglicht, Vorsorge für sein Alter und für den Tod zu treffen *(make provision for)*. Es ist für ihn eine Sonderform des Sparens, denn wie beim Sparen auf Sparkonto oder in Wertpapieren baut er allmählich ein Vermögen auf *(builds up a capital)*. Aber beim Versicherungssparen ist er außerdem gegen die Gefahr geschützt, daß Tod oder Invalidität diesen Prozess plötzlich beenden und seine abhängigen Angehörigen *(dependents)* ohne genügend Mittel dastehen. Die Versicherung zahlt ihnen die erstrebte Summe aus, auch wenn er sie mit seinen Prämien und dem Zins darauf noch nicht angesammelt hat. Sie kann das dank dem Risikoausgleich unter der großen Zahl ihrer Versicherten *(assured,* AE *insured)*. Dafür, daß sie dieses Risiko deckt, verlangt sie vom Versicherten ein Entgelt *(remuneration)* als Teil der Prämie. Für die Volkswirtschaft als Ganzes ist das Lebensversicherungsgewerbe *(life assurance industry)* wichtig, weil es riesige Summen langfristigen Kapitals ansammelt und an die Wirtschaft ausleiht.

Viel stärker als in den Sachversicherungszweigen dient in der Lebensversicherung die Versicherungsmathematik *(actuarial mathematics)* als Grundlage für die Berechnung der Größe des Risikos *(size of risk)*. Englische Mathematiker leisteten Pionierarbeit, indem sie die Wahrscheinlichkeitstheorie *(theory of probability)* und das Gesetz der großen Zahl *(law of averages, law of large numbers)* für die Lebensversicherung praktisch nutzbar machten. Die in der Lebensversicherung benutzten Sterbetafeln *(mortality tables)* sind der zahlenmäßige *(quantitative)* Niederschlag von Erfahrungen der Vergangenheit *(past experience)*, eines „Schadenverlaufs" *(loss experience)* oder Sterblichkeitsverlaufs *(mortality experience)*, der sich mit ziemlicher Sicherheit in die Zukunft vortragen läßt. Aus der Sterbetafel läßt sich eine Absterbeordnung *(life table)* ableiten, die zugleich eine „Überlebensordnung" ist, aus der sich die mittlere Lebenserwartung *(complete expectation of life)* für jede Altersgruppe *(age group)* ergibt. Die Sterblichkeitsrate *(rate of mortality)* oder, anders ausgedrückt, die Sterbenswahrscheinlichkeit oder Sterblichkeitsannahme *(expected mortality)* ist die erste Rechnungsgröße *(factor of calculation)*, von der der Versicherungsmathematiker *(actuary)* ausgeht, wenn er die Grundprämie *(basic premium)* berechnet. Die zweite ist der Rechnungszinsfuß *(assumed rate of interest)*, also der Zins und Zinseszins *(compound interest)*, den der Versicherer für das angelegte Kapital erwarten zu können glaubt. Der dritte Faktor schließlich sind die Verwaltungskosten *([management] expenses)*. Alle drei Faktoren zusammen ergeben die Bruttoprämie *(gross premium)*, während man das Rechenergebnis aus Sterblichkeitsannahme und

Zins allein, ohne den Verwaltungskostenzuschlag *([margin of] loading, provision for expenses)*, als Nettoprämie *(net premium)* bezeichnet. Diese wiederum unterteilt man rechnerisch in die Risikoprämie und Sparprämie. Die angelsächsischen Versicherer verwenden auf diesem Gebiet oft keine feststehenden Bezeichnungen. Verständlich, da in der englischen Literatur gebräuchlich, wären Bezeichnungen wie *premium absorbed by the risk* oder *portion of the premium absorbed by the risk* für „Risikoprämie“ und entsprechend *premium not absorbed by the risk*[1] für „Sparprämie“.

Diese Übersetzung deutet entfernt an, warum die gedankliche Trennung nötig ist. Die Lebensversicherer erheben *(charge)* heutzutage keine natürliche Prämie *(natural premium)*, sondern eine gleichbleibende Prämie *(level premium)*. Eine natürliche müßte mit zunehmendem Alter des Versicherten steigen, weil das Sterberisiko *(death risk)* immer größer wird. Eine gleichbleibende Prämie bedeutet, daß die Prämie in den ersten Jahren des Versicherungsverhältnisses *(insurance contract)* zu hoch ist. Ein Teil davon dient als Sparprämie dazu, die Prämie auch in den späteren Jahren mit höherem Risiko unverändert zu halten. Die Sparprämie wird im Laufe der Jahre zur Prämienreserve, zum Deckungskapital *(reserve, [mathematical] reserves)* angesammelt *(accumulated)*.

Von Zeit zu Zeit muß die versicherungsmathematische Abteilung *(actuarial department)* eine versicherungstechnische Bilanzierung *(valuation)* vornehmen. In England muß das mindestens alle drei Jahre stattfinden, aber die meisten Gesellschaften machen öfter diesen Vergleich der künftigen Verpflichtungen *(future liabilities)* gegenüber den Versicherten einerseits und des bereits vorhandenen Deckungskapitals, der Prämienreserve *(reserve)*, zuzüglich der künftigen Prämien. Entscheidend hierbei ist die richtige Bewertung der einzelnen Versicherungen *(valuation of policies)* zum Gegenwartswert *(present value)*. Das Ergebnis der Gegenüberstellung ist gewöhnlich ein Überschuß *(surplus)*. Sollte sich einmal ein Fehlbetrag *(deficit, deficiency)* ergeben, so ist das ein Grund für höchsten Alarm.

Zu den drei zuvor genannten Rechnungsgrößen, an Hand deren der Prämiensatz festgesetzt wird *(the rate of premium is set)*, tritt meist noch ein Sicherheitszuschlag *(safety loading, loading for contingencies)*. Diese verschiedenen Bestandteile der Prämie *(constituents of the premium)* sind auch die Hauptquellen des Überschusses *(main sources of surplus)* in der Lebensversicherung: Ist im Laufe der Jahre der Sterblichkeitsverlauf günstiger als angenommen *(mortality experience is more favo[u]rable than assumed)*, so erzielt der Versicherer einen Sterblichkeitsgewinn *(profit from mortality, mortality profit)*. Erhält er auf seine Kapitalanlagen *(capital investments)* einen höheren Zins als erwartet, so erzielt er einen Zinsgewinn *(profit from interest, interest profit)*. Und stellen sich im Laufe der Jahre die Verwaltungskosten als niedriger heraus als erwartet, so entsteht ein Verwaltungskostengewinn *(profit from loading, loading profit)*. Außerdem gibt es noch Stornogewinne *(profits from lapses, lapse profits)* und Rückkaufgewinne *(profits from surrenders, surrender profits)*, doch sind sie von geringerer Bedeutung.

Viele Formen der Lebensversicherung haben sich bis heute entwickelt, und dieser Prozeß geht immer noch weiter. Folgende Gruppen lassen sich im wesent-

[1] So bei Harold Dougharty, „*Life Assurance simplified*“, Buckley Press Ltd., London, 1949, S. 40.

lichen unterscheiden: Großlebensversicherung *(ordinary life assurance/insurance)* – Kleinlebensversicherung *(industrial life assurance/insurance);* Versicherung auf den Todesfall oder kurz Todesfallversicherung *(whole life assurance/insurance)* – Versicherung auf den Todes- und Erlebensfall oder gemischte Lebensversicherung *(endowment assurance/insurance)* – reine Erlebensfallversicherung *(pure endowment assurance/insurance)* – Risikoversicherung, Risikolebensversicherung, temporäre oder kurzfristige Todesfallversicherung *(term/temporary assurance/insurance);* Kapitalversicherung *(lump/capital sum policy)*[1] – Rentenversicherung *(annuity assurance/insurance)*[2].

Zwischen Groß- und Kleinlebensversicherung besteht kein wesentlicher Unterschied, abgesehen von der Zahlungsweise: Im ersten Falle wird die Prämie jährlich oder in kürzeren Abständen gezahlt, meist durch Dauerauftrag an die Bank *(banker's/standing order)* oder mit Scheck, Banküberweisung *(bank transfer)* oder Postanweisung *(postal order)*, während die Beiträge zur Kleinlebensversicherung im Hausbesuch *(house-to-house visit)* eingesammelt werden.

In einigen Industrieländern geht der Anteil des Kleinlebengeschäfts zurück, weil es teuer in der Verwaltung ist und aus den Gruppen mit niedrigem Einkommen *(low income groups),* die hauptsächlich die Mitglieder stellten, viele Versicherte in höhere Einkommensbereiche *(income brackets)* aufgestiegen sind. In Amerika hatte das Kleinlebengeschäft *(AE industrial life insurance)* seinen Höhepunkt schon Ende der fünfziger Jahre erreicht und ist seitdem zurückgegangen. Dazu hat die Verbreitung von Pensionsplänen *(pension plans/schemes)* oder Betriebsrenten *(occupational pensions)* in vielen Industrie- und Handelsunternehmen *(industrial and commercial enterprises)* beigetragen. Betriebsrenten werden finanziert entweder aus Pensionsrückstellungen *(pension provisions/reserves, provisions for superannuation)* in der Bilanz des Unternehmens oder aus einer eigenen Pensions- und Unterstützungskasse *(pension and benevolent fund)* oder durch Gruppenversicherungen auf den Todes- und Erlebensfall *(group endowment policies)*.

Gruppenversicherungen sind entweder solche mit eigener Beitragsleistung der Angestellten *(contributory scheme)* oder ohne eine solche *(non-contributory scheme)*. Wenn der Angestellte in Rente geht *(retires)* oder altershalber in den Ruhestand versetzt *(retired, superannuated)* wird, erhält er aus einer dieser Vorsorgeformen eine Altersrente *(pension, superannuation)*. Auch für andere Gemeinschaften kann eine Gruppenversicherung abgeschlossen und eine Hauptpolice *(master policy)* darüber ausgestellt werden, zum Beispiel für einen Verein *(association)*, einen Wirtschaftsverband *(trade association)* oder eine Berufsvereinigung *(professional society)*.

Todesfall-, Erlebensfall-, Risikolebensversicherung

*Whole life, endowment, term assurance/*AE *insurance*

Die Großlebensversicherung *(ordinary assurance)* ist in den modernen Industriestaaten neben der staatlichen Rentenversicherung oder zusätzlich zu ihr die

[1] Beide Wörter sind Übersetzungen und praktisch kaum gebräuchlich.

[2] Übersetzung, kaum gebräuchlich; man spricht allgemein nur von *annuity* und *annuities.* Hingegen ist üblich: Rentengeschäft = *annuity business.*

klassische Form der Vorsorge für Alter und Tod. Sie ist eine Todesfallversicherung oder Versicherung auf den Todesfall *(whole life assurance)*, wenn der Versicherer die Versicherungssumme *(sum assured)* nur beim Tode des Versicherungsnehmers zu zahlen hat. Sehr oft wird sie aber zugleich als Erlebensfallversicherung oder Versicherung auf den Erlebensfall *(endowment assurance)* gestaltet, indem ausgemacht wird, daß der Versicherte die Summe schon bei Erreichen eines bestimmten Alters erhält. Gilt die Versicherung für beide Fälle, so ist sie eine „gemischte" Lebensversicherung *(endowment assurance)*. Bei der Todesfallversicherung sind die Prämien entweder während des ganzen Lebens bis zum Tode zu zahlen *(straight life assurance/insurance)* oder, wenn abgekürzte Beitragszahlung *(limited premiums/payments)* vereinbart ist, bis zu einem gewissen Alter. Durch die abgekürzte Beitragszahlung wird bewirkt, daß der Versicherungsnehmer im Alter nicht mehr mit den Prämien belastet ist. Bei Abschluß einer Großlebensversicherung wird oft eine ärztliche Untersuchung *(medical examination)* gefordert, besonders wenn das Eintrittalter *(age at entry)* des Versicherungsnehmers schon über einer gewissen Grenze liegt oder wenn über eine besonders hohe Summe abgeschlossen wird.

Anders als bei der Todes- und Erlebensfallversicherung ist es bei der Risikolebensversicherung möglich, daß der Versicherer nie zu zahlen hat. Ihr Merkmal besteht darin, daß eine Versicherungsleistung *(assurance benefit)* nur zu erbringen ist, wenn der Versicherte vor einem festgelegten Datum *(before a predetermined date)* stirbt. Läuft die Versicherungszeit *(term [of assurance])* ab, ohne daß er stirbt, so wird der Versicherer von jeder Leistung frei. Die Prämien für solche Policen sind daher niedrig, und doch ist die Familie während der Periode geschützt, während derer auf ihr besonders schwere Verpflichtungen *(heavy responsibilities)* lasten. Für bestimmte Fälle wird oft auch eine Risikolebensversicherung mit abnehmender Summe *(decreasing term assurance)* ausgemacht. Im englischen und amerikanischen Versicherungswesen sind die beiden Hauptfälle dafür die Familienversorgungs-Versicherung *(family income benefit policy, family protection policy)* und die Hypotheken-Lebensversicherung oder Hypothekenversicherung oder Tilgungsversicherung *(mortgage protection policy, house purchase scheme)*. Beim Tode des Versicherten zahlt der Lebensversicherer *(life office)* der Familie oder einem sonstigen Begünstigten *(beneficiary)* bis zum Ende der ausgewählten Frist *(for the remainder of the term selected)* ein regelmäßiges Einkommen. Stirbt er während der Versicherungsperiode *(term of assurance)* nicht, so verfallen die Prämien *(premiums become void)*. Je später in der Versicherungszeit der Tod sich ereignet, desto weniger hat der Lebensversicherer zu zahlen. Ebenso verringert sich die Versicherungsleistung bei der Hypothekenversicherung: Je später der Todesfall sich ereignet, desto weniger bleibt von der Hypothek zu tilgen, zu deren Sicherung die Versicherung eingegangen *(effected)* worden war.

Mit der Risiko- oder temporären Versicherung darf trotz der sprachlichen Ähnlichkeit – *term assurance* – nicht verwechselt werden die Termfix-Versicherung, die Versicherung mit festem Auszahlungszeitpunkt. Im Englischen gibt es für sie keine feste Bezeichnung, da sie im Grunde nur eine Form der reinen Erlebensfallversicherung *(pure endowment assurance)* ist. Sie dient in Deutschland wie in den angelsächsischen Ländern oft dazu, Kinder zu versorgen, zum

Beispiel der Tochter eine Aussteuer *(dowry)* zu sichern. Das Wort „Aussteuerversicherung" hat im Englischen ebenfalls kein Gegenstück, die wörtliche Übersetzung *„dowry assurance"* wird kaum verstanden. Das Wesen der Termfix-Versicherung ist, daß die Versicherungsleistung nicht beim Tode des Versicherungsnehmers ausgezahlt wird, sondern zu einem vereinbarten Zeitpunkt, zum Beispiel am 25. Geburtstag der Tochter. Stirbt der Versicherungsnehmer vorher, so brauchen keine weiteren Prämien gezahlt zu werden. Im Englischen begnügt man sich mit der allgemeinen Bezeichnung für Kinderlebensversicherung: *children's endowment assurance,* oder „aufgeschobene Kinderlebensversicherung" *(child's deferred assurance).* Sie ist mitunter auch so gestaltet, daß dem jungen Menschen zu seinem 21. Geburtstag ein Bargeschenk *(cash present)* überreicht wird oder aber statt dessen ein kleiner Bonus in bar *(cash bonus)* aus der Versicherung und dazu eine Lebensversicherungspolice zu Prämien, die von Anfang an festgelegt waren, ungeachtet seines Gesundheitszustands am 21. Geburtstag *(irrespective of the child's state of health).* So hat es gleich einen Grundstock für sein späteres Sparen. Stirbt das Kind vor diesem Termin, so werden mindestens alle gezahlten Prämien zurückgezahlt *(all premiums paid will be returned).*

Für zukünftige Schul- oder Universitätsausgaben *(educational expenses)* eines Kindes kann ein Elternteil Vorsorge treffen *(provide for),* indem er/sie eine Schulgeld-, Studien- oder Ausbildungsversicherung *(educational endowment assurance)* abschließt. Mit der Police wird eine Versicherungssumme bereitgestellt, aus der Raten jeweils zum Schul- oder Studiensemester *(termly instalments,* AE *termly installments)* gezahlt werden, die erste zum Ende der Versicherungszeit *(at the end of the term of assurance, . . . of the endowment term).* Stirbt der Elternteil vorher, so laufen die Raten schon zu diesem Zeitpunkt an. Statt der Raten kann auch ein Einmalbetrag *(lump sum)* gezahlt werden.

Andere Ideen der Vorsorge für bestimmte Sonderfälle sind die Teilhaberversicherung *(partnership assurance)* und die Erbschaftsteuerversicherung – für diese gibt es im Englischen wiederum keine feste Bezeichnung, aber *death duty assurance* oder *estate tax assurance* dürfte verstanden werden. Die Teilhaberversicherung stellt Mittel für den Fall bereit, daß der Teilhaber *(partner)* einer Gesellschaft stirbt und die Erben Auszahlung des Geschäftsanteils verlangen. Mit der Versicherungssumme wird ein Abfluß von Mitteln *(outflow of cash)* verhindert, und es muß nicht eilends ein Fremder hereingenommen werden. Versicherungsnehmer kann die Gesellschaft oder auch ein Teilhaber sein. Die Versicherung wird oft als verbundene Lebensversicherung *(joint life policy)* gestaltet, wie sie auch unter Ehegatten nicht selten ist: Die Versicherungsleistung wird fällig, wenn einer der Teilhaber oder der Ehegatten stirbt. Der Sinn der Erbschaftsteuerversicherung ist ebenfalls, die Vermögenswerte eines Unternehmens unangetastet zu lassen, wenn der Unternehmer stirbt und die Erben Erbschaftsteuer zahlen müssen.

Mit einer Leibrente am Kapital knabbern

Nibbling at the capital with a life annuity

Junge Leute am Anfang ihres Berufslebens *(active life)* denken noch nicht viel an Vorsorge für Tod und Alter. Auch wollen sie oft nicht an die Ausgaben für eine Versicherung heran. Für sie haben die Lebensversicherer besondere Policen entwickelt, die zunächst wenig an Prämie kosten und später umgewandelt werden können: Umtauschversicherung *(convertible assurance).* Sie werden in England auch angeboten unter Bezeichnungen wie *„initial economy policy"*, also etwa „Anfangs-Spar-Versicherung" oder *„the versatile policy"*, „der wandelbare Versicherungsschein". Sie ist zum Beispiel anfangs nur eine kurzfristige Versicherung auf den Todesfall, eine Risiko-Umtauschversicherung *(convertible term assurance).* Dem Versicherten wird die Option eingeräumt, sie etwa innerhalb der ersten zehn Jahre zum Ende eines Versicherungsjahres *(at policy anniversary)* in eine Versicherung auf Tod und Erleben umzuwandeln. Die Prämie ist von da an zwar höher, aber sie ist ihm von Anfang an zugesichert *(the premium is guaranteed from the outset).* Die vor der Umwandlung gezahlten Prämien werden voll gutgeschrieben *(due credit is given for the premiums paid prior to conversion).* Im Zeitpunkte der Umwandlung wird kein Gesundheitsnachweis mehr verlangt *(no evidence of health will be required at the date of conversion).* Dieses Verfahren hat den Vorteil, daß der Versicherungsnehmer das Fälligkeitsdatum *(maturity date)* und andere Einzelheiten der folgenden Erlebensfallversicherung erst zu bestimmen braucht, wenn er seine finanzielle Lage besser übersieht. Er ist nicht gezwungen, die Option auszuüben *(to exercise the option),* und die Umwandlung kann auch teilweise geschehen *(conversion can be done in parts).*

Mancher Lebensversicherungsvertrag ist in Wirklichkeit nur ein Sparvertrag *(savings contract).* So zum Beispiel der Kapitalrückzahlungsvertrag *(capital redemption contract),* den manche Unternehmer mit Lebensversicherern abschließen, um einen Gegenwert für die allmähliche Entwertung eines besonders wichtigen Vermögensgegenstands zu schaffen oder für die Rückzahlung einer Schuld vorzusorgen. Das ist im wesentlichen ein Tilgungsfonds *(sinking fund),* und in manchen Versicherungsbilanzen findet sich in der Tat diese Bezeichnung oder das Wort Tilgungsfondsversicherung *(sinking fund assurance).* Auch für einen völlig Alleinstehenden ist die reine Erlebensfallversicherung *(pure endowment assurance),* die er zweckmäßigerweise abschließt, nur ein Sparvertrag.

Statt Zahlung einer Kapitalsumme *(capital/lump sum)* kann als Versicherungsleistung *(insurance benefit)* auch die Zahlung einer Rente *(annuity)* vereinbart werden. Der überlebende Begünstigte *(beneficiary),* zum Beispiel die Witwe, möchte oft lieber ein gesichertes monatliches Einkommen haben als ein Kapital, das ihr bei falscher Anlage verlorengehen kann. Es kann im Vertrag auch eine Rentenoption *(option for annuity)* vereinbart werden, ein Wahlrecht für den Versicherten.

Die Rente aus der Lebensversicherung kann eine Leibrente *(life annuity)* sein: Beim Tode des Empfängers hören die Zahlungen auf. Sie kann auch eine Zeitrente *(annuity-certain)* sein: Sie läuft eine bestimmte Zeit, zum Beispiel zehn

Jahre, gleichgültig, ob der ursprünglich Berechtigte während dieser Zeit stirbt oder nicht. Stirbt er vor Ablauf, so bleibt noch etwas für seine Erben *(heirs)*. Eine Rente kann als Sofortrente *(immediate annuity)* sogleich beginnen oder als aufgeschobene Rente *(deferred annuity)* später. Eine sofort beginnende Rente kann der Versicherungsnehmer in der Regel nur gegen einmalige Kapitalzahlung, Einmalprämie *(single premium)*, kaufen, eine aufgeschobene Rente sowohl gegen Einmalprämie als auch gegen laufende Prämie *(regular premium)*. Die Rente kann vorschüssig zahlbar sein *(payable in advance)* oder nachschüssig *(payable in arrear[s])*, zum Beispiel halbjährlich nachschüssig *(halfyearly in arrear[s])*, also jeweils am Ende eines halben Jahres. Da man einen Rentenversicherungsvertrag als Kauf einer Rente ansehen kann, wird der Versicherungsnehmer im Vertragsformular auch als „Käufer" *(the purchaser)* bezeichnet. Der Rentenempfänger *(the annuitant)* kann er selbst oder ein anderer sein.

Die Rente kann im Laufe der Rentenperiode fallen oder steigen, sie ist dann keine konstante *(constant)*, sondern eine veränderliche Rente *(variable annuity)*. Ferner ist es möglich, die Rente auf verbundene Leben *(annuity on joint lives)* abzustellen. Entweder erhalten dabei zunächst alle Berechtigten eine Rente und danach der Überlebende, oder sie läuft erst beim Tode eines von ihnen zugunsten des anderen an. Eine einseitige Überlebensrente *(survivorship/reversionary annuity)* ist ausgemacht, wenn die Rente nur im Falle des Ablebens einer bestimmten Person vor der anderen, zum Beispiel der Mutter vor dem Kinde, an diese andere, das Kind, zu zahlen ist.

Mit „kumulativem Summenzuwachs"
With compound reversionary bonus

Der Versicherungsnehmer muß sich bei Vertragsabschluß *(on conclusion of the contract)* entscheiden, ob er Gewinnbeteiligung *(participation in profits)* wünscht oder nicht. Unter einer Police ohne Gewinnbeteiligung *(without-profits policy)* ist die Prämie etwas niedriger. Es kommt auf die sonstigen Anlagemöglichkeiten des Versicherungsnehmers an, aber oft wird sich für ihn eine Versicherung mit Gewinnbeteiligung – oder Überschußbeteiligung – *(with-profit policy, profit-sharing policy)* als günstiger erweisen. Rund neun Zehntel ihres Überschusses *(surplus)* pflegen die Lebensversicherungen als Gewinnanteile *(bonuses)* der Versicherten auszuschütten *(distribute)*. Das geschieht gewöhnlich durch Zuschlagen der Boni, im Deutschen auch Versichertendividende genannt, zur Versicherungssumme *(by adding the bonuses to the sum assured)*. Dabei wird meist ausgegangen von der Versicherungssumme plus Boni darauf aus früheren Gewinnverteilungen *(calculated on the sum assured plus bonuses thereto from previous profit distributions)*. Das Ganze heißt „kumulativer Summenzuwachs" *(compound reversionary bonus system)*[1]. Durch den Summenzuwachs *(reversionary bonus)* kann sich die Versicherungssumme im Laufe der Jahre beträchtlich erhöhen. In ihrer Werbung *(advertising)* stellen die Lebensversicherer ihre Gewinn-

[1] Wird der Bonus nur von der Versicherungssumme, ohne vorangegangene Boni, berechnet, so ist das ein einfacher Summenzuwachs, ein *simple reversionary bonus*.

pläne *(bonus/dividend schemes)* meist groß heraus. Sie fassen die Versicherungen mit gleicher Gewinnbeteiligung in Gewinnverbänden *(bonus scheme groups)* zusammen. Am Ende des Versicherungsvertrags, durch Tod oder Ablauf, wird der Summe eine Schlußdividende oder Schlußüberschußbeteiligung *(terminal bonus)* zugeschlagen. Im übrigen sprechen die Versicherer von Zwischen- *(interim bonuses),* Zusatz- *(supplementary bonuses)* und Sonderdividenden *(special bonuses)* oder Überschußbeteiligungen. – Sie dürfen nicht verwechselt werden mit der Zwischen- *(interim dividend)* und der Schlußdividende *(final dividend)* des Aktionärs. Übrigens kann die Versichertendividende auch gewährt werden durch Prämienermäßigung *(reduction of premium)* oder Abkürzung der Versicherungslaufzeit *(reduction of term).*

In aller Regel ist bestimmt, daß die Police im Falle des Todes des Lebensversicherten *(life assured)* durch Selbstmord *(death by suicide)* oder des Todes „unter den Händen der Justiz" *(at the hands of justice)* ungültig wird *(becomes void).* Dann erhalten die Hinterbliebenen nur den Rückkaufwert *(surrender value).* Er besteht aus der Sparprämie, vermindert um einen Abzug. Ein Versicherungsnehmer, der Geld braucht, kann sich nach wenigen Jahren bereits den Rückkaufwert auszahlen lassen. Im allgemeinen wird er aber besser tun, statt dessen ein Policendarlehen *(policy loan)* auf seine Versicherung aufzunehmen.

Gutgläubige Ansprüche *(bona fide claims)* anderer, zum Beispiel eines Zessionars, eines Abtretungsgläubigers *(assignee),* an den die Ansprüche aus der Versicherung abgetreten wurden, oder eines Hypothekengläubigers *(mortgagee),* der durch die Lebensversicherung gesichert werden sollte, werden von der Versicherungsgesellschaft nach der Reihenfolge ihres Ranges anerkannt *(recognized in order of their priority).*

Aktiengebunden, fondsgebunden, Immobilienzertifikate

Equity-linked, unit-linked, property bonds

In den sechziger Jahren gingen immer mehr Lebensversicherer dazu über, eine Kombination von Versicherungs- und Wertpapiersparen anzubieten. Sie kamen damit dem Bedürfnis vieler Versicherungsinteressenten entgegen, sich gegen die Inflation zu schützen und an dem Wachstum *(growth)* von Aktien teilzuhaben.

Eine Lebensversicherung kann aktiengebunden *(equity-linked),* das heißt mit einer Anlage in Aktien gekoppelt sein; ebenso kann sie fondsgebunden, das heißt mit einer Anlage in Investmentanteilen gekoppelt sein. Unter einem solchen Lebensversicherungs-Sparplan *(life assurance savings scheme)* legt der Sparer regelmäßig monatlich einen Betrag beiseite *(the investor puts aside a regular monthly sum),* für die der Versicherer Anteile *(units)* eines Investmentfonds kauft. Der Sparer erhält Lebensversicherungsschutz *(life assurance cover).* Am Ende der Laufzeit der Versicherung *(term of the assurance),* im Erlebensfalle *(on survival),* erhält der Sparer den Gegenwartsbarwert *(current cash value)* der Anteile ausgezahlt. Eine Garantie *(guarantee)* wird gegeben, daß der bei Fälligkeit oder früherem Tode *(on maturity or prior death)* an den Versicherten oder seine Angehörigen gezahlte Betrag mindestens soviel ist, wie in Anteilen angelegt wurde. Wahlweise *(optionally)* sind weitere Versicherungsleistungen *(extra benefits)* möglich.

Das gleiche ist auch gegen Einmalprämie möglich, und dafür ist die Bezeichnung *single premium bond* gebräuchlich, also etwa „Einmalprämien-Police“. Die Erträge aus den durch die Police zugesicherten Anteilen *(income from the units secured by the bond)* werden wieder in Anteilen angelegt *(reinvested)*.

Eine andere Variante ist die Anlage in Grundstücken *(property)*. Die Grundstücke werden bewertet *(valued)* und in Anteile geteilt. Im Versicherungsfall wird entweder der Barwert der der Police gedanklich zugeteilten Anteile *(cash value of all the units notionally allocated to the policy)* zum Geldkurs *(at the bid price)* ausgezahlt, oder aber ein garantierter Mindestbetrag *(guaranteed minimum)*. Die Gesamtheit der dem Versicherten zugeteilten Anteile wird als sein „Grundstückszertifikat“ *(property bond)* bezeichnet. Der Versicherungsnehmer kann das Versicherungsverhältnis jederzeit gegen Barauszahlung beenden *(terminate the policy for cash)*. Auch kann er von einer Rückzahlungs- oder Abhebemöglichkeit *(withdrawal facility)* Gebrauch machen, indem er zum Beispiel jährlich drei Prozent der Anteile, die als seiner Police zugeteilt angesehen werden, in bar kassiert *(by encashing 3 per cent)*.

Bei ihrer eigenen Kapitalanlagepolitik *(investment policy)*, also nicht der für Rechnung eines bestimmten Versicherten, lassen sich die Versicherungsunternehmen nicht in erster Linie von Wachstumvorstellungen leiten, sondern halten sich an die Grundsätze der Sicherheit *(security)*, Rentabilität *(profitability)* und Liquidität *(liquidity)*. Lebensversicherer können einen größeren Teil ihrer Mittel längerfristig und langfristig festlegen, zum Beispiel in Grundstücken, Hypothekendarlehen *(mortgage loans)* oder Schuldscheindarlehen *(debenture loans)*[1]. Aber auch bei ihnen haben festverzinsliche Wertpapiere *(fixed interest securities)*, besonders solche öffentlicher Stellen, den Vorrang vor Aktien. Für Sachversicherer muß die Liquidität noch mehr im Vordergrunde stehen, weil sie unversehens gezwungen sein können, sehr große Beträge auszuzahlen *(to pay huge amounts)*. Nach deutschem Versicherungsrecht sind gewisse Wertpapiere „deckungsstockfähig“ *(admissible as investment for the reserve)*, also als Deckungskapital-Anlage zugelassen.

Unfallversicherung nach Gefahrenklassen

Accident insurance by classes of risk

Innerhalb der Personenversicherung *(insurance of persons)* gibt es als weitere Zweige die Unfall-, Invaliditäts- und Krankenversicherung *(accident, disablement and health/sickness insurance)*. Oft kann ein Geschädigter Wiedergutmachung *(compensation)* der Schäden aus einem Unfall von einem anderen verlangen, der dafür häufig sogar haftpflichtversichert ist *(insured against third-party liability)*. Aber es bleiben genügend Möglichkeiten übrig, Tod oder Körperverletzung *(bodily/corporal injury)* durch Unfälle zu erleiden, in denen der Geschädigte

[1] Zur Abgrenzung von *debenture* = „Schuldverschreibung“ empfiehlt sich unter Umständen eine nähere Umschreibung, etwa: *medium- or long-term loan secured by a mortgage on a negotiable bond.*

nicht zu Schadenersatz berechtigt *(not entitled to damages)*[1] oder kein Schädiger vorhanden ist. Mit einer Unfallversicherung kann er gegen den Geldaufwand *(expenditure)* und den Verlust an Einkommen *(loss of income)* vorsorgen.

Das Angebot einer Unfallversicherung lautet meist auf Grundleistungen *(standard accident benefits)* und Zusatzleistungen auf Wunsch *(optional additional benefits)*. Die Versicherungsgesellschaften haben Leistungstabellen *(scales of benefits)* aufgestellt, aus denen hervorgeht, wieviel sie zahlen. An erster Stelle ist das meist ein Wochengeld *(weekly benefit)* für die Zeit der Arbeitsunfähigkeit. Einmalbeträge werden gezahlt, wenn der Unfall den Tod zur Folge hat *(the accident results in death)*, zum Verlust von Gliedmaßen oder zu Vollinvalidität *(total disablement)* führt.

Die Leistungstabellen geben dazu den Prämientarif *(scale of premiums)*, die Prämiensätze *(premium rates)* für die einzelnen Gefahrenklassen *(classes of risk)* an. Die Klassifizierung richtet sich nach dem Beruf und den Gefahren am Arbeitsplatz *(occupational risks)*. Die Klasse mit dem geringsten Risiko und daher der niedrigsten Prämie bilden etwa Rechtsanwälte *(lawyers)*, Ärzte *(doctors)*, Eigentümer erstklassiger Hotels *(proprietors of first-class hotels)*, Angestellte oder Geschäftsleute im allgemeinen. Das höchste Risiko bilden unter anderem Handarbeiter *(manual workers)*, Bauern *(farmers)* und Handwerker in den Schwerberufen *(craftsmen engaged in the heavier trades and occupations)*. Für Sonderrisiken *(extra-hazardous risks)* werden auf Wunsch besondere Prämiensätze genannt *(special rates will be quoted on application)*. Für Zusatzleistungen wird auch eine Zusatzprämie erhoben, zum Beispiel für ein Wochengeld während der Zeit, in der der Geschädigte teilarbeitsunfähig *(partially unable to work)* ist.

Freie Arztwahl: Krankenversicherung

Free choice of the doctor: health insurance

Die Unfallversicherung ist als Unfallzusatzversicherung *(supplementary accident insurance)* oft mit einer Lebensversicherung gekoppelt: Gegen eine zusätzliche Prämie zahlt der Lebensversicherer bei Tod durch Unfall *(accidental death)* die doppelte Versicherungssumme *(double benefit)*. Auch das Risiko vorzeitiger Arbeitsunfähigkeit *(premature disablement)* wird manchmal in die Lebensversicherung eingeschlossen.

Krankenversicherung ist in Amerika ein großer und bedeutender Zweig, dagegen in England, wo der Staatliche Gesundheitsdienst *(National Health Service)* jedermann fast freie medizinische Betreuung bietet, von geringerer Bedeutung. Sie wird dort vor allem in der Form des nicht auf Gewinn ausgehenden Vereins *(non-profit association)* betrieben. Andere Gesellschaften hängen die Krankenversicherung oft an die persönliche Unfallversicherung an. In dieser Form wird sie meist nur für kurze Perioden abgeschlossen und muß dann immer wieder erneuert werden. Zum Unterschied davon bezeichnet man die ständige Kranken-

[1] In der Rechtssprache ist *damages*, also der Plural von *damage*, ein weiteres Wort für Schadenersatz.

versicherung als *permanent health insurance;* einige Krankenkassen sprechen auch von *guaranteed membership scheme.*

Die Krankenversicherung deckt, je nach Vereinbarung, die Kosten ärztlicher Behandlung *(expenses of medical treatment),* des Aufenthalts im Krankenhaus *(hospitalization)* und über eine Tagegeldversicherung *(daily benefits insurance)* auch den Einkommensausfall. Der Kranke *(patient)* hat die Freiheit der Arztwahl *(free choice of the doctor)* und kann im Krankenhaus ein Privatzimmer haben. Es kann örtlich begrenzter oder weltweiter Versicherungsschutz *(worldwide cover)* gewährt werden.

Eine niedrigere Prämie wird berechnet *(a lower premium is charged),* wenn vereinbart ist, daß der Versicherer den Einkommensausfall nicht gleich, sondern erst nach einiger Zeit auszugleichen hat, also spätere Leistung *(deferred benefit)* statt sogleich beginnender Leistung *(immediate benefit).* Oft ist der Versicherte auf das Tage-, Wochen- oder Monatsgeld *(daily, weekly or monthly benefit)* der Versicherung nicht sogleich angewiesen, weil sein Gehalt zunächst noch weiterläuft. Für die Fälle, in denen ein Versicherter über lange Zeit arbeitsunfähig ist, kann ein Zuschlag für den Anstieg der Lebenshaltungskosten *(cost-of-living bonus)* vereinbart werden, auf Grund dessen sich etwa im zweiten Jahre der Arbeitsunfähigkeit die Leistungen erhöhen.

Wenn der Engländer ins Ausland fährt, muß er auf eine Krankenversicherung besonders bedacht sein, weil der Staatsgesundheitsdienst für Krankheitskosten, die im Ausland erwachsen, oft nicht aufkommt. Eine kombinierte Reiseversicherung *(travel insurance)* empfiehlt sich. Sie besteht aus vier oder fünf Abteilungen *(sections):* Reisegepäckversicherung *(baggage insurance),* persönlicher Unfallversicherung *(personal accident insurance),* Versicherung gegen die Kosten, die in gewissen Zwangsfällen aus einem Rücktritt von dem Bewirtungsvertrag mit dem Ferienhotel oder einer Abkürzung des Urlaubs entstehen *(cancellation and curtailment charges),* Versicherung gegen Arzthonorare und ähnliche Kosten und schließlich, je nach Wunsch, noch Versicherung gegen den Verlust von Geld, Reiseschecks *(traveller's cheques,* AE *traveler's checks),* Kreditbriefen *(letters of credit),* Fahr- und Flugkarten *(travel tickets),* Grüner Versicherungskarte und Benzingutscheinen *(petrol coupons).* In der ständigen Krankenversicherung kann eine Versicherung mit verminderter Prämie *(at reduced premium)* als Anwartschaftsversicherung weitergeführt werden. Dann besteht kein Anspruch auf Leistungen *(benefits),* aber Anwartschaft auf Wiederherstellung des vollen Versicherungsverhältnisses mit den zuvor erworbenen Rechten *(accrued rights).* Es gibt für Anwartschaftsversicherung keinen festen englischen Begriff, weil diese Einrichtung dort offensichtlich nicht besteht. Die Übersetzung wäre etwa: *insurance in suspense,* notfalls mit dem Zusatz „Prämienverzicht" *(waiver of premium).*

In den riesigen Umsatz der Krankenversicherung in den Vereinigten Staaten teilen sich kommerzielle Unternehmen und nicht auf Gewinn ausgehende Vereinigungen. Von den letzteren sind die bedeutendsten die *Blue Cross Plans,* die Vorsorge für Krankenhauspflege bieten, und die *Blue Shield Plans,* die die Kosten allgemeiner ärztlicher und chirurgischer Dienstleistungen decken. Etwa neun Zehntel aller Familien haben eine Versicherung gegen Krankenhauskosten *(hospital costs),* und nicht viel kleiner ist der Anteil der Bevölkerung, der sich gegen sonstige Krankheitskosten *(medical and surgical expenses)* versichert hat. Den größeren Teil davon bestreiten Versicherungsgesellschaften *(insurance companies)*. Gruppenversicherung ist weit verbreitet, und oft sehen gewerkschaftliche Vereinbarungen *(trade union agreements)* vor, daß der Arbeitgeber sich an den Kosten für Krankenversicherung der Belegschaft zumindest beteiligt.

Rückversicherung, einzeln oder laufend

Facultative or treaty reinsurance

Rückversicherung *(reinsurance)* ist nicht viel mehr als eine Widerspiegelung dessen, was bei der Erst- oder Direktversicherung *(direct/original insurance)* geschieht: Der Erstversicherer *(direct/original insurer, direct-writing company)* gibt einen Teil der von ihm übernommenen Gefahr weiter. Dies mag ihm nötig erscheinen, wenn ihm im Einzelfall ein größeres Wagnis angeboten wird, als er zu decken gedenkt, oder wenn er in einer Versicherungssparte das Spartenlimit *(class/branch limit)* überschreiten würde, das er sich selbst gesetzt hat. Diesen Teil des Risikos gibt er an den Rückversicherer *(reinsurer)* weiter *(he passes part of the risk)*, um sich bei ihm insoweit für Verluste schadlos zu halten *(recoup losses)*. Man spricht in diesem Zusammenhange auch von „Abtretung" *(cession)* und „abtreten" *(cede)*, aber es ist nicht die Abtretung im strengen Rechtssinne.

Es gibt verschiedene Formen, in denen die abtretende Gesellschaft, der Zedent *(cedent, ceding company)* ihr Risiko bei dem Zessionar, der übernehmenden Gesellschaft *(accepting company)* rückversichern lassen kann. Sie kann es tun durch Einzel- oder fakultative Rückversicherung *(facultative reinsurance)*. Hierbei wird sie sich für jedes einzelne Risiko schlüssig, ob, bei wem und in welcher Höhe sie es im Rückversicherungsmarkte unterbringen will *(place a risk in the reinsurance market)*. Sie wird das bei besonders großen und ungewöhnlichen Risiken tun.

Summarisch ist die laufende oder Vertrags-Rückversicherung *(treaty reinsurance)* mit einem bestimmten Rückversicherer. Auf Grund des laufenden Rückversicherungsvertrags *(reinsurance treaty)*[1] ist ständig ein bestimmter Teil des Geschäfts des Direktversicherers bei dem Rückversicherungspartner untergebracht. Der Teil der Prämie – und des Risikos –, den der Rückversicherte *(reinsured, reassured)* behält, ist der Eigenbehalt *(retention)* oder die Eigenbehaltsprämie *(retained premium)*. Der Erstversicherer reicht dem Rückversicherer regelmäßig ein Bordereau *(bordereau)* ein, eine tabellarische Aufstellung *(tabular statement)* der bei ihm anfallenden Versicherungskontrakte. Da auf Grund des Vertrags jeder Teil verpflichtet ist, mit dem anderen im Geschäft zu bleiben *(stay in/continue business with the other party)*, spricht man im Deutschen auch von obligatorischer Rückversicherung. Im Englischen hingegen ist mit *obligatory reinsurance* eine Zwangsrückversicherung *(compulsory reinsurance)* bei einer staatlichen Versicherungskasse *(government pool)* gemeint[2]. Laufende Rückversicherung ist billiger als der Einzelabschluß. Entweder stellt sich die Prämie niedriger, oder der Rück-

[1] Die angelsächsischen Rückversicherer ziehen in diesem Falle das Wort *treaty* der Bezeichnung *contract* vor.

[2] So nach R. H. Brown, „*Dictionary of Marine Insurance Terms*", 3rd edition, 1968, Monument Series, Witherby & Co. Ltd.

versicherer räumt dem Erstversicherer eine Über-/Superprovision *(overriding commission)* ein. – Auch das Entgelt des Versicherungsvertreters wird unter gewissen Umständen Über-/Superprovision genannt, desgleichen im Emissionsgeschäft *(new issue business)* gelegentlich die Maklerprovision.

Die Rückversicherung kann nach verschiedenen Maßstäben übernommen *(accepted)* werden, und der Erstversicherer wird, je nach der Art seines Geschäfts, entscheiden, wie er verfährt. Wenn er zum Beispiel viele kleinere Objekte mit etwa gleichem Risiko angeboten erhält, mag er sich anders rückversichern als bei wenigen großen mit jeweils ungewöhnlich hohem oder sehr verschiedenem Risiko. Bei der Quotenrückversicherung *(quota/fixed share reinsurance)* wird ein gewisser Prozentsatz des Erstgeschäfts in einer bestimmten Gruppe von Risiken rückversichert. Eine solche proportionale Beteiligung wird vermieden bei den verschiedenen Formen der Exzedentenrückversicherung *(surplus reinsurance).* Hierbei läßt sich der Erstversicherer Rückversicherung geben für das Risiko oder die Risiken, die über seine „Linie“ *(line),* sein Versicherungslimit, hinausgehen. Richtet man sich dabei nach der Versicherungssumme, so ist das eine Summenexzedenten-Rückversicherung *(surplus/excess-of-line reinsurance).* Der abgegebene Teil ist der Exzedent *(excess of line, surplus).* Die Rückversicherung kann aber auch für ein Übermaß an Schäden abgeschlossen werden, dann ist sie eine Schadenexzedenten-Rückversicherung *(excess-of-loss reinsurance).* Gedeckt ist dann nur der Schaden, der über das aus einer Gruppe von Risiken gewöhnlich zu erwartende Maß hinausgeht. Eine besondere Form der Schadenexzedenten-Rückversicherung ist die Gesamtschaden-Exzedenten-Rückversicherung oder Jahresüberschaden-Rückversicherung *(stop-loss reinsurance).* Hier tritt der Rückversicherer ein, wenn der Erstversicherer in einem Jahr mehr als einen bestimmten Betrag für Schadenzahlungen aufwenden muß. Eine zusätzliche Rückversicherung schließlich ist die Superexzedenten-Rückversicherung. Ein englisches Wort hierfür ist nicht auszumachen, aber denkbar wäre etwa *remaining excess reinsurance.* Der Erstversicherer schließt einen solchen Vertrag ab „für die Summenteile, die über die Deckungskapazität des Exzedentenvertrags plus Eigenbehaltsmaximum hinausgehen“[1], also für die noch nicht rückversicherten Beträge aus den Erstverträgen.

Der Rückversicherer kann sich seinerseits für einen Teil des Risikos rückversichern, wenn sein eigenes Maximum *(maximum)* überschritten ist. Er ist dann Retrozedent *(retrocedent)*, und sein Rück-Rückversicherer ist der Retrozessionär *(retrocessionaire)*, der Rück-Rückversicherungsvertrag ist eine Retrozession *(retrocession)*.

Eine andere Möglichkeit der Verteilung des Risikos auf mehrere Versicherungen ist Mitversicherung *(co-insurance).* Mehrere Direktversicherer beteiligen sich an einem Risiko, indem jeder eine Quote *(quota[-share])* übernimmt und für einen entsprechenden Teil des Schadens haftbar *(liable)* ist. Ein Versicherer ist dabei die führende Gesellschaft *(leading company/office).* – Das Wort *co-insurance* hat aber im Englischen noch den zweiten Sinn einer „Mitversicherung“ unter Beteiligung des Versicherten, indem dieser einen wesentlichen Teil des Schadens selbst zu tragen hat. Manche großen Industriekonzerne haben ihr eigenes, konzerngebundenes Versicherungsunternehmen *(captive insurance company)*.

[1] „Versicherungs-Alphabet“, zusammengestellt von Privatdozent Dr. Reimer Schmidt, 2. Auflage, Verlag „Versicherungswirtschaft“, Karlsruhe, 1955, S. 215.

Vertreter – Inspektor – Außendienstleiter

Agent - agency inspector - agency manager

Die Leistungsfähigkeit des Versicherungsgewerbes hängt ganz wesentlich von seinem Außendienst *(field service/organization)* und dem Personal im Außendienst *(outside/field staff)* ab. Zum Außendienst gehören, mindestens zu einem Teil ihrer Tätigkeit, zwei Gruppen: Diejenigen, die Versicherung verkaufen *(sell insurance),* das „Verkaufspersonal" *(sales force),* und die Leute von der Schadenseite, das Schadenbearbeitungspersonal *(claims staff).* Die Bezeichnung „Außendienst" ist nicht fest umrissen und überdies für die angelsächsischen Länder nur mit Vorsicht verwendbar, weil hier ein sehr großer Teil des Neugeschäfts von selbständigen Versicherungsvermittlern *(insurance intermediaries)* beigebracht wird.

Das sind zunächst die Versicherungsmakler *(insurance brokers).* Sie sind selbständige Kaufleute, die dieses Geschäft im Hauptberuf *(as a full-time job)* betreiben. Sie haben ihre eigene Firma *(firm)* und ihr eigenes Büro. Im persönlichen Kontakt mit der Kundschaft *(clients, customers)* „produzieren" sie Geschäft *(write/produce business).* Sie sind nicht für eine bestimmte Versicherungsgesellschaft tätig, sondern wählen jeweils aus dem gesamten Versicherungsmarkt *(insurance market)* aus, was der Kunde braucht. Sodann gibt es Versicherungsvertreter *(insurance agents),* die diese Tätigkeit im Nebenberuf *(in part-time, as a part-time job)* ausüben. Sie sind im Hauptberuf etwa Rechtsanwälte *(solicitors),* Steuerberater *(accountants),* Zweigstellenleiter von Banken *(bank [branch] managers),* Zweigstellenleiter von Bausparkassen *(building society managers),* Bauunternehmer *(builders),* Grundstücks- und Wohnungsmakler *(estate agents),* Autohändler *(car dealers),* Inhaber von Autowerkstätten *(garage proprietors)* und Inhaber von Reisebüros *(travel agents).* Sie arbeiten meist für eine bestimmte Gesellschaft, aber ihre Tätigkeit beschränkt sich darauf, neue Abschlüsse anzubahnen *(introduce/initiate new business).*

Diese beiden Arten von Vermittlern arbeiten auf Provisionsbasis *(on a commission basis)* – was die Hauptberuflichen *(full-timers),* die Makler, den Versicherern berechnen, bezeichnet man als Maklerprovision *(brokerage).* Sodann gibt es zwei Gruppen von festangestellten „Verkäufern" *(employed salesmen)* der Versicherer. Das sind zum einen die Hausvertreter *(home-service men)* der Kleinlebens-Versicherungsgesellschaften *(industrial life companies)* und der *collecting friendly societies,* der Vereine oder Verbände. Bei manchen Gesellschaften werden sie auch auf der Basis Gehalt plus Provision *(on a salary-plus-commission basis)* bezahlt. Sie sammeln die Beiträge ein *(collect premiums)* und werben Kunden *(canvass).* Die zweite Gruppe festangestellter Vertreter *(staff representatives)* sind die Versicherungsinspektoren *(insurance inspectors),* genauer: die Vertreter-Inspektoren *(agency inspectors, inspectors of agents).* Sie heißen so, weil ihre Aufgabe unter anderem ist, die nebenberuflichen Vertreter zu betreuen *(service)* und sie sowie die Makler in der Pflege des Geschäfts *(cultivation of business)*[1]

[1] H. A. L. Cockerell, „*Insurance*", Teach Yourself Books, The English Universities Press Ltd., London, 1970, S. 180.

zu unterstützen. Außerdem beraten sie Kunden direkt über Art und Umfang des Versicherungsschutzes *(extent of cover)*.

Die Leute von der Schadenseite sind ebenfalls teils selbständig, teils angestellt. Als Schadenschätzer *([claims] adjusters)* werden oft selbständige Unternehmer beschäftigt, die Spezialisten auf dem jeweiligen Gebiet sind. Aber die Gesellschaft hat auf jeden Fall auch eine Anzahl eigener Sachverständiger *(surveyors)*. Auf ihren technischen Sachverstand müssen sich die Schadenregulierer *(claims inspectors)* oft verlassen.

Je nach Größe und Organisation einer Gesellschaft sind diese Angestellten außer bei der Hauptverwaltung *(head office)* auch bei Bezirksverwaltungen *(regional offices)* und bei Zweigstellen, Filialen *(branches)* beschäftigt. Mitunter gibt es darunter noch kleinere Einheiten, *sub-branches* oder *sub-offices*, also „Geschäftsstellen". An der Spitze der Bezirksverwaltung oder einer großen Zweigstelle stehen nach englischer Organisation der Zweigstellen- oder Filialleiter *(branch manager)* und der stellvertretende Filialleiter *(assistant branch manager)*. Darunter teilen sich oft die Befugnisse: Ein Bürovorsteher *([branch] superintendent, chief clerk)* beaufsichtigt *(supervises)* das Personal vom Innendienst *(inside staff)* und die mit Schreibarbeiten *(clerical work)* beschäftigten Angestellten *(junior clerks)*, während ein Chefinspektor *(chief inspector, agency superintendent)*[1] zuständig ist für *(is in charge of)* das Außenpersonal. Werden in der Filiale mehrere Versicherungssparten betrieben, so tritt dort unter Umständen eine weitere Aufspaltung ein, wobei dann etwa verantwortlich für die Sparte „Feuer" ein Spartenleiter oder Hauptsachbearbeiter Feuer *(fire manager)* und für „Unfall" ein Spartenleiter Unfall *(accident manager)* ist.

Beide Teilungen setzen sich gewöhnlich bis in die Hauptverwaltung hinauf fort. Der Leiter des gesamten Innendienstes der Gesellschaft kann sein ein *general manager* oder ein *assistant general manager* – zur Not übersetzbar mit „Leitender Direktor" oder „Generalbevollmächtigter", und ähnliche Titel mögen die Spartenleiter haben. Bei manchen britischen Versicherungsgesellschaften heißt der Hauptgeschäftsführer, der Erste Direktor, nicht *managing director*, sondern *chief general manager* oder gar nur *general manager*. In diesem Falle müssen natürlich auch die Titel der nachgeordneten Direktoren bescheidener lauten, zum Beispiel der seines Stellvertreters *deputy chief general manager*. Der Chef der Abteilung „Transportversicherung" für den ganzen Versicherungskonzern ist der *group marine manager*. Der Leiter des gesamten Außendienstes für die Akquisition *(acquisition)* heißt ziemlich einheitlich *agency manager*, der Leiter der Versicherungsmathematischen Abteilung oder der gesamten Abteilung „Lebensversicherung" ist der *chief actuary*. Weitere wichtige Mitglieder des Verwaltungsrats *(members of the board of directors)* sind der Chef der Vermögensverwaltung *(investment management)*, der *chief investment manager*, und der Leiter des Rechnungswesens *(chief accountant)*. Je nach Geschäftsstruktur oder Tradition sind die sonstigen Abteilungen unterstellt: die Schadenabteilung *(claims department)* zum Beispiel, in der die Schadenanzeigen *(notices of claims)* entgegengenommen und geprüft werden – meist in jeder Sparte eine –, oder die

[1] "*Insurance*", *Choice of Careers* 93, Her Majesty's Stationery Office, Third Edition, January 1969, S. 9.

Grundstücksabteilung *(estate department)*, die aber auch Teil der Vermögensverwaltung sein kann.

Viele Schicksale im „Bestand"

Reflection of good and bad luck: business in force

Rücklagen und Rückstellungen für alles und jedes finden sich in den Bilanzen von Versicherungsunternehmen. Die Versichertendividende in der Lebensversicherung wird oft zunächst einer Gewinnreserve für die Versicherten oder Überschußrückstellung *(bonus reserve for policy holders, life profit reserve)* zugewiesen *(transferred to, put into)*. Aus einer Schwankungsrückstellung *(claims equalization reserve)*, einer sogenannten „technischen Reserve" *(underwriting reserve)*, decken die Unternehmen versicherungstechnische Verluste *(underwriting losses)*, die im Laufe eines Jahres entstehen. Mit der Rückstellung für schwebende/ausstehende Schadenfälle *(provision for outstanding claims)* wird für Versicherungsansprüche vorgesorgt, die am Jahresende bekannt, aber noch nicht endgültig geregelt *(settled)* sind. Die Rückstellung für noch nicht verdiente Prämie *(provision for unearned premium)*, in den Bilanzen meist kurz „Prämienüberträge" *(unearned premiums)* genannt, grenzt in der Feuer- und Unfallversicherung den Teil der Jahresprämie ab, dem noch nicht abgelaufene Risiken *(unexpired risks)* gegenüberstehen, so daß er erst als Ertrag *(income)* des kommenden Geschäftsjahres anzusehen ist. Die Bilanzerläuterung dazu lautet etwa: „40 Prozent der während des Jahres produzierten Prämie" *(40 per cent of premiums written during the year)*.

Ein weiterer Reserveposten ist die Rücklage für Kursverluste oder -schwankungen *(investment reserve)*. Bei einem Anstieg des Marktwertes der Kapitalanlagen *(increase in market value of assets)* wird ein Teil dieses Zuwachses für eine Zuweisung an Kursverlustrücklage *(transfer to investment reserve)* verwendet, bei einem Sinken *(decrease)* wird ein entsprechender Betrag der Rücklage entnommen und dem Ertragskonto zugeschrieben *(transferred from investment reserve to revenue account)*; im zweiten Falle findet insoweit eine Auflösung der Kursverlustrücklage *(release of investment reserve)* statt.

Der Jahresabschluß einer Versicherungsgesellschaft enthält noch eine ganze Reihe weiterer Begriffe und Kennzahlen *(indicators)*, die in einer Industrie- oder Handelsbilanz nicht zu finden sind. Bei Lebensversicherungs-Unternehmen sind die wichtigsten Kennzahlen *(key indicators)* das Neugeschäft *(new business, new [life] sums assured [effected])* und die Neugeschäfts-Prämie *(new premium income)*, genauer: die Netto-Jahresprämie des Neugeschäfts *(net new annual premiums)* sowie die Gegenleistungen für zugesagte Leibrenten *(considerations for annuities granted)*. Der neue Versicherungs- oder Lebensversicherungsbestand *(business in force)*, die Gesamtsumme an Lebensversicherungen zum Jahresende *(sums assured, total sums assured under life policies at end of year)* wird aufgeführt, abzüglich Rückversicherungsanteil *(net of reassurance, less reassurance)*. Diesen Angaben werden die „Versicherungsleistungen auf Grund von Versicherungspolicen und Rentenverträgen“ *(payments under policies and annuities)* gegenübergestellt. Im einzelnen wird das Schicksal des Bestands noch genauer dargestellt, etwa unter der Überschrift „Darstellung der Bestandsbewegung“ *(statement of changes in business in force):* Die Übertragungen *(transfers)* von einer Versicherungsform auf eine andere, zugeteilte Versichertendividende *(bonuses allotted/allocated),* desgleichen Versichertendividende in bar *(bonuses in cash, separate surrender of bonus),* Versicherungsleistungen wegen Todes *(death claims),* wegen Ablaufs *(by maturity),* Rückkäufe gegen bar *(surrenders for cash).* Einen Eindruck davon, wie „gesund“ der Bestand ist, vermitteln die Zahlen über Verfall *(forfeiture),* die Fälle von Stornierungen *(lapses)* und die Umwandlungen in beitragsfreie Versicherungen unter Herabsetzung der Versicherungssumme *(conversions to paid-up policies for reduced benefits),* jeweils im Verhältnis zum Bestand *(as a proportion of the total sums assured).* Diese Angaben werden gemacht „unter Abzug der Rückversicherungsanteile“ *(net of reassurance recoveries)* und außerdem, soweit das in Frage kommt, unterteilt nach Einzelversicherungen *(individual/non-group assurances)* und Gruppenversicherungen *(group assurances).*

Versicherungsunternehmen führen nicht alle Einzelheiten ihrer Erträge und Aufwendungen in der Gewinn- und Verlustrechnung *(profit and loss account)* auf, sondern tun das für die einzelnen Sparten *(classes)* vorher in besonderen versicherungstechnischen Gewinn- und Verlustrechnungen *(revenue accounts).* Dadurch ist auch eine bessere Kostenkontrolle *(cost control)* und Erfolgskontrolle *(profit control)* für die einzelnen Versicherungszweige möglich. Unter den Einnahmen *(income)* sind die größten Posten die Prämien und die Kapitalerträge *(investment income).* Unter den Ausgaben sind es die aufgetretenen Schadenfälle, gezahlt und ausstehend *(claims incurred, paid and outstanding).* Indem die Versicherer die Prämie in Beziehung setzen zu Zahlengruppen aus den versicherungstechnischen Ergebnissen *(underwriting results),* gewinnen sie gewisse betriebliche Verhältniszahlen *(operating ratios).* Besonders wichtig sind zum Beispiel die für die Abschluß- oder Erwerbskosten *(acquisition cost),* die Bearbeitungskosten *(cost of writing insurance)* und die Verwaltungskosten im engeren Sinne *(management expenses).* Für sie wird im Bericht der Geschäftsleitung jeweils ein Kostensatz *(expense ratio)* angegeben, das heißt, sie werden als Prozentsatz der während des Jahres empfangenen Prämie ausgedrückt *(expressed as a percentage of the premium received during the year).* Das weitergegebene Geschäft wird dabei berücksichtigt, zum Beispiel werden die Abschlußprovisionen abzüglich der Provisionen auf weitergegebenes Geschäft *(commission net of commission on business ceded)* aufgeführt. Eine andere wichtige Verhältniszahl ist die Schadenquote *(claims percentage),* das Verhältnis von Schäden zu Prämie *(losses to premium)* oder auch Schadenverhältnis zu verdienter Prämie *(claims ratio to earned premiums).*

"Not using financial futures is outright speculation"[1]
(Ein Sprecher der New York Futures Exchange)

Finanzterminmärkte*

Finanzterminbörse: Einen Zins festmachen

Financial futures exchange: Locking in the interest rate

In der Art der Rohstoffterminmärkte entwickelten sich in den siebziger Jahren auch Finanzterminmärkte *(financial futures markets)* oder Finanzterminbörsen *(financial futures exchanges)* zunächst in Amerika, später auch in anderen Ländern. An ihnen werden Finanzterminkontrakte *(financial futures contracts)* abgeschlossen *(concluded)*. Das sind bindende Vereinbarungen *(agreements)* über den Kauf und Verkauf eines Standardbetrags *(standard amount)* eines bestimmten Finanzierungsmittels *(financial instrument)* zu einem künftigen Datum und einem bestimmten Preis. Sie kommen an einer der organisierten Börsen durch Zuruf *(open outcry)* zustande. Der Finanzterminbörse, wie der Warenterminbörse, bedienen sich Spekulanten, weil sie einen Gewinn machen wollen, und auf Kurssicherung bedachte Marktteilnehmer *(hedging operators, hedgers)*. Letzteren geht es darum, schon heute für die Zukunft einen bestimmten Finanzertrag *(financial return)*, eine bestimmte Rendite *(yield)* zu sichern oder, umgekehrt, schon heute für die Zukunft vorzusorgen, daß sie als Kreditnehmer *(borrowers)* nicht mehr als einen bestimmten Zins zahlen werden.

An den amerikanischen Finanzterminbörsen, in der Hauptsache in Chicago und New York, gibt es für die Sicherung des kurz- und mittelfristigen Zinses *(short and medium term interest rate hedge)* Verträge über Schatzwechsel *(treasury bills)*, kurzfristige gewerbliche Schuldverschreibungen *(commercial paper*[2]*)*, mittelfristige Schatzschuldverschreibungen *(treasury notes)* und – für die Sicherung des langfristigen Zinses *(long term interest rate hedge)* – längerfristige Staatsschuldverschreibungen *(treasury bonds)*, ferner amerikanische öffentlich garantierte Hypothekenpfandbriefe *(mortgage securities)*, auch genannt "*Ginnie Mae*" – nach GNMA, der Abkürzung für "*Government National Mortgage Association*".

Ferner gibt es Terminkontrakte über Aktienindizes *(share index futures)* sowie Optionen auf Terminkontrakte *(options on futures contracts)*. Bei Kontrakten über einen Aktienindex *(share index, AE stock price index)* kann ein Fondsverwalter *(fund manager)*, der etwa in drei Monaten einen größeren Betrag in einem ganzen Aktienportefeuille *(share portfolio)* anlegen will, sich gegen einen Kursanstieg *(rise of share/stock prices)* sichern, indem er schon jetzt Index-Kontrakte kauft. Steigen die Kurse, so hat er einen Gewinn aus dem Index-Kontrakt; sinken sie, so hat er hier einen

[1] „Verzicht auf Finanzterminkontrakte ist klare Spekulation."
* *Financial futures markets.*
[2] Nur im Singular.

Verlust. Im ersten Falle muß er allerdings für den geplanten Aktienkauf mehr aufwenden, im zweiten Falle bekommt er diese Aktien billiger – er hat sich gegen Verluste abgesichert, denn das eine gleicht das andere etwa aus. Für solche Geschäfte gibt es in Amerika den *Standard and Poor Stock Price Index* mit 500 Aktien, den Index der New Yorker Börse mit 1525 Aktien und an der Londoner Internationalen Finanzterminbörse *(London International Financial Futures Exchange – Liffe*, gesprochen: *Laif)* den *FT-SE Index 100* mit hundert Aktien. Während sonst bei Finanzterminkontrakten zumeist Wertpapiere zu liefern *(deliver)* sind – falls es zum Liefertermin kommt – erhält der Marktteilnehmer *(operator)* hier, falls er den Index-Kontrakt fällig werden läßt *(lets the contract go to maturity)*, nicht die Aktien aus dem Index, sondern den Gegenwert des Unterschieds in bar *(equivalent in cash)*. In London können ferner Verträge über Pfundeinlagen auf drei Monate *(three month sterling deposits)*, Eurodollareinlagen auf drei Monate *(three month Eurodollar deposits)*, amerikanische Schatzwechsel *(treasury bonds)* sowie über britische zwanzigjährige Staatsschuldverschreibungen *(twenty year gilt stock)* abgeschlossen werden. Im letzteren Falle ist die Kontrakteinheit *(unit of trading)* ein nur begrifflich vorhandenes Wertpapier *(a notional stock)* mit zwanzig Jahren Laufzeit *(20 years maturity)* und einem Zinskupon von 12 Prozent *(a coupon of 12 per cent)* im Nominalwert von 50 000 Pfund. Falls es zur Auslieferung *(delivery)* kommt, kann jede Staatsschuldverschreibung mit 15 bis 25 Jahren Laufzeit geliefert werden. Die Mindest-Preisbewegung *(minimum price movement)*, auch Anschreib- oder Vermerkeinheit *(tick size)* genannt, ist 1/32 Prozent, das heißt auf eine ganze Kontrakteinheit 15,625 Pfund. Der anfängliche Einschuß *(initial/original margin)*, den der Marktteilnehmer dem Makler zu hinterlegen *(deposit)* hat, wenn er einen Kontrakt kauft oder verkauft, ist 1500 Pfund, 3 Prozent des nominalen Kontraktwerts *(nominal contract value)*. Aber bei anderen Kontrakten ist die „Marge" oft niedriger. Bei stärkeren Preisschwankungen der ausstehenden Verträge *(outstanding contracts)* kommt es jeweils zu einer Margenabweichung *(variation, variation margin)*, die einen zusätzlichen Einschuß nötig macht oder zu einer Gutschrift führt. Eine „*maintenance margin*", etwa: „Grundmarge", ist der Teil des anfänglichen Einschusses, der jederzeit gehalten werden muß. Wie am Rohstoffmarkt ist auch am Finanzterminmarkt ein *straddle*, oder *spread*, möglich, wobei scheinbar willkürliche Preisunterschiede zwischen nahen Monaten *(near months)* und entfernten Monaten *(distant months)* genutzt werden; der nächste Handelsmonat – oder Terminkontrakt – wird „*nearby*", der entfernteste Handelsmonat oder Terminkontrakt „*deferred month*" oder „*deferred futures*" genannt.

In großem Umfange werden an den Finanzterminbörsen auch Kurssicherungsgeschäfte *(hedging operations)* über Devisen *(currency/foreign exchange)* getätigt *(transacted)*: In London zum Beispiel werden Devisenkontrakte *(currency/foreign exchange contracts)* gegen den Dollar notiert und gehandelt *(quoted and traded against the dollar)* über Pfunde, D-Mark, Yen und Schweizerfranken, der Pfund-Kontrakt in der Größe *(size)* von 50 000 Pfund, der DM-Kontrakt in der Vertragseinheit *(contract unit)* 25 000 DM. Die Unstetigkeit *(volatility)* der Wechselkurse *(exchange rates)*, so unangenehm wie die Zins-Unruhe *(interest rate volatility/instability)*, rief den Bedarf *(demand)* dafür hervor. Zuvor konnte ein Unternehmer oder Privatmann angesichts einer solchen Gefährdung *(exposure)* zwar bei seiner Bank Devisen im voraus kaufen oder verkaufen *(buy/sell forward)*. Aber jetzt kann er das dank den Devisenterminmärkten *(currency futures markets)* in den verschiedenen Erdteilen rund um die Uhr *(round the clock)*. Er braucht dazu auch keine Kreditfazilität *(credit facility)* von seiner Bank, da seine Einschußmarge genügt.

Die zentrale Absicht einer Kurssicherung am Finanzterminmarkt ist stets, sich einen Preis, einen Kurs, einen Zins, eine Rendite zu sichern, festzumachen *(to lock in the rate)*. Ein Saison-Unternehmen, das in einigen Monaten hohe Einnahmen haben wird und sich für deren zeitweilige Anlage den heute gängigen Zins sichern *(secure an interest rate)* möchte, kauft zum Beispiel Terminkontrakte über Schatzwechsel, die es später abstößt. Die dann hereinkommenden Gelder legt es im einzelnen in Einlagen oder Wertpapieren an, erhöht oder verringert um den Gewinn oder Verlust aus den Terminkontrakten. Umgekehrt kann ein Unternehmen sich jetzt schon den Zinssatz für künftigen Kredit oder für künftige Phasen eines revolvierenden Kredits *(roll-over loan)* sichern. Der Zinssatz eines Eurodollar-Kredits, fest abgemacht *(fixed)* für mehrere Jahre, wird zum Beispiel alle drei Monate der allgemeinen Zinsentwicklung angepaßt *(adjusted to the general development of interest rates)*. Der Zins ist abgestellt auf *(the interest rate is geared to)* die *London Interbank Offered Rate – LIBOR* – zuzüglich siebenachtel Prozent. Um sich vor einem Zinsanstieg bei der nächsten Anpassung zu schützen, verkauft der Kreditnehmer eine entsprechende Anzahl Terminkontrakte über Eurodollar-Einlagen. Steigt später der Zins wirklich, hat er einen Ausgleich in dem Abschlag *(discount)* auf die Eurodollar-Depositen, mit denen er sich nun, wenn er seine Markt-Position ausgleicht *(evens up his market position)*, billiger eindecken *(cover)* kann, als er sie zuvor verkauft hat: Er hat seine Kreditkosten *(borrowing costs)* frühzeitig gesichert.

Über den Devisenterminhandel zum Schutze gegen Wechselkurs-Gefahren *(protection against exchange rate exposure)* wurde schon gesprochen. Was immer abgesichert wird, im organisierten Terminhandel wird nicht nur die Verlustgefahr, sondern auch die Gewinnchance größtenteils ausgeschlossen. Anders ist es wenn der Marktteilnehmer statt dessen eine Option aufnimmt. Diese gibt es für Devisen als Einheits- oder Standard-Optionen *(standardized options)*, zum Beispiel an einer Börse in Philadelphia. Aber etliche Banken bieten sie auch „maßgeschneidert" *(tailor-made)* an. so wie sie das einzelne Unternehmen nach Betrag, Kurs und Fälligkeitsdatum *(maturity date)* benötigt. Auf Grund einer Devisen-Option *(currency option)* kann der Optionsnehmer Devisen zu einem vorher vereinbarten Kurs *(rate)* bis zu einem bestimmten Zeitpunkt kaufen oder verkaufen; er unterliegt jedoch keiner Verpflichtung *(he is under no obligation)*, das zu tun. Anders als bei der Voraus-Eindeckung *(forward cover)* am Devisenmarkt deckt eine Kauf-Option das Verteuerungs-Risiko *(upside risk)*, beseitigt aber nicht die Verbilligungs-Chance *(downside potential)*. Bei der Verkauf-Option ist es umgekehrt. Auch Optionen auf *(on)* Terminkontrakte sind möglich: Preissicherung mit einer Gewinnchance *(profit chance)*.

Eine Stellung zwischen den Rohstoff- und den Finanzterminmärkten nimmt die Goldterminbörse *(gold futures market)* ein. Geliefert wird in zugelassenen *(approved)* Stahlkammern *(vaults)*, und die lieferbaren *(deliverable)* Barren *(bars)* müssen ebenfalls von einer zugelassenen Marke *(brand)* sein.

ANHANG: NEUESTE ENTWICKLUNGEN

- Große britische Banken begannen im Jahre 1985, sich mit einer neuen Art eigenkapital-ähnlicher Mittel *(quasi-equity capital)* einzudecken: Sie begaben für sich selbst erstklassiges „Primärkapital“ *(primary capital)* in Form undatierter Schuldscheine *(undated notes)* mit wechselndem Zins *(floating rate)*, jedoch mit einem bestimmten Mindestzins *(minimum interest rate)*, in Pfunden wie in Dollar. Diese Anleihen wurden im Finanzjargon *(financial jargon)* auch als *„perpetual floaters“* bezeichnet, etwa: „ewiglaufende Zinswechsler“.

  Zuvor hatte die Bank von England den Geschäftsbanken nahegelegt, sich zusätzliches Garantiekapital in Form einer Zwischenlösung zu schaffen. Sie hatte die Zunahme der Risiken außerhalb der Bilanz *(off-balance sheet)* bei den Geschäftsbanken bedenklich gefunden, vor allem Risiken auf Grund von Schuldschein-Rahmenarrangements *(note issuance facilities – NIF)* oder Revolvierenden Übernahmelinien *(revolving underwriting facilities – RUF)*. Institute, die als Fest-Übernehmer *(underwriters)* solcher Emissionen handeln, übernehmen damit ein langfristiges Risiko. Die Zentralbank bezog daher für die Feststellung des angemessenen Kapitals *(capital adequacy)* diese Eventualverpflichtungen *(contingent liabilities)* in die Berechnung des Verhältnisses der Risiken zu den Vermögenwerten *(risk/asset ratio)* ein.

- Einige große amerikanische Finanzmakler begannen in den achtziger Jahren mit der Ausgabe von Wachstums-Zertifikaten über Schatzamts-Wertpapiere *(Certificates of Accrual on Treasury Securities – CATS)*: Die Zertifikate wurden mit einem Abschlag *(discount)* ausgegeben, so wie Schuldverschreibungen mit Null-Zinskupon *(zero-coupon)*, aber die zugrundeliegenden *(underlying)* Wertpapiere sind amerikanische Staatspapiere. Damit kann der Anleger eine bestimmte Rendite bis zur Fälligkeit festmachen *(lock in yields to maturity)*. Er vermeidet so das Risiko niedrigerer Zinssätze, wenn die periodisch gezahlten Zinsen auf Wertpapiere mit Kupon wiederangelegt werden.

- Ein in den USA entwickeltes Verfahren der Verwendung schlechtverkäuflicher Waren ist *asset realization* oder *integrated asset management*, etwa: Aktiva-Verwertung oder Warenverwertung durch Tausch. Ein Spezial-Institut übernimmt Bestände an veralteten Waren oder andere schwierige Vermögenswerte *(problem assets)* und gibt dem Unternehmen dafür teils Bargeld, teils Gutschriften *(credits)* auf Waren und Dienste. Nicht Ladenhüter *(dead stock*, AE *frustrated goods)* werden zu Schleuderpreisen *(at knock-down prices)* übernommen, sondern brauchbare, aber wertberichtigte *(written-down)* Bestände, und sie werden außerhalb der üblichen Absatzwege *(channels of trade, distribution channels)* vertrieben.

- Immer neue Formen und Begriffe des internationalen Tauschhandels *(countertrade)* sind im Laufe der Zeit aufgekommen. Der direkte Gütertausch ist *„barter“*, und es können dazu Waren wie auch Dienste verwendet werden. Eine besondere Form ist der „*buy-back*", Rückkauf oder Gegenkauf: Lieferanten von Produktionsanlagen lassen sich mit Erzeugnissen aus der künftigen Produktion der Anlage bezahlen. „*Offset*", etwa soviel wie Eigenleistung, ist die Vertragsbedingung, daß der Exporteur für seine Lieferung oder Leistung Material, Dienste oder Halbfabrikate des Importlandes verwendet. „*Counter-Investment*", Gegeninvestition, bedeutet, daß der Exporteur Dritte zu Investitionen im Importland veranlaßt, so daß es Devisen bekommt.

● Zu dem Tausch *(swap)* von Finanzanlagen *(asset swap)* ist in den achtziger Jahren mehr und mehr auch der Schuldentausch *(debt swap)* getreten. Bei den Banken ist das Motiv oft ein „*mis-match*", eine fehlende Übereinstimmung von Anlage und Refinanzierung. Am Schuldentausch nehmen auch bedeutende Industrie-Unternehmen teil. Ein Unternehmen hat etwa guten Zutritt zum kanadischen Kapitalmarkt, braucht aber Mittel in Schweizerfranken. Es mag daher seine Kanada-Dollar-Anleihe einem anderen Unternehmen überlassen, das selbst zu günstigeren Bedingungen eine Anleihe in Schweizerfranken aufnehmen kann und sie ihm zur Verfügung stellt, weil es selbst Verwendung für billige kanadische Dollar hat. Die Gründe für solche Tauschoperationen *(swap operations)* können sein: der Wunsch nach einer anderen Währung – dann spricht man von Währungstausch *(currency swap)*; oder das Bedürfnis nach Verschuldung zu einem anderen, günstigeren Zins – dann ist es ein Zins-Tausch *(interest rate swap)*. Zum Beispiel mag eine Gesellschaft ihre festverzinsliche Schuld *(fixed rate debt)* in eine variabel-verzinsliche umtauschen *(swap it for a floating rate debt)*. Die Gesellschaft bleibt aus der ursprünglichen Schuld verpflichtet.

● Angesichts steigender Grundstückskosten *(cost of the ground)* und Gehälter für das Verkaufspersonal *(sales staff)* im Einzelhandel hat sich der Direktabsatz *(direct marketing)* an den Verbraucher in den siebziger und achtziger Jahren ausgeweitet und neue Formen angenommen. Der Versandhandel *(mail-order business)* erhält seine Bestellungen heute nicht mehr nur durch die Post. Man unterscheidet im wesentlichen vier Arten des Direktabsatzes: Durch Postwurfsendung *(direct mail)*, Antwortanzeigen *(direct response advertising)*, Fernsprechwerbung und -verkauf *(telemarketing)* und Werbung/Verkauf auf elektronischem Wege *(electronic media marketing)*[1]. Die Versandkataloge *(mail-order catalogues)* sind im Laufe der Jahre immer umfangreicher geworden, weil die Hochkonjunktur *(boom)* selten geworden ist, und die meisten Konsumgütermärkte *(consumer goods markets)* nicht mehr Verkäufermärkte *(sellers' markets)*, sondern Käufermärkte *(buyers' markets)* sind. Adressenlisten *(mailing lists)* nach Zielgruppen *(target groups)* sind das wichtigste Hilfsmittel in diesem Geschäft.

Antwortinserate *(direct response advertisements)* mit Bestellschein *(order coupon/form)* haben den Vorteil, daß der Unternehmer ein unmittelbar meßbares Verbraucher-Echo *(consumer response)* hat. Er kann somit klar erkennen, welches seine gutverkäuflichen *(well-selling)* oder bestverkäuflichen *(best-selling)* Warengruppen *(lines)* sind und welches die schleppend-gehenden *(sluggish)* Sortimente *(ranges, lines)*. Auch Testmärkte *(test markets, trial markets)* lassen sich damit abgrenzen.

[1] nach: Christian Brann, „*Cost-effective Direct Marketing*", Collectors' Books Limited, Cirencester/England, 1984.

Direktabsatz *(direct marketing)* mit elektronischen Werbeträgern *(electronic advertising media)* geschieht durch Speichern von Angeboten, die der Verbraucher auf seinen Bildschirm rufen kann.

- Ein System von Konjunktur-Indikatoren *(cyclical indicators)* dient in etlichen Industrieländern zu Hinweisen auf Aufwärts- *(upturns)* und Abwärtswendungen *(downturns)* der Geschäftstätigkeit *(business activity)*. Es besteht zum Beispiel in England aus je einem längerfristigen Indikator oder Frühindikator *(longer leading indicator)*, der Wendepunkte *(turning points)* etwa ein Jahr im voraus, einem kürzerfristigen *(shorter leading indicator)*, der Wendepunkte etwa sechs Monate im voraus anzeigen soll, einem Gegenwartsindikator *(coincident indicator)*, der eine gegenwärtige Wende anzeigt, und einem nachträglichen oder Spätindikator *(lagging indicator)*, der eine Wende etwa ein Jahr nach diesem Ereignis feststellt. Jeder Indikator ergibt sich aus einer Serie volkswirtschaftlicher Indizes, vom Sozialprodukt über die Kredit- und Zinsentwicklung, Auftragsbestände *(orders on hand)*, Lagervorräte *(level of stocks)* bis zur Kapazitätsausnutzung *(capacity utilization)* und anderen Schlüsselzahlen *(key figures)*. Aber die Deutung ist oft schwierig. Die vorläufige Berechnung, die „Blitzschätzung" (AE: *flash estimate*) einer konjunkturellen Entwicklung *(cyclical development)* kann dann in einem gründlich falschen Ergebnis enden.

- Die Privatisierung *(privatization)* staatlicher Unternehmen *(state-owned enterprises)* war ein wichtiger Programmpunkt der Regierung Thatcher. Einige hochrentierliche *(highly profitable)* waren schnell verkauft, aber im Falle etlicher „lahmer Enten" *(lame ducks)* stellte sich das Vorhaben schwieriger. In mehreren Fällen behielt die Regierung eine sogenannte „Goldene Aktie" *(Golden Share)*, mit der sie ein beliebig hohes Stimmrecht *(voting right)* geltend machen kann, zum Beispiel um den Übergang eines großen Aktienpakets *(share parcel)* in das Ausland zu verhindern.

- *Junk bonds*, etwa „Trödel-" oder „Plunder-Schuldverschreibungen", sind Emissionen von so geringer Qualität, daß sie nur einen ganz beschränkten Markt finden. Trotzdem haben sie in Amerika ein bedeutendes Handelsvolumen erreicht.

- Unter *treasury operations* versteht man die Beschaffung und Unterbringung sehr kurzfristiger flüssiger Mittel des Unternehmens.

LITERATURVERZEICHNIS

Deutsche Quellen

Abraham, Hans Jürgen: *Das Seerecht.* Walter De Gruyter & Co., Berlin 1956.

Aktiengesetz mit Einführungsgesetz, GmbH-Gesetz. Textausgabe und Einführung von Prof. Wolfgang Hefermehl. Deutscher Taschenbuch Verlag 1965.

Amerikanische Bankensystem, Das, in *Hausmitteilungen* 1/72, Westdeutsche Landesbank Girozentrale.

Außenhandelsalphabet, hrsg. Deutsche Bank AG, Frankfurt/M. 1972.

Blattner, Karl: *Englisch für Kaufleute.* Neubearbeitet von Franz Groch. Langenscheidt KG, Berlin 1957.

Böckel, Jens-Jürgen und Friedrich Georg Hoepfner: *Moderne Kostenrechnung.* Verlag W. Kohlhammer, Stuttgart 1972.

Böhle-Stamschräder, A.: *Konkursordnung.* C. H. Beck'sche Verlagsbuchhandlung, München/Berlin [4]1955.

– *Vergleichsordnung.* C. H. Beck'sche Verlagsbuchhandlung, München/Berlin [4]1957.

Böhm, Hans-Hermann und Friedrich Wille: *Deckungsbeitragsrechnung und Programmoptimierung.* Verlag Moderne Industrie, München [2]1965.

Brune, Wilhelm: *ABC der Versicherung.* Hermann Luchterhand Verlag, Neuwied/Berlin 1950.

Bruns, Georg: *Einführung in das Effektenwesen.* Fritz Knapp Verlag, Frankfurt/M. [2]1965.

Collins, Edward: *Englische Handelssprachlehre,* neu bearbeitet von G. H. Gretton und Wanda Gretton, 7. Aufl., Ernst Klett Verlag, Stuttgart.

Delorme, Hermann: *Konsortial- und Emissionsgeschäft.* Fritz Knapp Verlag, Frankfurt/M. 1963.

Dobbek, Otto: *Finance and Accounting.* Heinrich Reinhardt Verlag, Frankfurt/M. [2]1948.

Ehricke, Alwin: *Investment ABC.* Hans Holzmann Verlag, Bad Wörishofen 1970.

Eichborn, Reinhart von: *Spezialwörterbuch für Handel und Wirtschaft.* Deutsche Verlags-Anstalt, Stuttgart [3]1957.

Greifzu, Julius: *Das neuzeitliche Rechnungswesen.* Hammerich & Lesser Verlag GmbH., Hamburg [7]1951.

Gritschneder, Otto: *Juristisches Lexikon.* Verlag Ullstein GmbH, Frankfurt/M./Berlin [2]1969.

Gunston, C. A. und C. M. Corner: *Deutsch-Englisches Glossarium finanzieller und wirtschaftlicher Fachausdrücke.* Fritz Knapp Verlag, Frankfurt/M. [4]1962.

Haasen, Uwe: *Das Recht auf den Überschuß bei den privaten Versicherungsgesellschaften.* Ferdinand Enke Verlag, Stuttgart 1955.

Handelsgesetzbuch. C. H. Beck'sche Verlagsbuchhandlung, München/Berlin 1950.

Hax, Karl und Theodor Wessels: *Handbuch der Wirtschaftswissenschaften,* Bd. 1 *Betriebswirtschaft.* Westdeutscher Verlag, Köln/Opladen 1966.

– *Handbuch der Wirtschaftswissenschaften,* Bd. 2 *Volkswirtschaft.* Westdeutscher Verlag, Köln/Opladen 1966.

Heinze, Siegfried: *Fachwörterbuch des Versicherungswesens,* Bd. 1 u. 2. Brandstetter Verlag, Wiesbaden 1961.

Herold, Hermann (Hrsg.): *Das Kreditgeschäft der Banken.* Hammerich & Lesser Verlag, Hamburg [14]1959.

Herrlau, Harry H. (Bearb.): *ABC des Seeverkehrs.* Deutscher Verkehrsverlag GmbH., Hamburg [3]1965.

Hinüber, O. L. von, und J. Wiefels: *Gesellschaftsrecht,* 7. Bd., III. Tl., Verlag L. Schwann, Düsseldorf, und W. Kohlhammer Verlag, Stuttgart 1951.

Hueck, Alfred: *Recht der Wertpapiere.* Verlag für Rechtswissenschaft, vorm. Franz Vahlen GmbH., Berlin/Frankfurt/M. 1949.

Joerges, Harald und Günther Schleiminger: *Internationaler Währungsfonds, Weltbank, IDA, IFC.* Fritz Knapp Verlag, Frankfurt/M. 1965.

Kalveram, W.: *Betriebsabrechnung,* Bd. II. Betriebswirtschaftlicher Verlag Dr. Th. Gabler, Wiesbaden 1949.

– *Doppelte Buchhaltung und Kontenrahmen,* Bd. I. Betriebswirtschaftlicher Verlag Dr. Th. Gabler, Wiesbaden 1948.

Krüger, Kurt: *Die englischen Begriffe des Arbeits- und Zeitstudiums.* Beuth-Vertrieb GmbH., Berlin/Köln/Frankfurt/M. 1965.

Leffson, Ulrich: *Die Grundsätze ordnungsgemäßer Buchführung.* Verlagsbuchhandlung des Institutes der Wirtschaftsprüfer GmbH, Düsseldorf 1964.

Lipfert, Helmut: *Der Geldmarkt.* Fritz Knapp Verlag, Frankfurt/M. 1962.

– *Internationaler Devisen- und Geldhandel.* 2. Aufl. von *Devisenhandel.* Fritz Knapp Verlag, Frankfurt/M. 1967.

Lippens, Walter: *Volkswirtschaft und Volkswirtschaftslehre, Betriebswirtschaftslehre.* Sonderdruck aus *Handbuch der Wissenschaft und Bildung.* Verlag Deutsche Buch-Gemeinschaft C. A. Koch's Verlag Nachf., Darmstadt 1960.

Mindner, Rudolf: *Das kleine Börsen-Lexikon.* Verlag Wirtschaft und Finanzen GmbH, Darmstadt 1970.
Müller-Lutz, H. L.: *Versicherungswörterbuch Deutsch/Englisch/Französisch.* Verlag Versicherungswirtschaft e. V., Karlsruhe 1970.
Obergethmann, Hans: *Bedeutung und Vielfalt der Versicherungsformen.* Beispiel Bücherei der deutschen Wirtschaft, 1954.
Renner, Rüdiger, Rudolf Sachs, John Fosberry: *Deutsch-Englische Wirtschaftssprache.* Max Hueber Verlag, München 1965.
Schäfer, Erich: *Die Unternehmung,* Bd. 1 u. 2. Westdeutscher Verlag Köln/Opladen 1949.
Schmidt, Reimer: *Versicherungsalphabet.* Verlag Versicherungswirtschaft, Karlsruhe 1955.
Sellien, R. und H. Sellien: *Dr. Gablers Wirtschafts-Lexikon,* Bd. 1 u. 2. Betriebswirtschaftlicher Verlag Dr. Th. Gabler, Wiesbaden [6]1965.
Sewering, Karl: *Kostenrechnung in der Industrie.* Betriebswirtschaftlicher Verlag Dr. Th. Gabler, Wiesbaden.
Söhn, Gerhart: *Kleine Kaffeekunde.* Verlag Cram, De Gruyter & Co., Hamburg 1964.
Steup, Rudolf: *Konkurs-, Zwangsversteigerungs- und Vergleichsrecht.* Betriebswirtschaftlicher Verlag Dr. Th. Gabler, Wiesbaden.
von Thielmann, M.: *Taschenbuch der Betriebswirtschaft.* Humboldt-Taschenbuchverlag, München 1971.
Treptow, Horst: *Die Mehrwertsteuer.* Wilhelm Goldmann Verlag, München 1967.
Vörös, Leopold: *Betriebswirtschaftliche Fachausdrücke Englisch/Deutsch.* Verlag Organisator AG., Glattbrugg-Zürich, Forkel-Verlag GmbH, Stuttgart 1970.
Wagner, Hans u. Fritz Junge: *Wirtschaftslehre des Kreditwesens.* Verlag Dr. Max Gehlen, Bad Homburg/Berlin [8]1955.
Weber, Adolf: *Geld, Banken, Börsen.* Richard Pflaum Verlag, München [5]1955.
Weddigen, Walter: *Theoretische Volkswirtschaftslehre.* Westkultur Verlag, Anton Hain, Meisenheim am Glan 1948.
Wohlfahrt, Kurt: *Die Wertpapiere und ihre Technik.* Deutscher Sparkassenverlag, Stuttgart [2]1960.
Zetzsche, Karl: *Kleine Bankbetriebslehre.* Verlag Dr. Max Gehlen, Bad Homburg v. d. Höhe 1951.
Zimmerer, Carl: *Kompendium der Betriebswirtschaftslehre.* Müller-Albrechts, Düsseldorf 1955.

Englische und amerikanische Quellen

Accountant, The, Choice of Careers. Her Majesty's Stationery Office, London [3]1970.
Adelmann, Morris A.: *Keeping Competition Alive,* in: *The Changing American Economy,* Voice of America Forum Lectures, New York 1966.
Advertising 1970, A black Year, in *Ad Weekly,* 16th July, 1971. Admark Publishing Company Ltd.
American Labor Movement. United States Department of Labor.
American Work Force, The, in *Labor News from the United States,* Sept.-Oct. 1968.
Amex Databook. American Stock Exchange, New York, 1971.
Anderson, Charles: *Thinking about Annuities.* Crusader Insurance Company Ltd., London.
Andrews, Allen: *Quotations for Speakers and Writers.* Hamlyn Publishing Group Ltd., London/New York/Sydney/Toronto.
Appleby, Robert, C.: *Modern Business Administration.* Pitman Paperbacks, London 1969.
Baltic Exchange, The. The Baltic Exchange, London.
Banking and the Stock Exchange. Her Majesty's Stationery Office, London [5]1968.
Bankruptcy Act, 1914. Her Majesty's Stationery Office, London.
Bankruptcy (Amendment) Act, 1926. Her Majesty's Stationery Office, London.
Bankruptcy Rules, 1952. Her Majesty's Stationery Office, London, repr. 1969.
Basic facts to help you trade Coffee/Sugar futures. New York Coffee und Sugar Exchange, 1970.
Beer, Kenneth E. (ed.): *The U.S.A. answers Questions.* U.S. and World Publications Inc., New York 1966.
Beginners Please. The Investors Chronicle and Stock Exchange Gazette, London 1969.
Bes, J.: *Chartering and Shipping Terms.* Uitgeverij v/h C. De Boer Jr., Hilversum 1956.
Bigg, Walter W.: *Cost Accounts.* Macdonald & Evans, London 1963.
Blondeel, Jean L.: *Revolving Credits in Eurocurrencies, in The Banker,* September 1972, The Banker Ltd., London.
Boland, R. G. A.: *Accounting Step by Step,* Book 1 and 2. The English Universities Press Ltd., London 1963 and 1965.
Bolton, T. and Percy F. Hughes (eds.): *Key to Company Law and Practice.* Secretaries Journal Ltd., London 1967.
Brech, E. F. L.: *Organisation – the Framework of Management.* Longmans, Green and Co., Ltd., London and Harlow [2]1965.
A brief guide to our Services in Commodities. Merril Lynch, Pierce, Fenner & Smith Inc., London 1969.
Britain and the European Communities, an Economic Assessment. Her Majesty's Stationery Office, London 1970.
British Financial Institutions. Central Office of Information, London 1971.
British Issuing Houses. Issuing Houses Association, London, repr. 1965.
The British System of Taxation. Central Office of Information, London 1971.

Brown, R. H.: *Dictionary of Marine Insurance Terms.* Witherby & Co. Ltd., London [3]1968.
Bull, George: *A closer look at non-executive directors,* Aufsatz in *The Director,* Dec. 1970.
Bulloch, E.: *Industrial Finance and Cost Accounting.* Longmans, Green and Co. Ltd., London 1968.
Burton, J. H.: *A rapid Course in Costing.* Barkeley Book Company Ltd., Stanmore/Middlesex 1949.
Business Man's Diary. Collins, London 1971.
Cain, T. E.: *Charlesworth's Company Law.* Stevens & Sons, London [8]1968.
Chandler, Lester, V.: *The Economics of Money and Banking.* Harper & Row, New York, and John Weatherhill Inc., Tokyo. 5th ed.
The Changing American Economy. Broadcast originally by the Voice of America, New York 1966.
Chase Manhattan Guide for Exporters, Methods of Export Financing. Chase Manhattan Bank, N. A., New York.
Christopher, Anthony, George Polanyi, Arthur Seldon, Barbara Shenfield: *Policy for Poverty.* The Institute of Economic Affairs 1970.
Cockerell, H. A. L.: *Insurance.* The English Universities Press Ltd., London 1970.
Cocoa. Merrill Lynch, Pierce, Fenner & Smith Inc., New York 1966.
Coffee. Merrill Lynch, Pierce, Fenner & Smith Inc., New York 1965.
Cohen, J. M. and M. J. Cohen: *The Penguin Dictionary of Quotations.* Penguin Books Ltd., Harmondsworth/Middlesex 1960.
Commercial Bills of Exchange. Union Discount Company of London Ltd., [2]1972.
Committee on the Working of the Monetary System. Her Majesty's Stationery Office, London 1959.
Companies Act, 1948. Her Majesty's Stationery Office, London.
Companies Act, 1967. Her Majesty's Stationery Office, London, repr. 1968.
Companies Act 1970?, A. PEP (Political and Economic Planning), London.
Companies Legislation in the 1970's. The Institute of Chartered Accountants in England, Wales, Scotland, Ireland and The Association of Certified and Corporate Accountants, 1969.
Companies (Winding-up) Rules, 1949, No. 330 (L. 4). Her Majesty's Stationery Office, London.
Companies (Winding-up) (Amendment) Rules, 1954, 1957, 1961, 1962, 1965, 1967, 1969 and 1971. Her Majesty's Stationery Office, London.
Company Secretary. Her Majesty's Stationery Office, London 1970.
Competition and Credit Control. The Bank of England 1971.
Congress and the Nation 1945–1964, A Review of Government and Politics in the Postwar Years. Congressional Quarterly Service, Washington, D.C. [1]1965.
Consumer Credit (Crowther-Report), Vol. I. Her Majesty's Stationery Service, Cmnd. 4596, London.
The Control of Monopoly. Industrial Policy Group, Paper No. 8, London, May 1971.
Corporations. US Treasury Department, Internal Revenue Service, Washington, D.C.
Corporation Tax. Board of Inland Revenue, London 1972.
Cousins, Donald: *Teach yourself Costing.* English Universities Press Ltd., London 1954.
Credit Insurance. Industrial & Mercantile Credit Insurance Ltd., London.
Curran, William: *Avenue of the Americas,* in *Investors Chronicle,* June 16, 1972. Throgmorton Publication Ltd., London.
Currie, R. M.: *Work Study.* Pitman Paperbacks, [2]1963.
Curzon, Gerard and Victoria Curzon: *Global Assault on Non-Tariff Trade Barriers.* Trade Policy Research Centre, London.
Deeds of Arrangement Act, 1914. Her Majesty's Stationery Office, London.
Deeds of Arrangement (Amendment) Rules, 1962. Her Majesty's Stationery Office, London.
Dinsdale, W. A.: *Specimen Insurance Forms and Glossaries.* Stone & Cox Ltd., London 1968.
Dinsdale, W. A.: *Guide to Insurance.* Pan Books Ltd., London 1970.
Directions in Social Welfare in the United States of America, in *Labor News from the United States,* Jan.-Feb. 1969.
Dollar CD's. Alexanders Discount Company Ltd., London 1968.
Dougharty, Harold: *Life Assurance simplified.* Buckley Press Ltd., London [7]1949.
Eckersley, C. E. and W. Kaufmann: *A Commercial Course for Foreign Students,* vol. 1. Longmans, Green and Co. Ltd., London [4]1964.
Economic Report of the President, transmitted to the Congress February 1972, together with The Annual Report of the Council of Economic Advisers. United States Government Printing Office, Washington, D.C.
Efficiency and Productivity. National Board of Prices and Incomes, Central Office of Information, London, November 1970.
Encyclopaedia Britannica. Encyclopaedia Britannica Inc., William Benton Publisher, London 1971.
English, Jeffery: *Value Added Tax and The Bill Explained.* A Butterworth Taxbook, Butterworth & Co. (Publishers) Ltd., London 1972.
Equal Pay, a Guide to the Equal Pay Act 1970. Department of Employment, London.
Export Handbook. British Overseas Trade Board, London [5]1972.
Ferris, Paul: *The City.* Victor Gollancz Ltd., London 1960.
Finance Act, 1958 seq. Her Majesty's Stationery Office, London.
Finance for Exports. Glyn, Mills & Co., London.

Financial Productivity, or the Art of using a Merchant Bank. Kleinwort, Benson Ltd., in association with Brian Dowling Ltd., London.
Fisher, H. and D. L. Thompson: *Cost Accounting in Industrial Management.* Gee and Company (Publishers) Ltd., London [1]1952.
Foreign Exchange. Swiss Bank Corporation, 1964.
Friedman, Milton: *The Counter-Revolution in Monetary Theory.* Occasional Paper 33, Published for the Wincott Foundation, by The Institute of Economic Affairs, London 1970.
Garmonsway, G. N.: *The Penguin English Dictionary.* Penguin Books Ltd., Harmondsworth 1965.
Gibson, N. J.: *Financial Intermediaries and Monetary Policy.* The Institute of Economic Affairs, London 1967.
Gilpin, Alan: *Dictionary of Economic Terms.* Butterworth & Co. Ltd., London 1966.
Griffiths, O. and E. Miles Taylor: *Bankruptcy Law.* Macdonald & Evans Ltd., London [6]1967.
Griggs, Norman: *Saving and Home Buying.* Franey & Co. Ltd., London.
Grocers' Gazette, The, February 3, 1973, page 10. The Grocers' Gazette Ltd., London.
Growth of Labor Law in the United States. United States Department of Labor, 1967.
Hall, L.: *Secretarial and Administrative Practice.* Macdonald & Evans Ltd., London 1967.
Hanson, J. L.: *An Outline of Monetary Theory.* Macdonald & Evans Ltd., London 1966.
– *Money.* The English Universities Press Ltd., London 1959.
Heller, Walter W.: *Perspectives on Economic Growth.* Random House Inc., New York 1968.
Henderson, Joan: *The Industrial Relations Act at Work.* The Industrial Society, London 1971.
Hicks, E. P. and A. Teasdale: *Accounting for the Distributive Trades.* International Textbook Company Ltd., London 1970.
Highlights of 1969, Changes in the Tax Law. Department of the Treasury, Internal Revenue Service, Washington, D.C.
Hobbins, Peter C.: *Moving towards the Systems-Oriented Organization.* Repr. from European Business, 24. Januar 1970.
Horngren, Charles T.: *Accounting for Management Control.* Prentice-Hall Inc., Englewood Cliffs, New Jersey [2]1970.
How to Buy and Sell Commodities. Merrill Lynch, Pierce, Fenner & Smith Inc., New York 1967.
Howe, Geoffrey Sir: *Government Policy on Mergers,* in: *Trade and Industry,* 1. November 1973.
Hughes, Percy F. and K. R. Tingley (eds.): *Key to Value Added Tax.* Taxation Publishing Company, London.
Hughes, F. and J. M. Cooper (eds.): *Key to Income Tax and Surtax* 1971/72. Taxation Publishing Company Ltd., London, 72nd ed.
Hundred Generations of Life Assurance, A, in *A Plain Man's Guide to People, Protection and Prosperity.* Life Offices' Association and Associated Scottish Life Offices, 1970.
If Your Return is Examined. Document No. 5202. U.S. Treasury Department, Internal Revenue Service. Washington, D.C.
Industrial Training. Reproduced from *Survey of Current Affairs,* February 1972. Central Office of Information, London.
Institute Cargo Clauses, Report H.R. 5, by an Historic Records Working Party of The Insurance Institute of London 1963.
Institute Time Clauses – Hulls, Report H.R. 3, by an Historic Records Working Party of The Insurance Institute of London 1963.
Insurance, (a Consumer Council Study). The Consumer Council, London 1970.
Insurance. Her Majesty's Stationery Office, London [3]1969.
Insurance Companies Act, 1958. Her Majesty's Stationery Office, London.
Insurance, Profile of an Industry. Corporation of Insurance Brokers, London.
Insurance today. British Insurance Association, London 1970.
International Fund Year Book. Investors Chronicle, London 1971.
Jacobson Schwartz, Anna: *Why Money Matters,* in *Lloyds Bank Review,* October 1969, No. 94, London.
Job Evaluation, Report No. 83. Her Majesty's Stationery Office, London 1971.
Johannsen, H. and A. B. Robertson: *Management Glossary.* Longmans, Green and Co. Ltd., London 1968.
Journal of The Institute of Bankers. The Institute of Bankers, London, April 1973.
Kemmerer, Erwin Walter: *Money.* The Macmillan Company, New York 1935.
Kimball, Milo: *Corporate Finance.* Littlefield, Adams & Co., Paterson, New Jersey [2]1962.
Labor News from the United States. United States Information Service, November-December 1968, January-February 1969.
Labour Relations and Conditions of Work in Britain. Central Office of Information, London 1964.
Lawlor, Alan: *The Production Process.* Longmans, Green and Co. Ltd., London and Harlow 1969.
Leijonhufvud, Axel: *Keynes and the Classics.* The Institute of Economic Affairs, Occasional Paper 30, London 1969.
Lindholm, Richard W.: *Money and Banking.* Littlefield, Adams & Co., Paterson, New Jersey 1962.
Llewellyn Smith, E.: *The Fair Trading Act,* in: *Trade and Industry,* 9. August 1973.
Lloyd's. Informationsschrift der Corporation of Lloyd's, London.
Lloyd's of London. Informationsschrift der Corporation of Lloyd's, London.
London Commodity Exchange, The. Plantation House, London.
London Gold Market, The. Members of the London Gold Market.
London Metal Exchange, The. London Metal Exchange, London 1970.
London Wool Futures Market, The. London Wool Terminal Market Association, London.
MacLean, Donald: *Discount Market expands its commercial Deposits,* in *The Financial Times,* Sept. 11, 1972.
McRae, Hamish: *London's Shifting Money Markets,* in *The Banker,* Jan. 1970. The Banker Ltd., London.
Mann, Roland (ed.): *The McKinsey Quarterly,* Summer 1971. McKinsey & Company, Inc., New York.
Market for Millions. American Stock Exchange, New York.
Marine Insurance Act, 1906. Her Majesty's Stationery Office, London.

Merchant Banking Today. Baring Brothers & Co. Ltd., London 1970.
Mergers, a Guide to Board of Trade Practice. Her Majesty's Stationery Office, London 1969.
Midgley, K. and R. G. Burns: *Business Finance and the Capital Market.* Macmillan and Co. Ltd., London 1969.
Midland Bank Group meets any Financial Need . . . anywhere. Midland Bank Ltd., London.
Morgan, E. Victor: *Monetary Policy for stable Growth.* Hobart Paper, The Institute of Economic Affairs, [3]1969.
New British System of Taxation, The. Her Majesty's Stationery Office, London 1973.
Nicholls, W. J.: *English Law for Business Studies.* Longmans, Green and Co. Ltd., London 1968.
1973 World Almanac and Book of Facts, The. Newspaper Enterprise Association, Inc., New York.
Office Work. Her Majesty's Stationery Office, London [4]1969.
Oppé, T. H. M.: *The Implications for British Insurance, particularly Long-Term Business, of joining the European Common Market.* Institute of Actuaries, Apr. 1968, London.
Osborn, P. G.: *A Concise Law Dictionary.* Sweet & Maxwell Ltd., London [5]1964.
Ott, David and F. Ott Attiat: *Federal Budget Policy.* Revised Edition, The Brookings Institution, Washington, D.C., 1969.
Palmer's Company Law, Third Cumulative Supplement to the Twenty-First Edition. Stevens & Sons Ltd., London, and W. Green & Son Ltd., Edinburgh 1971.
Partnership Act, 1890. Her Majesty's Stationery Office, London.
Peddie, R.: *Line and Function,* in: *British Steel, a quarterly review published by the British Steel Corporation,* No. 11, November 1970.
Perrins, R. E. G. and A. Jeffreys: *Company Law.* HFL (Publishers) Ltd., London [11]1970.
Perry, F. E. and F. R. Ryder: *Thomson's Dictionary of Banking.* Sir Isaac Pitman & Sons Ltd., London [11]1965.
Ray, E. E. and F. A. Sherring: *Value Added Tax – a Handbook for Accountants and Businessmen.* A General Educational Trust Publication of the Institute of Chartered Accountants in England and Wales, 1972.
Read, Alfred: *The Company Director.* Jordan & Sons Ltd., London 1953.
Reform of Corporation Tax. Her Majesty's Stationery Office, London 1971.
TheRegulation of Monopolies and Restrictive Practices in Britain. Central Office of Information, London, R. 5830/68.
Report on the Fiscal Year 1970/71. Published by August Thyssen-Hütte AG., Duisburg-Hamborn.
Report on Marginal Costing, A. Institute of Cost and Works Accountants, London 1961.
Reserve Ratio and Special Deposits. Bank of England, London 1971.
Retailing. Her Majesty's Stationery Office. London [3]1968.
Rights of the Individual. Department of Employment and Central Office of Information, London 1972.
Rowe, J. W. F.: *Primary Commodities in International Trade.* The University Press, Cambridge 1955.
Royal Commission on Trade Unions and Employers' Associations, 1965–1968. Her Majesty's Stationery Office, London.
Sales and Marketing Managers and Staff. BIS Training, London.
Salary Structures. National Board for Prices and Incomes and Central Office of Information, London Nov. 1970.
Sheldon, Harold J.: *Cost Accounting and Costing Methods.* Macdonald & Evans, London [10]1960.
Sloan, Harold and Arnold J. Zurcher: *A Dictionary of Economics.* Barnes & Noble Inc., New York [4]1969.
Smurthwaite, Ronald: *Insurance.* The Sunday Times, London.
Social Security in Britain. Central Office of Information, London 1970.
Stacey, Nicholas A. H.: *Mergers in Modern Business.* Hutchinson & Co. (Publishers) Ltd., London [2]1970.
Sterling CD'S. Alexanders Discount Company Ltd., London 1968.
Stevens, John: *What role for the deputy purchasing manager?,* in: *Industrial Purchasing News – the journal of purchasing management.* Morgan-Grampian Ltd., London, September 1971.
Stewart, Michael: *Keynes and After.* Penguin Books Ltd., Harmondsworth 1967.
Sugar. Merrill Lynch, Pierce, Fenner & Smith Inc., New York.
Taxation. Industrial Policy Group, London 1969.
Tax Guide for Small Business. U.S. Treasury Department, Internal Revenue Service, Washington, D.C., 1966.
Tax-Saving Guide, in *Money Which?* Mar. 1972. Consumers' Association, London.
Taylor, P. A. S.: *Dictionary of Economic Terms.* Routledge and Kegan Paul Ltd., London [4]1969.
Terminology of Cost Accountancy. Institute of Cost and Works Accountants, London 1966, 1970.
This is Bill-broking. Allan Harvey & Ross Ltd., London [5]1972.
Tolfree, Patrick: *Applying the Code.* The Industrial Society, London 1972.
Trade Unionism. Printed by Co-operative Printing Society Ltd., London [2]1967.
Trade Unions in Britain. Central Office of Information, London 1964.
Turner, Harold A.: *The Principles of Marine Insurance.* Stone & Cox (Publications) Ltd., London 1971.
Unit Trusts, in *Which?* Sept. 1970. Consumers' Association, London.
Value-added Tax. Her Majesty's Stationery Office, London 1971.
Wage Drift. Review of Literature and Research. Office of Manpower Economics. Her Majesty's Stationery Office, London 1973.
Wallis, R. W.: *Accounting: a modern Approach.* McGraw-Hill, Publishing Company Ltd., London 1970.
Webster's New School and Office Dictionary. Revised and brought up to Date, Fawcett Publications Inc., Greenwich, Conn., 1967.
Whiting, D. P.: *Finance of Foreign Trade.* Macdonald & Evans Ltd., London [2]1969.
Wie deckt man sich gegen Preisschwankungen? Merrill Lynch, Pierce, Fenner & Smith Inc., New York.

Wilson, H. A. R. J. and R. D. Penfold: *The Rights and Duties of Liquidators, Trustees and Receivers.* H. F. L. (Publishers), London, 22nd ed. 1955.
Winder, George: *A short History of Money.* Newman Neame Ltd., in association with the Institute of Economic Affairs, London 1959.
Wise, A. G. and G. K. Tighe: *Modern Accounting.* Longman Group Ltd., London 1970.
Withers, Hartley: *The Meaning of Money.* John Murray, London 71947.
Woodhouse, Jim and Henry Maringer: *That different Breed . . . the Broker,* in *Investors Chronicle,* Sept. 10, 1971.
Your Federal Income Tax. U.S. Treasury Department, Internal Revenue Service, Washington, D.C., 1966.
Zipser, Alfred: *Vest Pocket Dictionary of Business and Finance.* Random House, Inc., New York 1962.

Neuere Literatur

A brief explanation of Medicare. U.S. Department of Health and Human Services, Social Security Administration, Health Care Financing Administration. SSA Publication No. 05-10043, January 1984.
A guide to the Talisman System. The Stock Exchange, London.
A Short Guide to Taxes in Britain. Central Office of Information, London 1983.
Baltic Exchange, The. The Baltic Exchange, London.
Bills of Exchange. Alexanders Discount PLC, London.
Britain 1984. An Official Handbook. Central Office of Information, London 1984.
Brann, Christian: *Cost-effective Direct Marketing.* Collectors' Books Limited, Cirencester/England 1984.
Brown, Roger: *A Guide to Monetary Policy.* Banking Information Service, London 1982.
Brown, Roger: *A Guide to the British Financial System.* Banking Information Service, London 1984.
Budget of the United States, Fiscal Year 1984. Executive Office of the President, Office of Management and Budget.
Bundesverband deutscher Banken e.V. (Herausgeber): *Das neue Bank- und Börsen-abc,* bearbeitet von Dr. Walter Obermüller und Ludwig Schuster. Bank-Verlag GmbH, Köln 1977.
Economic Report of the President. United States Government Printing Office, Washington, D.C., 1983.
Edwards, John and Reidy, Brian (Consultants): *Guide to World Commodity Markets.* Kogan Page Ltd., London 1979.
Employers' guide to statutory sick pay. Department of Health and Social Security, London 1982.
Employment in Britain. Central Office of Information, London 1984.
Euromoney. Annual Financing Report 1984. Euromoney Publications Ltd., London 1984.
Federal Income Tax, Forms and Instructions. Department of the Treasury, Internal Revenue Service, Washington, D.C., 1982.
Forfaitierung, Die. Finanz AG Zürich, Februar 1982, englische Ausgabe 1977.
Frazer, Patrick: *The Clearing Banks. Their role and activities.* Banking Information Service, London 1983.
Gibson-Jarvie, Robert: *The London Metal Exchange.* Woodhead-Faulkner, Cambridge 1976.
Gore-Browne, Francis Sir: *Gore-Browne on Companies.* Jordan & Sons Ltd., Bristol 1980.
H. M. Board of Customs & Excise (Herausgeber): *Value Added Tax – The VAT Guide,* 1984.
H. M. Board of Inland Revenue (Herausgeber): *Development Land Tax,* 1982.
Institute of Directors (Herausgeber): *Guidelines for Directors,* 1982.
Jehle, Faustin F.: *The Complete and Easy Guide to Social Security and Medicare.* Fraser Publishing Company, Guildford, Connecticut, 1984.
Kay, J. A. and Z. A. Silberston: *The New Industrial Policy – Privatisation and Competition,* in: *Midland Bank Review,* Midland Bank PLC, London, Spring 1984.
Kitchen, Graham M.: *Check your Tax.* W. Foulsham & Co. Ltd., London 1983.
London dollar certificates of deposit. International CD Market Association, London 1984.
Money Market Services. Alexanders Discount PLC, London.
Notes for Guidance on Control of Business Names. Department of Trade, Companies Registration Office, London 1982.
Personal Taxes around the World. Spicer and Oppenheim, London 1983.
Pratt, M. J.: *A Guide to the International Finance System.* Banking Information Service, London 1984.
Ritchie, Nicholas: *What goes on in the City?* Woodhead-Faulkner Ltd., Cambridge 1981.
Robinson, Roland I. and Wrightsman, Dwayne: *Financial Markets – The Accumulation and Allocation of Wealth.* McGraw-Hill International Book Company, London 1981.
Sandford, Cedric: *Capital Taxes – Past, Present and Future,* in: *Lloyds Bank Review,* Lloyds Bank PLC, London 1983.
Shenfield, Arthur: *Myth and Reality in Anti-Trust.* The Institute of Economic Affairs, London 1983.
Sterling Certificates of Deposit. British Bankers' Association, London 1984.
Tax-Saving Guide, Which? Consumers' Association, London 1983.
The International Commodity Markets in the European Community. The Federation of Commodity Associations, London.
The Stock Exchange. The Stock Exchange, London.
Tinic, Seha M. and West, Richard, R.: *Investing in Securities: An Efficient Markets Approach.* Addison-Wesley Publishing Company, London et al. 1979.
Understanding Building Societies. The Building Societies Association, London, December 1983.
Venture Capital and the Growing Business. Peat, Marwick, Mitchell & Co., London 1983.
World Top 500, in: *The Banker,* July 1985. The Financial Times Business Information Ltd., London.

Ferner wurden benutzt:

Weitere Veröffentlichungen der Regierungen und anderer öffentlicher Stellen in Großbritannien und den Vereinigten Staaten sowie internationaler Institutionen, darunter solche der Bank von England, der Boards of Customs and Excise und Inland Revenue, des britischen Central Statistical Office, der britischen Departments of Employment, Environment, Health and Social Security, Trade and Industry und Treasury, der EWG-Kommission, des Internationalen Währungsfonds, des U.S. Bureau of the Census, der U.S. Departments of Agriculture, Commerce, Education and Welfare, Health, Labor, Treasury und des Federal Reserve Board.
Geschäftsberichte und Arbeitsmaterial wie Formulare, Emissionsprospekte und Pressemitteilungen Londoner Clearing-Banken, amerikanischer Bankenkonzerne und einiger Merchant-Banken, darunter Barclays Bank, Chase Manhattan Corporation, First Chicago Corporation, First National Finance Corporation, Hambros Bank, Hill Samuel Group, Lloyds Bank, Mellon Bank, National Westminster Bank, J. Henry Schroder Wagg & Co. und der britischen Trustee Savings Banks.
Prospekte und Geschäftsberichte von Bausparkassen, darunter Leeds Permanent Building Society, Provincial Building Society, Temperance Permanent Building Society.
Prospekte, Informationsschriften von Versicherungsunternehmen, darunter die Alliance Assurance Company, Bedford General Insurance Company, Commercial Union Assurance Company, Crusader Insurance Company, Eagle Star Assurance Company, Equity & Law Life Assurance Society Ltd., General Accident Fire & Life Assurance Corporation Ltd., Legal and General Assurance Society, National Employers Mutual General Insurance Association Ltd., Phoenix Assurance Company, Scottish Widows' Fund and Life Assurance Society, Sun Alliance & London Insurance Group, Yorkshire Insurance Group, sowie auf deutscher Seite u. a. Allianz Lebensversicherungs AG, Allianz Versicherungs AG, Colonia Kölnische Versicherungs AG, Gerling Konzern Allgemeine Versicherungs AG, Gerling Konzern Lebensversicherungs AG, Volksfürsorge Lebensversicherung AG. Informationsschriften über Versicherungskurse des Chartered Insurance Institute in London.
Geschäftsberichte und Informationsschriften von Kapitalanlage-Gesellschaften und -Fonds, darunter Barclays Unicorn Ltd., Charterhouse Japhet Unit Management Ltd., Ebor Commodity Share Unit Trust, Fund of Funds Ltd., IOS Sterling Investment Programme, IIT Management Company SA, Janus Securities Ltd., Prudential Unit Trust, Rolinco NV Rotterdam, Rotterdamsch Beleggingsconsortium NV, Save and Prosper Group Ltd., Stratton Trust, Sun Life Charterhouse Unit Assurance Company, Utilico NV Rotterdam. Auf deutscher Seite ADIG Allgemeine Deutsche Investment Gesellschaft mbH München, DIT Deutscher Investment Trust Gesellschaft für Wertpapieranlagen mbH Frankfurt, Keyselex Europe Ltd./Fonselex Europe.
Geschäftsberichte, Zwischenberichte, Informationsschriften und Presseverlautbarungen von englischen und amerikanischen Unternehmen der Industrie, des Handels, der Schiffahrt und anderer Dienstleistungsgewerbe.
Amtliche Unterlagen des Office of Fair Trading über den Consumer Credit Act 1974; zur Darstellung des Bankengeschäfts und der Finanzmärkte neuere Veröffentlichungen von Barclays International und Barclays Merchant Bank, der Building Societies Association, von Kleinwort Benson, der Midland Bank Group, der National Westminster Bank, eine Schrift von Salomon Brothers über „Eurodollar Floating-Rate Notes" sowie von dort überlassene Börsenprospekte von Euro-Emissionen, Materialien der Trustee Savings Bank Group, Jahresbericht 1983 der Investors in Industry Group PLC. Zur Ergänzung des Kapitels Rohstoffe wurden u. a. benutzt Veröffentlichungen der London Commodity Exchange, der Grain and Feed Trade Association, des London Gold Market und des London Gold Futures Market, der International Petroleum Exchange in London, der London Metal Exchange, der New York Futures Exchange, des Chicago Board of Trade. Material teils aus den gleichen Quellen, teils von der London International Financial Futures Exchange wurde benutzt für die Darstellung der Finanzterminbörsen. Neuere Veröffentlichungen über die Europäische Gemeinschaft standen zur Verfügung von der Europäischen Kommission, darunter „Steps to European Unity", 1983, „Agriculture in the European Community", 1983, und „The Common Agricultural Policy", 1981, ferner vom Central Office of Information der britischen Regierung „Britain in the European Community", 1981.

Deutsches Register

A

B

C

D

E

F

G

H

I

J

K

L

M

N

O

P

Q

R

S

T

U

V

W

Z

Englisches Register

A

B

C

D

E

F

G

H

I

J

K

L

M

N

O

P

Q

R

S

T

U

V

W

Y

Z